Ohio Evangelical Lutheran synod of Missouri

Kirchen-Gesangbuch fur evang.-lutherische Gemeinden

Ohio Evangelical Lutheran synod of Missouri

Kirchen-Gesangbuch fur evang.-lutherische Gemeinden

ISBN/EAN: 9783743336780

Hergestellt in Europa, USA, Kanada, Australien, Japan

Cover: Foto ©Thomas Meinert / pixelio.de

Manufactured and distributed by brebook publishing software (www.brebook.com)

Ohio Evangelical Lutheran synod of Missouri

Kirchen-Gesangbuch fur evang.-lutherische Gemeinden

Kirchen-Gesangbuch

für

Evang.-Lutherische Gemeinden

ungeänderter

Augsburgischer Confession,

darin des seligen

Dr. Martin Luthers und anderer geistreichen Lehrer
gebräuchlichste Kirchen-Lieder enthalten sind.

St. Louis, Mo.
Verlag der ev.-luth. Synode von Missouri, Ohio u. a. St.

Druck von A. Wiebusch u. Sohn.
1865.

16. J. Das Wort ward Fleisch. Halleluja.
    R. Und wohnte unter uns. Halleluja.
17. J. Deine Hand, HErr, schütze das Volk deiner Rechten.
    R. Und die Leute, die du dir festiglich erwählt hast.
18. J. Der Engel des HErrn lagert sich um die her, so Ihn
       fürchten. Halleluja.
    R. Und hilft ihnen aus. Halleluja.
19. J. Der HErr ist auferstanden. Halleluja.
    R. Er ist wahrhaftig auferstanden. Halleluja.
20. J. Der HErr ist Gott, der uns erleuchtet. Halleluja.
    R. Schmücket das Fest mit Maien bis an die Hörner des
       Altars. Halleluja.
21. J. Der HErr sendet seine Rede auf Erden. Halleluja.
    R. Sein Wort läuft schnell. Halleluja.
22. J. Der HErr wird den Erdboden richten mit Gerechtigkeit.
    R. Und die Völker mit seiner Wahrheit.
23. J. Der Tod ist verschlungen in den Sieg. Halleluja.
    R. Gott sei Dank, der uns den Sieg gegeben hat.
24. J. Des HErrn Zorn währet einen Augenblick.
    R. Und er hat Lust zum Leben.
25. J. Die Heiden werden in deinem Lichte wandeln. Hallelnja.
    R. Und die Könige im Glanz, der über dir aufgeht. Hall.
26. J. Die Lehrer werden leuchten wie des Himmels Glanz. Hall.
    R. Und die viel zur Gerechtigkeit weisen, wie die Sterne im-
       mer und ewiglich. Halleluja.
27. J. Dies ist der Tag, den der HErr gemacht hat. Halleluja.
    R. Lasset uns freuen und fröhlich darinnen sein. Halleluja.
28. J. Die Strafe liegt auf ihm, auf daß wir Frieden hätten.
    R. Und durch seine Wunden sind wir geheilet.
29. J. Du feuchtest die Berge von oben her. Halleluja.
    R. Du machest das Land voll Früchte, die du schaffest. Hall.
30. J. Du Hirte Israels, höre, der du Joseph hütest wie der
       Schafe. Halleluja.
    R. Erscheine, der du sitzest über Cherubim, und komme uns
       zu Hülfe. Halleluja.
31. J. Du höchster Tröster in aller Noth.
    R. Hilf, daß wir nicht fürchten Schand noch Tod.
32. J. Du krönest das Jahr mit deinem Gute. Halleluja.
    R. Und deine Fußstapfen triefen von Fett. Halleluja.
33. J. Du lässest aus deinen Odem, so werden sie geschaffen.
       Halleluja.
    R. Und verneuerst die Gestalt der Erde. Halleluja.

E.

34. J. Er hat ein Gedächtniß gestiftet seiner Wunder.
    R. Der gnädige und barmherzige HErr.
35. J. Er hat seinen Engeln befohlen über dir. Halleluja.
    R. Daß sie dich behüten auf allen deinen Wegen. Halleluja.
36. J. Er ist in die Höhe gefahren. Halleluja.
    R. Und hat das Gefängniß gefangen. Halleluja.
37. J. Er ist um unserer Sünde willen dahingegeben. Halleluja.
    R. Und um unserer Gerechtigkeit willen wieder auferwecket. Halleluja.
38. J. Er soll JEsus heißen. Halleluja.
    R. Denn er wird sein Volk selig machen von ihren Sünden. Halleluja.
39. J. Er stößet die Gewaltigen vom Stuhl. Halleluja.
    R. Und erhebet die Niedrigen. Halleluja.
40. J. Es ist ein köstlich Ding, dem HErrn danken. Halleluja.
    R. Und lobsingen deinem Namen, du Höchster. Halleluja.
41. J. Es ist in alle Lande ausgegangen ihr Schall. Halleluja.
    R. Und ihre Rede bis an der Welt Ende. Halleluja.
42. J. Es segne uns Gott, unser Gott. Halleluja.
    R. Es segne uns Gott, und alle Welt fürchte Ihn. Halleluja.
43. J. Es wird ein Stern aus Jakob aufgehen. Halleluja.
    R. Und ein Scepter in Israel aufkommen. Halleluja.
44. J. Euch ist heute der Heiland geboren. Halleluja.
    R. Welcher ist Christus, der HErr, in der Stadt David. Halleluja.

F.

45. J. Fürwahr, Er trug unsre Krankheit.
    R. Und lud auf sich unsre Schmerzen.

G.

46. J. Gelobet sei der HErr, der Gott Israel. Halleluja.
    R. Denn er hat besuchet und erlöset sein Volk. Halleluja.
47. J. Gnädig und barmherzig ist der HErr. Halleluja.
    R. Geduldig und von großer Güte. Halleluja.
48. J. Gott der HErr ist Sonne und Schild, der HErr gibt Gnade und Ehre. Halleluja.
    R. Er wird kein Gutes mangeln lassen den Frommen. Hall.
49. J. Gott, du labest die Elenden mit deinen Gütern. Hall.
    R. Der HErr gibt das Wort mit großen Schaaren Evangelisten. Halleluja.
50. J. Gott fähret auf mit Jauchzen. Halleluja.
    R. Der HErr mit heller Posaune. Halleluja.
51. J. Gott, gib Fried in deinem Lande.
    R. Glück und Heil zu jedem Stande.

Antiphonen.

52. J. Gott hat seines eigenen Sohnes nicht verschonet.
    R. Sondern Ihn für uns alle dahingegeben.
53. J. Gott, sei uns gnädig nach deiner Güte.
    R. Und tilge unsere Sünde nach deiner großen Barmherzigkeit.

H.

54. J. Heilige uns, HErr, in deiner Wahrheit. Halleluja.
    R. Dein Wort ist die Wahrheit. Halleluja.
55. J. Heilig, heilig, heilig ist Gott, der HErr Zebaoth. Hall.
    R. Alle Lande sind seiner Ehren voll. Halleluja.
56. J. HErr, erhalte uns dein Wort.
    R. Dasselbe ist unsers Herzens Freude und Trost.
57. J. HErr, gehe nicht ins Gericht mit deinem Knecht.
    R. Vor dir ist kein Lebendiger gerecht.
58. J. HErr, halte dir im Bau deine Gemeinde, die du gepflanzt hast. Halleluja.
    R. Und errette sie, die du dir festiglich erwählet hast. Hall.
59. J. HErr, handle nicht mit uns nach unsern Sünden.
    R. Und vergilt uns nicht nach unsrer Missethat.
60. J. HErr, lehre mich thun nach deinem Wohlgefallen.
    R. Dein guter Geist führe mich auf ebner Bahn.
61. J. HErr, lehre uns bedenken, daß wir sterben müssen.
    R. Auf daß wir klug werden.
62. J. HErr, nun lässest du beinen Diener im Frieden fahren. Halleluja.
    R. Denn meine Augen haben deinen Heiland gesehen. Hall.
63. J. Hilf deinem Volk, und segne dein Erbe.
    R. Und weide sie, und erhebe sie ewiglich.
64. J. Hilf uns, Gott unsers Heils, um deines Namens willen.
    R. Errette uns, und vergib uns unsre Sünde, um deines Namens willen.
65. J. Hosianna dem Sohne David. Halleluja.
    R. Hosianna in der Höhe. Halleluja.

J.

66. J. Ich danke dem HErrn von ganzem Herzen. Halleluja.
    R. Im Rath der Frommen und in der Gemeine. Halleluja.
67. J. Ich fahre auf zu meinem Vater und zu eurem Vater. Halleluja.
    R. Zu meinem Gott und zu eurem Gott. Halleluja.
68. J. Ich freue mich in dem HErrn. Halleluja.
    R. Und meine Seele ist fröhlich in meinem Gott. Halleluja.
69. J. Ich weiß, daß mein Erlöser lebet. Halleluja.
    R. Er wird mich hernach aus der Erden auferwecken. Hall.
70. J. JEsus Christus, gestern und heut. Halleluja.
    R. Und derselbe in alle Ewigkeit. Halleluja.
71. J. In deine Hände befehle ich meinen Geist.
    R. Du hast mich erlöset, HErr, du getreuer Gott.

L.

72. J. Lasset die Kindlein zu mir kommen, und wehret ihnen nicht.
R. Denn solcher ist das Reich Gottes.
73. J. Lasset uns Ostern halten. Halleluja.
R. In dem Süßteig der Lauterkeit und Wahrheit. Hall.
74. J. Leben wir, so leben wir dem HErrn.
R. Sterben wir, so sterben wir dem HErrn.
75. J. Lobe den HErrn, meine Seele, und was in mir ist, seinen heiligen Namen. Halleluja.
R. Lobe den HErrn, meine Seele, und vergiß nicht, was er dir Gutes gethan hat. Halleluja.
76. J. Lobet den HErrn, alle Heiden. Halleluja.
R. Preiset ihn, alle Völker. Halleluja.
77. J. Lobet den HErrn, ihr seine Engel, ihr starken Helden. Halleluja.
R. Die ihr seinen Befehl ausrichtet. Halleluja.

M.

78. J. Mache dich auf, werde Licht. Halleluja.
R. Denn dein Licht kommt. Halleluja.
79. J. Meine Seele erhebet den HErrn. Halleluja.
R. Und mein Geist freuet sich Gottes, meines Heilandes. Halleluja.

O.

80. J. O daß mein Leben deine Rechte mit ganzem Ernste hielte.
R. Wenn ich schaue allein auf dein Gebot, so werde ich nicht zu Schanden.

P.

81. J. Preiset mit mir den HErrn. Halleluja.
R. Und lasset uns mit einander seinen Namen erhöhen. Hall.

R.

82. J. Rufe mich an in der Noth.
R. So will ich dich erretten, und du sollst mich preisen.

S.

83. J. Schaffe in mir, Gott, ein reines Herz. Halleluja.
R. Und gib mir einen neuen gewissen Geist. Halleluja.
84. J. Schmecket und sehet, wie freundlich der HErr ist. Hall.
R. Wohl dem, der auf Ihn trauet. Halleluja.
85. J. Seid fröhlich in dem HErrn, eurem Gott. Halleluja.
R. Der euch Lehrer gibt zur Gerechtigkeit. Halleluja.
86. J. Sei getreu bis an den Tod.
R. So will ich dir die Krone des Lebens geben.

87. J. Selig sind die Todten, die in dem HErrn sterben, von nun an.
R. Ja der Geist spricht, daß sie ruhen von ihrer Arbeit.
88. J. Siehe, ich verkündige euch große Freude. Halleluja.
R. Die allem Volk widerfahren wird. Halleluja.
89. J. Siehe, ich will meinen Engel senden. Halleluja.
R. Der vor mir her den Weg bereiten soll. Halleluja.
90. J. Sie ist fest gegründet auf den heiligen Bergen. Hall.
R. Der HErr liebt die Thore Zions über alle Wohnungen Jakobs. Halleluja.
91. J. So man von Herzen gläubet, so wird man gerecht. Hall.
R. Und so man mit dem Munde bekennet, so wird man selig. Halleluja.
92. J. So oft ihr von diesem Brode esset, und von diesem Kelche trinket. Halleluja.
R. Sollt ihr des HErrn Tod verkündigen, bis daß er kommt. Halleluja.

U.

93. J. Uns ist ein Kind geboren. Halleluja.
R. Ein Sohn ist uns gegeben. Halleluja.

W.

94. J. Was er ordnet, das ist löblich und herrlich. Halleluja.
R. Und seine Gerechtigkeit bleibet ewiglich. Halleluja.
95. J. Weise mir, HErr, deinen Weg, daß ich wandle in deiner Wahrheit.
R. Erhalte mein Herz bei dem Einigen, daß ich deinen Namen fürchte.
96. J. Wie lieblich sind deine Wohnungen, HErr Zebaoth! Hall.
R. Meine Seele verlanget und sehnet sich nach den Vorhöfen des HErrn. Halleluja.
97. J. Wie wird ein Jüngling seinen Weg unsträflich gehen?
R. Wenn er sich hält nach deinen Worten.
98. J. Wir haben auch ein Osterlamm. Halleluja.
R. Das ist Christus, für uns geopfert. Halleluja.
99. J. Wir haben gesündigt mit unsern Vätern.
R. Wir haben mißgehandelt und sind gottlos gewesen.
100. J. Wir hoffen darauf, daß du so gnädig bist.
R. Unser Herz freut sich, daß du so gerne hilfst.
101. J. Wir loben Gott, den Vater, Sohn und Heiligen Geist. Halleluja.
R. Und preisen ihn von nun an bis in Ewigkeit. Halleluja.
102. J. Wünschet Jerusalem Glück. Halleluja.
R. Es müsse wohlgehen denen, die dich lieben. Halleluja

Die Präfationen.

Der HErr sei mit euch!

(Die Gemeinde antwortet:)

Und mit deinem Geiste.

(Der Pfarrer fährt singend oder sprechend fort:)

Die Herzen in die Höhe!

(Die Gemeinde antwortet:)

Erheben wir zum HErrn.

(Pfarrer:)

Lasset uns danksagen dem HErren, unserm Gott:

(Gemeinde:)

Das ist würdig und recht.

(Darauf singt oder spricht der Pfarrer die Präfation.)

1. Die gemeine Präfation.

Wahrhaft würdig und recht, billig und heilsam ist es, daß wir dir, HErr, heiliger, allmächtiger Vater, ewiger Gott, allezeit und allenthalben danksagen durch Christum, unsern HErrn, durch welchen deine Majestät loben die Engel, anbeten die Herrschaften, fürchten die Mächte, die Himmel und aller Himmel Kräfte samt den seligen Seraphim mit einhelligem Jubel preisen. Mit ihnen laß auch unsere Stimmen uns vereinen und anbetend zu dir sprechen: Heilig ꝛc.

2. Am Christtage.

Wahrhaft würdig und recht, billig und heilsam ist es, daß wir dir überall und allezeit danksagen, HErr, heiliger Vater, allmächtiger, ewiger Gott. Denn was von der Welt her verborgen war, ist heute erschienen und ein neu Licht deiner Herrlichkeit hat unsre Augen erleuchtet. Sichtbar im Fleisch schauen wir Gott, der uns zur Liebe der unsichtbaren Dinge erweckt. Darum mit allen Engeln und Erzengeln, mit den Thronen und Herrschaften und mit dem ganzen himmlischen Heere singen wir deiner Herrlichkeit einen Lobgesang und sprechen ohne Ende: Heilig ꝛc.

3. Am Fest Epiphaniä des HErrn.

— ewiger Gott. Denn dein eingeborner Sohn hat uns durch das Licht seines unsterblichen Wesens erneuert, da er im Leibe unserer Sterblichkeit erschienen ist. Darum mit allen Engeln ꝛc.

4. In der Passionszeit.

— ewiger Gott, der du das Heil des menschlichen Geschlechts am Stamm des Kreuzes vollbracht hast, auf daß vom Holze das Leben wieder entsprösse, wie der Tod vom Holze den Anfang genommen hat. Und der am Holz den Sieg gewonnen, ihn am Holze wieder verlöre durch JEsum Christum, durch welchen deine Majestät loben die Engel 2c.

5.
Am Osterfeste.

Wahrhaft würdig und recht, billig und heilsam ist es, daß wir dich, HErr, allezeit, sonderlich aber an diesem Tage herrlicher preisen. Denn es ist geopfert unser Osterlamm, Christus, und das wahrhaftige Gotteslamm, welches die Sünde der Welt getragen, unsern Tod durch seinen Tod zerstört und durch sein Auferstehen das Leben herwiedergebracht hat. Darum mit allen Engeln 2c.

6.
Am Himmelfahrtsfeste.

— durch Christum, unsern HErrn, der nach seiner Auferstehung allen seinen Jüngern offenbarlich erschienen und vor ihren Augen aufgehoben ist zum Himmel, daß er uns seiner Gottheit theilhaft machte. Und darum mit allen Engeln 2c.

7.
Am Pfingstfeste.

— durch Christum, unsern HErrn. Denn er ist aufgefahren über alle Himmel und hat sich gesetzet zu deiner Rechten und ausgegossen, wie es heut am Tage ist, den verheißenen Geist über die auserwählten Kinder. Deß freuet sich und frohlocket der Erdkreis mit lautem Schall, und die oberen Kräfte und himmlischen Mächte singen deiner Herrlichkeit einen Lobgesang und sprechen ohne Ende 2c.

8.
Am Feste der Heiligen Dreieinigkeit.

— HErr, heiliger Vater, der du mit deinem eingebornen Sohn und dem Heiligen Geist bist Ein Gott und Ein HErr, nicht in Einzelnheit der Person, sondern in Dreiheit des einigen Wesens. Denn was wir von deiner Herrlichkeit aus deinem Munde glauben, das glauben wir auch ohne allen Unterschied und Zweifel von deinem Sohne und dem Heiligen Geiste, und im Bekenntniß des rechten einigen Gottes beten wir an der Personen Verschiedenheit und des Wesens Einigkeit und die vollkommene Gleichheit Einer Majestät, wie dich auch loben die Engel 2c.

(Die Gemeinde:)

Heilig, heilig, heilig ist Gott, der HErr Zebaoth
Voll sind Himmel und Erdreich deiner Ehren!
Hosianna in der Höhe!
Gebenedeiet sei Mariens Sohn, der da } kommt im Namen des
      das Passahlamm, das da } HErrn!
Hosianna in der Höhe!

Inhalts-Verzeichniß.

                                                   Seite

I. Sonntags-Lieder, Nro. 1—12............ 1

II. Advents- und Weihnachts-Lieder, Nro. 13 — 46..................... 4

III. Lieder am Fest der Beschneidung Christi und am Neujahrstag, Nro. 47 — 56... 21

IV. Lieder am Fest Epiphanias oder der Erscheinung Christi (am 6. Januar), Nro. 57 — 61...................... 26

V. Lieder am Fest der Reinigung Mariä (am 2. Februar). Nro. 62 — 65............ 28

VI. Lieder auf das Fest der Verkündigung Mariä (am 25. März), Nro. 66 — 68.... 29

VII. Passions-Lieder oder Lieder vom Leiden und Sterben JEsu Christi, Nro. 69 — 95..................... 31

VIII. Oster-Lieder oder Lieder von der Auferstehung JEsu Christi, Nro. 96—115   47

IX. Lieder von der Himmelfahrt JEsu Christi, Nro. 116 — 124................ 56

Inhalts-Verzeichniß.

Seite

X. Pfingst-Lieder oder Lieder von der Ausgießung des heiligen Geistes,
Nro. 125 — 141 61

XI. Lieder am Trinitatisfest oder von der heiligen Dreieinigkeit, Nro. 142—150   70

XII. Lieder auf das Fest Johannis des Täufers (den 24. Juni), Nro. 151 — 153 74

XIII. Auf das Fest der Heimsuchung Mariä (am 2. Juli), Nro. 154 75

XIV. Lieder auf das Michaelis-Fest (am 29. September), Nro. 155 — 157 76

XV. Lieder auf das Reformations-Fest (am 31. October), Nro. 158 — 163 78

XVI. Auf die Gedächtniß-Tage der heiligen Apostel, Nro. 164 81

XVII. Von dem Worte Gottes und der christlichen Kirche, Nro. 165—178 82

XVIII. Katechismus-Lieder, Nro. 179 83
    1. Vom Gesetze Gottes, Nro. 180 — 182 88
    2. Vom christlichen Glauben, Nro. 183 u. 184   90
    3. Vom heiligen Vater-Unser, Nro. 185 90
    4. Von der heiligen Taufe, Nro. 186 — 191 .. 91
    5. Von der heiligen Absolution, Nro. 192 u. 193   95
    6. Vom heiligen Abendmahl, Nro. 194 — 210   96

XIX. Buß- und Beicht-Lieder, Nro. 211 — 230   105

XX. Vom Glauben und von der Rechtfertigung, Nro. 231 — 246 118

XXI. JEsus-Lieder, Nro. 247 — 262 123

XXII. Vom christlichen Leben, Nro. 263 — 291 .. 139

XXIII. Morgen-Lieder, Nro. 292 — 305 156

		Seite
XXIV.	Tisch-Lieder, 1. Vor Tische, Nro. 306—308	163
	2. Nach Tische, Nro. 309 u. 310	163
XXV.	Abend-Lieder, Nro. 311—322	164
XXVI.	Standes- und Berufs-Lieder,	
	Nro. 323—326	171
	Ehestands-Lieder, Nro. 327 u. 328	172
	Reise-Lieder, Nro. 329—331	173
	Ernte-Lied, Nro. 332	175
	Anhang für Kinder, Nro. 333—335	176
XXVII.	Lob- und Dank-Lieder, Nro. 336—351	177
XXVIII.	Kreuz- und Trost-Lieder,	
	Nro. 352—385	187
XXIX.	In besonderen Zeiten der Noth.	
	1. In allgemeiner Landes-Noth, Nr. 386 u. 387	208
	2. In Kriegs-Zeiten, Nro. 388 u. 389	208
	3. Bei Verfolgung, Nro. 390 u. 391	209
	4. Bei schweren Gewittern, Nro. 392—394	210
	5. Bei großer Dürre, Nro. 395	212
XXX.	Sterbe- und Begräbniß-Lieder,	
	Nro. 396—430	212
XXXI.	Ewigkeits-Lieder und Lieder von der Auferstehung und dem jüngsten Gericht, Nro. 431—437	233
XXXII.	Anhang	237

Alphabetisches Lieder-Verzeichniß
nach den Seitenzahlen.

A.

	Seite
Ach bleib bei uns, HErr…	82
Ach bleib mit deiner Gnade	1
Ach Gott, gib du uns deine	105
Ach Gott und HErr, wie gr.	106
Ach Gott, verlaß mich nicht	139
Ach Gott vom Himmel, sieh	82
Ach Gott, wenn ich bei mir	212
Ach Gott, wie manches Her.	187
Ach HErre, du gerechter…	212
Ach JEsu, dessen Treu im..	21
Ach lieben Christen, seid getr.	188
Ach mein JEsus, sieh, ich..	164
Ach seht, was ich für Recht	118
Ach was sind wir ohne…	139
Ach wie groß ist deine Gnade	118
Ach wundergroßer Siegesh.	56
All Ehr und Lob soll Gottes	70
Allein Gott in der Höh sei..	1
Allein zu dir, HErr JEsu..	106
Alle Menschen müssen sterben	213
Alles ist an Gottes Segen..	171
Also hat Gott die Welt gel.	119
Also hat Gott von Ewigkeit	61
Also heilig ist der Tag…	47
Amen! wir habn gehöret…	1
Auf, auf, ihr Reichsgenossen	4
Auf, auf, mein Herz, mit..	47
Auf Christi Himmelfahrt…	57
Auf dein Zukunft, HErr…	233
Auf diesen Tag bedenken…	57
Auf meinen lieben Gott…	188
Auf, Seele, schwinge dich..	5
Aus Gnaden soll ich selig..	119
Aus Lieb läßt Gott der Chr.	76
Aus meines Herzens Grunde	156
Aus tiefer Noth schrei ich zu	107

B.

	Seite
Bedenke, Mensch, das Ende	213
Befiehl du deine Wege…	188
Bis hieher hat mich Gott..	177
Brich auf und werde lichte..	26

C.

Christ, der du bist der helle	165
Christe, der du bist Tag und	165
Christe, du Beistand deiner	83
Christe, du Lamm Gottes..	31
Christ fuhr gen Himmel…	58
Christ ist die Wahrheit und	214
Christ ist erstanden von…	47
Christ lag in Todesbanden.	48
Christum wir sollen loben..	6
Christ, unser HErr, zum..	91
Christus, der ist mein Leben	214
Christus ist erstanden……	48

D.

Da JEsus an des Kreuzes..	31
Dank sei Gott in der Höhe..	157
Das alte Jahr vergangen ist	22
Das ist je gewißlich wahr..	120
Das neu geborne Kindelein	23
Der am Kreuz ist meine L..	32
Der beste Freund ist in dem	128
Der Bräutgam wird bald..	6
Der du bist drei in Einigkeit	70
Der Heilge Geist hernieder.	62
Der HErr, der aller Enden	129
Der Tag der ist so freudenr.	7
Der Tag vertreibt die finstre	239
Der Tod hat zwar verschl…	48
Des Heilgen Geistes reiche.	62
Dich bitt ich, trautes JEsul.	28

(XV)

Alphabetisches Lieder-Verzeichniß.

Seite

Die helle Sonn leucht jetzt.. 157
Die Nacht ist kommen, drin 165
Die Nacht nunmehr verg... 158
Die Seele Christi heilge mich 32
Dies sind die heilgen zehn.. 88
Die Zeit ist nunmehr nah.. 233
Dir, dir, Jehova, will ich.. 140
Dreifaltig heilig großer Gott 83
Du bist zwar mein und bl. 214
Du Lebensbrod, HErr JEsu 96
Du Lebensfürst, HErr JEsu 58
Durch Adams Fall ist ganz 120
Du starker Held, HErr.... 49
Du Volk, das du getaufet.. 92

E.

Ehr sei dem Vater 2c. daß.. 4
Ehr sei dem Vater 2c. damit 4
Ein feste Burg ist unser Gott 78
Ein Lämmlein geht und trägt 33
Eins ist Noth, ach HErr... 129
Ein Wetter steiget auf..... 210
Ein Würmlein bin ich, arm 215
Erhalt uns deine Lehre.... 84
Erhalt uns, HErr, bei dein. 78
Ermuntre dich, Herz, Muth 158
Erneure mich, o ewges Licht 140
Erschienen ist der herrlich.. 49
Es donnert sehr, o lieber... 210
Es ist das Heil uns kommen 121
Es ist genug, so nimm... 216
Es ist gewißlich an der Zeit 234
Es spricht der Unweisen.... 84
Es war die ganze Welt.... 74
Es wollt uns Gott gnädig 85

F.

Fang dein Werk mit JEsu.. 171
Freu dich, du werthe Chr.. 29
Freu dich sehr, o meine S.. 216
Freuet euch, ihr Christen alle,
   freue sich 50
Freut euch, ihr Christen alle,
   Gott schenkt............ 63
Freuet euch, ihr Christen alle 7
Freut euch, ihr Menschenk.. 8
Fröhlich soll mein Herze.... 8
Frohlocket, Jung und Alt.. 175
Früh Morgens, da die Sonn 50
Für deinen Thron tret ich.. 166

Seite

G.

Gelobet sei der HErr, mein 70
Gelobet seist du, JEsu Chr. 9
Gelobet sei Israels Gott... 74
Gesegn uns, HErr, die.... 163
Gib Fried, o frommer, treuer 208
Gott, der du wahrhaftig bist 141
Gott der Vater wohn uns.. 71
Gott, der wirds wohl machen 189
Gott des Himmels und der. 158
Gott, du hast in deinem... 141
Gottes Sohn ist kommen... 9
Gott fähret auf gen Himmel 59
Gott führt die Seinen wund. 190
Gott, gib einen milden.... 63
Gott, gib Fried in deinem.. 209
Gott hat das Evangelium.. 241
Gott ist und bleibt getreu.. 190
Gott lebet noch, Seele, was 191
Gott Lob, der Tag ist nun. 159
Gott Lob, die Stund ist.... 217
Gott Lob, mein JEsus.... 28
Gott Lob und Dank, es ist.. 51
Gott, mein Herz dir Dank.. 170
Gott sei Dank durch alle W. 10
Gott sei gelobet und gebened. 96
Gott sei Lob, der Tag ist... 97
Gott sei uns gnädig und... 85
Gott Vater, sende deinen... 63
Gott Vater, Sohn und Heil. 93
Großer Gott, wir armen .. 163

H.

Halleluja, Lob, Preis und. 71
Helft mir Gotts Güte preisen 23
HErr, auf dein Wort solls.. 64
HErr Christ, der einge...... 10
HErr, deine Treue ist so groß 107
HErr, der du Gnad und... 191
HErr, es ist von meinem... 166
HErr Gott, der du mein.... 192
HErr Gott, dich loben alle. 76
HErr Gott, dich loben wir.. 177
HErr Gott, erhalt uns für.. 88
HErr Gott Vater, wir preisen 23
HErr JEsu, aller Menschen 81
HErr JEsu Christ, dich zu. 1
HErr JEsu Christ, du hast 97
HErr JEsu Christ, du höch. 108
HErr JEsu Christe, mein.. 98

Alphabetisches Lieder-Verzeichniß.

	Seite		Seite
HErr JEsu Christ, m. Trost	122	Jerusalem, du hochgebaute.	242
HErr JEsu Christ, wahr M.	218	Jesaia, dem Propheten....	71
HErr JEsu, deine Angst u.	34	JEsu, deine Passion.......	35
HErr JEsu, dir sei Preis..	99	JEsu, deine heilge Wunden	35
HErr JEsu, Gnadensonne.	142	JEsu, der du meine Seele.	112
HErr JEsu, Licht der Heiden	29	JEsu, der du Thor und...	53
HErr JEsu, meine Liebe...	99	JEsu, der du wollen büßen	26
HErr, öffne mir die.......	2	JEsu, komm doch selbst zu.	130
HErr, schaff uns wie die...	93	JEsu, meine Freude, meines	131
HErr, unser Gott, laß nicht	209	JEsu, meines Herzens.....	131
HErr, wie du willt, so....	142	JEsu, meines Lebens Leben	37
HErr Zebaoth, dein heilges	85	JEsus Chr. uns. ꝛc. der den	53
Herzlich lieb hab ich dich...	143	JEsus Chr. uns. ꝛc. der von	102
Herzliebster JEsu, was hast	34	JEsus, JEsus, nichts als.	131
Heut fangen wir in Gottes.	159	JEsus, meine Zuversicht...	53
Heut ist des HErren Ruhetag	2	JEsus nimmt die Sünder..	113
Heut triumphiret Gottes...	52	JEsus selbst, mein Licht...	145
Hilf, Helfer, hilf.........	192	Jetzt ist die Gnadenzeit....	113
Hilf, HErr JEsu, laß....	24	Ihr armen Sünder, kommt	113
Hilf mir, mein Gott, hilf..	143	Im Namen Gottes reisen..	174
Hinunter ist der Sonnensch.	167	In allen meinen Thaten...	173
Höchster König, JEsu Christ	108	In Christi Wunden schlaf ich	221
Hört auf mit Trauren und.	219	In dich hab ich gehoffet....	193
		Ist Gott für mich, so trete..	194

J.

Ich armer Mensch, ich.....	109	**K.**	
Ich armer Sünder komm ..	110	Keinen hat Gott verlassen..	195
Ich bin bei Gott in Gnaden	123	Komm, du werthes Lösegeld	11
Ich bin ein Gast auf Erden	219	Komm, Gott Schöpfer, Heil.	65
Ich bin ja, HErr, in deiner	220	Komm, Heilger Geist, erfüll	65
Ich dank dir, lieber HErre..	159	Komm, Heilger Geist, HEr.	66
Ich dank dir schon durch....	160	Komm, o komm, du Geist..	66
Ich danke dir demüthiglich.	178	Kommst du nun, JEsu, vom	11
Ich danke dir, liebreicher...	167	Kommt her und schaut.....	37
Ich freue mich in dir......	10	Kommt her zu mir, spricht..	146
Ich habe g'nug, mein HErr	192	Kommt, laßt euch den.....	147
Ich habe g'nug, mein JEsus	52	Kyrie Eleison	196
Ich habe nun den Grund..	123	Kyrie, Gott Vater in,.....	3
Ich halte Gott in allem stille	193		
Ich komm jetzt eingeladen..	100	**L.**	
Ich komm zu deinem.......	100	Lasset ab, ihr meine Lieben	221
Ich ruf zu dir, HErr JEsu	144	Lasset die Kindlein kommen	222
Ich singe dir mit Herz und.	179	Lasset uns mit JEsu ziehen	148
Ich trete frisch zu Gottes. .	101	Laß mich dein sein und....	86
Ich war ein kleines Kindelein	221	Laßt uns alle fröhlich sein..	11
Ich weiß, an wen ich glaube	124	Laßt uns mit Ernst betrachten	30
Ich weiß, mein Gott, daß all	144	Liebster JEsu, wir ꝛc. deinem	93
Ich will mit Danken kommen	180	Liebster JEsu, wir ꝛc. dich..	3
Ich will von meiner Misseth.	111	Litanei	196
Ich will zu aller Stund....	102	Lobe den HErren, den mächt.	181

Alphabetisches Lieder-Verzeichniß.

Seite

Lobe den HErren, o meine. 240
Lob, Ehr und Preis sei.... 181
Lobet den HErren, denn er. 181
Lobet den HErrn, ihr Heiden 182
Lob sei dem allmächtigen... 11
Lobt Gott, ihr Christen,.... 12
Löwen, laßt euch wiederfind. 238

M.

Mache dich, mein Geist.... 148
Macht hoch die Thür, die.. 13
Meinen JEsum laß ꝛc. denn 132
Meinen JEsum laß ꝛc. weil 132
Meine Seel, ermuntre dich. 38
Meine Seel ist stille zu.... 197
Mein Gott, ich danke herzlich 182
Mein Heiland nimmt die.. 124
Mein lieber Gott, ich bitte. 176
Mein Mund soll fröhlich... 72
Mein Seel, o Gott, muß.. 75
Mein Werk will ich mit Gott 171
Menschenkind, merk eben .. 13
Mensch, willt du leben.... 88
Mir ist ein geistlich........ 176
Mir nach, spricht Christus . 149
Mit Ernst, o Menschenkinder 14
Mit Freuden will ich fahrn 223
Mit Fried und Freud ich... 29
Mitten wir im Leben sind.. 223

N.

Nimm von uns, HErr, du 114
Nun bitten wir den Heilgen 67
Nun danket alle Gott mit .. 182
Nun danket all und bringet 182
Nun freue dich, o Christenh. 24
Nun freut euch, Gottes.... 59
Nun freut euch, lieben..... 126
Nun Gott Lob, es ist...... 3
Nun ist die Zeit erfüllt.... 14
Nun jauchzt dem HErren .. 2
Nun kommt das neue 14
Nun komm, der Heiden ... 15
Nun laßt uns den Leib.... 223
Nun laßt uns gehn und... 25
Nun laßt uns Gott, dem.. 163
Nun, liebe Seel, nun ist es 26
Nun lieg ich armes 224
Nun lob, mein Seel, den... 183
Nun ruhen alle Wälder.... 168

Seite

Nun seid getrost und...... 225
Nun sich der Tag geendet.. 169
Nun sich die Nacht geendet.. 160
Nun singet und seid froh... 15
Nun treten wir ins neue... 25

O.

O, daß ich könnte Thränen. 39
O, daß ich tausend Zungen 183
O Ewigkeit, du Donnerwort 234
O frommer Gott, ich danke 176
O frommer und getreuer... 115
O Fürstenkind aus 15
O Gott, da ich gar keinen.. 94
O Gott, der du aus....... 77
O Gott, du frommer Gott.. 149
O Gottes Sohn, HErr JEsu 126
O großer Gott, du reines.. 67
O großer Gott, hör meine. 115
O großer Schmerzensmann 40
O Haupt voll Blut und.... 41
O Heilger Geist, du höchstes 67
O Heilger Geist, du ewiger. 68
O Heilger Geist, kehr bei.. 68
O Heilige Dreifaltigkeit, o.. 161
O Heiligste Dreifaltigkeit.. 72
O HErr, dein seligmachend 78
O HErre Gott, dein göttlich 79
O HErre Gott, in meiner. 226
O HErr, mein Gott, ich... 115
O JEsu Christ, dein Krippl. 16
O JEsu Christe, wahres... 86
O JEsu Christ, mein schönst. 133
O JEsu Christ, meins L... 41
O JEsu, du mein Bräutigam 103
O JEsu, JEsu, Gottes.... 134
O JEsu, meine Wonne.... 103
O JEsu süß, wer dein..... 135
O JEsu, treuer Hirte 104
O König aller Ehren...... 27
O Lamm Gottes unschuldig 42
O Lamm Gottes unschuldig 42
O Lämmlein Gottes, JEsu 75
O Mensch, bedenke stets... 226
O Tod, was willt du...... 227
O Tod, wo ist dein Stachel 54
O Traurigkeit, o Herzeleid. 42
O Welt, ich muß dich..... 227
O Welt, sieh hier dein Leben 43
O wie mögen wir doch unser 236

Alphabetisches Lieder-Verzeichniß.

	Seite
O wie selig seid ihr doch, ihr	228
O Wunder groß, Marien..	31

P.
Prange, Welt, mit deinem.	44

R.
Nett, o HErr JEsu, rett...	86
Rüstet euch, ihr Christenleute	150

S.
Schaffe in mir, Gott, ein..	104
Schatz über alle Schätze...	136
Schaut! schaut! was ist für	17
Schmücke dich, o liebe Seele	105
Schwing dich auf zu deinem	198
Seelenbräutigam..........	136
Sei fröhlich alles weit und.	55
Sei getreu bis an das Ende	150
Sei Gott getreu, halt seinen	151
Sei Lob und Ehr dem.....	185
Sei mir tausendmal........	44
So gehst du nun, mein....	45
So hab ich obgesieget......	229
Sollt es gleich bisweilen...	199
Sollt ich meinem 2c. singen	185
Sollt ich meinem 2c. trauen	210
Sorge, Vater, sorge du....	199
So ruhest du, o meine.....	45
So tret ich demnach an.....	172
So wahr ich lebe, spricht dein	116
So wahr ich leb, spricht Gott	95
Speis uns, o Gott, deine..	163
Such, wer da will, ein....	127

T.
Treuer Gott, ich muß dir..	200

V.
Valet will ich dir geben....	230
Vater unser im Himmelreich	90
Verleih uns Frieden.......	87
Vom Himmel hoch, da komm	17
Vom Himmel kam der Engel	18
Von Adam her so lange Zeit	19
Von Gott will ich nicht.....	201

W.
Wach auf, mein Herz und..	161
Wachet auf! ruft uns die..	236
Wär Gott nicht mit uns...	80
Warum machet solche......	25
Warum sollt ich mich denn..	201
Was alle Weisheit in der..	73
Was frag ich nach der Welt	152
Was fürchtst du Feind.....	27
Was gibst du denn, o meine	153
Was Gott thut, das ist....	202
Was ist unser Leben und ..	230
Was kann ich doch für.....	153
Was mein Gott will, das..	203
Was willt du, armer.......	153
Was willt du dich betrüben	203
Weg, mein Herz, mit......	203
Wend ab deinen Zorn, lieber	208
Wenn dein herzliebster Sohn	128
Wenn dich Unglück hat....	204
Wenn einer alle Kunst.....	154
Wenn Gott von allem Bösen	237
Wenn ich die heilgen zehn..	89
Wenn meine Sünd mich....	46
Wenn mein Stündlein....	231
Wenn wir in höchsten......	208
Werde munter, mein.......	169
Wer den Ehstand will......	172
Wer Gott vertraut, hat....	205
Wer nur den lieben Gott ..	205
Wer nur mit seinem Gott ..	174
Wer weiß, wie nahe mir...	231
Wie Gott mich führt, so ...	206
Wie ist es möglich, höchstes	155
Wie kurz ist doch der.....	232
Wie lang hab ich, o höchster	206
Wie schön leuchtet der Morgenstern, voll Gnad und	137
Wie schön leucht uns der Morgenstern vom.......	162
Wie soll ich dich empfangen	19
Wie wohl ist mir, o Freund	138
Wir Christenleut..........	20
Wir danken dir, Gott, für..	80
Wir danken dir, HErr JEsu Christ, daß du für......	46
Wir danken dir, HErr JEsu Christ, daß du gen......	60
Wir danken dir, HErr, insgemein................	27
Wir danken dir, o treuer...	95
Wir danken Gott für seine..	164
Wir glauben all an einen Gott, Schöpfer..........	90

	Seite		Seite
Wir glauben all an einen Gott, Vater............	90	Wo ist ein solcher Gott zu..	211
		Wo soll ich fliehen hin.....	117
Wir Menschen sind zu dem...	87	Wo willt du hin, weils....	56
Wir singen all mit........	55		
Wir singen dir, Immanuel	20	**3.**	
Wo Gott, der HErr, nicht..	237	Zeuch ein zu meinen Thoren	69
Wohl dem, der in Gottesf..	173	Zeuch uns nach dir........	61
Wohl dem Menschen, der..	156	Zion klagt mit Angst und..	207

I. Sonntags-Lieder.

In eigener Melodie. 49.

1. Allein Gott in der Höh sei Ehr und Dank für seine Gnade, darum daß nun und nimmermehr uns rühren kann kein Schade; ein Wohlgefalln Gott an uns hat, nun ist groß Fried ohn Unterlaß, all Fehd hat nun ein Ende.

2. Wir loben, preisn, anbeten dich, für deine Ehr wir danken, daß du, Gott Vater, ewiglich regierst ohn alles Wanken; ganz ungemeßn ist deine Macht, fort g'schicht, was dein Will hat bedacht; wohl uns des feinen HErren!

3. O JEsu Christ! Sohn eingeborn deines himmlischen Vaters, Versöhner der, die warn verlorn, du Stiller unsers Habers; Lamm Gottes, heilger HErr und Gott, nimm an die Bitt von unsrer Noth, erbarm dich unser aller!

4. O heilger Geist, du höchstes Gut, du allerheilsamst Tröster, fürs Teufels G'walt fortan behüt, die JEsus Christ erlöset durch große Martr und bittern Tod, abwend all unsern Jammr und Noth; darzu wir uns verlassen.

Nikolaus Decius (?) 1529.

Eigene Melodie. Oder: Christus der ist mein Leben ic. 2.

2. Ach, bleib mit deiner Gnade bei uns, HErr JEsu Christ, daß uns hinfort nicht schade des bösen Feindes List.

2. Ach, bleib mit deinem Worte bei uns, Erlöser, werth, daß uns beid hier und dorte sei Güt und Heil beschert.

3. Ach, bleib mit deinem Glanze bei uns, du werthes Licht, dein Wahrheit uns umschanze, damit wir irren nicht.

4. Ach, bleib mit deinem Segen bei uns, o reicher HErr, dein Gnad und alls Vermögen in uns reichlich vermehr.

5. Ach, bleib mit deinem Schutze bei uns, du starker Held, daß uns der Feind nicht trutze, noch fäll die böse Welt.

6. Ach, bleib mit deiner Treue bei uns, mein HErr und Gott! Beständigkeit verleihe, hilf uns aus aller Noth.

Dr. Josua Stegmann, 1632.

In eigener Melodie. 4.

3. Amen! wir habn gehöret, was uns Gott hat gelehret, der heilge Geist von oben :,: :,: versiegl es in uns, Amen. :,:

2. Amen! Gott sei gepreiset, der Geist auf Christum weiset, der helf uns all zusammen :,: :,: ins ewge Leben, Amen. :,:

Um 1600.

In eigener Melodie. 11.

4. HErr JEsu Christ, dich zu uns wend, dein heilgen Geist du zu uns send, mit Hilf und Gnad er uns regier und uns den Weg zur Wahrheit führ.

1

2. Thu auf den Mund zum Lobe dein, bereit das Herz zur Andacht sein, den Glauben mehr, stärk den Verstand, daß uns dein Nam werd wohl bekannt.

3. Bis wir singen mit Gottes Heer: Heilig, heilig ist Gott, der HErr! und schauen dich von Angesicht in ewger Freud und selgem Licht.

4. Ehr sei dem Vater und dem Sohn, dem heilgen Geist in einem Thron, der heiligen Dreieinigkeit sei Lob und Preis in Ewigkeit.

Wilhelm II., Herzog zu Sachsen-Weimar, 1638.

Mel. Erhalt uns, Herr, bei ꝛc. 11.

5. HErr, öffne mir die Herzensthür, zeuch mein Herz durch dein Wort zu dir, laß mich dein Wort bewahren rein, laß mich dein Kind und Erbe sein.

2. Dein Wort bewegt des Herzens Grund, dein Wort macht Leib und Seel gesund, dein Wort ist, das mein Herz erfreut, dein Wort gibt Trost und Seligkeit.

3. Ehr sei dem Vater und dem Sohn, dem heilgen Geist in einem Thron, der heiligen Dreieinigkeit sei Lob und Preis in Ewigkeit!

D. J. Olearius, 1671.

Mel. Erschienen ist der ꝛc. 21.

6. Heut ist des HErren Ruhetag, vergesset aller Sorg und Plag, verhindert euch mit Arbeit nicht, kommt vor des Höchsten Angesicht. Halleluja!

2. Tret her und fallt auf eure Knie vor Gottes Majestät allhie. Es ist sein Heiligthum und Haus, wer Sünde liebt, gehört hinaus. Halleluja!

3. Ganz unerträglich ist sein Grimm, doch hört er gern der Armen Stimm; deswegen lobt ihn allesamt, das ist der Christen rechtes Amt. Halleluja!

4. Rühmt unsers Gottes Meisterthat, da er aus nichts erschaffen hat den Himmel und die ganze Welt, und was dieselbe in sich hält. Halleluja!

5. Und als er sie genug geziert, hat er den Menschen drauf formirt, und ihn nach seinem Ebenbild mit Weisheit und Verstand erfüllt. Halleluja!

6. Erkennt mit dankbarem Gemüth, wie er allein durch seine Güt uns täglich schützet und ernährt und manches Unglück von uns kehrt. Halleluja!

7. Denkt auch, daß heut geschehen ist die Auferstehung JEsu Christ, dadurch die wahre Freudigkeit in aller Noth uns ist bereit. Halleluja!

8. Der von den Juden ward veracht, mit Mördern schändlich umgebracht, daß seine Lehr hätt kurzen Lauf, und mit ihm müßte hören auf. Halleluja!

9. Er ist erstanden offenbar, und hat erfreut sein kleine Schar, die bis ans Ende ihn geliebt und seinethalben war betrübt. Hall.

10. Leibhaftig er sich ihnen wies, sich sehen, hörn und fühlen ließ, damit versichert war ihr Sinn, des Todes Macht sei nun dahin. Halleluja!

11. Drum wollen wir begehn mit Fleiß den Tag nach rechter Christen Weis: wir wollen aufthun unsern Mund, und danken dir von Herzensgrund. Hall.

12. O Gott, der du den Erdenkreis erschaffen hast zu deinem Preis, uns auch bewahrt so manches Jahr in vieler Trübsal und Gefahr. Halleluja!

13. Hilf, daß wir alle deine Werk, voll Weisheit, Güte, Macht und Stärk, erkennen und je mehr und mehr ausbreiten deines Namens Ehr. Halleluja!

14. O liebster Heiland, JEsu Christ, der du vom Tod erstanden

bist, richt unsre Herzen auf zu dir, daß sich der Sündenschlaf verlier. Halleluja!
15. Gib deiner Auferstehung Kraft, daß dieser Trost ja bei uns haft, daß wir uns brauf verlassen fest, wenn uns nun alle Welt verläßt. Halleluja!
16. O heilger Geist, laß uns dein Wort so hören heut und immerfort, daß sich in uns durch deine Lehr Glaub, Lieb und Hoffnung reichlich mehr. Halleluja!
17. Erleuchte uns, du wahres Licht, entzeuch uns deine Gnade nicht, all unser Thun auch so regier, daß wir Gott preisen für und für. Halleluja!
18. Gott Vater, Sohn und Geist, verleih, daß dieser Tag dir heilig sei, wir auch die Subbathsruh und Freud erlangen brauf in Ewigkeit. Halleluja!

Hannoversches Gesangb. 1646.

In eigener Melodie. 103.

7. Kyrie, Gott Vater in Ewigkeit, groß ist dein Barmherzigkeit, aller Ding ein Schöpfer und Regierer. Eleison. :,:
2. Christe, aller Welt Trost, uns Sünder allein du hast erlöst. O JEsu, Gottes Sohn, unser Mittler bist in dem höchsten Thron; zu dir schreien wir aus Herzensbegier. Eleison. :,:
3. Kyrie, Gott heiliger Geist, tröst, stärk uns im Glauben allermeist, daß wir am letzten End fröhlich abscheiden aus diesem Elend. Eleison. :,:

Johann Spangenberg 1545.

In eigener Melodie. 34.

8. Liebster JEsu, wir sind hier, dich und dein Wort anzuhören: lenke Sinnen und Begier auf die süßen Himmelslehren, daß die Herzen von der Erden ganz zu dir gezogen werden.
2. Unser Wissen und Verstand ist mit Finsterniß umhüllet, wo nicht deines Geistes Hand uns mit hellem Licht erfüllet: gutes Denken, gutes Dichten mußt du selbst in uns verrichten.
3. O du Glanz der Herrlichkeit, Licht vom Licht aus Gott geboren, mach uns allesamt bereit, öffne Herzen, Mund und Ohren: unser Bitten, Flehn und Singen laß, HErr JEsu, wohl gelingen.
4. Vater, Sohn, heiliger Geist, dir sei ewig Preis und Ehre, tröst die Herzen allermeist mit dem Wort der reinen Lehre hier in diesen Sterblichkeiten, bis wir dort dein Lob ausbreiten.

T. Clausnitzer, 1671.

Mel. Liebster Jesu, wir sind &c. 34.

9. Nun Gott Lob, es ist vollbracht Singen, Beten, Lehren, Hören; Gott hat alles wohl gemacht, drum laßt uns sein Lob vermehren. Unser Gott sei hochgepreiset, daß er uns so wohl gespeiset.
2. Weil der Gottesdienst ist aus, und uns mitgetheilet der Segen, so gehn wir mit Freud nach Haus, wandeln fein auf Gottes Wegen. Gottes Geist uns ferner leite und uns alle wohl bereite.
3. Unsern Ausgang segne Gott, unsern Eingang gleichermaßen; segne unser täglich Brod, segne unser Thun und Lassen; segne uns mit selgem Sterben und mach uns zu Himmelserben.

M. Hartmann Schenck, um 1680.

Mel. Herr Gott, dich loben &c. 11.

10. Nun jauchzt dem HErren alle Welt! kommt her, zu seinem Dienst euch stellt. kommt mit Frohlocken, säumet nicht, kommt vor sein heilig Angesicht.
2. Erkennt, daß Gott ist unser HErr, der uns erschaffen ihm zur

Ehr, und nicht wir selbst: durch Gottes Gnad ein jeder Mensch sein Leben hat.

3. Er hat uns ferner wohlbedacht, und uns zu seinem Volk gemacht, zu Schafen, die er ist bereit zu führen stets auf grüner Weid.

4. Ihr, die ihr bei ihm wollet sein, kommt, geht zu seinen Thoren ein mit Loben durch der Psalmen Klang, zu seinem Vorhof mit Gesang.

5. Dankt unserm Gott, lobsinget ihm, lobsinget ihm mit lauter Stimm, lobsingt und danket allesamt; Gott loben, das ist unser Amt.

6. Er ist voll Güt und Freundlichkeit, voll Treu und Lieb zu jeder Zeit, sein Gnade währet dort und hier und seine Wahrheit für und für.

7. Gott Vater in dem höchsten Thron, und JEsus Christ sein ein'ger Sohn, samt Gott dem werthen heilgen Geist sei nun und immerdar gepreist.

Pf. 100. Bearb. durch David Denicke od. Justus Gesenius, 1646.

Schluß-Verse.

Mel. An Wasserflüssen 2c. **85.**

11. Ehr sei dem Vater und dem Sohn und auch dem heilgen Geiste, als es im Anfang war und nun, der uns sein Gnade leiste, daß wir auf diesem Jammerthal von Herzen scheuen überall der Welt gottloses Wesen, und streben nach der neuen Art, dazu der Mensch gebildet ward; wer das begehrt, sprech: Amen!

Straßburger Gesangbüchlein, 1547.

Mel. Es ist das Heil uns 2c. **40.**

12. Ehr sei dem Vater und dem Sohn und auch dem heilgen Geiste, als es im Anfang war und nun, der uns sein Gnade leiste, damit wir gehn auf seinem Pfad, daß unsre Sünd der Seel nicht schad; wer das begehrt, sprech: Amen!

Aus Ludwig Oelers Psalmen, 1525.

II. Advents- und Weihnachts-Lieder.

Mel. Aus meines Herzens 2c. **58.**

13. Auf, auf, ihr Reichsgenossen, der König kömmt heran, empfahet unverdrossen den großen Wundermann. Ihr Christen, geht herfür, laßt uns für allen Dingen ihm Hosianna singen mit heiliger Begier.

2. Auf, ihr betrübten Herzen, der König ist gar nah, hinweg all Angst und Schmerzen, der Helfer ist schon da: sehr, wie so mancher Ort höchst tröstlich ist zu nennen, da wir ihn finden können im Nachtmahl, Tauf und Wort.

3. Auf, auf, ihr Vielgeplagten, der König ist nicht fern, seit fröhlich, ihr Verzagten, dort kömmt der Morgenstern, der HErr will in der Noth mit reichem Trost euch speisen, er will euch Hilf erweisen, ja dämpfen gar den Tod.

4. Nun hört, ihr frechen Sünder, der König merket drauf, wenn ihr verlorner Kinder in vollem Lasterlauf auf Arges seid bedacht; ja thut es ohne Sorgen, gar nichts ist ihm verborgen, er gibt auf alles Acht.

5. Seid fromm, ihr Unterthanen, der König ist gerecht, laßt uns den Weg ihm bahnen und machen alles schlecht; fürwahr, er meint es gut, drum lasset uns

die Plagen, die er uns schickt, ertragen mit unerschrocknem Muth.

6. Und wenn gleich Krieg und Flammen uns alles rauben hin, Geduld! weil ihm zusammen gehört doch der Gewinn. Wenn gleich ein früher Tod uns, die uns lieb, genommen, wohlan, so sind sie kommen ins Leben aus der Noth.

7. Frisch auf in Gott, ihr Armen, der König sorgt für euch; er will durch sein Erbarmen euch machen groß und reich. Der an ein Thier gedacht, der wird auch euch ernähren; was Menschen nur begehren, das steht in seiner Macht.

8. Hat endlich uns betroffen viel Kreuz, läßt er doch nicht die, welch auf ihn stets hoffen mit rechter Zuversicht; von Gott kömmt alles her, der läßet auch im Sterben die Seinen nicht verderben, sein Hand ist nicht zu schwer.

9. Frisch auf, ihr Hochbetrübten, der König kömmt mit Macht, an uns, sein Herzgeliebten, hat er schon längst gedacht; nun wird kein Angst, noch Pein, noch Zorn hinfort uns schaden, dieweil uns Gott aus Gnaden läßt seine Kinder sein.

10. So lauft mit schnellen Schritten, den König zu besehn, dieweil er kömmt geritten, stark, herrlich, sanft und schön; nun tretet all heran, den Heiland zu begrüßen, der alles Kreuz versüßen und uns erlösen kann.

11. Der König will bedenken die, welch er herzlich liebt, mit köstlichen Geschenken, als der sich selbst uns gibt durch seine Gnad und Wort; ja, König hoch erhoben, wir alle wollen loben dich freudig hier und dort.

12. Nun, HErr! du gibst uns reichlich, wirst selbst doch arm und schwach, du liebest unvergleichlich, du jagst den Sündern nach; drum wollen wir allein die Stimmen hoch erschwingen, dir Hosianna singen, und ewig dankbar sein.

Joh. Rist, 1651.

Mel. Ermuntre dich, mein 2c. 67.

14. Auf, Seele, schwinge dich empor! sei froh und guter Dinge! Auf, mit dem schönen Engelchor, ermuntre dich und singe! Weil Gottes eingeborner Sohn von seinem hohen Himmelsthron heut ist auf Erden kommen zu dir und allen Frommen.

2. O frommer Heiland, JEsu Christ, wie groß ist doch zu schätzen, daß du gering und niedrig bist; wie herrlich kann ergötzen die Demuth, so du bei dir hast. Willkommen, sanftmüthiger Gast! willkommen, Sündenbüßer, holdseliger Himmelsschließer!

3. Daß du, o theurer Seelenfürst, hast Fleisch an dich genommen, geringer als die Engel wirst, das ist von Liebe kommen; du willst dort im Gnadenreich uns machen deinen Engeln gleich; du kömmst zu uns auf Erden, auf daß wir himmlisch werden.

4. Du wirst ein Gast auf dieser Welt und führst ein dürftig Leben. Hierdurch ist uns das reiche Zelt des Himmels eingegeben. Du wirst geboren in der Nacht, auf daß uns werde Licht gebracht; durch dich sind wir gerissen aus dicken Finsternissen.

5. Im harten Winter kömmest du, bringst uns zum Himmelslenzen; du suchst im dunkeln Stalle Ruh, damit wir möchten glänzen und ewig in der Ruhe sein. In Windeln wickelt man dich ein, auf daß du uns mögst retten von schweren Todesketten.

6. Du weinst in deinen Windelein, auf daß wir ewig lachen. Du bist der größt und wirst doch

klein, uns alle groß zu machen. O Heiland, o Gnadenthron, du bist ja Gottes liebster Sohn, kömmst doch zu uns auf Erden, willst unser Bruder werden.

7. Du bist ein Herr, und wirst ein Knecht, uns ewig zu befreien; reich bist du, wirst doch arm und schlecht, uns Reichthum zu verleihen. Du trägst geduldig alles Leid; o gib, daß ich auch jederzeit, wenn mich die Noth wird plagen, dein Kreuz dir nach mag tragen.

8. O du barmherzigs JEsulein, gib, daß ich mich des Armen, wo ich ihm kann behülflich sein, von Herzen mög erbarmen. Gib Sanftmuth, gib Bescheidenheit, gib christliche Leutseligkeit, laß mich den Nächsten lieben, auch wahre Demuth üben.

9. O reicher Heiland, schenke mir, was mir kann ewig nützen. O starker HErr, ich hang an dir, du kannst und willst mich schützen; wann alle Menschen ferne stehn, auch wann mir wird die Seel ausgehn, willst du den Tod bezwingen; dir will ich ewig singen.

Dr. Gottfr. Wilh. Sacer, † 1699.

In eigener Melodie. 11.

15. Christum wir sollen loben schon, der reinen Magd Marien Sohn, so weit die liebe Sonne leucht, und an aller Welt Ende reicht.

2. Der selig Schöpfer aller Ding zog an eins Knechtes Leib gering, daß er das Fleisch durchs Fleisch erwürb und sein Geschöpf nicht alls verdürb.

3. Die göttlich Gnad vom Himmel groß sich in die keusche Mutter goß; ein Mägdlein trug ein heimlich Pfand, das der Natur war unbekannt.

4. Das züchtig Haus des Herzens zart gar bald ein Tempel Gottes ward; die kein Mann rühret, noch erkannt, von Gottes Wort man schwanger fand.

5. Die edle Mutter hat geborn, den Gabriel verhieß zuvorn, den Sanct Johanns mit Springen zeigt, da er noch lag im Mutterleib.

6. Er lag im Heu mit Armuth groß, die Krippen hart ihn nicht verdroß; es ward ein kleine Milch sein Speis, der nie kein Vöglein hungern ließ.

7. Des Himmels Chör sich freuen drob und die Engel singen Gott Lob, den armen Hirten wird vermeldt der Hirt und Schöpfer aller Welt.

8. Lob, Ehr und Dank sei dir gesagt Christ, geborn von der reinen Magd, mit Vater und dem heilgen Geist, von nun an bis in Ewigkeit.

Dr. M. Luther, 1524
(Verdeutschung des lat. Hymnus Sedulii: A solis ortu cardine).

In eigener Melodie, oder: Ach Gott vom Himmelreiche 2c. 59.

16. Der Bräutgam wird bald rufen: Kommt all, ihr Hochzeitgäst! Hilf Gott, daß wir nicht schlafen, in Sünden schlummern fest, bald habn in unsern Händen die Lampen, Oel und Licht, und dürfen uns nicht wenden von deinem Angesicht.

2. Da werden wir mit Freuden den Heiland schauen an, der durch sein Blut und Leiden den Himmel aufgethan, die lieben Patriarchen, Propheten allzumal, die Märtrer und Apostel bei ihm ein große Zahl.

3. Die werden uns annehmen als ihre Brüderlein, sich unser gar nicht schämen, uns mengen mitten ein; wir werden alle treten zur Rechten JEsu Christ, als unsern Gott anbeten, der unsers Fleisches ist.

4. Gott wird sich zu uns kehren,

Advents- und Weihnachts-Lieder.

eim jeden setzen auf die gülbne Kron der Ehren und herzen freundlich drauf, wird uns an sein Brust drücken aus Lieb ganz väterlich, an Leib und Seel uns schmücken mit Gaben mildiglich.

5. Da wird man hören klingen die rechten Saitenspiel, die Musikkunst wird bringen in Gott der Freuden viel; die Engel werden singen, all Heilgen Gottes gleich, mit himmelischen Zungen ewig in Gottes Reich.

6. Er wird uns fröhlich leiten ins ewge Paradeis, die Hochzeit zu bereiten zu seinem Lob und Preis. Da wird sein Freud und Wonne in rechter Lieb und Treu aus Gottes Schatz und Brunne und täglich werden neu.

7. Also wird Gott erlösen uns gar aus aller Noth, vom Teufel, allem Bösen, von Trübsal, Angst und Spott; von Trauren, Weh und Klagen, von Krankheit, Schmerz und Leid, von Schwermuth, Sorg und Zagen, von aller bösen Zeit.

Johann Walther, 1555.

Eigene Melodie. 81.

17. Der Tag der ist so freudenreich aller Kreature, denn Gottes Sohn vom Himmelreich über die Nature von einer Jungfrau ist geborn; Maria, du bist auserkorn, daß du Mutter wärest. Was geschah so wunderlich? — Gottes Sohn vom Himmelreich der ist Mensch geboren.

2. Ein Kindelein so löbelich ist uns geboren heute, von einer Jungfrau säuberlich, zu Trost uns armen Leuten; wär uns das Kindlein nicht geborn, so wärn wir allzumal verlorn, das Heil ist unser aller. Ei, du süßer JEsu Christ! daß du Mensch geboren bist, behüt uns vor der Hölle.

3. Als die Sonn durchscheint das Glas mit ihrem klaren Scheine, und doch nicht versehret das, so merket allgemeine, zu gleicher Weis geboren ward von einer Jungfrau rein und zart, Gottes Sohn, der werthe. In ein Kripp ward er geleit, große Marter für uns leidt die auf dieser Erden.

4. Die Hirten auf dem Felde warn, erfuhren neue Mähre von den engelischen Scharn, wie Christ geboren wäre, ein König übr all König groß; Herod' die Red gar sehr verdroß, aussandt er seine Boten. Ei, wie gar ein falsche List erdacht er wider JEsum Christ, die Kindlein ließ er tödten.

Verdeutschung des Hymnus: **Dies est laetitiae.** Schon vor der Reformation in Gebrauch.

Eigene Melodie. 82.

18. Freuet euch, ihr Christen alle! Freue sich, wer immer kann, Gott hat viel an uns gethan; freuet euch mit großem Schalle, daß er uns so hoch geacht, sich mit nus befreundet gemacht. Freude, Freude über Freude! Christus wehret allem Leide. Wonne, Wonne über Wonne! Er ist die Gnadensonne.

2. Siehe, siehe, meine Seele, wie dein Heiland kömmt zu dir, brennt in Liebe für und für, daß er in der Krippen Höhle harte lieget dir zu gut, dich zu lösen durch sein Blut. Freude, Freude ꝛc.

3. JEsu, wie soll ich dir danken? Ich bekenne, daß von dir meine Seligkeit herrührt; so laß mich von dir nicht wanken, nimm mich dir zu eigen hin, so empfindet Herz und Sinn Freude, Freude ꝛc.

4. JEsu, nimm dich deiner Glieder ferner in Gnaden an; schenke, was man bitten kann, zu erquicken deine Brüder; gib der

Advents- und Weihnachts-Lieder.

ganzen Christenschar Frieden und ein selges Jahr. Freude, Freude ꝛc.

Christian Keymann, † 1662.

Mel. Vom Himmel hoch. 11.

19. Freut euch, ihr Menschenkinder all, Gott kömmt zu euch vom Himmelssal, er wird geborn ein Kindlein klein von Maria, der Jungfrau rein.

2. Er ist der Zweig aus Jesse Stamm, der Leu Juda und Weibessam, JEsus, der Heiden Trost und Licht und der der Schlang den Kopf zerbricht.

3. Er bringt mit sich Fried, Wonn und Freud, vertreibt alle Leid und Traurigkeit, damit der Mensch geplaget war durch Adams Fall stets immerdar.

4. Durch sein Geburt, Angst, Blut und Tod errett uns all der der wahre Gott; er macht uns auch den Engeln gleich und Erben in seins Vaters Reich.

Cornel. Freund, † 1591.

Eigene Melodie. 63.

20. Fröhlich soll mein Herze springen dieser Zeit, da für Freud alle Engel singen. Hört, hört, wie mit vollen Chören alle Luft laute ruft: Christus ist geboren.

2. Heute geht aus seiner Kammer Gottes Held, der die Welt reißt aus allem Jammer. Gott wird Mensch, dir, Mensch, zu gute, Gottes Kind das verbindt sich mit unserm Blute.

3. Sollt uns Gott nun können hassen, der uns gibt, was er liebt über alle Maßen? Gott gibt, unserm Leid zu wehren, seinen Sohn aus dem Thron seiner Macht und Ehren.

4. Sollte von uns sein gekehret, der sein Reich und zugleich sich uns selbst verehret? Sollt uns Gottes Sohn nicht lieben, der jetzt kömmt, von uns nimmt, was uns will betrüben?

5. Hätte für der Menschen Orden unser Heil einen Greul, wär er nicht Mensch worden. Hätt er Lust zu unserm Schaden, ei, so würd unser Bürd er nicht auf sich laden.

6. Er nimmt auf sich, was auf Erden wir gethan, gibt sich an, unser Lamm zu werden, unser Lamm, das für uns stirbet und bei Gott für den Tod Gnad und Fried erwirbet.

7. Nun er liegt in seiner Krippen, ruft zu sich mich und dich, spricht mit süßen Lippen: Lasset fahren, o lieben Brüder, was euch quält, was euch fehlt, ich bring alles wieder.

8. Ei, so kommt und laßt uns laufen, stellt euch ein, groß und klein, eilt mit großen Haufen; liebt den, der für Liebe brennet; schaut den Stern, der uns gern Licht und Labsal gönnet.

9. Die ihr schwebt in großen Leiden, sehet, hier ist die Thür zu den wahren Freuden. Faßt ihn wohl, er wird euch führen an den Ort, da hinfort euch kein Kreuz wird rühren.

10. Wer sich fühlt beschwert im Herzen, wer empfindt seine Sünd und Gewissenschmerzen, sei getrost, hie wird gefunden, der in Eil machet heil die vergiften Wunden.

11. Die ihr arm seid und elende, kommt herbei, füllet frei eures Glaubens Hände. Hier sind alle gute Gaben und das Gold, da ihr sollt euer Herz mit laben.

12. Süßes Heil, laß dich umfangen, laß mich dir, meine Zier, unverrückt anhangen. Du bist meines Lebens Leben; nun kann ich mich durch dich wohl zufrieden geben.

13. Meine Schuld kann mich nicht drücken, denn du hast meine

Advents- und Weihnachts-Lieder.

Last all auf beinem Rücken; kein Fleck ist an mir zu finden, ich bin gar rein und klar aller meiner Sünden.

14. Ich bin rein um beinetwillen, du gibst gnug Ehr und Schmuck, mich darein zu hüllen. Ich will bich ins Herze schließen, o mein Ruhm, edle Blum, laß dich recht genießen!

15. Ich will dich mit Fleiß bewahren, ich will dir leben hier, dir will ich abfahren; mit dir will ich endlich schweben voller Freud ohne Zeit dort im andern Leben.

Paul Gerhardt, 1656.

Eigene Melodie. 17.

21. Gelobet seist du, JEsu Christ, daß du Mensch geboren bist von einer Jungfrau, das ist wahr, deß freuet sich der Engel Schar. Kyrieleis.

2. Des ewgen Vaters einig Kind jetzt man in der Krippen findt, in unser armes Fleisch und Blut verkleidet sich das ewig Gut. Kyrieleis.

3. Den aller Weltkreis nie beschloß, der liegt in Marien Schoß, er ist ein Kindlein worden klein, der alle Ding erhält allein. Kyrieleis.

4. Das ewig Licht geht da herein, gibt der Welt ein neuen Schein, es leucht wohl mitten in der Nacht und uns des Lichtes Kinder macht. Kyrieleis.

5. Der Sohn des Vaters, Gott von Art, ein Gast in der Welt hie ward und führt uns aus dem Jammerthal, er macht uns erben in seim Sal. Kyrieleis.

6. Er ist auf Erden kommen arm, daß er unser sich erbarm und in dem Himmel machet reich und seinen lieben Engeln gleich. Kyrieleis.

7. Das hat er alles uns gethan, sein groß Lieb zu zeigen an, des freu sich alle Christenheit und dank ihm des in Ewigkeit. Kyrieleis.

V. 1. aus dem 15. Jahrhundert, V. 2—7. Dr. M. Luther 1524.

Eigene Melodie. 28.

22. Gottes Sohn ist kommen uns allen zu frommen hie auf diese Erden in armen Geberden, daß er uns von Sünde freiet und entbünde.

2. Er kömmt auch noch heute und lehret die Leute, wie sie sich von Sünden zur Buß sollen wenden, von Irrthum und Thorheit treten zu der Wahrheit.

3. Die sich sein nicht schämen und sein Dienst annehmen durch ein rechten Glauben mit ganzem Vertrauen, denen wird er eben ihre Sünd vergeben.

4. Denn er thut ihn'n schenken in den Sacramenten sich selbsten zur Speise, sein Lieb zu beweisen, daß sie sein genießen in ihrem Gewissen.

5. Die also bekleiben und beständig bleiben, dem HErren in allem trachten zu gefallen, die werden mit Freuden auch von hinnen scheiden.

6. Denn bald und behende kommt ihr letztes Ende, da wird er vom Bösen ihre Seel erlösen und sie mit ihm führen zu der Engel Chören.

7. Von dannen er kommen, wie denn wird vernommen, wenn die Todten werden erstehn von der Erden und zu seinen Füßen sich darstellen müssen.

8. Da wird er sie scheiden, die Frommen zur Freuden, die Bösen zur Höllen in peinliche Stellen, da sie ewig müssen ihr Untugend büßen.

9. Ei nun, HErre JEsu, schick unsre Herzen zu, daß wir alle Stunden rechtgläubig er-

funden, darinnen verschieden zur ewigen Freuden.
Joh. Horn, im Gesangbuch der böhm. Brüder, 1540.

Mel. Nun komm der Heiden 2c. 5.

23. Gott sei Dank durch alle Welt, der sein Wort beständig hält, und der Sünder Trost und Rath zu uns hergesendet hat.

2. Was der alten Väter Schar höchster Wunsch und Sehnen war, und was sie geprophezeiht, ist erfüllt nach Herrlichkeit.

3. Zions Hülf und Abrams Lohn, Jakobs Heil, der Jungfrauen Sohn, der wohl zweigestammte Held hat sich treulich eingestellt.

4. Sei willkommen, o mein Heil! Hosianna, o mein Theil! Richte du auch eine Bahn dir in meinem Herzen an.

5. Zeuch, du Ehrenkönig, ein, es gehöret dir allein, mach es, wie du gerne thust, rein von allem Sündenwust.

6. Und gleichwie dein Zukunft war voller Sanftmuth, ohn Gefahr: also sei auch jederzeit deine Sanftmuth mir bereit.

7. Tröste, tröste meinen Sinn, weil ich schwach und blöde bin, und des Satans schlaue List sich zu hoch an mir vermißt.

8. Tritt den Schlangenkopf entzwei, daß ich aller Aengsten frei dir im Glauben um und an selig bleibe zugethan.

9. Daß, wenn du, o Lebensfürst, prächtig wieder kommen wirst, ich dir mög entgegen gehn, und vor Gott gerecht bestehn.
H. Held, 1643.

Eigene Melodie. 48.

24. Herr Christ, der einig Gotts Sohn, Vaters in Ewigkeit, aus seim Herzen entsprossen, gleichwie geschrieben steht, er ist der Morgenstern, sein Glänze streckt er ferne vor andern Sternen klar.

2. Für uns ein Mensch geboren im letzten Theil der Zeit, der Mutter unverloren ihr jungfräulich Keuschheit, den Tod für uns zerbrochen, den Himmel aufgeschlossen, das Leben wiederbracht.

3. Laß uns in deiner Liebe und Kenntniß nehmen zu, daß wir am Glauben bleiben, und dienen im Geist so, daß wir hie mögen schmecken dein Süßigkeit im Herzen, und dürsten stets nach dir.

4. Du Schöpfer aller Dinge, du väterliche Kraft, regierst von End zu End kräftig aus eigner Macht. Das Herz uns zu dir wende und kehr ab unser Sinne, daß sie nicht irrn von dir.

5. Ertödt uns durch dein Güte, erweck uns durch dein Gnad, den alten Menschen kränke, daß der neu leben mag wohl hie auf dieser Erden, den Sinn und all Begierden und G'danken hab'n zu dir.
Elisabeth Creuziger, 1524.

Mel. Nun danket alle Gott. 55.
Oder: O stilles Gotteslamm.

25. Ich freue mich in dir und heiße dich willkommen, mein liebstes JEsulein; du hast dir vorgenommen, mein Brüderlein zu sein, ach, wie ein süßer Ton, wie freundlich sieht er aus, der große Gottessohn!

2. Gott senkt die Majestät, sein unbegreiflich Wesen, in eines Menschen Leib, nun muß die Welt genesen; der allerhöchste Gott spricht freundlich bei mir ein, wird gar ein kleines Kind, und heißt mein JEsulein!

3. Wie lieblich klingt es mir, wie schallt es in die Ohren, es

kann durch Stahl und Erz und harte Felsen bohren, das liebste JEsulein! Wer JEsum recht erkennt, der stirbt nicht, wenn er stirbt, sobald er JEsum nennt.

4. Wohlan, so will ich mich an dich, o JEsu, halten, und sollte gleich die Welt in tausend Stücken spalten; o JEsu, dir, nur dir, dir leb ich ganz allein, auf dich, allein auf dich, mein JEsu, schlaf ich ein.

Dr. C. Ziegler, 1648.

Mel. Meinen JEsum laß ich 2c. 33.

26. Komm, du werthes Lösegeld, dessen alle Heiden hoffen; komm, o Heiland aller Welt, Thor und Thüren stehen offen; komm in angewöhnter Zier, komm, wir warten mit Begier. :,:

2. Zeuch auch in mein Herz hinein, o du großer Ehrenkönig, laß mich deine Wohnung sein! Bin ich armer Mensch zu wenig, ei, so soll mein Reichthum sein, wenn du bei mir ziehest ein. :,:

3. Nimm mein Hosianna an mit den Siegespalmenzweigen; so viel ich nur immer kann, will ich Ehre dir erzeigen, und im Glauben dein Verdienst mir zueignen zum Gewinnst. :,:

4. Hosianna, Davids Sohn! Ach HErr, hilf, laß wohl gelingen, laß dein Scepter, Reich und Kron uns viel Heil und Segen bringen, daß in Ewigkeit besteh: Hosianna in der Höh! :,:

M. Joh. Gottfr. Olearius, 1644.

Mel. Lobe den HErren, den mächt. 24

27. Kommst du nun, JEsu, vom Himmel herunter auf Erden? Soll nun der Himmel und Erde vereiniget werden? Ewiger Gott, kann dich mein Jammer und Noth bringen zu Menschengeberden?

2. Was ich in Adam und Eva durch Sterben verloren, hast du mir, JEsu, durch Leben und Leiden erkoren. Gütiger Gott, alle mein Jammer und Noth endet sich, da du geboren.

3. Teufel und Hölle die zürnen und halten zusammen, wollen mich Sünder verschlingen und gänzlich verdammen. Mächtiger Gott, wende den Jammer und Noth, tilge die höllischen Flammen.

4. Gib mir, o JEsu, nur heilige, gute Gedanken; halte die Glieder des Leibes in heiligen Schranken. Heiliger Gott, laß mich nach deinem Gebot herzlich im Glauben dir danken.

5. Führe mich endlich, o JEsu, ins ewige Leben, welches du allen, die gläuben, versprochen zu geben; da ich bei Gott, ohne Noth, Jammer und Tod, ewig in Freuden kann schweben.

Casp. Friedr. Nachtenhöfer, 1684.

In eigener Melodie. 3.

28. Laßt uns alle fröhlich sein, preisen Gott den HErren, der sein liebes Söhnelein uns selbst thut verehren.

2. Er kommt in das Jammerthal, wird ein Knecht auf Erden, damit wir im Himmelssal große Herren werden.

3. Er wird arm, wir werden reich, ist das nicht ein Wunder? Drum lobt Gott im Himmelreich allzeit, wie jetzunder.

4. O HErr Christ, nimm unser wahr durch dein heilgen Namen; gib uns ein gut neues Jahr, wers begehrt, sprech: Amen.

Urban Langhanns, um 1560.

In eigener Melodie. 11.

29. Lob sei dem allmächtigen Gott, der sich unser erbarmet hat, gesandt sein allerliebsten Sohn, aus ihm geborn im höchsten Thron.

Advents- und Weihnachts-Lieder.

2. Auf daß er unser Heiland würd, uns freiet von der Sündenbürd, und durch sein Gnade und Wahrheit führet zur ewigen Klarheit.
3. O große Gnad und Gütigkeit! O tiefe Lieb und Mildigkeit! Gott thut ein Werk, des ihm kein Mann, auch kein Engel verdanken kann.
4. Gott nimmt an sich unser Natur, der Schöpfer aller Kreatur; er veracht nicht ein armes Weib, Mensch zu werden in ihrem Leib.
5. Des Vaters Wort von Ewigkeit wird Fleisch in aller Reinigkeit; das A und O, Anfang und End gibt sich für uns in groß Elend.
6. Was ist der Mensch, was ist sein Thun, daß Gott für ihn gibt seinen Sohn! Was darf unser das höchste Gut, daß es so unserthalben thut?
7. O weh dem Volk, das dich veracht, der Gnad sich nicht theilhaftig macht, nicht hören will des Sohnes Stimm, denn auf ihm bleibet Gottes Grimm.
8. O Mensch, wie? daß du nicht verstehst und dem König entgegen gehst, der dir so ganz demüthig kömmt und sich dein so treulich annimmt.
9. Ei, nimm ihn heut mit Freuden an, bereit ihm deines Herzens Bahn, auf daß er komm in dein Gemüth und du genießest seiner Güt.
10. Unterwirf ihm deine Vernunft in dieser gnadreichen Zukunft, untergib seiner Heiligkeit die Werk deiner Gerechtigkeit.
11. Wo du dies thust, so ist er dein, bewahrt dich für der Höllenpein; wo nicht, so sieh dich eben für, denn er schleußt dir des Himmels Thür.
12. Sein erste Zukunft in die Welt ist in sanftmüthiger Gestalt,

die ander wird erschrecklich sein, den Gottlosen zu großer Pein.
13. Die aber jetzt in Christo stehn, werden alsdann zur Freud eingehn und besitzen der Engel Chor, daß sie kein Uebel mehr berühr.
14. Dem Vater in dem höchsten Thron, samt seinem eingebornen Sohn, dem Heiligen Geist gleicher Weis sei in Ewigkeit Dank und Preis.

Mich. Weiß, 1534.

In eigener Melodie. 6.

30. Lebt Gott, ihr Christen, allzugleich in seinem höchsten Thron, der heut aufschleußt sein Himmelreich, und schenkt uns seinen Sohn. :,:
2. Er kömmt aus seines Vaters Schoß und wird ein Kindlein klein; er liegt dort elend, nackt und bloß in einem Krippelein. :,:
3. Er äußert sich all sein Gewalt, wird niedrig und gering, und nimmt an sich eins Knechts Gestalt, der Schöpfer aller Ding. :,:
4. Er liegt an seiner Mutter Brust, ihr Milch ist seine Speis, an dem die Engel sehn ihr Lust, denn er ist Davids Reis. :,:
5. Das aus seim Stamm entsprießen sollt in dieser letzten Zeit, durch welchen Gott aufrichten wollt sein Reich, die Christenheit. :,:
6. Er wechselt mit uns wunderlich, Fleisch und Blut nimmt er an, und gibt uns in seins Vaters Reich die klare Gottheit dran. :,:
7. Er wird ein Knecht und ich ein Herr, das mag ein Wechsel sein! Wie könnt es doch sein freundlicher, das Herze-JEsulein? :,:
8. Heut schleußt er wieder auf die Thür zum schönen Paradeis;

Advents- und Weihnachts-Lieder.

der Cherub steht nicht mehr dafür.
Gott sei Lob, Ehr und Preis :,:
Nikolaus Herman, 1560.

Eigene Melodie. 71.

31. Macht hoch die Thür, die Thor macht weit, es kömmt der HErr der Herrlichkeit, ein König aller Königreich, ein Heiland aller Welt zugleich, der Heil und Leben mit sich bringt; derhalben jauchzt, mit Freuden singt: Gelobet sei mein Gott, mein Schöpfer, reich von Gnad.

2. Er ist gerecht, ein Helfer werth, Sanftmüthigkeit ist sein Gefährt, sein Königskron ist Heiligkeit, sein Scepter ist Barmherzigkeit. All unsre Noth zum End er bringt, derhalben jauchzt, mit Freuden singt: Gelobet sei mein Gott, mein Heiland, groß von That.

3. O wohl dem Land, o wohl der Stadt, so diesen König bei sich hat! Wohl allen Herzen insgemein, da dieser König ziehet ein! Er ist die rechte Freudensonn, bringt mit sich lauter Freud und Wonn. Gelobet sei mein Gott, mein Tröster früh und spat.

4. Macht hoch die Thür, die Thor macht weit, eur Herz zum Tempel zubereit; die Zweiglein der Gottseligkeit steckt an mit Andacht, Lust und Freud. So kömmt der König auch zu euch, ja Heil und Leben mit zugleich. Gelobet sei mein Gott, voll Rath, voll That, voll Gnad.

5. Komm, o mein Heiland JEsu Christ, meins Herzens Thür dir offen ist; ach, zeuch mit deiner Gnade ein, dein Freundlichkeit auch uns erschein; dein Heilger Geist uns führ und leit den Weg zur ewgen Seligkeit. Dem Namen dein, o HErr, sei ewig Preis und Ehr.

Georg Weissel, † 1635.

Mel. Gottes Sohn ist kommen. 28.

32. Menschenkind, merk eben, was da sei dein Leben, warum hat Gott sein Sohn gesandt vom höchsten Thron, hat lassen Mensch werden hier auf dieser Erden.

2. Nämlich, daß er lehret, dich zu sich bekehret, für deine Schuld stürbe, dir Genad erwürbe, dich vor Gott vertrete und stets für dich bete.

3. Und daß er durch sein Geist, den er ein Tröster heißt, und durch sein Wort kommen dir zu Trost und Frommen möcht in deinem Herzen wohnen ohne Schmerzen.

4. Ei, gib statt diesem Geist, und thu, was dich Gott heißt; öffne des Herzens Pfort, daß Christus durch sein Wort in dich möge kommen und stets in dir wohnen.

5. Alsdann sich gar eben, daß du dich ergeben in gottselig Leben, ihm nicht widerstreben, sondern seinen Willen allzeit wirst erfüllen.

6. Seine Lieb beweisen, mit der That ihn preisen, stets in allen Sachen munter sein und wachen, daß du ihm in Allem möchtest wohlgefallen.

7. Wirst du dich recht halten, so wird er dein walten, dich lassen genießen friedsames Gewissen, dir auch Zeugniß geben zum ewigen Leben.

8. Jetzt mußt du viel leiden, deinen Willen meiden und auf allen Seiten mit dem Satan streiten; doch es wird dir wohlgehn, so du dies wirst ausstehn.

9. Denn der HErre wird dir durch den Tod kommen schier, deine Seel abscheiden zur ewigen Freuden, bis die Posaun angeht und alles Fleisch aufsteht.

10. Dann wird er leibhaftig, sehr herrlich und kräftig von dem

Himmel steigen, reden und nicht schweigen, dir und allen sagen, die jetzt sein Joch tragen:

11. Kommt, ihr Benedeiten, zu der rechten Seiten; kommt, ihr Auserkornen, in mir Neugebornen, in meines Vaters Reich, längsten fertig für euch.

12. Alsdann wirst du froh sein und ledig aller Pein, im verklärten Leben mit dem HErren schweben, voller Freud und Wonne leuchten wie die Sonne.

13. Wohl nun dem, den Gott zeucht und durch sein Geist erleucht, daß er Christum annimmt, wenn er durch sein Wort kömmt und bei ihm sein Fleiß thut, dann seine Sach ist gut.

14. Wer aber nichts achtet, nach Christo nicht trachtet, sein hie zu genießen, der soll diesmal wissen, daß ers dort wird müssen in der Höllen büßen.

15. O komm, HErre JEsu, schick dein armes Volk zu, daß es dein Willen thu, darnach in deiner Ruh lobe deinen Namen in Ewigkeit. Amen.

Michael Weiß, 1534.

Mel. Von Gott will ich nicht l. 58.

33. Mit Ernst, o Menschenkinder, betrachtet diese Zeit, in der der Ueberwinder, der HErr der Herrlichkeit, sich äußert seiner Ehr, verläßt den Thron der Freuden und kömmt, für uns zu leiden, von seinem Vater her.

2. Bereitet eure Herzen, empfangt recht diesen Gast, er lindert eure Schmerzen, erwirbt euch ewig Rast. O wohl und aber wohl dem, der sein Herz ihm leeret und ihn zum Gast begehret, daß er drin wohnen soll.

3. Denn er wird ihn begaben mit ewger Himmelslust und ohne Ende laben mit Freud, die sonst nicht kost ein Mensch, der dieser Welt und Eitelkeit nachhanget und in Wollüsten pranget. Wohl dem, der Gott gefällt!

4. Nun, JEsu, schau, ich gebe zur Wohnung dir mein Herz; mit Seel und Geist ich lebe zum Dienst in Lust und Schmerz dir einzig und allein. Ach komm und mich erfreue mit deiner Lieb und Treue! Laß mich dein eigen sein.

Mel. Nun danket Alle Gott. Oder: Was frag ich nach der Welt. 55.

34. Nun ist die Zeit erfüllt, des Höchsten Sohn ist kommen und hat das arme Fleisch der Menschen angenommen; hier ist der Mann, der HErr, der Furcht und Strafe stillt; des Weibes Same kömmt; nun ist die Zeit erfüllt.

2. Nun ist die Zeit erfüllt, der Stern aus Jakob funkelt, die trübe Nacht ist hin, die alle Welt verdunkelt; hier ist es, Israel, was du erwarten willt, der Zionshüter schreit: Nun ist die Zeit erfüllt.

3. Nun ist die Zeit erfüllt, der Stab von Aaron blühet, worauf das alte Bild der heilgen Lade siehet; es hat sich Rath, Kraft, Held in armen Staub verhüllt, und wird ein schwaches Kind; nun ist die Zeit erfüllt.

4. Nun ist die Zeit erfüllt, die Kindschaft ist erworben; was unter dem Gesetz und dessen Fluch verdorben, das hört nun weiter nicht, wie Zorn und Eifer brüllt. Gott ruft den Frieden aus; nun ist die Zeit erfüllt.

Mel. Erschienen ist der herrlich. 21.

35. Nun kömmt das neue Kirchenjahr, des freut sich alle Christenschar; dein König kommt, drum freue dich, du werthes Zion, ewiglich. Halleluja.

Advents- und Weihnachts-Lieder.

2. Wir hören noch das Gnadenwort von Anfang immer wieder fort, das uns den Weg zum Leben weist, Gott sei für seine Gnad gepreist. Halleluja.
3. Gott, was uns deine Wahrheit lehrt, die unsern Glauben stets vermehrt, das laß bekleiben, daß wir dir Lob und Preis sagen für und für. Halleluja.
Johann Olearius, 1671.

Eigene Melodie. 5.

36. Nun komm, der Heiden Heiland, der Jungfrauen Kind erkannt, des sich wunder alle Welt, Gott solch Geburt ihm bestellt.
2. Nicht von Manns Blut noch vom Fleisch, allein von dem Heilgen Geist, ist Gotts Wort worden ein Mensch und blüht ein Frucht Weibesfleisch.
3. Der Jungfrau Leib schwanger ward, doch blieb Keuschheit rein bewahrt, leucht herfür manch Tugend schön, Gott da war in seinem Thron.
4. Er ging aus der Kammer sein, dem königlichen Sal so rein, Gott von Art und Mensch ein Held, sein Weg er zu laufen eilt.
5. Sein Lauf kam vom Vater her und kehrt wieder zum Vater, fuhr hinunter zu der Höll und wieder zu Gottes Stuhl.
6. Der du bist dem Vater gleich, führ hinaus den Sieg im Fleisch, daß dein ewig Gottesgewalt in uns das krank Fleisch enthalt.
7. Dein Krippen glänzt hell und klar, die Nacht gibt ein neu Licht dar, dunkel muß nicht kommen drein, der Glaub bleibt immer im Schein.
8. Lob sei Gott dem Vater g'than, Lob sei Gott seim eingen Sohn, Lob sei Gott dem Heilgen Geist, immer und in Ewigkeit.
Dr. M. Luther, 1524.
(Nach dem Latein. des Ambrosius.)

Mel. In dulci jubilo. 54.

37. Nun singet und seid froh, jauchzt all und saget so: Unsers Herzens Wonne liegt in der Krippen bloß, und leucht doch als die Sonne in seiner Mutter Schoß; du bist A und O. :,:
2. Sohn Gottes in der Höh, nach dir ist mir so weh! Tröste mein Gemüthe, o Kindlein zart und rein, und durch deine Güte, o liebstes JEsulein, zeuch mich hin nach dir. :,:
3. Groß ist des Vaters Huld, der Sohn tilgt unsre Schuld; da wir ganz verdorben durch Sünd und Eitelkeit, hat er uns erworben die ewge Himmelsfreud. Eia, wärn wir da! :,:
4. Wo ist der Freudenort? Sonst nirgend mehr denn dort, da die Engel singen dem lieben JEsulein und die Psalmen klingen im Himmel hell und rein. Eia, wärn wir da! :,:

In der Mischform—Latein u. Deutsch —um 1350; verbreitet durch Petrus Dresdensis um 1410; verdeutscht im Hannoverischen Gesangbuch 1646.

Mel. Wie schön leuchtet der 2c. 86.

38. O Fürstenkind aus Davids Stamm, o meiner Seelen Bräutigam, mein Trost, mein Heil, mein Leben, wie soll ich ewig danken dir, daß du ins Elend kommst zu mir, was soll ich dir denn geben? Es geht und steht außer Leiden nur in Freuden, was man siehet, weil der Friedefürst einziehet.
2. Ich selbsten bin der Freuden voll, ich weiß nicht, was ich schenken soll dem auserwählten Kinde. Ach Herzenskind, nimm immer hin, nimm hin mein Herze, Muth und Sinn und mich mit Lieb enzünde. Schleuß dich in mich, in mein Herze, daß

ich herze dich und küsse, dich auch ewig lieben müsse.
3. Bleib, höchster Schatz, o meine Zier, o meine Wonne, bleib bei mir, du Hoffnung der Verzagten! Du Himmelsthau, befruchte mich, du schönstes Manna, zeige dich den Armen und Verjagten! Laß nicht dein Licht hier auf Erden dunkel werden, laß den Deinen hie dein Wort noch weiter scheinen.

Philipp von Zesen, um 1643.

In eigner Melodie. 26.

39. O JEsu Christ, dein Kripplein ist mein Paradies, da meine Seele weidet, hier ist der Ort, hier liegt das Wort mit unserm Fleisch persönlich angekleidet.
2. Dem Meer und Wind gehorsam sind, gibt sich zum Dienst, und wird ein Knecht der Sünder. Du Gottes Sohn wirst Erd und Thon, gering und schwach, wie wir und unsre Kinder.
3. Du höchstes Gut hebst unser Blut in deinen Thron, hoch über alle Höhen. Du ewge Kraft machst Brüderschaft mit uns, die wie ein Dampf und Rauch vergehen.
4. Was will uns nun zuwider thun der Seelenfeind mit allem Gift und Gallen? Was wirft er mir und Andern für, daß Adam ist und wir mit ihm gefallen?
5. Schweig, arger Feind, da sitzt mein Freund, mein Fleisch und Blut, hoch in dem Himmel droben. Was du gefällt, das hat der Held aus Jakobs Stamm zu großer Ehr erhoben.
6. Sein Licht und Heil macht alles heil; der Himmelsschatz bringt allen Schaden wieder. Der Freudenquell, Immanuel, schlägt Teufel, Höll und all ihr Reich darnieder.

7. Drum, frommer Christ, wer du auch bist, sei gutes Muths und laß dich nicht betrüben, weil Gottes Kind dich ihm verbindt, so kanns nicht anders sein, Gott muß dich lieben.
8. Gedenke doch, wie herrlich hoch er über allen Jammer dich geführet: der Engel Herr ist selbst nicht mehr, als eben du, mit Seligkeit gezieret.
9. Du siehest ja vor Augen da dein Fleisch und Blut die Luft und Wolken lenken; was will doch sich (ich frage dich) erheben, dich in Angst und Noth zu senken?
10. Dein blöder Sinn geht oft dahin, ruft ach und weh! läßt allen Trost verschwinden: komm her und richt dein Angesicht zum Kripplein Christi, da, da wirst du finden.
11. Wirst du geplagt? Sei unverzagt, dein Bruder wird dein Unglück nicht verschmähen; sein Herz ist reich und gnadenreich, kann unser Leid nicht ohne Thränen sehen.
12. Tritt zu ihm zu, such Hülf und Ruh, er wirds so machen, daß du ihm wirst danken; er weiß und kennt, was beißt und brennt, versteht wohl, wie zu Muthe sei dem Kranken.
13. Denn eben drum hat er den Grimm des Kreuzes auch am Leibe wollen tragen, daß seine Pein ihm möge sein ein unverrückt Erinnrung unsrer Plagen.
14. Mit einem Wort: er ist die Pfort zu dieses und des andern Lebens Freuden; er macht behend ein seligs End an alle dem, was fromme Herzen leiden.
15. Laß aller Welt ihr Gut und Geld, und siehe nur, daß dieser Schatz dein bleibe; wer den hie fest hält und nicht läßt, den ehrt und krönt er dort an Seel und Leibe.

Paul Gerhardt, 1656.

Advents- und Weihnachts-Lieder. 17

Mel. Vom Himmel hoch da rc. 11.

40. Schaut! schaut! was ist für Wunder dar? Die schwarze Nacht wird hell und klar, ein großes Licht bricht jetzt herein, ihm weichet aller Sternen Schein.

2. Es ist ein rechtes Wunderlicht und gar die alte Sonne nicht, weils wider die Natur die Nacht zu einem hellen Tage macht.

3. Was wird hierdurch uns zeigen an, der die Natur so ändern kann? Es muß ein großes Werk geschehn, wie wir aus solchen Zeichen sehn.

4. Sollt auch erscheinen dieser Zeit die Sonne der Gerechtigkeit, der helle Stern aus Jakobs Stamm, der Heiden Licht, des Weibes Sam?

5. Es ist also. Des Himmels Heer das bringt uns jetzt die Freudenmähr, wie sich nunmehr hat eingestellt zu Bethlehem das Heil der Welt.

6. O Gütigkeit! was lange Jahr sich hat der frommen Väter Schar gewünscht und sehnlich oft begehrt, des werden wir von Gott gewährt.

7. Drum auf, ihr Menschenkinder, auf! Auf, auf! und nehmet euren Lauf mit mir hin zu der Stell und Ort, davon gemeldt der Engel Wort.

8. Schaut hin, dort liegt im finstern Stall, des Herrschaft gehet überall, da Speise vormals sucht ein Rind, da ruht jetzt der Jungfrauen Kind.

9. O Menschenkind, betracht es recht, und strauchle nicht, dieweil so schlecht, so elend scheint dies Kindelein, es ist und soll auch uns groß sein.

10. Es wird im Fleisch hier vorgestellt, der alles schuf und noch erhält, das Wort, so bald im Anfang war bei Gott, selbst Gott, das lieget dar.

11. Es ist der eingeborne Sohn des Vaters, unser Gnadenthron, das A und O, der große Gott, der Siegesfürst, HErr Zebaoth.

12. Denn weil die Zeit nunmehr erfüllt, da Gottes Zorn muß sein gestillt, wird sein Sohn Mensch, trägt unsre Schuld, wirbt uns durch sein Blut Gottes Huld.

13. Dies ist die rechte Freudenzeit, weg Trauren, weg, weg alles Leid! Trotz dem, der ferner uns verhöhnt, Gott selbst ist Mensch, wir sind versöhnt.

14. Der Sündenbüßer ist nun hier, den Schlangentreter haben wir, der Höllen Pest, des Todes Gift, des Lebens Fürst man hier antrifft.

15. Es hat mit uns nun keine Noth, weil Sünde, Teufel, Höll und Tod zu Spott und Schanden sind gemacht in dieser großen Wundernacht.

16. O selig, selig alle Welt, die sich an dieses Kindlein hält! Wohl dem, der dieses recht erkennt, und gläubig seinen Heiland nennt.

17. Es danke Gott, wer danken kann, der unser sich so hoch nimmt an, und sendet aus des Himmelsthron uns, seinen Feinden, seinen Sohn.

18. Drum stimmt an mit der Engel Heer: Gott in der Höhe sei nun Ehr, auf Erden Friede jederzeit, den Menschen Wonn und Fröhlichkeit!

Paul Gerhardt, 1667.

In eigner Melodie. 11.

41. Vom Himmel hoch da komm ich her, ich bring euch gute neue Mähr, der guten Mähr bring ich so viel, davon ich singen und sagen will.

2. Euch ist ein Kindlein heut

geborn von einer Jungfrau auserkorn, ein Kindelein so zart und fein, das soll eur Freud und Wonne sein.

3. Es ist der HErr Christ unser Gott, der will euch führn aus aller Noth, er will eur Heiland selber sein, von allen Sünden machen rein.

4. Er bringt euch alle Seligkeit, die Gott der Vater hat bereit, daß ihr mit uns im Himmelreich sollt leben nun und ewiglich.

5. So merket nun das Zeichen recht, die Krippen, Windelein so schlecht, da findet ihr das Kind gelegt, das alle Welt erhält und trägt.

6. Des laßt uns alle fröhlich sein und mit den Hirten gehn hinein, zu sehn, was Gott uns hat beschert, mit seinem lieben Sohn verehrt.

7. Merk auf, mein Herz, und sieh dort hin, was liegt dort in dem Krippelein? Wer ist das schöne Kindelein? Es ist das liebe JEsulein.

8. Bis willekomm, du edler Gast, den Sünder nicht verschmähet hast, und kommst ins Elend her zu mir, wie soll ich immer danken dir?

9. Ach HErr, du Schöpfer aller Ding, wie bist du worden so gering, daß du da liegst auf dürrem Gras, davon ein Rind und Esel aß.

10. Und wär die Welt vielmal so weit, von Edelstein und Gold bereit, so wär sie doch dir viel zu klein, zu sein ein enges Wiegelein.

11. Der Sammet und die Seiden dein das ist grob Heu und Windelein, darauf du, König groß und reich, herprangst, als wärs dein Himmelreich.

12. Das hat also gefallen dir, die Wahrheit anzuzeigen mir, wie aller Welt Macht, Ehr und Gut vor dir nichts gilt, nichts hilft noch thut.

13. Ach mein herzliebes JEsulein, mach dir ein rein sanft Bettelein zu ruhen in meins Herzen Schrein, daß ich nimmer vergesse dein.

14. Davon ich allzeit fröhlich sei, zu springen, singen immer frei das rechte Susaninne schon mit Herzenslust den süßen Ton.

15. Lob, Ehr sei Gott im höchsten Thron, der uns schenkt seinen eingen Sohn, des freuen sich der Engel Schar und singen uns solchs neues Jahr.

Dr. M. Luther, 1535.

In voriger Melodie. 11.

42. Vom Himmel kam der Engel Schar, erschien den Hirten offenbar, sie sagten ihn: ein Kindlein zart das liegt dort in der Krippen hart,

2. Zu Bethlehem in Davids Stadt, wie Micha das verkündet hat; es ist der HErre JEsus Christ, der euer aller Heiland ist.

3. Des sollt ihr billig fröhlich sein, daß Gott mit euch ist worden ein; er ist geborn eur Fleisch und Blut, eur Bruder ist das ewig Gut.

4. Was kann euch thun die Sünd und Tod, ihr habt mit euch den wahren Gott. Laßt zürnen Teufel und die Höll, Gotts Sohn ist worden eur Gesell.

5. Er will und kann euch lassen nicht, setzt ihr auf ihn eur Zuversicht, es mögen euch viel fechten an, dem sei Trotz, ders nicht lassen kann.

6. Zuletzt müßt ihr doch haben recht, ihr seid nun worden Gotts Geschlecht, des danket Gott in Ewigkeit, geduldig, fröhlich allezeit.

Dr. M. Luther, 1543.

Advents- und Weihnachts-Lieder.

Mel. Vom Himmel hoch da ꝛc. 11.

43. Von Adam her so lange Zeit war unser Fleisch vermaledeit, Seel und Geist bis in Tod verwundt, am ganzen Menschen nichts gesund.

2. Uns hatt umfangen große Noth, über uns herrschte Sünd und Tod, wir sunken in der Höllen Grund, und war Niemand, der helfen kunt.

3. Gott sah auf aller Menschen Stätt nach einem, der sein Willen thät; er sucht ein Mann nach seinem Muth, fand aber nichts, denn Fleisch und Blut.

4. Denn die rechtschaffne Heiligkeit, Würdigkeit und Gerechtigkeit hatten sie in Adam verlorn, aus welchem sie waren geborn.

5. Als er so groß Siechthum erkannt und keinen Arzt noch Helfer fand, dacht er an seine große Lieb und wie sein Wort wahrhaftig blieb.

6. Sprach: ich will Barmherzigkeit thun, für die Welt geben meinen Sohn, daß er ihr Arzt und Heiland sei, sie gesund mach und benedei.

7. Er schwur ein Eid dem Abraham, auch dem David von seinem Stamm, verhieß ihm zu geben den Sohn und durch ihn der Welt Hülfe thun.

8. Er thats auch den Propheten kund und breitets aus durch ihren Mund, davon König und fromme Leut sein warteten vor langer Zeit.

9. Ob sie wohl, wie ihr Herz begehrt, des leiblich nicht wurden gewährt, doch hatten sie im Glauben Trost, daß sie sollten werden erlöst.

10. Da aber kam die rechte Zeit, von welcher Jakob prophezeit, las er ihm eine Jungfrau aus, eim Mann vertraut von Davids Haus.

11. In der wirkt er mit seiner Kraft, schuf vom Blut ihrer Jungfrauschaft das rein und benedeite Kind, bei dem man Gnad und Wahrheit findt.

12. O Christe, benedeite Frucht, empfangen rein in aller Zucht, gebenedei und mach uns frei, sei unser Heil, Trost und Arznei. *Michael Weiß*, 1544.

Mel. Valet will ich dir geben. 59.

44. Wie soll ich dich empfangen? und wie begegn ich dir? O aller Welt Verlangen, o meiner Seelen Zier! O JEsu, JEsu, setze mir selbst die Fackel bei, damit, was dich ergötze, mir kund und wissend sei.

2. Dein Zion streut dir Palmen und grüne Zweige hin, und ich will dir in Psalmen ermuntern meinen Sinn; mein Herze soll dir grünen in stetem Lob und Preis und deinem Namen dienen, so gut es kann und weiß.

3. Was hast du unterlassen zu meinem Trost und Freud? Als Leib und Seele saßen in ihrem größten Leid, als mir das Reich genommen, da Fried und Freude lacht, da bist du, mein Heil, kommen und hast mich froh gemacht.

4. Ich lag in schweren Banden, du kommst und machst mich los; ich stund in Spott und Schanden, du kommst und machst mich groß, und hebst mich hoch zu Ehren, und schenkst mir großes Gut, das sich nicht läßt verzehren, wie irdisch Reichthum thut.

5. Nichts, nichts hat dich getrieben zu mir vom Himmelszelt, als das geliebte Lieben, damit du alle Welt in ihren tausend Plagen und großen Jammerslast, die kein Mund aus kann sagen, so fest umfangen hast.

6. Das schreib dir in dein Herze, du herzbetrübtes Heer, bei denen Gram und Schmerze sich häuft je mehr und mehr; seid unverzagt, ihr habet die Hilfe vor der Thür: der eure Herzen labet und tröstet, steht allhier.

7. Ihr dürft euch nicht bemühen, noch sorgen Tag und Nacht, wie ihr ihn wollet ziehen mit eures Armes Macht: er kommt, er kommt mit Willen, ist voller Lieb und Lust, all Angst und Noth zu stillen, die ihm an euch bewußt.

8. Auch dürft ihr nicht erschrecken vor eurer Sündenschuld. Nein! Jesus will sie decken mit seiner Lieb und Huld. Er kommt, er kommt den Sündern zu Trost und wahrem Heil, schafft, daß bei Gottes Kindern verbleib ihr Erb und Theil.

9. Was fragt ihr nach dem Schreien der Feind und ihrer Tück? Ihr HErr wird sie zerstreuen in einem Augenblick. Er kommt, er kommt ein König, dem wahrlich alle Feind auf Erden viel zu wenig zum Widerstande seind.

10. Er kommt zum Weltgerichte, zum Fluch dem, der ihm flucht, mit Gnad und süßem Lichte dem, der ihn liebt und sucht. Ach, komm, ach, komm, o Sonne! und hol uns allzumal zum ewgen Licht und Wonne in deinen Freudensal.

Paul Gerhardt, 1653.

Eigene Melodie. 26.

45. Wir Christenleut habn jetzund Freud, weil uns zu Trost ist Christus Mensch geboren, hat uns erlöst, wer sich des tröst und gläubets fest, soll nicht werden verloren.

2. Ein Wunderfreud, Gott selbst wird heut ein wahrer Mensch von Maria geboren; ein Jungfrau zart sein Mutter ward, von Gott dem HErren selbst dazu erkoren.

3. Die Sünd macht Leid, Christus bringt Freud, weil er zu uns in diese Welt gekommen, mit uns ist Gott nun in der Noth, wer ist, der jetzt uns Christen kann verdammen?

4. Drum sag ich Dank mit dem Gesang Christo, dem HErrn, der uns zu gut Mensch worden, daß wir durch ihn nun all los sein der Sündenlast und unträglicher Bürden.

5. Halleluja, gelobt sei Gott! singen wir all aus unsers Herzens Grunde; denn Gott hat heut gemacht solch Freud, der wir vergessen solln zu keiner Stunde.

Caspar Fugger, †1617.

Mel. Erschienen ist der herrlich. 21.

46. Wir singen dir, Immanuel, du Lebensfürst und Gnadenquell, du Himmelsblum und Morgenstern, du Jungfraun Sohn, HErr aller Herrn. Halleluja.

2. Wir singen dir mit deinem Heer aus aller Kraft Lob, Preis und Ehr, daß du, o lang gewünschter Gast, dich nunmehr eingestellet hast. Halleluja.

3. Von Anfang, da die Welt gemacht, hat so manch Herz nach dir gewacht, dich hat gehofft so lange Jahr der Väter und Propheten Schar. Halleluja.

4. Vor andern hat dein hoch begehrt der Hirt und König deiner Heerd, der Mann, der dir so wohl gefiel, wenn er dir sang auf Saitenspiel. Halleluja.

5. Ach, daß der HErr aus Zion käm, und unsre Bande von uns nähm! Ach, daß die Hülfe bräch herein, so würde Jakob fröhlich sein. Halleluja.

6. Nun, du bist hier, da liegest du, hältst in dem Kripp-

lein deine Ruh; bist klein und machst doch alles groß, bekleidst die Welt und kommst doch bloß. Halleluja.

7. Du kehrst in fremder Haufung ein, und sind doch alle Himmel dein; trinkst Milch aus einer Menschenbrust, und bist doch aller Engel Lust. Halleluja.

8. Du hast dem Meer sein Ziel gesteckt, und wirst mit Windeln zugedeckt; bist Gott, und liegst auf Heu und Stroh, wirst Mensch, und bist doch A und O. Halleluja.

9. Du bist der Ursprung aller Freud, und duldest so viel Herzeleid; bist aller Heiden Trost und Licht, suchst selber Trost und findst ihn nicht. Halleluja.

10. Du bist der süßte Menschenfreund, doch sind dir so viel Menschen feind: Herodis Herz hält dich für Gräul, und bist doch nichts als lauter Heil. Halleluja.

11. Ich aber, dein geringster Knecht, ich sag es frei und mein es recht: ich liebe dich, doch nicht so viel, als ich dich gerne lieben will. Halleluja.

12. Der Will ist da, die Kraft ist klein; doch wird dir nicht zuwider sein mein armes Herz, und was es kann, wirst du in Gnaden nehmen an. Halleluja.

13. Hast du doch selbst dich schwach gemacht, erwähltest, was die Welt veracht; warst arm und dürftig, nahmst vorlieb da, wo der Mangel dich hintrieb. Halleluja.

14. Du schliefst ja auf der Erden Schoß, so war dein Kripplein auch nicht groß, der Stall, das Heu, das dich umfing, war alles schlecht und sehr gering. Halleluja.

15. Darum hab ich so guten Muth, du wirst auch halten mich für gut. O JEsulein, dein frommer Sinn macht, daß ich so voll Trostes bin. Halleluja.

16. Bin ich gleich Sünd und Laster voll, hab ich gelebt nicht wie ich soll, ei kommst du doch deswegen her, daß sich der Sünder zu dir kehr. Halleluja.

17. Hätt ich nicht auf mir Sündenschuld, hätt ich kein Theil an deiner Huld; vergeblich wärst du mir geborn, wann ich nicht wär in Gottes Zorn. Halleluja.

18. So saß ich dich nun ohne Scheu, du machst mich alles Jammers frei, du trägst den Zorn, du würgst den Tod, verkehrst in Freud all Angst und Noth. Halleluja.

19. Du bist mein Haupt, hinwiederum bin ich dein Glied und Eigenthum, und will, so viel dein Geist mir gibt, stets dienen dir, wie dirs beliebt. Halleluja.

20. Ich will dein Halleluja hier mit Freuden singen für und für, und dort in deinem Ehrensal solls schallen ohne Zeit und Zahl. Halleluja.

Paul Gerhardt, 1656.

III. Lieder am Fest der Beschneidung Christi und am Neujahrstag.

Mel. O Gott, du frommer Gott. 35.

47. Ach JEsu, dessen Treu im Himmel und auf Erden durch keines Menschen Mund kann gnug gepriesen werden, ich danke dir, daß du, ein wahrer Mensch geborn, hast von mir abgewandt, daß ich nicht bin verlorn.

2. Fürnehmlich wird in mir

all Herzensangst gestillet, wenn mich dein süßer Nam mit seinem Trost erfüllet; kein Trost so lieblich ist, als den mir gibt dein Nam, der süße JEsusnam, du Fürst aus Davids Stamm.

3. O JEsu, höchster Schatz, du kannst nur Freude bringen, es kann nichts lieblicher, als JEsus Name klingen; ich kann nicht traurig sein, weil JEsus heißt so viel, als Heiland oder Held, der selig machen will.

4. Wenn Satan sich bei mir mit Anfechtung will regen, ist JEsus Name mir zum Trost, Schutz, Fried und Segen, zur Weisheit und Arznei in aller Angst und Noth, daß ich nicht fürchten darf den Teufel und den Tod.

5. Daß ich ein Zornkind bin, das macht die schnöde Sünde; dein JEsusnam macht mich zu einem Gnadenkinde; er nimmt von mir hinweg die Schuld und Missethat, bringt mir die Seligkeit und deines Vaters Gnad.

6. Ei nun, so heilge mich, der ich bin ganz beflecket, der heilge JEsusnam, der alle Sünd bedecket, er kehre ab den Fluch, den Segen zu mir wend, sei meine Stärk, dadurch sich alle Schwachheit endt.

7. Er sei mein Licht, das mich in Finsterniß erleuchte; er sei des Himmels Thau, der mich in Hitz anfeuchte; er sei mein Schirm und Schild, mein Schatten, Schloß und Hut, mein Reichthum, Ehr und Ruhm, er sei mein höchstes Gut.

8. Er sei mein Himmelsweg, die Wahrheit und das Leben; und wolle mir zuletzt aus Gnaden dieses geben, daß ich alsdann in ihm dies Leben schließe wohl, wenn meine Sterbenszeit und Stunde kommen soll.

9. Inmittelst helf er mir, so lang ich hier noch wandle, daß ich in meinem Thun treu und aufrichtig handle; er stehe mir stets bei mit seines Geistes Gab, wenn ich in meinem Amt was zu verrichten hab.

10. JEsu, in deinem Nam bin ich heut aufgestanden, in ihm vollbring ich heut, was mir kommt unterhanden; in deinem Namen ist der Anfang schon gemacht, das Mittel und der Schluß wird auch durch ihn vollbracht.

11. Dir leb ich und in dir, in dir will ich auch sterben; HErr, sterben will ich dir, in dir will ich ererben das ewge Himmelreich, das du erwerben mir, von du verklärt will ich dir dienen für und für.

Johann Heermann, 1630.

In eigener Melodie. 11.

48. Das alte Jahr vergangen ist, wir danken dir, HErr JEsu Christ, daß du uns hast für aller G'fahr so gnädiglich behüt dies Jahr.

2. Wir bitten dich, ewigen Sohn des Vaters in dem höchsten Thron, du wollst dein arme Christenheit ferner bewahren allezeit.

3. Entzeuch uns nicht dein heilsam Wort, welchs ist der Seelen Trost und Hort, fürs Pabsts Lehr und Abgötterei behüt uns, HErr, und steh uns bei.

4. Hilf, daß wir von der Sünd ablahn und fromm zu werden fahen an, kein Sünd im alten Jahr gedenk, ein gnadenreich Neujahr uns schenk:

5. Christlich zu leben, seliglich zu sterben, und hernach fröhlich am jüngsten Tag wieder aufzustehn, mit dir in Himmel einzugehn;

6. Zu danken und zu loben dich mit allen Engeln ewiglich.

am Neujahrstag.

O JEsu, unsern Glauben mehr zu deines Namens Lob und Ehr.
Johann Steuerlein, 1588.

In eigener Melodie. 11.

49. Das neugeborne Kindelein, das herzliebe JEsulein, bringt abermals ein neues Jahr der auserwählten Christenschar.

2. Des freuen sich die Engelein, die gerne um und bei uns sein, und singen in den Lüften frei, daß Gott mit uns versöhnet sei.

3. Ist Gott versöhnt und unser Freund, was kann uns thun der arge Feind? Trotz Teufel und der Höllen Pfort das JEsulein ist unser Hort.

4. Er bringt das rechte Jubeljahr, was trauern wir denn immerdar? Frisch auf, jetzt ist es Singenszeit, das JEsulein wendt alles Leid.

M. Cyriacus Schneegas, † 1597.

In eigener Melodie. 58.

50. Helft mir Gotts Güte preisen, ihr lieben Kinderlein, mit G'sang und andrer Weisen ihm allzeit dankbar sein, fürnehmlich zu der Zeit, da sich dies Jahr thut enden, die Sonn sich zu uns wenden, das Neujahr ist nicht weit.

2. Erstlich laßt uns betrachten des HErren reiche Gnad und so gering nicht achten sein unzählig Wohlthat, stets führen zu Gemüth, wie er dies Jahr hat geben all Nothdurst diesem Leben und uns für Leid behüt:

3. Lehramt, Schul, Kirch erhalten in gutem Fried und Ruh, Nahrung für Jung und Alten bescheret auch dazu und gar mit milder Hand sein Güter ausgespendet, Verwüstung abgewendet von dieser Stadt und Land.

4. Er hat unser verschonet aus väterlicher Gnad, wenn er sonst hätt belohnet all unsre Missethat mit gleicher Straf und Pein, wir wären längst gestorben, in mancher Noth verdorben, die wir voll Sünden sein.

5. Nach Vaters Art und Treuen er uns so gnädig ist, wenn wir die Sünd bereuen, gläuben an JEsum Christ herzlich, ohn Heuchelei, thut er all Sünd vergeben, lindert die Straf darneben, steht uns in Nöthen bei.

6. All solch dein Güt wir preisen, Vater im Himmelsthron, die du uns thust beweisen durch Christum, deinen Sohn, und bitten ferner dich: gib uns ein friedlichs Jahre, für allem Leid bewahre, und nähr uns mildiglich.

7. Gott Vater und dem Sohne und dem Heiligen Geist sei ewig Preis und Wonne, der hat uns so gespeist in dem vergangnen Jahr, Er woll uns ferner geben ein fein ruhiges Leben in diesem neuen Jahr.

Dr. Paul Eberus, † 1569.

Mel. Nun freut euch, lieben Chr. 49.

51. HErr Gott Vater, wir preisen dich im lieben neuen Jahre, denn du hast uns gar väterlich behüt für aller G'fahre; du hast dies Leben uns vermehrt, das täglich Brod reichlich beschert und Fried im Lande geben.

2. HErr JEsu Christ, wir preisen dich im lieben neuen Jahre, denn du regierst gar fleißiglich dein liebe Christenschare, die du mit deinem Blut erlöst, du bist ihr einig Freud und Trost im Leben und im Sterben.

3. HErr Heilger Geist, wir preisen dich im lieben neuen Jahre, denn du hast uns gar mildiglich begnadt mit reiner Lehre, dadurch den Glauben an-

gezündt, die Lieb gepflanzet in Herzensgrund, und andre schöne Tugend.

4. Du treuer Gott, wir bitten dich, zeig uns auch fort dein Hulde, tilg unser Sünde gnädiglich, gedenk nicht alter Schulde, bescher ein fröhlichs neues Jahr, und wenn das Stündlein kömmet dar, ein seligs Ende. Amen.

M. Cyriacus Schneegaß, † 1597.

Mel. Zion klagt mit Angst 2c. 66.

52. Hilf, HErr JEsu, laß gelingen, hilf, das neue Jahr geht an! Laß es neue Kräfte bringen, daß aufs neu ich wandeln kann. Laß mich dir befohlen sein, auch darneben all das Mein. Neues Glück und neues Leben wollst du mir aus Gnaden geben.

2. Laß dies sein ein Jahr der Gnaden, laß mich büßen meine Sünd; hilf, daß sie mir nimmer schaden, sondern bald Verzeihung find; auch durch deine Gnad verleih, daß ich herzlich sie bereu, HErr, in dir, denn du, mein Leben, kannst die Sünde mir vergeben.

3. Tröste mich mit deiner Liebe, nimm, o Gott, mein Flehen hin, weil ich mich so sehr betrübe und voll Angst und Sorgen bin. Wenn ich gleich schlaf oder wach, sieh du, HErr, auf meine Sach, stärke mich in meinen Nöthen, daß mich Sünd und Tod nicht tödten.

4. HErr, du wollest Gnade geben, daß dies Jahr mir heilig sei, und ich christlich könne leben ohne Trug und Heuchelei, ich auch meinen Nächsten lieb und denselben nicht betrüb, damit ich allhie auf Erden fromm und selig möge werden.

5. JEsu, laß mich fröhlich enden dieses angefangne Jahr, trage mich auf deinen Händen, halte bei mir in Gefahr. Steh mir bei in aller Noth, ach, verlaß mich nicht im Tod; freudig will ich dich umfassen, wenn ich soll die Welt verlassen.

Johann Rist, 1642.

Mel. Ich dank dir schon 2c. 7.

53. Nun freue dich, o Christenheit, mit Gott beliebten Weisen, jetzt ist die gnadenreiche Zeit, da wir Gott billig preisen.

2. Die ganze Welt ist angefüllt mit lauter Himmelsgütern, daß süßer Trost und Freude quillt den traurigen Gemüthern.

3. Denn Gott der HErr hat seinen Sohn in unser Fleisch gesendet, und uns durch diese Gnadenthron den Himmel zugewendet.

4. Hier lässet sich das fromme Kind für alle Welt beschneiden daß alle, die wir Sünder sind, den Fluch nicht dürfen leiden.

5. Da wird für uns sein zartes Blut zur Ranzion entrichtet, dadurch ist uns der Vater gut und unsre Schuld geschlichtet.

6. Es wird ihm auch mit Wohlbedacht der Name JEsus geben, weil er die Sünder selig macht, und ist ihr Heil und Leben.

7. Da blüht uns alle Seligkeit, da wächst uns eitel Segen, denn dieser JEsus ist bereit, uns herrlich zu verpflegen.

8. Was unser Herze Guts begehrt, wird uns vollauf geschenket, hingegen das, was uns beschwert, durch JEsum abgelenket.

9. Drum darf uns auch ein ganzes Jahr kein Ungemach erschrecken, denn JEsus weiß uns vor Gefahr aufs beste zuzudecken.

10. Er wacht für uns zu Tag und Nacht; wenn Noth und Unglück drauen, so schützt er uns für

hrer Macht und läßt uns Hülfe schauen.

11. Nun JEsu, wir loben bir für alle deine Treue; gib, daß uns ferner für und für sein Trost und Schutz erfreue.

12. Nimm an in deine Liebeshand uns Große mit den Kleinen; hilf uns, und laß auf Stadt und Land dein gnädig Antlitz scheinen.

Sal. Liscovius, † 1689.

Mel. Nun laßt uns Gott dem HErr. 4.

54. Nun laßt uns gehn und treten mit Singen und mit Beten zum HErrn, der unserm Leben bis hieher Kraft gegeben.

2. Wir gehn dahin und wandern von einem Jahr zum andern, wir leben und gedeihen vom alten zu dem neuen.

3. Durch so viel Angst und Plagen, durch Zittern und durch Zagen, durch Krieg und große Schrecken, die alle Welt bedecken.

4. Denn wie von treuen Müttern in schweren Ungewittern die Kindlein hier auf Erden mit Fleiß bewahret werden:

5. Also auch und nicht minder läßt Gott ihm seine Kinder, wenn Noth und Trübsal blitzen, in seinem Schoße sitzen.

6. Ach, Hüter unsers Lebens, fürwahr, es ist vergebens mit unserm Thun und Machen, wo nicht dein Augen wachen.

7. Gelobt sei deine Treue, die alle Morgen neue! Lob sei den starken Händen, die alles Herzleid wenden!

8. Laß ferner dich erbitten, o Vater, und bleib mitten in unserm Kreuz und Leiden ein Brunnen unsrer Freuden.

9. Gib mir und allen denen, die sich von Herzen sehnen nach dir und deiner Hulde, ein Herz, das sich gedulte.

10. Sprich deinen milden Segen zu allen unsern Wegen; laß Großen und auch Kleinen die Gnadensonne scheinen.

11. Sei der Verlaßnen Vater, der Irrenden Berather, der Unversorgten Gabe, der Armen Gut und Habe.

12. Hilf gnädig allen Kranken; gib fröhliche Gedanken den hochbetrübten Seelen, die sich mit Schwermuth quälen.

13. Und endlich, was das meiste, füll uns mit deinem Geiste, der uns hier herrlich ziere und dort zum Himmel führe.

14. Das alles wollst du geben, o meines Lebens Leben, mir und der Christenschare zum selgen neuen Jahre.

Paul Gerhardt, vor 1648.

Mel. Vater unser im. 44.

55. Nun treten wir ins neue Jahr, HErr JEsu, rett uns aus Gefahr; wend ab in dieser bösen Zeit Krieg, Theurung, Pest und alles Leid. Wir bitten, laß dir insgemein die drei Hauptstänb befohlen sein.

2. Gib uns dein Wort und Sacrament im Lande bis an unser End. Bekrön das Jahr mit deiner Güt, und uns mit Segen überschütt. Daß solches Amen sei und wahr, von Herzen wünscht der Christen Schar.

Dr. Georg Werner, † 1671.

Mel. Freu dich sehr, o meine S. 66.

56. Warum machet solche Schmerzen, warum machet solche Pein der von unbeschnittnem Herzen dir, o liebes JEsulein, mit Beschneidung, da du doch frei von des Gesetzes Joch; weil du einem Menschenkinde zwar gleich, doch ganz ohne Sünde.

2. Für dich darfst du dies nicht dulden, du bist ja des Bun-

des HErr; unsre, unsre großen Schulden, die so grausam, die so schwer auf uns liegen, daß es dich jammert herz- und inniglich, die trägst du ab, uns zu retten, die sonst nichts zu zahlen hätten.

3. Freut, ihr Schuldner, euch deswegen, ja, sei fröhlich, alle Welt, weil heut anhebt zu erlegen Gottes Sohn das Lösegeld. Das Gesetz wird heut erfüllt; heut wird Gottes Zorn gestillt; heut macht uns, so sollten sterben, Gottes Sohn zu Gottes Erben.

4. Wer mag recht die Gnad erkennen? Wer mag dafür dankbar sein? Herz und Mund soll stets dich nennen unsern Heiland, JEsulein. Deine Güte wollen wir nach Vermögen preisen hier, weil wir in der Schwachheit wallen; dort soll daß dein Lob erschallen.

Paul Gerhardt, 1653.

IV. Lieder am Fest Epiphanias oder der Erscheinung Christi.

Mel. Nun ruhen alle Wälder. 31.

57. Brich auf und werde lichte, laß gehn die Nacht zu nichte, dein Licht kommt her zu dir; die Herrlichkeit des HErren glänzt prächtig weit und ferren und zeigt sich um und über dir.

2. Zwar finster ist die Erde, der armen Heiden Heerde liegt dunkel weit und breit: dich hat der HErr, dein Leben, dein Heil und Trost umgeben mit großer Ehr und Herrlichkeit.

3. Die Völker auf der Erden, so je beschienen werden durchs klare Sonnenlicht, die sollen dein Licht kennen, zum Glanze fröhlich rennen, der aus der Höh des Himmels bricht.

4. Heb auf, heb dein Gesichte, das Volk folgt deinem Lichte, die Welt kömmt ganz zu dir; sie hat von dir vernommen, die Söhn und Töchter kommen und suchen deinen Ruhm und Zier.

5. Dein Herze wird dir wallen, wann dir kömmt zu Gefallen die Anzahl um das Meer; du wirst die Augen weiden am Volke vieler Heiden, so bringt mit Haufen zu dir her.

6. Es kommen alle Seelen aus Epha mit Kameelen, mit Läufern Midian. Gold wird dir Saba bringen und Weihrauch, es wird singen dein Lob und Preis ein jedermann.

Martin Opitz, 1638.

Mel. In dich hab ich gehoffet. 40.

58. Nun, liebe Seel, nun ist es Zeit, wach auf, erwäg mit Lust und Freud, was Gott an uns gewendet: sein lieben Sohn vons Himmels Thron ins Jammerthal er sendet.

2. Nicht nur den Juden blos allein, die seins Geblüts und Stammes sein, sondern auch allen Heiden ist aufgericht dies ewig Licht, erleuchtet sie mit Freuden.

3. Der Heiden Erstling wunderlich durch einen Stern er holt zu sich, daß sie den Heiland schauen und ihren HErrn in Andacht ehrn mit gläubigem Vertrauen.

4. Nun, die ihr Heiden seid gewest, begeht mit Dank der Heiden Fest, laßt eure Stimmen klingen; laßt ihm zu Ehrn euch fröhlich hörn mit freudenreichem Singen.

5. O JEsu, unser Heil und

Licht, halt über uns dein Angesicht, mit deinen Strahlen walte, und mein Gemüth durch deine Güt bei deinem Licht erhalte.

6. Dein Glanz all Finsterniß verzehr, die trübe Nacht in Licht verkehr, leit uns auf deinen Wegen, daß dein Gesicht und herrlich Licht wir ewig schauen mögen.

M. Joh. Christoph Arnschwanger, † 1696.

Mel. Ich dank dir, lieber HErre. 59.

59. O König aller Ehren, HErr JEsu, Davids Sohn, dein Reich soll ewig währen, im Himmel ist dein Thron. Hilf, daß allhie auf Erden den Menschen weit und breit dein Reich bekannt mög werden zur ewgen Seligkeit.

2. Von deinem Reich auch zeugen die Leut aus Morgenland; die Knie sie vor dir beugen, weil ihnen bist bekannt; der neu Stern auf dich weiset, darzu das göttlich Wort, drum man dich billig preiset, daß du bist unser Hort.

3. Du bist ein großer König, wie uns die Schrift vermeldt; doch achtest du gar wenig vergänglich Gut und Geld, prangst nicht auf einem Rosse, trägst keine güldne Kron, sitzst nicht im festen Schlosse, hier hast du Spott und Hohn.

4. Doch bist du schön gezieret, dein Glanz erstreckt sich weit, dein Güt allzeit floriret und dein Gerechtigkeit. Du wollst die Frommen schützen durch dein Macht und Gewalt, daß sie im Friede sitzen, die Bösen stürzen bald.

5. Du wollst dich mein erbarmen, in dein Reich nimm mich auf, dein Güte schenk mir Armen und segne meinen Lauf. Mein Feinden wollst du wehren, dem Teufel, Sünd und Tod, daß sie mich nicht versehren, rett mich aus aller Noth.

6. Du wollst in mir entzünden dein Wort, den schönsten Stern, daß falsche Lehr und Sünden sein von meim Herzen fern; hilf, daß ich dich erkenne und mit der Christenheit dich meinen König nenne jetzt und in Ewigkeit.

Martin Behemb (Böhme), 1606.

In eigener Melodie. 11.

60. Was fürchtst du Feind Herodes sehr, daß uns geborn kommt Christ, der HErr? Er sucht kein sterblich Königreich, der zu uns bringt sein Himmelreich.

2. Dem Stern die Weisen folgen nach, solch Licht zum rechten Licht sie bracht; sie zeigen mit den Gaben drei, dies Kind Gott, Mensch und König sei.

3. Die Tauf im Jordan an sich nahm das himmelische Gotteslamm, dadurch, der nie kein Sünde that, von Sünden uns gewaschen hat.

4. Ein Wunderwerk da neu geschah, sechs steinern Krüge man da sah voll Wassers, das verlor sein Art, rother Wein durch sein Wort draus ward.

5. Lob, Ehr und Dank sei dir gesagt, Christ, geborn von der reinen Magd, mit Vater und dem Heilgen Geist, von nun an bis in Ewigkeit.

Dr. M. Luther, 1541.
(Verdeutschung von Sedulii Hymnus: Herodes hostis impie.)

Mel. Vom Himmel hoch da. 11.

61. Wir danken dir, HErr, insgemein für deines lieben Wortes Schein, damit du uns hast angeblickt und unser mattes Herz erquickt.

2. Wir saßen in des Todes Thal sehr tief gefangen allzumal. Hab Dank, du liebstes JEsulein, daß wir durch dich erlöset sein.

3. Hilf, daß dein Licht uns leuchten mag bis an den lieben jüngsten Tag, und wir auch wandeln jederzeit den rechten Weg zur Seligkeit.

4. Du wahrer Mensch und Gottes Sohn, du König aller Ehren schon, niemand von uns verdienet hat solch eine Lieb und große Gnad.

5. Dein guter Geist uns immer führ, daß wir von Herzen dienen dir. Du weißt, o großer Menschenfreund, wie wir so unvermögend seind.

6. Nimm an zum Opfer deiner Ehr die Herzensseufzer, lieber HErr, damit wir armen Heiden dich mit Andacht rühmen stetiglich.

Peter Hagius, † 1620.

V. Lieder am Fest der Reinigung Mariä
(am 2. Februar).

Mel. HErr JEsu Christ, meins Lebens ꝛc. 11.

62. Dich bitt ich, trautes JEsulein, komm zu mir in das Herze mein, daß ich an dir hab Lust und Freud, wie Simeon im Tempel heut.

2. Denn du mein Heil und Leben bist, so mir von Gott gegeben ist; reinge mein Herz, läutre mein Muth, erhalt mich auf dein Wegen gut.

3. Zeig mir die Bahn mit deinem Licht, daß ich ja fehl des Himmels nicht; wend ab von mir all Straf und Pein, und laß mich gar dein eigen sein.

4. Dein Antlitz sei auf mich gericht, im Lebn und Tod verlaß mich nicht, so will ich gern aus dieser Welt zu dir wandern, wenn dirs gefällt.

Bartholomäus Helder, † 1635.

Mel. Nun freut euch, lieben Chr. 49.

63. Gott Lob, mein JEsus macht mich rein von allen meinen Sünden; was er büßt, muß bezahlet sein, nun kann mich nicht mehr binden der Sünden Strick, des Teufels Macht; drum mein Glaub Höll und Tod verlacht, weil JEsus ist mein Leben.

2. Was traur ich denn? Er lebt ja noch, der das Gesetz erfüllet, der durch den Tod und Kreuzesjoch des Vaters Zorn gestillet; was er hat, das ist alles mein; wie könnt doch größer Reichthum sein, als den mir JEsus schenket?

3. Weil JEsus mich von Sünden rein durch sein Verdienst will machen, daß ich, los aller Qual und Pein, nicht fürcht des Todes Rachen, so tröst mich seine Heiligkeit; sein Unschuld, Heil und Seligkeit ist mein Schatz und mein Leben.

4. So kann ich auch mit Fried und Freud, wie Simeon, mein Leben beschließen, frei von allem Leid, mich meinem Gott ergeben; so bald ich thu mein Augen zu, so wird mein Tod mein Schlaf und Ruh, seh ich des Himmels Freude.

5. Wie werd ich denn so fröhlich sein, wenn ich die Welt verlasse, wenn mich des Himmels Geisterlein geführt zur Lebensstraße, wenn ich erblick die Ewigkeit, wenn ich erlangt' die Seligkeit, die mir mein Gott bereitet.

6. Hilf Gott, daß ich stets sei bereit, laß mich nichts von dir wenden, bring mich zu deiner

Herrlichkeit, hilf seliglich vollenden; komm bald, hilf mir aus aller Noth, hilf mir, HErr, durch dein Blut und Tod, ja komm, HErr JEsu, Amen.

Dr. Johann Olearius, 1671.

Mel. Ich dank dir, lieber HErr. 59.

64. HErr JEsu, Licht der Heiden, der Frommen Schatz und Lieb, wir kommen jetzt mit Freuden durch deines Geistes Trieb in diesen deinen Tempel und suchen mit Begier nach Simeons Exempel dich, großen Gott, allhier.

2. Du wirst von uns gefunden, o HErr, an jedem Ort, dahin du dich verbunden durch dein Verheißungswort; vergönnst noch heutzutage, daß man dich gleicher Weis auf Glaubensarmen trage, wie dort der alte Greis.

3. Sei unser Glanz und Wonne, ein helles Licht in Pein, im Schrecken unsre Sonne, im Kreuz ein Gnadenschein, in Zagheit Gluth und Flamme, in Noth ein Freudenstrahl, in Krankheit Arzt und Amme, ein Stern in Todesqual.

4. HErr, laß uns auch gelingen, daß letzt, wie Simeon, ein jeder Christ kann singen den schönen Schwanenton: Mir werden nun in Frieden mein Augen zugedrückt, nachdem ich schon hienieden den Heiland hab erblickt.

5. Ja, ja, ich hab im Glauben, mein JEsu, dich geschaut; kein Feind kann dich mir rauben, wie heftig er auch draut. Ich wohn in deinem Herzen, und in dem meinen du, uns scheiden keine Schmerzen, kein Angst, kein Tod dazu.

6. Hier blickst du zwar zuweilen so scheel und schwül mich an, daß oft für Angst und Heulen ich dich kaum kennen kann; dort aber wirds geschehen, daß ich von Angesicht zu Angesicht soll sehen dein immer klares Licht.

Joh. Franck, 1674.

Eigene Melodie. 35.

65. Mit Fried und Freud ich fahr dahin in Gottes Willen, getrost ist mir mein Herz und Sinn, sanft und stille, wie Gott mir verheißen hat; der Tod ist mein Schlaf worden.

2. Das macht Christus, wahr Gottessohn, der treue Heiland, den du mich, HErr, hast sehen lahn, und machst bekannt, daß er sei das Leben und Heil in Noth und Sterben.

3. Den hast du Allen fürgestellt mit großen Gnaden, zu seinem Reich die ganze Welt heißen laden durch dein theuer heilsam Wort, an allem Ort erschollen.

4. Er ist das Heil und selig Licht für die Heiden, zu 'rleuchten, die dich kennen nicht, und zu weiden. Er ist dein's Volks Israel der Preis, Ehr, Freud und Wonne.

Dr. M. Luther, 1525.

IV. Lieder auf das Fest der Verkündigung Mariä (am 25. März).

Mel. Durch Adams Fall ist ganz. 83.

66. Freu dich, du werthe Christenheit, dies ist der Tag des HErren, der Anfang unsrer Seligkeit, den Gott zu seinen Ehren nach seinem Rath erwählet hat: o Gott, laß wohl gelingen! Hilf uns mit Fleiß zu deinem Preis ein fröhlichs Lied zu singen.

2. Gott ist gerecht in seinem Wort, was er einmal zusaget, das ist gewiß an allem Ort, obschon die Welt verzaget; heut Gottes Sohn, der Gnadenthron, zu uns auf Erd gelanget. O Wunder groß! Marien Schoß den großen Gast empfanget.
3. Sie hört vom Engel Gabriel, sie sollt JEsum gebären, der ganzen Welt Immanuel, den mächtig großen HErren. Das Jungfräulein, so keusch und rein, erschrak ob der Geschichten, doch glaubt dem Wort, wie sie gehört, Gott wird es wohl verrichten.
4. Wohl uns der gnadenreichen Zeit, daß wir erlangt den Orden, daß du, o Gott von Ewigkeit, bist unser Bruder worden. Wir bitten dich demüthiglich: lehr uns beim Wort vertrauen, bis wir zugleich im Himmelreich das Wunderwerk anschauen.

Petrus Hagius, † 1620.

Mel. HErrChrist, der einge Gotts. 48.

67. Laßt uns mit Ernst betrachten den Grund der Seligkeit, und überaus groß achten den, der uns hat befreit von Sünden, Tod und Höllen, der sterbend auch zu fällen den Satan, war bereit.
2. Der JEsus ward genennet, als er empfangen ist, der wird von uns bekennet, daß er sei JEsus Christ, der uns macht frei von Sünden und läßt die Seel empfinden viel Trost zu jeder Frist.
3. Er sollte Christus heißen, der Heiland aller Welt, und Satans Reich zerreißen bald als ein tapfrer Held, das Höllenschloß zerstören, dadurch den Himmel mehren, und thun, was ihm gefällt.
4. Es sollte JEsus wehren der Sünd und Missethat, Gerechtigkeit bescheren und, als des Vaters Rath, im Sieg den Tod verschlingen, auch alles wiederbringen, was man verloren hat.
5. Von Gott ist ihm gegeben der Scepter in die Hand, sein Königreich darneben, daß er in solchem Stand uns geistlich soll regieren und durch sein Leiden führen ins wahre Freudenland.
6. Er ist von Gott erkoren zum Hohenpriesterthum; er selbst hat ihm geschworen, daß er mit großem Ruhm ein solches Amt bedienen und ewiglich soll grünen als Sarons schönste Blum.
7. Er wird auch HErr genennet, dem Alles unterthan, wodurch man frei bekennet, daß er ohn eiteln Wahn auch Gott sei nach dem Wesen, durch den wir blos genesen in dieser Unglücksbahn.
8. Muß doch die Schrift bezeugen, daß er Jehova heißt, dem alle Knie sich beugen, den alle Welt hochpreist, ja, dem von allen Zungen wird Ehr und Dank gesungen, so weit die Sonne reist.
9. Sein Stuhl muß ewig dauern, sein Scepter stehet fest, samt Sions starken Mauern; er ist aufs allerbest mit Freudenöl gezieret, hoch ist er aufgeführet, der nicht sein Volk verläßt.
10. Ist Gott nun offenbaret im Fleisch, so gläuben wir, daß der, so uns bewahret und segnet für und für, sei Gott und Mensch zu nennen; es lässet sich nicht trennen der Gott und Mensch allhier.
11. Durch JEsum ist bereitet die ganze Welt; er hat den Himmel ausgebreitet, es ist durch seinen Rath der Engel Heer erschaffen, ein Heer, das ohne Waffen oft große Wunder that.
12. Er, JEsus, kann erwecken die Todten kräftiglich; er weiß ein Ziel zu stecken dem starken

Wütherich; er prüfet Herz und Nieren, will in den Himmel führen, die selbst verleugnen sich.

13. Laßt uns zusammentreten, des Allerhöchsten Sohn in Demuth anzubeten, denn ihm ist ja die Kron der Ehr und Macht gegeben. Gib, HErr, nach diesem Leben auch uns den Gnadenlohn.

Johann Rist, 1656.

Mel. O HErre Gott, dein göttl. rc. 83.

68. O Wunder groß! Mariens Schoß hat heut das Heil umgeben, den großen Held, der alls erhält, der Menschen Trost und Leben. O Wunderfreud! Gott selbst wird heut ein wahrer Mensch empfangen; Vernunft, Verstand muß Gottes Hand ergeben sich gefangen.

2. Nun bin ich sein, mein Gott ist mein, mein Gott ist selbst Mensch worden; mein Fleisch und Blut, mein höchstes Gut schenkt mir des Himmels Orden. Gott Lob, der mich so väterlich erquickt, der mir gegeben durch seinen Sohn den Gnadenthron, da ich kann ewig leben.

Dr. J. Olearius, 1671.

VII. Passionslieder oder Lieder vom Leiden und Sterben JEsu Christi.

Eigene Melodie. 98.

69. Christe, du Lamm Gottes, der du trägst die Sünd der Welt, erbarm dich unser!

2. Christe, du Lamm Gottes, der du trägst die Sünd der Welt, erbarm dich unser!

3. Christe, du Lamm Gottes, der du trägst die Sünd der Welt, gib uns dein Frieden! Amen.

Spangenbergs Kirchengesangbuch, 1545.

Mel. Da JEsus an dem Kreuze st. 19.

70. Da JEsus an des Kreuzes Stamm der ganzen Welt Sünd auf sich nahm, sprach er in seinen Schmerzen noch sieben Wort, die lasset uns erwägen wohl im Herzen.

2. Zum Ersten: Vater, strafe nicht an ihnen, was mir jetzt geschicht, weil sie es nicht verstehen. Vergib uns, Gott, wenn wir auch noch aus Irrthum was begehen.

3. Zum Andern er des Schächers dacht: Fürwahr, du wirst noch vor der Nacht in meinem Reich heut leben. O HErr, nimm uns auch bald zu dir, die wir im Elend schweben!

4. Zum Dritten: Deinen Sohn sieh, Weib! Johannes, ihr zu Dienste bleib und sie als Mutter liebe. Versorg, HErr, die wir lassen hier, daß niemand sie betrübe.

5. Zum Vierten sagte er: Mich dürst! O JEsu, großer Lebensfürst, du hast Durst und Verlangen nach unsrer Seligkeit, drum hilf, daß wir sie auch empfangen.

6. Zum Fünften: O mein Gott, mein Gott! Wie läßt du mich so in der Noth? Hie wirst du, HErr, verlassen, daß uns Gott wieder dort aufnehm. Den Trost laß uns wohl fassen.

7. Zum Sechsten: Hiermit ist vollbracht und alles nunmehr gut gemacht. Gib, daß wir auch durchdringen, und was du, HErr, uns auferlegst, hilf seliglich vollbringen.

8. Zum Siebenten: Ich meine

Seel, o Gott, mein Vater, dir befehl zu deinen treuen Händen. Dies Wort sei unser letzter Wunsch, wenn wir das Leben enden.

9. Wer oft an diese Wort gedenkt, wenn seine Missethat ihn kränkt, der wird es wohl genießen, denn er durch Gottes Gnad erlangt ein ruhiges Gewissen.

10. Verleih uns dies, HErr JEsu Christ, der du für uns gestorben bist. Gib, daß wir deine Wunden, dein Leiden, Marter, Kreuz und Tod betrachten alle Stunden.

Hannov. Gesangb., 1646. Umdichtung von Joh. Böschensteins Lied aus dem 15. Jahrh.

Mel. Werde munter, mein Gem. 66.

71. Der am Kreuz ist meine Liebe, meine Lieb ist JEsus Christ. Weg, ihr argen Seelendiebe, Satan, Welt und Fleischeslist; eure Lieb ist nicht von Gott, eure Lieb ist gar der Tod; der am Kreuz ist meine Liebe, weil ich mich im Glauben übe.

2. Der am Kreuz ist meine Liebe; Frevler, was befremdet dich, daß ich mich im Glauben übe? JEsus gab sich selbst für mich, so ward er mein Friedeschild, aber auch mein Lebensbild; der am Kreuz ist meine Liebe, weil ich mich im Glauben übe.

3. Der am Kreuz ist meine Liebe; Sünde, du verlierst den Sturm. Weh mir, wenn ich den betrübe, der statt meiner ward ein Wurm! Kreuzigt ich nicht Gottes Sohn? Trät ich nicht sein Blut mit Hohn? Der am Kreuz ist meine Liebe, weil ich mich im Glauben übe.

4. Der am Kreuz ist meine Liebe; schweig, Gewissen, niemand mahnt; Gott preist seine Liebestriebe, wenn mir von der Handschrift ahnt; schau, wie mein Halsbürge zahlt; Gottes Blut hat sie durchmalt; der am Kreuz ist meine Liebe, weil ich mich im Glauben übe.

5. Der am Kreuz ist meine Liebe, drum, Thrann, nun soltre, stoß; Hunger, Blöße, Henkershiebe, nichts macht mich von JEsu los: nicht Gewalt, nicht Gold, nicht Ruhm, Engel nicht, kein Fürstenthum; der am Kreuz ist meine Liebe, weil ich mich im Glauben übe.

6. Der am Kreuz ist meine Liebe, komm, Tod, komm, mein bester Freund, wenn ich wie ein Staub zerstiebe, wird mein JEsus mir vereint. Da, da schau ich Gottes Lamm, meiner Seelen Bräutigam. Der am Kreuz ist meine Liebe, weil ich mich im Glauben übe.

Aus A. Frisch's „Jesusliedern", 1668. Nach Einigen: Ernst Stockmann.

Mel. Nun laßt uns den Leib begr. 11.

72. Die Seele Christi heilge mich, sein Geist versenke mich in sich, sein Leichnam, der für mich verwundt, der mach mir Leib und Seel gesund.

2. Das Wasser, welches auf den Stoß des Speers aus seiner Seiten floß, das sei mein Bad, und all sein Blut erquicke mir Herz, Sinn und Muth.

3. Der Schweiß von seinem Angesicht laß mich nicht kommen ins Gericht; sein ganzes Leiden, Kreuz und Pein das wolle meine Stärke sein.

4. O JEsu Christ, erhöre mich, nimm und verbirg mich ganz in dich, schließ mich in deine Wunden ein, daß ich vorm Feind kann sicher sein.

5. Ruf mir in meiner letzten Noth, und setz mich neben dich, mein Gott, daß ich mit deinen Heilgen alln mög ewiglich dein Lob erschalln.

Johann Angelus, † 1671.

Mel. An Wasserflüssen Babylon. 85.

73. Ein Lämmlein geht und trägt die Schuld der Welt und ihrer Kinder, es geht und träget in Geduld die Sünden aller Sünder, es geht dahin, wird matt und krank, ergibt sich auf die Würgebank, verzeiht sich aller Freuden, es nimmet an Schmach, Hohn und Spott, Angst, Wunden, Striemen, Kreuz und Tod, und spricht: Ich wills gern leiden.

2. Das Lämmlein ist der große Freund und Heiland meiner Seelen, den, den hat Gott zum Sündenfeind und Sühner wollen wählen. Geh hin, mein Kind, und nimm dich an der Kinder, die ich ausgethan zur Straf und Zornesrüthen. Die Straf ist schwer, der Zorn ist groß, du kannst und sollst sie machen los durch Sterben und durch Bluten.

3. Ja, Vater, ja, von Herzensgrund, leg auf, ich will birs tragen; mein Wollen hängt an deinem Mund, mein Wirken ist dein Sagen. O Wunderlieb! o Liebesmacht! du kannst, was nie kein Mensch gedacht, Gott seinen Sohn abzwingen. O Liebe! Liebe! du bist stark, du streckest den ins Grab und Sarg, vor dem die Felsen springen.

4. Du marterst ihn am Kreuzesstamm mit Nägeln und mit Spießen; du schlachtest ihn als wie ein Lamm, machst Herz und Adern fließen, das Herze mit der Seufzer Kraft, die Adern mit dem edlen Saft des purpurrothen Blutes. O süßes Lamm, was soll ich dir erweisen dafür, daß du mir erzeigest so viel Gutes!

5. Mein Lebetage will ich dich aus meinem Sinn nicht lassen; dich will ich stets, gleichwie du mich, mit Liebesarmen fassen. Du sollst sein meines Herzens Licht, und wann mein Herz in Stücken bricht, sollst du mein Herze bleiben. Ich will mich dir, mein höchster Ruhm, hiermit zu deinem Eigenthum beständiglich verschreiben.

6. Ich will von deiner Lieblichkeit bei Nacht und Tage singen, mich selbst auch dir zu aller Zeit zum Freudenopfer bringen. Mein Bach des Lebens soll sich dir und deinem Namen für und für in Dankbarkeit ergießen, und was du mir zu gut gethan, das will ich stets, so tief ich kann, in mein Gedächtniß schließen.

7. Erweitre dich, mein Herzensschrein, du sollt ein Schatzhaus werden der Schätze, die viel größer sein, als Himmel, Meer und Erden. Weg mit dem Gold Arabia! Weg Kalmus, Myrrhen, Kasia! Ich hab ein Beßres funden. Mein großer Schatz, HErr JEsu Christ, ist dieses, was geflossen ist aus deines Leibes Wunden.

8. Das soll und will ich mir zu Nutz zu allen Zeiten machen, im Streite soll es sein mein Schutz, in Traurigkeit mein Lachen, in Fröhlichkeit mein Saitenspiel, und wann mir nichts mehr schmecken will, soll mich dies Manna speisen. Im Durst solls sein mein Wasserquell, in Einsamkeit mein Sprachgesell zu Haus und auch auf Reisen.

9. Was schadet mir des Todes Gift? Dein Blut das ist mein Leben; wann mich der Sonnen Hitze trifft, so kann mirs Schatten geben. Setzt mir des Wehmuths Schmerzen zu, so find ich bei dir meine Ruh, als auf dem Bett ein Kranker; und wann des Kreuzes Ungestüm mein Schifflein treibet um und um, so bist du dann mein Anker.

10. Wann endlich ich soll treten ein in deines Reiches Freuden, so soll dies Blut mein Purpur

sein, ich will mich darein kleiden. Es soll sein meines Hauptes Kron, in welcher ich will vor dem Thron des höchsten Vaters gehen, und dir, dem er mich anvertraut, als eine wohlgeschmückte Braut an deiner Seiten stehen.
Paul Gerhardt, 1653.

Mel. HErr JEsu Christ, du h. ꝛc. 49.

74. HErr JEsu, deine Angst und Pein und dein betrübtes Leiden laß mir vor Augen allzeit sein, die Sünde zu vermeiden. Laß mich an deine große Noth und deinen herben bittern Tod, dieweil ich lebe, denken.

2. Laß deiner Seelen Höllenqual, dein blutgeronnen Schwitzen und übrigs Elend allzumal, darin du mußtest sitzen, mir oftermalen fallen ein und eine starke Warnung sein für mehrern Missethaten.

3. Die Wunden alle, die du hast, hab ich dir helfen schlagen, auch meine große Sündenlast dir aufgelegt zu tragen. Ach, liebster Heiland, schone mein, laß diese Schuld vergessen sein, laß Gnade für Recht gehen.

4. Du hast verlassen deinen Thron, bist in das Elend gangen, vertrugest Schläge, Spott und Hohn, mußtest am Kreuze hangen, auf daß du für uns schafftest Rath und unsre schwere Missethat bei Gott versöhnen möchtest.

5. Drum will ich jetzt zur Dankbarkeit von Herzen dir lobsingen, und wenn du zu der Seligkeit mich wirst hinkünftig bringen, so will ich daselbst noch viel mehr zusamt dem ganzen Himmelsheer dich ewig dafür loben.

6. HErr JEsu, deine Angst und Pein und dein betrübtes Leiden laß meine letzte Zuflucht sein, wenn ich von hier soll scheiden.

Ach hilf, daß ich durch deinen Tod sein sanft beschließe meine Noth und selig sterbe, Amen.

Aus dem Plönischen Gesangbuch, 1676. Umarbeitung von T. Clausnitzers Lied.

In eigener Melodie. 13.

75. Herzliebster JEsu, was hast du verbrochen, daß man ein solch scharf Urtheil hat gesprochen? Was ist die Schuld? In was für Missethaten bist du gerathen?

2. Du wirst verspeit, geschlagen und verhöhnet, gegeißelt und mit Dornen scharf gekrönet, mit Essig, als man dich ans Kreuz gehenket, wirst du getränket.

3. Was ist die Ursach aller solcher Plagen? Ach, meine Sünden haben dich geschlagen! Ich, ach HErr JEsu, habe dies verschuldet, was du erduldet.

4. Wie wunderbarlich ist doch diese Strafe! Der gute Hirte leidet für die Schafe, die Schuld bezahlt der HErre, der Gerechte, für seine Knechte.

5. Der Fromme stirbt, so recht und richtig wandelt; der Böse lebt, so wider Gott mißhandelt; der Mensch verwirkt den Tod und ist entgangen, Gott wird gefangen.

6. Ich war von Fuß auf voller Schand und Sünden, bis zu der Scheitel war nichts Guts zu finden, dafür hätt ich dort in der Höllen müssen ewiglich büßen.

7. O große Lieb, o Lieb ohn alle Maße, die dich gebracht auf diese Marterstraße! Ich lebte mit der Welt in Lust und Freuden, und du mußt leiden.

8. Ach, großer König, groß zu allen Zeiten, wie kann ich g'nugsam solche Treu ausbreiten! Kein menschlich Herze mag ihm dies ausdenken, was dir zu schenken.

Lieder vom Leiden und Sterben JEsu Christi.

9. Ich kanns mit meinen Sinnen nicht erreichen, mit was doch dein Erbarmen zu vergleichen; wie kann ich dir denn deine Liebesthaten im Werk erstatten?

10. Doch ist noch etwas, das dir angenehme: Wenn ich des Fleisches Lüste dämpf und zähme, daß sie aufs neu mein Herze nicht entzünden mit alten Sünden.

11. Weil aber dies nicht steht in eignen Kräften, dem Kreuze die Begierden anzuheften, so gib mir deinen Geist, der mich regiere, zum Guten führe.

12. Alsdann so werd ich deine Huld betrachten, aus Lieb an dich die Welt für nichtes achten. Ich werde mich bemühen, deinen Willen stets zu erfüllen.

13. Ich werde dir zu Ehren alles wagen, kein Kreuz nicht achten, keine Schmach, noch Plagen, nichts von Verfolgung, nichts von Todesschmerzen nehmen zu Herzen.

14. Dies alles, obs für schlecht zwar ist zu schätzen, wirst du es doch nicht gar bei Seite setzen. In Gnaden wirst du dies von mir annehmen, mich nicht beschämen.

15. Wenn dort, HErr JEsu, wird vor deinem Throne auf meinem Haupte stehn die Ehrenkrone, da will ich dir, wenn alles wird wohl klingen, Lob und Dank singen.

Johann Heermann, 1630.
(Nach Augustinus.)

Mel. JEsu Leiden, Pein und Tod. 60.

76. JEsu, deine Passion will ich jetzt bedenken; wollest mir vom Himmelsthron Geist und Andacht schenken. In dem Bild jetzund erschein, JEsu, meinem Herzen, wie du, unser Heil zu sein, littest alle Schmerzen.

2. Meine Seele sehen mach deine Angst und Bande, deine Speichel, Schläg und Schmach, deine Kreuzesschande, deine Geißel, Dornenkron, Speer- und Nägelwunden, deinen Tod, o Gottessohn, und den Leib voll Schrunden.

3. Doch so laß mich nicht allein deine Marter sehen, laß mich auch die Ursach sein und die Frucht verstehen. Ach, die Ursach war auch ich, ich und meine Sünde; diese hat gemartert dich, nicht das Heideng'sünde.

4. JEsu, lehr bedenken mich dies mit Buß und Reue; hilf, daß ich mit Sünde dich martre nicht aufs neue. Sollt ich darzu haben Lust, und nicht wollen meiden, was Gott selber büßen mußt mit so großem Leiden?

5. Wenn mir meine Sünde will machen heiß die Hölle, JEsu, mein Gewissen still, dich ins Mittel stelle. Dich und deine Passion laß mich gläubig fassen; liebet mich sein lieber Sohn, wie kann Gott mich hassen?

6. Gib auch, JEsu, daß ich gern dir das Kreuz nachtrage, daß ich Demuth von dir lern und Geduld in Plage, daß ich dir geb Lieb um Lieb. Indeß laß dies Lallen (bessern Dank ich dorten geb), JEsu, dir gefallen.

Sigmund Betulius, 1653.

In eigener Melodie. 66.

77. JEsu, deine heilgen Wunden, deine Qual und bittern Tod laß mir geben alle Stunden Trost in Leibs- und Seelennoth. Wenn mir fällt was Arges ein, laß mich denken deiner Pein, daß ich deine Angst und Schmerzen wohl erwäg in meinem Herzen.

2. Will sich gern in Wollust weiden mein verderbtes Fleisch und Blut, laß mich denken, daß dein Leiden löschen muß der Höllen Gluth. Dringt der Satan ein zu mir, hilf, daß ich ihm

halte für deiner Wunden Maal und Zeichen, daß er von mir müsse weichen.

3. Wenn die Welt mich will verführen auf die breite Sündenbahn, wollst du mich also regieren, daß ich alsdann schaue an deiner Marter Zentnerlast, die du ausgestanden hast, daß ich kann in Andacht bleiben, alle böse Lust vertreiben.

4. Gib für alles, was mich kränket, mir aus deinen Wunden Saft; wenn mein Herz hinein sich senket, so gib neue Lebenskraft, daß mich stärk in allem Leid deines Trostes Süßigkeit; weil du mir das Heil erworben, da du bist für mich gestorben.

5. Laß auf deinen Tod mich trauen, o mein Gott und Zuversicht; laß mich feste darauf bauen, daß den Tod ich schmecke nicht. Deine Todesangst laß mich stets erquicken mächtiglich: HErr, laß deinen Tod mir geben Auferstehung, Heil und Leben.

6. JEsu, deine heilgen Wunden, deine Qual und bittern Tod, laß mir geben alle Stunden Trost in Leibs- und Seelennoth. Sonderlich am letzten End, hilf, daß ich mich zu dir wend, Trost in deinen Wunden finde, und denn fröhlich überwinde.

Hannov. Gesangb. 1657. Umarbeitung von J. Heermann's Lied.

Mel. JEsu, der du meine Seele. 68.

78. JEsu, der du wollen büßen für die Sünden aller Welt, durch dein theures Blutvergießen, der du dich hast dargestellt als ein Opfer für die Sünder, die verdammten Adamskinder: ach, laß deine Todespein nicht an mir verloren sein.

2. Rette mich durch deine Plagen, wenn mich meine Sünde plagt; laß, ach laß mich nicht verzagen, weil du selbst für mich gezagt; hilf, daß mich dein Angstschweißkühle, wenn ich Drangsalshitze fühle. Ach, laß 2c.

3. Mache mich durch deine B a n d e von des Satans Banden frei; hilf, daß dein erlittne S c h a n d e meine Kron und Ehre sei; Trost der Seelen, Heil der Erden, laß mich nicht zu Schanden werden. Ach, laß 2c.

4. Rede durch dein S t i l l e s c h w e i g e n , liebster JEsu, mir das Wort, wenn mich Sünden überzeugen und verklagen fort und fort; wenn mein bös Gewissen schreiet, und mir mit Verdammniß dräuet. Ach, laß 2c.

5. Laß mich freudig Rosen brechen, liebster JEsu, meine Zier, von den D o r n e n , die dich stechen. JEsu, mache dich zu mir, kröne mich mit Huld und Gnade, daß kein Sündendorn mir schade. Ach, laß 2c.

6. Heile des Gewissens Striemen, nimm von mir der Schmerzen Last durch die G e i ß e l n , durch die Riemen, welche du gefühlet hast, daß ich böser Knecht der Sünde Satans Stricke nicht empfinde. Ach, laß 2c.

7. Ach, laß deine tiefen W u n d e n frische Lebensbrunnen sein, wenn mir alle Kraft verschwunden, wenn ich schmacht in Seelenpein, senk in Abgrund deiner Gnaden alle Schuld, die mich beladen. Ach, laß 2c.

8. Ach, zerbrich des Eifers Ruthe, ach, erzeige Gnad und Huld, tilge doch mit deinem B l u t e meine schwere Sündenschuld, laß mich in der Angst von Sünden Ruh in deiner Seite finden. Ach, laß 2c.

9. Hilf, daß mir dein D ü r s t e n nütze, das am Kreuze dich geplagt, wenn ich lechze, wenn ich schwitze, wenn mich meine Sünde jagt, laß mich deinen Durst genießen, laß mir Lebens-

ströme fließen. Ach, laß ꝛc.
10. JEsu, komm, mich zu befreien, durch dein lautes Angstgeschrei. Wenn viel tausend Sünden schreien, stehe doch mir Armen bei! Wenn mir Wort und Sprach entfallen, laß mich sanft von hinnen wallen, laß mir deine Todespein Leben, Heil und Himmel sein.

Gothaisches Gesangbuch, 1699. Nach Einigen: J. G. Franke, † 1747.

In eigener Melodie. 68.

79. JEsu, meines Lebens Leben, JEsu, meines Todes Tod, der du dich für mich gegeben in die tiefste Seelennoth, in das äußerste Verderben, nur daß ich nicht möchte sterben. Tausend, tausendmal sei dir, liebster JEsu, Dank dafür.
2. Du, ach, du hast ausgestanden Lästerreden, Spott und Hohn, Speichel, Schläge, Strick und Banden, du gerechter Gottessohn! mich Elenden zu erretten von des Teufels Sündenketten. Tausend, tausendmal sei dir, liebster JEsu, Dank dafür.
3. Du hast lassen Wunden schlagen, dich erbärmlich richten zu, um zu heilen meine Plagen und zu setzen mich in Ruh: ach, du hast zu meinem Segen lassen dich mit Fluch belegen. Tausend, tausendmal sei dir, liebster JEsu, Dank dafür.
4. Man hat dich sehr hart verhöhnet, dich mit großem Schimpf belegt und mit Dornen gar gekrönet: was hat dich dazu bewegt? Daß du möchtest mich ergötzen, mir die Ehrenkron aufsetzen. Tausend, tausendmal sei dir, liebster JEsu, Dank dafür.
5. Du hast dich hart lassen schlagen, zur Befreiung meiner Pein, fälschlich lassen dich anklagen, daß ich könnte sicher sein; daß ich möchte trostreich prangen, hast du sonder Trost gehangen. Tausend, tausendmal sei dir, liebster JEsu, Dank dafür.
6. Du hast dich in Noth gestecket, hast gelitten mit Geduld, gar den herben Tod geschmecket, um zu büßen meine Schuld; daß ich würde losgezählet, hast du wollen sein gequälet. Tausend, tausendmal sei dir, liebster JEsu, Dank dafür.
7. Deine Demuth hat gebüßet meinen Stolz und Uebermuth, dein Tod meinen Tod versüßet, es kömmt alles mir zu gut; dein Verspotten, dein Verspeien muß zu Ehren mir gedeihen. Tausend, tausendmal sei dir, liebster JEsu, Dank dafür.
8. Nun ich danke dir von Herzen, JEsu, für gesamte Noth, für die Wunden, für die Schmerzen, für den herben bittern Tod, für dein Zittern, für dein Zagen, für dein tausendfaches Plagen, für dein Angst und tiefe Pein will ich ewig dankbar sein.

Ernst Christoph Homburg, 1659.

Mel. Herzliebster Jesu, was ꝛc. 13.

80. Kommt her und schaut, kommt, laßt uns doch von Herzen betrachten Christi Leiden, Pein und Schmerzen: er tritt die Kelter Gottes, wie ich meine, wohl recht alleine.
2. Ach seht, wie angst wird ihm von unsern Sünden, er muß sich, wie ein Wurm, am Oelberg winden, daß ihm der Todesschweiß, mit dem er ringet, blutig ausdringet.
3. Gott selbst fällt hier im Garten zu der Erden, ein Engel muß des Trösters Tröster werden, die Kreatur muß ihren Schöpfer stärken, welch's wohl zu merken.
4. Was wir und Adam hatten übertreten, das muß der unschuldigste HErr verbeten, den scharfen

Zorn, der über uns ergrimmet, er hier vernimmet.

5. Der treulos Judas sorglich rennt und laufet, den HErren um ein schnödes Geld verkaufet, gibt drauf der Rott die Losung durch sein Grüßen und falsches Küssen.

6. Die da mit Spieß und Stangen fertig stunden, führten ihn mit vor Caiphas gebunden, da er um seine Lehre wird gefraget und hart verklaget.

7. In dessen Mund auch kein Betrug gefunden, der wird durch falsches Zeugniß überwunden, er wird verspott, verspeiet und verhöhnet, mit Dorn gekrönet.

8. Er wird gepeitscht mit dicht geflochtnen Riemen, der Rücken lag blutrünstig voller Striemen, von seinem Haupt mit Dornen wund gestoßen Blutstropfen flossen.

9. Blutig ward er zum Schauspiel umgeführet, mit einem Purpur nur zum Spott gezieret, höhnisch gegrüßt, man speit ihm ins Gesichte, und ihn vernichte.

10. Er ward verurtheilt und ans Kreuz gehenket, mit Eßig und mit bitter Gall getränket; zuletzt schon, als sein Geist sich von ihm machet, ward er verlachet.

11. Wir sollen nicht ihn, sondern uns beklagen. Ach freilich wir, wir haben ihn geschlagen ans Holz, weil Adam von dem Baum den Schaden ihm aufgeladen.

12. Ach unsre Sünd ist Ursach seiner Wunden, wir haben ihn mit selbgen angebunden; wir hätten ewig, ewig, ewig müssen dies alles büßen.

13. HErr JEsu, dir, dir soll man Dank erweisen, für die Erlösung soll man stets dich preisen; doch kann es keines Men-schen Witz ausdenken, was dir zu schenken.

14. Nimm dies so lang, was meine Lippen singen, bis du mich an der Engel Chor wirst bringen; daselbst will ich dein Lob in jenem Leben völlig erheben.

15. Hilf JEsu, daß ich Gott auch meine Seele, wie du gethan, an meinem End befehle, daß ich mag selig auf dein Blut und Namen einschlafen, Amen.

Aus d. Dresd'ner Kirchen- und Hausb. v. 1694.

In eigener Melodie, oder: Liebster JEsu, wir sind hier. 34.

81. Meine Seel, ermuntre dich, deines JEsu Lieb bedenke, wie er für dich gibet sich, darauf deine Andacht lenke. Ach, erwäg die große Treue, und dich deines JEsu freue!

2. Sieh, der wahre Gottessohn ist für dich ans Holz gehänget, sein Haupt trägt die Dornenkron, sein Leib ist mit Blut vermenget. Er läßt sich für dich verwunden, wo ist größre Lieb gefunden?

3. Da du solltest große Pein ewig leiden in der Höllen und von Gott verstoßen sein wegen vieler Sündenfällen, träget JEsus deine Sünden und läßt dich Genade finden.

4. Durch sein Leiden ist gestillt deines Gottes Zorn und Rache; er hat das Gesetz erfüllt, gut gemacht die böse Sache; Sünde, Teufel, Tod umschränket und den Himmel dir geschenket.

5. Was zu thun, o liebes Herz, wie sollt du dich recht anstellen? JEsu Leiden ist kein Scherz, seine Liebe kein Verstellen. Denke drauf, was dir oblieget gegen den, der für dich sieget.

6. Ich kann nimmer-, nimmermehr das Geringste nur vergelten; er verbindet mich allzu-

sehr, meine Trägheit muß ich schelten, daß ich ihn so schlecht geliebet und wohl gar mit Sünd betrübet.

7. Was geschehen, soll nun nicht hinfort mehr von mir geschehen; mein Schluß sei nun fest gericht, einen andern Weg zu gehen, darauf ich nur JEsum suche und, was ihn betrübt, verfluche.

8. Weg, ihr Sünden, weg von mir! euch kann ich an mir nicht leiden; euretwegen muß ich hier und dort von dem sein gescheiden, ohne welchen ist kein Leben, keine Gnade, kein Vergeben.

9. Du, mein JEsu, du, mein Heil, dir will ich mich ganz verschreiben, daß ich dir, als meinem Theil, ewig will getreu verbleiben, dir zu leben, dir zu leiden, dir zu sterben, dir zu meiden.

10. Du, mein JEsu, sollst es sein, den ich mir zum Zweck gesetzet; wie du mein, so will ich dein bleiben stets und unverletzet; was du liebest, will ich lieben, und was dich, soll mich betrüben.

11. Was du willst, das sei mein Will, dein Wort meines Herzens Spiegel; wenn du schlägest, halt ich still, dein Geist bleibt mein Pfand und Siegel, daß ich soll den Himmel erben; darauf kann ich fröhlich sterben.

12. Nun so bleibt es fest dabei: JEsus soll es sein und bleiben, dem ich lebe, des ich sei; nichts soll mich von JEsu treiben. Du wirst, JEsu, mich nicht lassen; ewig will ich dich umfassen.

13. Ist bereits schon jetzo hier solche Freud und Ruh zu finden, wenn im Glauben wir mit dir uns, mein JEsu, recht verbinden, schenkst du schon so viel auf Erden, ei was will im Himmel werden!

14. Was für Lust und Süßigkeit, was für Freud und Jubiliren, was für Ruhe nach dem Streit, was für Ehre wird uns zieren! Ewig, ewig werd ich loben, wenn ich ganz in Gott erhoben.

15. Ach, ich freu mich alle Stund auf dies freudenvolle Leben, danke dir mit Herz und Mund, du, o JEsu, hasts gegeben. Nur im Glauben laß mich halten, und dein Kraft in mir stets walten.

J. E. Schade, 1699.

Mel. Herzliebster JEsu, was 2c. 18.

82. O, daß ich könnte Thränen gnug vergießen; ihr Augen, lasset eure Quellen fließen; auch du, mein Herze, sei nicht gleich dem Steine, ach, weine, weine!

2. Der dir zu gut ist in die Welt geboren, der deine Seele hat zur Braut erkoren, der nichts verwirket, wie wir argen Kinder, stirbt als ein Sünder.

3. Für die Verdammten leidet der Gerechte, der fromme HErr stirbt für die bösen Knechte, für die Befleckten muß so schwere Plagen der Reinste tragen.

4. Schau, welch ein Mensch ist, o Mensch, dein Erlöser! Sein blutig Leiden rührt von dir, du Böser! JEsus wird für dich in den Tod gegeben, du, du sollst leben.

5. Dein freches Haupt ist nur auf Stolz beflissen, dafür wird sein Haupt jämmerlich zerrissen. Dein Auge sündigt, seines wird verhüllet, mit Blut erfüllet.

6. Daß du nicht ewig Schande möchtest tragen, läßt er sich schimpflich ins Gesichte schlagen. Weil dich zum öftern eitel Ruhm erfreuet, wird er verspeiet.

7. Dein Ohre läßt sich von der Welt bethören, seins muß der Jüden: Kreuzge! kreuzge! hören; was deine Zunge Böses hat verschuldet, hat er erduldet.

8. Mit starken Tränen will

Paſſionslieder oder

ſich dein Mund laben, der kranke Heiland kann nicht Waſſer haben; Eſſig und Galle bietet man im Schwamme dem frommen Lamme.
9. Weil dich aus Hochmuth Sammt und Atlas kleiden, muß dein HErr JEſus Blöß und Armuth leiden; weil du im Himmel ſollteſt Gnade finden, läßt er ſich binden.
10. Du wirſt befreit vom ewgen Kreuz und Plagen, drum muß ſein Kreuze dein Erlöſer tragen; daß ihm die Händ und Füße ſind durchſtochen, haſt du verbrochen.
11. Mit einem Spere wird ſein Herz zerſpaltet, weil dir, Ruchloſem, Herz und Sinn erkaltet; ſein heilger Leib iſt Wunden, Striemen, Beulen, dich wohl zu heilen.
12. Für alle Sünde, die du je begangen, iſt dein HErr Chriſtus ſchmählich aufgehangen; daß dir geholfen werde beſtermaßen, iſt er verlaſſen.
13. Auf daß du ewig kannſt das Leben erben, muß er am Kreuze ſo erbärmlich ſterben; auf daß dir möge Raum im Himmel werden, kehrt er zur Erden.
14. Wertheſter JEſu, laß mirs gehn zu Herzen, wie du mich liebeſt; gib durch deine Schmerzen, daß ich mög alle Fleiſchesluſte dämpfen, hilf ſelbſt mir kämpfen.
15. Der du zur Ruh ins Grab dich haſt gewendet, als mein Erlöſung gänzlich ward vollendet, gib Ruhe, wenn man mich nach meinen Tagen ins Grab wird tragen.
16. Gib ſüße Ruhe durch dein bittres Leiden, nimm auf mein Seele in die Himmelsfreuden, dieſelbe haſt du, Heiland, mir erworben, weil du geſtorben.

Dr. Gottf. Wilh. Sacer, † 1699.

In eigener Melodie. 65.

83. O großer Schmerzensmann, vom Vater ſehr geſchlagen, HErr JEſu, dir ſei Dank für alle deine Plagen, für deine Seelenangſt, für deine Band und Noth, für deine Geißelung, für deinen bittern Tod.
2. Ach, das hat unſre Sünd und Miſſethat verſchuldet, was du an unſrer Statt, was du für uns erduldet. Ach, unſre Sünde bringt dich an das Kreuz hinan! O unbeflecktes Lamm, was haſt du ſonſt gethan?
3. Doch deine Herzenslieb erweiſet unſerm Herzen, wie lieb wir dir geweſt. Dein Leiden, Tod und Schmerzen hat nun verſöhnet Gott den Vater mit der Welt und ſeine Gnade bracht, zufrieden ihn geſtellt.
4. Dein Kampf iſt unſer Sieg, dein Tod iſt unſer Leben, in deinen Banden iſt die Freiheit uns gegeben, dein Kreuz iſt unſer Troſt, die Wunden unſer Heil, dein Blut das Löſegeld, der armen Seelen Theil.
5. O hilf, daß wir uns auch zum Kampf und Leiden wagen, und unter unſrer Laſt des Kreuzes nicht verzagen. Hilf tragen mit Geduld durch deine Dornenkron, wenns kommen ſoll mit uns zum Blute, Schmach und Hohn.
6. Dein Schweiß komm uns zu gut, wenn wir im Schweiße liegen; durch deinen Todeskampf laß uns im Tode ſiegen; durch deine Banden, HErr, bind uns, wie dirs gefällt; hilf, daß wir kreuzigen durch dein Kreuz Fleiſch und Welt.
7. Laß deine Wunden ſein ein Arznei unſrer Sünden; laß uns auf deinen Tod den Troſt im Tode gründen. O JEſu, laß an uns durch dein Kreuz, Tod und Pein dein Leiden, Kreuz und Angſt ja nicht verloren ſein.

M. Adam Thebeſius, 1652.

Lieder vom Leiden und Sterben JEsu Christi.

Mel. Herzlich thut mich verlang. 59.

84. O Haupt voll Blut und Wunden, voll Schmerz und voller Hohn! O Haupt, zum Spott gebunden mit einer Dornenkron! O Haupt, sonst schön gezieret mit höchster Ehr und Zier, jetzt aber höchst schimpfiret, gegrüßet seist du mir!

2. Du edles Angesichte, davor sonst schrickt und scheut das große Weltgewichte, wie bist du so bespeit! Wie bist du so erbleichet, wer hat dein Augenlicht, dem sonst kein Licht nicht gleichet, so schändlich zugericht?

3. Die Farbe deiner Wangen, der rothen Lippen Pracht ist hin und ganz vergangen, des blassen Todes Macht hat alles hingenommen, hat alles hingerafft, und daher bist du kommen von deines Leibes Kraft.

4. Nun was du, HErr, erduldet, ist alles meine Last; ich hab es selbst verschuldet, was du getragen hast. Schau her, hie steh ich Armer, der Zorn verdienet hat: gib mir, o mein Erbarmer, den Anblick deiner Gnad.

5. Erkenne mich, mein Hüter, mein Hirte, nimm mich an! Von dir, Quell aller Güter, ist mir viel Guts gethan. Dein Mund hat mich gelabet mit Milch und süßer Kost; dein Geist hat mich begabet mit mancher Himmelslust.

6. Ich will hier bei dir stehen, verachte mich doch nicht! Von dir will ich nicht gehen, wann dir dein Herze bricht; wann dein Haupt wird erblassen im letzten Todesstoß, alsdann will ich dich fassen in meinen Arm und Schoß.

7. Es dient zu meinen Freuden und kommt mir herzlich wohl, wenn ich in deinem Leiden, mein Heil, mich finden soll. Ach, möcht ich, o mein Leben, an deinem Kreuze hier mein Leben von mir geben, wie wohl geschähe mir!

8. Ich danke dir von Herzen, o JEsu, liebster Freund, für deines Todes Schmerzen, da dus so gut gemeint. Ach, gib, daß ich mich halte zu dir und deiner Treu, und wann ich nun erkalte, in dir mein Ende sei.

9. Wann ich einmal soll scheiden, so scheide nicht von mir; wann ich den Tod soll leiden, so tritt du dann herfür; wann mir am allerbängsten wird um das Herze sein, so reiß mich aus den Aengsten kraft deiner Angst und Pein.

10. Erscheine mir zum Schilde, zum Trost in meinem Tod, und laß mich sehn dein Bilde in deiner Kreuzesnoth. Da will ich nach dir blicken, da will ich glaubensvoll dich fest an mein Herz drücken; wer so stirbt, der stirbt wohl.

Paul Gerhardt, 1659.
(Nach d. 7. lat. Passionssalve des h. Bernhard.)

Mel. O JEsu Christ, meins. 11.

85. O JEsu Christ, meins Lebens Licht, mein Hort, mein Trost, mein Zuversicht: auf Erden bin ich nur ein Gast, und drückt mich sehr der Sünden Last.

2. Ich hab vor mir ein schwere Reis zu dir ins Himmels Paradeis, das ist mein rechtes Vaterland, darauf du dein Blut hast gewandt.

3. Zur Reis ist mir mein Herz sehr matt, der Leib gar wenig Kräfte hat; allein mein Seele schreit in mir: HErr, hol mich heim, nimm mich zu dir.

4. Drum stärk mich durch das Leiden dein in meiner letzten Todespein, dein Blutschweiß mich tröst und erquick, mach mich frei durch dein Band und Strick.

5. Dein Backenstreich und Ru-

then frisch die Sündenstriemen mir abwisch, dein Hohn und Spott, dein Dornenkron laß sein mein Ehre, Freud und Wonn.

6. Dein Durst und Gallentrank mich lab, wenn ich sonst keine Stärkung hab; dein Angstgeschrei komm mir zu gut; bewahr mich vor der Höllengluth.

7. Die heiligen fünf Wunden dein laß mir rechte Felslöcher sein, darein ich flieh als eine Taub, daß mich der höllisch Weih nicht raub.

8. Wenn mein Mund nicht kann reden frei, dein Geist in meinem Herzen schrei; hilf, daß mein Seel den Himmel find, wenn meine Augen werden blind.

9. Dein letztes Wort laß sein mein Licht, wenn mir der Tod das Herz zerbricht; behüte mich vor Ungeberd, wenn ich mein Haupt nun neigen werd.

10. Dein Kreuz laß sein mein Wanderstab, mein Ruh und Rast dein heilig Grab; die reinen Grabetücher dein laß meine Sterbekleider sein.

11. Laß mich durch deine Nägelmaal erblicken die Genadenwahl; durch deine aufgespaltne Seit mein arme Seele heim begleit.

12. Auf deinen Abschied, HErr, ich trau, darauf mein letzte Heimfahrt bau, thu mir die Himmelsthür weit auf, wenn ich beschließ meins Lebens Lauf.

13. Am jüngsten Tag erweck mein Leib, hilf, daß ich dir zur Rechten bleib, daß mich nicht treffe dein Gericht, welchs das erschrecklich Urtheil spricht.

14. Alsdann mein Leib erneure ganz, daß er leucht wie der Sonnen Glanz und ähnlich sei beim klaren Leib, auch gleich den lieben Engeln bleib.

15. Wie werd ich dann so fröhlich sein, werd singen mit den Engelein, und mit der Auserwählten Schar ewig schauen dein Antlitz klar.

Martin Böhme, 1608.
V. 7. von einem Andern.

In eigener Melodie. 50.

86. O Lamm Gottes unschuldig am Stamm des Kreuzes geschlachtet, allzeit funden geduldig, wiewohl du warest verachtet; all Sünd hast du getragen, sonst müßten wir verzagen. Erbarm dich unser, o JEsu! :,:

2. O Lamm Gottes unschuldig ꝛc. Erbarm dich unser, o JEsu! :,:

3. O Lamm Gottes unschuldig ꝛc. Gib uns dein Frieden, o JEsu! :,:

Nikolaus Decius, um 1523.

In voriger Melodie. 50.

87. O Lamm Gottes unschuldig am Stamm des Kreuzes geschlachtet, allzeit funden geduldig, wiewohl du warest verachtet; all Sünd hast du getragen, sonst müßten wir verzagen. Erbarm dich unser, o JEsu! :,:

2. Von Herzen wir dir danken, daß du so große Treue gethan hast an uns Kranken. Gib uns ein selge Reue; daß wir die Sünde meiden zu Ehren deiner Leiden; erbarm dich unser, o JEsu! :,:

3. Stärk in uns das Vertrauen durch dein Blut, Tod und Wunden; laß uns darauf fest bauen in unsrer letzten Stunden, und hilf uns selig sterben, daß wir den Himmel erben. Gib uns dein Frieden, o JEsu! :,:

In eigener Melodie. 14.

88. O Traurigkeit, o Herzeleid! Ist das nicht zu beklagen? Gott des Vaters einig Kind, wird ins Grab getragen.

2. O große Noth! Gott selbst ist todt, am Kreuz ist er gestorben, hat dadurch das Himmelreich uns aus Lieb erworben.

3. O Menschenkind, nur deine Sünd hat dieses angerichtet, da du durch die Missethat warest ganz vernichtet.

4. Dein Bräutigam, das Gotteslamm, liegt hier mit Blut beflossen, welches er ganz mildiglich hat für dich vergossen.

5. O süßer Mund, o Glaubensgrund, wie bist du doch zerschlagen! Alles, was auf Erden lebt, muß dich ja beklagen.

6. O lieblich Bild, schön zart und milb, du Söhnlein der Jungfrauen, Niemand kann dein heißes Blut sonder Reu anschauen.

7. O selig ist zu aller Frist, der dieses recht bedenket, wie der HErr der Herrlichkeit wird ins Grab gesenket.

8. O JEsu du, mein Hilf und Ruh, ich bitte dich mit Thränen, hilf, daß ich mich bis ins Grab nach dir möge sehnen.

Joh. Rist, 1641.
V. 1. von ihm schon vorgefunden.

In eigener Melodie. 31.

89. O Welt, sieh hier dein Leben am Stamm des Kreuzes schweben, dein Heil sinkt in den Tod; der große Fürst der Ehren läßt willig sich beschweren mit Schlägen, Hohn und großem Spott.

2. Tritt her und schau mit Fleiße, sein Leib ist ganz mit Schweiße des Blutes überfüllt. Aus seinem edlen Herzen vor unerschöpften Schmerzen ein Seufzer nach dem andern quillt.

3. Wer hat dich so geschlagen, mein Heil, und dich mit Plagen so übel zugericht? Du bist ja nicht ein Sünder, wie wir und unsre Kinder, von Uebelthaten weißt du nicht.

4. Ich, ich und meine Sünden, die sich wie Körnlein finden des Sandes an dem Meer, die haben dir erreget das Elend, das dich schläget, und das betrübte Marterheer.

5. Ich bins, ich sollte büßen, an Händen und an Füßen gebunden in der Höll; die Geißeln und die Banden und was du ausgestanden, das hat verdienet meine Seel.

6. Du nimmst auf deinen Rücken die Lasten, die mich drücken viel sehrer, als ein Stein. Du wirst ein Fluch, dagegen verehrst du mir den Segen, dein Schmerzen muß mein Labsal sein.

7. Du setzest dich zum Bürgen, ja, lässest dich gar würgen für mich und meine Schuld. Mir lässest du dich krönen mit Dornen, die dich höhnen, und leidest alles mit Geduld.

8. Du springst ins Todes Rachen, mich frei und los zu machen von solchem Ungeheur. Mein Sterben nimmst du abe, vergräbst es in dem Grabe, o unerhörtes Liebesfeur.

9. Ich bin, mein Heil, verbunden all Augenblick und Stunden dir überhoch und sehr. Was Leib und Seel vermögen, das soll ich billig legen allzeit an deinen Dienst und Ehr.

10. Nun, ich kann nicht viel geben in diesem armen Leben, Eins aber will ich thun: es soll dein Tod und Leiden, bis Leib und Seele scheiden, mir stets in meinem Herzen ruhn.

11. Ich wills für Augen setzen, mich stets daran ergötzen, ich sei auch, wo ich sei. Es soll mir sein ein Spiegel der Unschuld und ein Siegel der Lieb und unverfälschten Treu.

12. Wie heftig unsre Sünden

ten frommen Gott entzünden, wie Rach und Eifer gehn, wie grausam seine Ruthen, wie zornig seine Fluthen, will ich aus deinem Leiden sehn.

13. Ich will daraus studiren, wie ich mein Herz soll zieren mit stillem, sanftem Muth und wie ich die soll lieben, die mich doch sehr betrüben mit Werken, so die Bosheit thut.

14. Wenn böse Zungen stechen, mir Glimpf und Namen brechen, so will ich zähmen mich; das Unrecht will ich dulden, dem Nächsten seine Schulden verzeihen gern und williglich.

15. Ich will mich mit dir schlagen ans Kreuz und dem absagen, was meinem Fleisch gelüst. Was deine Augen hassen, das will ich fliehn und lassen, so viel mir immer möglich ist.

16. Dein Seufzen und dein Stöhnen und die viel tausend Thränen, die dir geflossen zu, die sollen mich am Ende in deinen Schoß und Hände begleiten zu der ewgen Ruh.

Paul Gerhardt, 1653.

Mel. Freu dich sehr, o meine S. 66.

90. Prange, Welt, mit deinem Wissen, das du jetzt so hoch gebracht; ich kann deine Weisheit missen, die der weise Gott veracht. Meines JEsu Kreuz und Pein soll mein liebstes Wissen sein; weiß ich das in wahrem Glauben, wer will mir den Himmel rauben?

2. Andre mögen Weisheit nennen, was hier in die Augen fällt, ob sie schon den nicht erkennen, dessen Weisheit alles hält. Mir soll meines JEsu Pein meine Kunst und Weisheit sein. Das Geheimniß seiner Liebe ist die Schul, da ich mich übe.

3. Andre mögen ihre Sinnen schärfen durch Verschlagenheit, daß sie Lob und Ruhm gewinnen bei den Großen dieser Zeit: ich will meines Heilands Schmach ganz alleine denken nach; Christen will es nicht geziemen, daß sie sich des Eiteln rühmen.

4. Andern mag es wohl behagen, wenn sie hurtig und geschickt, große Schätze zu erjagen, und wenn ihnen Alles glückt. O, mein Reichthum, Glück und Theil ist der armen Sünder Heil; dieses weiß mein Herz zu finden und die Welt zu überwinden.

5. Ei, so komm, mein wahres Leben, komm und unterweise mich; dir will ich mein Herz ergeben, daß es wisse nichts als dich. Allerliebste Wissenschaft, ach, beweise deine Kraft, daß ich einzig an dir hange und nichts außer dir verlange.

6. Weiß ich keinen Trost auf Erden, klagt mich mein Gewissen an, will mir angst und bange werden, ist nichts, das mir helfen kann, drückt mich des Gesetzes Joch, so laß mich bedenken doch, daß du hast mit deinem Blute Gnad erlanget mir zu Gute.

7. Ach, mein JEsu, pflanze weiter dieses Wissen in mein Herz, sei mein treuer Freund und Leiter und laß deines Todes Schmerz, deine schwere Kreuzespein mir stets in Gedanken sein; du hast dich mir wollen schenken, daran laß mich ewig denken.

8. Endlich, wenn des Todes Grauen alles Wissen von mir treibt, so laß meine Augen schauen diesen Trost, der ewig bleibt. JEsu Leiden, Kreuz und Pein soll mein letztes Wissen sein. JEsu, hilf mir das vollbringen, so will ich dir ewig singen.

Joh. Job, † 1736.

Mel. JEsu, deine heilge Wunden. 64.

91. Sei mir tausendmal gegrüßet, der mich je

und je geliebt, JEsu, der du selbst gebüßet das, womit ich dich betrübt. Ach, wie ist mir doch so wohl, wann ich knien und liegen soll an dem Kreuze, da du stirbest und um meine Seele wirbest.

2. Ich umfange, herz und küsse der gekränkten Wunden Zahl und die purpurrothen Flüsse deiner Füß und Nägelmaal. O, wer kann doch, schönster Fürst, den so hoch nach uns gedürst, deinen Durst und Liebsverlangen völlig fassen und umfangen.

3. Heile mich, o Heil der Seelen, wo ich krank und traurig bin, nimm die Schmerzen, die mich quälen, und den ganzen Schaden hin, den mir Adams Fall gebracht und ich selbsten mir gemacht; wird, o Arzt, dein Blut mich netzen, wird sich all mein Jammer setzen.

4. Schreibe deine blutgen Wunden mir, HErr, in das Herz hinein, daß sie mögen alle Stunden bei mir unvergessen sein. Du bist doch mein schönstes Gut, da mein ganzes Herze ruht; laß mich hier zu deinen Füßen deiner Lieb und Gunst genießen.

5. Diese Füße will ich halten auf das best ich immer kann; schaue meiner Hände Falten und mich selbsten freundlich an von des hohen Kreuzes Baum, und gib meiner Bitte Raum, sprich: laß all dein Trauren schwinden, ich, ich tilg all deine Sünden.

Paul Gerhardt, 1662.
(Nach dem 1. lat. Passionssalve des h. Bernhard.)

In eigener Melodie. 83.

92. (Die Seele:) So gehst du nun, mein JEsu, hin, für mich den Tod zu leiden, für mich, der ich ein Sünder bin, der dich betrübt mit Freuden; wohlan, fahr fort, du edler Hort, mein Augen sollen fließen ein Thränensee mit Ach und Weh, dein Leiden zu begießen.

2. (JEsus:) Ach, Sünd, du schädlich Schlangengift, wie weit kannst du es bringen! dein Lohn, der Fluch mich jetzt betrifft, in Tod thut er mich zwingen. Jetzt kömmt die Nacht der Sündenmacht, fremd Schuld muß ich abtragen; betracht es recht, du Sündenknecht, nun darfst du nicht verzagen.

3. (Seele:) Ich, ich, HErr JEsu, sollte zwar der Sünden Strafe leiden an Leib und Seel, an Haut und Haar, auch ewig aller Freuden beraubet sein und leiden Pein, so nimmst du hin die Schulde; dein Blut und Tod bringt mich vor Gott, ich bleib in deiner Hulde.

4. (JEsus:) Ja, liebe Seel, ich büß die Schuld, die du hättst sollen büßen; erkenne daraus meine Huld, die ich dich laß genießen; ich wähl den Fluch, dieweil ich such, vom Fluch dich zu befreien; denk meiner Lieb, durch deren Trieb die Segen dir gedeihen.

5. (Seele:) Was kann für solche Liebe dir, HErr JEsu, ich wohl geben? Ich weiß und finde nichts an mir; doch will, weil ich werd leben, mich eigen dir, HErr, nach Gebühr zu dienen ganz verschreiben, auch nach der Zeit in Ewigkeit dein Diener sein und bleiben.

M. Casp. Friedr. Nachtenhöfer, 1651.
B. 4. Altdorfer Gesangb., 1699.

Mel. O Traurigkeit, o Herzeleid. 14.

93. So ruhest du, o meine Ruh, in deiner Grabeshöhle, und erweckst durch deinen Tod meine todte Seele.

2. Man senkt dich ein nach vieler Pein, du, meines Lebens Leben! Dich hat jetzt ein Felsengrab, Fels des Heils, umgeben.

3. Ach, bist du kalt, mein Aufenthalt? Das macht die heiße Liebe, die dich in das kalte Grab durch ihr Feuer triebe.
4. O Lebensfürst, ich weiß, du wirst mich wieder auferwecken; sollte denn mein gläubig Herz vor der Gruft erschrecken?
5. Sie wird mir sein ein Kämmerlein, da ich auf Rosen liege, weil ich nun durch deinen Tod Tod und Grab besiege.
6. Gar nichts verdirbt, der Leib nur stirbt, doch wird er auferstehen und in ganz verklärter Zier aus dem Grabe gehen.
7. Indeß will ich, o JEsu, dich in meine Seele senken, und an deinen bittern Tod bis in Tod gedenken. Sal. Frank, 1716.

In eigener Melodie. 48.

94. Wenn meine Sünd mich kränken, o mein HErr JEsu Christ, so laß mich wohl bedenken, wie du gestorben bist und alle meine Schuldenlast am Stamm des heilgen Kreuzes auf dich genommen hast.
2. O Wunder ohne Maßen, wenn mans betrachtet recht, es hat sich martern lassen der HErr für seine Knecht; es hat sich selbst der wahre Gott für mich verlornen Menschen gegeben in den Tod!
3. Was kann mir denn nun schaden der Sünden große Zahl? Ich bin bei Gott in Gnaden, die Schuld ist allzumal bezahlt durch Christi theures Blut, daß ich nicht mehr darf fürchten der Höllen Qual und Gluth.
4. Drum sag ich dir von Herzen jetzt und mein Lebenlang für deine Pein und Schmerzen, o JEsu, Lob und Dank, für deine Noth und Angstgeschrei, für dein unschuldig Sterben, für deine Lieb und Treu.

5. HErr, laß dein bitter Leiden mich reizen für und für, mit allem Ernst zu meiden die sündliche Begier, daß mir nie komme aus dem Sinn, wie viel es dich gekostet, daß ich erlöset bin.
6. Mein Kreuz und meine Plagen, solls auch sein Schmach und Spott, hilf mir geduldig tragen, gib, o mein HErr und Gott, daß ich verläugne diese Welt und folge dem Exempel, das du mir fürgestellt.
7. Laß mich an andern üben, was du an mir gethan, und meinen Nächsten lieben, gern dienen Jedermann ohn Eigennutz und Heuchelschein und, wie du mir erwiesen, aus reiner Lieb allein.
8. Laß endlich deine Wunden mich trösten kräftiglich in meiner letzten Stunden und deß versichern mich, weil ich auf dein Verdienst nur trau, du werdest mich annehmen, daß ich dich ewig schau.
Dr. Justus Gesenius, 1646.

Mel. Nun laßt uns den Leib begr. 11.

95. Wir danken dir, HErr JEsu Christ, daß du für uns gestorben bist und hast uns durch dein theures Blut gemacht vor Gott gerecht und gut.
2. Und bitten dich, wahr Mensch und Gott, durch dein heilig fünf Wunden roth, erlös uns von dem ewgen Tod und tröst uns in der letzten Noth.
3. Behüt uns auch für Sünd und Schand, reich uns dein allmächtige Hand, daß wir im Kreuz geduldig sein, uns trösten deiner schweren Pein.
4. Und draus schöpfen die Zuversicht, daß du uns werdst verlassen nicht, sondern ganz treulich bei uns stehn, bis wir durchs Kreuz ins Leben gehn.
M. Christoph Bischer, um 1568.

VIII. Osterlieder oder Lieder von der Auferstehung JEsu Christi.

In eigener Melodie. 62.

96. Also heilig ist der Tag, daß ihn kein Mensch mit Lobe erfüllen mag. Denn der heilige Gottessohn, der die Höll überwand und den leidigen Teufel darin band, damit erlöst der HErr die Christenheit und war Gott selber. Kyrie eleison.
Aus dem 15. Jahrhundert.

Eigene Melodie. 57.

97. Auf, auf, mein Herz, mit Freuden, nimm wahr, was heut geschicht! Wie kömmt nach großen Leiden nun ein so großes Licht! Mein Heiland wir gelegt da, wo man uns hinträgt, wenn von uns unser Geist zum Himmel ist gereist.

2. Er war ins Grab gesenket, der Feind trieb groß Geschrei. Ob ers vermeint und denket, ist Christus wieder frei und ruft: Victoria! schwingt fröhlich hier und da sein Fähnlein als ein Held, der Feld und Muth behält.

3. Der Held steht auf dem Grabe und sieht sich munter um, der Feind liegt und legt abe Gift, Gall und Ungestüm; er wirft zu Christi Fuß sein Höllenreich und muß selbst in des Siegers Band ergeben Fuß und Hand.

4. Das ist mir anzuschauen ein rechtes Freudenspiel, nun soll mir nicht mehr grauen vor allem, was mir will entnehmen meinen Muth zusamt dem edlen Gut, so mir durch JEsum Christ aus Lieb erworben ist.

5. Die Höll und ihre Rotten die krümmen mir kein Har, der Sünden kann ich spotten, bleib allzeit ohn Gefahr; der Tod mit seiner Macht wird schlecht bei mir geacht, er bleibt ein todtes Bild, und wär er noch so wild.

6. Die Welt ist mir ein Lachen mit ihrem großen Zorn; sie zürnt und kann nichts machen, all Arbeit ist verlorn. Die Trübsal trübt mir nicht mein Herz und Angesicht, das Unglück ist mein Glück, die Nacht mein Sonnenblick.

7. Ich hang und bleib auch hangen an Christo als ein Glied; wo mein Haupt durch ist gangen, da nimmt er mich auch mit. Er reißet durch den Tod, durch Welt, durch Sünd und Noth, er reißet durch die Höll, ich bin stets sein Gesell.

8. Er bringt zum Sal der Ehren, ich folg ihm immer nach und darf mich gar nicht kehren an einzig Ungemach; es tobe, was da kann, mein Haupt nimmt sich mein an, mein Heiland ist mein Schild, der alles Toben stillt.

9. Er bringt mich an die Pforten, die in den Himmel führt, daran mit güldnen Worten der Reim gelesen wird: Wer dort wird mit verhöhnt, wird hier auch mit gekrönt; wer dort mit sterben geht, wird hier auch mit erhöht.
Paul Gerhardt, 1649.

In eigener Melodie. 99.

98. Christ ist erstanden von der Marter allen, des solln wir alle froh sein, Christ will unser Trost sein. Kyrieleis.

2. Wär er nicht erstanden, so wär die Welt vergangen; seit daß er erstanden ist, so lobn wir den HErrn JEsum Christ. Kyrieleis.

Osterlieder oder

3. Halleluja! Halleluja! Hal=
leluja! Des solln wir alle froh
sein. Christ will unser Trost sein.
Kyrieleis.
Aus dem 12. Jahrhundert.

In eigener Melodie. 61.

99. Christ lag in Todesban=
ten, für unser Sünd
gegeben, der ist wieder erstanden
und hat uns bracht das Leben.
Des wir sollen fröhlich sein,
Gott loben und dankbar sein und
singen: Halleluja! Halleluja!

2. Den Tod niemand zwingen
kunnt bei allen Menschenkindern,
das macht alles unser Sünd, kein
Unschuld war zu finden. Davon
kam der Tod so bald und nahm
über uns Gewalt, hielt uns in
seim Reich gefangen. Halleluja!

3. JEsus Christus, Gottes
Sohn, an unser Statt ist kommen
und hat die Sünd abgethan, da=
mit dem Tod genommen all sein
Recht und sein Gewalt, da bleibt
nichts denn Todsgestalt, den
Stachel hat er verloren. Halle=
luja!

4. Es war ein wunderlich
Krieg, da Tod und Leben rungen;
das Leben behielt den Sieg, es
hat den Tod verschlungen; die
Schrift hat verkündet das, wie ein
Tod den andern fraß, ein Spott
aus dem Tod ist worden. Halle=
luja!

5. Hier ist das recht Oster=
lamm, davon Gott hat geboten,
das ist an des Kreuzes Stamm in
heißer Lieb gebraten; des Blut
zeichnet unser Thür, das hält
der Glaub dem Tod für, der
Würger kann uns nicht rühren.
Halleluja!

6. So feiern wir das hoh Fest
mit Herzensfreud und Wonne,
das uns der HErr scheinen läßt;
er ist selber die Sonne, der durch
seiner Gnaden Glanz erleucht

unser Herzen ganz, der Sünden
Nacht ist vergangen. Halleluja!

7. Wir essen und leben wohl
in rechten Osterfladen, der alte
Sauerteig nicht soll sein bei dem
Wort der Gnaden. Christus will
die Kost sein und speisen die
Seel allein, der Glaub will keins
andern leben. Halleluja!
Dr. M. Luther, 1524.

In eigener Melodie. 15.

100. Christus ist erstan=
den von des Todes
Banden, des freuet sich der Engel
Schar, singend im Himmel im=
merdar: Halleluja!

2. Der für uns sein Leben in
Tod hat gegeben, der ist nun
unser Osterlamm, des wir uns
freuen allesamt. Halleluja!

3. Der ans Kreuz gehangen,
kein Trost kennt erlangen, der
lebet nun in Herrlichkeit, uns zu
vertreten stets bereit. Halleluja!

4. Der so ganz verschwiegen
zur Höllen gestiegen, den wohl=
gerüsten Starken band, der wird
nun in der Höh erkannt. Halle=
luja!

5. Der da lag begraben, der
ist nun erhaben, und sein Thun
wird kräftig erweist und in der
Christenheit gepreist. Halleluja!

6. Er läßt nun verkünden Ver=
gebung der Sünden und wie man
die durch rechte Buß nach seiner
Ordnung suchen muß. Halleluja!

7. O Christe, Osterlamm, speis
uns heut allesamt, nimm weg
all unser Missethat, des wir dir
singen früh und spat: Halleluja!
Brüder in Böhmen.

Mel. Helft mir Gotts Güte preis. 58.

101. Der Tod hat zwar ver=
schlungen den HErrn
der Herrlichkeit, doch ist's ihm
nicht gelungen in dieser Osterzeit.
Heut stellt sich Christus ein; die
gnadenreiche Sonne bringt Le=

Lieder von der Auferstehung JEsu Christi.

ben, Heil und Wonne, wer wollt nicht fröhlich sein!

2. Ein Engel kommt von oben, der von des Grabes Thür den schweren Stein gehoben, kein Siegel ist dafür; der Juden Schar, HErr Christ, die dich zum Tode brachten und bei dem Grabe wachten, nun gar verschwunden ist.

3. Man singet in den Landen mit Herzensfröhlichkeit, daß Christus sei erstanden, wie er selbst prophezeit, sein Wort erfüllet ist; freut euch, ihr Menschen alle, und singt mit großem Schalle: Wir danken dir, HErr Christ!

4. Du hast uns unverdrossen durch dein hochtheures Blut den Himmel aufgeschlossen, erworben großes Gut; drum halten wir aufs best mit Jauchzen und mit Freuden nach deinem schweren Leiden das fröhliche Osterfest.

5. HErr, der du überwunden den Tod und höllisch Heer, in letzten Todesstunden ein sanftes End bescher; führ uns ins Himmels Thron, weck auch ohn alle Klage den Leib am jüngsten Tage, o JEsu, Gottes Sohn!

Dr. Georg Werner, † 1671.

Mel. HErr Gott, dich loben alle w. 11.

102. Du starker Held, HErr JEsu Christ, des Tods nun mächtig worden bist, zerbrichst der Höllen Band und Thür und kömmst am dritten Tag herfür.

2. Läßt schauen dich ohn alle Qual bei deinen Freunden überall, zeigst ihn dein Gaben hochgeacht, die du hast aus dem Tod gebracht.

3. Lehr uns und alle Christenheit erkennen diese große Freud, die von deiner Auferstehung wir bekommen haben all von dir.

4. Hilf uns von Sünden auferstehn und in ein heilig Leben gehn, bis wir erlöst von aller Pein bei dir in ewgen Ostern sein.

Barthold Helder, 1620.

Eigene Melodie. 21.

103. Erschienen ist der herrlich Tag, dran sich niemand gnug freuen mag; Christ, unser HErr, heut triumphirt, all sein Feind er gefangen führt. Halleluja!

2. Die alte Schlang, die Sünd und Tod, die Höll, all Jammer, Angst und Noth hat überwunden JEsus Christ, der heut vom Tod erstanden ist. Halleluja!

3. Am Sabbath früh mit Specerei kamen zum Grab Marien drei, daß sie salbten Marien Sohn, der vom Tod war erstanden schon. Halleluja!

4. Wen sucht ihr da? der Engel sprach, Christ ist erstanden, der hie lag; hier sehtihr die Schweißtücherlein, geht hin, sagts bald den Jüngern sein. Halleluja!

5. Der Jünger Furcht und Herzeleid wird heut verkehrt in eitel Freud; sobald sie nur den HErren sahn, verschwand ihr Trauern, Furcht und Zagn. Halleluja!

6. Der HErr hielt ein sehr freundlich G'spräch mit zween Jüngern auf dem Weg, für Freud das Herz im Leib ihn'n brannt, im Brodbrechen ward er erkannt. Halleluja!

7. Unser Simson, der treue Held, Christus, den starken Löwen fällt, der Höllen Pforten er hinträgt, dem Teufel all sein G'walt erlegt. Halleluja!

8. Jonas im Wallfisch war drei Tag, so lang Christus im Grab auch lag, denn länger ihn der Tod kein Stund in seim Rachen behalten kunnt. Halleluja!

9. Sein Raub der Tod mußt fahren lan, das Leben siegt und g'wann ihm an, zerstört ist nun all seine Macht, Christ hat das Leben wiederbracht. Halleluja!
10. Heut gehn wir aus Egyptenland, aus Pharaonis Dienst und Band, und das recht Osterlämmelein wir essen heut im Brod und Wein. Halleluja!
11. Auch essen wir die süßen Brod, die Moses Gottes Volk gebot; kein Sauerteig soll bei uns sein, daß wir leben von Sünden rein. Halleluja!
12. Der schlagend Engl fürüber geht, kein Erstgeburt er bei uns schlägt, unser Thürschwelln hat Christi Blut bestrichen, das hält uns in Hut. Halleluja!
13. Die Sonn, die Erd, all Kreatur, und was betrübet war zuvor, das freut sich heut an diesem Tag, da der Weltfürst darnieder lag. Halleluja!
14. Drum wir auch billig fröhlich sein, singen das Halleluja fein und loben dich, HErr JEsu Christ, zu Trost du uns erstanden bist. Halleluja!

Nikolaus Herman, 1560.

In eigener Melodie. 82.

104. Freuet euch, ihr Christen alle, freue sich, wer immer kann, Gott hat viel an uns gethan. Freuet euch mit großem Schalle, daß er uns aus Todesmacht durch sein Sterben frei gemacht. Freude, Freude über Freude! Christus wehret allem Leide; Wonne, Wonne über Wonne! Er ist die Gnadensonne.

2. Siehe, siehe, meine Seele, wie dein Heiland triumphirt, dich mit Heil und Frieden ziert, daß er aus des Grabes Höhle auferstehet dir zu gut, dich erlöset durch sein Blut. Freude, Freude über 2c.

3. JEsu, wie soll ich dir danken? Ich bekenne, daß von dir meine Seligkeit herrühr. Ach, laß mich von dir nicht wanken, nimm mich dir zu eigen hin, so empfindet Herz und Sinn Freude, Freude über 2c.

4. JEsu, nimm dich deiner Glieder ferner in Gnaden an; schenke, was man bitten kann, zu erquicken deine Brüder, mach der ganzen Christenschar deine Liebe offenbar. Freude, Freude über 2c.

Christian Keymann, † 1662.

Mel. Heut triumphiret Gottes S. 44.

105. Früh Morgens, da die Sonn aufgeht, mein Heiland Christus aufersteht, Halleluja, Halleluja! Vertrieben ist der Sünden Nacht, Licht, Heil und Leben wiederbracht, Halleluja, Halleluja!

2. Wenn ich des Nachts oft lieg in Noth, verschlossen, gleich als wär ich todt, Halleluja, Halleluja! läßt du mir früh die Gnadensonn aufgehn nach Trauren, Freud und Wonn. Halleluja, Halleluja!

3. Nicht mehr als nur drei Tage lang bleibt mein Heiland in Todes Zwang, Halleluja, Halleluja! Den dritten Tag durchs Grab er bringt, mit Ehren seine Siegsfahn schwingt. Halleluja, Halleluja!

4. Jetzt ist der Tag, da mich die Welt mit Schmach am Kreuz gefangen hält, Halleluja, Halleluja! Drauf folgt der Sabbath in dem Grab, darin ich Ruh und Frieden hab. Halleluja, Halleluja!

5. In Kurzem wach ich fröhlich auf, mein Ostertag ist schon im Lauf, Halleluja, Halleluja! Ich wach auf durch des HErren Stimm, veracht den Tod mit sei-

Lieder von der Auferstehung JEsu Christi.

nem Grimm. Halleluja, Halleluja!

6. Am Kreuz läßt Christus öffentlich vor allem Volke tödten sich, Halleluja, Halleluja! Da er durchs Todes Kerker bricht, läßt ers die Menschen sehen nicht. Halleluja, Halleluja!

7. Sein Reich ist nicht von dieser Welt, kein groß Gepräng ihm hier gefällt, Halleluja, Halleluja! Was schlecht und niedrig geht herein, soll ihm das Allerliebste sein. Halleluja, Halleluja!

8. Hier ist noch nicht recht kund gemacht, was er aus seinem Grab gebracht, Halleluja, Halleluja! Der große Schatz, die reiche Beut, drauf sich ein Christ so herzlich freut. Halleluja, Halleluja!

9. Der jüngste Tag wirds zeigen an, was er für Thaten hat gethan, Halleluja, Halleluja! wie er der Schlangen Kopf zerknickt, die Höll zerstört, den Tod zerdrückt. Halleluja, Halleluja!

10. Da werd ich Christi Herrlichkeit anschauen ewig voller Freud, Halleluja, Halleluja! ich werde sehn, wie alle Feind zur Höllenpein gestürzet seind. Halleluja, Halleluja!

11. Der HErr den Tod zu Boden schlägt, da er selbst todt und sich nicht regt, Halleluja, Halleluja! geht aus dem Grab in eigner Kraft, Tod, Teufel, Höll an ihm nichts schafft. Halleluja, Halleluja!

12. O Wunder groß, o starker Held, wo ist ein Feind, den er nicht fällt? Halleluja, Halleluja! Kein Angststein liegt so schwer auf mir, er wälzt ihn von des Herzens Thür. Halleluja, Halleluja!

13. Kein Kreuz und Trübsal ist so tief, mein Heiland thut darein ein Griff, Halleluja, Halleluja! führt mich heraus mit seiner Hand, wer mich will halten, wird zu Schand. Halleluja, Halleluja!

14. Und daß der HErr erstanden sei, das ist von allem Zweifel frei, Halleluja, Halleluja! Der Engel selbst bezeugt es klar, das leere Grab machts offenbar. Halleluja, Halleluja!

15. Lebt Christus, was bin ich betrübt? Ich weiß, daß er mich herzlich liebt, Halleluja, Halleluja! Wenn mir gleich alle Welt stürb ab, gnug, daß ich Christum bei mir hab. Halleluja, Halleluja!

16. Er nährt, er schützt, er tröstet mich, sterb ich, so nimmt er mich zu sich, Halleluja, Halleluja! Wo er jetzt lebt, da muß ich hin, weil ich ein Glied seins Leibes bin. Halleluja, Halleluja!

17. Durch seiner Auferstehung Kraft komm ich zur Engelbrüderschaft, Halleluja, Halleluja! Durch ihn bin ich mit Gott versöhnt, die Feindschaft ist ganz abgelehnt. Halleluja, Halleluja!

18. Mein Herz darf nicht entsetzen sich, Gott und die Engel lieben mich. Halleluja, Halleluja! Die Freude, die mir ist bereit, vertreibet Furcht und Traurigkeit. Halleluja, Halleluja!

19. Für diesen Trost, o großer Held, HErr JEsu, dankt dir alle Welt, Halleluja, Halleluja! Dort wollen wir durch größern Fleiß erheben deinen Ruhm und Preis. Halleluja, Halleluja!
  Johann Heermann, 1630.

Mel. Erschienen ist der herrlich. 21.

106. Gott Lob und Dank! es ist nunmehr die fröhliche Zeit jetzt kommen her, da unser Heiland, JEsus Christ, von Todten auferstanden ist. Alleluja!

2. Drum traure nicht, o meine Seel, laß zittern Teufel, Tod und Höll; dein HErr hat sie erleget

all, des freu dich sehr, lob Gott mit Schall. Alleluja!

3. Es ist noch nicht ganz kund gethan, was er durch seine Siegesfahn zum besten dir hat mitgebracht aus der so blutgen Todesschlacht. Alleluja!

4. Ich hab gnug, daß mein HErr noch lebt und nun in seinen Freuden schwebt; ich weiß, daß er mich herzlich liebt, er tröst mich, wenn ich bin betrübt. Alleluja!

5. Es sei ein Kreuz so groß es will, hat er ihm doch gesetzt sein Ziel, kein Angststein liegt so schwer auf mir, er wälzt ihn von meins Herzens Thür. Alleluja!

6. Sterb ich auch gleich und komm ins Grab, mein Sabbath ich darinnen hab. Am jüngsten Tag weckt er mich auf, führt mich mit sich in Himmel 'nauf. Alleluja!

7. Da hab ich meinen Ostertag, bin frei und ledig aller Plag, daß ich kann seine Herrlichkeit anschauen ewig voller Freud. Alleluja!

8. Mit diesem Trost ergötz ich mich, so oft, HErr Christ, ich denk an dich; ich weiß, du wirst an meinem End mein Seele nehmen in dein Händ. Alleluja!

Johann Crüger, (?) 1658.

In eigener Melodie. 44.

107. Heut triumphiret Gottes Sohn, der von dem Tod erstanden schon, Halleluja, Halleluja! mit großer Pracht und Herrlichkeit, des dankn wir ihm in Ewigkeit. Halleluja, Halleluja!

2. Dem Teufel hat er sein Gewalt zerstört, verheert in all Gestalt, Halleluja, Halleluja! wie pflegt zu thun ein starker Held, der seinen Feind gewaltig fällt. Halleluja, Halleluja!

3. O süßer HErre, JEsu Christ, der du der Sünder Heiland bist, Halleluja, Halleluja! führ uns durch dein Barmherzigkeit mit Freuden in dein Herrlichkeit. Halleluja, Halleluja!

4. Nun kann uns kein Feind schaden mehr, ob er gleich murrt, ist ohn Gefähr, Halleluja, Halleluja! Er liegt im Koth, der arge Feind, dagegen wir Gotts Kinder seind. Halleluja, Halleluja!

5. Hier ist doch nichts, denn Angst und Noth, wer gläubet und hält dein Gebot. Halleluja, Halleluja! der Welt ist er ein Hohn und Spott, muß leiden oft ein schnöden Tod. Halleluja, Halleluja!

6. Dafür danken wir alle gleich und sehnen uns ins Himmelreich, Halleluja, Halleluja! Es ist am End, Gott helf uns all, so singen wir mit großem Schall: Halleluja, Halleluja!

7. Gott dem Vater im höchsten Thron samt Christo, seinem lieben Sohn, Halleluja, Halleluja! dem Heilgen Geist in gleicher Weis sei ewiglich Lob, Ehr und Preis. Halleluja, Halleluja!

Basilius Förtsch, † 1620.

Mel. Es ist genug, so nimm. 52.

108. Ich habe gnug, mein JEsus lebet noch, der mich vergnügen kann; er hat den Zorn des Vaters ausgesöhnt und für mich gnug gethan; kann er im Tode nicht verderben, so werd ich auch nicht ewig sterben. Ich habe gnug. :,:

2. Ich habe gnug, mein JEsus ist mein Haupt, ich bin sein theures Glied, das neigte sich mit großem Angstgeschrei, als er am Kreuz verschied: nun hat ers wieder aufgerichtet und meinen Tod zugleich vernichtet. Ich habe gnug. :,:

3. Ich habe gnug, mein JEsus ist mein HErr und theurer Lebensfürst, der hat ein Herz,

Lieder von der Auferstehung JEsu Christi.

das nach der Menschen Heil und Wohlergehen dürst. Wo sich der HErr hat hinbegeben, da soll der Diener gleichfalls leben. Ich habe gnug. :,:

4. Ich habe gnug, mein JEsus ist mein Glanz und heller Gnadenschein. Dies Freudenlicht läßt keinen ohne Trost und unvergnüget sein, denn von derselben Ostersonne kommt Leben, Seligkeit und Wonne. Ich habe gnug. :,:

5. Ich habe gnug, nur zeuch mich, HErr, nach dir, damit ich aufersteh, wenn du aufstehst, und endlich wohl vergnügt zu deiner Freud eingeh. Zeuch mich aus dieses Leibes Höhle, so rufet die erfreute Seele: Ich habe gnug. :,:

M. J. F. Möller, 1704.

Mel. Gott des Himmels und ꝛc. 37.

109. JEsu, der du Thor und Riegel der Verdammniß aufgemacht und im Grabe Stein und Siegel hast so viel als nichts geacht, mache doch mein Herze frei, daß es nicht verschlossen sei.

2. Hebe weg die schweren Steine, die kein Mensch nicht heben kann, daß mir nichts unmöglich scheine, was du hast für uns gethan, und ich alles recht und wohl glaube, was ich glauben soll.

3. Thomas mag in Zweifel stehen und Cleophas traurig sein; mir laß alle Furcht vergehen, reiß auch allen Zweifel ein und in einer jeden Noth bleibe du mein HErr und Gott.

4. Tod und Teufel sind bezwungen, theile nun den Sieg mit mir, und wie du bist durchgebrungen, also nimm mich auch zu dir, daß ich aus des Satans Macht werde ganz zu Gott gebracht.

5. In mir selbst bin ich gestorben, wecke mich, mein Heiland, auf, und der Geist, den du erworben, führe täglich meinen Lauf, daß ich auf der guten Bahn fang ein neues Leben an.

6. Künftig wird die Zeit erscheinen, da wir selber auferstehn und zu dir, mit Fleisch und Beinen, werden aus dem Grabe gehn. Ach, verleih, daß dieser Tag ewig mich erfreuen mag.

7. Bringe denn die armen Glieder, die jetzt krank und elend sind, aus dem Schooß der Erden wieder und verkläre mich, dein Kind, daß ich in des Vaters Reich werde deinem Leibe gleich.

8. Zeige mir da Hand und Füße, welche Thomas hat gesehn, daß ich sie mit Demuth küsse, weil es hier nicht ist geschehn, und hernach, von Sünden frei, ewig dein Gefährte sei.

Caspar Neumann, 1680.

Eigene Melodie. 16.

110. JEsus Christus, unser Heiland, der den Tod überwand, ist auferstanden, die Sünd hat er gefangen, Kyrie eleison.

2. Der ohn Sünden war geborn, trug für uns Gottes Zorn, hat uns versöhnet, daß uns Gott sein Huld gönnet, Kyrie eleison.

3. Tod, Sünd, Leben und Genad, alls in Händen er hat. Er kann erretten alle, die zu ihm treten, Kyrie eleison.

Dr. M. Luther, 1524.

Eigene Melodie. 33.

111. JEsus, meine Zuversicht und mein Heiland, ist im Leben; dieses weiß ich, soll ich nicht darum mich zufrieden geben, was die lange Todesnacht mir auch für Gedanken macht?

2. JEsus, er, mein Heiland, lebt; ich werd auch das Leben

schauen, sein, wo mein Erlöser schwebt; warum sollte mir denn grauen? Lässet auch ein Haupt sein Glied, welches es nicht nach sich zieht?

3. Ich bin durch der Hoffnung Band zu genau mit ihm verbunden, meine starke Glaubenshand wird in ihm gelegt befunden, daß mich auch kein Todesbann ewig von ihm trennen kann.

4. Ich bin Fleisch und muß daher auch einmal zu Asche werden, das gesteh ich, doch wird er mich erwecken aus der Erden, daß ich in der Herrlichkeit um ihn sein mög allezeit.

5. Dann wird eben diese Haut mich umgeben, wie ich gläube, Gott wird werden angeschaut dann von mir in diesem Leibe, und in diesem Fleisch werd ich JEsum sehen ewiglich.

6. Dieser meiner Augen Licht wird ihn, meinen Heiland, kennen; ich, ich selbst, kein Fremder nicht, werd in seiner Liebe brennen; nur die Schwachheit um und an wird von mir sein abgethan.

7. Was hier kranket, seufzt und flebt, wird dort frisch und herrlich gehen; irdisch werd ich ausgesät, himmlisch werd ich auferstehen; hier geh ich natürlich ein, nachmals werd ich geistlich sein.

8. Seid getrost und hocherfreut, JEsus trägt euch, meine Glieder; gebt nicht Raum der Traurigkeit, sterbt ihr, Christus ruft euch wieder, wenn die letzt Tromet erklingt, die auch durch die Gräber dringt.

9. Lacht der finstern Erdenkluft, lacht des Todes und der Höllen, denn ihr sollt euch durch die Luft eurem Heiland zugesellen; dann wird Schwachheit und Verdruß liegen unter eurem Fuß.

10. Nur daß ihr den Geist erhebt von den Lüften dieser Erden und euch dem schon jetzt ergebt, dem ihr beigefügt wollt werden, schickt das Herze da hinein, wo ihr ewig wünscht zu sein.

Louise Henriette, Churfürstin
von Brandenburg, 1653.

Mel. Es ist das Heil uns kommen. 49.

112. O Tod, wo ist dein Stachel nun? wo ist dein Sieg, o Hölle? was kann uns jetzt der Teufel thun, wie grausam er sich stelle? Gott sei gedankt, der uns den Sieg so herrlich hat nach diesem Krieg durch JEsum Christ gegeben.

2. Wie sträubte sich die alte Schlang, da Christus mit ihr kämpfte! Mit List und Macht sie auf ihn drang, jedennoch er sie dämpfte. Ob sie ihn in die Fersen sticht, so sieget sie doch darum nicht, der Kopf ist ihr zertreten.

3. Lebendig Christus kommt herfür, den Feind nimmt er gefangen, zerbricht der Höllen Schloß und Thür, trägt weg den Raub mit Prangen. Nichts ist, das in dem Siegeslauf den starken Held kann halten auf, alls liegt da überwunden.

4. Des Todes Gift, der Höllen Pest ist unser Heiland worden; wenn Satan auch noch ungern läßt vom Wüthen und vom Morden, und, da er sonst nichts schaffen kann, nur Tag und Nacht uns klaget an, so ist er doch verworfen.

5. Des HErren Rechte die behält den Sieg und ist erhöhet; des HErren Rechte mächtig fällt, was ihr entgegenstehet. Tod, Teufel, Höll und alle Feind durch Christi Sieg gedämpfet seind, ihr Zorn ist kraftlos worden.

6. Es war getödtet JEsus Christ, und sieh! er lebet wieder. Weil nun das Haupt erstanden ist, stehn wir auch auf, die Glieder. So jemand Christi Worten gläubt, im Tod und Grabe der

Lieder von der Auferstehung JEsu Christi.

nicht bleibt, er lebt, ob er gleich stirbet.

7. Wer täglich hier durch wahre Reu mit Christo auferstehet, ist dort vom andern Tode frei, derselb ihn nicht angehet. Genommen ist dem Tod die Macht, Unschuld und Leben wiederbracht und unvergänglich Wesen.

8. Das ist die rechte Osterbeut, der wir theilhaftig werden: Fried, Freude, Heil, Gerechtigkeit im Himmel und auf Erden. Hier sind wir still und warten fort, bis unser Leib wird ähnlich dort Christi verklärtem Leibe.

9. Der alte Drach mit seiner Rott hingegen wird zu Schanden; erlegt ist er mit Schimpf und Spott, da Christus ist erstanden; des Hauptes Sieg der Glieder ist, drum kann mit aller Macht und List uns Satan nicht mehr schaden.

10. O Tod, wo ist dein Stachel nun? wo ist dein Sieg, o Hölle? Was kann uns nun der Teufel thun, wie grausam er sich stelle? Gott sei gedankt, der uns den Sieg so herrlich hat in diesem Krieg durch JEsum Christ gegeben.

Hannoversches Gesangb., 1657.

Mel. Nun freut euch, lieben Chr. 49.

113. Sei froh, ich alles weit und breit, was vormals war verloren, weil heut der HErr der Herrlichkeit, den Gott selbst auserkoren zum Sündenbüßer, der sein Blut am Kreuz vergossen uns zu gut, vom Tod ist auferstanden.

2. Wie schön hast du durch deine Macht, du wilder Feind des Lebens, den Lebensfürsten umgebracht! Dein Stachel ist vergebens durch ihn geschossen, schnöder Feind! Du hättest wahrlich wohl gemeint, er würd im Staube bleiben.

3. Nein, nein, er trägt sein Haupt empor, ist mächtig durchgedrungen durch deine Bande, durch dein Thor, ja, hat im Sieg verschlungen dich selbst, daß, wer an ihn nur glaubt, von dir nur ein Gespötte treibt und spricht: wo ist dein Stachel?

4. Denn deine Macht die ist dahin und keinen Schaden bringet dem, der sich stets mit Herz und Sinn zu diesem Fürsten schwinget, der fröhlich spricht: ich leb und ihr sollt mit mir leben für und für, weil ich es euch erworben.

5. Der Tod hat keine Kraft nicht mehr, wir dürfen ihn nicht scheuen, ich bin sein Siegsfürst und sein HErr, des sollt ihr euch erfreuen. Darzu so bin ich euer Haupt, drum werdet ihr, wenn ihr mir glaubt, als Glieder mit mir leben.

6. Der Höllen Sieg der ist auch mein, ich habe sie zerstöret; es darf nicht fürchten ihre Pein, wer mich und mein Wort höret. Und weil des Teufels Macht und List gedämpft, sein Kopf zertreten ist, mag er ihm auch nicht schaden.

7. Nun, Gott sei Dank, der uns den Sieg durch JEsum hat gegeben und uns den Frieden für den Krieg und für den Tod das Leben erworben, der die Sünd und Tod, Welt, Teufel, Höll und was in Noth uns stürzet, überwunden. Paul Gerhardt, 1657.

Mel. O HErre Gott, dein göttl. ɾc. 88.

114. Wir singen all mit Freudenschall vom Krieg und Sieg des HErren. Heut triumphirt der große Hirt, Christ, der König der Ehren. All unsre Feind erleget seind, keiner kannt ihm entkommen.

Der HErre Christ erstanden ist, das bringt uns ewig Frommen.

2. Die Christenheit ist nun befreit, der Teufel ist gefangen; der uns verklagt, ist gar verzagt, zertreten ist die Schlange. Und ob auch schon der Gottessohn ist in die Fers gestochen, so lebt er doch und sieget noch, durch ihn sind wir gerochen.

3. Des G'setzes Macht hat auf uns bracht der Sünden Last mit Haufen; der Sündennoth, dazu dem Tod nicht konnten wir entlaufen; der Seelen Qual war überall, da thät der HErr uns scheiden. Dank sei dem HErrn, der uns zu Ehrn gebracht hat durch sein Leiden.

4. Der Höllen Grund, des Todes Schlund uns dräuten zu verschlingen. Da hielt ein Schlacht des Lebens Macht, verschlang den Tod im Ringen; dem höllschen Drach sein Schloß zerbrach, wir Christen sind entkommen; aus ist der Krieg, wir habn den Sieg durch JEsum Christ genommen.

5. Ihr Christen gut, habt frischen Muth, den Raub habn wir bekommen; Gerechtigkeit ist unser Beut, wir sind der Furcht entnommen. Hie ist die Beut, Gerechtigkeit, nun sind wir Gottes Kinder. Drum singn wir all mit Freudenschall: Dank sei dem Ueberwinder!

Georg Reimann, † 1615.

Mel. HErr JEsu Christ, meins L. 11.

115. Wo willt du hin, weils Abend ist, o liebster Pilgrim JEsu Christ? Komm, laß mich so glückselig sein und kehr in meinem Herzen ein.

2. Laß dich erbitten, liebster Freund, dieweil es ist so gut gemeint; du weißt, daß du zu aller Frist ein herzensliebster Gast mir bist.

3. Es hat der Tag sich sehr geneigt, die Nacht sich schon von ferne zeigt, drum wollest du, o wahres Licht, mich Armen ja verlassen nicht.

4. Erleuchte mich, daß ich die Bahn zum Himmel sicher finden kann, damit die dunkle Sündennacht mich nicht verführ noch irre macht.

5. Vevorab aus der letzten Noth hilf mir durch einen sanften Tod, HErr JEsu, bleib, ich halt dich fest, ich weiß, daß du mich nicht verläßt.

Ernst Christoph Homburg, † 1681.

IX. Lieder von der Himmelfahrt JEsu Christi.

Mel. Wie schön leucht uns der M. 86.

116. Ach wundergroßer Siegesheld, du Sündenträger aller Welt, heut hast du dich gesetzet zur Rechten deines Vaters Kraft, der Feinde Schar gebracht zur Hait, bis auf den Tod verletzet. Mächtig, prächtig triumphiret, jubiliret; Tod und Leben ist, HErr Christ, dir untergeben.

2. Dir dienen alle Cherubim, viel tausend hohe Seraphim dich Siegesfürsten loben; weil du den Segen wiederbracht, mit Majestät und großer Pracht zur Freude bist erhoben. Singet, klinget, rühmt und ehret den, so führet

auf gen Himmel mit Posaunen und Getümmel.

3. Du bist das Haupt, hingegen wir sind Glieder, ja, es kommt von dir auf uns Licht, Trost und Leben; Heil, Friede, Freude, Stärk und Kraft, Erquickung, Labsal, Herzensjaft wird uns von dir gegeben. Bringe, bringe mein Gemüthe, mein Geblüte, daß es preise, dir Lob, Ehr und Dank erweise.

4. Zeuch, JEsu, uns, zeuch uns nach dir, hilf, daß wir künftig für und für nach deinem Reiche trachten; laß unser Thun ohn Wanken sein, wo Zucht und Demuth tritt herein, all Ueppigkeit verachten; Unart, Hoffart laß uns meiden, christlich leiden, wohl ergründen, wo die Gnade sei zu finden.

5. Sei, JEsu, unser Schutz und Schatz, sei unser Ruhm und fester Platz, darauf wir uns verlassen; laß suchen uns, was droben ist, auf Erden wohnet Trug und List, es ist auf allen Straßen Lügen, Trügen, Angst und Plagen, die da nagen und die quälen stündlich arme Christenseelen.

6. HErr JEsu, komm, du Gnadenthron, du Siegesfürst, Held, Davids Sohn, komm, stille das Verlangen. Du, du bist allen uns zu gut, o JEsu, durch dein theures Blut ins Heiligthum gegangen. Komm schier, hilf mir! Dann so sollen, dann so wollen wir ohn Ende fröhlich klopfen in die Hände.

Ernst Christoph Homburg, 1658.

Mel. Nun freut euch, lieben Chr. 49.

117. Auf Christi Himmelfahrt allein ich meine Nachfahrt gründe und allen Zweifel, Angst und Pein hiermit stets überwinde; denn weil das Haupt im Himmel ist, wird seine Glieder JEsus Christ zur rechten Zeit nachholen.

2. Weil er gezogen himmelan und große Gab empfangen, mein Herz auch nur im Himmel kann, sonst nirgend Ruh erlangen; denn wo mein Schatz ist kommen hin, da ist auch stets mein Herz und Sinn, nach ihm mich stets verlanget.

3. Ach, HErr, laß diese Gnade mich von deiner Auffahrt spüren, daß mit dem wahren Glauben ich mög meine Nachfahrt zieren und dann einmal, wann birs gefällt, mit Freuden scheiden aus der Welt. HErr, höre doch mein Flehen!

Hannoversches Gesangbuch 1660. Umarbeitung von Josua Wegelins Lied, 1637.

In eigener Melodie. 49.

118. Auf diesen Tag bedenken wir, daß Christ gen Himmel g'fahren, und danken Gott aus höchster Begier, und bittn, er woll bewahren uns arme Sünder hie auf Erd, die wir von wegen mancher G'fährd ohn Hoffnung han kein Troste.

2. Drum sei Gott Lob, der Weg ist g'macht, uns steht der Himmel offen, Christus schließt auf mit großer Pracht, vorhin war alls verschlossen. Wers glaubt, des Herz ist freudenvoll, dabei er sich doch rüsten soll, dem HErren nachzufolgen.

3. Wer nicht folgt und sein Willen thut, dem ists nicht Ernst zum HErren, denn er wird auch vor Fleisch und Blut sein Himmelreich versperren. Am Glauben liegts, so der ist recht, so wird auch gwiß das Leben schlecht zu Gott im Himmel grichtet.

4. Solch Himmelfahrt fäht in uns an, bis wir den Vater finden und fliehen stets der Welt ihr Bahn, thun uns zu Gottes

Kinden; die sehn hinauf und Gott herab, an Treu und Lieb geht ihn nichts ab, bis sie zusammenkommen.

5. Dann wird der Tag erst freudenreich, wenn uns Gott zu sich nehmen und seinem Sohn wird machen gleich, wie wir denn jetzt bekennen; da wird sich finden Freud und Muth in Ewigkeit beim höchsten Gut. Gott helf, daß wirs erlangen!

Dr. Joh. Zwick, 1540.

In eigener Melodie. 100.

119. Christ fuhr gen Himmel, da sandt er uns hernieder den Tröster, den Heiligen Geist, zu Trost der armen Christenheit, Kyrieleis.

2. Halleluja! Halleluja! Halleluja! Des solln wir alle froh sein, Christ will unser Trost sein, Kyrieleis.

15. Jahrh. Verfasser unbekannt.

Mel. Ermuntre dich, mein schw. 67.

120. Du Lebensfürst, HErr JEsu Christ, der du bist aufgenommen gen Himmel, da dein Vater ist und die Gemein der Frommen, wie soll ich deinen großen Sieg, den du uns durch den schweren Krieg erworben hast, recht preisen und dir gnug Ehr erweisen?

2. Du hast die Höll und Sündennoth ganz ritterlich bezwungen; du hast den Teufel, Welt und Tod durch deinen Tod verdrungen. Du hast gesieget weit und breit, wie soll ich solche Herrlichkeit, o HErr, in diesem Leben gnug würdiglich erheben?

3. Du hast dich zu der rechten Hand des Vaters hingesetzet, der alles dir hat zugewandt, nachdem du unverletzet die starken Feind hast umgebracht, Triumph und Sieg daraus gemacht und sie auf deinem Wagen ganz herrlich Schau getragen.

4. Nun lieget alles unter dir, dich selbst nur ausgenommen; die Engel müssen für und für dir aufzuwarten kommen; die Fürsten stehn auch auf der Bahn und sind dir willig unterthan. Luft, Wasser, Feuer, Erden muß dir zu Dienste werden.

5. Du starker Herrscher fährest auf mit Jauchzen und Lobsagen und gleich mit dir in vollem Lauf auch mehr denn tausend Wagen; du fährest auf mit Lobgesang, es schallet der Posaunen Klang. Mein Gott, vor allen Dingen will ich dir auch lobsingen.

6. Du bist gefahren in die Höh, hinführend, die gefangen, so uns mit Thränen, Ach und Weh genetzet oft die Wangen. Drum preisen wir mit süßem Schall, o starker Gott, dich überall, wir, die wir so viel Gaben von dir empfangen haben.

7. Du bist das Haupt in der Gemein und wir sind deine Glieder; du wirst der Glieder Schutz ja sein, wir dienen dir hinwieder. Du stärkest uns mit Trost und Licht; wenn uns vor Angst das Herz zerbricht, dann kannst du Kraft und Leben, ja Fried und Freude geben.

8. Du salbest uns mit deinem Geist und gibst getreue Hirten, die Lehrer, welch uns allermeist mit Himmelsbrod bewirthen; du Hoherpriester zeigest an, daß deine Hand uns retten kann, ja, von der Höllen Rachen uns frei und ledig machen.

9. Du hast durch deine Himmelfahrt die Straße uns bereitet, du hast den Weg uns offenbart, der uns zum Vater leitet; und weil denn du, HErr JEsu Christ, nun stets in deiner Wohnung bist, so werden ja die Frommen dahin auch zu dir kommen.

Lieder von der Himmelfahrt JEsu Christi.

10. Ist unser Haupt im Himmelreich, als die Apostel schreiben, so werden wir den Engeln gleich, ja nicht heraußen bleiben; du wirst uns, deine Kinderlein, mein Gott, nicht lassen von dir sein, die doch so fest vertrauen, dein Herrlichkeit zu schauen.
11. HErr JEsu, zieh uns für und für, daß wir mit den Gemüthern nur oben wohnen stets bei dir in deinen Himmelsgütern. Laß unsern Sitz und Wandel sein, wo Fried und Wahrheit geht herein, laß uns in deinem Wesen, das himmlisch ist, genesen.
12. Hilf, daß wir suchen unsern Schatz nicht hier in diesem Leben, besondern dort, wo du den Platz wirst Gottes Kindern geben. Ach, laß uns streben fest und wohl nach dem, was künftig werden soll, so können wir ergründen, wo dein Gezelt zu finden.
13. Zieh uns nach dir, so laufen wir, gib uns des Glaubens Flügel; hilf, daß wir fliehen weit von hier auf Israelis Hügel. Mein Gott, wann fahr ich doch dahin, wo ich ohn Ende fröhlich bin? Wann werd ich vor dir stehen, dein Angesicht zu sehen?
14. Wann soll ich hin ins Paradies zu dir, HErr JEsu, kommen? Wann kost ich doch das Engelsüß? Wann werd ich aufgenommen? Mein Heiland, komm und nimm mich an, auf daß ich fröhlich jauchzen kann und klopfen in die Hände: Alleluja ohn Ende! Joh. Rist, 1641.

Mel. Zeuch ein zu deinen Thoren. 58.

121. Gott fähret auf gen Himmel mit frohem Jubelschall, mit prächtigem Getümmel und mit Posaunenhall. Lobsingt, lobsinget Gott! lobsingt, lobsingt mit Freuden dem Könige der Heiden, dem HErren Zebaoth!

2. Der HErr wird aufgenommen, der ganze Himmel lacht, um ihn gehn alle Frommen, die er hat frei gemacht. Es holen JEsum ein die lauten Cherubinen, den hellen Seraphinen muß er willkommen sein.
3. Wir wissen nun die Stiege, die unser Haupt erhöht; wir wissen zur Genüge, wie man zum Himmel geht. Der Heiland geht voran, will uns nicht nach sich lassen, er zeiget uns die Straßen, er bricht uns sichre Bahn.
4. Wir sollen himmlisch werden, der HErre macht uns Platz. Wir gehen von der Erden dorthin, wo unser Schatz. Ihr Herzen, macht euch auf! Wo JEsus hingegangen, dahin sei das Verlangen, dahin sei euer Lauf.
5. Laßt uns gen Himmel springen mit herzlicher Begier, laßt uns zugleich auch singen: Dich, JEsu, suchen wir, dich, o du Gottessohn, dich Weg, dich wahres Leben, dem alle Macht gegeben, dich, unsers Hauptes Kron!
6. Ade! mit deinen Schätzen, du trugesvolle Welt. Dein Koth kann nicht ergötzen; weißt du, was uns gefällt? Der HErr ist unser Preis, der HErr ist unsre Freude und köstliches Geschmeide, zu ihm gilt unsre Reis.
7. Wann soll es doch geschehen, wann kömmt die liebe Zeit, daß wir ihn werden sehen in seiner Herrlichkeit? Du Tag, wann wirst du sein, daß wir den Heiland grüßen, daß wir den Heiland küssen? Komm, stelle dich doch ein!
Dr. Gottfr. Wilh. Sacer, 1661.

Mel. HErr Gott, dich loben alle. 11.

122. Nun freut euch, Gottes Kinder all, der HErr fährt auf mit großem Schall; lobsinget ihm, lobsingt

60 Lieder von der Himmelfahrt JEsu Christi.

ihm, lobsinget ihm mit lauter Stimm.

2. Die Engel und all Himmelsheer erzeigen Christo göttlich Ehr und jauchzen ihm mit fröhlichem Schall, das thun die lieben Engel all.

3. Daß unser Heiland JEsus Christ, wahr Gottessohn, Mensch worden ist, des freuen sich die Engel sehr und gönnen uns gern solche Ehr.

4. Der HErr hat uns die Stätt bereit, da wir solln bleibn in Ewigkeit; lobsinget ihm, lobsinget ihm, lobsinget ihm mit lauter Stimm.

5. Wir sind Erben im Himmelreich, wir sind den lieben Engeln gleich, das sehn die lieben Engel gern und danken mit uns Gott dem HErrn.

6. Es hat mit uns nun nimmer Noth; der Satan, Sünd und ewge Tod allsamt zu Schanden worden sind durch Gottes und Maria Kind.

7. Den Heilgen Geist sendt er herab, auf daß er unser Herz erlab und tröst uns durch das göttlich Wort und uns behüt fürs Teufels Mord.

8. Also baut er die Christenheit zur ewgen Freud und Seligkeit; allein der Glaub an JEsum Christ die recht Erkenntniß Gottes ist.

9. Der Heilig Geist den Glauben stärkt, Gedult und Hoffnung in uns wirkt, erleucht und macht die Herzen fest und uns in Trübsal nicht verläßt.

10. Was uns die göttlich Majestät am heilgen Kreuz erworben hat, das theilet aus der Heilig Geist, darum er unser Lehrer heißt.

11. Der Vater hat den Sohn gesandt, der Sohn wird anders nicht erkannt, ohn durch den Heilgen Geist allein, der muß die Herzen machen rein.

12. So manche schöne Gottesgab bringt uns der Heilge Geist herab und uns fürm Satan wohl verwahrt; solchs schafft des HErren Himmelfahrt.

13. So danket nun dem lieben HErrn und lobet ihn von Herzen gern; lobsinget mit der Engel Chör, daß man es in dem Himmel hör.

14. Gott Vater in der Ewigkeit, es sagt dir deine Christenheit groß Ehr und Dank mit höchstem Fleiß, zu allen Zeiten Lob und Preis.

15. HErr JEsu Christe, Gottes Sohn, gewaltig, herrlich, prächtig, schön, es dankt dir deine Christenheit von nun an bis in Ewigkeit.

16. Du Heilger Geist, du wahrer Gott, der du uns tröst in aller Noth, wir rühmen dich, wir loben dich und sagen dir Dank ewiglich.

Dr. Erasmus Albertus, † 1553.
(Verkürzte Form.)

Mel. Erschienen ist der herrlich T. 21.

123. Wir danken dir, HErr JEsu Christ, daß du gen Himmel g'fahren bist. O starker Gott, Immanuel, stärk uns an Leib, stärk uns an Seel. Halleluja.

2. Nun freut sich alle Christenheit und singt und springt ohn alles Leid: Gott Lob und Dank im höchsten Thron, unser Bruder ist Gottes Sohn. Halleluja.

3. Gen Himmel ist gefahren hoch und ist doch allzeit bei uns noch; sein Macht und G'walt unendlich ist, wahr Gott und Mensch zu aller Frist. Halleluja.

4. Ueber all Himmel hoch erhebt, über all Engel mächtig schwebt, über all Menschen er

regiert und alle Kreaturen führt. Halleluja.

5. Zur Rechten Gotts des Vaters groß hat er all Macht ohn alle Maß; all Ding sind ihm ganz unterthan, Gottes und der Marien Sohn. Halleluja.

6. All Teufel, Welt, Sünd, Höll und Tod, er alles überwunden hat; trotz, wer da will, es liegt nichts dran, den Sieg muß er doch allzeit han. Halleluja.

7. Wohl dem, der ihm vertrauen thut und hat zu ihm ein frischen Muth. Welt, wie du willt, wer fragt nach dir? Nach Christo steht unsre Begier. Halleluja.

8. Er ist der HErr und unser Trost, der uns durch sein Blut hat erlöst; das G'fängniß er gefangen hat, daß uns nicht schad der bittre Tod. Halleluja.

9. Wir freuen uns aus Herzensgrund und singen fröhlich mit dem Mund: Unser Bruder, Fleisch, Bein und Blut ist unser allerhöchstes Gut. Halleluja.

10. Durch ihn der Himmel unser ist; hilf uns, o Bruder, JEsu Christ, daß wir nur fest vertraun auf dich und durch dich leben ewiglich. Halleluja.

11. Amen, Amen, HErr JEsu Christ, der du gen Himmel g'fahren bist. Behalt uns, HErr, bei reiner Lehr, des Teufels Trug und Listen wehr. Halleluja.

12. Komm, lieber HErr, komm, es ist Zeit zum letzten G'richt in Herrlichkeit; führ uns aus diesem Jammerthal in den ewigen Freudensal. Halleluja.

13. Amen! singen wir noch einmal und sehnen uns ins Himmelssal, da wir mit deinen Engelein das Amen wollen singen fein. Halleluja.

Dr. Nikolaus Selnecker, 1587.

Mel. Ach Gott und HErr. (Jenisch.) 25.

124. Zeuch uns nach dir, so laufen wir mit herzlichem Verlangen hin, da du bist, o JEsu Christ, aus dieser Welt gegangen.

2. Zeuch uns nach dir in Liebesbegier, ach, reiß uns doch von hinnen, so dürfen wir nicht länger hier den Kummerfaden spinnen.

3. Zeuch uns nach dir, HErr Christ, ach führ uns deine Himmelsstege; wir irrn sonst leicht und sind verscheucht vom rechten Lebenswege.

4. Zeuch uns nach dir, so folgen wir dir nach in deinen Himmel, daß uns nicht mehr allhie beschwer das böse Weltgetümmel.

5. Zeuch uns nach dir nur für und für und gib, daß wir nachfahren dir in dein Reich, und mach uns gleich den auserwählten Scharen.

X. Pfingstlieder oder Lieder von der Ausgießung des heil. Geistes.

Mel. Nun freut euch, lieben Chr. 49.

125. Also hat Gott von Ewigkeit die Welt herzlich geliebet, die doch durch Satans List und Reiz mit Abfall ihn betrübet. Dennoch ließ seine Lieb nicht ab, sogar, daß er das Best ihr gab, das im Himmel zu finden.

2. Dies war sein eingeborner Sohn, sein allerliebstes Erbe, den sandt er von des Himmels

Thron, für diese Welt zu sterben,
auf daß ich, du und jedermann,
der ihn im Glauben siehet an,
nicht möcht verloren werden.

3. Besondern, daß nach dieser
Zeit er mit ihm ewig lebe, wie
andre auserwählte Leut, in lauter
Freuden schwebe; denn Gott
hat darum nicht gesandt sein
Sohn, den einigen Heiland, daß
er die Welt soll richten.

4. Wer sich zur Buße zu ihm
kehrt, beständig an ihn gläubet,
dem wird zu Theil, was er begehrt,
das Himmelreich ihm bleibet;
er wird nicht kommen ins
Gericht, den ewgen Tod auch
schmecken nicht, sondern ins Leben
gehen.

5. Wer aber an ihn gläubet
nicht, derselb wird gehen müssen
an jenem Tage vor Gericht und
ewig müssen büßen, was er hie
Böses hat vollbracht, Gott und
sein heilig Wort veracht, welchs
ihn zur Höll verdammet.

6. O JEsu Christe, Gottes
Sohn, wir danken dir von Herzen
für deine Pein und Marterkron,
für deine Todesschmerzen,
dadurch du uns erlöset hast vons
Teufels G'walt und schwerer Last
des Todes und der Sünden.

7. Ein starken Glauben uns
verleih, den schwachen in uns
mehre; hilf, daß niemand ungläubig sei,
die Irrenden bekehre.
Gib Gnad, daß wir vor deim
Gericht bestehen und dein Angesicht
ohn Unterlaß anschauen.

In eigener Melodie. 11.

126. Der Heilge Geist hernieder
kam, der Apostel Herzen einnahm,
erfüllt sie mit seiner Gnad und schenkt ihn
vieler Sprachen Gab. Halleluja!

2. Er sandt sie aus mit gutem
Rath, zu predigen Gotts Wunderthat,
in Christ zu lehren Gottes
Huld, Vergebung aller Sünd
und Schuld. Halleluja!

3. Ehr sei Gott in dem höchsten
Thron, dazu Christo, seim eingen
Sohn, der theil uns mit sein
Heilgen Geist, der uns regier zu
aller Zeit. Halleluja!

Alte Uebersetzung des lat. Hymnus:
Spiritus sancti gratia.
Kürzere Form.

Mel. Erschienen ist der herrlich T. 21.

127. Des Heilgen Geistes
reiche Gnad die Herzen
der Apostel hat erfüllt mit
seiner Gütigkeit, geschenkt der
Sprachen Unterscheid. Halleluja!

2. Christ hat vorhin an der
Welt End mit gleicher Macht sie
ausgesendt, in vielen Zungen
Gottes Wort kräftig zu lehren
aller Ort. Halleluja!

3. Sagend zu ihnen: Nehmet
hin den Heilgen Geist mit hohem
Sinn, daß er euch lehr in einer
Frist, was künftig und vergangen
ist. Halleluja!

4. Sagend: Wenn ihr gleich
werdet gehn, vor Königen und
Fürsten stehn, so denkt und sorget
nicht so sehr, wie ihr wollt
schützen meine Ehr. Halleluja!

5. Der Geist wird geben eurem
Mund Erkenntniß und Verstand
zur Stund, daß euch kein List noch
G'walt so groß von meines Worts
Bekenntniß stoß. Halleluja!

6. Drum lobet nun den Tröster
werth und Schöpfer, welcher
Christi Heerd zum Glauben weist,
aus Irrthum reißt, die Flamm
der Lieb ins Herze geußt. Hall.

7. Also mit großem Freudenschall
laßt uns dem HErren
singen all; der heiligen Dreifaltigkeit
sagen wir Dank in
Ewigkeit. Halleluja!

Wie Nr. 126. Längere Form.
Verdeutscht durch Johannes
Leon um 1584.

Lieder von der Ausgießung des heil. Geistes.

Mel. Helft mir Gotts Güte ꝛc. 58.

128. Freut euch, ihr Christen alle, Gott schenkt uns seinen Sohn; lobt ihn mit großem Schalle, er schickt vom Himmelsthron uns seinen werthen Geist, der uns durchs Wort recht lehret, des Glaubens Licht vermehret und uns auf Christum weist.

2. Es lässet offenbaren Gott, unser höchster Hort, uns, die wir unweis waren, das himmelische Wort. Wie groß ist seine Güt! Nun können wir ihn kennen und unsern Vater nennen, der uns allzeit behüt.

3. Verleih, daß wir dich lieben, o Gott von großer Huld, durch Sünd dich nicht betrüben, vergib uns unsre Schuld. Führ uns auf ebner Bahn, hilf, daß wir dein Wort hören und thun nach deinen Lehren, das ist recht wohl gethan.

4. Von oben her uns sende den Geist, den edlen Gast, der stärke uns behende, wenn uns drückt Kreuzeslast, tröst uns in Todespein, mach auf die Himmelsthüre, uns mit einander führe zu deinem Freudenschein.

Georg Werner, † 1643.

Mel. Werde munter, mein Gem. 66.

129. Gott, gib einen milden Regen, denn mein Herz ist dürr, wie Sand; Vater, gib vom Himmel Segen, tränke du dein durstig Land; laß des Heilgen Geistes Gab über mich von oben ab wie die starken Ströme fließen und mein ganzes Herz durchgießen.

2. Kann ein Vater hier im Leben, der doch bös ist von Natur, seinen lieben Kindern geben nichts als gute Gaben nur: solltest du denn, der du heißt guter Vater, deinen Geist mir nicht geben und mich laben mit den guten Himmelsgaben?

3. JEsu, der du hingegangen zu dem Vater, sende mir deinen Geist, den mit Verlangen ich erwarte, HErr, von dir. Laß den Tröster ewiglich bei mir sein und lehren mich in der Wahrheit fest zu stehen und auf dich im Glauben sehen.

4. Heilger Geist, du Kraft der Frommen, kehre bei mir Armen ein und sei tausendmal willkommen, laß mich deinen Tempel sein; säubre du mir selbst das Haus meines Herzens, wirf hinaus alles, was mich hier kann scheiden von den süßen Himmelsfreuden.

5. Schmücke mich mit deinen Gaben, mache mich neu, rein und schön, laß mich wahre Liebe haben und in deiner Gnade stehn; gib mir einen starken Muth, heilige mein Fleisch und Blut, lehre mich vor Gott hintreten und im Geist und Wahrheit beten.

6. So will ich mich dir ergeben, dir zu Ehren soll mein Sinn dem, was himmlisch ist, nachstreben, bis ich werde kommen hin, da mit Vater und dem Sohn dich im höchsten Himmelsthron ich erheben kann und preisen mit den süßen Engelsweisen.

Mauritius Kramer, 1683.

Mel. Kommt her zu mir, spricht. 41.

130. Gott Vater, sende deinen Geist, den uns dein Sohn erbitten heißt, aus deines Himmels Höhen; wir bitten, wie er uns gelehrt, laß uns doch ja nicht unerhört von deinem Throne gehen.

2. Kein Menschenkind hier auf der Erd ist dieser edlen Gabe werth, bei uns ist kein Verdienen; hier gilt gar nichts, als Lieb und Gnad, die Christus uns verdienet hat mit Büßen und Versühnen.

3. Es jammert deinen Vatersinn der große Jammer, da wir bin durch Adams Fall gefallen. Durch dieses Fallen ist die Macht des bösen Geistes, leider! bracht auf ihn und auf uns allen.

4. Wir halten, HErr, an unserm Heil und sind gewiß, daß wir dein Theil in Christo werden bleiben, die wir durch seinen Tod und Blut des Himmels Erb und höchstes Gut zu haben treulich glauben.

5. Und das ist auch ein Gnadenwerk und deines Heilgen Geistes Stärk; in uns ist kein Vermögen. Wie bald würd unser Glaub und Treu, HErr, wo du uns nicht stündest bei, sich in die Asche legen!

6. Dein Geist hält unsers Glaubens Licht, wenn alle Welt dawider ficht mit Sturm und vielen Waffen; und wenn auch gleich der Fürst der Welt selbst wider uns sich legt ins Feld, so kann er doch nichts schaffen.

7. Wo Gottes Geist ist, da ist Sieg, wo dieser hilft, da wird der Krieg gewißlich wohl ablaufen. Was ist des Satans Reich und Stand? Wenn Gottes Reich erhebt die Hand, fällt alles übern Haufen.

8. Er reißt der Höllen Band entzwei, er tröst und macht das Herze frei von allem, was uns kränket. Wenn uns des Unglücks Wetter schreckt, so ist er, der uns schützt und deckt viel besser, als man denket.

9. Er macht das bittre Kreuze süß, ist unser Licht in Finsterniß, führt uns als seine Schafe, hält über uns sein Schild und Macht, daß seine Heerd in tiefer Nacht mit Fried und Ruhe schlafe.

10. Der Geist, den Gott vom Himmel gibt, der leitet alles, was ihn liebt, auf wohlgebahnten Wegen; er setzt und richtet unsern Fuß, daß er nicht anders treten muß, als wo man findt den Segen.

11. Er macht geschickt und rüstet aus die Diener, die des HErren Haus in diesem Leben bauen; er ziert ihr Herz, Mund und Verstand, läßt ihnen, was uns unbekannt, zu unserm Besten schauen.

12. Er öffnet unsers Herzens Thor, wenn sie sein Wort in unser Ohr als edlen Samen streuen; er gibet Kraft demselben Wort, und wenn es fället, bringt ers fort und lässets wohl gedeihen.

13. Er lehret uns die Furcht des HErrn, liebt Reinigkeit und wohnet gern in frommen, keuschen Seelen; was niedrig ist, was Tugend ehrt, was Buße thut und sich bekehrt, das pflegt er zu erwählen.

14. Er ist und bleibet stets getreu und steht uns auch im Tode bei, wenn alle Ding abstehen; er lindert unsre letzte Qual, läßt uns hindurch ins Himmels Sal getrost und fröhlich gehen.

15. O selig, wer in dieser Welt läßt diesem Gaste Haus und Zelt in seiner Seel aufschlagen! Wer ihn aufnimmt in dieser Zeit, den wird er dort zur ewgen Freud in Gottes Hütte tragen.

16. Nun, HErr und Vater aller Güt, hör unsern Wunsch, genß ins Gemüth uns allen diese Gabe; gib deinen Geist, der uns allhier regiere und dort für und für im ewgen Leben labe.

Paul Gerhardt, 1666.

In eigener Melodie. 75.

131. HErr, auf dein Wort solls sein gewagt, du kannst mirs nicht verdenken; du hast mir einmal zugesagt, den Heilgen Geist zu schenken: drum komm ich jetzt zu dir, JEsu, halte mir, was du verheißen hast,

Lieder von der Ausgießung des heil. Geistes.

du willt ja diesen Gast dem geben, der dich liebet.

2. Hier bin ich, habe meine Lust an dir und deinen Worten; nichts Liebers ist mir sonst bewußt, schleuß auf die Herzenspforten und sende deinen Geist, der ein Tröster heißt, ein Feur, ein Thau, ein Band, ein Hauch, ein Brunn, ein Pfand, ein Oel, ein Finger Gottes.

3. Komm, Tröster, hilf und steh mir bei, komm, Feur, und mich entzünde, komm, Thau, und mein Erquickung sei, komm, Band, und selig binde, komm, Hauch, erweise dich, komm, Brunn, und nässe mich, komm, Pfand, wend alles Leid, komm, schaffe in mir Freud, komm, Finger Gottes, nieder.

4. Komm, Heiliger Geist, wahrer Gott, komm, himmlisches Verlangen, hilf mir im Leben und im Tod, laß mich an Gott fest hangen. Mein Herze mache neu, gib mir wahre Reu, sei meiner Seelen Ruh, sprich mir Betrübten zu, gib Weisheit, wohl zu leben.

5. Gib Glauben, laß mich Gottes Huld durch Sünde nicht verscherzen; gib Liebe, Hoffnung und Geduld, gib Demuth meinem Herzen, gib Andacht im Gebet, wann ich vor Gott tret. Ach, laß mich Herz und Sinn nur richten blos dahin, woher mir Hülfe kömmet.

6. Erleuchte mir, du lieblich Licht, des Herzens finstre Höhle, verschmähe diese Wohnung nicht, senk dich in meine Seele. HErr Gott, ich bitte dich, stärke, labe mich, sei meine Kraft, mein Rath, mein Trost, mein Advokat, gib Freude, mach lebendig.

7. Treib von mir aus den argen Sinn, hilf mir mein Fleisch bezwingen, und nimm den bösen Willen hin, gib mir vor allen Dingen, daß ich mich in der Lieb meines JEsu üb und täglich fertig sei, aus dieser Wüstenei in deinen Thron zu gehen.

Dr. Gottfr. Wilh. Sacer, † 1699.

Eigene Melodie. 10.

132. Komm, Gott Schöpfer, Heiliger Geist, besuch das Herz der Menschen dein, mit Gnaden sie füll, wie du weißt, daß dein Geschöpf vorhin sein.

2. Denn du bist der Tröster genannt, des Allerhöchsten Gabe theur, ein geistlich Salb an uns gewandt, ein lebend Brunn, Lieb und Feur.

3. Zünd uns ein Licht an im Verstand, gib uns ins Herz der Liebe Brunst, das schwach Fleisch in uns, dir bekannt, erhalt fest dein Kraft und Gunst.

4. Du bist mit Gaben siebenfalt der Finger an Gotts rechter Hand; des Vaters Wort gibst du gar bald mit Zungen in alle Land.

5. Des Feindes List treib von uns fern, den Fried schaff bei uns deine Gnad, daß wir beim Leiten folgen gern und meiden der Seelen Schad.

6. Lehr uns den Vater kennen wohl, dazu JEsum Christ seinen Sohn, daß wir des Glaubens werden voll, dich, beider Geist, zu verstohn.

7. Gott Vater sei Lob und dem Sohn, der von den Todten auferstund, dem Tröster sei dasselb gethon in Ewigkeit alle Stund.

Aus d. Lat. aufs neue verdeutscht durch Dr. M. Luther 1524. (Erste Verdeutschung im 12. oder 13. Jahrh.)

In eigener Melodie. 105.

133. Komm, Heiliger Geist, erfüll die Herzen deiner Gläubigen und entzünd in ihnen das Feuer deiner göttlichen Liebe, der du durch Mannigfaltigkeit der Zungen die Völker der ganzen Welt versammlet hast in Einigkeit des Glaubens. Halleluja. :,:

Verdeutschung der lat. Antiphone: Veni sancte Spiritus.

Eigene Melodie. 79.

134. Komm, Heiliger Geist, HErre Gott, erfüll mit deiner Gnaden Gut deiner Gläubigen Herz, Muth und Sinn, dein brünstig Lieb entzünd in ihn! O HErr, durch deines Lichtes Glast zu dem Glauben versammlet hast das Volk aus aller Welt Zungen: das sei dir, HErr, zu Lob gesungen. Halleluja! :,:

2. Du heiliges Licht, edler Hort, laß uns leuchten des Lebens Wort und lehr uns Gott recht erkennen, von Herzen Vater ihn nennen. O HErr, behüt für fremder Lehr, daß wir nicht Meister suchen mehr, denn JEsum mit rechtem Glauben, und ihm aus ganzer Macht vertrauen. Halleluja! :,:

3. Du heilige Brunst, süßer Trost, nun hilf uns fröhlich und getrost in deinem Dienst beständig bleiben, die Trübsal uns nicht abtreiben. O HErr, durch dein Kraft uns bereit und stärk des Fleisches Blödigkeit, daß wir hie ritterlich ringen, durch Tod und Leben zu dir bringen. Halleluja! :,:

Veni sancte Spiritus. Verbesserte und erweiterte Uebersetzung durch Dr. M. Luther, 1524.

Mel. JEsus, JEsus, nichts als rc. 37.

135. Komm, o komm, du Geist des Lebens, wahrer Gott von Ewigkeit! Deine Kraft sei nicht vergebens, sie erfüll uns jederzeit: so wird Geist und Licht und Schein in dem dunkeln Herzen sein.

2. Gib in unser Herz und Sinnen Weisheit, Rath, Verstand und Zucht, daß wir anders nichts beginnen, denn was nur dein Wille sucht. Dein Erkenntniß werde groß und mach uns vom Irrthum los.

3. Zeige, HErr, die Wohlfahrtsstege; das, was hinter uns gethan, räume ferner aus dem Wege, schlecht und recht sei um und an; wirke Reu an Sünden statt, wenn der Fuß gestrauchelt hat.

4. Laß uns stets dein Zeugniß fühlen, daß wir Gottes Kinder sind, die auf ihn alleine zielen, wenn sich Noth und Drangsal findt; denn des Vaters liebe Ruth ist uns allewege gut.

5. Reiz uns, daß wir zu ihm treten frei mit aller Freudigkeit; seufz auch in uns, wenn wir beten, und vertritt uns allezeit: so wird unsre Bitt erhört und die Zuversicht gemehrt.

6. Wird auch uns nach Troste bange, daß das Herz oft rufen muß: Ach, mein Gott, mein Gott, wie lange? ei, so mache den Beschluß, sprich der Seelen tröstlich zu und gib Muth, Geduld und Ruh.

7. O du Geist der Kraft und Stärke, du gewisser neuer Geist, fördre in uns deine Werke, wenn der Satan Macht beweist; schenk uns Waffen in dem Krieg und erhalt in uns den Sieg.

8. HErr, bewahr auch unsern Glauben, daß kein Teufel, Tod, noch Spott uns denselben möge rauben; du bist unser Schutz und Gott. Sagt das Fleisch gleich immer nein, laß dein Wort gewisser sein.

9. Wenn wir endlich sollen sterben, so versichre uns je mehr, als des Himmelreiches Erben, jener Herrlichkeit und Ehr, die uns unser Gott erkiest und nicht auszusprechen ist.

Joachim Neander, 1679.

Lieder von der Ausgießung des heil. Geistes.

Eigene Melodie. 23.

136. Nun bitten wir den Heiligen Geist um den rechten Glauben allermeist, daß er uns behüte an unserm Ende, wenn wir heimfahrn aus diesem Elende. Kyrieleis!

2. Du werthes Licht, gib uns deinen Schein, lehr uns JEsum Christ kennen allein, daß wir an ihm bleiben, dem treuen Heiland, der uns bracht hat zum rechten Vaterland. Kyrieleis!

3. Du süße Lieb, schenk uns deine Gunst, laß uns empfinden der Liebe Brunst, daß wir uns von Herzen einander lieben und im Friede auf einem Sinn bleiben. Kyrieleis!

4. Du höchster Tröster in aller Noth, hilf, daß wir nicht fürchten Schand noch Tod, daß in uns die Sinne nicht verzagen, wenn der Feind wird das Leben verklagen. Kyrieleis!

Dr. M. Luther, 1525.
(V. 1. aus dem 13. Jahrhundert.)

Mel. Wer weiß, wie nahe mir m. 45.

137. O großer Gott, du reines Wesen, der du die reinen Herzen dir zur steten Wohnung auserlesen, ach, schaff ein reines Herz in mir, ein Herz, das von der argen Welt sich rein und unbefleckt erhält.

2. Vor allem mache mein Gemüthe durch ungefärbte Buße rein und laß es, HErr, durch deine Güte und Christi Blut gewaschen sein. Dann mache mich zur Reinigkeit des Lebens fertig und bereit.

3. Regiere mich mit deinem Geiste, der mein getreuer Beistand sei und mir gewünschte Hilfe leiste; Gott, stehe mir aus Gnaden bei und gib mir einen solchen Geist, der neu, gewiß und willig heißt.

4. Doch weil ich meine Schwachheit merke, mein Vater, so verwirf mich nicht und stoß mich wegen meiner Werke ja nicht von deinem Angesicht. Laß mich hier in der Gnade stehn und dort in deinen Himmel gehn.

5. Nimm deinen Geist, den Geist der Liebe, ja nun und nimmermehr von mir und leite mich durch seine Triebe, durch seinen Beistand für und für, auch führe du mich durch die Zeit hier zu der reinen Ewigkeit.

Mel. HErr, wie du willst, so. 49.

138. O Heilger Geist, du höchstes Gut, in Gott die dritt Persone, der du ausgehst in gleichem Muth vom Vater und vom Sohne, bist wahrer Gott von Ewigkeit und wirst von aller Christenheit geehrt und angebetet.

2. Wir bitten dich durch deine Gnad, uns lehre recht erkennen Christum und ihn, beid früh und spat, den HErrn des Lebens nennen, dazu ihn herzlich rufen an und seine Lehr vor jedermann bis in den Tod bezeugen.

3. Führ uns mit deiner Kraft gewiß in einem neuen Leben, auf daß wir ja kein Aergerniß empfangen oder geben weder mit Lehr, noch bösem Rath, sondern den Glauben mit der That vor aller Welt beweisen.

4. Theil uns, o HErr, dein Gnade mit, salb uns mit deinem Oele, dazu mit Seufzen uns vertritt und tröst die arme Seele im Kreuz mit deiner süßen Gunst und gib uns wahre Gottesbrunst, einander recht zu lieben.

5. Verleih uns einen frischen Muth und hilf uns ernstlich kämpfen, daß wir die Welt und unser Blut mit ihrer Reizung dämpfen und endlich selig schla-

fen ein, wenn unser Stund wird kommen sein, von hinnen abzuscheiden.
Bartholomäus Ringwaldt, 1581.

Mel. HErr Gott, dich loben alle. 11

139. O Heilger Geist, du ewger Gott, du höchster Tröster in der Noth, von Herzensgrund ich ruf dich an, wollst meine Bitt nicht fehlen lan.

2. Ach, sei mein Trost und Zuversicht, laß mich in Sünd verzagen nicht, wend ab von mir des Feindes List, erhalt mich fest an JEsum Christ!

3. Daß ich demselben allezeit treulich zu dienen sei bereit und ihn in wahrem Glauben rein erkenne für den Heiland mein.

4. Leit mich auf rechter ebner Bahn, christlich mein Lebn zu stellen an, daß ich nach dieser Sterblichkeit erlangen mög die ewge Freud.
Barthold Helder, † 1635.

Mel. Wie schön leuchtet der M. 86.

140. O Heilger Geist, kehr bei uns ein und laß uns deine Wohnung sein, o komm, du Herzenssonne! Du Himmelslicht, laß deinen Schein bei uns und in uns kräftig sein zu steter Freud und Wonne, daß wir in dir recht zu leben uns ergeben und mit Beten oft deshalben für dich treten.

2. Gib Kraft und Nachdruck deinem Wort, laß es wie Feuer immerfort in unsern Herzen brennen, daß wir Gott Vater, seinen Sohn, dich, beider Geist, in einem Thron für wahren Gott bekennen. Bleibe, treibe und behüte das Gemüthe, daß wir gläuben und im Glauben standhaft bleiben.

3. Du Quell, draus alle Weisheit fleußt, die sich in fromme Seelen geußt, laß deinen Trost uns hören, daß wir in Glaubenseinigkeit auch können alle Christenheit dein wahres Zeugniß lehren. Höre, lehre, Herz und Sinnen zu gewinnen, dich zu preisen, Guts dem Nächsten zu erweisen.

4. Steh uns stets bei mit deinem Rath und führ uns selbst den rechten Pfad, die wir den Weg nicht wissen. Gib uns Beständigkeit, daß wir getreu dir bleiben für und für, wenn wir uns leiden müssen. Schaue, baue, was zerrissen und geflissen, dir zu trauen und auf dich allein zu bauen.

5. Laß uns dein edle Balsamkraft empfinden und zur Ritterschaft dadurch gestärket werden, auf daß wir unter deinem Schutz begegnen aller Feinde Trutz, so lang wir sein auf Erden. Laß dich reichlich auf uns nieder, daß wir wieder Trost empfinden, alles Unglück überwinden.

6. Du starker Fels und Lebenshort, laß uns dein himmelsüßes Wort in unsern Herzen brennen, daß wir uns mögen nimmermehr von deiner weißheitreichen Lehr und reiner Liebe trennen. Fließe, gieße deine Güte ins Gemüthe, daß wir können Christum unsern Heiland nennen.

7. Du süßer Himmelsthau, laß dich in unsre Herzen kräftiglich und schenk uns deine Liebe, daß unser Sinn verbunden sei dem Nächsten stets mit Liebestreu und sich darinnen übe. Kein Neid, kein Streit dich betrübe, Fried und Liebe müßen schweben, Fried und Freude wirst du geben.

8. Gib, daß in reiner Heiligkeit wir führen unsre Lebenszeit, sei unsres Geistes Stärke, daß uns forthin sei unbewußt die Eitelkeit, des Fleisches Lust und seine todten Werke. Rühre, führe unsre Sinnen und Beginnen von

Lieder von der Ausgießung des heil. Geistes.

der Erden, daß wir Himmelserben werden.

M. **Michael Schirmer,** 1650. (V. 2. von einem Andern, ca. 1660.)

Eigene Melodie. 58.

141. Zeuch ein zu meinen Thoren, sei meines Herzens Gast, der du, da ich geboren, mich neu geboren hast, o hochgeliebter Geist des Vaters und des Sohnes, mit beiden gleiches Thrones, mit beiden gleich gepreist.

2. Zeuch ein, laß mich empfinden und schmecken deine Kraft, die Kraft, die uns von Sünden Hilf und Errettung schafft. Entsündige meinen Sinn, daß ich mit reinem Geiste dir Ehr und Dienste leiste, die ich dir schuldig bin.

3. Ich war ein wilder Reben, du hast mich gut gemacht, der Tod durchdrang mein Leben, du hast ihn umgebracht und in der Tauf erstickt, als wie in einer Fluthe mit dessen Tod und Blute, der uns im Tod erquickt.

4. Du bist das heilge Oele, dadurch gesalbet ist mein Leib und meine Seele dem HErren JEsu Christ zum wahren Eigenthum, zum Priester und Propheten, zum König, den in Nöthen Gott schützt im Heiligthum.

5. Du bist ein Geist, der lehret, wie man recht beten soll; dein Beten wird erhöret, dein Singen klinget wohl; es steigt zum Himmel an, es steigt und läßt nicht abe, bis der geholfen habe, der allen helfen kann.

6. Du bist ein Geist der Freuden, vom Trauren hältst du nicht, erleuchtest uns im Leiden mit deines Trostes Licht. Ach ja, wie manchesmal hast du mit süßen Worten mir aufgethan die Pforten zum güldnen Freudensaal.

7. Du bist ein Geist der Liebe, ein Freund der Freundlichkeit, willst nicht, daß uns betrübe Zorn, Zank, Haß, Neid und Streit. Der Feindschaft bist du feind, willst, daß durch Liebesflammen sich wieder thun zusammen, die voller Zwietracht seind,

8. Du, HErr, hast selbst in Händen die ganze weite Welt, kannst Menschenherzen wenden, wie dir es wohlgefällt, so gib doch deine Gnad zum Fried und Liebesbanden, verknüpf in allen Landen, was sich getrennet hat.

9. Erhebe dich und steure dem Herzleid auf der Erd, bring wieder und erneure die Wohlfahrt deiner Herd. Laß blühen, wie zuvorn, die Länder, so verheeret, die Kirchen, so zerstöret durch Krieg und Feuerszorn.

10. Regier, schirm, benedeie die Obrigkeit im Land, dein Lieb und Gnad verneue durch deines Geistes Pfand, die Alten mit Verstand; mach fromm die liebe Jugend, daß dein göttliche Tugend dem Volk werd wohl bekannt.

11. Erfülle die Gemüther mit reiner Glaubenszier, die Häuser und die Güter mit Segen für und für; vertreib den bösen Geist, der dir sich widersetzet und was dein Herz ergötzet, aus unserm Herzen reißt.

12. Gib Freudigkeit und Stärke, zu stehen in dem Streit, den Satans Reich und Werke uns täglich anerbeut; hilf kämpfen ritterlich, damit wir überwinden und ja zum Dienst der Sünden kein Christ ergebe sich.

13. Richt unser ganzes Leben allzeit nach deinem Sinn, und wenn wirs sollen geben in Todes Hände hin, wenns mit uns hie wird aus, so hilf uns fröhlich sterben und nach dem Tod ererben des ewgen Lebens Haus.

Paul Gerhardt, 1653.

XI. Lieder am Trinitatisfest oder von der heil. Dreieinigkeit.

Eigene Melodie. 44.

142. All Ehr und Lob soll Gottes sein, er ist und heißt der Höchst allein, sein Zorn auf Erden hab ein End, sein Fried und Gnad sich zu uns wend, den Menschen das gefalle wohl, dafür man herzlich danken soll.

2. Ach lieber Gott, dich loben wir und preisen dich mit ganzr Begier, auch knieend wir anbeten dich, dein Ehr wir rühmen stetiglich, wir danken dir zu aller Zeit um deine große Herrlichkeit.

3. HErr Gott, im Himmel Kön'g du bist, ein Vater, der allmächtig ist. Du Gottes Sohn vom Vater bist, einig geborn, HErr JEsu Christ. HErr Gott, du zartes Gotteslamm, ein Sohn aus Gott des Vaters Stamm.

4. Der du der Welt Sünd trägst allein, wollst uns gnädig, barmherzig sein: der du der Welt Sünd trägst allein, laß dir unsre Bitt g'fällig sein: der du gleich sitzst dem Vater dein, wollst uns gnädig, barmherzig sein.

5. Du bist und bleibst heilig allein, über alles der HErr allein, der Allerhöchst allein du bist, du lieber Heiland, JEsu Christ, samt dem Vater und Heilgen Geist in göttlicher Majestät gleich.

6. Amen, das ist gewißlich wahr, das bekennt aller Engel Schar, und alle Welt, so weit und breit dich lobt und ehret allezeit, dich rühmt die ganze Christenheit von Anfang bis in Ewigkeit.

Aus Lutheri Gesangbuch, 1545.

In eigener Melodie. 11.

143. Der du bist drei in Einigkeit, ein wahrer Gott von Ewigkeit, die Sonn mit dem Tag von uns weicht, laß leuchten uns dein göttlich Licht.

2. Des Morgens, Gott, dich loben wir, des Abends auch beten vor dir, unser armes Lied rühmet dich jetzund, immer und ewiglich.

3. Gott Vater dem sei ewig Ehr, Gott Sohn der ist der einig HErr, und dem Tröster Heiligen Geist von nun an bis in Ewigkeit.

Dr. M. Luther, 1543.
(Nach dem Latein. des h. Ambrosius.)

Mel. Nun danket Alle Gott. 55.

144. Gelobet sei der HErr, mein Gott, mein Licht, mein Leben, mein Schöpfer, der mir hat mein Leib und Seel gegeben, mein Vater, der mich schützt von Mutterleibe an, der alle Augenblick viel Guts an mir gethan.

2. Gelobet sei der HErr, mein Gott, mein Heil, mein Leben, des Vaters liebster Sohn, der sich für mich gegeben, der mich erlöset hat mit seinem theuren Blut, der mir im Glauben schenkt das allerhöchste Gut.

2. Globet sei der HErr, mein Gott, mein Trost, mein Leben, des Vaters werther Geist, den mir der Sohn gegeben, der mir mein Herz erquickt, der mir gibt neue Kraft, der mir in aller Noth Rath, Trost und Hilfe schafft.

4. Gelobet sei der HErr, mein Gott, der ewig lebet, den alles lobet, was in allen Lüften schwebet; gelobet sei der HErr, des Namen heilig heißt, Gott Vater,

von der heil. Dreieinigkeit.   71

Gott der Sohn und Gott der
werthe Geist.

5. Dem wir das Heilig jetzt
mit Freuden lassen klingen und
mit der Engel Schar das Heilig!
Heilig! singen, den herzlich lobt
und preist die ganze Christenheit,
gelobet sei mein Gott in alle Ewigkeit. Dr. Johann Olearius, 1671.

In eigener Melodie. 96.

145. Gott der Vater wohn
uns bei und laß
uns nicht verderben, mach uns
aller Sünden frei und helf uns
selig sterben! Für dem Teufel
uns bewahr, halt uns bei festem
Glauben und auf dich laß uns
bauen, aus Herzensgrund vertrauen, dir uns lassen ganz und
gar, mit allen rechten Christen
entfliehen Teufels Listen, mit
Waffen Gotts uns fristen.
Amen, Amen, das sei wahr,
so singen wir: Halleluja.

2. JEsus Christus wohn uns
bei und laß uns nicht verderben 2c. 2c.

3. Heilig Geist der wohn uns
bei und laß uns nicht verderben 2c. 2c.

Altdeutsche Bittfahrt=Litanei aus
dem 15. Jahrh. Durch Dr. M.
Luther „gebessert und christlich
corrigirt", 1524.

Mel. Wie schön leuchtet der Morg. 86.

146. Halleluja, Lob, Preis
und Ehr sei unserm
Gott je mehr und mehr für alle
seine Werke; von Ewigkeit zu
Ewigkeit sei in uns allen ihm
bereit Dank, Weisheit, Kraft und
Stärke! Klinget, singet: Heilig,
heilig, freilich, freilich, heilig ist
Gott, unser Gott, der HErr Zebaoth!

2. Halleluja, Preis, Ehr und
Macht sei auch dem Gotteslamm
gebracht, in dem wir sind erwählet, das uns mit seinem Blut erkauft, damit besprenget und getauft und sich mit uns vermählet.
Heilig, selig ist die Freundschaft
und Gemeinschaft, die wir haben
und darinnen uns erlaben.

3. Halleluja, Gott Heilger
Geist, sei ewiglich von uns gepreist, durch den wir neu geboren,
der uns mit Glauben ausgezieret,
dem Bräutigam uns zugeführet,
den Hochzeitstag erkoren. Eia,
ei ba! da ist Freude, da ist
Weide, da ist Manna und ein
ewig Hosianna.

4. Halleluja, Lob, Preis und
Ehr sei unserm Gott je mehr und
mehr und seinem großen Namen!
Stimmt an mit aller Himmelsschar und singet nun und immerdar mit Freuden: Amen, Amen!
Klinget, singet: Heilig, heilig,
freilich, freilich, heilig ist Gott,
unser Gott, der HErr Zebaoth!

Darmstädter Gesangbuch, 1698.
(B. Crasselius.?)

Jesaia Kap. VI.
In eigner Melodie. 102.

147. Jesaia dem Propheten
das geschah, daß er
im Geist den HErren sitzen sah
auf einem hohen Thron in hellem
Glanz, seines Kleides Saum den
Chor füllet ganz. Es stunden
zween Seraph bei ihm daran,
sechs Flügel sah er einen jeden
han; mit zween verbargen sie ihr
Antlitz klar, mit zween bedeckten
sie die Füße gar und mit den andern zween sie flogen frei, gen an der riefen sie mit großem G'schrei:

Heilig ist Gott, der HErre Zebaoth!

Heilig ist Gott, der HErre Zebaoth!

Heilig ist Gott, der HErre Zebaoth!

Sein Ehr die ganze Welt erfüllet hat.

Lieder am Trinitatisfest oder

Von dem G'schrei zittert Schwell und Balken gar, das Haus auch ganz voll Rauchs und Nebels war.
Dr. M. Luther, 1526.

Mel. Helft mir Gotts Güte preis. 58.

148. Mein Mund soll fröhlich preisen, mein Herz soll früh und spat dem HErren Ehr beweisen, der uns erschaffen hat, dem billig jederzeit sein Lob und Ruhm bei allen ganz herrlich soll erschallen in aller Christenheit.

2. Sein Nam an jedem Orte ist heilig und bekannt, mit seinem Geist und Worte erleucht er See und Land, erneuert uns im Geist und reinigt uns von Sünden, macht uns zu Gottes Kindern, den Weg zum Himmel weist.

3. Kein Mensch das Leben hätte, könnt auch nicht selig sein, wanns seine Kraft nicht thäte, sein ist die Ehr allein. Wer nicht aus seiner Gnad von neuem wird geboren, muß ewig sein verloren, kein Theil am Himmel hat.

4. Erhalt mich, HErr, im Glauben, daß ich an deinem Leib, wie am Weinstock die Trauben, fruchtbar und fest bekleib. Mein Herz, Sinn und Gemüth erneure und regiere, mein Zunge selbst auch führe, also zu singen mit.

5. Ehr sei dem Vater oben im allerhöchsten Thron, Ehr sei mit Dank und Loben seim allerliebsten Sohn. Ehr sei zu aller Zeit dem Heilgen Geist gesungen in allem Volk und Zungen, heut und in Ewigkeit.
Georg Weissel, †1635.

Mel. Nun freut euch, lieben Chr. 49.

149. O heiligste Dreifaltigkeit voll Majestät und Ehren, wie kann doch deine Christenheit dein Lob genug vermehren? Du bist sehr hoch und wundersam, ganz unbegreiflich ist dein Nam, dein Wesen unerforschlich.

2. Wir danken dir, daß deine Gnad, auch weil wir hie noch leben, in deinem Worte so viel hat uns offenbar gegeben, daß du bist wahrer Gott und heißt: Gott Vater, Sohn und Heilger Geist, dreifaltig und doch einig.

3. O Vater, aller Dinge Quell und Ursprung, sei gepreiset für alle Wunder klar und hell, durch deine Macht erweiset; du Vater hast vor aller Zeit den eingen Sohn von Ewigkeit, dein Ebenbild, gezeuget.

4. Du hast gemacht den Erdenkreis nach deinem Wohlgefallen, uns Menschen drauf, zu deinem Preis, daß wir dein Lob erschallen; auch wird durch deines Mundes Wort dies alles immer fort und fort erhalten und regieret.

5. Drum steh, o Vater, ferner bei uns, deinen armen Kindern, und alle Schulden uns verzeih, als bußfertigen Sündern; aus unsern Nöthen mannigfalt errette uns und hilf uns bald, wie du uns hast versprochen.

6. O JEsu Christe, Gottes Sohn, von Ewigkeit geboren, und Menschen auch ins Himmels Thron zum Mittler auserkoren, durch dich geschicht, was nur geschicht, o wahrer Gott, o wahres Licht, vom wahren Gott und Lichte!

7. Du bist des Vaters Ebenbild und doch vom Himmel kommen; als eben war die Zeit erfüllt, hast du Fleisch angenommen, hast uns erworben Gottes Huld, bezahlet unsre Sünd und Schuld durch dein unschuldig Leiden.

8. Nun sitzest du zur rechten Hand des Vaters, hoch erhoben, beherrschest alle Leut und Land

und dämpfst der Feinde Toben. Hilf uns, o wahrer Mensch und Gott, wir wollen dir für deinen Lob und alle Wohlthat danken.

9. O Heiliger Geist, du werthe Kron, erleuchte unsre Sinnen, der du vom Vater und dem Sohn ausgehest ohn Beginnen; du bist allmächtig und ohn End, der Vater und der Sohn dich sendt, im Glauben uns zu leiten.

10. HErr, du gebierest durch die Tauf uns wiederum aufs neue, hernacher auch nimmst du uns auf, wenn du zibst wahre Reue; durch dich wird unsre Hoffnung fest, und wenn uns alle Welt verläßt, bleibst du bei uns im Herzen.

11. Wir bitten dich demüthiglich, daß es mag ja durchdringen, was wir durch Seufzer oft vor dich in unsern Nöthen bringen; und wenn die letzte Stund da ist, so hilf, daß wir auf JEsum Christ getrost und selig sterben.

12. Gott Vater, Sohn und Heilger Geist, für alle Gnad und Güte sei immerdar von uns gepreist mit freudigem Gemüthe; des Himmels Heer dein Lob erklingt und heilig! heilig! heilig! singt. Das thun wir auch auf Erden.

Dr. Justus Gesenius, † 1671.

Mel. Christ, unser HErr, zum J. 77.

150. Was alle Weisheit in der Welt bei uns hier kaum kann lallen, das läßt Gott aus dem Himmelszelt in alle Welt erschallen: daß er alleine König sei, hoch über alle Götter, groß, mächtig, freundlich, fromm und treu, der Frommen Schutz und Retter, Ein Wesen, drei Personen.

2. Gott Vater, Sohn und Heilger Geist heißt sein hochheilger Name; so kennt, so nennt, so rühmt und preist ihn der gerechte Same: Gott Abraham, Gott Isaak, Gott Jakob, den er liebet, HErr Zebaoth, der Nacht und Tag uns alle Gaben gibet und Wunder thut alleine.

3. Der Vater hat von Ewigkeit den Sohn, sein Bild, gezeuget; der Sohn hat in der Füll der Zeit im Fleische sich eräuget; der Geist geht ohne Zeit herfür vom Vater und vom Sohne, mit beiden gleicher Ehr und Zier, gleich ewig, gleicher Krone und ungetheilter Stärke.

4. Sieh hier, mein Herz, das ist dein Gut, dein Schatz, dem keiner gleichet; das ist dein Freund, der alles thut, was dir zum Heil gereichet; der dich gebaut nach seinem Bild, für deine Schuld gebüßet, der dich mit wahrem Glauben füllt und all dein Kreuz durchsüßet mit seinem heilgen Worte.

5. Erhebe dich, steig zu ihm zu und lern ihn recht erkennen, denn solch Erkenntniß bringt die Ruh und macht die Seele brennen in reiner Liebe, die uns nährt zum ewgen Freudenleben, da, was hier unser Ohr gehört, Gott wird zu schauen geben den Augen seiner Kinder.

6. Weh aber dem verstockten Heer, das sich hier selbst verblendet, Gott von sich stößt und seine Ehr auf Kreaturen wendet! Dem wird gewiß des Himmels Thür einmal verschlossen bleiben; denn wer Gott von sich treibt allhier, den wird er dort auch treiben von seinem heilgen Throne.

7. Ei nun, so gib, du großer Held, Gott Himmels und der Erden, daß alle Menschen in der Welt zu dir bekehret werden. Erleuchte, was verblendet geht, bring wieder, was verirret, reiß aus, was uns im Wege steht und

freventlich verwirret die Schwachen in dem Glauben.

8. Auf daß wir also allzugleich zur Himmelspforten bringen und dermaleins in deinem Reich ohn alles Ende singen: daß du alleine König seist, hoch über alle Götter, Gott Vater, Sohn und Heilger Geist, der Frommen Schutz und Retter, Ein Wesen, drei Personen. **Paul Gerhardt, 1666.**

XII. Lieder auf das Fest Johannis des Täufers
(den 24. Juni).

Mel. Was frag ich nach der Welt. 55.

151. Es war die ganze Welt von Mosis Fluch erschrecket, bis Sanct Johannes hat den Finger ausgestrecket auf JEsum, welchen er zum Heiland aller Welt als sein Vorläufer hat gezeigt und vorgestellt.

2. Vor dem er ungebern mit Freuden aufgesprungen, zu dem er sich bekannt mit unberedter Zungen in seiner Mutter Leib und mit Elias Geist bei Groß und Kleinen ihn geprediget und geweiset.

3. Sieh, das ist Gottes Lamm, das unsre Sünde träget, das sich der ganzen Welt zum Opfer niederleget; sieh, das ist Gottes Lamm, bei dem man aller Sünd Vergebung, Friede, Ruh und alle Gnade findt.

4. Wohl dem, der dieses Lamm, das uns Johannes weiset, im Glauben fest ergreift und in dem Leben preiset. Wer dieser Tauf gedenkt und wahre Buße übt, der wird von ihm auch sein begnadet und geliebt.

5. So gib, du großer Gott, daß wir Johannis Lehre von Herzen nehmen an, daß sich in uns bekehre, was bös und sündlich ist, bis wir nach dieser Zeit mit Freuden gehen ein zu deiner Herrlichkeit.

Dr. Joh. Gottfr. Olearius, † 1711.

Mel. HErr Gott, dich loben alle w. 11.

152. Gelobet sei Israels Gott, der HErr, der sein Volk in der Noth und da es gänzlich war verflucht, mit großen Gnaden hat besucht.

2. Er hat uns seinen Sohn gesandt, der allen Zorn ganz abgewandt und uns erlöset kräftiglich, des wird Israel freuen sich.

3. Da es mit uns war alles aus, in seines Dieners Davids Haus hat er ein Horn der Seligkeit gesetzt zum Trost der Christenheit.

4. Als uns vor Zeiten machte kund der heiligen Propheten Mund, dadurch er uns hat angemeldt, er woll uns retten als ein Held.

5. Der Feinde Trutz, des Hassers Hand, ob sie für Zorn gleich sind entbrannt, woll er uns brechen, als der Mann, der Tod und Teufel zwingen kann.

6. Hierzu hat ihn sein Herz bewegt, das sich mit Gnad und Güte trägt; er hat an seinen Bund gedacht, vorlängst mit Abraham gemacht.

7. Wie auch an dieses, was er hat geschworen ihm an Eides statt, zu geben denen, die da sind von ihm gezeugt, auch Kindes Kind.

8. Auf daß, wenn wir erlöset sein vom Teufel, Tod und Höllen-

pein, ihm dieneten sein Lebelang ein jeder ohne Furcht und Zwang.

9. Gerecht und heilig in der Welt, nach solcher Art, die ihm gefällt, nicht wie es Menschenwitz erdenkt, damit man sich vergebens kränkt.

10. Du Kindlein, du wirst ein Prophet des Höchsten heißen, der da geht vor seinem HErren sein voran und macht ihm richtig seine Bahn.

11. Aus herzlicher Barmherzigkeit, kraft derer uns in unserm Leib der Aufgang aus der Höh besucht, das ist der Liebe Gab und Frucht.

12. Auf daß, die er im Finstern findt und die in Todesschatten sind, des Lichtes Kinder können sein durch seinen hellen Glanz und Schein.

13. Daß ihre Füße richtig stehn und auf dem Weg des Friedens gehn, ja endlich allesamt zugleich mit Freuden gehn ins Himmelreich.

Johann Heermann, 1630.

Mel. HErr JEsu Christ, meins L. 11.

153. O Lämmlein Gottes, JEsu Christ, der du mein Trost und Leben bist, ich armer Sünder komm zu dir und bring viel Missethat mit mir.

2. Ach Gott, ich hab gesündigt sehr und mir gemacht ein Bürden schwer; doch bitt ich, wollst mir gnädig sein und nehmen weg all Schuld und Pein.

3. Wie St. Johanns, der Täufer, mich nur alles legen heißt auf dich, denn du seist da vom Himmelszelt, zu helfen mir und aller Welt.

4. Forthin will ich gern bessern mich, beim Wort gehorchen williglich; drum, o HErr, bleib allzeit bei mir und nimm mich endlich gar zu dir.

Bartholb Helber, 1620.

XIII. Auf das Fest der Heimsuchung Mariä (am 2. Juli).

Mel. HErr Gott, dich loben alle w. 11.

154. Mein Seel, o Gott, muß loben dich, du bist mein Heil, des freu ich mich, daß du nicht fragst nach weltlich Pracht und hast mich Arme nicht veracht.

2. Und angesehn mein Niedrigkeit, von jetzt an wird nun weit und breit mich selig preisen jedermann, du hast groß Ding an mir gethan.

3. Du bist auch mächtig, lieber HErr, dein göttlich Macht stirbt nimmermehr, dein Nam ist aller Ehren werth, drum man dich billig lobt und ehrt.

4. Du bist barmherzig ingemein, wer dich von Herzen fürcht allein, und hilfst dem Armen immerdar, wenn er muß leiden groß Gefahr.

5. Der Menschen Hoffart muß vergehn, für deinem Arm kann nichts bestehn; wer sich verläßt auf seine Pracht, des hast du bald ein End gemacht.

6. Du machst zunicht der Menschen Rath, das sind, HErr, deine Wunderthat; was sie gedenken wider dich, das gehet alles hinter sich.

7. Wer niedrig ist und klein geacht, an dem übst du dein gött-

lich Macht und machest ihn den Fürsten gleich, den Reichen arm, den Armen reich.

8. Das thust du, HErr, zu dieser Zeit und denkest der Barmherzigkeit, Israel willt du helfen auf, das ist dein auserwählter Hauf.

9. Wir habens nicht verdient um dich, du fähreft mit uns gnädiglich; zu unsern Vätern ist geschehn ein Wort, das hast du angesehn.

10. Ja, Abraham, dem theuren Mann, dem hast du selbst ein Eid gethan und ihm geredt das Himmelreich und seinem Samen ewiglich.

11. Ehr sei jetzund und allezeit der heiligen Dreifaltigkeit, Gott Vater, Sohn, Heiligem Geist, der uns sein Gnad täglich beweist.

12. Der woll uns Sündern gnädig sein, behüten für der Höllen Pein und nach dieser Vergänglichkeit geben die ewge Seligkeit.

Barthol. Gesius, 1601.

XIV. Lieder auf das Michaelis-Fest
(am 29. September).

In eigner Melodie. 49.

155. Aus Lieb läßt Gott der Christenheit viel Gutes widerfahren, aus Lieb hat er ihr zubereit viel tausend Engelscharen, darum man fröhlich singen mag: Heut ist der lieben Engel Tag, die uns gar wohl bewahren.

2. Sie lagern sich, wenn kommt die Noth, in Eil gefaßt sich machen und reißen die, so fürchten Gott, aus ihrer Feinde Rachen, darum man fröhlich singen mag: Heut ist der lieben Engel Tag, die immer für uns wachen.

3. Sie führen auf den Straßen wohl die Großen samt den Kleinen, daß keiner Schaden leiden soll an Füßen oder Beinen, darum man fröhlich singen mag: Heut ist der lieben Engel Tag, die uns mit Treuen meinen.

Dr. G. Reimann, † 1615.

Eigene Melodie. 11.

156. HErr Gott, dich loben alle wir und sollen billig danken dir für dein Geschöpf der Engel schon, die um dich schweben in deim Thron.

2. Sie glänzen hell und leuchten klar und sehen dich ganz offenbar, dein Stimm sie hören allezeit und sind voll göttlicher Weisheit.

3. Sie feiern auch und schlafen nicht, ihr Fleiß ist gar dahin gericht, daß sie, HErr Christe, um dich sein und um dein armes Häufelein.

4. Der alte Drach und böse Feind für Neid, Haß und für Zorne brennt; sein Dichten steht allein darauf, wie von ihm werd zertrennt dein Hauf.

5. Und wie er vor hat bracht in Noth die Welt, führt er sie noch in Tod; Kirch, Wort, Gesetz, all Ehrbarkeit zu tilgen, ist er stets bereit.

6. Darum kein Rast noch Ruh er hat, brüllt wie ein Löw, tracht früh und spat, legt Garn und Strick, braucht falsche List, daß er verderb, was christlich ist.

7. Indes wachet der Engel Schar, die Christo folget immerdar, und schützet deine Christen-

Lieder auf das Michaelis-Fest.

heit, wehret des Teufels Listigkeit.

8. An Daniel wir lernen das, da er unter den Löwen saß; desgleichen auch dem frommen Lot der Engel half aus aller Noth.

9. Dermaßen auch des Feuers Gluth verschont und keinen Schaden thut den Knaben in der heißen Flamm, der Engel ihn'n zu Hilfe kam.

10. Also schützt Gott noch heut bei Tag fürm Uebel und für mancher Plag uns durch die lieben Engelein, die uns zu Wächtern geben sein.

11. Darum wir billig loben dich und danken dir, Gott, ewiglich, wie auch der lieben Engel Schar dich preisen heut und immerdar.

12. Und bitten dich, wollst allezeit dieselben heißen sein bereit, zu schützen deine kleine Herd, so hält dein göttlich Wort im Werth.

Dr. Paul Eberus, 1566.
Nach dem Lat. des Ph. Melanchthon.

Mel. Nun freut euch, lieben Chr. 49.

157. O Gott, der du aus Herzensgrund die Menschenkinder liebest und uns zu aller Zeit und Stund viel Gutes reichlich gibest, wir danken dir, daß deine Treu bei uns ist alle Morgen neu in unserm ganzen Leben.

2. Wir preisen dich insonderheit, daß du die Engelscharen zu deinem Lobe hast bereit, auch uns mit zu bewahren, daß unser Fuß an keinen Stein, wenn wir auf unsern Wegen sein, sich stoße noch verletze.

3. Was ist der Mensch allhie auf Erd, den du so wohl bedenkest und achtest ihn so hoch und werth, daß du ihm dazu schenkest mit andern auch noch diese Gnad, daß er die Himmelsgeister hat zu seinem Schutze stehen!

4. HErr, diese sonderbare Prob der Freundlichkeit und Güte erheischt ein immerwährend Lob aus dankbarem Gemüthe; darum, o Gott, so rühmen wir die große Lieb, wir danken dir für solche hoh Wohlthaten.

5. Es ist der starken Helden Kraft gestanden uns zur Seiten und hat bei uns noch Ruh verschafft zu diesen bösen Zeiten, die Kirche und die Polizei, ein jeden auch für sich dabei in seinem Stand erhalten.

6. Verleih, o HErr, durch deine Gnad, daß wir fest an dir bleiben und ja nicht selbst durch Uebelthat die Engel von uns treiben; gib, daß wir rein und heilig sein, demüthig und ohn Heuchelschein dem Nächsten gerne dienen.

7. Gib auch, daß wir der Engel Amt verrichten dir zu Ehren und deine Wunder allesamt ausbreiten und vermehren, die du uns und der ganzen Welt in deinem Wort hast vorgestellt, voll Weisheit, Macht und Güte.

8. Und wie du durch die Engel hast aus Noth uns oft geführet, ja auch bewahrt, daß manche Last und Plag uns nicht berühret, so thu dasselbe noch hinfort, befiehl, daß sie an allem Ort sich stets um uns her lagern.

9. Laß deine Kirch und unser Land der Engel Schutz empfinden, daß Fried und Heil in allem Stand sich möge bei uns finden. Laß sie des Teufels Mord und List, und was sein Reich und Anhang ist, durch deine Kraft zerstören.

10. Zuletzt laß sie an unserm End den Böswicht von uns jagen und unsre Seel in deine Händ und Abrahams Schoß tragen, da alles Heer dein Lob erklingt und: heilig! heilig! heilig! singt ohn einiges Aufhören.

Dr. Justus Gesenius, † 1671.

XV. Lieder auf das Reformations-Fest
(am 31. October).

In eigener Melodie. 75.

158. Ein feste Burg ist unser Gott, ein gute Wehr und Waffen; er hilft uns frei aus aller Noth, die uns jetzt hat betroffen. Der alt böse Feind, mit Ernst ers jetzt meint, groß Macht und viel List sein grausam Rüstung ist, auf Erd ist nicht seins Gleichen.
2. Mit unser Macht ist nichts gethan, wir sind gar bald verloren; es streit für uns der rechte Mann, den Gott hat selbst erkoren. Fragst du, wer der ist? Er heißt JEsus Christ, der HErr Zebaoth, und ist kein ander Gott, das Feld muß er behalten.
3. Und wenn die Welt voll Teufel wär und wollt uns gar verschlingen, so fürchten wir uns nicht so sehr, es soll uns doch gelingen. Der Fürst dieser Welt, wie saur er sich stellt, thut er uns doch nicht, das macht, er ist gericht, ein Wörtlein kann ihn fällen.
4. Das Wort sie sollen lassen stan und kein Dank dazu haben; er ist bei uns wohl auf dem Plan mit seinem Geist und Gaben. Nehmen sie den Leib, Gut, Ehr, Kind und Weib: laß fahren dahin, sie habens kein Gewinn, das Reich muß uns doch bleiben.

Pf. 46. Dr. M. Luther, 1529.

In eigener Melodie. 11.

159. Erhalt uns, HErr, bei deinem Wort und steur des Papsts und Türken Mord, die JEsum Christum, deinen Sohn, wollten stürzen von deinem Thron.
2. Beweis dein Macht, HErr JEsu Christ, der du HErr aller Herren bist, beschirm dein arme Christenheit, daß sie dich lob in Ewigkeit.
3. Gott Heilger Geist, du Tröster werth, gib deim Volk einerlei Sinn auf Erd, steh bei uns in der letzten Noth, gleit uns ins Leben aus dem Tod.
4. Ihr Anschläg, HErr, zu nichte mach, laß sie treffen die böse Sach und stürz sie in die Grub hinein, die sie machen den Christen dein.
5. So werden sie erkennen doch, daß du, unsr HErr Gott, lebest noch und hilfst gewaltig deiner Schar, die sich auf dich verlassen gar.

Dr. M. Luther, 1541. Zusatz V. 4. 5. von Dr. Justus Jonas, 1544.

Mel. Durch Adams Fall ist ganz. 83.

160. O HErr, dein seligmachend Wort ist lang verdunkelt blieben, da sie fast nichts an allem Ort, als Menschensatzung trieben; des Glaubens Kraft ward nicht gedacht, wie man dir fest soll trauen und alles andern ungeacht allein auf Christum bauen.
2. Die Heilgen wurden immerdar zur Fürbitt hergezählet und endlich überdies noch gar zu helfen auserwählet, da du doch, Gott, der Helfer bist im Himmel und auf Erden, der nur im Namen JEsu Christ will angerufen werden.
3. Im Nachtmahl Christi Leib und Blut ist eingesetzt zu geben mit Brod und Wein, kommt uns zu gut, stärkt uns zum ewgen Leben; ein Opfer ward hernach genennt, die Hostie sie umtrugen, das heilge Blut im

Sacrament den Laien sie versagen.

4. Die Werke, die man da befahl, hat eigen Witz erfunden; der Aberglaub ward allzumal aufs strengste eingebunden; was aber du geboten hast, das war nicht noth zu wissen, wenn man nur sonst die Menschenlast zu tragen war beflissen.

5. Dies zu erlangen, ist die List vornehmlich die gewesen: die **Schrift**, die doch die Richtschnur ist, hat man nicht dürfen lesen; so waren denn die meisten Leut gar leichtlich zu betrügen, sie wußten nicht den Unterscheid der Wahrheit und der Lügen.

6. Drauf hat man viel nach eignem Sinn zum **Gottesdienst** erdichtet, denselben auch blos auf Gewinn und Gleißnerei gerichtet. Das göttlich Wort verborgen lag, man kennt es selten hören, der Menschentand mußt alle Tag mit Haufen sich vermehren.

7. Und wenn man gleich das schwere Joch hatt lange Zeit getragen, so blieb man doch im Zweifel noch und konnte keiner sagen, ob er damit hätt gnug gethan, den Himmel zu erwerben, und wenn die letzte Noth trat an, mußt er im **Zweifel** sterben.

8. Dir, HErr, sei ewig Preis und Ehr, daß wir zur Wahrheit kommen, und daß du hast durch reine Lehr die Blindheit weggenommen. Wir wissen, wer auf Christum traut, dem wird das ewge Leben; wenn er im Glauben den anschaut, ist ihm die Sünd vergeben.

9. Er thut drauf durch des Höchsten Gnad und dessen Geistes Stärke, was Gott zu thun befohlen hat, als rechte **gute Werke**. Daß er im Fried, Geduld und Freud, in Keuschheit, Demuth, Liebe, Güt, Sanftmuth und Bescheidenheit ohn Heuchelei sich übe.

10. So viel sagt uns des HErren Mund, dabei wir müssen bleiben, wir lassen uns von diesem Grund auch keinen Engel treiben, und wird von uns die große Güt, die Gott uns hat erwiesen, allzeit mit dankbarem Gemüth erkannt und hoch gepriesen.

11. O HErr, in Gnaden doch bekehr, die noch im Irrweg gehen, und denen mächtig steur und wehr, die dir, Gott, widerstehen. Laß niemand zu, daß er dein Wort und seinen Lauf kann hindern, erhalt es lauter fort und fort nach uns auch unsern Kindern.

Dr. Justus Gesenius, † 1671.

In eigener Melodie. 83.

161. O HErre Gott, dein göttlich Wort ist lang verdunkelt blieben, bis durch dein Gnad uns ist gesagt, was Paulus hat geschrieben und andere Apostel mehr aus deim göttlichen Munde, des danken wir mit Fleiß, daß wir erlebet han die Stunde.

2. Daß es mit Macht an Tag ist bracht, wie klärlich ist für Augen. Ach Gott, mein HErr, erbarm dich der, die dich noch jetzt verleugnen und achten sehr auf Menschenlehr, darin sie doch verderben; deins Worts Verstand mach ihn'n bekannt, daß sie nicht ewig sterben.

3. Willt du nun fein gut Christe sein, so mußt du erstlich **glauben**: Setz dein Vertrau, darauf fest bau, Hoffnung und Lieb im Glauben allein durch Christ zu aller Frist, dein Nächsten lieb daneben, das G'wissen frei, rein Herz dabei, das kein Kreatur kann geben.

4. Allein, HErr, du mußt solches thun doch gar aus lautern Gnaden; wer sich des tröst, der

ist erlöst und kann ihm niemand schaden. Ob wollten gleich Papst, Kaiser, Reich sie und dein Wort vertreiben, ist doch ihr Macht gen dir nichts g'acht, sie werdens wohl lassen bleiben.

5. Hilf, HErre Gott, in dieser Noth, daß sich die auch bekehren, die nichts betrachtn, dein Wort verachtn und wollens auch nicht lehren. Sie sprechen schlecht, es sei nicht recht, und habens nie gelesen, auch nicht gehört das edle Wort. Ists nicht ein teuflisch Wesen?

6. Ich glaub g'wiß gar, daß es sei wahr, was Paulus uns thut schreiben: Eh muß geschehn, daß alls vergeh, dein göttlich Wort soll bleiben in Ewigkeit, wär es auch leid viel hart verstockten Herzen, kehrn sich nicht um, werden sie drum leiden gar großen Schmerzen.

7. Gott ist mein HErr, so bin ich der, dem Sterben kommt zu gute, dadurch uns hast aus aller Last erlöst mit deinem Blute. Das dank ich dir, drum wirst du mir nach deiner Verheißung geben, was ich dich bitt, versag mir nit im Tod und auch im Leben.

8. HErr, ich hoff je, du werdest die in keiner Noth verlassen, die dein Wort recht als treue Knecht im Herzn und Glauben faßen; gibst ihn'n bereit die Seligkeit und läßt sie nicht verterben. O HErr, durch dich bitt ich, laß mich fröhlich und willig sterben.

N. H. Z. W., 1527. (Nach C. Spangenberg: Paul Speratus.)

In eigener Melodie. 49.

162. Wär Gott nicht mit uns diese Zeit, so soll Israel sagen, wär Gott nicht mit uns diese Zeit, wir hätten mußt verzagen, die so ein armes Häuflein sind, veracht von so viel Menschenkind, die an uns setzen alle.

2. Auf uns ist so zornig ihr Sinn, wo Gott hätt das zugeben, verschlungen hätten sie uns hin mit ganzem Leib und Leben; wir wärn als die ein Fluth ersäuft und über die groß Wasser läuft und mit Gewalt verschwemmet.

3. Gott Lob und Dank, der nicht zugab, daß ihr Schlund uns möcht fangen; wie ein Vogel des Stricks kommt ab, ist unser Seel entgangen, Strick ist entzwei und wir sind frei, des HErren Name steht uns bei, des Gotts Himmels und Erden.

Pf. 124. Dr. M. Luther, 1525.

In eigener Melodie. 44.

163. Wir danken dir, Gott, für und für, daß du dein Wort auch diesem Ort mit hellem Schein erhalten rein, und bitten dich, laß sicherlich je mehr und mehr die reine Lehr ausbreiten sich zu deiner Ehr.

2. Der Schatz ist theur, drum wehr und steur der Feinde Trutz, halt selber Schutz, daß sie, mit List und Mord gerüst, das schöne Licht auslöschen nicht. Laß ihren Rath, der früh und spat läuft wider uns, nicht finden statt.

3. Gib solche Leut, die ungescheut uns zeigen an die rechte Bahn, die du bereit zur Seligkeit; mit deinem Geist ihn'n Hülfe leist, daß nicht mit Macht wird hergebracht des alten Greuels finstre Nacht.

4. Darinnen nicht ein Fünklein Licht in Angst und Leid von Trost und Freud. Dein Wort allein kann tröstlich sein, daßelb erhalt bei Jung und Alt bis an ihr End und stürz behend, der uns raubt Wort und Sacrament.

Johann Heermann, † 1647.

XVI. Auf die Gedächtnißtage der heil. Apostel.

Mel. Kommt her zu mir, spricht. 41.

164. HErr JEsu, aller Menschen Hort, durch dessen heilig theures Wort wir himmelan gelangen, wir rühmen deine große Gnad, die unter uns sich nicht nur hat erst neulich angefangen.

2. Du selber hast ja vor der Zeit im Stande deiner Niedrigkeit das Wort uns fürgetragen, das Wort, das unsre Seel erfreut und prediget die Seligkeit mit kräftigem Behagen.

3. Als aber nach vollendtem Lauf die Zeit war, daß du himmelauf zum Vater solltest kehren, hast du aus hochbedachtem Rath geordnet, die an deiner Statt dein Wort uns sollen lehren.

4. Zuerst hast du das Predigtamt durch die Apostel insgesamt geordnet zu verwalten, daß, was du selber ausgestreut, durch sie werd ferner ausgebreit und deine Kirch erhalten.

5. O frommer Gott, wie haben sie sich so getreulich je und je in deinem Dienst erwiesen, daß sie auch, was Gefahr und Noth, noch was gebieret Schand und Tod, sich nicht erschrecken ließen!

6. Was wird für Marter ausgedacht, die nicht an ihnen ist vollbracht, wenn sie dein Wort geredet! Sie sind mit Ruthen ausgestäupt, sie sind gesteiniget, enthäupt und jämmerlich getödtet.

7. O Freudigkeit, o Heldenmuth! Sie haben auch des Feuers Gluth, und was noch mehr, erlitten und also für dein göttlich Ehr und für die Wahrheit deiner Lehr bis auf das Blut gestritten.

8. So auch, da folgends nach und nach viel hunderttausend Ungemach der Teufel hat erwecket den Lehrern in der Christenheit, ja allen Christen allezeit, hat sie doch nichts erschrecket.

9. Sie sind durch Kluft und Berg gejagt, mit vieler Angst und Leib geplagt, man hat sie preisgegeben der Löwen und der Wölfe Grimm und mit noch mehrerm Ungestüm vertrieben aus dem Leben.

10. Doch aber hat dein theures Wort auf solche Weise fort und fort nur täglich zugenommen; so ist das Wort der Seligkeit nur besto stärker ausgebreit und weiter fortgekommen.

11. So hat die ganze Welt erkennt, daß du der Kirchen Regiment selbst hast in deinen Händen, daß weder Feuer oder Schwert die Schäflein deiner Weid und Heerd nicht können von dir wenden.

12. Nun, HErr, wie solches jederzeit mit hohem Dank die Christenheit in der Gemeine preiset, wenn wir betrachten, wie dein Wort so wunderlich ist kommen fort, das unsre Seele speiset:

13. Also ist unsre Bitt an dich, daß du, o HErr, genädiglich noch ferner wollest walten bei deinem Wort mit deinem Schutz und wider aller Feinde Trutz die Christenheit erhalten.

14. Das Evangelium, das du uns dieser Zeit in stiller Ruh hast reichlich lassen hören, laß das Vertrauen gegen dir, sowohl die Liebe für und für in unserm Herzen mehren.

15. Wenn aber sollte mit der Zeit Verfolgung und Trübseligkeit auch über uns sich finden, so hilf, daß wir auch willig sein, wie die Apostel insgemein, das Kreuz zu überwinden.

16. Laß uns mit einem Helden-

muth auch gleichfalls unser Leib und Blut für deine Lehre wagen, damit die Nachwelt dir zu Lob von unsers Glaubens guter Prob auch künftig möge sagen.

17. O HErr, laß dir befohlen sein der Christen heilge Kirchgemein, erhalte sie auf Erden im Krieg und Sieg, in Leid und Freud, bis dort die Himmelsherrlichkeit wird offenbaret werden.

M. Joh. Christ. Arnschwanger,
† 1696.

XVII. Von dem Worte Gottes und der christlichen Kirche.

In eigener Melodie. 11.

165. Ach, bleib bei uns, HErr JEsu Christ, weil es nun Abend worden ist; dein göttlich Wort, das helle Licht, laß ja bei uns auslöschen nicht.

2. In dieser letzten betrübten Zeit verleih uns, HErr, Beständigkeit, daß wir dein Wort und Sacrament rein b'halten bis an unser End.

3. HErr JEsu, hilf, dein Kirch erhalt, wir sind gar sicher, faul und kalt; gib Glück und Heil zu deinem Wort, damit es schall an allem Ort.

4. Erhalt uns nur bei deinem Wort und wehr des Teufels Trug und Mord. Gib deiner Kirchen Gnad und Huld, Fried, Einigkeit, Muth und Geduld.

5. Ach Gott, es geht gar übel zu, auf dieser Erd ist keine Ruh, viel Sekten und viel Schwärmerei auf einen Haufen kommt herbei.

6. Den stolzen Geistern wehre doch, die sich mit G'walt erheben hoch und bringen stets was neues her, zu fälschen deine rechte Lehr.

7. Die Sach und Ehr, HErr JEsu Christ, nicht unser, sondern dein ja ist; darum so steh du denen bei, die sich auf dich verlassen frei.

8. Dein Wort ist unsers Herzens Trutz und deiner Kirchen wahrer Schutz; dabei erhalt uns, lieber HErr, daß wir nichts anders suchen mehr.

9. Gib, daß wir lebn in deinem Wort und darauf ferner fahren fort von hinnen aus dem Jammerthal zu dir in deinen Himmelssal.

Dr. N. Selnecker, 1587.
(V. 3—9. späterer Zusatz.)

In eigener Melodie. 49.

166. Ach Gott vom Himmel, sieh darein und laß dich des erbarmen: wie wenig sind der Heilgen dein, verlassen sind wir Armen. Dein Wort man nicht läßt haben wahr, der Glaub ist auch verloschen gar bei allen Menschenkindern.

2. Sie lehren eitel falsche List was eigen Witz erfindet; ihr Herz nicht eines Sinnes ist, in Gottes Wort gegründet. Der wählet dies, der ander das, sie trennen uns ohn alle Maß und gleißen schön von außen.

3. Gott wollt ausrotten alle Lahr, die falschen Schein uns lehren, darzu ihr Zung stolz offenbar spricht: Trotz, wer wills uns wehren? Wir haben Recht und Macht allein, was wir setzen, das gilt gemein; wer ist, der uns soll meistern?

4. Darum spricht Gott: ich muß auf sein, die Armen sind verstöret, ihr Seufzen bringt zu

mir herein, ich hab ihr Klag erhöret. Mein heilsam Wort soll auf den Plan getrost und frisch sie greifen an und sein die Kraft der Armen.

5. Das Silber, durchs Feur siebenmal bewährt, wird lauter funden; am Gotteswort man warten soll desgleichen alle Stunden; es will durchs Kreuz bewähret sein, da wird sein Kraft erkannt und Schein und leucht stark in die Lande.

6. Das wollst du, Gott, bewahren rein für diesem argen G'schlechte, und laß uns dir befohlen sein, daß sichs in uns nicht flechte. Der gottlos Hauf sich umher findt, wo diese lose Leute sind in deinem Volk erhaben.

Ps. 12. Dr. M. Luther, 1524.

Eigene Melodie. 13.

167. Christe, du Beistand deiner Kreuzgemeine, eile, mit Hülf und Rettung uns erscheine; steure den Feinden, ihre Blutgerichte mache zu nichte. :,:

2. Streite doch selber für uns arme Kinder, wehre dem Teufel, seine Macht verhinder; alles, was kämpfet wider deine Glieder, stürze darnieder. :,:

3. Friede bei Kirch und Schulen uns beschere, Friede zugleich der Polizei gewähre, Friede dem Herzen, Friede dem Gewissen gib zu genießen. :,:

4. Also wird zeitlich deine Güt erhoben, also wird ewig und ohn Ende loben dich, o du Wächter deiner armen Heerde, Himmel und Erde. :,:

Math. Appelles v. Löwenstern, 1644.

Bei der Einweihung einer Kirche.

Mel. Es ist das Heil uns kommen. 49.

168. Dreifaltig-heilig großer Gott, schau doch von deiner Höhe, wie hier vor dir, HErr Zebaoth, dein armes Häuflein stehe; merk auf das Seufzen und Gebet, das wir von dieser heilgen Stätt vor deinen Thron dir bringen.

2. Wir haben dieses Gotteshaus gebauet deinem Namen, mit dir ist es gezieret aus, daß wir samt unserm Samen die heilge Satzung und dein Wort an diesem dir geweihten Ort zur Seelen Heil anhören.

3. Der Grund ist selber JEsus Christ, Apostel und Propheten, ihr Wort der Pfeiler Grundvest ist, darauf in allen Nöthen, wie hoch die List der Feinde geht, die Gottesstadt doch lustig steht mit ihrem Zionsbrunnen.

4. Hier wolln wir unsre Kinderlein dir in der Taufe schenken, die Katechismuslehre rein in ihre Herzen senken, sie in des wahren Glaubens Frucht, in deiner Furcht, in Christenzucht als Himmelspflanzen ziehen.

4. Hier wollen wir in wahrer Reu, auf tiefgebognen Knieen, die Sünden beichten ohne Scheu und hier zum Kreuze fliehen, abbitten die blutrothe Schuld, Vergebung suchen, Gnad und Huld in Christi Blut und Wunden.

6. Beim heilgen Altar werden sich die müden Seelen laben, da unser Heiland, JEsus Christ, uns Sünder will begaben mit seinem wahren Leib und Blut, in Tod gegeben uns zu gut und uns zum Heil vergossen.

7. Hier segnet man den Ehstand ein, man bittet für die Kranken; dies Haus wird stets erfüllet sein mit Loben und mit Danken; hier wird man den Regierungsstand, Kirch, Schulen, Häuser, Stadt und Land dir täglich anempfehlen.

8. HErr, hebe nun zu segnen

an dies Haus, nach dir genennet, daß es kein Feind zerstören kann, wie hoch sein Eifer brennet. Stör alles, was uns stören will, laß uns in dieser Zions still dich sonder Ende loben.

9. Lob, Ehr und Dank und Herrlichkeit sei dir, o HErr, gesungen, daß bei der letztbetrübten Zeit es uns so weit gelungen. Gib, daß, was wir jetzt fangen an, nicht eher Ende nehmen kann, bis Erd und Himmel brechen.

Hans v. Assig, † 1694.

Mel. Herzlich thut mich verlang. 59.

169. Erhalt uns deine Lehre, HErr, zu der letzten Zeit, erhalt dein Reich, vermehre dein edle Christenheit; erhalt standhaften Glauben, der Hoffnung Leitsternstrahl; laß uns dein Wort nicht rauben in diesem Jammerthal.

2. Erhalt dein Ehr und wehre dem, der dir widerspricht, erleucht, HErr, und bekehre, allwissend ewig Licht, was dich bisher nicht kennet, entdecke doch der Welt (der du dich Licht genennet), was einig dir gefällt.

3. Erhalt, was du gebauet und durch dein Blut erkauft, was du dir hast vertrauet, die Kirch, auf welch anlauft der grimme Sturm des Drachen, sei du ihr Schutz und Wall, daß, ob die Welt will krachen, sie nimmermehr verfall.

4. Erhalt, HErr, deine Schafe, der grimme Wolf kommt an; erwach aus deinem Schlafe, weil niemand retten kann ohn dich, du großer Hirte. Leit uns auf gute Weid, treib, nähr, erfreu, bewirthe uns in der wüsten Haid.

5. Erhalt uns, HErr, dein Erbe, dein werthes Heiligthum; zerreiß, zerschmeiß, verderbe, was wider deinen Ruhm. Laß dein Gesetz uns führen, gönn uns dein Himmelsbrod, laß deinen Schmuck uns zieren, heil uns durch deinen Tod.

6. Erhalt und laß uns hören dein Wort, das selig macht, den Spiegel deiner Ehren, das Licht in dieser Nacht; daß dieser Brunn uns tränke, der Himmelsthau uns netz, daß diese Richtschnur lenke, der Honigseim ergötz.

7. Erhalt in Sturm und Wellen dein Häuflein, laß doch nicht uns Wind und Wetter fällen, steur selbst dein Schiff und richt den Lauf, daß wir erreichen die Anfurt nach der Zeit und hilf uns Segel streichen in selger Ewigkeit.

Adam Greigen, † 1660.

In eigener Melodie. 49.

170. Es spricht der Unweisen Mund wohl: Den rechten Gott wir meinen; doch ist ihr Herz Unglaubens voll, mit That sie ihn verneinen. Ihr Wesen ist verderbet zwar, für Gott ist es ein Greuel gar, es thut ihr keiner kein gut.

2. Gott selbst vom Himmel sah herab auf aller Menschen Kinden; zu schauen sie, er sich begab, ob er jemand würd finden, der sein Verstand gerichtet hätt, mit Ernst nach Gottes Worten thät und fragt nach seinem Willen.

3. Da war niemand auf rechter Bahn, sie warn all ausgeschritten; ein jeder ging nach seinem Wahn und hielt verlorne Sitten. Es thät ihr keiner doch kein gut, wiewohl gar viel betrog der Muth, ihr Thun sollt Gott gefallen.

4. Wie lang wollen unwissend sein, die solche Müh aufladen, und fressen dafür das Volk mein und nähren sich mit seim Schaden? Es steht ihr Trauen nicht auf Gott, sie rufen ihm nicht in der Noth, sie wolln sich selbst versorgen.

5. Darum ist ihr Herz nimmer

still und steht allzeit in Fürchten; Gott bei den Frommen bleiben will, dem sie mit Glauben g'horchen. Ihr aber schmäht des Armen Rath und höhnet alles, was er sagt, daß Gott sein Trost ist worden.

6. Wer soll Israel, dem armen, zu Zion Heil erlangen? Gott wird sich seins Volks erbarmen und lösen die Gefangen. Das wird er thun durch seinen Sohn, davon wird Jakob Wonne han und Israel sich freuen.

Ps. 14. Dr. M. Luther, 1524.

Eigene Melodie. 77.

171. Es wollt uns Gott genädig sein und seinen Segen geben; sein Antlitz uns mit hellem Schein erleucht zum ewgen Leben, daß wir erkennen seine Werk und was ihm liebt auf Erden, und JEsus Christus Heil und Stärk bekannt den Heiden werden und sie zu Gott bekehren.

2. So danken, Gott, und loben dich die Heiden über alle, und alle Welt die freue sich und sing mit großem Schalle, daß du auf Erden Richter bist und läßt die Sünd nicht walten, dein Wort die Hut und Weide ist, die alles Volk erhalten, in rechter Bahn zu wallen.

3. Es danke, Gott, und lobe dich das Volk in guten Thaten; das Land bringt Frucht und bessert sich, dein Wort ist wohl gerathen. Uns segen Vater und der Sohn, uns segen Gott der Heilig Geist, dem alle Welt die Ehre thu, für ihm sich fürchte allermeist. Nun sprecht von Herzen: Amen.

Ps. 67. Dr. M. Luther, 1524.

In eigener Melodie. 108.

172. Gott sei uns gnädig und barmherzig, und geb uns seinen göttlichen Segen.

2. Er laß über uns sein Antlitz leuchten, daß wir auf Erden erkennen seine Wege.

3. Es segne uns Gott, unser Gott, es segne uns Gott und geb uns seinen Frieden. Amen.

Mel. O HErre Gott, dein göttlich. 83.

173. HErr Zebaoth, dein heilges Wort, welchs du uns hast gegeben, daß wir darnach an allem Ort solln richten Lehr und Leben, ist worden kund aus deinem Mund und in der Schrift beschrieben rein, schlecht und recht durch deine Knecht, vom Heilgen Geist getrieben.

2. Dies Wort, welchs jetzt in Schriften steht, ist fest und unbeweglich; zwar Himmel und die Erd vergeht, Gotts Wort bleibt aber ewig; kein Höll, kein Plag, noch jüngster Tag vermag es zu vernichten, drum denen soll sein ewig wohl, die sich darnach recht richten.

3. Es ist vollkommen, hell und klar, die Richtschnur reiner Lehre; es zeigt uns auch ganz offenbar Gott, seinen Dienst und Ehre und wie man soll hier leben wohl, Lieb, Hoffnung, Glauben üben; drum fort und fort wir dieses Wort von Herzen sollen lieben.

4. Im Kreuz gibts Lust, in Traurigkeit zeigt es die Freudenquelle; den Sünder, dem sein Sünd ist leid, entführet es der Hölle, gibt Trost an Hand und macht bekannt, wie man soll willig sterben, und wie zugleich das Himmelreich durch Christum zu ererben.

5. Sieh, solchen Nutz, so große Kraft, die nimmer ist zu schätzen, des HErrn Wort in uns wirkt und schafft, darum wir sollen setzen zurück Gold, Geld und was

die Welt sonst herrlich pflegt zu achten, und jederzeit in Lieb und Leid nach dieser Perle trachten.

6. Nun, HErr, erhalt dein heilig Wort, laß uns sein Kraft empfinden, den Feinden steur an allem Ort und laß es frei verkünden, so wollen wir dir für und für von ganzem Herzen danken. HErr, unser Hort, laß uns dein Wort fest halten und nicht wanken!

Mel. Ich dank dir, lieber HErre. 59.

174. Laß mich dein sein und bleiben, du treuer Gott und HErr; von dir laß mich nichts treiben, halt mich bei reiner Lehr. HErr, laß mich nur nicht wanken, gib mir Beständigkeit, dafür will ich dir danken in alle Ewigkeit.

2. HErr JEsu Christ, mein Leben, mein Heil und einger Trost, dir thu ich mich ergeben, du hast mich theur erlöst mit deinem Blutvergießen, mit großem Weh und Leid, laß mich des auch genießen zu meiner Seligkeit.

3. O Heilger Geist, mein Tröster, mein Licht und theures Pfand, laß mich Christ, mein Erlöser, den ich im Glaubn erkannt, bis an mein End bekennen, stärk mich in letzter Noth, von dir laß mich nichts trennen, gib einen selgen Tod.

Dr. Nikolaus Selnecker, 1587.
V. 2 u. 3. Zusatz eines Unbekannten.

Mel. HErr JEsu Christ, meins L. 11.

175. O JEsu Christe, wahres Licht, erleuchte, die dich kennen nicht, und bringe sie zu deiner Heerd, daß ihre Seel auch selig werd.

2. Erfüll mit deinem Gnadenschein, die in Irrthum verführet sein, auch die, so heimlich fichtet an in ihrem Sinn ein falscher Wahn.

3. Und was sich sonst verlaufen hat von dir, das suche du mit Gnad und sein verwundt Gewissen heil, laß sie am Himmel haben Theil.

4. Den Tauben öffne das Gehör, die Stummen richtig reden lehr, die nicht bekennen wollen frei, was ihres Herzens Glaube sei.

5. Erleuchte, die da sind verblendt, bring her, die sich von uns getrennt, versammle, die zerstreuet gehn, mach feste, die im Zweifel stehn.

6. So werden sie mit uns zugleich auf Erden und im Himmelreich, hie zeitlich und dort ewiglich für solche Gnade preisen dich.

Johann Heermann, 1630.

Mel. Erhalt uns, HErr, bei dein. 11.

176. Rett, o HErr JEsu, rett dein Ehr, das Seufzen deiner Kirche hör, der Feind Anschläg und Macht zerstör, die jetzt verfolgen deine Lehr.

2. Groß ist ihr List, ihr Trutz und Macht, sie fahren hoch daher mit Pracht, all unser Hoffnung wird verlacht, wir sind bei ihn'n wie nichts geacht.

3. Vergib uns unsre Missethat, vertilg uns nicht, erzeige Gnad. Beweis den Feinden in der That, es gelte wider dich kein Rath.

4. Steh deinem kleinen Häuflein bei, aus Gnaden Fried und Ruh verleih; laß jedermann erkennen frei, daß hier die rechte Kirche sei.

5. Laß sehn, daß du seist unser Gott, der unsre Feinde setzt zu Spott, wirfst ihre Hoffart in den Koth und hilfst den Seinen aus der Noth.

Johann Heermann, 1630.

Von dem Worte Gottes und der christlichen Kirche. 87

Eigene Melodie. 107.

177. Verleih uns Frieden gnädiglich, HErr Gott, zu unsern Zeiten. Es ist doch ja kein ander nicht, der für uns könnte streiten, denn du, unser Gott, alleine.

Gib unserm Land und aller Obrigkeit Fried und gut Regiment, daß wir unter ihnen ein christlich, ehrbar, geruhig Leben führen mögen in aller Gottseligkeit und Wahrheit. Amen.

Lat. Antiphone, verdeutscht durch Dr. M. Luther, 1529. V. 2 Zusatz von einem Unbekannten, 1573.

Mel. Es ist das Heil uns kommen. 49.

178. Wir Menschen sind zu dem, o Gott, was geistlich ist, untüchtig. Dein Wesen, Wille und Gebot ist viel zu hoch und wichtig; wir wissens und verstehens nicht, wo uns dein göttlich Wort und Licht den Weg zu dir nicht weiset.

2. Drum sind vor Zeiten ausgesandt Propheten, deine Knechte, daß durch dieselben würd bekannt dein heilger Will und Rechte; zum letzten ist dem lieber Sohn, o Vater, von des Himmels Thron selbst kommen, uns zu lehren.

3. Für solches Heil sei, HErr, gepreist, laß uns dabei verbleiben und gib uns deinen guten Geist, daß wir dem Worte gläuben, dasselb annehmen jederzeit mit Sanftmuth, Ehre, Lieb und Freud, als Gottes, nicht der Menschen.

4. Hilf, daß der losen Spötter Hauf uns nicht vom Wort abwende; denn ihr Gespött, sammt ihnen drauf, mit Schrecken nimmt ein Ende. Gib du selbst beinem Donner Kraft, daß deine Lehre in uns haft, auch reichlich bei uns wohne.

5. Oeffn uns die Ohren und das Herz, daß wir das Wort recht fassen, in Lieb und Leid, in Freud und Schmerz es aus der Acht nicht lassen, daß wir nicht Hörer nur allein des Wortes, sondern Thäter sein, Frucht hundertfältig bringen.

6. Am Wege wird der Same fort vom Teufel hingenommen; in Fels und Steinen kann das Wort die Wurzel nicht bekommen. Der Sam, so in die Dornen fällt, von Sorg und Wollust dieser Welt verdirbet und ersticket.

7. Ach hilf, HErr, daß wir werden gleich allhie dem guten Lande und sein an guten Werken reich in unserm Amt und Stande, viel Früchte bringen in Gebuld, bewahren deine Lehr und Huld in seinem guten Herzen.

8. Laß uns, dieweil wir leben hier, den Weg der Sünder meiden; gib, daß wir halten fest an dir in Anfechtung und Leiden; rott aus die Dornen allzumal, hilf uns die Weltsorg überall und böse Lüste dämpfen.

9. Dein Wort, o HErr, laß allweg sein die Leuchte unsern Füßen, erhalt es bei uns klar und rein, hilf, daß wir draus genießen Kraft, Rath und Trost in aller Noth, daß wir im Leben und im Tod beständig darauf trauen.

10. Gott Vater, laß zu deiner Ehr dein Wort sich weit ausbreiten; hilf, JEsu, daß uns deine Lehr erleuchten mög und leiten; o Heilger Geist, dein göttlich Wort laß in uns wirken fort und fort Gebuld, Lieb, Hoffnung, Glauben.

David Denike, 1637.

XVIII. Katechismuslieder.

In eigener Melodie. 11.

179. Herr Gott, erhalt uns für und für die reine Katechismuslehr, der jungen einfältigen Welt durch deinen Luther fürgestellt.
2. Daß wir lernen die zehn Gebot, beweinen unsre Sünd und Noth und doch an dich und deinen Sohn glauben im Geist erleuchtet schon.
3. Dich, unsern Vater, rufen an, der allen helfen will und kann, daß wir als Kinder nach der Tauf christlich vollbringen unsern Lauf.
4. So jemand fällt, nicht liegen bleib, sondern zur Beichte komm und gläub, zur Stärkung nehm das Sacrament. Amen. Gott geb ein selig End.

M. Ludwig Helmbold, 1577.

1. Vom Gesetze Gottes.

Eigene Melodie. 20.

180. Dies sind die heilgen zehn Gebot, die uns gab unser Herre Gott durch Mosen, seinen Diener treu, hoch auf dem Berg Sinai. Kyrieleis.
2. Ich bin allein dein Gott, der Herr, kein Götter sollt du haben mehr, du sollt mir ganz vertrauen dich, von Herzensgrund lieben mich. Kyrieleis.
3. Du sollt nicht führen zu Unehrn den Namen Gottes, deines Herrn, du sollt nicht preisen recht noch gut, ohn was Gott selbst redt und thut. Kyrieleis.
4. Du sollt heilgen den siebent Tag, daß du und dein Haus ruhen mag, du sollt von deim Thun lassen ab, daß Gott sein Werk in dir hab. Kyrieleis.
5. Du sollt ehrn und gehorsam sein dem Vater und der Mutter dein, und wo dein Hand ihn'n dienen kann, so wirst du langs Leben han. Kyrieleis.
6. Du sollt nicht tödten zorniglich, nicht hassen, noch selbst rächen dich, Geduld haben und sanften Muth und auch dem Feind thun das Gut. Kyrieleis.
7. Dein Eh sollt du bewahren rein, daß auch dein Herz kein andre mein, und halten keusch das Leben dein mit Zucht und Mäßigkeit sein. Kyrieleis.
8. Du sollt nicht stehlen Geld noch Gut, nicht wuchern jemands Schweiß noch Blut, du sollt aufthun dein milde Hand den Armen in deinem Land. Kyrieleis.
9. Du sollt kein falscher Zeuge sein, nicht lügen auf den Nächsten dein, sein Unschuld sollt auch retten du und seine Schand decken zu. Kyrieleis.
10. Du sollt deins Nächsten Weib und Haus begehren nicht, noch etwas draus, du sollt ihm wünschen alles Gut, wie dir dein Herz selber thut. Kyrieleis.
11. Die Gebot all uns geben sind, daß du dein Sünd, o Menschenkind, erkennen sollt und lernen wohl, wie man vor Gott leben soll. Kyrieleis.
12. Das helf uns der Herr JEsus Christ, der unser Mittler worden ist; es ist mit unserm Thun verlorn, verdienen doch eitel Zorn. Kyrieleis.

Dr. M. Luther, 1524.

In eigener oder voriger Melodie. 20.

181. Mensch, willt du leben seliglich und bei Gott bleiben ewiglich, sollt du halten die zehn Gebot, die uns gebeut unser Gott. Kyrieleis.

2. Dein Gott allein und HErr bin ich, kein ander Gott soll irren dich, trauen sollt mir das Herze dein, mein eigen Reich sollt du sein. Kyrieleis.

3. Du sollt mein Namen ehren schon und in der Noth mich rufen an, du sollt heilgen den Sabbathtag, daß ich in dir wirken mag. Kyrieleis.

4. Dem Vater und der Mutter dein sollt du nach mir gehorsam sein, niemand tödten, noch zornig sein und deine Eh halten rein. Kyrieleis.

5. Du sollt eim andern stehlen nicht, auf niemand Falsches zeugen nicht, deines Nächsten Weib nicht begehrn und all seins Guts gern entbehrn. Kyrieleis.

Dr. M. Luther, 1525.

Mel. Erschienen ist der herrlich T. 21.

182. Wenn ich die heilgen zehn Gebot betrachte, die du selbst, o Gott, gegeben hast, erschrecke ich, daß ich so sehr erzürnet dich. Kyrieleis.

2. Ich hab die Kreatur weit mehr geliebt, als dich und deine Ehr, dich nicht gefürcht, dir nicht vertraut, auf mich und Menschenhilf gebaut. Kyrieleis.

3. Ich habe deinen Nam und Bund vergeblich oft geführt im Mund, mit Herzensandacht nicht betracht, HErr, deine Weisheit, Güt und Macht. Kyrieleis.

4. Ich hab zubracht den Sabbathtag in Wollust oder Müh und Plag, dein Wort versäumt und nicht gepreist, was du für Wohlthat mir erweist. Kyrieleis.

5. Ich habe nicht geehrt allzeit die Eltern, Lehrer, Obrigkeit, ihr Treu und Sorge nicht erkannt, auch nicht gedient mit williger Hand. Kyrieleis.

6. Ich hab den Nächsten nicht geliebt, vielmehr geneidet und betrübt, Zank, Haber, Streit gefangen an, durch Zorn und Rachgier Sünd gethan. Kyrieleis.

7. Ich hab unreine Lust gesucht, nicht Heiligkeit geliebt und Zucht, zum öftern auch in Trank und Speis hintangesetzet Maß und Weis. Kyrieleis.

8. Ich hab mein Amt nicht so verricht, wie es erfordert meine Pflicht, mit Unrecht Gut an mich gebracht, den Armen nicht mit Hilf bedacht. Kyrieleis.

9. Ich hab den Lästrer gern gehört, nicht alls zum besten vorgekehrt, mich nicht beflissen jederzeit der Wahrheit und Aufrichtigkeit. Kyrieleis.

10. Ich hab mit Rechtes Schein und List begehrt, was meines Nächsten ist, was sich an Gütern bei ihm findt, sein Amt, sein Haus, Land, Vieh, Gesind. Kyrieleis.

11. Ach, starker und ewiger Gott, wer dich veracht und dein Gebot, des Lohn ist Zorn und Ungenad, bis in den dritten, vierten Grad. Kyrieleis.

12. Der aber hat in tausend Glied hie zu erwarten Gnad und Fried, der dich, HErr, liebt und dein Gesetz hält über Lust und alle Schätz. Kyrieleis.

13. Solch Vorsatz, leider, ist nicht hier, es wehnet gar nichts guts in mir; ich habe nicht darnach gefragt, was du gedräut und zugesagt. Kyrieleis.

14. Mein Tichten ist von Jugend auf sehr bös im ganzen Lebenslauf, denn ich ganz von der Scheitel bin verderbt bis auf die Fußsohl hin. Kyrieleis.

15. Wer merket auch, wie oft er fehlt, bis sein Gewissen ihn drum quält? Sollt ich antworten vor Gericht, ich könnt auf tausend eines nicht. Kyrieleis.

16. Ach, Vater, sieh mein Elend an, verzeihe mir, was ich gethan, nimm weg durch deine Güt und Huld die schwere Straf, die ich verschuldt. Kyrieleis.
17. Gedenk, daß dein Sohn, JEsus Christ, ein Fluch am Holze worden ist für mich und meine Missethat, die er auf sich genommen hat. Kyrieleis.
18. Weil ich denn bin in Christo nun geschaffen, gute Werk zu thun, so gib mir deines Geistes Gab, daß ich vom Bösen lasse ab. Kyrieleis.
19. Daß ich nach deinem Willen leb, der Sündenlust stets widerstreb und darnach ringe fort und fort, daß ich eingeh zur engen Pfort. Kyrieleis.

David Denike, † 1680.

2. Vom christlichen Glauben.

Eigene Melodie. 87.

183. Wir glauben all an einen Gott, Schöpfer Himmels und der Erden, der sich zum Vater geben hat, daß wir seine Kinder werden. Er will uns allzeit ernähren, Leib und Seel auch wohl bewahren, allem Unfall will er wehren, kein Leid soll uns widerfahren; er sorget für uns, hüt und wacht, es steht alles in seiner Macht.
2. Wir glauben auch an JEsum Christ, seinen Sohn und unsern HErren, der ewig bei dem Vater ist, gleicher Gott von Macht und Ehren; von Maria, der Jungfrauen, ist ein wahrer Mensch geboren durch den Heilgen Geist im Glauben, für uns, die wir warn verloren, am Kreuz gestorben und vom Tod wieder auferstanden durch Gott.
3. Wir glauben an den Heilgen Geist, Gott mit Vater und dem Sohne, der aller Blöden Tröster heißt und mit Gaben zieret schöne, die ganz Christenheit auf Erden hält in einem Sinn gar eben; hie all Sünd vergeben werden, das Fleisch soll auch wieder leben. Nach diesem Elend ist bereit uns ein Leben in Ewigkeit. Amen.

Dr. M. Luther, 1525.

In eigener Melodie. 42.

184. Wir glauben all an einen Gott, Vater, Sohn, Heiligen Geist, der uns hilft in aller Noth, den die Schar der Engel preist, der durch seine große Kraft alles wirket, thut und schafft.
2. Wir glauben auch an JEsum Christ, Gottes und Marien Sohn, der vom Himmel kommen ist und uns führt ins Himmels Thron und uns durch sein Blut und Tod hat erlöst aus aller Noth.
3. Wir glauben auch an Heilgen Geist, der von beiden gehet aus, der uns Trost und Beistand leist wider alle Furcht und Graus. Heilige Dreifaltigkeit, sei gepreist zu aller Zeit!

M. Tobias Claußnitzer, † 1684.

3. Vom heil. Vater-Unser.

In eigener Melodie. 44.

185. Vater unser im Himmelreich, der du uns alle heißest gleich Brüder sein und dich rufen an und willt das Beten von uns han, gib, daß nicht bet allein der Mund, hilf, daß es geh von Herzensgrund.
2. Geheiliget werd der Name dein, dein Wort bei uns hilf hal-

Katechismuslieder.

ten rein, daß auch wir leben heiliglich nach deinem Namen würdiglich. HErr, behüt uns für falscher Lehr, das arm verführet Volk bekehr.

3. Es komm dein Reich zu dieser Zeit und dort hernach in Ewigkeit; der Heilig Geist uns wohne bei mit seinen Gaben mancherlei; des Satans Zorn und groß Gewalt zerbrich, für ihm dein Kirch erhalt.

4. Dein Will gescheh, HErr Gott, zugleich auf Erden wie im Himmelreich; gib uns Geduld in Leidenszeit, gehorsam sein in Lieb und Leid; wehr und steur allem Fleisch und Blut, das wider deinen Willen thut.

5. Gib uns heut unser täglich Brod und was man darf zur Leibesnoth; b'hüt uns, HErr, für Unfried und Streit, für Seuchen und für theurer Zeit, daß wir in gutem Frieden stehn, der Sorg und Geizes müßig gehn.

6. All unser Schuld vergib uns, HErr, daß sie uns nicht betrüben mehr, wie wir auch unsern Schuldigern ihr Schuld und Fehl vergeben gern; zu dienen mach uns all bereit in rechter Lieb und Einigkeit.

7. Führ uns, HErr, in Versuchung nicht, wenn uns der böse Geist anficht, zur linken und zur rechten Hand hilf uns thun starken Widerstand, im Glauben fest und wohlgerüst und durch des Heilgen Geistes Trost.

8. Von allem Uebel uns erlös, es sind die Zeit und Tage bös; erlös uns vom ewigen Tod und tröst uns in der letzten Noth; bescher uns auch ein selig End, nimm unsre Seel in deine Händ.

9. Amen, das ist, es werde wahr. Stärk unsern Glauben immerdar, auf daß wir ja nicht zweifeln dran, das wir hiemit gebeten han, auf dein Wort in dem Namen dein, so sprechen wir das Amen sein.

Dr. M. Luther, 1539.

4. Von der heil. Taufe.

In eigener Melodie. 77.

186. Christ, unser HErr, zum Jordan kam nach seines Vaters Willen, von Sanct Johanns die Taufe nahm, sein Werk und Amt zu 'rfüllen; da wollt er stiften uns ein Bad, zu waschen uns von Sünden, ersäufen auch den bittern Tod durch sein selbst Blut und Wunden; es galt ein neues Leben.

2. So hört und merket alle wohl, was Gott heißt selbst die Taufe, und was ein Christe glauben soll, zu meiden Ketzerhaufe. Gott spricht und will, daß Wasser sei, doch nicht allein schlecht Wasser; sein heiligs Wort ist auch dabei mit reichem Geist ohn Maßen; der ist allhie der Taufer.

3. Solchs hat er uns beweiset klar mit Bilden und mit Worten, des Vaters Stimm man offenbar daselbst am Jordan hörte. Er sprach: das ist mein lieber Sohn, an dem ich hab Gefallen, den will ich euch befohlen han, daß ihr ihn höret alle und folget seinen Lehren.

4. Auch Gottes Sohn hie selber steht in seiner zarten Menschheit, der Heilig Geist berniederfährt in Taubenbild verkleidet, daß wir nicht sollen zweifeln dran, wenn wir getaufet werden, all drei Person getaufet han, damit bei uns auf Erden zu wohnen sich ergeben.

5. Sein Jünger heißt der HErre Christ, geht hin, all Welt zu lehren, daß sie verlorn in Sünden ist, sich soll zur Buße kehren.

Wer glaubet und sich taufen läßt,
soll dadurch selig werden; ein
neugeborner Mensch er heißt, der
nicht mehr könne sterben, das
Himmelreich soll erben.

6. Wer nicht glaubt dieser
großen Gnad, der bleibt in seinen Sünden und ist verdammt
zum ewgen Tod tief in der Höllen
Gründen. Nichts hilft sein eigen
Heiligkeit, all sein Thun ist verloren, die Erbsünd machts zur
Nichtigkeit, darin er ist geboren,
vermag ihm selbst nicht z'helfen.

7. Das Aug allein das Wasser
sieht, wie Menschen Wasser gießen; der Glaub im Geist die
Kraft versteht des Blutes JEsu
Christi und ist für ihm ein rothe
Fluth, von Christus Blut gefärbet, die allen Schaden heilen thut
von Adam her geerbet, auch von
uns selbst begangen.

Dr. M. Luther, 1543.

Mel. Es ist das Heil uns kommen. 49.

187. Du Volk, das du ge-
taufet bist und dei-
nen Gott erkennest, auch nach dem
Namen JEsu Christ dich und die
Deinen nennest, nimms wohl in
Acht und denke dran, wie viel dir
Gutes sei gethan am Tage deiner
Taufe.

2. Du warst, noch eh du wurdst
geborn und eh du Milch gesogen,
verdammt, verstoßen und verlorn,
darum, daß du gezogen aus deiner Eltern Fleisch und Blut ein
Art, die sich vom höchsten Gut,
dem ewgen Gott, stets wendet.

3. Dein Leib und Seel war
mit der Sünd, als einem Gift,
durchkrochen, und du warst nicht
mehr Gottes Kind, nachdem der
Bund gebrochen, den unser
Schöpfer aufgericht, da er uns
seines Bildes Licht und herrlichs
Kleid ertheilte.

4. Der Zorn, der Fluch, der
ewge Tod und was in diesem
allen enthalten ist für Angst und
Noth, das war auf dich gefallen;
du warst des Satans Sklav und
Knecht, der hielt dich fest, nach
seinem Recht, in seinem Reich
gefangen.

5. Das alles hebt auf einmal
auf und schlägt und drückt es
nieder das Wasserbad der heilgen
Tauf, ersetzt dagegen wieder,
was Adam hat verderbt gemacht
und was wir selber durchgebracht
bei unserm bösen Wesen.

6. Es macht dies Bad von
Sünden los und gibt die rechte
Schöne. Die Satans Kerker vor
beschloß, die werden frei und
Söhne des, der da trägt die
höchste Kron, der läßt sie, was
sein einger Sohn ererbt, auch mit
ihm erben.

7. Was von Natur vermaledeit
und mit dem Fluch umfangen,
das wird hier in der Tauf erneut,
den Segen zu erlangen. Hier
stirbt der Tod und würgt nicht
mehr, hier bricht die Höll, und all
ihr Heer muß uns zu Füßen liegen.

8. Hier ziehn wir JEsum
Christum an und decken unsre
Schanden mit dem, was er für
uns gethan und willig ausgestanden. Hier wäscht uns sein
hochtheures Blut und macht uns
heilig, fromm und gut in seines
Vaters Augen.

9. O großes Werk, o heilges
Bad, o Wasser, dessen Gleichen
man in der ganzen Welt nicht hat!
kein Sinn kann dich erreichen.
Du hast recht eine Wunderkraft,
und die hat der, so alles schafft,
dir durch sein Wort geschenket.

10. Du bist ein schlechtes Wasser nicht, wies unsre Brunnen
geben. Was Gott mit seinem
Munde spricht, das hast du in
dir leben. Du bist ein Wasser,
das den Geist des Allerhöchsten

Katechismuslieder

in sich schleußt und seinen großen Namen.

11. Das halt, o Mensch, in allem Werth und danke für die Gaben, die dein Gott dir darin beschert und die uns alle laben, wenn nichts mehr sonst uns laben will; die laß, bis daß des Todes Ziel dich trifft, nicht ungepreiset.

12. Brauch alles wohl, und weil du bist nun rein in Christo worden, so leb und thu auch als ein Christ und halte Christi Orden, bis daß dort in der ewgen Freud er dir das Ehr- und Freudenkleid um deine Seele lege.

Paul Gerhardt, 1667.

Mel. Nun freut euch, lieben Chr. 49.

188. Gott Vater, Sohn und Heilger Geist, du Gott von großer Güte, sei jetzt und immerdar gepreist mit dankbarem Gemüthe, daß du aus unverdienter Gnad mich durch das heilge Wasserbad von Sünden abgewaschen.

2. HErr, ich bekenne, daß ich bin gezeugt aus Sündensamen, ein Kind des Zorns, das immerhin entheiligt deinen Namen; ich weiß, daß von Natur ich leb ohn deine Furcht und widerstreb, Gott, deinem Wort und Willen.

3. Und dennoch, Vater, hast du mich, da ich ganz war verloren, zu dir gezogen gnädiglich und wieder neu geboren durchs Wasserbad der heilgen Tauf, daß ich in meinem Lebenslauf mich deiner Lieb kann trösten.

4. HErr JEsu Christ, dein theures Blut wäscht mich von meinen Sünden, kraft dessen macht die Wasserfluth denselben Fluch verschwinden, den ich hab von Natur verschuldet, und setzet mich ins Vaters Huld, die Adam hat verscherzet.

5. O Heilger Geist, ich danke dir für diese edle Gabe, daß ich nun innerlich in mir dein kräftig Zeugniß habe, dadurch ich meinen Schöpfer kann getrost und freudig rufen an und sagen: Abba, Vater!

6. Weil in der Tauf auch JEsus Christ von mir ist angezogen, so hilf, daß durch des Satans List ich nimmer werd betrogen; denn die nun Gottes Tempel seind, die bleiben für dem bösen Feind in deiner Gnade sicher.

7. O HErr, an diese Würdigkeit, die du mir wollen schenken, laß mich jetzund und allezeit in meiner Noth gedenken, daß ich dadurch ein Herze faß und immer mich darauf verlaß, daß du mir Hilf versprochen.

8. Ich hab auch bei dem Wasserbad mich dir zum Dienst verbunden, drum gib, daß keine Sündenthat in mir werd herrschend funden; gib, daß für deine Güt und Treu ich den Gehorsam stets verneu, den ich da angelobet.

9. Und so ich was aus Schwachheit thu, das wollst du mir verzeihen und mir es ja nicht rechnen zu, die Gnade auch verleihen, daß ich an dir beständig bleib, bis du die Seele von dem Leib zu dir hinauf wirst nehmen.

Hannover. Gesangbuch, 1646.
Dr. Justus Gesenius. (?)

Mel. Was mein Gott will, das rc. 83.

189. HErr, schaff uns, wie die kleinen Kind in Unschuld neu geboren, als wir getauft im Wasser sind, zu deinem Volk erkoren, daß demnach sich, HErr Christ, an dich der sündlich Mensch ergebe, daß er wohl sterb und nicht verderb, mit dir ersteh und lebe.

Thomas Blaurer, 1540.

Mel. Liebster JEsu, wir sind hier. 84.

190. Liebster JEsu, hier sind wir, deinem Worte nachzuleben. Dieses Kindlein kommt zu dir, weil du den Beichl gegeben, daß man sie zu Christo führe, denn das Himmelreich ist ihre.

2. Ja, es schallet allermeist dieses Wort in unsern Ohren: Wer durch Wasser und durch Geist nicht zuvor ist neugeboren, wird von dir nicht aufgenommen und in Gottes Reich nicht kommen.

3. Darum eilen wir zu dir, nimm das Pfand von unsern Armen, tritt mit deinem Glanz herfür und erzeige dein Erbarmen, daß es dein Kind hier auf Erden und im Himmel möge werden.

4. Wasch es, JEsu, durch dein Blut von den angeerbten Flecken, laß es bald nach dieser Fluth deinen Purpurmantel decken, schenk ihm deiner Unschuld Seide, daß es sich in dich verkleide.

5. Mache Licht aus Finsterniß, setz es aus dem Zorn zur Gnade, heil den tiefen Schlangenbiß durch die Kraft im Wunderbade; laß hier einen Jordan rinnen, so vergeht der Aussatz drinnen.

6. Hirte, nimm dein Schäflein an; Haupt, mach es zu deinem Gliede; Himmelsweg, zeig ihm die Bahn; Friedefürst, schenk ihm den Friede; Weinstock, hilf, daß diese Rebe auch im Glauben dich umgebe.

7. Nun wir legen an dein Herz, was vom Herzen ist gegangen; führ die Seufzer himmelwärts und erfülle das Verlangen; ja, den Namen, den wir geben, schreib ins Lebensbuch zum Leben.

Benjamin Schmolck, 1704.

Mel. Christ, unser HErr, zum J. 77.

191. O Gott, da ich gar keinen Rath für meine Seel kennt finden, hast du mich durch das Wasserbad gewaschen rein von Sünden, dabei sich dieses klärlich weist durch sichtbarliches Zeichen, o Vater, Sohn und Heilger Geist, es sei nichts zu vergleichen mit deiner Gnad und Liebe.

2. Du hast mich recht von Herzengrund, da ich zu dir gekommen, in diesen engen Gnadenbund an Kindstatt angenommen. Du hattest Ursach, mich vielmehr zu strafen und zu hassen, und hast, o großer Gott, so sehr herunter dich gelassen, den Bund mit mir zu stiften.

3. Dadurch bin ich nun, als dein Kind, versichert deiner Gnaden; was sich für Schwachheit an mir findt, das läßt du mir nicht schaden; den Geist der Kindschaft gibst du mir, und wenn ich vor dich trete, mein Herz ausschütte, Gott, vor dir, nach deinem Willen bete, so werd ich stets erhöret.

4. Hingegen hab ich mich verpflicht, ich wollt ein gut Gewissen fort bei des Glaubens Zuversicht zu halten sein beflissen, dich, Vater, Sohn und Geist, allzeit für meinen Gott erkennen und samt der werthen Christenheit mit Ehrerbietung nennen den eingen HErrn und Vater.

5. Ich hab dem bösen Feind entsagt, auch allen dessen Werken, und dieser Bund, der ihn verjagt, kann gegen ihn mich stärken. Ich bin, o Gott, dein Tempel nu und wieder neu geboren, auf daß ich rechte Werke thu, dazu ich bin erkoren, und wie du selbst befohlen.

6. Der alte Mensch muß sterben ab, der neue aber leben; den bösen Lüsten, die ich hab, muß ich scharf widerstreben; ich muß dem Guten hangen an, verrichten deinen Willen, mit Fleiß und Sorgfalt denken dran, daß ich ihn mög erfüllen durch deine Kraft und Stärke.

7. Gott Vater, Sohn und Geist, verleih, daß ich fest an dich glaube, mich meines Taufbunds tröst und freu, darin beständig bleibe, daß ich des Teufels Werke haß, die bösen Lüste dämpfe, das Gut zu thun nicht werde laß, bis an das End hier kämpfe und dort dein Reich ererbe.

M. Joh. Bornschürer, † 1677.

5. Von der heil. Absolution.

Mel. Wenn wir in höchsten Nöth. 11.

192. So wahr ich leb, spricht Gott, der HErr, des Sünders Tod ich nicht begehr, sondern daß er bekehre sich, thu Buß und lebe ewiglich.

2. Drum Christ, der HErr, sein Jünger sandt: Geht hin, predigt in allem Land Vergebung der Sünd jedermann, dems leid ist, glaubt und will ablan.

3. Wem ihr die Sünd vergeben werdt, soll ihr los sein auf dieser Erd; wem ihr sie b'halt im Namen mein, dem sollen sie behalten sein.

4. Was ihr bindt, soll gebunden sein; was ihr auflöst, das soll los sein; die Schlüssel zu dem Himmelreich hiemit ich euch geb allen gleich.

5. Wem ihr verkündigt diesen Trost, daß er durch mein Blut sei erlöst, b'hält dies Zeugniß im Herzen sein, derselb ist los von Schuld und Pein.

6. Wann uns der Priester absolvirt, sein Amt der HErr Christ durch ihn führt und spricht uns selbst vor: Sünden rein, sein Werkzeug ist der Diener allein.

7. Und wenn die Sünd wär noch so groß, so werden wir derselben los durch Kraft der Absolution, die hat verordnet Gottes Sohn.

8. Wem der Priester auflegt sein Hand, dem löst Christ auf der Sünden Band und absolvirt ihn durch sein Blut; wers glaubt, aus Gnad hat solches Gut.

9. Das ist der heilgen Schlüssel Kraft, sie bindt und wieder ledig macht; die Kirch trägt sie an ihrer Seit, die Hausmutter der Christenheit.

10. Wen nun sein G'wissen beißt und nagt, die Sünd ihn quält, daß er verzagt, der halt sich zu dem Gnadenthron, zum Wort der Absolution.

11. Lob sei dir, wahrer Gottessohn, für die heilg Absolution, darin du zeigst dein Gnad und Güt; vor falschem Ablaß uns behüt.

12. Ehr sei Gott Vater und dem Sohn, samt Heilgem Geist in einem Thron, wie es von Anfang war allzeit, ist jetzt und bleibt in Ewigkeit.

Nikolaus Hermann, 1560.

Mel. Erhalt uns, HErr, bei dein. 11.

193. Wir danken dir, o treuer Gott, daß du uns hilfst aus Sündennoth, vergibst uns alle Schuld und Fehl und hilfest uns an Leib und Seel.

2. Durchs Priesters Mund sprichst du: Mein Kind, dir alle Sünd vergeben sind; geh im Fried hin, sündge nicht mehr und allweg dich zu mir bekehr.

3. Dir sei Dank für solch gnädig Herz, der du selbst heilest allen Schmerz durchs theure Blut des HErren Christ, welchs für all Sünd vergossen ist.

4. Gib uns dein Geist, gib Fried und Freud von nun an bis in Ewigkeit, dein Wort und heilig Sacrament erhalt bei uns bis an das End.

Dr. Nikolaus Selnecker, 1587.

6. Vom heil. Abendmahl.

Mel. Nun freut euch, lieben Chr. 49.

194. Du Lebensbrob, HErr JEsu Christ, mag dich ein Sünder haben, der nach dem Himmel hungrig ist und sich mit dir will laben, so bitt ich dich demüthiglich, du wollest so bereiten mich, daß ich recht würdig werde.

2. Auf grüner Aue wollest du mich diesen Tag, HErr, leiten, den frischen Wassern führen zu, den Tisch für mich bereiten. Ach, ich bin sündlich, matt und krank, laß, HErr, mich deinen Gnadentrank aus deinem Becher schmecken.

3. Du angenehmes Himmelbrod, du wollest mir verzeihen, daß ich in meiner Seelennoth zu dir muß kläglich schreien; dein Glaubensrock bedecke mich, auf daß ich möge würdiglich an deiner Tafel sitzen.

4. Tilg allen Haß und Bitterkeit, o HErr, aus meinem Herzen, laß mich die Sünd in dieser Zeit bereuen ja mit Schmerzen; du heißgebratnes Osterlamm, du meiner Seelen Bräutigam, laß mich dich recht genießen.

5. Zwar ich bin deiner Gunst nicht werth, als der ich jetzt erscheine mit Sünden alzuviel beschwert, die schmerzlich ich beweine; in solcher Trübsal tröste mich, HErr JEsu, daß du gnädiglich der Sünder dich erbarmest.

6. Ich bin ein Mensch, krank von der Sünd, laß deine Hand mich heilen. Erleuchte mich, denn ich bin blind; du kannst mir Gnad ertheilen. Ich bin verdammt, erbarme dich, ich bin verloren, suche mich und hilf aus lauter Gnaden.

7. Mein Bräutigam, komm her zu mir und wohn in meiner Seelen; laß mich dich küssen für und für und mich mit dir vermählen. Ach, laß doch deine Süßigkeit für meine Seele sein bereit und stille ihren Jammer.

8. Du Lebensbrob, HErr JEsu Christ, komm selbst, dich mir zu schenken! O Blut, das du vergossen bist, komm eiligst, mich zu tränken! Ich bleib in dir und du in mir, drum wirst du, meiner Seelen Zier, auch mich dort auferwecken.
Johann Rist, 1654.

In eigener Melodie. 90.

195. Gott sei gelobet und gebenedeiet, der uns selber hat gespeiset mit seinem Fleische und mit seinem Blute, das gib uns, HErr Gott, zu gute! Kyrieleison.

HErr, durch deinen heiligen Leichnam, der von deiner Mutter Maria kam, und das heilige Blut hilf uns, HErr, aus aller Noth. Kyrieleison.

2. Der heilig Leichnam ist für uns gegeben zum Tod, daß wir dadurch leben: nicht größer Güte konnt er uns geschenken, dabei wir sein solln gedenken. Kyrieleison.

HErr, dein Lieb so groß dich zwungen hat, daß dein Blut an uns groß Wunder that und bezahlt unser Schuld, daß uns Gott ist worden hold. Kyrieleison.

3. Gott geb uns allen seiner Gnaden Segen, daß wir gehn auf seinen Wegen in rechter Lieb und brüderlicher Treue, daß uns die Speis nicht gereue. Kyriel.

HErr, dein Heilig Geist uns nimmer laß, der uns geb zu halten rechte Maß, daß dein arm Christenheit leb in Fried und Einigkeit. Kyrieleison.
Dr. M. Luther, 1524.

Katechismuslieder

Morgenlied vor der Communion.
Mel. Freu dich sehr, o meine S. 66.

196. Gott sei Lob! der Tag ist kommen, da ich JEsu werd vertraut, da ich, aller Schuld entnommen, werd in Gottes Huld geschaut. Gott sei Lob, daß mir bereit ist des Lammes Hochzeit heut, da mir Gott zum ewgen Leben will den ganzen JEsum geben.

2. Gott, ich komm bei frühem Morgen zu dir als dein liebes Kind, leg in deine Vatersorgen mich mit Leib und Seel geschwind; Abba, Vater, sorg für mich, daß ich ja heut würdiglich als dein Gast bei dir erscheine und mit JEsu mich vereine.

3. Christe, du Lamm Gottes, höre, weil du trägest meine Sünd, als mein Schatz und Wirth bekehre deine Braut, dein Schäflein sind; deiner Güte ich vertrau, führe mich auf grüner Au, speise mich, mir stets zu gute, heut mit deinem Leib und Blute.

4. Heilger Geist, den ich umfasse, bleibe heut und stets bei mir, mich mit Beistand nicht verlasse, sondern hilf, daß selig hier mir zum Nutze, Gott zum Preis ich genieß die Himmelsspeis, daß ich dadurch christlich lebe, freudig meinen Geist aufgebe.

5. Nun ich lieg dir, Gott, zu Füßen, Gottes Liebe schmücke mich, meines JEsu Blutvergießen mache würdig mich durch sich. Hilf mir drauf, du Vaterherz, hilf mir, JEsu Tod und Schmerz, hilf mir, Tröster, heut auf Erden, daß ich möge selig werden.

Emilie Juliane Gräfin Schwarzburg, †1706.

Mel. HErr JEsu Christ, du h. ꝛc. 49

197. HErr JEsu Christ, du hast bereit für unsre matten Seelen dein Leib und Blut zu einr Mahlzeit, thust uns zu Gästen wählen; wir tragen unsre Sündenlast, drum kommen wir zu dir zu Gast und suchen Rath und Hilfe.

2. Ob du schon aufgefahren bist von dieser Erden sichtig und bleibst nunmehr zu dieser Frist von uns allhier unsichtig, bis dein Gericht dort wird angehn und wir vor dir all werden stehn und dich fröhlich anschauen:

3. So bist du doch stets nach deim Wort bei uns und deinr Gemeine und nicht gefangn an einem Ort mit deinem Fleisch und Beine; dein Wort steht wie ein Mauer fest, welchs sich niemand verkehren läßt, er sei so klug er wolle.

4. Du sprichst: Nehmt hin, das ist mein Leib, den sollt ihr mündlich essen; trinkt all mein Blut, bei euch ich bleib, mein sollt ihr nicht vergessen. Du hasts geredt, drum ist es wahr; du bist allmächtig, drum ist gar kein Ding bei dir unmöglich.

5. Und ob mein Herz hier nicht versteht, wie dein Leib an viel Orten zugleich sein kann, und wies zugeht, so trau ich doch dein Worten; wie das sein kann, befehl ich dir, an deinem Worte gnüget mir, dem stehet nur zu glauben.

6. Ich glaub, o lieber HErr, ich glaub, hilf meinem schwachen Glauben! Ich bin doch nichts, denn Asch und Staub, deins Worts mich nicht beraube. Dein Wort, dein Tauf und dein Nachtmahl tröst mich in diesem Jammerthal, da liegt mein Schatz begraben.

7. Ach, HErr, hilf, daß wir würdiglich gehen zu deinem Tische, beweinen unsre Sünd herzlich, und uns wieder erfrische mit dem Verdienst und

Wohlthat groß, darauf wir trauen ohn Unterlaß, und unser Leben bessern.
8. Für solch dein tröstlich Abendmahl, HErr Christ, sei hochgelobet. Erhalt uns das, weil überall die Welt dawider tobet. Hilf, daß dein Leib und Blut allein mein Trost und Labsal möge sein im letzten Stündlein, Amen.

Samuel Kinner. (Nach Andern: Sam. Körner.)

Mel. Gott sei gelobet und 2c. 90.

198. HErr JEsu Christe, mein getreuer Hirte, komm, mit Gnaden mich bewirthe. Bei dir alleine find ich Heil und Leben, was ich darf, kannst du mir geben. Kyrieleison. Dein arm Schäflein wollest du weiden auf Israels Bergen in Freuden und zum frischen Wasser führn, da das Leben her thut rührn. Kyrieleison.
2. All andre Speis und Trank ist ganz vergebens. Du bist selbst das Brod des Lebens, kein Hunger plaget den, der von dir isset, alles Jammers er vergisset. Kyrieleison. Du bist die lebendige Quelle, zu der ich mein Herzkrüglein stelle, laß mit Trost es fließen voll, so wird meiner Seelen wohl. Kyrieleison.
3. Laß mich recht trauern über meine Sünde; doch den Glauben auch anzünde, den wahren Glauben, mit dem ich dich fasse, mich auf dein Verdienst verlasse. Kyrieleison. Gib mir ein recht bußfertig Herze, daß ich mit der Sünde nicht scherze, noch durch meine Sicherheit mich bring um die Seligkeit. Kyrieleison.
4. Mir ist befleckt sehr greulich mein Gewissen; ach, laß ein Blutströpflein fließen aus deinen Wunden, welche du empfangen, da du bist am Kreuz gehangen.

Kyrieleison. Wird damit mein Herze gerühret, wirds von Stund an reine gezieret durch dein Blut mit Glauben schön, kann in dir vor Gott bestehn. Kyrieleison.
5. Der darf des Arztes, den die Krankheit plaget, mit Begier er nach ihm fraget. O süßer JEsu, schau, wie tiefe Wunden werden auch in mir gefunden! Kyrieleison. Du bist ja der Arzt, den ich rufe, auf den mit Verlangen ich hoffe. Hilf, o wahrer Mensch und Gott! Hilfst du nicht, so bin ich todt. Kyrieleison.
6. Du rufest alle zu dir in Genaden, die mühselig und beladen; all ihre Missethat willt du verzeihen, ihrer Bürden sie befreien. Kyrieleison. Ach, komm selbst, leg an beine Hände und die schwere Last von mir wende; mache mich von Sünden frei, dir zu dienen Kraft verleih. Kyrieleison.
7. Du wollest Geist und Herze zu dir neigen, nimm mich mir, gib mich dir eigen. Du bist der Weinstock, ich bin deine Rebe, nimm mich in dich, daß ich lebe. Kyrieleison. Ach, in mir find ich eitel Sünden; in dir müssen sie bald verschwinden. In mir find ich Höllenpein, in dir muß ich selig sein. Kyrieleison.
8. Komm, o mein Freund, o komm, du schönste Krone! JEsu, komm und in mir wohne. In mir will ich dich mit Gebet oft grüßen, ja mit Lieb und Glauben küssen. Kyrieleison. Komm und schenke mir deine Liebe, so wird nichts sein, das mich betrübe; deine Sanftmuth und Geduld, die Frucht deiner Gnad und Huld. Kyrieleison.
9. Dies sind die Blümlein, die mich können heilen und mir Lebenssaft ertheilen, daß ich aus mir nun all Untugend reiße, dir zu dienen mich befleiße. Kyrie-

leison. In dir hab ich, was ich soll haben, deiner Gnaden Brünnlein mich laben: laß mich ewig sein in dir und bleib ewig auch in mir. Kyrieleison.

Johann Heermann, 1630.

Mel. Wie schön leuchtet der M. 86.

199. Herr JEsu, dir sei Preis und Dank für diese Seelenspeis und Trank, damit du uns begabet; im Brod und Wein dein Leib und Blut kommt uns wahrhaftig sehr zu gut und unsre Herzen labet, daß wir baß dir in dem allen wohl gefallen, heilig leben; solches wollest du uns geben.

2. Ach HErr, laß uns doch nehmen nicht dein werthes Nachtmahl zum Gericht! Ein jeder recht bedenke, daß wir mit diesem Lebensbrod im Glauben stillen unsre Noth, der Fels des Heils uns tränke, züchtig, tüchtig dich dort oben stets zu loben, bis wir werden zu dir kommen von der Erden.

3. O, daß wir solcher Seligkeit erwarten möchten allezeit in Hoffnung und Vertrauen und folgends aus dem Jammerthal gelangen in den Himmelssal, da wir Gott werden schauen, tröstlich, köstlich uns als Gäste auf das beste bei ihm laben und ganz volle Gnüge haben.

Dr. Bernh. Derschau, † 1639.

Mel. Nun lob, mein Seel ꝛc. 93.

200. HErr JEsu, meine Liebe, ich hätte nimmer Ruh und Rast, wo nicht fest in mir bliebe, was du für mich geleistet hast; es müßt in meinen Sünden, die sich sehr hoch erhöhn, all meine Kraft verschwinden und wie ein Rauch vergehn, wenn sich mein Herz nicht hielte zu dir und deinem Tod und ich nicht stets mich kühlte an deines Leidens Noth.

2. Nun weißt du meine Plagen und Satans, meines Feindes. List; wenn meinen Geist zu nagen er emsig und bemühet ist, da hat er tausend Künste, von dir mich abzuziehn; bald treibt er mir die Dünste des Zweifels in den Sinn; bald nimmt er mir dein Meinen und Wollen aus der Acht und lehrt mich ganz verneinen, was du doch fest gemacht.

3. Solch Unheil abzuweisen, hast du, HErr, deinen Tisch gesetzt, da lässest du mich speisen, so daß sich Mark und Bein ergötzt. Du reichst mir zu genießen dein theures Fleisch und Blut und lässest Worte fließen, da all mein Herz auf ruht; komm, sprichst du, komm und nahe dich ungescheut zu mir, was ich dir geb, empfahe und nimms getrost zu dir.

4. Hier ist beim Brod vorhanden mein Leib, der dargegeben wird zum Tod und Kreuzesbanden für dich, der sich von mir verirrt; beim Wein ist, was geflossen zur Tilgung deiner Schuld, mein Blut, das ich vergossen in Sanftmuth und Geduld. Nimms beides mit dem Munde und denk auch mit dabei, wie fromm im Herzensgrunde ich, dein Erlöser, sei.

5. HErr, ich will dein gedenken, so lang ich Luft und Leben hab und bis man mich wird senken an meinem End ins finstre Grab. Ich sehe dein Verlangen nach meinem ewgen Heil; am Holz bist du gehangen und hast so manchen Pfeil des Trübsals lassen dringen in dein unschuldig Herz, auf daß ich möcht entspringen des Todes Pein und Schmerz.

6. So hast du auch befohlen, daß, was den Glauben stärken kann, ich bei dir solle holen und soll doch ja nicht zweifeln dran,

du habst für alle Sünden, die in der ganzen Welt bei Menschen je zu finden, ein völlig Lösegelt und Opfer, das bestehet vor dem, der alles trägt, in dem auch alles gehet, bezahlet und erlegt.

7. Und daß ja mein Gedanke, der voller Falschheit und Betrug, nicht im geringsten wanke, als wär es dir nicht Ernst genug, so neigst du dein Gemüthe zusamt der rechten Hand und gibst mit großer Güte mir das hochwerthe Pfand zu essen und zu trinken; ist das nicht Trost und Licht dem, der sich läßt bedünken, du wollest seiner nicht?

8. Ach, HErr, du willst uns alle, das sagt uns unser Herze zu. Die, so der Feind zu Falle gebracht, ruffst du zu deiner Ruh. Ach hilf, HErr, hilf uns eilen zu dir, der jederzeit uns allesamt zu heilen geneigt ist und bereit. Gib Lust und heilges Dürsten nach deinem Abendmahl und dort mach uns zu Fürsten im güldnen Himmelssaal.

Paul Gerhardt, 1667.

Mel. O Welt, ich muß dich lassen. 31.

201. Ich komm jetzt, eingeladen zu deinen großen Gnaden, mein Heiland, JEsu Christ; doch scheu ich mich, mit Beten vor meinen Gott zu treten, weil meine Seel beflecket ist.

2. Ich bin ein armer Sünder, wie alle Menschenkinder, gestehe meine Sünd; und weil ich ausgeschritten, so hilf, HErr JEsu, bitten, damit vor Gott ich Gnade find.

3. Ich will nun wiederkehren; hilf allem Unfall wehren, vergib mir meine Schuld. Du bist für mich gestorben, hast mir das Heil erworben, drum üb an mir jetzund Geduld.

4. In deine blutgen Wunden hab ich mich jetzt gefunden und bin dadurch getröst. Hilf mir in deinem Namen, HErr Christ, und sprich drauf: Amen! du Sünder bist durch mich erlöst.

Aus dem Dresd'ner Kirchen- und Hausbuch von 1694.

Mel. Wer weiß, wie nahe mir 2c. 46.

202. Ich komm zu deinem Abendmahle, weil meine Seele hungrig ist, der du wohnst in dem Freudensale und meiner Seele Speise bist; mein JEsu, laß dein Fleisch und Blut sein meiner Seele höchstes Gut.

2. Gib, daß ich würdiglich erscheine bei deiner Himmelstafel hier, daß meine Seele nur alleine mit ihrer Andacht sei bei dir; mein JEsu, laß dein Fleisch 2c.

3. Unwürdig bin ich zwar zu nennen, weil ich in Sünden mich verirrt; doch wirst du noch dein Schäflein kennen, du bist ja mein getreuer Hirt; mein JEsu, laß dein Fleisch 2c.

4. Gib, daß die Sünde ich verfluche als meiner Seelen Tod und Gift, daß ich mein Leben untersuche, daß mich nicht dein Gerichte trifft; mein JEsu, laß dein 2c.

5. Dein Herz ist stets voll vom Verlangen und brennt von sehnlicher Begier, die armen Sünder zu umfangen, drum komm ich Sünder auch zu dir; mein JEsu, laß dein Fleisch 2c.

6. Mühselig bin ich und beladen mit einer schweren Sündenlast; doch nimm mich Sünder an zu Gnaden und speise mich als deinen Gast; mein JEsu, laß dein Fleisch 2c.

7. Du wirst ein solches Herze finden, das dir zu deinen Füßen fällt, das da beweinet seine Sünden, doch sich an dein Verdienst auch hält; mein JEsu, laß dein Fleisch 2c.

8. Ich kann dein Abendmahl wohl nennen nur deiner Liebe

Testament; denn, ach, hier kann ich recht erkennen, wie sehr dein Herz vor Liebe brennt; mein JEsu, laß dein Fleisch 2c.

9. Es ist das Hauptgut aller Güter und unsers Glaubens Band und Grund, die größte Stärke der Gemüther, die Hoffnung und der Gnadenbund; mein JEsu, laß dein Fleisch 2c.

10. Dies Mahl ist meiner Seelen Weide, der Armen Schatz, der Schwachen Kraft, der Teufel Schreck, der Engel Freude, der Sterbenden ihr Lebenssaft; mein JEsu, laß dein Fleisch 2c.

11. Du kannst den schwachen Glauben stärken, du himmelssüßes Liebesmahl! Wenn sich bei mir läßt Schwachheit merken, so bist du denn mein starker Pfahl; mein JEsu, laß dein Fleisch 2c.

12. Gleichwie nach seiner Mutter Brüsten ein weinend Kind Verlangen trägt, so will nach JEsu mich gelüsten, der hier an seine Brust mich legt; mein JEsu, laß dein Fleisch 2c.

13. Du bist mein Arzt, ich bin dein Kranker, du bist mein Vater, ich dein Kind, mein Herz dein Schifflein, du mein Anker, mein Ruder, Segel, Mast und Wind; mein JEsu, laß dein Fleisch 2c.

14. Der Leib, den du für mich gegeben, das Blut, das du vergossen hast, gibt meiner Seele Kraft und Leben und meinem Herzen Ruh und Rast; mein JEsu, laß dein Fleisch 2c.

15. Ich bin mit dir nun ganz vereinet, du lebst in mir und ich in dir, drum meine Seele nicht mehr weinet, es lacht nun lauter Lust bei ihr; mein JEsu, laß dein Fleisch 2c.

16. Wer ist, der mich nun will verdammen? Der mich gerecht macht, der ist hie. Ich fürchte nicht der Höllen Flammen, mit JEsu ich in Himmel zieh. Mein JEsu, laß dein Fleisch 2c.

17. Kommt gleich der Tod auf mich gedrungen, so bin ich dennoch wohl vergnügt, weil der, so längst den Tod verschlungen, mir mitten in dem Herzen liegt. Mein JEsu, laß dein Fleisch 2c.

18. Dein Fleisch wird mich einst auferwecken und bringen aus dem Grab herfür, drum kann kein finster Grab mich schrecken, es wird durch dich mein Lustrevier. Mein JEsu, laß dein Fleisch 2c.

19. Mein todtes Fleisch wird wieder leben, ob es die Würmer schon verzehrt, ihm wird das Leben wieder geben dein Fleisch, das mich jetzt hat genährt. Mein JEsu, laß dein Fleisch 2c.

20. Drum ist nun aller Schmerz verschwunden, nachdem mein Herz die Süßigkeit der Liebe JEsu hat empfunden, die mir verzuckert alles Leid. Mein JEsu, laß dein Fleisch 2c.

21. Nun ist mein Herz ein Wohnhaus worden der heiligen Dreifaltigkeit, nun steh ich in der Engel Orden und lebe ewiglich erfreut. Mein JEsu, laß dein Fleisch und Blut sein meiner Seele höchstes Gut.

M. Friedr. Christian Heyder, †1754.

Mel. O Traurigkeit, o Herzeleid. 14.

203. Ich trete frisch zu Gottes Tisch, hilf, Vater, hilf mit Gnaden, daß mir keine Missethat hierzu möge schaden.

2. Ich läugne nicht, was mir gebricht, ich beichte meine Schulden; Reu für Sünden pflegst du ja, frommer Gott, zu dulden.

3. Wenns nöthig fällt, durch Lösegeld die Handschrift zu vernichten, wird der HErr der Herrlichkeit dies für mich entrichten.

4. Drauf stell ich mir dich, JEsu, für in kindlichem Ver-

trauen, Jesu, den die Cherubim
lüstet anzuschauen.
5. Dein Leib und Blut, das
mir zu gut gebrochen und vergossen wird, o tiefe Wunderthat! hier am Tisch genossen.
6. Ich soll jetzund mit Seel
und Mund (kein Witz kann das
ermessen) Jesu Christi werthes
Fleisch unbegreiflich essen.
7. O grüble nicht, wie dies geschicht, noch ob es mag geschehen;
Gott kann überschwänglich thun,
das wir nicht verstehen.
8. Vernunft und Sinn laß
immerhin, was möglich scheint,
vergleichen; ich will nun und
nimmermehr von dem Buchstab
weichen.
9. Der dies verspricht, betreugt
mich nicht und kann mich nicht
betrügen; Gott ist keines Menschen Kind, daß er könne lügen.
10. Verleih, o Gott, durch
Christi Tod, daß weder Welt noch
Teufel mir an diesem Glaubenspunct rege einigen Zweifel.
11. So will ich nie, noch spat,
noch früh ermüden sonder Wanken, für dein theur-vergoßnes
Blut dir, mein Gott, zu danken.

Dr. Gerhard W. Molanus, †1722.

Mel. Auf meinen lieben Gott ꝛc. 29.

204. Ich will zu aller Stund
aus meines Herzens
Grund, Gott, deine Güte preisen,
die du mir thust beweisen; ich will
mein ganzes Leben zu deinem Lob
ergeben.
2. Jesu, mein höchstes Gut,
dein Leib, dein wahres Blut ist
meines Herzens Freude, mein
Trost in allem Leide, weil diese
deine Gaben mein Leib und Seele
laben.
3. Vernunft, Witz und Verstand wird hier zu Spott und
Schand; der Wahrheit muß man
trauen, auf Gottes Wort fest

bauen. Was Gott spricht, muß
bestehen, sollt alle Welt vergehen.
4. Hier ist das Gotteslamm,
für uns am Kreuzesstamm aus
lauter Lieb gestorben, dadurch das
Heil erworben; hier kannst du
Gnade finden, Vergebung aller
Sünden.
6. Gott Lob für seine Treu,
die ich noch immer neu in seinem
Nachtmahl finde; weicht, Teufel,
Tod und Sünde! Gott will mir
Trost und Leben hier und dort
ewig geben.

Dr. Joh. Olearius, † 1671.

Eigene Melodie. 9.

205. Jesus Christus, unser
Heiland, der von
uns den Gotteszorn wandt, durch
das bitter Leiden sein half er uns
aus der Höllen Pein.
2. Daß wir nimmer des vergessen, gab er uns sein Leib zu
essen, verborgen im Brod so klein,
und zu trinken sein Blut im Wein.
3. Wer sich will zu dem Tisch
machen, der hab wohl Acht auf
sein Sachen; wer unwürdig hinzu
geht, für das Leben den Tod empfäht.
4. Du sollt Gott den Vater
preisen, daß er dich so wohl wollt
speisen und für deine Missethat in
den Tod sein Sohn geben hat.
5. Du sollt glauben und nicht
wanken, daß eine Speise sei den
Kranken, den'n ihr Herz von Sünden schwer und für Angst ist betrübet sehr.
6. Solch groß Gnad und
Barmherzigkeit sucht ein Herz in
großer Arbeit. Ist dir wohl,
so bleib davon, daß du nicht
kriegest bösen Lohn.
7. Er spricht selber: Kommt,
ihr Armen, laßt mich über euch
erbarmen, kein Arzt ist dem Starken noth, sein Kunst wird an ihm
gar ein Spott.

8. Hättst du dir was konnt erwerben, was dürft ich denn für dich sterben? Dieser Tisch auch dir nicht gilt, so du selber dir helfen willt.

9. Glaubst du das von Herzensgrunde und bekennest mit dem Munde, so bist du recht wohl geschickt und die Speise dein Seel erquickt.

10. Die Frucht soll auch nicht ausbleiben, deinen Nächsten sollt du lieben, daß er dein genießen kann, wie dein Gott an dir hat gethan.

Johann Hußens Lied, verdeutscht und gebessert durch Dr. M. Luther 1524.

Mel. HErr JEsu Christ, meins L. 11.

206. O JEsu, du mein Bräutigam, der du aus Lieb am Kreuzesstamm für mich den Tod gelitten hast, genommen weg der Sünden Last.

2. Ich komm zu deinem Abendmahl, verderbt durch manchen Sündenfall, ich bin krank, unrein, nackt und bloß, blind und arm; ach, mich nicht verstoß!

3. Du bist der Arzt, du bist das Licht, du bist der HErr, dem nichts gebricht, du bist der Brunn der Heiligkeit, du bist das rechte Hochzeitkleid.

4. Drum, o HErr JEsu, bitt ich dich, in meiner Schwachheit heile mich; was unrein ist, das mache rein durch deinen hellen Gnadenschein.

5. Erleuchte mein verfinstert Herz, zünd an die schöne Glaubenskerz; mein Armuth in Reichthum verkehr, auch meinem Fleische steur und wehr.

6. Daß ich das rechte Himmelsbrod, dich, JEsu, wahrer Mensch und Gott, mit höchster Ehrerbietung eß und deiner Gnade nicht vergeß.

7. Lösch alle Laster aus in mir, mein Herz mit Lieb und Glauben zier, und was sonst ist von Tugend mehr, das pflanz in mir zu deiner Ehr.

8. Gib, was ist nütz zu Seel und Leib, was schädlich ist, fern von mir treib; komm in mein Herz, laß mich mit dir vereinigt bleiben für und für.

9. Hilf, daß durch dieser Mahlzeit Kraft das Bös in mir werd abgeschafft, erlassen alle Sünd und Schuld, erlangt des Vaters Lieb und Huld.

10. Vertreibe alle meine Feind, die sichtbar und unsichtbar seind; den guten Vorsatz, den ich spür, durch deinen Geist fest mach in mir.

11. Mein Leben, Sitten, Sinn und Pflicht nach deinem heilgen Willen richt; ach, laß mich meine Tag in Ruh und Fried: christlich bringen zu.

12. Bis du mich, o du Lebensfürst, zu dir in Himmel nehmen wirst, daß ich bei dir dort ewiglich an deiner Tafel freue mich.

Johann Heermann, 1630.

Mel. Nun laßt uns Gott, dem ꝛc. 4.

207. O JEsu, meine Wonne, du meiner Seelen Sonne, du Freundlichster auf Erden, laß mich dir dankbar werden.

2. Wie kann ich gnugsam schätzen dies himmelssüß Ergötzen und diese theure Gaben, welch uns gestärket haben?

3. Wie soll ich dirs verdanken, o HErr, daß du mich Kranken gespeiset und getränket, ja selbst dich mir geschenket?

4. Ich lobe dich von Herzen für alle deine Schmerzen, für deine Schläg und Wunden, der du so viel empfunden.

5. Dir dank ich für dein Leiden, den Ursprung meiner Freuden, dir dank ich für dein Sehnen und heiß vergoßne Thränen.

6. Dir dank ich für dein Lieben, das standhaft ist geblieben; dir dank ich für dein Sterben, das mich dein Reich läßt erben.

7. Jetzt schmecket mein Gemüthe dein übergroße Güte; dies theure Pfand der Gnaden tilgt allen meinen Schaden.

8. HErr, laß mich nicht vergessen, daß du mir zugemessen die kräftig Himmelspeise, wofür mein Herz dich preise.

9. Du wollest ja die Sünde, welch ich annoch befinde, aus meinem Fleische treiben und kräftig in mir bleiben.

10. Nun bin ich losgezählet von Sünden und vermählet mit dir, mein liebstes Leben. Was kannst du Werthers geben?

11. Laß, Schönster, meine Seele doch stets in dieser Höhle des Leibes mit Verlangen an deiner Liebe hangen.

12. Laß mich die Sünde meiden, laß mich geduldig leiden, laß mich mit Andacht beten und von der Welt abtreten.

13. Im Handeln, Wandeln, Essen laß nimmer mich vergessen, wie trefflich ich beglücket, ja himmlisch bin erquicket.

14. Nun kann ich nicht verberben, drauf will ich selig sterben und freudig auferstehen, o JEsu, dich zu sehen. Joh. Rist, 1654.

Mel. Nun laßt uns Gott, dem 2c. 4.

208. O JEsu, treuer Hirte, du suchest die Verirrte, du liebest arme Sünder wie deine lieben Kinder.

2. Ich hatte mich verirret, in Sünden ganz verwirret; doch hast du mich gefunden und tröstlich losgebunden.

3. Den Sünden abzukommen, hast du mich aufgenommen und, als ein Vater pfleget, auf deinen Schooß geleget.

4. Hab ich dich gleich betrübet, hast du mich doch geliebet, mir meine Schuld geschenket und mich mit Trost getränket.

5. O JEsu, wahres Leben, du hast dich mir gegeben und in mein Herz gesetzet, auch Seel und Muth ergötzet.

6. Mit deinem Fleisch und Blute, dem höchsten Gnadengute, hast du mich jetzt genähret und meinen Tod verzehret.

7. Des Teufels Heer erschricket, weil du mich selbst erquicket und meine Sündenwunden so kräftig hast verbunden.

8. Nun werd ich nicht verloren, denn ich bin neu geboren; der Himmel steht mir offen, nun hab ich Heil zu hoffen.

9. O JEsu, sei gepreiset, daß du mich so gespeiset, daß ich für mein Verderben nun soll das Leben erben.

10. Ich danke dir und bitte, regiere meine Schritte, daß ich von deinen Wegen mich niemals möge regen.

11. Durch deinen Geist mich führe, daß ich mich nicht verliere, daß ich mich, dir zu Liebe, in guten Werken übe.

12. Hilf, daß mich diese Speise zu dir in Himmel weise, daß ich an deinem Leibe ein Gliedmaß ewig bleibe.

Sal. Liscovius, † 1689.

Eigene Melodie. 106.

209. Schaffe in mir, Gott, ein reines Herze und gib mir einen neuen gewissen Geist. Verwirf mich nicht :,: von deinem Angesicht :,: und nimm deinen Heiligen Geist nicht von mir.

2. Tröste mich wieder mit deiner Hilfe, und er, der freudige Geist, enthalte mich. Wasche mich wohl :,: von meiner Missethat :,: und reinige mich von meiner Sünde.

Ps. 51. V. 12—14 u. 4.

Eigene Melodie. 72.

210. Schmücke dich, o liebe Seele, laß die dunkle Sündenhöhle, komm ans helle Licht gegangen, fange herrlich an zu prangen; denn der HErr, voll Heil und Gnaden, will dich jetzt zu Gaste laden; der den Himmel kann verwalten, will jetzt Herberg in dir halten.

2. Eile, wie Verlobte pflegen, beinem Bräutigam entgegen, der da mit dem Gnadenhammer klopft an deine Herzenskammer. Oeffn ihm bald des Geistes Pforten, red ihn an mit schönen Worten: Komm, mein Liebster, laß dich küssen, laß mich deiner nicht mehr missen.

3. Zwar in Kaufung theurer Waaren pflegt man sonst kein Geld zu sparen; aber du willt für die Gaben deiner Huld kein Geld nicht haben, weil in allen Bergwerksgründen kein solch Kleinod ist zu finden, das die blutgefüllten Schalen und dies Manna kann bezahlen.

4. Ach, wie hungert mein Gemüthe, Menschenfreund, nach deiner Güte! Ach, wie pfleg ich oft mit Thränen mich nach dieser Kost zu sehnen! Ach, wie pfleget mich zu dürsten nach dem Trank des Lebensfürsten! Wünsche stets, daß mein Gebeine sich durch Gott mit Gott vereine.

5. Beides, Lachen und auch Zittern, lässet sich in mir jetzt wittern; das Geheimniß dieser Speise und die unerforschte Weise machet, daß ich früh vermerke, HErr, die Größe deiner Werke. Ist auch wohl ein Mensch zu finden, der dein Allmacht sollt ergründen?

6. Nein, Vernunft, die muß hier weichen, kann dies Wunder nicht erreichen, daß dies Brod nie wird verzehret, ob es gleich viel Tausend nähret, und daß mit dem Saft der Reben uns wird Christi Blut gegeben. O der großen Heimlichkeiten, die nur Gottes Geist kann deuten!

7. JEsu, meines Lebens Sonne, JEsu, meine Freud und Wonne, JEsu, du mein ganz Beginnen, Lebensquell und Licht der Sinnen, hier fall ich zu deinen Füßen; laß mich würdiglich genießen dieser deiner Himmelsspeise mir zum Heil und dir zum Preise.

8. HErr, es hat bein theures Lieben dich vom Himmel her getrieben, daß du willig hast bein Leben in den Tod für uns gegeben und dazu ganz unverdrossen, HErr, dein Blut für uns vergossen, das uns jetzt kann kräftig tränken, deiner Liebe zu gedenken.

9. JEsu, wahres Brod des Lebens, hilf, daß ich doch nicht vergebens oder mir vielleicht zum Schaden sei zu deinem Tisch geladen. Laß mich durch dies Seelenessen deine Liebe recht ermessen, daß ich auch, wie jetzt auf Erden, mög ein Gast im Himmel werden.

Joh. Franck, 1649.

XIX. Buß- und Beicht-Lieder.

Mel. Kommt her zu mir, spricht. 41.

211. Ach Gott, gib du uns deine Gnad, daß wir all Sünd und Missethat bußfertiglich erkennen und glauben fest an JEsum Christ, der zu helfen ein Meister ist, wie er sich selbst thut nennen.

2. Hilf, daß wir auch nach deinem Wort gottselig leben immer-

Buß= und Beicht=Lieder.

fort, zu Ehren deinem Namen; daß uns dein guter Geist regier, auf ebner Bahn zum Himmel führ durch JEsum Christum, Amen.

Dr. Samuel Zehner, 1638.

Eigene Melodie. 25.

212. Ach Gott und HErr, wie groß und schwer sind mein begangne Sünden! Da ist niemand, der helfen kann, in dieser Welt zu finden.

2. Lief ich gleich weit zu dieser Zeit bis an der Welt ihr Enden und wollt los sein des Kreuzes mein, würd ich doch solchs nicht wenden.

3. Zu dir flieh ich, verstoß mich nicht, wie ichs wohl hab verdienet. Ach Gott, zürn nicht, geh nicht ins Gricht, dein Sohn hat mich versühnet.

4. Solls ja so sein, daß Straf und Pein auf Sünden folgen müssen, so fahr hie fort und schone dort und laß mich hie wohl büßen.*)

5. Gib, HErr, Geduld, vergiß der Schuld, verleih ein g'horsam Herze: laß mich nur nicht, wies oft geschicht, mein Heil murrend verscherzen.

6. Handle mit mir, wies dünket dir, auf dein Gnad will ichs leiden; laß mich nur nicht dort ewiglich von dir sein abgeschieden.

7. HErr JEsu Christ, allein du bist am Kreuz für mich gestorben, Teufel und Tod gemacht zu Spott, hast mir den Himml erworben.

(8. Ehre sei Gott in aller Noth, dem Vater und dem Sohne, dem Heilgen Geist sei Lob und Preis von nun und ewig. Amen.)

9. Gleichwie sich fein ein Vögelein in hohle Päum verstecket, wenns trüb hergeht, die Luft unstät, Menschen und Vieh erschrecket:

10. Also, HErr Christ, mein Zuflucht ist die Höhle deiner Wunden; wenn Sünd und Tod mich bracht in Noth, hab ich mich drein gefunden.

11. Darin ich bleib, ob Seel und Leib hier von einander scheiden, so werd ich dort bei dir, mein Hort, sein in ewigen Freuden.

12. HErr JEsu Christ, mein Trost du bist an meinem letzten Ende; wenn ich hinfahr, mein Seel bewahr, ich bfehl sie in dein Hände.

13. Ehre sei nun Gott Vatr und Sohn, dem Heilgen Geist zusammen, zweifle auch nicht, weil Christus spricht: Wer glaubt, wird selig. Amen.

M. Martin Rutilius, 1604 (V. 1—6), Dr. Johann Major, 1613 (V. 9, 11 und 13).

Eigene Melodie. 78.

213. Allein zu dir, HErr JEsu Christ, mein Hoffnung steht auf Erden; ich weiß, daß du mein Tröster bist, kein Trost mag mir sonst werden. Von Anbeginn ist nichts erkorn, auf Erden war kein Mensch geborn, der mir aus Nöthen helfen kann, ich ruf dich an, zu dem ich mein Vertrauen han.

2. Mein Sünd sind schwer und übergroß und reuen mich von Herzen, derselben mach mich quitt und los durch deinen Tod und Schmerzen und zeig mich deinem Vater an, daß du hast gnug für mich gethan, so werd ich quitt der Sündenlast. HErr, halt mir fest, wes du dich mir versprochen hast.

3. Gib mir nach deiner Barmherzigkeit den wahren Christenglauben, auf daß ich deine Süßigkeit möcht inniglichen schauen, für allen Dingen lieben dich und meinen Nächsten gleich als mich. Am letzten End dein Hilf mir

---

*) D. i. erhalte mich durch väterliche Züchtigungen in wahrer Buße.

send, thu mir behend, des Teufels List sich von mir wend.
4. Ehr sei Gott in dem höchsten Thron, dem Vater aller Güte, und JEsu Christ, seim liebsten Sohn, der uns allzeit behüte, und Gott dem Heiligen Geiste, der uns sein Hilf allzeit leiste, damit wir ihm gefällig sein hie in der Zeit und folgend zu der Ewigkeit.

Joh. Schneesing (Chiomusus), 1541.

Eigene Melodie. 49.

214. Aus tiefer Noth schrei ich zu dir, HErr Gott, erhör mein Rufen; dein gnädig Ohren kehr zu mir und meiner Bitt sie öffen. Denn so du willt das sehen an, was Sünd und Unrecht ist gethan, wer kann, HErr, für dir bleiben?
2. Bei dir gilt nichts denn Gnad und Gunst, die Sünde zu vergeben; es ist doch unser Thun umsonst auch in dem besten Leben. Für dir niemand sich rühmen kann, des muß dich fürchten jedermann und deiner Gnaden leben.
3. Darum auf Gott will hoffen ich, auf mein Verdienst nicht bauen; auf ihn mein Herz soll lassen sich und seiner Güte trauen, die mir zusagt sein werthes Wort, das ist mein Trost und treuer Hort, des will ich allzeit harren.
4. Und ob es währt bis in die Nacht und wieder an den Morgen, doch soll mein Herz an Gottes Macht verzweifeln nicht, noch sorgen. So thu Israel rechter Art, der aus dem Geist erzeuget ward, und seines Gotts erharre.
5. Ob bei uns ist der Sünden viel, bei Gott ist viel mehr Gnaden, sein Hand zu helfen hat kein Ziel, wie groß auch sei der Schaden. Er ist allein der gute Hirt, der Israel erlösen wird aus seinen Sünden allen.

Ps. 130. Dr. M. Luther, 1524.

Mel. Wo Gott, der HErr, nicht rc. 49.

215. HErr, deine Treue ist so groß, daß wir uns wundern müssen, wir liegen vor dir arm und bloß zu deinen Gnadenfüßen. Die Bosheit währet immerfort, und du bleibst doch der treue Hort und willst uns nicht verderben.
2. Die Sünde nimmet überhand, du siehest selbst die Schmerzen, die Wunden sind dir wohlbekannt der sehr verkehrten Herzen; die Schulden nehmen täglich zu, es haben weder Rast noch Ruh, die dir den Rücken kehren.
3. Dein Auge stehet wider die, so deiner Wege fehlen und in dem ganzen Leben hie den krummen Weg erwählen und suchen in dem Sündenwust zu büßen ihre Fleischeslust, nach dem verderbten Willen.
4. Die Kreatur entsetzet sich und seufzet frei zu werden, sie wartet und thut ängstiglich; der Himmel und die Erden, die deiner Finger Werke sind, und was sich in denselben findt, beweinen solch Verderben.
5. Wir hoffen dennoch fest zu dir, du werdest uns erhören; wir flehen, o Gott, für und für, du wollest doch bekehren die sündenvolle blinde Welt, die sich für so glückselig hält, da sie zur Höllen eilet.
6. Erbarme dich, o treuer Gott, der du die Welt geliebet, die Welt, die ganz in Sünden todt, in Irrthum dich betrübet; gib deinem werthen Worte Kraft, daß es in solcher Herzen haft, die hart sind, wie die Felsen.
7. Laß doch die Welt erkennen noch mit ihren blinden Kindern, wie sanft und angenehm dein Joch sei denen armen Sündern, die fühlen ihre Sündenschuld und wenden sich zu deiner Huld und deines Sohnes Wunden.

Buß- und Beicht-Lieder.

8. Die Herde, die du hast erwählt, die setze du zum Segen und schenke, was ihr annoch fehlt, zu gehn auf rechten Wegen; laß deine Treue, Aug und Hand sein deinen Gliedern wohl bekannt, die deiner Güte trauen.

9. Ein Vater und ein Hirte meint es treulich mit den Seinen; du bist noch mehr als beide seind, du kannst's nicht böse meinen; drum trauen wir allein auf dich; ach, leite du uns väterlich nach deinem Rath und Willen!

10. Hier sind wir deine Reben schon und freuen uns darneben, daß du uns die Gnadenkron nunmehro bald wirst geben; wir hoffen, bald dein Angesicht zu sehen dort in deinem Licht, da uns das Lamm wird weiden.

Joh. Meykenheim, zweite Hälfte des 17. Jahrhunderts.

In eigener Melodie. 49.

216. Herr JEsu Christ, du höchstes Gut, du Brunnquell aller Gnaden, sieh doch, wie ich in meinem Muth mit Schmerzen bin beladen und in mir hab der Pfeile viel, die im Gewissen ohne Ziel mich armen Sünder drücken.

2. Erbarm dich mein in solcher Last, nimm sie aus meinem Herzen, dieweil du sie gebüßet hast am Holz mit Todesschmerzen, auf daß ich nicht mit großem Weh in meinem Elend untergeh, noch ewiglich verzage.

3. Fürwahr! wenn mir das kommet ein, was ich mein Tag begangen, so fällt mir auf mein Herz ein Stein und bin mit Furcht umfangen; ja, ich weiß weder aus noch ein und müßte stracks verloren sein, wenn ich dein Wort nicht hätte.

4. Aber dein heilsam Wort das macht mit seinem süßen Singen, daß mir das Herze wieder lacht und fast beginnt zu springen, dieweil es alle Gnad verheißt denen, die mit zerknirschtem Geist zu dir, o JEsu, kommen.

5. Und weil ich denn in meinem Sinn, wie ich zuvor geklaget, auch ein betrübter Sünder bin, den sein Gewissen naget, und gerne möcht im Blute dein von Sünden absolviret sein, wie David und Manasse:

6. Also komm ich nun auch allhie in meiner Noth geschritten und thu dich mit gebeugtem Knie von ganzem Herzen bitten: Vergib mir doch gnädiglich, was ich mein Lebtag wider dich auf Erden hab begangen.

7. O HErre Gott, vergib mir's doch um deines Namens willen und thu in mir das schwere Joch der Uebertretung stillen, daß sich mein Herz zufrieden geb und dir hinfort zu Ehren leb in kindlichem Gehorsam.

8. Stärk mich mit deinem Freudengeist, heil mich mit deinen Wunden, wasch mich mit deinem Todesschweiß in meiner letzten Stunden, und nimm mich einst, wann dir's gefällt, im wahren Glauben aus der Welt zu deinen Auserwählten.

Bartholomäus Ringwaldt, 1581.

In eigener Melodie. 32.

217. Höchster König, JEsu Christ, der du groß und schrecklich bist, der du willst umsonst das Leben allen Auserwählten geben, Brunnquell aller Gütigkeit, führ auch mich zur Himmelsfreud.

2. Frommer HErr, ach höre mich und erinnre gnädig dich, daß du in die Welt bist kommen, Kreuz und Tod auf dich genommen, daß ich dort an jenem Tag aller Qual entgehen mag.

3. Du hast eher nicht geraßt, bis du mich gefunden hast, bist

Buß = und Beicht = Lieder.

am Kreuz für mich gestorben,
daß du meine Seel erworben;
o laß solche Müh und Pein an
mir nicht verloren sein.

4. Rechter Rächer aller Schuld,
ich begehre deine Huld, laß Vergebung
meiner Sünden mich bei
deiner Güte finden, eh der große
Tag einfällt, der zur Rechnung
ist bestellt.

5. Ich beseufze meine That,
die den Zorn verdienet hat; es erröthen
meine Wangen über dem,
was ich begangen. Ach, ich bitt
in solcher Noth: Schone meiner,
treuer Gott!

6. Weil Maria fand Genad,
da sie thränend Buße that, weil
dem Schächer ward gewähret,
was sein Mund von dir begehret,
setze billig auch noch ich meine
Hoffnung fest auf dich.

7. Mein Gebet ist zwar nicht
werth, daß ihm solches widerfährt;
aber du, mein Hort, verhüte
aus unendlich großer Güte,
daß nicht in der Höllen Weh ich
in Ewigkeit vergeh.

8. Hilf, daß wo du stellest hin
deine Schäflein, ich auch bin;
reiß mich ferne von den Böcken,
die ein strenger Spruch wird
schrecken; laß mich zu der Rechten
stehn und zur Herrlichkeit eingehn.

9. Wenn du wirst in deinem
Grimm durch des strengen Urtheils
Stimm zu der Höllen
Pfuhl und Flammen die verfluchte
Schar verdammen, sprich
mir, wie den Frommen, zu:
Komm, Gesegneter, auch du!

10. Daß ich in des Himmels
Sal unter deiner Heilgen Zahl,
die du selber ausgesöhnet und mit
Unschuld hast gekrönet, freudenvoll,
ohn einig Leid, leb in alle
Ewigkeit.

Andreas Gryphius, 1659. Aus der
Sequenz: Dies irae, dies illa.

Mel. Wer nur den lieben Gott l. 45.

218. Ich armer Mensch, ich
armer Sünder steh
hier für Gottes Angesicht; ach
Gott, ach Gott, verfahr gelinder
und geh nicht mit mir ins Gericht.
Erbarme dich, erbarme dich,
Gott, mein Erbarmer, über mich!

2. Wie ist mir doch so herzlich
bange von wegen meiner großen
Sünd! Ach, daß von dir ich
Gnad erlange, ich armes und
verlornes Kind! Erbarme dich,
erbarme dich, Gott, mein Erbarmer,
über mich!

3. Hör und vernimm mein
sehnlichs Schreien, du allerliebstes
Vaterherz! Wollst alle
Sünden mir verzeihen und lindern
meines Herzens Schmerz.
Erbarme dich, erbarme dich,
Gott, mein Erbarmer, über mich!

4. Wie lang soll ich vergeblich
klagen? Hörst du denn nicht?
ach, hörst du nicht? Wie kannst
du das Geschrei vertragen? Hör,
was der arme Sünder spricht:
Erbarme dich, erbarme dich,
Gott, mein Erbarmer, über mich!

5. Wahr ist es, übel steht der
Schade, den niemand heilet,
außer du. Ach, aber ach, Genad,
Genade! Ich lasse dir nicht
eher Ruh. Erbarme dich, erbarme
dich, Gott, mein Erbarmer,
über mich!

6. Nicht, wie ich hab verschuldet,
lohne, und handle nicht nach
meiner Sünd. O treuer Vater,
schone, schone, nimm wieder auf
dein böses Kind. Erbarme dich,
erbarme dich, Gott, mein Erbarmer,
über mich!

7. Sprich nur ein Wort, so
werd ich leben, sprich, daß ich
armer Sünder hör: Geh hin,
die Sünd ist dir vergeben, nur
sündige forthin nicht mehr. Erbarme
dich, erbarme dich, Gott,
mein Erbarmer, über mich!

8. Ich zweifle nicht, ich bin erhöret, erhöret bin ich zweifelsfrei; weil sich der Trost im Herzen mehret, drum will ich enden mein Geschrei. Erbarm dich, Gott, erbarme dich um Christi willen über mich!

M. Christoph Titius, um 1664.

Mel. Durch Adams Fall ist 2c. 83.

219. Ich armer Sünder komm zu dir mit höchstbetrübtem Herzen, o Gott, der gnädig für und für, bekenne dir mit Schmerzen die Sünden all und jeden Fall, wie ich ihn hab begangen von Jugend auf mit großem Hauf, drin ich jetzt bin gefangen.

2. Die Sünden sind, die ich gethan, unmöglich zu erzählen; doch ich sie auch nicht bergen kann, weil sie mich immer quälen. Dein liebster Sohn hat mich davon durch seinen Tod entbunden; dennoch hab ich jetzt lassen mich den Satan neu verwunden.

3. So ist auch mein Undankbarkeit sehr groß bis auf die Stunde, ich habe dir zu keiner Zeit gedankt von Herzensgrunde für deine Treu, die täglich neu, für deine Lieb und Güte, die ich an mir gar reichlich spür und stets trag im Gemüthe.

4. Fürnehmlich hast du mit Geduld viel Jahr bisher verschonet und mir nicht, wie ich oft verschuldet, bald zornig abgelohnet, hast fort und fort, o höchster Hort, dich meiner angenommen, hast nichts gespart nach deiner Art, bis ich zu dir bin kommen.

5. Mit deinem Wort hast du gar oft an mein Herz angeschlagen, durch deinen Geist mir zugerust, den Himmel angetragen, hast früh und spat durch viel Wohlthat zur Buße mich bewogen, auch mit Trübsal, Angst, Noth und Qual zu dir hinaufgezogen.

6. Dennoch, das ich nicht läugnen kann, wenn du gleich angeklopfet, hab ich dir niemals aufgethan, die Ohren zugestopfet, mit Unbedacht dies ganz veracht, den Rücken dir gekehret; doch hast du mich so gnädiglich geduldt und nicht verzehret.

7. Du könntest oft mit gutem Recht das Leben mir verkürzen, und mich als einen bösen Knecht hinab zur Höllen stürzen, der ich ohn Scheu, ohn Leid und Reu, in Sünden mich verweilet; dennoch gibst du mir Raum und Ruh, hast mich nicht übereilet.

8. Wenn mein Herz dies bei sich bedenkt, in Stücken möcht's zerspringen; die große Sicherheit mich kränkt, thut Mark und Bein durchdringen. Kein Höllenpein so groß mag sein, ich habe sie verschuldet; ich bin nicht werth, daß mich die Erd trägt, nährt und auf sich duldet.

9. Unwerth bin ich, daß man mich nennt ein Werk, von dir geschaffen; werth bin ich, daß all Element zur Strafe mich hinraffen. So weit hats bracht der Sünden Macht, ich muß es frei bekennen, wo du siehst an, was ich gethan, so muß ich ewig brennen.

10. O Vater der Barmherzigkeit, ich falle dir zu Fuße, verwirf den nicht, der zu dir schreit und thut rechtschaffne Buße; dein Angesicht mit Gnaden richt auf mich betrübten Sünder, gib einen Blick, der mich erquick, so wird mein Angst bald minder.

11. Eröffne mir dein freundlich Herz, die Residenz der Liebe, vergib die Sünd, heil meinen Schmerz; hilf, daß ich mich stets übe in dem, was dir gefällt an mir und alles Böse meide, bis

Buß= und Beicht=Lieder.

ich hinfahr zur Engelschar, da nichts denn lauter Freude.
Johann Heermann, 1630.
(Aus Tauler.)

Mel. Es ist gewißlich an der Zeit. 49.

220. Ich will von meiner Missethat zum HErren mich bekehren. Du wollest selbst mir Hilf und Rath hierzu, o Gott, bescheren und deines guten Geistes Kraft, der neue Herzen in uns schafft, aus Gnaden mir gewähren.

2. Natürlich kann ein Mensch doch nicht sein Elend selbst empfinden, er ist ohn deines Geistes Licht blind, taub und todt in Sünden, verkehrt ist Will, Verstand und Thun; des großen Jammers komm mich nun, o Vater, zu entbinden.

3. Klopf durch Erkenntniß bei mir an und führ mir wohl zu Sinnen, was Böses ich vor dir gethan, du kannst mein Herz gewinnen, daß ich aus Kummer und Beschwer laß über meine Wangen her viel heiße Thränen rinnen.

4. Wie hast du doch auf mich gewandt den Reichthum deiner Gnaden, mein Leben dank ich deiner Hand, die hat mich überladen mit Ruh, Gesundheit, Ehr und Brod, du machst, daß mir noch keine Noth bis hieher können schaden.

5. Hast auch in Christo mich erwählt tief aus der HöllenFluthen, daß niemals mir es hat gefehlt, an irgend einem Guten und daß ich ja dein eigen sei, hast du mich auch aus großer Treu gestäupt mit Vater=Ruthen.

6. Wer gibt den Kindern, was du mir gegeben zu genießen? Schenk aber ich Gehorsam dir? Das zeuget mein Gewissen, mein Herz, in welchem nichts gesund, das tausend Sündenwürme wund bis auf den Tod gebissen.

7. Die Thorheit meiner jungen Jahr und alle schnöde Sachen verklagen mich zu offenbar; was soll ich Armer machen? Sie stellen, HErr, mir vors Gesicht dein unerträglich Zorngericht und offnen Höllenrachen.

8. Ach, meine Greuel allzumal schäm ich mich zu bekennen, es ist ihr weder Maß noch Zahl, ich weiß sie kaum zu nennen und ist ihr keiner noch so klein, um welches willen nicht allein ich ewig müßte brennen.

9. Bisher hab ich in Sicherheit sein unbesorgt geschlafen, gesagt: es hat noch lange Zeit, Gott pflegt nicht bald zu strafen; er fähret nicht mit unsrer Schuld so strenge fort, es hat Geduld der Hirt mit seinen Schafen.

10. Dies alles jetzt zugleich erwacht, mein Herz will mir zerspringen, ich sehe deines Donners Macht, dein Feuer auf mich bringen, du regest wider mich zugleich des Satans und der Höllen Reich, die wollen mich verschlingen.

11. Die mich verfolgt, die große Noth fährt schnell ohn Zaum und Zügel. Wo flieh ich hin? Du Morgenroth, ertheil mir deine Flügel, verbirge mich, du fernes Meer, stürzt doch herab, fallt auf mich her, ihr Klippen, Berg und Hügel.

12. Ach! nur umsonst, und könnt ich auch bis in den Himmel steigen und wieder in der Höllen Bauch mich zu verkriechen neigen; dein Auge bringt durch alles sich, du wirst da meine Schand und mich der lichten Sonne zeigen.

13. HErr JEsu, nimm mich zu dir ein, ich flieh in deine Wunden, die du, o Heiland, wegen mein am Kreuze hast empfunden, als unser aller Sündenmüh bit,

o du Gotteslamm, ward hie zu tragen aufgebunden.

14. Wasch mich durch deinen Todesschweiß und purpurrothes Leiden und laß mich sauber sein und weiß durch deiner Unschuld Seiden. Von wegen deiner Kreuzeslast erquick, was du zermalmet hast, mit deines Trostes Freuden.

15. So angethan will ich mich hin vor deinen Vater machen, ich weiß, er lenket seinen Sinn und schaffet Rath mir Schwachen, er weiß, was Fleisches Lust und Welt und Satan uns für Netze stellt, die uns zu stürzen wachen.

16. Wie werd ich mich mein Lebelang vor solcher Plage scheuen, durch deines guten Geistes Zwang, den du mir wollst verleihen, daß er von aller Sündenlist und dem, was dir zuwider ist, helf ewig mich befreien.

Louise Henriette, Churfürstin von Brandenburg, 1653.

Eigene Melodie. 68.

221. JEsu, der du meine Seele hast durch deinen bittern Tod aus des Teufels finstern Höhle und der schweren Sündennoth kräftiglich herausgerissen, und mich solches lassen wissen durch dein angenehmes Wort, sei doch jetzt, o Gott, mein Hort.

2. Treulich hast du ja gesuchet die verlornen Schäfelein, als sie liefen ganz verfluchet in der Höllen Pfuhl hinein; ja, du Satansüberwinder, hast die hochbetrübten Sünder so gerufen zu der Buß, daß ich billig kommen muß.

3. Ach, ich bin ein Kind der Sünden, ach, ich irre weit und breit; es ist nichts an mir zu finden, als nur Ungerechtigkeit; all mein Tichten, all mein Trachten heißet unsern Gott verachten; bößlich leb ich ganz und gar und sehr gottlos immerdar.

4. HErr, ich muß es ja bekennen, daß nichts Gutes wohnt in mir; das zwar, was wir Wollen nennen, halt ich meiner Seele für, aber Fleisch und Blut zu zwingen und das Gute zu vollbringen, folget gar nicht, wie es soll; was ich nicht will, thu ich wohl.

5. Aber, HErr, ich kann nicht wissen, wie viel meiner Fehler sein, mein Gemüth ist ganz zerrissen durch der Sünden Schmerz und Pein und mein Herz ist matt von Sorgen; ach, vergib mir, das verborgen, rechne nicht die Missethat, die dich, HErr, erzürnet hat.

6. JEsu, du hast weggenommen meine Schulden durch dein Blut, laß es, o Erlöser, kommen meiner Seligkeit zu gut; und dieweil du sehr zerschlagen hast die Sünd am Kreuz getragen, ei, so sprich mich endlich frei, daß ich ganz dein eigen sei.

7. Weil mich auch der Höllen Schrecken und des Satans Grimmigkeit vielmals pflegen aufzuwecken und zu führen in den Streit, daß ich schier muß unten liegen, ach, so hilf, HErr JEsu, siegen, o du meine Zuversicht, laß mich ja verzagen nicht.

8. Deine rothgefärbten Wunden, deine Nägel, Kron und Grab, deine Schenkel festgebunden wenden alle Plage ab, deine Pein und blutig Schwitzen, deine Striemen, Schläg und Ritzen, deine Marter, Angst und Stich, o HErr JEsu, trösten mich.

9. Wann ich vor Gericht soll treten, da man nicht entfliehen kann, ach, so wollest du mich retten und dich meiner nehmen an; du allein, HErr, kannst es wehren, daß ich nicht den Fluch darf hören: Ihr von meiner linken

Hand, seid von mir noch nie erkannt.

10. Du ergründest meine Schmerzen, du erkennest meine Pein, es ist nichts in meinem Herzen, als dem herber Tod allein; dies mein Herz mit Leid vermenget, das dein theures Blut besprenget, so am Kreuz vergossen ist, geb ich dir, HErr JEsu Christ.

11. Nun ich weiß, du wirst mir stillen mein Gewissen, das mich plagt, es wird deine Treu erfüllen, was du selber hast gesagt, daß auf dieser weiten Erden keiner soll verloren werden, sondern ewig leben soll, wenn er nur ist glaubensvoll.

12. HErr, ich glaube, hilf mir Schwachen, laß mich ja verzagen nicht, du, du kannst mich stärker machen, wenn mich Sünd und Tod anficht. Deiner Güte will ich trauen, bis ich fröhlich werde schauen dich, HErr JEsu, nach dem Streit in der frohen Ewigkeit.

Joh. Rist, 1642.

Mel. Meinen JEsum laß ich 2c. 33.

222. JEsus nimmt die Sünder an, saget doch dies Trostwort allen, welche von der rechten Bahn auf verkehrten Weg verfallen. Hier ist, was sie retten kann: JEsus nimmt die Sünder an.

2. Keiner Gnade sind wir werth, doch hat er in seinem Worte eidlich sich dazu erklärt. Sehet nur, die Gnadenpforte ist hier völlig aufgethan: JEsus nimmt die Sünder an.

3. Wenn ein Schaf verloren ist, suchet es ein treuer Hirte; JEsus, der uns nie vergißt, suchet treulich das Verirrte, daß es nicht verderben kann: JEsus nimmt die Sünder an.

4. Kommet alle, kommet her, kommet ihr betrübten Sünder, JEsus rufet euch und er macht aus Sündern Gottes Kinder. Glaubets doch und denket dran: JEsus nimmt die Sünder an.

5. Ich Betrübter komme hier und bekenne meine Sünden. Laß, mein Heiland, mich bei dir Gnade zur Vergebung finden, daß dies Wort mich trösten kann: JEsus nimmt 2c.

6. Ich bin ganz getrostes Muths. Ob die Sünden blutroth wären, müßten sie kraft deines Bluts dennoch sich in Schneeweiß kehren, da ich gläubig sprechen kann: JEsus nimmt 2c.

7. Mein Gewissen beißt mich nicht, Moses darf mich nicht verklagen. Der mich frei und ledig spricht, hat die Schulden abgetragen, daß mich nichts verdammen kann: JEsus nimmt 2c.

8. JEsus nimmt die Sünder an, mich hat er auch angenommen und den Himmel aufgethan, daß ich selig zu ihm kommen und auf den Trost sterben kann: JEsus nimmt die Sünder an.

Erdmann Neumeister, 1719.

Mel. O Gott, du frommer Gott. 55.

223. Jetzt ist die Gnadenzeit, jetzt steht der Himmel offen; jetzt hat noch jedermann die Seligkeit zu hoffen. Wer diese Zeit versäumt und sich zu Gott nicht kehrt, der schreie über sich, wenn er zur Höllen fährt.

Mel. Kommt her zu mir, spricht. 41.

224. Ihr armen Sünder, kommt zu Hauf, kommt eilig, kommt und macht euch auf mühselig und beladen! Hier öffnet sich das JEsusherz für alle, die in Reu und Schmerz erkennen ihren Schaden.

2. Es heißt, er nimmt die Sünder an, drum komm, dein JEsus will und kann dich retten und umarmen; komm weinend,

komm in wahrer Buß und fall im Glauben ihm zu Fuß, er wird sich dein erbarmen.

3. Ein Hirt verläßt sein Schäflein nicht, dems in der Irr an Hilf gebricht, er sucht es mit Verlangen; er lässet neun und neunzig stehn und sie gar in der Wüsten gehn, das eine zu umfangen.

4. Es sucht der liebste JEsus Christ das Schäflein, das verloren ist, bis daß ers hat gefunden: so laß dich finden, liebe Seel und flieh in JEsu Wundenhöhl, noch sind die Gnadenstunden.

5. O JEsu, deine Lieb ist groß, ich komm mühselig, nackt und bloß, ach, laß mich Gnade finden; ich bin ein Schaf, das sich verirrt, ach nimm mich auf, weil ich verwirrt im Strick und Netz der Sünden.

6. Ach wehe mir, daß ich von dir gewichen bin zum Abgrund schier, ach, laß mich wiederkehren zu deinem Schafstall, nimm mich an und mach mich frei von Fluch und Bann, dies ist mein Herzbegehren.

7. Laß mich dein Schäflein ewig sein und du, mein treuer Hirt allein, im Leben und im Sterben, laß mich vom eiteln Weltgesind ausgehn und mich als Gotteskind um dich, mein Schatz, bewerben.

8. Ich will von nun an sagen ab der Sündenlust bis in mein Grab und in dem neuen Leben in Heilig- und Gerechtigkeit dir dienen noch die kurze Zeit, die mir zum Heil gegeben.

9. Ach, nimm dein armes Täublein ein und laß es sicher bei dir sein in deinen Wundenhöhlen; bewahre mich vor Sündenwerk und gib mir deines Geistes Stärk, am Leib und an der Seelen. Laurent. Laurenti, 1700.

Mel. Vater unser im Himmelr. 44.

225. Nimm von uns, HErr, du treuer Gott, die schwere Straf und große Noth, die wir mit Sünden ohne Zahl verdienet haben allzumal; behüt vor Krieg und theurer Zeit, vor Seuchen, Feur und großem Leid.

2. Erbarm dich deiner bösen Knecht, wir bitten Gnad und nicht das Recht, denn so du, HErr, den rechten Lohn uns geben wolltst nach unserm Thun, so müßt die ganze Welt vergehn und könnt kein Mensch vor dir bestehn.

3. Ach HErr Gott, durch die Treue dein mit Trost und Rettung uns erschein, beweis an uns dein große Gnad und straf uns nicht auf frischer That, wohn uns mit deiner Güte bei, dein Zorn und Grimm fern von uns sei.

4. Warum willt du so zornig sein über uns arme Würmelein? weißt du doch wohl, o großer Gott, daß wir nichts sind, denn Erd und Koth, es ist ja vor deim Angesicht unsre Schwachheit verborgen nicht.

5. Die Sünd hat uns verderbet sehr, der Teufel plagt uns noch viel mehr, die Welt, auch unser Fleisch und Blut, uns allezeit verführen thut, solch Elend kennst du, HErr, allein, ach, laß uns dir befohlen sein.

6. Gedenk an deins Sohns bittern Tod, sieh an sein heilg fünf Wunden roth, die sind ja für die ganze Welt die Zahlung und das Lösegeld, des trösten wir uns allezeit und hoffen auf Barmherzigkeit.

7. Leit uns mit deiner rechten Hand und segne unser Stadt und Land, gib uns allzeit dein heilges Wort, behüt vors Teufels List und Mord, bescher ein selig

Buß- und Beicht-Lieder.

Stündelein, auf daß wir ewig bei dir sein.
Martin Moller, 1584. (Verdeutschung des Hymnus: Aufer immensam, Deus.)

Mel. Wenn wir in höchsten Nöth. 11.

226. O frommer und getreuer Gott, ich hab gebrochen dein Gebot und sehr gesündigt wider dich, das ist mir leid und reuet mich.

2. Weil aber du, o gnädger Gott, nicht hast Gefalln an meinem Tod und ist dein herzliches Begehrn, daß ich mich soll zu dir bekehrn:

3. Auf dies Wort, lieber Vater fromm, ich armer Sünder zu dir komm und bitt dich durch den bittern Tod und heilige fünf Wunden roth

4. Deins lieben Sohnes, JEsu Christ, der mir zu gut Mensch worden ist: laß deine Gnad und Gütigkeit mehr gelten, denn Gerechtigkeit.

5. Verschon, o HErr, laß deine Huld zudecken alle meine Schuld, so werd ich arm verlornes Kind ledig und los all meiner Sünd.

6. Ich will, o HErr, nach deinem Wort mich bessern, leben fromm hinfort, damit ich mög nach dieser Zeit gelangen zu der Seligkeit. B. Ringwaldt, 1598.

Mel. Ach Gott und HErr. 25.

227. O großer Gott, hör meine Noth, ich will jetzt vor dich treten, entbrich dich nicht, was jetzo spricht mein Herze in dem Beten.

2. Erzürne dich nicht über mich von wegen meiner Sünden, ich schrei dich an, so gut ich kann, laß mich Genade finden.

3. Mein Herz ist zwar fast ganz und gar vom Guten abgewichen, kein Augenblick ist ohne Tück und Bösesthun verstrichen.

4. Mein Lebenslauf von Jugend auf ist voller Lasterflecken; doch Christi Huld kann meine Schuld mit seiner Unschuld decken.

5. Derselbe hat die Missethat, darin ich war verdorben, durch seinen Tod bezahlt, o Gott, als er für mich gestorben.

6. Den stell ich dir zum Bürgen für, der mag für mich bezahlen, sein heilig Blut macht alles gut durch seine Purpurstrahlen.

7. Darum vergib aus großer Lieb, was ich an dir verbrochen; du hast mir schon in deinem Sohn Genad und Trost versprochen.

8. Dran halt ich mich und bitte dich, HErr, heile meinen Schaden; der Sünden Last erdrückt mich fast, damit ich bin beladen.

9. Lös auf das Band mit deiner Hand und stärke meine Glieder. Ach, wirf doch nicht das Glaubenslicht in deinem Zorn darnieder.

10. Es ist mir leid, daß die Bosheit von dir mich abgetrennet; doch will ich nun auch Buße thun, die Gluth ist schon entbrennet.

11. Hilf nur in mir hinfür und für die Funken unterhalten und laß die Gluth, die solches thut, aus Schwachheit nie erkalten.

12. Ach steh mir bei, gib und verleih das Wollen und Vollbringen; so wird mein Mund von Herzensgrund ein ewig Danklied singen.

Mel. Aus tiefer Noth schrei ich. 49.

228. O HErr, mein Gott, ich habe dich durch mich erzürnen können; wie ich versöhne dich durch mich, kann ich mir nicht ausfinnen. Doch tröstet mich: dein liebstes Kind, an dem man nichts sündhaftigs findt, ist mein Erlöser worden.

2. Vom Himmel ist er williglich auf Erden zu mir kommen und hat aus großer Lieb an sich mein Fleisch und Blut genommen, daß er mich mache recht gesund, der ich durch Sünde bin verwundt und dich zum Zorn bewogen.

3. Dich hat ein Mensch zum Zorn bewegt, dich muß ein Mensch versöhnen, durch sein Kreuz, das er willig trägt, und deinen Grimm ablehnen. Zu deiner Rechten zeigt er dir jetzt immerdar, wie er sich mir mit Freundschaft hat verbunden.

4. Ach das ist meine Zuversicht, dies ist mein ganz Vertrauen. So du, gerechter Gott, mich nicht in Sünde willst anschauen, so sieh mich in Genaden an. Dein Sohn hat gnug für mich gethan und meine Schuld gebüßet.

5. Nimm wahr, o Vater, deinen Sohn, sei gnädig deinem Knechte; er ist mein Schild und Gnadenthron, nicht straf aus strengem Rechte. Wenn du siehst seine Nägelmal, laß meine Sünden ohne Zahl allda verborgen bleiben.

6. Beschauest du sein Blut so roth, das von ihm ist geflossen, ach wasch ab meiner Sünden Koth, er hats für mich vergossen. Weil dich das Fleisch erzürnet hat, so laß dich auch das Fleisch zur Gnad hinwiederum bewegen.

7. Groß ist es, was ich oft und viel durch Missethat verschuldet; jedoch ich nicht verzagen will, weil Christus hat erduldet gehorsamlich den bittern Tod und mir dadurch, du treuer Gott, die Seligkeit erworben.

8. Groß ist mein Ungerechtigkeit, die deinen Zorn erwecket. Sein Unschuld ist das breite Kleid, damit sie wird bedecket; kein Mensch so große Sünde findt, die nicht durch Christi Tod verschwindt, der unser Bruder worden.

9. Wer ist so sehr in aller Welt durch Hoffart aufgeschwellet, den Christi Niedrigkeit nicht fällt, wenn er sie vor sich stellet? Des Todes Macht so groß ist nicht, der bittre Kreuztod sie zerbricht, den Gottes Sohn erlitten.

10. Ja, wenn man Christi Gnad und Huld und aller Menschen Sünden auf gleiche Wage legen sollt, es würde sich befinden ein solcher großer Unterscheid, als zwischen Tag- und Nachteszeit, als zwischen Höll und Himmel.

11. Darum, o du liebreicher Gott, des Gnade nicht zu gründen, durch deines Sohnes Blut und Tod vergib mir meine Sünden. Laß durch sein Unschuld meine Schuld und durch Gedulb mein Ungedulb getilget gänzlich werden.

12. Gib seine Demuth mir zum Schutz, als die für Stolz behütet. Die Sanftmuth tilge meinen Trutz, wenn er mit Feindschaft wüthet; er sei mir alles, was ich darf, so wird kein Urtheil sein so scharf, das mich verdammen möchte.

Johann Heermann, 1630.

Mel. Vater unser im. 44.

229. So wahr ich lebe, spricht dein Gott, mir ist nicht lieb des Sünders Tod, vielmehr ist dies mein Wunsch und Will, daß er von Sünden halte still, von seiner Bosheit kehre sich und lebe mit mir ewiglich.

2. Dies Wort bedenk, o Menschenkind, verzweifle nicht in deiner Sünd; hier findest du Trost, Heil und Gnad, die Gott dir zu-

Buß- und Beicht-Lieder.

gesaget hat und zwar durch einen theuren Eid; o selig, dem die Sünd ist leid!

3. Doch hüte dich für Sicherheit, denk nicht, es ist noch gute Zeit, ich will erst fröhlich sein auf Erd; wenn ich des Lebens müde werd, alsdenn will ich bekehren mich, Gott wird wohl mein erbarmen sich.

4. Wahr ist's, Gott ist wohl stets bereit dem Sünder mit Barmherzigkeit; doch wer auf Gnade sündigt hin, fährt fort in seinem bösen Sinn und seiner Seelen selbst nicht schont, der wird mit Ungnad abgelohnt.

5. Gnad hat dir zugesaget Gott von wegen Christi Blut und Tod; doch sagen hat er nicht gewollt, ob du bis morgen leben sollt; daß du mußt sterben, ist dir kund, verborgen ist des Todes Stund.

6. Heut lebst du, heut bekehre dich, eh morgen kommt, kanns ändern sich. Wer heut ist frisch, gesund und roth, ist morgen krank, ja wohl gar todt. So du nun stirbest ohne Buß, dein Leib und Seel dort brennen muß.

7. Hilf, o HErr JEsu, hilf du mir, daß ich jetzt komme bald zu dir und Buße thu den Augenblick, eh mich der schnelle Tod hinrück, auf daß ich heut und jederzeit zu meiner Heimfahrt sei bereit. Johann Heermann, 1630.

Eigene Melodie. 29

230. Wo soll ich fliehen hin, weil ich beschweret bin mit viel und großen Sünden? Wo kann ich Rettung finden? Wenn alle Welt herkäme, mein Angst sie nicht wegnähme.

2. O JEsu voller Gnad, auf dein Gebot und Rath kommt mein betrübt Gemüthe zu deiner großen Güte; laß du auf mein Gewissen ein Gnadentröpflein fließen.

3. Ich, dein betrübtes Kind, werf alle meine Sünd, so viel ihr in mir stecken und mich so heftig schrecken, in deine tiefen Wunden, da ich stets Heil gefunden.

4. Durch dein unschuldig Blut, die schöne rothe Fluth, wasch ab all meine Sünde, mit Trost mein Herz verbinde und ihr nicht mehr gedenke, ins Meer sie tief versenke.

5. Du bist der, der mich tröst, weil du mich hast erlöst; was ich gesündigt habe, hast du verscharrt im Grabe, da hast du es verschlossen, da wirds auch bleiben müssen.

6. Ist meine Bosheit groß, so werd ich ihr doch los, wenn ich dein Blut auffasse und mich darauf verlasse; wer sich zu dir nur findet, all Angst ihm bald verschwindet.

7. Mir mangelt zwar sehr viel, doch, was ich haben will, ist alles mir zu Gute erlangt mit deinem Blute, damit ich überwinde Tod, Teufel, Höll und Sünde.

8. Und wenn des Satans Heer mir ganz entgegen wär, darf ich doch nicht verzagen, mit dir kann ich sie schlagen, dein Blut darf ich nur zeigen, so muß ihr Trutz bald schweigen.

9. Dein Blut, der edle Saft, hat solche Stärk und Kraft, daß auch ein Tröpflein kleine die ganze Welt kann reine, ja gar aus Teufels Rachen frei, los und ledig machen.

10. Darum allein auf dich, HErr Christ, verlaß ich mich; jetzt kann ich nicht verderben, dein Reich muß ich ererben; denn du hast mirs erworben, da du für mich gestorben.

11. Führ auch mein Herz und

Sinn durch deinen Geist dahin, daß ich mög alles meiden, was mich und dich kann scheiden, und ich an deinem Leibe ein Gliedmaß ewig bleibe.

12. Amen! zu aller Stund sprech ich aus Herzensgrund. Du wollest mich ja leiten, HErr Christ, zu allen Zeiten, auf daß ich deinen Namen mög ewig preisen, Amen.

Johann Heermann, 1630.

XX. Vom Glauben und von der Rechtfertigung.

Mel. Es ist das Heil uns kommen. 49.

231. Ach, seht, was ich für Recht und Licht von meinem JEsu lerne. Mein HErr und Gott verläßt mich nicht, er ist von mir nicht ferne; es mag mir noch so übel gehn, so eilet er mir beizustehn, mein Gott, mein Heil, mein JEsus.

2. Der Vater läßt mich nicht allein, weil er mich herzlich liebet; er kann nicht ferne von mir sein, weil er mir JEsum giebet; er eilt zu mir und steht mir bei, dieweil ich außer Heuchelei an diesen JEsum glaube.

3. Das hab ich von der Gnadenwahl, Gott hat die Welt geliebet, daß er ein hohes Liebesmahl in seinem Sohne gibet. Ich weiß, daß er mich nicht vergißt; wen Gott liebt, dessen Name ist im Himmel angeschrieben.

4. Mein treuer Heiland stellt sich ein, bei dem ich alles finde, damit soll nichts verloren sein, als nur allein die Sünde, die wird ins tiefe Meer versenkt, daß Gott nicht mehr an sie gedenkt und ich das Leben habe.

5. Gott schenket sich der armen Welt und wir sind Christi Glieder; was er uns gibt und ihm gefällt, das geben wir ihm wieder; er liebt uns als sein Eigenthum und das ist Gott ein ew'ger Ruhm, daß er die Seinen schützet.

6. Drum wo mich Noth und Tod betrübt, so will ich fröhlich singen: Also hat Gott die Welt geliebet, das kann den Feind bezwingen. Wo JEsus bleibt, da bleiben wir, sein Leben ist schon gut dafür, daß uns kein Tod kann schaden.

7. Gott helfe nur durch seinen Geist, daß ich von Herzen gläube und in der Hoffnung allermeist bei seinem Worte bleibe. Ich habe mein gewisses Theil und will in keinem andern Heil ein ewig Leben haben.

8. Drum wenn ich heute sterben muß, so schallt in meinen Ohren nichts, als der gottgeliebte Schluß: wer gläubt, wird nicht verloren. Ich gläube, JEsus stimmet ein, drum werd ich unverloren sein und ewig, ewig leben.

M. Christian Weise, 1682.

Mel. Ach, was soll ich Sünder. 36.

232. Ach, wie groß ist deine Gnade, du getreues Vaterherz, daß dich unsre Noth und Schmerz, daß dich aller Menschen Schade hat erbarmet väterlich, uns zu helfen ewiglich.

2. Du hast uns so hoch geliebet, daß der Mensch soll aller Pein frei und ewig selig sein; daß dein Sohn sich selbst hingiebet und beruft uns allzumal zu dem großen Abendmahl.

3. Ja, dein werther Geist bezeuget durch die Tauf und Abend-

mahl unser Heil im Himmelssal, der die Herzen zu dir neiget, weil er uns den Glauben schenkt, daß uns Höll und Tod nicht kränkt.

4. Weil die Wahrheit nicht kann lügen, will ich dir vertrauen fest, weil du keinen nicht verläßt; weil dein Wort nicht kann betrügen, bleibt mir meine Seligkeit unverrückt in Ewigkeit.

5. Lob sei dir für deine Gnade, du getreues Vaterherz, daß dich meine Noth und Schmerz, daß dich auch mein Seelenschade hat erbarmt so väterlich; drum lob ich dich ewiglich.

Dr. Johann Olearius, 1671.

Mel. HErr JEsu Christ, meins L. 11.

233. Also hat Gott die Welt geliebt, daß er uns seinen Sohn hergibt, daß wer ihm traut und glaubt allein, kann und soll ewig selig sein.

2. Der Glaubensgrund ist JEsus Christ, der für uns selbst Mensch worden ist; wer seinem Mittler fest vertraut, der bleibt auf diesen Grund gebaut.

3. Dein Gott will nicht des Sünders Tod, sein Sohn hilft uns aus aller Noth, der Heilge Geist lehrt dich durchs Wort, daß du wirst selig hier und dort.

4. Drum sei getrost, weil Gottes Sohn die Sünd vergibt, der Gnadenthron, du bist gerecht durch Christi Blut, die Tauf schenkt dir das höchste Gut.

5. Bist du krank, kömmst du gar in Tod, so merk dies wohl in aller Noth: Mein JEsus macht die Seel gesund, das ist der rechte Glaubensgrund.

6. Ehr sei dem Vater und dem Sohn samt Heilgem Geist in einem Thron, welchs ihm auch also sei bereit von nun an bis in Ewigkeit.

Mel. Wer weiß, wie nahe mir m. 43.

234. Aus Gnaden soll ich selig werden; Herz, glaubst dus, oder glaubst dus nicht? Was willst du dich so blöd geberden? Ists Wahrheit, was die Schrift verspricht, so muß auch dieses Wahrheit sein: Aus Gnaden ist der Himmel dein.

2. Aus Gnaden! — hier gilt kein Verdienen, die eignen Werke fallen hin; Gott, der aus Lieb im Fleisch erschienen, bringt uns den seligen Gewinn, daß uns sein Tod das Heil gebracht und uns aus Gnaden selig macht.

3. Aus Gnaden! — merk dies Wort: Aus Gnaden! so oft dich deine Sünde plagt, so oft dir will der Satan schaden, so oft dich dein Gewissen nagt. Was die Vernunft nicht fassen kann, das beut dir Gott aus Gnaden an.

4. Aus Gnaden kam sein Sohn auf Erden und übernahm die Sündenlast. Was nöthigt ihn, dein Freund zu werden? Sags, wo du was zu rühmen hast. Wars nicht, daß er dein Bestes wollt und dir aus Gnaden helfen sollt?

5. Aus Gnaden! — Dieser Grund wird bleiben, so lange Gott wahrhaftig heißt. Was alle Knechte JEsu schreiben, was Gott in seinem Wort anpreist, worauf all unser Glaube ruht, ist Gnade durch des Lammes Blut.

6. Aus Gnaden! — Doch du sichrer Sünder, denk nicht: Wohlan, ich greif auch zu. Wahr ists, Gott rufet Adams Kinder aus Gnaden zur verheißnen Ruh; doch nimmt er nicht aus Gnaden an, wer noch auf Gnade sündgen kann.

7. Aus Gnaden! — Wer dies Wort gehöret, tret ab von aller Heuchelei; denn wenn der Sünder sich bekehret, so lernt er erst, was Gnade sei; beim Sündgen

scheint die Gnad gering, dem Glauben ists ein Wunderding.

8. Aus Gnaden bleibt dem blöden Herzen das Herz des Vaters aufgethan, wenns unter größter Angst und Schmerzen nichts sieht und nichts mehr hoffen kann. Wo nähm ich oftmals Stärkung her, wenn Gnade nicht mein Anker wär!

9. Aus Gnaden! — Hierauf will ich sterben; ich fühle nichts, doch mir ist wohl; ich kenn mein sündliches Verderben, doch auch den, der mich heilen soll. Mein Geist ist froh, die Seele lacht, weil mich die Gnade selig macht.

10. Aus Gnaden! — Dies hör Sünd und Teufel, ich schwinge meine Glaubensfahn und geh getrost trotz allem Zweifel durchs rothe Meer nach Canaan. Ich glaub, was JEsu Wort verspricht, ich fühl es oder fühl es nicht. C. L. Scheidt, 1742.

Mel. JEsus, meine Zuversicht. 33.

235. Das ist je gewißlich wahr und ein Wort himmlischer Wahrheit, glaubenswürdig offenbar, theuer, fest, voll Kraft und Klarheit, daß der Heiland JEsus Christ in die Welt gekommen ist.

2. Nun bedürfen wir nicht mehr, daß wir mit den Juden schreien: Ach, daß Christus kommen wär, das Volk Gottes zu erfreuen! Denn Messias ist schon da, und das Heil ist allen nah!

3. Nunmehr sehen wir den Held, der von Juda sollte kommen, welchen Gott hat fürgestellt aller Welt zum Heil und Frommen; denn er hat die Seligkeit allen Sündern zubereit.

4. Ach den Sündern zubereit! Das, das ist, was uns erquicket, wenn uns Ungerechtigkeit unsers Lebens fast erdrücket, wenn Gesetz, Gewissenspein und die Sünden mächtig sein.

5. Schweig, Gesetz, und sage nicht: Alle Sünder sind verloren; Christus, unsre Zuversicht, ward, sobald er nur geboren, unter das Gesetz gethan. Was geht uns dein Fluch nun an?

6. Sünden und Gewissensnoth, lasset uns nunmehr zufrieden, daß ihr uns und unsern Gott von einander habt geschieden; sehet, wie wir durch Gottes Kind wiederum vereinigt sind.

7. Schweige, tolle Welt, es sei Gott den Menschen nicht gewogen, es ist Tand und Täuscherei, ja, im Grunde gar erlogen; aber das ist offenbar: Unser Trost und Heil ist dar.

8. Satan, fleuch und trolle dich, Gottes Sohn hat dich gebunden. Tod, wo ist dein Fersenstich? JEsus hat dich überwunden. Hölle, was half dich der Krieg wider uns? Hier ist der Sieg.

9. Gott sei Dank in Ewigkeit, der uns gnädig angeblicket, in der Fülle seiner Zeit sein Kind in die Welt geschicket und dadurch zuwege bracht, was die Menschen selig macht.

10. Ach verleihe, theures Kind, daß wir uns in dir erfreuen, wenn sich Noth und Trübsal findt, daß wir uns vor Sünden scheuen und dann auch zu rechter Zeit kommen zu der Seligkeit. M. Joh. Joach. Moller.

Eigene Melodie. 83.

236. Durch Adams Fall ist ganz verderbt menschlich Natur und Wesen; dasselb Gift ist auf uns geerbt, daß wir nicht mochten g'nesen ohn Gottes Trost, der uns erlöst hat von dem großen Schaden, darein die Schlang Hevam bezwang, Gotts Zorn auf sich zu laden.

2. Weil denn die Schlang Hevam hat bracht, daß sie ist abgefallen von Gottes Wort, welchs sie veracht, dadurch sie in uns allen bracht hat den Tod, so war je Noth, daß uns auch Gott sollt geben sein lieben Sohn, der Gnaden Thron, in dem wir möchten leben.

3. Wie uns nun hat ein fremde Schuld in Adam all verhöhnet, also hat uns ein fremde Huld in Christo all versöhnet; und wie wir all durch Adams Fall sind ewigs Tods gestorben, also hat Gott durch Christus Tod verneut, das war verdorben.

4. So er uns denn sein Sohn hat g'schenkt, da wir sein Feind noch waren, der für uns ist ans Kreuz gehängt, getödt, gen Himmel g'fahren, dadurch wir sein von Tod und Pein erlöst, so wir vertrauen in diesen Hort, des Vaters Wort: wem wollt fürm Sterben grauen?

5. Er ist der Weg, das Licht, die Pfort, die Wahrheit und das Leben, des Vaters Rath und ewges Wort, den er uns hat gegeben zu einem Schutz, daß wir mit Trutz an ihn fest sollen glauben, darum uns bald kein Macht noch G'walt aus seiner Hand wird rauben.

6. Der Mensch ist gottlos und verrucht, sein Heil ist auch noch ferren, der Trost bei einem Menschen sucht und nicht bei Gott dem HErren; denn wer ihm will ein ander Ziel ohn diesen Tröster stecken, den mag gar bald des Teufels G'walt mit seiner List erschrecken.

7. Wer hofft in Gott und dem vertraut, der wird nimmer zu Schanden; denn wer auf diesen Felsen baut, ob ihm gleich geht zu Handen viel Unfalls hie, hab ich doch nie den Menschen sehen fallen, der sich verläßt auf Gottes Trost, er hilft sein Gläubgen allen.

8. Ich bitt, o HErr, aus Herzensgrund, du wollst nicht von mir nehmen dein heiligs Wort aus meinem Mund, so wird mich nicht beschämen mein Sünd und Schuld, denn in dein Huld setz ich all mein Vertrauen; wer sich nun fest darauf verläßt, der wird den Tod nicht schauen.

9. Mein Füßen ist dein heilig Wort ein brennende Lucerne, ein Licht, das mir den Weg weist fort; so dieser Morgensterne in uns aufgeht, so bald versteht der Mensch die hohen Gaben, die Gottes Geist den'n gwiß verheißt, die Hoffnung darein haben.

Lazarus Spengler, 1525.

Eigene Melodie. 49.

237. Es ist das Heil uns kommen her von Gnad und lauter Güten, die Werke helfen nimmermehr, sie mögen nicht behüten; der Glaub sieht JEsum Christum an, der hat gnug für uns all gethan, er ist der Mittler worden.

2. Was Gott im G'setz geboten hat, da man es nicht konnt halten, erhub sich Zorn und große Noth vor Gott so mannigfalten; vom Fleisch wollt nicht heraus der Geist, vom G'setz erfordert allermeist, es war mit uns verloren.

3. Es war ein falscher Wahn dabei, Gott hätt sein G'setz drum geben, als ob wir möchten selber frei nach seinem Willen leben; so ist es nur ein Spiegel zart, der uns zeigt an die sündig Art, in unserm Fleisch verborgen.

4. Nicht möglich war, die selbig Art aus eignen Kräften lassen, wiewohl es oft versucht ward; noch mehrt sich Sünd ohn Maßen; denn Gleißnerswerk Gott hoch verdammt und je dem Fleisch der

Sünde Schand allzeit war angeboren.

5. Noch mußt das G'setz erfüllet sein, sonst wärn wir all verdorben, darum schickt Gott sein Sohn herein, der selber Mensch ist worden; das ganz Gesetz hat er erfüllt, damit seins Vaters Zorn gestillt, der über uns ging alle.

6. Und wenn es nun erfüllet ist durch den, der es konnt halten, so lerne jetzt ein frommer Christ des Glaubens recht Gestalte; nicht mehr, denn, lieber HErre mein, dein Tod wird mir das Leben sein, du hast für mich bezahlet.

7. Daran ich keinen Zweifel trag, dein Wort kann nicht betrügen; nun sagst du, daß kein Mensch verzag, das wirst du nimmer lügen: Wer glaubt an mich und wird getauft, demselben ist der Himml erkauft, daß er nicht wird verloren.

8. Er ist gerecht vor Gott allein, der diesen Glauben fasset; der Glaub gibt aus von ihm den Schein, so er die Werk nicht lässet; mit Gott der Glaub ist wohl daran, dem Nächsten wird die Lieb Guts thun, bist du aus Gott geboren.

9. Es wird die Sünd durchs G'setz erkannt und schlägt das G'wissen nieder, das Evangeli kommt zu Hand und stärkt den Sünder wieder, und spricht: Nur kreuch zum Kreuz herzu, im G'setz ist weder Rast noch Ruh mit allen seinen Werken.

10. Die Werk die kommen gwißlich her aus einem rechten Glauben; denn das nicht rechter Glaube wär, wollst ihn der Werk berauben; doch macht allein der Glaub gerecht, die Werke sind des Nächsten Knecht, dabei wir'n Glauben merken.

11. Die Hoffnung wart der rechten Zeit, was Gottes Wort zusaget, wenn das geschehen soll zu Freud, setzt Gott kein gwisse Tage; er weiß wohl, wenns am besten ist und braucht an uns kein arge List, des solln wir ihm vertrauen.

12. Ob sichs anließ, als wollt er nicht, laß dich es nicht erschrecken; denn wo er ist am besten mit, da will ers nicht entdecken; sein Wort laß dir gewisser sein, und ob dein Fleisch spräch lauter Nein, so laß doch dir nicht grauen.

13. Sei Lob und Ehr mit hohem Preis um dieser Gutheit willen Gott Vater, Sohn, Heiligem Geist, der woll mit Gnad erfüllen, was er in uns ang'fangen hat zu Ehren seiner Majestät, daß heilig werd sein Name.

14. Sein Reich zukomm, sein Will auf Erd steh, wie im Himmelsthrone, das täglich Brod noch heut uns werd, wohl unser Schuld verschone, als wir auch unsern Schuldnern thun, mach uns nicht in Versuchung stahn, lös uns vom Uebel, Amen.

Paul Speratus, 1523.

Mel. Nun freut euch, lieben Chr. 49.

238. HErr JEsu Christ, mein Trost und Licht, ich danke dir von Herzen, daß du mich hast verstoßen nicht, als mich der Sünden Schmerzen gequälet aus der Maßen hart durch Satan, der, als Widerpart, nicht lässet mit sich scherzen.

2. Du hast gehöret meine Beicht und gnädig mir vergeben die Sünde, die so schwerlich weicht von uns im ganzen Leben. Du hast an deinen Knecht gedacht, den nunmehr deiner Liebe Macht zum Himmel will erheben.

3. Du nie beflecktes Gotteslamm bist ja für mich gestorben; ach du, mein Seelenbräutigam,

hast selber mir erworben durch deinen Tod die Seligkeit; dir dank ich, daß ich, so befreit, bleib ewig unverdorben.

4. HErr, gib mir deinen guten Geist, daß er mich unterrichte, was solche Lieb und Wohlthat heißt, damit ich mich verpflichte, zu preisen dich mit Hand und Mund, auch dir aus meines Herzens Grund dafür ein Danklied dichte.

5. HErr, laß mich alle Sünd und Schand hinfüro ganz ablegen und thun den Lüsten Widerstand, die mich von deinen Wegen oft führen auf den Sündenpfad; ich weiß, wie jede Missethat vertreibt des Höchsten Segen.

6. Steur endlich meinem Fleisch und Blut und laß mich deinen Willen, der alles mir zum Besten thut, gehorsamlich erfüllen. Hilf meiner Seelen himmelan, da weiß ich, daß ich freudig kann all mein Verlangen stillen.

7. HErr JEsu, laß mich dich allein stets suchen und bald finden; laß mich der Welt entrissen sein, so kann sich recht verbinden mein Herz mit dir und alle Noth, Welt, Sünde, Teufel, Höll und Tod ganz sieghaft überwinden.

Johann Rist, † 1667.

Mel. Herzlich thut mich verlang. 59.

239. Ich bin bei Gott in Gnaden durch Christi Blut und Tod, was kann mir endlich schaden? Was acht ich alle Noth? Ist er auf meiner Seiten, gleichwie er wahrlich ist, laß immer mich bestreiten auch alle Höllenlist.

2. Was wird mich können scheiden von Gottes Lieb und Treu? Verfolgung, Armuth, Leiden und Trübsal mancherlei? Laß Schwert und Blöße walten, man mag durch tausend Pein mich für ein Schlachtschaf halten, der Sieg bleibt dennoch mein.

3. Ich kann um dessenwillen, der mich geliebet hat, gnug meinen Unmuth stillen und fassen Trost und Rath; denn das ist mein Vertrauen, der Hoffnung bin ich voll, die weder Drang noch Grauen mir ewig rauben soll:

4. Daß weder Tod noch Leben und keiner Engel Macht, wie hoch sie möchte schweben, kein Fürstenthum, kein Pracht, nichts dessen, was zugegen, nichts, was die Zukunft hegt, nichts, welches hochgelegen, nichts, was die Tiefe trägt,

5. Noch sonst, was je erschaffen, von Gottes Liebe mich soll scheiden oder raffen; denn diese gründet sich auf Christi Tod und Sterben, ihn fleh ich gläubig an, der mich, sein Kind und Erben, nicht lassen will, noch kann.

M. Simon Dach, † 1659.

Mel. O daß ich tausend Zungen. 45.

240. Ich habe nun den Grund gefunden, der meinen Anker ewig hält. Wo anders, als in JEsu Wunden? Da lag er vor der Zeit der Welt; der Grund, der unbeweglich steht, wenn Erd und Himmel untergeht.

2. Es ist das ewige Erbarmen, das alles Denken übersteigt; es sind die offnen Liebesarme des, der sich zu dem Sünder neigt, dem allemal das Herze bricht, wir kommen oder kommen nicht.

3. Wir sollen nicht verloren werden, Gott will, uns soll geholfen sein; deswegen kam der Sohn auf Erden und nahm hernach den Himmel ein, deswegen klopft er für und für so stark an unsre Herzensthür.

4. O Abgrund, welcher alle Sünden durch Christi Tod ver-

schlungen hat! Das heißt die Wunde recht verbinden; da findet kein Verdammen statt, weil Christi Blut beständig schreit: Barmherzigkeit! Barmherzigkeit!

5. Darein will ich mich gläubig senken, dem will ich mich getrost vertraun, und wenn mich meine Sünden kränken, nur bald nach Gottes Herzen schaun; da findet sich zu aller Zeit unendliche Barmherzigkeit.

6. Wird alles andre weggerissen, was Seel und Leib erquicken kann, darf ich von keinem Troste wissen und scheine völlig ausgethan, ist die Errettung noch so weit: mir bleibet doch Barmherzigkeit.

7. Beginnt das Irdische zu drücken, ja häuft sich Kummer und Verdruß, daß ich mich noch in vielen Stücken mit eitlen Dingen mühen muß; ja, werd ich ziemlich sehr zerstreut, so hoff ich auf Barmherzigkeit.

8. Muß ich an meinen besten Werken, darinnen ich gewandelt bin, viel Unvollkommenheit bemerken, so fällt wohl alles Rühmen hin; doch ist auch dieser Trost bereit: Ich hoffe auf Barmherzigkeit.

9. Es gehe mir nach dessen Willen, bei dem so viel Erbarmen ist; er wolle selbst mein Herze stillen, damit es das nur nicht vergißt, so stehet es in Lieb und Leid in, durch und auf Barmherzigkeit.

10. Bei diesem Grunde will ich bleiben, so lange mich die Erde trägt; das will ich denken, thun und treiben, so lange sich ein Glied bewegt, so sing ich einstens höchst erfreut: O Abgrund der Barmherzigkeit!

Johann Andreas Rothe, 1728.

Mel. Nun lob, mein Seel, den 2c. 93.

241. Ich weiß, an wen ich gläube: mein JEsus ist des Glaubens Grund, bei dessen Wort ich bleibe, und das bekennet Herz und Mund. Vernunft darf hier nichts sagen, sie sei auch noch so klug; wer Fleisch und Blut will fragen, der fällt in Selbstbetrug. Ich folg in Glaubenslehren der heilgen Schrift allein; was diese mich läßt hören, muß unbeweglich sein.

2. HErr, stärke mir den Glauben; denn Satan trachtet Nacht und Tag, wie er dies Kleinod rauben und um mein Heil mich bringen mag. Wenn deine Hand mich führet, so werd ich sicher gehn; wenn mich dein Geist regieret, wirds selig um mich stehn. Ach, segne mein Vertrauen und bleib mit mir vereint; so laß ich mir nicht grauen und fürchte keinen Feind.

3. Laß mich im Glauben leben; soll auch Verfolgung, Angst und Pein mich auf der Welt umgeben, so laß mich treu im Glauben sein. Im Glauben laß mich sterben, wenn sich mein Lauf beschließt, und mich das Leben erben, das mir verheißen ist. Nimm mich in deine Hände bei Leb- und Sterbenszeit, so ist des Glaubens Ende der Seelen Seligkeit. Erdm. Neumeister, † 1756.

Eigene Melodie. 88.

242. Mein Heiland nimmt die Sünder an, die unter ihrer Last der Sünden kein Mensch, kein Engel trösten kann, die nirgends Ruh und Rettung finden, den'n selbst die weite Welt zu klein, die sich und Gott ein Greuel sein, den'n Moses schon den Stab gebrochen und sie der Höllen zugesprochen, wird diese Freistatt aufgethan: Mein Heiland nimmt die Sünder an. :,:

Vom Glauben und von der Rechtfertigung.

2. Sein mehr als mütterliches Herz trieb ihn von seinem Thron auf Erden; ihn drang der Sünder Weh und Schmerz, an ihrer statt ein Fluch zu werden; er senkte sich in ihre Noth und schmeckte den verdienten Tod. Nun da er denn sein eigen Leben zur theuren Zahlung hingegeben und seinem Vater gnug gethan, so heißts: er nimmt die Sünder an. :,:

3. Nun ist sein aufgethaner Schoß ein sichres Schloß gejagter Seelen; er spricht sie von dem Urtheil los und tilget bald ihr ängstlich Quälen; es wird ihr ganzes Sündenheer ins unergründlich tiefe Meer von seinem reinen Blut versenket. Der Geist, der ihnen wird geschenket, schwingt über sie die Gnadenfahn. Mein Heiland nimmt die Sünder an. :,:

4. So bringt er sie dem Vater hin in seinen blutbefloßnen Armen; das neiget dann den Vatersinn zu lauter ewigem Erbarmen; er nimmt sie an an Kindesstatt, ja alles, was er ist und hat, wird ihnen eigen übergeben, und selbst die Thür zum ewgen Leben wird ihnen fröhlich aufgethan. Mein Heiland nimmt die Sünder an. :,:

5. O, solltest du sein Herze sehn, wie sichs nach armen Sündern sehnet, sowohl wenn sie noch irre gehn, als wenn ihr Auge vor ihm thränet! Wie streckt er sich nach Zöllnern aus! Wie eilt er in Zachäi Haus! Wie sanft stillt er der Magdalenen den milden Fluß erpreßter Thränen, und denkt nicht, was sie sonst gethan! Mein Heiland nimmt die Sünder an. :,:

6. Wie freundlich blickt er Petrum an, ob er gleich noch so tief gefallen! Nun, dies hat er nicht nur gethan, da er auf Erden mußte wallen, nein, er ist immer einerlei: gerecht und fromm und ewig treu; und wie er unter Schmach und Leiden, so ist er auf dem Thron der Freuden den Sündern liebreich zugethan. Mein Heiland nimmt die Sünder an. :,:

7. So komme denn, wer Sünder heißt und wen sein Sündengreul betrübet, zu dem, der keinen von sich weist, der sich gebeugt zu ihm begiebet. Wie? willst du dir im Lichte stehn und ohne Noth verloren gehn? Willst du der Sünde länger dienen, da dich zu retten er erschienen? O nein, verlaß die Sündenbahn! — Mein Heiland nimmt die Sünder an. :,:

8. Komm nur mühselig und gebückt, komm nur, so gut du weißt zu kommen; wenngleich die Last dich niederdrückt, du wirst auch kriechend angenommen. Sieh, wie sein Herz dir offen steht und wie er dir entgegen geht! Wie lang hat er mit vielem Flehen sich brünstig nach dir umgesehen! So komm denn, armer Wurm, heran; mein Heiland nimmt die Sünder an. :,:

9. Sprich nicht: Ich habs zu grob gemacht, ich hab die Güter seiner Gnaden so lang und schändlich umgebracht; er hat mich oft umsonst geladen. Wofern dus nur jetzt redlich meinst und deinen Fall mit Ernst beweinst, so soll ihm nichts die Hände binden und du sollst noch Gnade finden. Er hilft, wenn sonst nichts helfen kann; mein Heiland nimmt die Sünder an. :,:

10. Doch sprich auch nicht: es ist noch Zeit, ich muß erst diese Lust genießen; Gott wird ja eben nicht gleich heut die offne Gnadenpforte schließen. Nein, weil er ruft, so höre du und greif mit

beiden Händen zu. Wer seiner Seelen Heil verträumet, der hat die Gnadenzeit versäumet, ihm wird hernach nicht aufgethan. Heut komm, heut nimmt dich JEsus an. :,:

11. Ja, zeuch uns selbsten recht zu dir, holdselig süßer Freund der Sünder; erfüll mit sehnender Begier auch uns und alle Adamskinder. Zeig uns bei unserm Seelenschmerz dein aufgespaltnes Liebesherz, und wenn wir unser Elend sehen, so laß uns ja nicht stille stehen, bis daß ein jeder sagen kann: Gott Lob, auch mich nimmt JEsus an. :,:

Leop. Franz Friedr. Lehr, 1733.

Eigene Melodie. 49.

243. Nun freut euch, lieben Christen gmein, und laßt uns fröhlich springen, daß wir getrost und all in ein mit Lust und Liebe singen, was Gott an uns gewendet hat und seine süße Wunderthat; gar theur hat ers erworben.

2. Dem Teufel ich gefangen lag, im Tod war ich verloren, mein Sünd mich quälet Nacht und Tag, darin ich war geboren. Ich fiel auch immer tiefer drein, es war kein guts am Leben mein, die Sünd hatt mich besessen.

3. Mein gute Werk, die golten nicht, es war mit ihn verdorben, der frei Will hasset Gotts Gericht, er war zum Gutn erstorben. Die Angst mich zu verzweifeln trieb, daß nichts denn Sterben bei mir blieb, zur Höllen mußt ich sinken.

4. Da jammerts Gott in Ewigkeit mein Elend übermaßen, er dacht an sein Barmherzigkeit, er wollt mir helfen lassen; er wandt zu mir das Vaterherz, es war bei ihm fürwahr kein Scherz, er ließ sein Bestes kosten.

5. Er sprach zu seinem lieben Sohn: Die Zeit ist hie zu 'rbarmen, fahr hin, meins Herzens werthe Kron und sei das Heil dem Armen und hilf ihm aus der Sündennoth, erwürg für ihn den bittern Tod und laß ihn mit dir leben.

6. Der Sohn dem Vater g'horsam ward, er kam zu mir auf Erden von einer Jungfrau rein und zart, er sollt mein Bruder werden. Gar heimlich führt er sein Gewalt, er ging in meiner armen G'stalt, den Teufel wollt er fangen.

7. Er sprach zu mir: Halt dich an mich, es soll dir jetzt gelingen, ich geb mich selber ganz für dich, da will ich für dich ringen; denn ich bin dein, und du bist mein, und wo ich bleib, da sollt du sein, uns soll der Feind nicht scheiden.

8. Vergießen wird er mir mein Blut, dazu mein Leben rauben, das leid ich alles dir zu gut, das halt mit festem Glauben. Den Tod verschlingt das Leben mein, mein Unschuld trägt die Sünde dein, da bist du selig worden.

9. Gen Himmel zu dem Vater mein fahr ich von diesem Leben, da will ich sein der Meister dein, den Geist will ich dir geben, der dich in Trübniß trösten soll und lehren mich erkennen wohl und in der Wahrheit leiten.

10. Was ich gethan hab und gelehrt, das sollt du thun und lehren, damit das Reich Gotts werd gemehrt zu Lob und seinen Ehren, und hüt dich für der Menschen G'satz, davon verdirbt der edle Schatz, das laß ich dir zu letze.*)

Dr. M. Luther, 1523.

Mel. Ach Gott vom Himmel sieh. 49.

244. O Gottes Sohn, HErr JEsu Christ, daß man recht könne gläuben, nicht

─────────
*) Zum Abschiede.

jedermannes Ding ja ist, noch standhaft zu verbleiben; drum hilf du mir von oben her, des wahren Glaubens mich gewähr, und daß ich drin verharre.

2. Lehr du und unterweise mich, daß ich den Vater kenne, daß ich, o JEsu Christe, dich den Sohn des Höchsten nenne, daß ich auch ehr den Heilgen Geist, zugleich gelobet und gepreist in dem dreieinigen Wesen.

3. Laß mich vom großen Gnadentheil das wahr Erkenntniß finden, wie der nur an dir habe Theil, dem du vergibst die Sünden. Hilf, daß ichs such, wie mir gebührt, du bist der Weg, der mich recht führt, die Wahrheit und das Leben.

4. Gib, daß ich traue deinem Wort, ins Herze es wohl fasse, daß sich mein Glaube immerfort auf dein Verdienst verlasse, daß zur Gerechtigkeit mir werd, o HErr, wann Sünde mich beschwert, dein Kreuztod zugerechnet.

5. Den Glauben, HErr, laß trösten sich des Bluts, so du vergossen, auf daß in deinen Wunden ich bleib allzeit eingeschlossen und durch den Glauben auch die Welt und was dieselb am höchsten hält, für Koth allzeit nur achte.

6. Wär auch mein Glaub wie Senfkorn klein und daß man ihn kaum merke, wollst du doch in mir mächtig sein, daß deine Gnad mich stärke, die das zerbrochne Rohr nicht bricht, das glimmend Tocht auch vollends nicht auslöschet in den Schwachen.

7. Hilf, daß ich stets sorgfältig sei, den Glauben zu behalten, ein gut Gewissen auch dabei, und daß ich so mög walten, daß ich sei lauter jederzeit, ohn Anstoß, mit Gerechtigkeit erfüllt und ihren Früchten.

8. HErr, durch den Glauben wohn in mir, laß ihn sich immer stärken, daß er sei fruchtbar für und für und reich an guten Werken, daß er sei thätig durch die Lieb, mit Freuden und Gedulb sich üb, dem Nächsten fort zu dienen.

9. Insonderheit gib mir die Kraft, daß vollends bei dem Ende ich übe gute Ritterschaft, zu dir allein mich wende in meiner letzten Stund und Noth, des Glaubens End durch deinen Tod, die Seligkeit, erlange.

10. HErr JEsu, der du angezündt das Fünklein in mir Schwachen, was sich vom Glauben in mir findt, du wollst es stärker machen; was du gefangen an, vollführ bis an das End, daß dort bei dir auf Glauben folgt das Schauen.

Hannoversches Gesangb., 1657.
(David Denicke. ?)

Mel. Nun freut euch, lieben Chr. 49.

245. Such, wer da will, ein ander Ziel, die Seligkeit zu finden, mein Herz allein bedacht soll sein, auf Christum sich zu gründen; sein Wort ist wahr, sein Werk ist klar, sein heilger Mund hat Kraft und Grund, all Feind zu überwinden.

2. Such, wer da will, Nothhelfer viel, die uns doch nichts erworben; hie ist der Mann, der helfen kann, bei dem nie was verdorben; uns wird das Heil durch ihn zu theil, uns macht gerecht der treue Knecht, der für uns ist gestorben.

3. Ach sucht doch den, laßt alles stehn, die ihr das Heil begehret; er ist der HErr und keiner mehr, der euch das Heil gewähret. Sucht ihn all Stund von Herzensgrund, sucht ihn allein, denn wohl wird sein dem, der ihn herzlich ehret.

128 JEsus=Lieder.

4. Meins Herzens Kron, mein Freudensonn sollt du, HErr JEsu, bleiben; laß mich doch nicht von deinem Licht durch Eitelkeit vertreiben; bleib du mein Preis, dein Wort mich speis, bleib du mein Ehr, dein Wort mich lehr, an dich stets fest zu gläuben.

5. Wend von mir nicht dein Angesicht, laß mich im Kreuz nicht zagen; weich nicht von mir, mein höchste Zier, hilf mir mein Leiden tragen; hilf mir zur Freud nach diesem Leid, hilf, daß ich mag nach dieser Klag dir ewig dort Lob sagen.

Georg Weissel, 1630.

Mel. Nun freut euch, lieben Chr. 49.

246. Wenn dein herzliebster Sohn, o Gott, nicht wär auf Erden kommen und hätt, da ich in Sünden todt, mein Fleisch nicht angenommen, so müßt ich armes Würmelein zur Höllen wandern in die Pein um meiner Unthat willen.

2. Jetzt aber hab ich Ruh und Rast, darf nimmermehr verzagen, weil er die schwere Sündenlast für mich hat selbst getragen. Er hat mit dir versöhnet mich, da er am Kreuz ließ tödten sich, auf daß ich selig würde.

3. Drum ist getrost mein Herz und Muth mit kindlichem Vertrauen; auf dies sein rosinfarbnes Blut will ich mein Hoffnung bauen, das er für mich vergossen hat, gewaschen ab die Missethat, daß ich schneeweiß bin worden.

4. In seinem Blut erquick ich mich und komm zu dir mit Freuden; ich suche Gnad demüthiglich, von dir soll mich nichts scheiden; was mir erworben hat dein Sohn durch seinen Tod und Marterkron, kann mir kein Teufel rauben.

5. Nichts hilft mir die Gerechtigkeit, die vom Gesetz herrühret; wer sich in eignem Werk erfreut, wird jämmerlich verführet: des HErren JEsu Werk allein, das machts, daß ich kann selig sein, weil ich fest an ihn gläube.

6. Gott Vater, der du alle Schuld auf deinen Sohn geleget; HErr JEsu, dessen Lieb und Huld all meine Sünden träget; o Heilger Geist, des Gnad und Kraft allein das Gute in mir schafft, laß mich aus End beharren.

Johann Heermann, 1630.

XXI. JEsus=Lieder.

Mel. O daß ich tausend Zungen. 45.

247. Der beste Freund ist in dem Himmel, auf Erden sind die Freunde rar, denn bei dem falschen Weltgetümmel ist Redlichkeit oft in Gefahr. Drum hab ichs immer so gemeint: mein JEsus ist der beste Freund.

2. Die Menschen sind wie eine Wiege, mein JEsus stehet felsenfest, daß, wenn ich gleich darnieder liege, mich seine Freundschaft doch nicht läßt. Er ists, der mit mir lacht und weint: mein JEsus ist der beste Freund.

3. Die Welt verkaufet ihre Liebe dem, der am meisten nutzen kann, und scheinet denn das Glücke trübe, so steht die Freundschaft hinten an. Doch hier ist es nicht so gemeint; mein JEsus ist der beste Freund.

4. Er läßt sich selber für mich

tödten, vergeußt für mich sein eigen Blut; er steht mir bei in allen Nöthen, er spricht für meine Schulden gut; er hat mir niemals was verneint: mein JEsus ist mein bester Freund.

5. Mein Freund, der mir sein Herze gibet; mein Freund, der mein und ich bin sein; mein Freund, der mich beständig liebet; mein Freund bis in das Grab hinein. Ach, hab ichs nun nicht recht gemeint? Mein JEsus ist mein bester Freund.

6. Behalte, Welt, dir deine Freunde, sie sind doch gar zu wandelbar; und hätt ich hundert tausend Feinde, so krümmen sie mir nicht ein Haar. Hier immer Freund und nimmer Feind: mein JEsus ist der beste Freund.

Benjamin Schmolck, 1704.

Mel. Nun laßt uns Gott, dem H. 4.

248. Der HErr, der aller Enden regiert mit seinen Händen, der Brunn der ewgen Güter, der ist mein Hirt und Hüter.

2. So lang ich diesen habe, fehlt mirs an keiner Gabe; der Reichthum seiner Fülle gibt mir die Füll und Hülle.

3. Er lässet mich mit Freuden auf grüner Aue weiden, führt mich zu frischen Quellen, schafft Rath in schweren Fällen.

4. Wenn meine Seele zaget und sich mit Sorgen plaget, weiß er sie zu erquicken, aus aller Noth zu rücken.

5. Er lehrt mich thun und lassen, führt mich auf rechter Straßen, läßt Furcht und Angst sich stillen, um seines Namens willen.

6. Und ob ich gleich vor andern im finstern Thal muß wandern, fürcht ich doch keine Tücke, bin frei vorm Unglücke.

7. Denn du stehst mir zur Seiten, schützt mich für bösen Leuten, dein Stab, HErr, und dein Stecken benimmt mir all mein Schrecken.

8. Du setzest mich zu Tische, machst, daß ich mich erfrische, wenn mir mein Feind viel Schmerzen erweckt in meinem Herzen.

9. Du salbst mein Haupt mit Oele und füllest meine Seele, die leer und durstig saße mit vollgeschenktem Maße.

10. Barmherzigkeit und Gutes wird mein Herz gutes Muthes, voll Lust, voll Freud und Lachen, so lang ich lebe, machen.

11. Ich will dein Diener bleiben und dein Lob herrlich treiben im Hause, da du wohnest und Frommsein wohl belohnest.

12. Ich will dich hier auf Erden und dort, wo wir dich werden selbst schaun im Himmel droben, hoch preisen, singn und loben.

Ps. 23. Paul Gerhardt, 1657.

Eigene Melodie. 69.

249. Eins ist noth, ach HErr, dies Eine lehre mich erkennen doch! Alles andre, wies auch scheine, ist ja nur ein schweres Joch, darunter das Herze sich naget und plaget und dennoch kein wahres Vergnügen erjaget. Erlang ich dies Eine, das alles ersetzt, so werd ich mit Einem in allem ergötzt.

2. Seele, willt du dieses finden, suchs bei keiner Kreatur; laß, was irdisch ist, dahinten, schwing dich über die Natur, wo Gott und die Menschheit in Einem vereinet, wo alle vollkommene Fülle erscheinet, da, da ist das beste, nothwendigste Theil, mein Ein und mein Alles, mein seligstes Heil.

3. Wie Maria war beflissen auf des Einigen Genieß, da sie sich zu JEsu Füßen voller An-

dacht niederließ, — ihr Herze entbrannte, dies einzig zu hören, was JEsus, ihr Heiland, sie wollte belehren; ihr Alles war gänzlich in JEsum versenkt, und wurde ihr alles in Einem geschenkt.

4. Also ist auch mein Verlangen, liebster JEsu, nur nach dir; laß mich treulich an dir hangen, schenke dich zu eigen mir. Ob viel auch umkehrten zum größesten Haufen, so will ich dir dennoch in Liebe nachlaufen, denn dein Wort, o JEsu, ist Leben und Geist; was ist wohl, das man nicht in JEsu geneußt?

5. Aller Weisheit höchste Fülle in dir ja verborgen liegt. Gib nur, daß sich auch mein Wille sein in solche Schranken fügt, worinnen die Demuth und Einfalt regieret und mich zu der Weisheit, die himmlisch ist, führet. Ach, wenn ich nur JEsum recht kenne und weiß, so hab ich der Weisheit vollkommenen Preis.

6. Nichts kann ich vor Gott ja bringen, als nur dich, mein höchstes Gut; JEsu, es muß mir gelingen durch dein rosinfarbnes Blut. Die höchste G e r e c h t i g k e i t ist mir erworben, da du bist am Stamme des Kreuzes gestorben; die Kleider des Heils ich da habe erlangt, worinnen mein Glaube in Ewigkeit prangt.

7. Nun so gib, daß meine Seele auch nach deinem Bild erwacht. Du bist ja, den ich erwähle, mir zur Heiligung gemacht. Was dienet zum göttlichen Wandel und Leben, ist in dir, mein Heiland, mir alles gegeben; entreiße mich aller vergänglichen Lust, dein Leben sei, JEsu, mir einzig bewußt.

8. Ja, was soll ich mehr verlangen? Mich beschwemmt die Gnadenfluth, du bist einmal eingegangen in das Heilge durch dein Blut; da hast du die ewge Erlösung erfunden, daß ich nun der höllischen Herrschaft entbunden; dein Eingang die völlige Freiheit mir bringt, in kindlichem Geiste das Abba nun klingt.

9. Volles Gnügen, Fried und Freude jetzo meine Seel ergötzt, weil auf eine frische Weide mein Hirt, JEsus, mich gesetzt. Nichts süßers kann also mein Herze er laben, als wenn ich nur, JEsu, dich immer soll haben, nichts, nichts ist, das also mich innig erquickt, als wenn ich dich, JEsu, im Glauben erblickt.

10. Drum auch, JEsu, du alleine sollt mein ein und alles sein, prüf, erfahre, wie ichs meine, tilge allen Heuchelschein; sieh, ob ich auf bösem, betrüglichem Stege, und leite mich, Höchster, auf ewigem Wege, gib, daß ich hier alles nur achte für Koth und JEsum gewinne: dies Eine ist noth.

Johann Heinrich Schröder, 1697.

In eigener Melodie. 5.

250. JEsu, komm doch selbst zu mir und verbleibe für und für, komm doch, werther Seelenfreund, Liebster, den mein Herze meint.

2. Tausendmal begehr ich dich, weil sonst nichts vergnüget mich, tausendmal schrei ich zu dir, JEsu, JEsu, komm zu mir.

3. Keine Lust ist auf der Welt, die mein Herz zufrieden stellt. Dein, o JEsu, bei mir sein nenn ich meine Lust allein.

4. Aller Engel Glanz und Pracht und was ihnen Freude macht, ist mir, süßer Seelenkuß, ohne dich nichts als Verdruß.

5. Nimm nur alles von mir hin, ich verändre nicht den Sinn, du, o JEsu, mußt allein ewig meine Freude sein.

6. Keinem andern sag ich zu,

daß ich ihm mein Herz aufthu;
dich alleine laß ich ein, dich alleine
nenn ich mein.

7. Dich alleine, Gottes Sohn,
heiß ich meine Kron und Lohn;
du für mich verwundtes Lamm,
bist allein mein Bräutigam.

8. O, so komm doch, süßes
Herz, und vermindre meinen
Schmerz, denn ich schreie für und
für, JEsu, JEsu, komm zu mir.

9. Nun ich warte mit Geduld,
bitte noch um diese Huld, daß
du wollst in Todespein mir ein
süßer JEsus sein.

Johann Angelus, 1657 oder 1668.

Eigene Melodie. 74.

251. JEsu, meine Freude, meines Herzens
Weide, JEsu, meine Zier, ach,
wie lang, ach, lange ist dem
Herzen bange und verlangt nach
dir, Gotteslamm, mein Bräutigam,
außer dir soll mir auf Erden
nichts sonst liebers werden.

2. Unter deinen Schirmen bin
ich vor den Stürmen aller Feinde
frei. Laß den Satan wittern,
laß die Welt erschüttern, mir steht
JEsus bei. Ob es jetzt gleich
kracht und blitzt, obgleich Sünd
und Hölle schrecken, JEsus will
mich decken.

3. Trotz dem alten Drachen,
Trotz dem Todesrachen, Trotz der
Furcht dazu, tobe, Welt, und
springe, ich steh hier und singe
in gar sichrer Ruh; Gottes
Macht hält mich in Acht; Erd
und Abgrund muß verstummen,
ob sie noch so brummen.

4. Weg mit allen Schätzen, du
bist mein Ergötzen, JEsu, meine
Lust! Weg, ihr eitlen Ehren, ich
mag euch nicht hören, bleibt mir
unbewußt! Elend, Noth, Kreuz,
Schmach und Tod soll mich, ob
ich viel muß leiden, nicht von
JEsu scheiden.

5. Gute Nacht, o Wesen, das
die Welt erlesen, mir gefällst du
nicht. Gute Nacht, ihr Sünden,
bleibet weit dahinten, kommt
nicht mehr ans Licht! Gute Nacht,
du Stolz und Pracht, dir sei
ganz, du Lasterleben, gute Nacht
gegeben.

6. Weicht, ihr Trauergeister,
denn mein Freudenmeister, JEsus,
tritt herein. Denen, die
Gott lieben, muß auch ihr Betrüben
lauter Zucker sein. Duld
ich schon hier Spott und Hohn,
dennoch bleibst du auch im Leide,
JEsu, meine Freude.

Johann Franck, um 1653.

In eigener Melodie. 51.

252. JEsu, meines Herzens
Freud, süßer
JEsu, meiner Seelen Seligkeit,
süßer JEsu, des Gemüthes Sicherheit,
süßer JEsu, JEsu, süßer
JEsu.

2. Tausendmal gedenk ich dein,
mein Erlöser, und begehre dich
allein, mein Erlöser, sehne mich,
bei dir zu sein, mein Erlöser,
JEsu, mein Erlöser.

3. Weide mich und mach mich
satt, Himmelsspeise; tränke mich,
mein Herz ist matt, Seelenweide;
sei du meine Ruhestatt, Ruh der
Seelen, JEsu, Ruh der Seelen.

4. Nichts ist Lieblichers, als
du, liebste Liebe, nichts ist freundlichers,
als du, milde Liebe, auch
nichts süßers ist, als du, süße
Liebe, JEsu, süße Liebe.

5. Ich bin krank, komm, stärke
mich, meine Stärke; ich bin matt,
erquicke mich, süßer JEsu; wenn
ich sterb, so tröste mich, du mein
Tröster, JEsu, du mein Tröster.

Joh. Flittner, 1661.

In eigener Melodie. 37.

253. JEsus, JEsus, nichts als JEsus soll
mein Wunsch sein und mein Ziel;
jetzund mach ich ein Verbündniß,

daß ich will, was JEsus will, denn mein Herz mit ihm erfüllt, rufet nur: HErr, wie du willt.
2. Einer ist es, dem ich lebe, den ich liebe früh und spat. JEsus ist es, dem ich gebe, was er mir gegeben hat. Ich bin in dein Blut verhüllt, führe mich, HErr, wie du willt.
3. Scheinet was, es sei mein Glücke, und ist doch zuwider dir: ach, so nimm es bald zurücke, JEsu, gib, was nützet mir. Gib dich mir, HErr JEsu, mild, nimm mich dir, HErr, wie du willt.
4. Und vollbringe deinen Willen in, durch und an mir, mein Gott, deinen Willen laß erfüllen mich im Leben, Freud und Noth, sterben als dein Ebenbild, HErr, wann, wo und wie du willt.
5. Sei auch, JEsu, stets gepriesen, daß du dich und viel dazu hast geschenkt und mir erwiesen, daß ich fröhlich singe nu: es geschehe mir, mein Schild, wie du willt, HErr, wie du willt.

Ludämilia Elisabeth,
Gräfin zu Schwarzburg, 1668.

In eigener Melodie. 33.

254. Meinen JEsum laß ich nicht, denn er ist allein mein Leben, wer ihn hat, dem nichts gebricht, er kann sich zufrieden geben, er geräth in was für Noth, wärs auch Satan, Sünd und Tod.
2. Meinen JEsum laß ich nicht, weil kein beßrer Freund auf Erden, denn er, JEsus, unser Licht, springt in allerlei Beschwerden mir getreulich an die Seit, liebt mich bis in Ewigkeit.
3. Meinen JEsum laß ich nicht, wenn mich gleich alle Menschen hassen und der Feinde Macht einbricht, auch gedenket so zu fassen, daß ich gleich soll untergehn, bleibt mir seine Rettung stehn.

4. Meinen JEsum laß ich nicht, wenn mich meine Sünden quälen, wenn mein Herz und Satan spricht: sie sind groß und nicht zu zählen, spricht er: sei getrost, mein Kind, ich, ich tilge deine Sünd.
5. Meinen JEsum laß ich nicht, wenn mir bricht in letzten Zügen meiner schwachen Augen Licht, da erst, da hilft er mir siegen. Ja, ins letzte Weltgericht lässet er mich kommen nicht.
6. Meinen JEsum laß ich nicht, denn er wird mich auch nicht lassen, dieses glaub ich, anders nicht, und er wird mich nimmer hassen; darum sprech ich, ihn mein Licht, meinen JEsum, laß ich nicht.

Georg Linzner, 1691.

In voriger Melodie. 33.

255. Meinen JEsum laß ich nicht, weil er sich für mich gegeben, so erfordert meine Pflicht, klettenweis an ihm zu kleben, er ist meines Lebens Licht, meinen JEsum laß ich nicht.
2. JEsum laß ich nimmer nicht, weil ich soll auf Erden leben, ihm hab ich voll Zuversicht, was ich bin und hab, ergeben; alles ist auf ihn gericht, meinen JEsum laß ich nicht.
3. Laß vergehen das Gesicht, Hören, Schmecken, Fühlen weichen, laß das letzte Tageslicht mich auf dieser Welt erreichen; wenn der Lebensfaden bricht, meinen JEsum laß ich nicht.
4. Ich werd ihn auch lassen nicht, wenn ich nun dahin gelanget, wo für seinem Angesicht meiner Väter Glaube pranget; mich erfreut sein Angesicht: Meinen JEsum laß ich nicht.
5. Nicht nach Welt, nach Himmel nicht meine Seele wünscht und stöhnet, JEsum

JEsus-Lieder.

wünscht sie und sein Licht, der mich hat mit Gott versöhnet, der mich freiet vom Gericht, meinen JEsum laß ich nicht,

6. JEsum laß ich nicht von mir, Geh ihm ewig an der Seiten: Christus läßt mich für und für Zu dem Lebensbüchlein leiten. Selig, wer mit mir so **spricht: Meinen JEsum laß ich nicht.***)

M. Christian Keymann, 1656 oder 1658.

Mel. Ich ruf zu dir, HErr ꝛc. 76.

256. O JEsu Christ, mein schönstes Licht, der du in deiner Seelen so hoch mich liebst, daß ich es nicht aussprechen kann noch zählen: gib, daß mein Herz dich wiederum mit Lieben und Verlangen mög umfangen und als dein Eigenthum nur einzig an dir hangen.

2. Gib, daß sonst nichts in meiner Seel, als deine Liebe, wohne; gib, daß ich deine Lieb erwähl als meinen Schatz und Krone; stoß alles aus, nimm alles hin, was dich und mich will trennen, und nicht gönnen, daß all mein Muth und Sinn in deiner Liebe brennen.

3. Wie freundlich, selig, süß und schön ist, JEsu, deine Liebe, wo diese steht, kann nichts bestehn, das meinen Geist betrübe; drum laß nichts anders denken mich, nichts sehen, fühlen, hören, lieben, ehren, als deine Lieb und dich, der du sie kannst vermehren.

4. O daß ich dieses hohe Gut möcht ewiglich besitzen, o daß in mir dies edle Blut ohn Ende möchte hitzen; ach hilf mir wachen Tag und Nacht und diesen Schatz bewahren vor den Scharen,

*) J. G. Ch. z. S. spricht, d. i.: Joh. Georg, Churfürst zu Sachsen, spricht: Meinen JEsum laß ꝛc.

die wider uns mit Macht aus Satans Reiche fahren.

5. Mein Heiland, du bist mir zu lieb in Noth und Tod gegangen und hast am Kreuze wie ein Dieb und Mörder da gehangen, verhöhnt, verspeit und sehr verwundt; ach, laß mich deine Wunden alle Stunden mit Lieb im Herzensgrund auch ritzen und verwunden.

6. Dein Blut, das dir vergossen ward, ist köstlich, gut und reine; mein Herz hingegen böser Art und hart gleich einem Steine. Ach laß doch deines Blutes Kraft mein hartes Herze zwingen, wohl durchbringen und diesen Lebenssaft mir deine Liebe bringen.

7. O daß mein Herze offen stünd und fleißig möcht auffangen die Tropfen Bluts, die meine Sünd im Garten dir abbrangen; o daß sich meiner Augen Brunn aufthät, und mit viel Stöhnen heiße Thränen vergösse, wie die thun, die sich in Liebe sehnen.

8. O daß ich wie ein kleines Kind mit Weinen dir nachginge so lange, bis dein Herz entzündt mit Armen mich umfinge und deine Seel in mein Gemüth in voller, süßer Liebe sich erhübe und also deiner Güt ich stets vereinigt bliebe.

9. Ach zeuch, mein Liebster, mich nach dir, so lauf ich mit den Füßen, ich lauf und will dich mit Begier in meinem Herzen küssen; ich will aus deines Mundes Zier den süßen Trost empfinden, der die Sünden und alles Unglück hier kann leichtlich überwinden.

10. Mein Trost, mein Schatz, mein Licht, mein Heil, mein höchstes Gut und Leben, ach nimm mich auf zu deinem Theil, wie ich mich dir ergeben; denn außer dir ist lauter Pein, ich

sind hier überalle nichts denn Galle, nichts kann mir tröstlich sein, nichts ist, das mir gefalle.

11. Du aber bist die beste Ruh, in dir ist Fried und Freude; gib, JEsu, gib, daß immerzu mein Herz in dir sich weide. Sei meine Flamm und brenn in mir; mein Balsam, wollest eilen, lindern, heilen den Schmerzen, der allhier mich seufzen macht und heulen.

12. Was ists, ach Schönster, das ich nicht in deiner Liebe habe? Sie ist mein Stern, mein Sonnenlicht, mein Quell, da ich mich labe, mein süßer Wein, mein Himmelsbrod, mein Kleid vor Gottes Throne, meine Krone, mein Schutz in aller Noth, mein Haus, darin ich wohne.

13. Ach, liebstes Lieb, wenn du entweichst, was hilft mir sein geboren? Wenn du mir deine Lieb entzeuchst, ist all mein Gut verloren; so gib, daß ich dich, meinen Gast, wohl fuch und bestermaßen möge fassen, und wenn ich dich gefaßt, in Ewigkeit nicht lassen.

14. Du hast mich je und je geliebt und auch nach dir gezogen, eh ich noch je was guts geübt, warst du mir schon gewogen. Ach laß doch ferner, edler Hort, mich deine Liebe leiten und begleiten, daß sie mir immerfort beisteh auf allen Seiten.

15. Laß meinen Stand, darin ich steh, HErr, deine Liebe zieren und wo ich etwa irre geh, alsbald zurechte führen; laß sie mich allzeit guten Rath und weise Werke lehren, steuern, wehren der Sünd und nach der That bald wieder mich bekehren.

16. Laß sie sein meine Freud in Leid, in Schwachheit mein Vermögen, und wenn ich, nach vollbrachter Zeit, mich soll zur Ruhe legen, alsdann laß deine Liebestreu. HErr JEsu, bei mir stehen, Luft zuwehen, daß ich getrost und frei mög in dein Reich eingehen.

Paul Gerhardt, 1666.

Mel. Wie schön leuchtet der M. 86.

257. O JEsu, JEsu, Gottes Sohn, mein Bruder und Gnadenthron, mein höchste Freud und Wonne, du weißest, daß ich rede wahr, vor dir ist alles sonnenklar und klärer als die Sonne, herzlich lieb ich mit Gefallen dich für allen; nichts auf Erden kann und mag mir lieber werden.

2. Dies ist mein Schmerz, dies kränket mich, daß ich nicht g'nug kann lieben dich, wie ich dich lieben wollte; je mehr ich lieb, je mehr ich find, in Liebe gegen dich entzündt, daß ich dich lieben sollte. Von dir laß nur deine Güte ins Gemüthe lieblich fließen, so wird sich die Lieb ergießen.

3. Durch deine Kraft treff ich das Ziel, daß ich, so viel ich soll und will, dich allzeit lieben könne. Nichts auf der ganzen weiten Welt, Pracht, Wollust, Ehre, Freud und Geld, wenn ich es recht besinne, kann mich ohn dich g'nugsam laben; ich muß haben reine Liebe, die tröst, wenn ich mich betrübe.

4. Denn wer dich liebt, den liebest du, schaffst seinem Herzen Fried und Ruh, erfreuet sein Gewissen. Es geh auf Erden, wie es will, laß sein des Kreuzes noch so viel, soll er doch dein genießen, endlich, ewig, nach dem Leide große Freude wird er finden, alles Trauern muß verschwinden.

5. Kein Ohr hat jemals dies gehört, kein Mensch gesehen, noch gelehrt, es läßt sich nicht be-

schreiben, was denen dort für Herrlichkeit bei dir und von dir ist bereit, die in der Liebe bleiben. Gründlich läßt sich nicht erreichen, noch vergleichen der Welt Schätzen dies, was uns dort wird ergötzen.

6. Drum laß ich billig dies allein, o JEsu, meine Sorge sein, daß ich dich herzlich liebe, daß ich in dem, was dir gefällt und mir dein klares Wort vermeldt, aus Liebe mich stets übe; bis ich endlich werd abscheiden und mit Freuden zu dir kommen, aller Trübsal ganz entnommen.

7. Da werd ich deine Süßigkeit, die jetzt berühmt ist weit und breit, in reiner Liebe schmecken und sehn dein liebliches Angesicht mit unverwandtem Augenlicht, ohn alle Furcht und Schrecken. Reichlich werd ich sein erquicket und geschmücket vor beim Throne mit der schönsten Himmelskrone.

Johann Heermann, 1630.

Mel. HErr JEsu Christ, meins L. 11.

258. O JEsu süß, wer dein gedenkt, des Herz mit Freud wird überschwenkt; noch süßer aber alles ist, wo du, o JEsu, selber bist.

2. JEsu, du Herzensfreud und Wonn, des Lebens-Brunn, du wahre Sonn, dir gleichet nichts auf dieser Erd, in dir ist, was man je begehrt.

3. JEsu, dein Lieb ist mehr denn süß; nichts ist darin, das ein'n verdrieß; viel tausendmal ists, wie ich sag, edler als mans aussprechen mag.

4. JEsu, du Quell der Gütigkeit, ein Hoffnung bist all unsrer Freud, ein süßer Fluß und Gnadenbrunn, des Herzens wahre Freud und Wonn.

5. Dein Lieb, o süßer JEsu Christ, des Herzens beste Labung ist; sie machet satt, doch ohn Verdruß, der Hunger wächst im Ueberfluß.

6. JEsu, du engelische Zier, wie süß in Ohren klingst du mir; du Wunderhonig in dem Mund, kein bessern Trank mein Herz empfund.

7. JEsu, du höchste Gütigkeit, meins Herzens Lust und beste Freud; du bist die unbegreiflich Güt, dein Lieb umfäht all mein Gemüth.

8. JEsum lieb haben, ist sehr gut; wohl dem, der sonst nichts suchen thut; mir sterben will ich selber ab, daß ich in ihm das Leben hab.

9. O JEsu, meine Süßigkeit, du Trost der Seel, die zu dir schreit, die heißen Thränen suchen dich, das Herz zu dir schreit inniglich.

10. Ja, wo ich bin, in was Revier, so wollt ich, JEsus wär bei mir, Freud über Freud, wenn ich ihn find; selig, wenn ich ihn halten könnt.

11. Was ich gesucht, das seh ich nun, was ich begehrt, das hab ich schon; von Lieb, o JEsu, bin ich schwach, mein Herz das flammt und schreit dir nach.

12. Wer dich, o JEsu, also liebt, der bleibt gewiß wohl unbetrübt; nichts ist, das diese Lieb verzehr, sie wächst und brennt je mehr und mehr.

13. JEsu, du Blum und Jungfraun Sohn, du Lieb und unser Gnadenthron, dir sei Lob, Ehr, wie sichs geziemt, dein Reich kein Ende immer nimmt.

14. In dir mein Herz hat seine Lust, HErr, mein Begier ist dir bewußt; auf dich ist all mein Ruhm gestellt, JEsu, du Heiland aller Welt.

15. Du Brunnquell der Barmherzigkeit, dein Glanz erstreckt sich weit und breit; der Traurig-

keit Gewölk vertreib, das Licht der Glori bei uns bleib.

16. Dein Lob im Himmel hoch erklingt, kein Chor ist, der nicht von dir singt; JEsus erfreut die ganze Welt, die er bei Gott zu Fried gestellt.

17. JEsus im Fried regieren thut, der übertrifft all zeitlich Gut; der Fried bewahr mein Herz und Sinn, so lang ich hier auf Erden bin.

18. Und wenn ich ende meinen Lauf, so hole mich zu dir hinauf, JEsu, daß ich da Fried und Freud bei dir genieß in Ewigkeit.

19. JEsu, erhöre meine Bitt, JEsu, verschmäh mein Seufzen nit! JEsu, mein Hoffnung steht zu dir, o JEsu, JEsu, hilf du mir!

Martin Moller, 1584,
(nach dem Lat. des heil. Bernhard: "Jesus dulcis memoria.")

Mel. Valet will ich dir geben. 59.

259. Schatz über alle Schätze, o JEsu, liebster Schatz, an dem ich mich ergötze, hier hab ich einen Platz in meinem treuen Herzen dir, Schönster, zugetheilt, weil du mit deinen Schmerzen mir meinen Schmerz geheilt.

2. Ach Freude meiner Freuden, du wahres Himmelsbrod, damit ich mich kann weiden, das meine Seelennoth ganz kräftiglich kann stillen und mich in Leidenszeit erfreulich überfüllen mit Trost und Süßigkeit.

3. Laß, Liebster, mich erblicken dein freundlich Angesicht, mein Herze zu erquicken, komm, komm, mein Freudenlicht; denn ohne dich zu leben ist lauter Herzeleid, vor deinen Augen schweben, ist wahre Seligkeit.

4. O reiche Lebensquelle, o JEsu, süße Ruh, du treuer Kreuzgeselle, schlag nach Belieben zu. Ich will geduldig leiden und soll mich keine Pein von deiner Liebe scheiden, noch mir beschwerlich sein.

5. Mein Herze bleibt ergeben dir immer für und für, zu sterben und zu leben und will vielmehr mit dir im tiefsten Feuer schwitzen, als, Schönster, ohne dich im Paradiese sitzen, veracht und jämmerlich.

6. O Herrlichkeit der Erden, dich mag und will ich nicht, mein Geist will himmlisch werden und ist dahin gericht, wo JEsus wird geschauet, da sehn ich mich hinein, wo JEsus Hütten bauet, denn dort ist gut zu sein.

7. Nun JEsu, mein Vergnügen, komm, hole mich zu dir, in deinem Schoß zu liegen, komm, meiner Seelen Zier, und setze mich aus Gnaden in deine Freudenstadt, so kann mir niemand schaden, so bin ich reich und satt.

M. Salomon Liscovius, 1672.

Eigene Melodie. 27.

260. Seelen-Bräutigam, JEsu, Gotteslamm, habe Dank für deine Liebe, die mich zieht aus reinem Triebe von der SündenSchlamm, JEsu Gotteslamm.

2. Deine Liebesglut stärket Muth und Blut; wenn du freundlich mich anblickest und an deine Brust mich drückest, macht mich wohlgemuth deine Liebesglut.

3. Wahrer Mensch und Gott, Trost in Noth und Tod, du bist darum Mensch geboren, zu ersetzen, was verloren, durch dein Blut so roth, wahrer Mensch und Gott.

4. Meines Glaubens Licht laß verlöschen nicht, salbe mich mit Freuden-Oele, daß hinfort in meiner Seele ja verlösche nicht meines Glaubens Licht.

JEsus=Lieder.

5. So werd ich in dir bleiben für und für, beine Liebe will ich ehren und in dir dein Lob vermehren, weil ich für und für bleiben werd in dir.

6. Held aus Davids Stamm, deine Liebesflamm mich ernähre und verwehre, daß die Welt mich nicht versehre, ob sie mir gleich gram, Held aus Davids Stamm.

7. Großer Friedefürst, wie hast du gedürst nach der Menschen Heil und Leben und dich in den Tod gegeben, da du rieffst: mich dürst; großer Friedensfürst.

8. Deinen Frieden gib aus so großer Lieb uns, den Deinen, die dich kennen und nach dir sich Christen nennen, denen du bist lieb, deinen Frieden gib.

9. Wer der Welt abstirbt, emsig sich bewirbt um den lebendigen Glauben, der wird bald empfindlich schauen, daß niemand verdirbt, der der Welt abstirbt.

10. Nun ergreif ich dich, du mein ganzes Ich, ich will nimmermehr dich lassen, sondern gläubig dich umfassen, weil im Glauben ich nun ergreife dich.

11. Wenn ich weinen muß, wird bein Thränenfluß nun die meinen auch begleiten und zu beinen Wunden leiten, daß mein Thränenfluß sich bald stillen muß.

12. Wenn ich mich aufs neu wiederum erfreu, freuest du dich auch zugleiche, bis ich dort in beinem Reiche ewiglich aufs neu mich mit dir erfreu.

13. Hier durch Spott und Hohn, dort die Ehrenkron; hier im Hoffen und im Glauben, dort im Haben und im Schauen, denn die Ehrenkron folgt auf Spott und Hohn.

14. JEsu, hilf, daß ich allhie ritterlich alles durch dich überwinde und in beinem Sieg empfinde, wie so ritterlich du gekämpft für mich.

15. Du, mein Preis und Ruhm, werthe Saronsblum, in mir soll nun nichts erschallen, als was bir nur kann gefallen, werthe Saronsblum, du, mein Preis und Ruhm.

Adam Drese, um 1690.

Eigene Melodie. 86.

261. Wie schön leuchtet der Morgenstern, voll Gnad und Wahrheit von dem HErrn, du süße Wurzel Jesse; du Sohn Davids aus Jakobs Stamm, mein König und mein Bräutigam, hast mir mein Herz besessen, lieblich, freundlich, schön und herrlich, groß und ehrlich, reich von Gaben, hoch und sehr prächtig erhaben.

2. Ei mein Perle, du werthe Kron, wahr Gottes- und Mariensohn, ein hochgeborner König, mein Herz heißt dich ein Lilium, dein süßes Evangelium ist lauter Milch und Honig. Ei mein Blümlein, Hosianna, himmlisch Manna, das wir essen, beiner kann ich nicht vergessen.

3. Geuß sehr tief in mein Herz hinein, du heller Jaspis und Rubein, die Flamme deiner Liebe und erfreu mich, daß ich doch bleib an deinem auserwählten Leib ein lebendige Rippe. Nach dir ist mir, gratiosa coeli rosa,*) krank und glimmet mein Herz, durch Liebe verwundet.

4. Von Gott kommt mir ein Freudenschein, wenn du mit deinen Aeugelein mich freundlich thust anblicken. O HErr JEsu, mein trautes Gut, dein Wort, dein Geist, dein Leib und Blut mich innerlich erquicken. Nimm mich freundlich in dein Arme,

*) D. h. angenehme Himmelsrose.

daß ich warme werd von Gnaden. Auf dein Wort komm ich geladen.

5. HErr Gott Vater, mein starker Held, du hast mich ewig vor der Welt in deinem Sohn geliebet. Dein Sohn hat mich ihm selbst vertraut, er ist mein Schatz, ich bin sein Braut, sehr hoch in ihm erfreuet. Eya, Eya, himmlisch Leben wird er geben mir dort oben; ewig soll mein Herz ihn loben.

6. Zwingt die Saiten in Cithara und laßt die süße Musika ganz freudenreich erschallen, daß ich möge mit JEsulein, dem wunderschönen Bräutgam mein, in steter Liebe wallen. Singet, springet, jubiliret, triumphiret, dankt dem HErren; groß ist der König der Ehren.

7. *) Wie bin ich doch so herzlich froh, daß mein Schatz ist das A und O, der Anfang und das Ende; er wird mich doch zu seinem Preis aufnehmen in das Paradeis, des klopf ich in die Hände. Amen, Amen! Komm, du schöne Freudenkrone, bleib nicht lange, deiner wart ich mit Verlangen.

Dr. Philipp Nicolai, 1597.

In eigener Melodie. 89.

262. Wie wohl ist mir, o Freund der Seelen, wenn ich in deiner Liebe ruh, ich steige aus der Schwermuthshöhlen und eile deinen Armen zu, da muß die Nacht des Trauerns scheiden, wenn mit so angenehmen Freuden die Liebe strahlt aus deiner Brust. Hier ist mein Himmel schon auf Erden, wer wollte nicht vergnüget werden, der in dir suchet Ruh und Lust.

*) Die Anfangsbuchstaben jedes Verses bilden den Namen: Wilhelm Ernst, Graf und Herr zu Waldeck.

2. Die Welt mag meine Feindin heißen, es sei also, ich trau ihr nicht, wenn sie mir gleich will Lieb erweisen bei einem freundlichen Gesicht. In dir vergnügt sich meine Seele, du bist mein Freund, den ich erwähle; du bleibst mein Freund, wenn Freundschaft weicht. Der Welt Haß kann mich doch nicht fällen, weil in den stärksten Unglückswellen mir deine Treu den Anker reicht.

3. Will mich des Mosis Eifer drücken, blitzt auf mich des Gesetzes Weh, droht Straf und Hölle meinem Rücken, so steig ich gläubig in die Höh, und flieh in deiner Seite Wunden, da hab ich schon den Ort gefunden, wo mich kein Fluchstrahl treffen kann. Tritt alles wider mich zusammen, du bist mein Heil, wer will verdammen? Die Liebe nimmt sich meiner an.

4. Führst du mich in die Kreuzeswüsten, ich folg und lehne mich auf dich, du nähreſt aus den Wolkenbrüsten und labest aus dem Felsen mich; ich traue deinen Wunderwegen, sie enden sich in Lieb und Segen; genug, wenn ich dich bei mir hab; ich weiß, wen du willt herrlich zieren und über Sonn und Sterne führen, den führest du zuvor hinab.

5. Der Tod mag andern düster scheinen, mir nicht, weil Seele, Herz und Muth in dir, der du verlässest keinen, o allerliebstes Leben, ruht. Wen kann des Weges End erschrecken, wenn er aus mördervollen Hecken gelanget in die Sicherheit? Mein Licht, so will ich auch mit Freuden aus dieser finstern Wildniß scheiden zu deiner Ruh der Ewigkeit.

6. Wie ist mir denn, o Freund der Seelen, so wohl, wenn ich

Vom christlichen Leben. 139

mich lehn auf dich, mich kann Welt, Noth und Tod nicht quälen, weil du, mein Gott, vergnügest mich. Laß solche Ruh in dem Gemüthe nach deiner unumschränkten Güte des Himmels süßen Vorschmack sein. Weg, Welt, mit allen Schmeicheleien, nichts kann, als JEsus, mich erfreuen, o reicher Trost, mein Freund ist mein.

Wolfg. Christoph Deßler, 1692.

XXII. Vom christlichen Leben.

Mel. O Gott, du frommer Gott. 55.

263. Ach Gott, verlaß mich nicht, gib mir die Gnadenhände, ach führe mich, dein Kind, daß ich den Lauf vollende zu meiner Seligkeit, sei du mein Lebenslicht, mein Stab, mein Hort, mein Schutz, ach Gott, verlaß mich nicht.

2. Ach Gott, verlaß mich nicht, regiere du mein Wallen, ach laß mich nimmermehr in Sünd und Schande fallen; gib mir den guten Geist, gib Glaubenszuversicht, sei meine Stärk und Kraft, ach Gott, verlaß mich nicht.

3. Ach Gott, verlaß mich nicht, ich ruf aus Herzensgrunde. Ach Höchster, stärke mich in jeder bösen Stunde, wenn mich Versuchung plagt und meine Seel anficht, so weiche nicht von mir, ach Gott, verlaß mich nicht.

4. Ach Gott, verlaß mich nicht, ach laß dich doch bewegen, ach Vater, kröne doch mit reichem Himmelssegen die Werke meines Amts, die Werke meiner Pflicht, zu thun, was dir gefällt, ach Gott, verlaß mich nicht.

5. Ach Gott, verlaß mich nicht, ich bleibe dir ergeben, hilf mir, o großer Gott, recht gläuben, christlich leben und selig scheiden ab, zu sehn dein Angesicht. Hilf mir in Noth und Tod, ach Gott, verlaß mich nicht.

Salomon Frank, † 1725.

Mel. HErr, ich habe mißgehand. 30

264. Ach was sind wir ohne JEsum? Dürftig, jämmerlich und arm. Ach was sind wir? Voller Elend. Ach HErr JEsu, dich erbarm; laß dich unsre Noth bewegen, die wir dir vor Augen legen.

2. Wir sind nichts ohn dich, HErr JEsu; hier ist lauter Finsterniß, dazu quälet uns gar heftig der vergifte Schlangenbiß. Dieses Gift steigt zu dem Herzen und verursacht stete Schmerzen.

3. Ach ohn dich, getreuer JEsu, schreckt der Teufel und die Höll, die Verdammniß macht mich zittern, da ich steh auf dieser Stell, mein Gewissen ist erwachet und der Abgrund flammt und krachet.

4. Ohne dich, herzliebster JEsu, kommt man nicht durch diese Welt: sie hat fast auf allen Wegen unsern Füßen Netz gestellt, sie kann trotzen, sie kann heucheln und hält uns mit ihrem Schmeicheln.

6. Ach wie kraftlos, Herzens-JEsu, richten sich die Kranken auf; unsre Macht ist lauter Ohnmacht in dem müden Lebenslauf. Denn man sieht uns, da wir wallen, öfters straucheln, oftmals fallen.

6. Darum stärk uns, liebster JEsu, sei in Finsterniß das Licht, öffne unsre Herzensaugen, zeig dein freundlich Angesicht; prahl

o Sonn, mit Lebensblicken, so wird sich das Herz erquicken.

7. Tritt den Satan, starker JEsu, unter unsern schwachen Fuß; komm zu deiner Braut gegangen, biet ihr deinen Friedensgruß, daß sie Himmelsfreud verspüre und kein Leid sie mehr berühre.

8. Faß uns an, o süßer JEsu, führ uns durch die Pilgerstraß, daß wir auf den rechten Wegen gehen fort ohn Unterlaß, laß uns meiden alle Stricke und nicht wieder sehn zurucke.

9. Laß den Geist der Kraft, HErr JEsu, geben unserm Geiste Kraft, daß wir brünstig dir nachwandeln, nach der Liebe Eigenschaft. Ach, HErr, mach uns selber tüchtig, so ist unser Leben richtig.

10. Dann wird Lob und Dank, HErr JEsu, schallen aus des Herzens Grund; dann wird alles jubiliren und dir singen Herz und Mund. Dort soll besser, als auf Erden, JEsus hochgelobet werden. Peter Lackmann, 1704.

Eigene Melodie. 46.

265. Dir, dir, Jehova, will ich singen, denn wo ist doch ein solcher Gott wie du? Dir will ich meine Lieder bringen, ach gib mir deines Geistes Kraft dazu, daß ich es thu im Namen JEsu Christ, so wie es dir durch ihn gefällig ist.

2. Zeuch mich, o Vater, zu dem Sohne, damit dein Sohn mich wieder zieh zu dir; dein Geist in meinem Herzen wohne und meine Sinnen und Verstand regier, daß ich den Frieden Gottes schmeck und fühl und dir darob im Herzen sing und spiel.

3. Verleih mir, Höchster, solche Güte, so wird gewiß mein Singen recht gethan, so klingt es schön in meinem Liede, und ich bet dich im Geist und Wahrheit an, so hebt dein Geist mein Herz zu dir empor, daß ich dir Psalmen sing im höhern Chor.

4. Denn der kann mich bei dir vertreten mit Seufzern, die ganz unaussprechlich sind, der lehret mich recht gläubig beten, gibt Zeugniß meinem Geist, daß ich dein Kind und ein Miterbe JEsu Christi sei, daher ich Abba, lieber Vater, schrei.

5. Wenn dies aus meinem Herzen schallet, durch deines Heiligen Geistes Kraft und Trieb, so bricht dein Vaterherz und wallet ganz brünstig gegen mir vor heißer Lieb, daß mirs die Bitte nicht versagen kann, die ich nach deinem Willen hab gethan.

6. Was mich dein Geist selbst bitten lehret, das ist nach deinem Willen eingericht, und wird gewiß von dir erhöret, weil es im Namen deines Sohns geschicht, durch welchen ich dein Kind und Erbe bin und nehme von dir Gnad um Gnade hin.

7. Wohl mir, daß ich dies Zeugniß habe, drum bin ich voller Trost und Freudigkeit, und weiß, daß alle gute Gabe, die ich von dir verlange jederzeit, die gibst du und thust überschwänglich mehr, als ich verstehe, bitte und begehr.

8. Wohl mir, ich bitt in JEsu Namen, der mich zu deiner Rechten selbst vertritt, in ihm ist alles Ja und Amen, was ich von dir im Geist und Glauben bitt; wohl mir, Lob dir, jetzt und in Ewigkeit, daß du mir schenkest solche Seligkeit.

Bartholomäus Crasselius, 1697.

Mel. HErr JEsu Christ, meins L. L.

266. Erneure mich, o ewges Licht, und laß von deinem Angesicht mein Herz und Seel mit deinem Schein durchleuchtet und erfüllet sein.

2. Ertödt in mir die schnöde Lust, feg aus den alten Sündenwust; ach rüst mich aus mit Kraft und Muth, zu streiten wider Fleisch und Blut.

3. Schaff in mir, HErr, den neuen Geist, der, dir mit Lust Gehorsam leist, und nichts sonst, als was du willst, will. Ach HErr, mit ihm mein Herz erfüll.

4. Auf dich laß meine Sinnen gehn, laß sie nach dem, was droben, stehn, bis ich dich schau, o ewges Licht, von Angesicht zu Angesicht.

Joh. Friedr. Ruopp, 1704.

Mel. Meinen JEsum laß ich n. 33.

267. Gott, der du wahrhaftig bist und aus dessen Herz und Munde lauter Gnad und Wahrheit fließt, daß ich auch auf diesem Grunde felsenfeste bauen kann, frische mich zur Wahrheit an.

2. Dieses Wort bleibt immer wahr: Wer sich einen Christen nennet, und nicht frei und offenbar vor den Menschen dich bekennet, den bekennet auch dein Sohn nicht vor deinem Gnadenthron.

3. Unter seines Kreuzes Fahn hab ich einmal nun geschworen, hält mein Glaube sich nicht dran, ist die Krone schon verloren; so laß JEsum nur allein meines Mundes Losung sein.

4. Ist mein Fleisch und Blut verzagt, will die Welt die Zunge binden, werd ich hin und her gejagt, wie ein leichtes Rohr von Winden, wenn Verfolgung auf mich stoßt, ach, so mache mich getrost.

5. Fordert man von mir den Grund dessen, das ich hoff und gläube, öffne selbsten meinen Mund, daß er bei der Wahrheit bleibe und ein gut Bekenntniß thut; gib dazu mir Kraft und Muth.

6. David gläubt und redet auch, beides muß beisammen stehen, das ist wahrer Christen Brauch, die nicht Heuchelei begehen, und vor der behüte mich, heucheln ladet Zorn auf sich.

7. Du wollst mir die Kraft verleihn, daß ich lebe, wie ich gläube, dieses wird ein Zeugniß sein, daß ich stets in Christo bleibe, der, als ein getreuer Hirt, mich, sein Schäflein, kennen wird.

8. Laß mich bis an meinen Tod meinen JEsum recht bekennen und mich in der letzten Noth seines Leibes Gliedmaß nennen; leb und sterb ich nur auf ihn, weiß ich, daß ich selig bin.

B. Schmolck, † 1737.

Mel. Liebster JEsu, wir sind hier. 34.

268. Gott, du hast in deinem Sohn mich von Ewigkeit erwählet; sende nun von deinem Thron, was noch meinem Heile fehlet, und gib mir des Geistes Gaben, sodann werd ich alles haben.

2. Ach, ich bin lebendig todt, und zum Guten ganz verloren; Heilger Geist, mein HErr und Gott, mache du mich neugeboren, denn das Fleisch ist mein Verderben und kann nicht den Himmel erben.

3. Treibe weg die finstre Nacht meiner irrigen Gedanken; dämpfe das, was Gott veracht, halte die Vernunft in Schranken, daß ich anders nicht als gerne selbst von dir die Weisheit lerne.

4. Was mein Herze dicht und tracht, ist von Jugend auf nur böse; aber hilf, daß deine Macht mich auch von mir selbst erlöse,

und zu allen guten Dingen gib mir Wollen und Vollbringen.

5. Schaffe mir ein reines Herz, daß ich stets an Gott gedenke und mich oft mit Reu und Schmerz über meine Sünden kränke; doch nach den betrübten Stunden führe mich in JEsu Wunden.

6. Pflanze mich daselbst in ihn, als ein Glied an seinem Leibe und wenn ich sein eigen bin, hilf mir, daß ich es auch bleibe, er sei Stock und ich die Rebe, daß ich ganz in JEsu lebe.

7. Hierzu bitt ich diese drei: Glaube, Hoffnung und die Liebe; steh auch sonst mir also bei, daß kein Teufel mich betrübe. Gib mir Demuth, Fried und Freude und auch Sanftmuth, wenn ich leide.

8. Hilf mir reden recht und wohl, auch zuweilen gar nichts sagen. Hilf mir beten, wie ich soll; hilf mir auch mein Kreuze tragen. Wenn es Zeit ist, hilf mir sterben und dabei den Himmel erben.

Caspar Neumann, 1680.

Mel. HErr Christ, der einig. 48.

269. HErr JEsu, Gnadensonne, wahrhaftes Lebenslicht, laß Leben, Licht und Wonne mein blödes Angesicht nach deiner Gnad erfreuen und meinen Geist erneuen; mein Gott, verjag mirs nicht.

2. Vergib mir meine Sünden und wirf sie hinter dich, laß allen Zorn verschwinden, und hilf gnädiglich; laß deine Friedensgaben mein armes Herze laben. Ach HErr, erhöre mich.

3. Vertreib aus meiner Seelen den alten Adamssinn, und laß mich dich erwählen, auf daß ich mich forthin zu deinem Dienst ergebe und dir zu Ehren lebe, weil ich erlöset bin.

4. Beförder dein Erkenntniß in mir, mein Seelenhort, und öffne das Verständniß durch dein heiliges Wort, damit ich an dich glaube und in der Wahrheit bleibe, zu Trotz der Höllenpfort.

5. Tränk mich an deinen Brüsten und kreuzge mein Begier samt allen bösen Lüsten, auf daß ich für und für der Sündenwelt absterbe und nach dem Fleisch verderbe, hingegen leb in dir.

6. Ach zünde deine Liebe in meiner Seelen an, daß ich aus innerm Triebe dich ewig lieben kann, und dir zum Wohlgefallen beständig möge wallen auf rechter Lebensbahn.

7. Nun HErr, verleih mir Stärke, verleih mir Kraft und Muth, denn das sind Gnadenwerke, die dein Geist schafft und thut; hingegen meine Sinnen, mein Lassen und Beginnen ist böse und nicht gut.

8. Darum, du Gott der Gnaden, du Vater aller Treu, wend allen Seelenschaden und mach mich täglich neu; gib daß ich deinen Willen stets suche zu erfüllen und steh mir kräftig bei.

Ludwig Andreas Gotter, 1704.

Eigene Melodie. 49.

270. HErr, wie du willt, so schicks mit mir im Leben und im Sterben; allein zu dir steht mein Begier, laß mich, HErr, nicht verderben; erhalt mich nur in deiner Huld, sonst, wie du willt, gib mir Geduld, denn dein Will ist der beste.

2. Zucht, Ehr und Treu verleih mir, HErr, und Lieb zu deinem Worte; behüt mich, HErr, für falscher Lehr, und gib mir hier und dorte, was dient zu meiner Seligkeit; wend ab all Ungerechtigkeit in meinem ganzen Leben.

3. Soll ich einmal nach deinem Rath von dieser Welt abscheiden, verleih, o HErr, mir deine Gnad, daß es gescheh mit Freuden; mein Leib und Seel befehl ich dir, o HErr, ein selig End gib mir durch JEsum Christum, Amen.

Dr. Caspar Melissander, 1574.

In eigener Melodie. 94.

271. Herzlich lieb hab ich dich, o HErr, ich bitt, wollst sein von mir nicht fern mit deiner Güt und Gnaden; die ganze Welt nicht freuet mich, nach Himmel und Erd nicht frag ich, wenn ich dich nur kann haben; und wenn mir gleich mein Herz zerbricht, so bist doch du mein Zuversicht, mein Theil und meines Herzens Trost, der mich durch sein Blut hat erlöst. HErr JEsu Christ, mein Gott und HErr, mein Gott und HErr, in Schanden laß mich nimmermehr.

2. Es ist ja, HErr, dein G'schenk und Gab mein Leib und Seel und was ich hab in diesem armen Leben; damit ichs brauch zum Lobe dein, zu Nutz und Dienst des Nächsten mein, wollst mir dein Gnade geben. Behüt mich, HErr, für falscher Lehr, des Satans Mord und Lügen wehr, in allem Kreuz erhalte mich, auf daß ichs trag geduldiglich. HErr JEsu Christ, mein HErr und Gott, mein HErr und Gott, tröst mir mein Seel in Todesnoth.

3. Ach HErr, laß dein lieb Engelein am letzten End die Seele mein in Abrahams Schoß tragen; der Leib in sein Schlafkämmerlein gar sanft, ohn einge Qual und Pein ruh bis am jüngsten Tage; alsdann vom Tod erwecke mich, daß meine Augen sehen dich, in aller Freud,

Gottes Sohn, mein Heiland und mein Gnadenthron. HErr JEsu Christ, erhöre mich, erhöre mich, ich will dich preisen ewiglich.

Martin Schalling, 1571.

Mel. Das JEsulein soll doch. 83.

272. Hilf mir, mein Gott, hilf, daß nach dir, von Herzen mich verlange, und ich dich suche mit Begier, wenn mir wird angst und bange. Verleih, daß ich mit Freuden dich in meiner Angst bald finde, gib mir den Sinn, daß ich forthin meid alle Schand und Sünde.

2. Hilf, daß ich stets mit Reu und Schmerz mich deiner Gnad ergebe, hab immer ein zerknirschtes Herz, in wahrer Buße lebe; vor dir erschein, herzlich bewein hier alle Missethaten; laß allezeit mich sein bereit, dem Dürstigen zu rathen.

3. Die Lust des Fleisches dämpf in mir, daß sie nicht überwinde; rechtschaffne Lieb und Lust zu dir durch deinen Geist anzünde, daß ich in Noth bis in den Tod dich und dein Wort bekenne und mich kein Trutz noch Eigennutz von deiner Wahrheit trenne.

4. Behüte mich vor Zorn und Grimm, mein Herz mit Sanftmuth ziere; auch alle Hoffart von mir nimm, zur Demuth mich anführe. Was noch von Sünd an mir sich findt, laß mich hinfort ablegen. Laß allezeit Trost, Fried und Freud in mir durch dich sich regen.

5. Den Glauben stärk, erhalt in mir die Lieb und mache feste die Hoffnung, denn es ist vor dir Beständigkeit das beste. Den Mund bewahr, auf daß Gefahr durch ihn nicht werd erwecket. Speis ab den Leib, doch daß er bleib hie immer unbeflecket.

6. Gib, daß ich treu und fleißig sei in dem, was mir gebüh-

ret, burch Ehrgeiz, Stolz und Heuchelei nicht werde gar verführet. Leichtfertigkeit, Haß, Zank und Neid laß in mir nicht verbleiben. Verstockten Sinn und Diebsgewinn wollst du von mir abtreiben.

7. Hilf, daß ich folge treuem Rath, von falscher Meinung trete, den Armen helfe mit der That, für Freund und Feind stets bete, dien jedermann, so viel ich kann, das Böse haß und meide, nach deinem Wort, o höchster Hort, bis ich von hinnen scheide.

Johann Heermann, 1630.

In eigener Melodie. 76.

273. Ich ruf zu dir, HErr JEsu Christ, ich bitt, erhör mein Klagen; verleih mir Gnad zu dieser Frist, laß mich doch nicht verzagen, den rechten Weg, o HErr, ich mein, den wollest du mir geben, dir zu leben, meinem Nächsten nütz zu sein, dein Wort zu halten eben.

2. Ich bitt noch mehr, o HErre Gott, du kannst es mir wohl geben, daß ich nicht wieder werd zu Spott, die Hoffnung gib darneben, voraus wenn ich muß hie davon, daß ich dir mög vertrauen und nicht bauen auf alles mein Thun, sonst wirds mich ewig reuen.

3. Verleih, daß ich aus Herzensgrund mein Feinden mög vergeben, verzeih mir auch zu dieser Stund, schaff mir ein neues Leben. Dein Wort mein Speis laß allweg sein, damit mein Seel zu nähren, mich zu wehren, wenn Unglück geht daher, das mich bald möcht verkehren.

4. Laß mich kein Lust, noch Furcht von dir in dieser Welt abwenden, beständig sein aus End gib mir, du hasts allein in Händen, und wem dus gibst, der hats umsonst, es mag niemand erwerben, noch ererben durch Werke deine Gnad, die uns erreit vom Sterben.

5. Ich lieg im Streit und widerstreb, hilf, o HErr Christ, dem Schwachen, an deiner Gnad allein ich kleb, du kannst mich stärker machen, kommt nun Anfechtung her, so wehr, daß sie mich nicht umstoße, du kannst maßen*), daß mirs nicht bring Gefähr, ich weiß, du wirsts nicht lassen.

Dr. Paul Speratus, (?) 1535.

Eigene Melodie. 19.

274. Ich weiß, mein Gott, daß all mein Thun und Werk auf deinem Willen ruhn, von dir kommt Glück und Segen, was du regierst, das geht und steht auf rechten guten Wegen.

2. Es steht in keines Menschen Macht, daß sein Rath werd ins Werk gebracht und seines Gangs sich freue; des Höchsten Rath, der machts allein, daß Menschenrath gereihe.

3. Oft denkt der Mensch in seinem Muth, dies oder jenes sei ihm gut und ist doch weit gefehlet; oft sieht er auch für schädlich an, was doch Gott selbst erwählet.

4. So fängt auch oft ein weiser Mann ein gutes Werk zwar fröhlich an und bringts doch nicht zu Stande; er baut ein Schloß und festes Haus, doch nur auf lauterm Sande.

5. Wie mancher ist in seinem Sinn fast über Berg und Spitzen hin, und eh er sichs versiehet, so liegt er da und hat sein Fuß vergeblich sich bemühet.

6. Drum, lieber Vater, der du Kron und Scepter trägst im Himmelsthron und aus den Wolken

---

*) D. h. Maß und Ziel setzen.

Vom christlichen Leben.

blitzest, vernimm mein Wort und höre mich vom Stuhle, da du sitzest.

7. Verleihe mir das edle Licht, das sich von deinem Angesicht in fromme Seelen strecket, und da der rechten Weisheit Kraft durch deine Kraft erwecket.

8. Gib mir Verstand aus deiner Höh, auf daß ich ja nicht ruh und steh auf meinem eignen Willen; sei du mein Freund und treuer Rath, was gut ist, zu erfüllen.

9. Prüf alles wohl und was mir gut, das gib mir ein; was Fleisch und Blut erwählet, das verwehre: der höchste Zweck, das beste Theil sei deine Lieb und Ehre.

10. Was dir gefällt, das laß auch mir, o meiner Seelen Sonn und Zier, gefallen und belieben; was dir zuwider, laß mich nicht in Werk und That verüben.

11. Ists Werk von dir, so hilf zu Glück; ists Menschenthun, so treibs zurück und ändre meine Sinnen. Was du nicht wirkst, pflegt von ihm selbst in kurzem zu zerrinnen.

12. Sollt aber dein und unser Feind an dem, was bein Herz gut gemeint, beginnen sich zu rächen, ist das mein Trost, daß seinen Zorn du leichtlich könnest brechen.

13. Tritt du zu mir und mache leicht, was mir sonst fast unmöglich däucht, und bring zum guten Ende, was du selbst angefangen hast durch Weisheit deiner Hände.

14. Ist gleich der Anfang etwas schwer, und muß ich auch ins tiefe Meer der bittern Sorgen treten, so treib mich nur ohn Unterlaß zu seufzen und zu beten.

15. Wer fleißig betet und dir traut, wird alles, da ihm sonst vor graut, mit tapferm Muth bezwingen, sein Sorgenstein wird in der Eil in tausend Stücke springen.

16. Der Weg zum Guten ist fast wild, mit Dorn und Hecken ausgefüllt, doch, wer ihn freundlich gehet, kommt endlich, HErr, durch deinen Geist, wo Freud und Wonne stehet.

17. Du bist mein Vater, ich dein Kind, was ich bei mir nicht hab und find, hast du zu aller Gnüge; so hilf nun, daß ich meinen Stand wohl halt und herrlich siege.

18. Dein soll sein aller Ruhm und Ehr, ich will bein Thun je mehr und mehr aus hocherfreuter Seelen vor deinem Volk und aller Welt, so lang ich leb, erzählen. Paul Gerhardt, 1659.

Mel. Ach was soll ich Sünder m. 36.

275. JEsus selbst, mein Licht, mein Leben, JEsus, meiner Seelen Zier, spricht: Kommt her, lernt all von mir; JEsus, dem ich mich ergeben, mein Heil und Gerechtigkeit, lehrt mich selbst die Frömmigkeit.

2. Ach, wie ist mein Herz verderbet, wie fest hält das Sündenband Leib und Seel, Sinn und Verstand, was von Adam angeerbet, sündlich Wesen, Fleisch und Blut, bleibt Fleisch und thut nimmer gut.

3. Mein Gott, hilf du mir ausrotten alles Unkraut, Haß und Neid, Hochmuth, Ungerechtigkeit; laß den Satan mich nicht spotten. Mach du mein Herz täglich neu, mach mich aller Bosheit frei.

4. Pflanz in mein Herz und Gemüthe deine große Freundlichkeit, die Geduld und Frömmigkeit, deine Liebe, deine Güte,

Andacht, Treu und Heiligkeit, Wahrheit und Gerechtigkeit.

5. Laß mich dir zu Ehren leben, JEsu, meines Herzens Licht, mein Trost, Heil und Zuversicht; laß mich dir allein ergeben, laß mich sterben dieser Welt, laß mich thun, was dir gefällt.

6. Führe mich auf deinen Wegen, gib mir deinen guten Geist, der mir Hilf und Beistand leist; laß mich deine Gnad und Segen stets empfinden früh und spat, segne Denken, Wort und That.

7. Bis ich endlich werde kommen aus der Unvollkommenheit zu des Himmels Herrlichkeit; da ich denn mit allen Frommen deine große Gütigkeit preisen will in Ewigkeit.

Dr. Johann Olearius, 1671 oder 1677.

Eigene Melodie. 4.

276. Kommt her zu mir, spricht Gottes Sohn, all, die ihr seid beschweret nun, mit Sünden fast beladen. Ihr Jungen, Alten, Frau und Mann, ich will euch geben, was ich han, und heilen euren Schaden.

2. Mein Joch ist süß, mein Bürd ist g'ring, wer mirs nachträgt in dem Geding, daß er der Höll entweiche, ich will ihm treulich helfen tragn, mit meiner Hilf wird er erjagn das ewig Himmelreiche.

3. Was ich hab than und g'litten hie in meinem Leben spat und früh, das sollt ihr auch erfüllen. Ja was der Mensch denkt, redt und thut, das kommt ihm alls zu recht und gut, wenns g'schicht nach Gottes Willen.

4. Gern wollt die Welt auch selig sein, wenn nur nicht wär die Schmach und Pein, die alle Christen leiden; so kann und mags nicht anders sein, darum ergib dich willig drein, wer ewig Pein will meiden.

5. All Creatur bezeuget das, was lebt im Wasser, Luft und Gras, durch Leiden muß sich enden. Wer denn in Gottes Nam nicht will, der muß zuletzt ins Teufels Ziel mit schwerem G'wissen länden.

6. Heut ist der Mensch schön, jung und lang, morgen so ist er tödtlich krank, alsbald so muß er sterben. Gleich wie ein Blumen auf dem Feld, also wird Pracht und G'präng der Welt in einem Hui verderben.

7. Was hilft dem Reichen sein groß Gut, was hilft dem Jungen sein stolzer Muth, er muß aus diesen Maien. Wenn einer gäb die ganze Welt, Silber und Gold und alles Geld, noch muß er an den Reihen.

8. Was hilft dem G'lehrten sein groß Kunst? die weltlich Pracht ist gar umsonst, wir müssen alle sterben! Wer sich in Christo nicht ergeit, dieweil noch ist der Gnaden Zeit, ewig muß er verderben.

9. Die Welt erzittert ob dem Tod, wann einer liegt in letzter Noth, da will er erst fromm werden; einer schafft dies, der andre das, und er sein selber stets vergaß, dieweil er lebt auf Erden.

10. Und wenn er nimmer leben mag, so hebt er an ein große Klag, will sich erst Gott ergeben; ich fürcht fürwahr, die göttlich Gnad, die er allzeit verspottet hat, werd schwerlich ob ihm schweben.

11. Darum so merkt, ihr lieben Kind, die jetzund Gott ergeben sind, laßt euch die Müh nicht reuen: halt stets am heilgen Gotteswort, das ist der Seelen höchster Hort, Gott wird euch schon erfreuen.

12. Nicht Uebel ihr um Uebel gebt, schaut, daß ihr hie unschuldig lebt, laßt euch die Welt

nicht äffen: gebt Gott die Rach und alle Ehr, den engen Steg geht immer her, Gott wird die Welt fein strafen.

13. Wenn es euch ging nach Fleisches Muth, mit Gunst und g'sund und großem Gut, würdt ihr gar bald erkalten: darum schickt Gott euch Trübsal her, damit das Fleisch gezüchtigt werd, zur ewgen Freud erhalten.

14. Ist euch das Kreuz so bitter schwer, gedenkt, wie's höllisch Feuer wär, darein die Welt muß rennen: mit Leib und Seel wird Leiden sein, ohn Unterlaß die ewig Pein, und mag doch nicht verbrennen.

15. Ihr aber werdt nach dieser Zeit mit Christo haben ewig Freud, dahin sollt ihr gedenken; kein Zunge das aussprechen kann, die Glori und den ewgen Lohn, den euch der HErr wird schenken.

16. Und was der ewig g'waltig Gott in seinem Geist versprochen hat, geschworn bei seinem Namen, das hält und gibt er g'wiß fürwahr; der helf uns zu der Engel Schar, durch JEsum Christum, Amen.

Hanns Witzstat v. Wertheim, 1536.

Mel. Freu dich sehr, o meine S. 66.

277. Kommt, laßt euch den HErren lehren, kommt und lernet allzumal, welche die sind, die gehören in der rechten Christen Zahl; die bekennen mit dem Mund, gläuben fest von Herzensgrund und bemühen sich darneben, fromm zu sein, dieweil sie leben.

2. Selig sind, die Demuth haben, und sind immer arm im Geist, rühmen sich ganz keiner Gaben, daß Gott werd allein gepreist; danken dem auch für und für, denn das Himmelreich ist ihr; Gott wird dort zu Ehren setzen, die sich selbst gering hie schätzen.

3. Selig sind, die Leide tragen, da sich göttlich Trauern findt, die beseufzen und beklagen ihr und andrer Leute Sünd, auch deshalben traurig gehn, oft vor Gott mit Thränen stehn: diese sollen hier auf Erden und denn dort getröstet werden.

4. Selig sind die frommen Herzen, da man Sanftmuth spüren kann, welche Hohn und Trotz verschmerzen, weichen gerne jedermann, die nicht suchen eigne Rach und befehlen Gott die Sach: diese will der HErr so schützen, daß sie noch das Land besitzen.

5. Selig sind, die sehnlich streben nach Gerechtigkeit und Treu, daß an ihrem Thun und Leben kein Gewalt noch Unrecht sei. Die da lieben gleich und recht, sind aufrichtig, fromm und schlecht, Geiz, Betrug und Unrecht hassen, die wird Gott satt werden lassen.

6. Selig sind, die aus Erbarmen sich annehmen fremder Noth, sind mitleidig mit den Armen, bitten treulich für sie Gott; die behülflich sind mit Rath, auch, wo möglich, mit der That, werden wieder Hilf empfangen und Barmherzigkeit erlangen.

7. Selig sind, die funden werden reines Herzens jederzeit, die im Werk, Wort und Geberden lieben Zucht und Heiligkeit, diese, welchen nicht gefällt die unreine Lust der Welt, sondern sie mit Ernst vermeiden, werden schauen Gott mit Freuden.

8. Selig sind, die Friede machen und drauf sehn ohn Unterlaß, daß man mög in allen Sachen fliehen Hader, Streit und Haß. Die da stiften Fried und Ruh, helfen allerseits dazu, sich auch Friedens selbst befleißen, werden Gottes Kinder heißen.

9. Selig sind, die müssen dulden Schmach, Verfolgung, Angst und Pein, da sie es doch nicht verschuldet und gerecht befunden sein. Ob des Kreuzes gleich ist viel, setzet Gott doch Maß und Ziel und hernach wird ers belohnen ewig mit der Ehrenkronen.

10. Gib, o HErr, zu allen Zeiten, daß ich hie auf dieser Erd aller solcher Seligkeiten aus Gnaden fähig werd; gib, daß ich mich acht gering, oft dir meine Noth vorbring, auch am Feinde Sanftmuth übe, die Gerechtigkeit stets liebe.

11. Daß ich Armen helf und diene, immer hab ein reines Herz, die in Unfried stehn, versühne, dir anhang in Freud und Schmerz. Vater hilf von deinem Thron, daß ich gläub an deinen Sohn und durch deines Geistes Stärke mich befleiße guter Werke.

Johann Heermann, 1630. Aufs neue übersehen durch David Denike, (?) † 1680.

In eigner Melodie. 84.

278. Lasset uns mit JEsu ziehen, seinem Vorbild folgen nach, in der Welt der Welt entfliehen, auf der Bahn, die er uns brach, immer fort zum Himmel reisen, irdisch noch, schon himmlisch sein, gläuben recht und leben fein, in der Lieb den Glauben weisen. Treuer JEsu, bleib bei mir, gehe vor, ich folge dir.

2. Lasset uns mit JEsu leiden, seinem Vorbild werden gleich. Nach dem Leiden folgen Freuden, Armuth hier macht dorten reich. Thränensaat die erntet Lachen, Hoffnung tröste die Geduld! Es kann leichtlich Gottes Huld aus dem Regen Sonne machen. JEsu, hier leid ich mit dir, dort theil deine Freud mit mir.

3. Lasset uns mit JEsu sterben, sein Tod uns vom andern Tod rettet und vom Seelverderben, von der ewiglichen Noth. Laßt uns tödten, weil wir leben, unser Fleisch, ihm sterben ab, so wird er uns aus dem Grab in das Himmelsleben heben. JEsu sterb ich, sterb ich dir, daß ich lebe für und für.

4. Lasset uns mit JEsu leben; weil er auferstanden ist, muß das Grab uns wiedergeben. JEsu, unser Haupt du bist, wir sind deines Leibes Glieder, wo du lebst, da leben wir. Ach, erkenn uns für und für, trauter Freund, für deine Brüder. JEsu, dir ich lebe hier, dorten ewig auch bei dir.

Sigismund v. Birken (Betulius), 1652.

Mel. Straf mich nicht in dein. 56.

279. Mache dich, mein Geist, bereit, wache, fleh und bete, daß dich nicht die böse Zeit unverhofft betrete; denn es ist Satanslist über viele Frommen zur Versuchung kommen.

2. Aber wache erst recht auf von dem Sündenschlafe; denn es folget sonsten drauf eine lange Strafe, und die Noth samt dem Tod möchte dich in Sünden unvermuthet finden.

3. Wache auf, sonst kann dich nicht unser HErr erleuchten; wache, sonsten wird dem Licht dir noch ferne däuchten; denn Gott will für die Füll seiner Gnadengaben offne Augen haben.

4. Wache, daß dich Satans List nicht im Schlaf antreffe, weil er sonst behende ist, daß er dich bäffe; denn Gott gibt, die er liebt, oft in seine Strafen, wenn sie sicher schlafen.

5. Wache, daß dich nicht die Welt durch Gewalt bezwinge, oder, wenn sie sich verstellt, wieder an sich bringe. Wach und

sieh, damit nie viel von falschen Brüdern unter deinen Gliedern.

6. Wache dazu auch für dich, für dein Fleisch und Herze, damit es nicht liederlich Gottes Gnad verscherze; denn es ist voller List und kann sich bald heucheln und in Hoffart schmeicheln.

7. Bete aber auch dabei, mitten in dem Wachen; denn der HErre muß dich frei von dem allem machen, was dich drückt und bestrickt, daß du schläfrig bleibest und sein Werk nicht treibest.

8. Ja, er will gebeten sein, wenn er was soll geben, er verlanget unser Schrein, wenn wir wollen leben, und durch ihn unsern Sinn, Feind, Welt, Fleisch und Sünden, kräftig überwinden.

9. Doch wohl gut! es muß uns schon alles glücklich gehen, wenn wir ihn durch seinen Sohn im Gebet anflehen; denn er will uns mit Füll seiner Gunst beschütten, wenn wir gläubig bitten.

10. Drum so laßt uns immerbar wachen, flehen, beten, weil die Angst, Noth und Gefahr immer näher treten; denn die Zeit ist nicht weit, da uns Gott wird richten und die Welt vernichten.

Dr. Joh. Burkhard Freystein, 1704.

Eigene Melodie. 38.

280. Mir nach! spricht Christus, unser Held; mir nach, ihr Christen alle! Verleugnet euch, verlaßt die Welt, folgt meinem Ruf und Schalle, nehmt euer Kreuz und Ungemach auf euch, folgt meinem Wandel nach.

2. Ich bin das Licht, ich leucht euch für mit heilgem Tugendleben. Wer zu mir kommt und folget mir, darf nicht im Finstern schweben. Ich bin der Weg, ich

weise wohl, wie man wahrhaftig wandeln soll.

3. Mein Herz ist voll Demüthigkeit, voll Liebe meine Seele; mein Mund der fleußt zu jeder Zeit von süßem Sanftmuthsöle; mein Geist, Gemüthe, Kraft und Sinn ist Gott ergeben, schaut auf ihn.

4. Ich zeig euch das, was schädlich ist, zu fliehen und zu meiden und euer Herz von arger List zu reinigen und zu scheiden. Ich bin der Seelen Fels und Hort und führ euch zu der Himmelspfort.

5. Fällts euch zu schwer, ich geh voran, ich steh euch an der Seite, ich kämpfe selbst, ich brech die Bahn, bin alles in dem Streite. Ein böser Knecht, der still darf stehn, wenn er den Feldherrn sieht angehn.

6. Wer seine Seel zu finden meint, wird sie ohn mich verlieren; wer sie hier zu verlieren scheint, wird sie in Gott einführen. Wer nicht sein Kreuz nimmt und folgt mir, ist mein nicht werth und meiner Zier.

7. So laßt uns denn dem lieben HErrn mit Leib und Seel nachgehen und wohlgemuth, getrost und gern bei ihm im Leiden stehen; denn wer nicht kämpft, trägt auch die Kron des ewgen Lebens nicht davon.

Johann Angelus, 1668.

Eigene Melodie. 55.

281. O Gott, du frommer Gott, du Brunnquell guter Gaben, ohn den nichts ist, was ist, von dem wir alles haben: gesunden Leib gib mir und daß in solchem Leib ein unverletzte Seel und rein Gewissen bleib.

2. Gib, daß ich thu mit Fleiß, was mir zu thun gebühret, wozu mich dein Befehl in meinem

Stande führet. Gib, daß ich's thue bald zu der Zeit, da ich soll, und wenn ich's thu, so gib, daß es gerathe wohl.

3. Hilf, daß ich rede stets, womit ich kann bestehen, laß kein unnützes Wort aus meinem Munde gehen; und wenn in meinem Amt ich reden soll und muß, so gib den Worten Kraft und Nachdruck ohn Verdruß.

4. Findt sich Gefährlichkeit, so laß mich nicht verzagen, gib einen Heldenmuth, das Kreuz hilf selber tragen. Gib, daß ich meinen Feind mit Sanftmuth überwind und wenn ich Raths bedarf, auch guten Rath erfind.

5. Laß mich mit jedermann in Fried und Freundschaft leben, so weit als christlich ist; willt du mir etwas geben an Reichthum, Gut und Geld, so gib auch dies dabei, daß von unrechtem Gut nichts untermenget sei.

6. Soll ich auf dieser Welt mein Leben höher bringen, durch manchen sauern Tritt hindurch ins Alter dringen, so gib Geduld; für Sünd und Schanden mich bewahr, auf daß ich tragen mag mit Ehren graues Haar.

7. Laß mich an meinem End auf Christi Tod abscheiden, die Seele nimm zu dir hinauf zu deinen Freuden, dem Leib ein Räumlein gönn bei frommer Christen Grab, auf daß er seine Ruh an ihrer Seiten hab.

8. Wann du an jenem Tag die Todten wirst aufwecken, so thu auch deine Hand zu meinem Grab ausstrecken, laß hören deine Stimm und meinen Leib weck auf und führ ihn schön verklärt zum auserwählten Hauf.

Johann Heermann, 1630.

Mel. Wachet auf, ruft uns die St. 95.

282. Rüstet euch, ihr Christenleute, die Feinde suchen euch zur Beute, ja Satan selbst hat eur begehrt; wappnet euch mit Gottes Worte und kämpfet frisch an jedem Orte, damit ihr bleibet unversehrt. Ist euch der Feind zu schnell, hier ist Immanuel. Hosianna! der Starke fällt durch diesen Held, und wir behalten mit das Feld.

2. Reinigt euch von euren Lüsten, besieget sie, die ihr seid Christen und stehet in des HErren Kraft. Stärket euch in JEsu Namen, daß ihr nicht strauchelt, wie die Lahmen. Wo ist des Glaubens Eigenschaft? Wer hier ermüden will, der schaue auf das Ziel, da ist Freude. Wohlan, so seid zum Kampf bereit, so krönet euch die Ewigkeit.

3. Streitet recht die wenig Jahre, eh ihr kommt auf die Todtenbahre; kurz, kurz ist unser Lebenslauf. Wenn Gott wird die Todten wecken und Christus wird die Welt erschrecken, so stehen wir mit Freuden auf. Gott Lob, wir sind versöhnt. Daß uns die Welt noch höhnt, währt nicht lange, und Gottes Sohn hat längstens schon uns beigelegt die Ehrenkron.

4. JEsu, stärke deine Kinder, und mache die zu Ueberwinder, die du erkauft mit deinem Blut. Schaffe in uns neues Leben, daß wir uns stets zu dir erheben, wenn uns entfallen will der Muth. Genß aus auf uns den Geist, dadurch die Liebe fleußt in die Herzen, so halten wir getreu an dir im Tod und Leben für und für.

Wilhelm Erasmus Arends, 1714.

Mel. Freu dich sehr, o meine S. 66.

283. Sei getreu bis an das Ende, daure redlich aus den Kampf, leidest du gleich harte Stände, duldest du gleich manchen Dampf. Ach, das Leiden dieser Zeit ist nicht werth der Herrlichkeit, so dein JEsus dir will geben dort in jenem Freudenleben.

2. Sei getreu in deinem Glauben, baue deiner Seelen Grund nicht auf zweifelhafte Schrauben; lasse den Gewissens- bund, so geschlossen in der Tauf, Gott nicht wieder sagen auf. Der ist gottlos und verloren, wer meineidig dem geschworen.

3. Sei getreu in deiner Liebe gegen Gott, der dich geliebt; an dem Nächsten Gutes übe, ob er dich gleich hart betrübt; denke, wie dein Heiland that, als er für die Feinde bat; so mußt du verzeihen eben, soll Gott anders dir vergeben.

4. Sei getreu in deinem Leiden, lasse dich kein Ungemach von der Liebe JEsu scheiden, murre nicht mit Weh und Ach. Hilft denn was die Ungeduld? Ach, sie häufet nur die Schuld! Der trägt leichter, wer das träget mit Geduld, was Gott aufleget.

5. Sei getreu in deinem Hoffen. Hilft gleich Gott nicht, wie du willt, er hat bald ein Mittel troffen, daß dein Wünschen werd erfüllt; wisse, daß oft ist die Zeit, da er dir die Hand auch beut, da dein Ohren sind verstopfet, wenn er lang schon angeklopfet.

6. Drum getreu, getreu aus- halten mußt du deinem lieben Gott; ihn mußt du nur lassen walten, wenn du nicht willt ha- ben Spott. Rufe nur, Gott ist schon hier, sein Herz bricht ihm gegen dir; rufe nur, Gott ist vor- handen, Hoffnung macht ja nicht zu Schanden.

7. Sei getreu in deinem Her- zen, hüte dich vor Joabs Kuß; denke, Judas leidet Schmerzen um den falschen Teufelsgruß; Falschheit sei dein ärgster Feind, rede, was dein Herze meint;

sei zwar klug in deinem Glauben und doch ohne Falsch, wie Tau- ben.

8. Sei getreu in allen Sachen, Anfang, Mittel und das End lasse Gott in allem machen, auf daß aller Zweck sich wend vörderst hin zu Gottes Ehr; ja, du selbsten noch viel mehr wirst auf guten Wegen gehen, von der Sündenbahn abstehen.

9. Sei getreu in Todes- kämpfen, fechte frisch den letz- ten Ruck; laß dich keinen Teufel dämpfen. Ach, das ist der härtste Zug! Wer alsdann mit JEsu ringt und das Sündenfleisch be- zwingt, der gewißlich Lob ersieget und die Lebenskrone krieget.

M. Benjamin Prätorius, um 1650.

Mel. Was mein Gott will, das 2c. 83.

284. Sei Gott getreu, halt seinen Bund, o Mensch, in deinem Leben. Leg diesen Stein zum ersten Grund, bleib ihm allein ergeben; denk an den Kauf in deiner Tauf, da er sich dir verschrieben bei seinem Eid, in Ewigkeit als Vater dich zu lieben.

2. Sei Gott getreu, laß dich den Wind des Kreuzes nicht ab- kehren. Ist er dein Vater, du sein Kind, was willt du mehr begehren? Dies höchste Gut macht guten Muth. Kann seine Huld dir werden: nichts besser ist, mein lieber Christ, im Himmel und auf Erden.

3. Sei Gott getreu von Ju- gend auf, laß dich kein Lust noch Leiden in deinem ganzen Lebens- lauf von seiner Liebe scheiden. Sein alte Treu wird täglich neu, sein Wort steht nicht auf Schrau- ben; was er verspricht, das bricht er nicht, das sollt du kühnlich glauben.

4. Sei Gott getreu in deinem Stand, darein er dich gesetzet.

Wenn er dich hält mit seiner Hand, wer ist, der dich verletzet? Wer seine Gnad zur Brustwehr hat, kein Teufel kann ihm schaden. Wo dies Stacket um einen steht, dem bleibet wohl gerathen.

5. Sei Gott getreu, sein liebes Wort standhaftig zu bekennen; steh fest darauf an allem Ort, laß dich davon nicht trennen. Was diese Welt in Armen hält, muß alles noch vergeben; sein liebes Wort bleibt immer fort ohn alles Wanken stehen.

6. Sei Gott getreu, als welcher sich läßt treu und gnädig finden; streit unter ihm nur ritterlich, laß über dich den Sünden ja wider Pflicht den Zügel nicht; wär je der Fall geschehen, so sei bereit, durch Buß bei Zeit nur wieder aufzustehen.

7. Sei Gott getreu bis in den Tod und laß dich nichts abwenden; er wird und kann in aller Noth dir treuen Beistand senden, und käm auch gleich das höllische Reich mit aller Macht gedrungen, wollt auf dich zu, so gläube du, du bleibest unbezwungen.

8. Wirst du Gott also bleiben treu, so wird er sich erweisen, daß er dein lieber Vater sei, wie er dir hat verheißen, und eine Kron zum Gnadenlohn im Himmel dir aufsetzen; da wirst du dich fort ewiglich in seiner Treu ergötzen. *Michael Franck,* 1657.

In eigener Melodie. 55.

285. Was frag ich nach der Welt und allen ihren Schätzen, wenn ich mich nur an dir, HErr JEsu, kann ergötzen! Dich hab ich einzig mir zur Wollust vorgestellt, du, du bist meine Ruh, was frag ich nach der Welt?

2. Die Welt ist wie ein Rauch, der in der Luft vergehet, und einem Schatten gleich, der kurze Zeit bestehet; mein JEsus aber bleibt, wenn alles bricht und fällt; er ist mein starker Fels, was frag ich nach der Welt!

3. Die Welt sucht Ehr und Ruhm bei hoch erhabnen Leuten und denkt nicht einmal dran, wie bald doch diese gleiten; das aber, was mein Herz vor andern rühmlich hält, ist JEsus nur allein; was frag ich nach der Welt!

4. Die Welt sucht Geld und Gut und kann nicht eher rasten, sie habe denn zuvor den Mammon in dem Kasten: ich weiß ein besser Gut, wornach mein Herze stellt: ist JEsus nur mein Schatz, was frag ich nach der Welt!

5. Die Welt bekümmert sich, im Fall sie wird verachtet, als wenn man ihr mit List nach ihren Ehren trachtet; ich trage Christi Schmach, so lang es ihm gefällt; wenn mich mein Heiland ehrt, was frag ich nach der Welt!

6. Die Welt kann ihre Lust nicht hoch genug erheben, sie darf noch wohl dazu den Himmel dafür geben; ein andrer halts mit ihr, der von sich selbst viel hält, ich liebe meinen Gott, was frag ich nach der Welt!

7. Was frag ich nach der Welt, im Hui muß sie verschwinden, ihr Ansehn kann durchaus den blassen Tod nicht binden; die Güter müssen fort, und alle Lust verfällt; bleibt JEsus nur bei mir, was frag ich nach der Welt!

8. Was frag ich nach der Welt, mein JEsus ist mein Leben, mein Schatz, mein Eigenthum, dem ich mich ganz ergeben, mein ganzes Himmelreich und was mir sonst gefällt. Drum sag ich noch einmal: Was frag ich nach der Welt! *M. Georg Michael Pfefferkorn,* 1667.

Mel. O daß ich tausend Zungen. 15.

286. Was gibst du denn, o meine Seele, Gott, der dir täglich alles gibt? Was ist in deines Leibes Höhle, das ihn vergnügt und ihm beliebt? Es muß das Liebst und Beste sein; gib ihm, gib ihm das Herz allein.

2. Du mußt, was Gottes ist, Gott geben, sag, Seele, wem gebührt das Herz? Dem Teufel nicht, er haßt das Leben, wo dieser wohnt, ist Höllenschmerz; dir, dir, o Gott, dir soll allein mein Herz aufwärts gewidmet sein.

3. So nimm nun hin, was du verlangest, die Erstgeburt ohn alle List, das Herz, damit du, Schöpfer, prangest, das dir so sauer worden ist, dir geb ich's willig, du allein hast es bezahlt, es ist ja dein.

4. Wem sollt ich mein Herz lieber gönnen, als dem, der mir das seine gibt? Dich kann ich mein Herzliebsten nennen, du hast mich in den Tod geliebt. Mein Herz dein Herz ein Herz allein, soll dein und keines andern sein.

M. Karl Friedrich Lochner, um 1673.

Mel. O Gott, du frommer Gott. 55.

287. Was kann ich doch für Dank, o HErr, dir dafür sagen, daß du mich mit Geduld so lange Zeit getragen, da ich in mancher Sünd und Uebertretung lag und dich, du frommer Gott, erzürnet alle Tag!

2. Sehr große Lieb und Gnad erweisest du mir Armen: ich fuhr in Bosheit fort, du aber in Erbarmen; ich widerstrebte dir und schob die Buße auf, du schobest auf die Straf, daß sie nicht folgte drauf.

3. Daß ich nun bin bekehrt, hast du allein verrichtet; du hast des Satans Reich und Werk in mir vernichtet; HErr, deine Güt und Treu, die an die Wolken reicht, hat auch mein steinern Herz zerbrochen und erweicht.

4. Selbst konnt ich dich zu viel beleidigen mit Sünden, ich konnte aber nicht selbst Gnade wieder finden; selbst fallen konnte ich und ins Verderben gehn, doch konnt ich selber nicht von meinem Fall aufstehn.

5. Du hast mich aufgericht und mir den Weg geweiset, den ich nun wandeln soll; dafür, HErr, sei gepreiset. Gott sei gelobt, daß ich die alte Sünd nun haß und willig, ohne Furcht, die toten Werke laß.

6. Damit ich aber nicht aufs neue wieder falle, so gib mir deinen Geist, dieweil ich hier noch walle, der meine Schwachheit stärk und in mir mächtig sei und mein Gemüthe stets zu deinem Dienst erneu.

7. Ach leit und führe mich, so lang ich leb auf Erden, laß mich nicht ohne dich durch mich geführet werden. Führ ich mich ohne dich, so werd ich bald verführt; wenn du mich führest selbst, thu ich, was mir gebührt.

8. O Gott, du großer Gott, o Vater, hör mein Flehen! O JEsu, Gottes Sohn, laß deine Kraft mich sehen! O werther Heilger Geist, sei bei mir allezeit, daß ich dir diene hier und dort in Ewigkeit!

Dr. Justus Gesenius, um 1647.

Mel. Ach Gott vom Himmel sieh. 19.

288. Was willt du, armer Erdenklos, so sehr mit Hoffart prangen? Dein Elend ist zu viel und groß, du bist in Sünd empfangen, mit Weh geboren auf die Welt, Weh dein ganz Leben überfällt, mit Weh mußt du von bannen.

2. Was zierest du den Leib, das Haus, drin alles Siechthum

stecket, und füssest ihn so zärtlich aus mit dem, was ihm wohl schmecket! Weißt du denn nicht nach wenig Tag, daß er muß sterben mit Wehklag und ihn die Würmer fressen?

3. Vielmehr die edle Seele zier mit Buß und guten Werken, das Himmelbrod ihr setze für, dadurch sie sich kann stärken. Denn sie ist's, die ohn allen Tod im Himmel schweben soll vor Gott und allen heilgen Engeln.

4. Warum pflegst du des Fleisches wohl und läßt die Seel verschmachten? Ist's recht, daß man die Magd jetzt soll mehr als die Frau selbst achten? Der Geist führt sonst das Regiment; bei dir ist solches umgewendet: das Fleisch den Geist regieret.

5. Gott selbst, der große HErr und Held, des Menschen Seel hochschätzet und sie weit über alle Welt und alle Himmel setzet. Denn für wen hat er seinen Sohn, sein höchste Zierde, Freud und Kron, in Kreuzespein gegeben?

6. Traun, nicht dem Himmel, nicht der Erd ist dies zu gut ergangen; des Menschen Seel, so theur und werth, hat diese Gnad empfangen, die ist ein solch theur Pfand und Gut, das ohne seines Sohnes Blut nicht konnt erlöset werden.

7. Ist deine Seel so hoch vor Gott, wie kannst du sie denn hassen und wagen hin, als wär es Koth, den man findt auf der Gassen? Gedenk, daß Gottes liebster Sohn, gestiegen von des Himmels Thron, sie hat vom Tod errettet.

8. Denn als er sie aus schwerer Schuld vom Teufel fand gebunden und sie verdammet werden sollt zur Höllen alle Stunden, für Jammer ihm zerbrach sein Herz, er weinte über ihren Schmerz, davon sie selbst nicht wußte.

9. Ja, was noch mehr, so ließ er sich um ihretwillen tödten, errettet sie ganz kräftiglich aus allen ihren Nöthen. Sein Blutschweiß war das Lösegeld, das er, der Heiland aller Welt, für sie baar ausgezahlet.

10. An dieses Opfer denke recht, das für dich ist gegeben; die Seele achte nicht so schlecht, thu Gott nicht widerstreben. Schau doch, wie schwer war sie verwundt, da sie doch nichtes heilen kunnt, als Christi Blut und Striemen.

11. Wenn sie der Satan nicht zu Grund, der alles Unglück stiftet, durch List mit seinem Lügenmund bis auf den Tod vergiftet, so hätte Gottes Sohn den Tod und so viel Marter, Hohn und Spott am Kreuz nicht dürfen leiden.

12. Darum, o Mensch, verachte nicht das große, schwere Leiden, das er für dich hat selbst verricht, thu alle Bosheit meiden; schau doch, wie sich so treulich hat des Sohnes Gottes Majestät in Noth dein angenommen.

13. Hilf, Gott, daß ich mein Leben lang dies alles recht bedenke, für deine Treu dir Lob und Dank in tiefster Demuth schenke; daß ich von Sünden trete ab, mein Herz bei dir im Himmel hab, nach meinem Heil stets trachte.

Johann Heermann, 1630.
(Aus dem Lat. des h. Bernhard.)

Mel. Was frag ich nach der Welt. 55.

289. Wenn einer alle Kunst und alle Weisheit hätte, wenn er mit Menschen- und mit Engelzungen redte, hätt aber sonst dabei der wahren Liebe nicht, so wäre doch vor Gott damit nichts ausgericht.

Vom christlichen Leben.

2. Er wäre wie ein Erz, das zwar sehr helle klinget, sonst aber keine Frucht und keinen Nutzen bringet; es wär ein solcher Mensch, ein solcher guter Christ, wie eine Schell, an der kein Geist noch Leben ist.

3. Wenn er weissagen könnt und hätte allen Glauben, so daß er Wunderwerk an Bergen, Blinden, Tauben erwies und hätte doch der wahren Liebe nicht, so wäre abermal damit nichts ausgericht.

4. Wenn einer auch sein Hab und alles Gut den Armen hingäbe, aber es nicht thäte aus Erbarmen, wenn er sich brennen ließ und hätte nicht dabei der Liebe, sag ich doch, daß es nichts nütze sei.

5. Die Lieb ist langmuthvoll, sanftmüthig und gelinde, sehr freundlich jedermann, stets fertig und geschwinde, in Nöthen beizustehn, die Liebe eifert nicht, die Liebe siehet zu, daß keinem Leid geschicht.

6. Die Liebe ist nicht stolz, die Liebe hasset keinen, sucht ihren Nutzen nicht, sie rathet den Gemeinen, die Liebe zürnet nicht, die Lieb hilft jedermann und wendet Schaden ab, wo sie nur immer kann.

7. Die Liebe ist betrübt, wenn unrecht wird gerichtet, und freuet sich, wenn man der Wahrheit fest beipflichtet; die Liebe decket auch des Nächsten Mängel zu, verträget alles gern und liebet Fried und Ruh.

8. Ohn Argwohn glaubet sie das beste nur von allen, sie hoffet Besserung, wenn jemand ist gefallen in Sünd und Missethat; hat sie gleich keine Schuld, so leidet sie dennoch, was möglich, mit Geduld.

9. Wenn dort die Wissenschaft einmal wird ganz aufhören, so wird die Liebe doch sich fort und fort vermehren; wenn Glaub und Hoffnung auch vergehet mit der Zeit, so bleibet doch die Lieb in alle Ewigkeit.

10. HErr JEsu, der du bist ein Fürbild wahrer Liebe, verleihe, daß auch ich am Nächsten Liebe übe; gib, daß ich allezeit von Herzen jedermann zu dienen sei bereit, so viel ich soll und kann.

Lucas Backmeister, † 1638.

Mel. Kommt her zu mir, spricht. 41.

290. Wie ist es möglich, höchstes Licht, daß, weil vor deinem Angesicht doch alles muß erblassen, ich und mein armes Fleisch und Blut dir zu entgegnen, einen Muth und Herze sollte fassen?

2. Was bin ich mehr als Erd und Staub? Was ist mein Leib, als Gras und Laub? Was taugt mein ganzes Leben? Was kann ich, wenn ich alles kann? Was hab und trag ich um und an, als was du mir gegeben?

3. Ich bin ein arme Mad und Wurm, ein Strohhalm, den ein kleiner Sturm gar leichtlich hin kann treiben. Wenn deine Hand, die alles trägt, mich nur ein wenig trifft und schlägt, so weiß ich nicht zu bleiben.

4. HErr, ich bin nichts, du aber bist der Mann, der alles hat und ist, in dir steht all mein Wesen. Wo du mit deiner Hand mich schreckst und nicht mit Huld und Gnaden deckst, so mag ich nicht genesen.

5. Du bist getreu, ich ungerecht, du fromm, ich gar ein böser Knecht und muß mich wahrlich schämen, daß ich bei solchem schnöden Stand aus deiner milden Vaterhand ein einigs Gut soll nehmen.

6. Ich habe dir von Jugend an nicht anders, als Verdruß ge-

than, bin sündenvoll geboren; und wo du nicht durch deine Treu mich wieder machest los und frei, so wär ich ganz verloren.

7. Drum sei das Rühmen fern von mir, was dir gebührt, das geb ich dir, du bist allein zu ehren. Ach laß, HErr JEsu, meinen Geist und was aus meinem Geiste fleußt, zu dir sich allzeit kehren.

8. Auch wenn ich gleich was wohl gemacht, so hab ichs doch nicht selbst vollbracht, aus dir ist es entsprungen. Dir sei auch dafür Ehr und Dank, mein Heiland, all mein Leben lang und Lob und Preis gesungen.

Paul Gerhardt, 1667.

Mel. Werde munter, mein Gem. 66.

291. Wohl dem Menschen, der nicht wandelt in gottloser Leute Rath! Wohl dem, der nicht unrecht handelt, noch tritt auf der Sünder Pfad, der der Spötter Freundschaft fleucht und von ihren Sesseln weicht, der hingegen liebt und ehret, was uns Gott vom Himmel lehret.

2. Wohl dem, der mit Lust und Freuden das Gesetz des Höchsten treibt und ... als auf süßer Weiden. ... und Nacht verharrend bleib... Dessen Segen wächst und blüh... wie ein Palmbaum, den man ... bei den Flüssen an der Seit... seine frischen Zweig ausbreit...

3. Al... sag ich, wird auch grünen. ... Gottes Wort sich übt; ... und Erde wird ihm dienen. ... reife Früchte gibt; seine Blä... werden alt und doch niemals ... gestalt; Gott gibt Glück zu ... Thaten, was er macht, ... wohlgerathen.

4. Ab... wen die Sünd erfreuet, mit ... gehts viel anders zu; er wird wie die Spreu zerstreuet von dem Wind im schnellen Nu. Wo der HErr sein Häuflein richt... bleibt kein Gottloser nicht. ... ma: Gott liebt alle Frommen, ... wer bös ist, muß umkomm...

Ps. 1. Paul Gerhardt, 1653.

XXIII. Morgen-Lieder.

Eigene Melodie. 58.

292. Aus meines Herzen Grunde sag ich dir Lob und Dank in dieser Morgenstunde, darzu mein Lebenlang, o Gott, in deinem Thron, dir zu Preis, Lob und Ehren durch Christum, unsern HErren, dein eingebornen Sohn.

2. Und daß du mich aus Gnaden in dieser vergangnen Nacht für G'fahr und allem Schaden behütet und bewacht; ich bitt demüthiglich, wollst mir mein Sünd vergeben, womit in diesem Leben ich hab erzürnet dich.

3. Du ... auch gnädiglichen mich b... n diesen Tag vors Teufels ... und Wüthen, vor Sünden ... er Schmach, vor Feuer un... assersnoth, vor Armuth ... er Schanden, vor Ketten ... Banden, vor bösem ... n Tod.

4. M... eel, mein Leib, mein Leben, m... Leib, Gut, Ehr und Kind in ... Händ ich thu geben, dazu mei... Hausgesind ist dein Geschenk ... Gab, mein Eltern und Ver... ...ten, mein Brüder und Vet... en und alles, was ich hab.

Morgen-Lieder.

5. Dein Engel laß auch bleiben und weichen nicht von mir, den Satan zu vertreiben, auf daß der bös Feind hier in diesem Jammerthal sein Tück an mir nicht übe, Leib und Seel nicht betrübe und bring mich nicht zu Fall.

6. Gott will ich lassen rathen, denn er all Ding vermag; er segne meine Thaten, mein Fürnehmen und Sach; denn ich ihm heimgestellt mein Leib, mein Seel, mein Leben und was er mir sonst geben; er mach's, wie's ihm gefällt.

7. Darauf so sprech ich Amen und zweifle nicht daran, Gott wird es allzusammen ihm wohlgefallen lan; und streck nun aus mein Hand, greif an das Werk mit Freuden, dazu mich Gott bescheiden in meim Beruf und Stand.

M. Johann Matthesius, 1564.

Mel. Geduld die solln wir haben. 59.

293. Dank sei Gott in der Höhe in dieser Morgenstund, durch den ich wieder aufstehe vom Schlaf frisch und gesund. Mich hatte fest gebunden mit Finsterniß die Nacht; ich hab sie überwunden durch Gott, der mich bewacht.

2. Wiedrum thu ich dich bitten, o Schutzherr Israel, du wollst treulich behüten den Tag mein Leib und Seel; all christlich Obrigkeiten, unser Schul und Gemein in diesen bösen Zeiten laß dir befohlen sein.

3. Erhalt uns durch dein Güte bei guter reiner Lehr, vor Ketzerei behüte, streit für dein Wort und Ehr, daß wir dich allzusammen loben in einem Geist, sprechen: des HErren Namen sei groß und hoch gepreist.

4. Dem Leibe gib darneben Nahrung und guten Fried, ein g'sund und mäßig Leben, dazu ein froh Gemüth, daß wir in allen Ständen Tugend und Ehrbarkeit lieben und Fleiß drauf wenden, als rechte Christenleut.

5. Gib mildiglich den Segen, daß wir nach deim Geheiß wandeln auf guten Wegen, thun unser Amt mit Fleiß; daß ein jeder sein Netze auswerf und auf dein Wort sein Trost mit Petro setze, so geht die Arbeit fort.

6. Was dir gereicht zu Ehren und der Gemein zu Nutz, das will der Satan wehren mit List und großem Trutz; doch kann er's nicht vollbringen, weil du, HErr JEsu Christ, herrschest in allen Dingen und unser Beistand bist.

7. Wir sind die zarten Reben, der Weinstock selbst bist du, daran wir wachsen und leben und bringen Frucht dazu. Hilf, daß wir an dir bleiben und wachsen immer mehr, dein guter Geist uns treibe zu Werken deiner Ehr.

Johann Mühlmann, † 1613.

Eigene Melodie. 11.

294. Die helle Sonn leucht jetzt herfür, fröhlich vom Schlaf aufstehen wir; Gott Lob, der uns heut diese Nacht behüt hat für des Teufels Macht!

2. HErr Christ, den Tag uns auch behüt für Sünd und Schand durch deine Güt, laß deine liebe Engelein unser Hüter und Wächter sein,

3. Daß unser Herz in G'horsam leb, beim Wort und Willn nicht widerstreb, daß wir dich stets vor Augen han in allem, da wir heben an.

4. Laß unser Werk gerathen wohl, was ein jeder ausrichten soll, daß unser Arbeit, Müh und Fleiß gereich zu deim Lob, Ehr und Preis.

Nikolaus Herman, 1560.

Morgen-Lieder.

Mel. HErr JEsu Christ, meins L. 11.

295. Die Nacht nunmehr vergangen ist; wir danken dir, HErr JEsu Christ, daß du uns frei von aller Plag gesund läßt sehen diesen Tag.

2. Wir bitten dich, du Gnadenstrahl, leucht uns in diesem Jammerthal, beschirm uns täglich und auch heut, bewahr uns ferner allezeit.

3. Darneben gib uns Fried und Ruh und was uns nöthig ist dazu, durch deine starke Gnadenhand beschütze uns und unser Land.

4. All Sünd und Schwachheit uns verzeih, ein gut Gewissen stets verleih; gib, daß wir deines Namens Ehr ausbreiten immer mehr und mehr.

5. Und wenn es dir, o HErr, gefällt, uns abzufordern aus der Welt, so gib ein seliges Ende hier, daß wir dort ewig sein bei dir.

6. O JEsu Christ, erbarme dich, hör unsre Bitte gnädiglich, durch dein Verdienst, durch deinen Tod erlöse uns aus aller Noth.

Mel. Warum betrübst du dich, m. 18.

296. Ermuntre dich, Herz, Muth und Sinn, es ist die stille Nacht dahin, der Tag bricht nunmehr an, bring, meine Seel, zur Morgenstund dem HErrn ein dankbar Herz und Mund.

2. Ach, wie viel tausend Unglück der HErr getrieben hat zurück, die dir der Feind bestellt, die hat Gott von dir abgewendet; wohl dem, der es nur recht erkennt!

3. Ach HErr, ich bin ja zu gering, daß du erzeigst mir solche Ding, die ich nie hab verdient! Wärs ohne deine große Güt, so wär ich blieben unbehüt.

4. Nun, HErr, ich seh, daß nichts als Gnad bei dir statt allzeit funden hat, der ich genieße wohl; ach, laß auch nichts denn Lob und Dank bei mir sein all mein Lebenlang!

5. Laß mich hinbringen diesen Tag, wie es dein heilger Will vermag; halt mich in deinem Schutz; laß siets in meinen Augen sein die letzte Stund des Lebens mein.

6. Damit ich ja nicht mit Bedacht in schwere Sünden werd gebracht, den Tod mich warnen laß. Dir ich befehl mein Sinn und Muth, mein Leib und Seel, mein Hab und Gut.

7. Wohlan! an mein Beruf ich geh und anders nichts nicht mich verseh zu meinem lieben Gott, als daß umschränke mich sein Schutz; darauf biet ich dem Satan Trutz.

Johann Michael Dilherr, † 1669.

Eigene Melodie. 37.

297. Gott des Himmels und der Erden, Vater, Sohn und Heilger Geist, der es Tag und Nacht läßt werden, Sonn und Mond uns scheinen heißt, dessen starke Hand die Welt und was drinnen ist, erhält!

2. Gott, ich danke dir von Herzen, daß du mich in dieser Nacht für Gefahr, Angst, Noth und Schmerzen hast behütet und bewacht, daß des bösen Feindes List mein nicht mächtig worden ist.

3. Laß die Nacht auch meiner Sünden jetzt mit dieser Nacht vergehn. O HErr JEsu, laß mich finden deine Wunden offen stehn, da alleine Hilf und Rath ist für meine Missethat.

4. Hilf, daß ich mit diesem Morgen geistlich auferstehen mag und für meine Seele sorgen, daß, wenn nun dein großer Tag uns erscheint und dein Gericht, ich davor erschrecke nicht.

Morgen-Lieder.

5. Führe mich, o HErr, und leite meinen Gang nach deinem Wort; sei und bleibe du auch heute mein Beschützer und mein Hort; nirgends als von dir allein kann ich recht bewahret sein.

6. Meinen Leib und meine Seele, samt den Sinnen und Verstand, großer Gott, ich dir befehle unter deine starke Hand. HErr, mein Schild, mein Ehr und Ruhm, nimm mich auf, dein Eigenthum!

7. Deinen Engel zu mir sende, der des bösen Feindes Macht, List und Anschläg von mir wende und mich halt in guter Acht, der auch endlich mich zur Ruh trage nach dem Himmel zu.

Heinrich Alberti, 1640.

Mel. HErr Gott, dich loben alle w. 11.

298. Gott Lob, der Tag ist nun herbei, vom Schlaf sind wir erwecket frei, Gott hat uns b'hüt fürs Teufels Macht durch sein Engel zu dieser Nacht.

2. Ach Gott, vergib uns unser Sünd, sei uns gnädig, gut, sanft und lind, dein Engel allzeit bei uns sei, wider den Teufel steh uns bei.

3. All unser Arbeit segne du und gib Geduld und Muth dazu, sonderlich ein rechten Verstand, regier uns selbst durch deine Hand.

4. Laß uns auf deinen Wegen gehn und allzeit fest darin bestehn, dein Heilger Geist leit unser Herz, b'hüt uns für Angst und allem Schmerz.

5. In Irrthum laß uns fallen nicht, wenn uns der böse Geist anficht; für Sünd und Schand behüt uns, Gott, und hilf uns frei aus aller Noth.

6. Amen! Zur Arbeit gehn wir hin, zu Gott steht unser Herz und Sinn; unser Werk, Arbeit, Treu und Fleiß gereich zu Gottes Lob und Preis.

Dr. Nikolaus Selnecker, 1587.

Beim Anfang der Woche.

Mel. O JEsu Christ, meins Leb. 11.

299. Heut fangen wir in Gottes Nam ein neue Woch zu leben an. Hilf, Gott, daß uns die sieben Tag kein Unglück überfallen mag.

2. Gib deinen Segen mildiglich zu unsrer Arbeit stetiglich; regier uns auch durch deinen Geist, daß wir gern thun, was du uns heißt.

3. Zu aller Zeit, an allem Ort für Augen habn dein göttlich Wort, bis wir nach dieser kurzen Zeit erlangn die ewge Seligkeit

4. Und feiern mit den Engelein ein Sabbath nach dem andern sein. Das gib durch Christum, deinen Sohn, der mit dir herrscht in einem Thron.

Nach Einigen: Michael Weiß, 1531.
Nach Andern: Martin Wandersleben, 1668.

Eigene Melodie. 59.

300. Ich dank dir, lieber HErre, daß du mich hast bewahrt in dieser Nachtgefährde, darin ich lag so hart mit Finsterniß umfangen; dazu in großer Noth, daraus ich bin entgangen, halfst du mir, HErre Gott!

2. Mit Dank will ich dich loben, o du, mein Gott und HErr, im Himmel hoch dort oben. Den Tag mir auch gewähr, warum ich dich thu bitten, und auch dein Will mag sein; leit mich in deinen Sitten und brich den Willen mein.

3. Daß ich, HErr, nicht abweiche von deiner rechten Bahn, der Feind mich nicht erschleiche, damit ich irr möcht gahn: erhalt mich durch dein Güte, das bitt ich

Morgen-Lieder.

fleißig dich, fürs Teufels List und Wüthen, damit er setzt an mich.

4. Den Glauben mir verleihe an dein Sohn JEsum Christ, mein Sünd mir auch verzeihe allhie zu dieser Frist: du wirst mirs nicht versagen, wie du verheißen hast, daß er mein Sünd thut tragen, und lös mich von der Last.

5. Die Hoffnung mir auch gibe, die nicht verderben läßt, dazu ein christlich Liebe zu dem, der mich verletzt, daß ich ihm Guts erzeige, such nicht darin das Mein und lieb ihn als mich eigen, nach all dem Willen dein.

6. Dein Wort laß mich bekennen vor dieser argen Welt, auch mich dein Diener nennen, nicht fürchten G'walt noch Geld, das mich bald möcht ablehren von deiner Wahrheit klar; wollst mich auch nicht verschweren *) von der christlichen Schar.

7. Laß mich den Tag vollenden zu Lob dem Namen dein, daß ich nicht von dir wende, ans End beständig sein. Behüt mir Leib und Leben, dazu die Frücht im Land; was du mir hast gegeben, steht alls in deiner Hand.

8. HErr Christ, dir Lob ich sage um deiner Wohlthat all, die du mir all mein Tage erzeigt hast überall; dein Namen will ich preisen, der du allein bist gut, mit deinem Leib mich speise, tränk mich mit deinem Blut.

9. Dein ist allein die Ehre, dein ist allein der Ruhm, die Rach dir niemand wehre, dein Segen zu uns komm, daß wir im Fried einschlafen, mit Gnaden zu uns eil; gib uns des Glaubens Waffen fürs Teufels listge Pfeil.

Johann Kohlroß, 1540.

*) d. i. von der Schar absondern.

Eigene Melodie. 7.

301. Ich dank dir schon durch deinen Sohn, o Gott, für deine Güte, daß du mich heut in dieser Nacht so gnädig hast behütet.

2. In welcher Nacht ich lag so hart mit Finsterniß umfangen, von all mein Sünden geplaget ward, die ich mein Tag begangen.

3. Drum bitt ich dich aus Herzensgrund, du wollest mir vergeben all meine Sünd, die ich begunt in meinem ganzen Leben.

4. Und wollest mich auch diesen Tag in deinem Schutz erhalten, daß mir der Feind nicht schaden mag mit Listen mannigfalten.

5. Regier mich nach dem Willen dein, laß mich in Sünd nicht fallen, auf daß dir mög das Leben mein und all mein Thun gefallen.

6. Denn ich befehl dir Leib und Seel und alls in deine Hände; in meiner Angst und Ungefäll, HErr, mir dein Hilfe sende.

7. Auf daß der Fürste dieser Welt kein Macht an mir nicht finde; denn wo mich nicht dein Gnad erhält, er ist mir viel zu g'schwinde.

8. Ich hab es all mein Tag gehört: Menschenhilf ist verloren; drum steh mir bei, du treuer Hort, zur Hilf bist du erkoren.

9. Allein Gott in der Höh sei Preis, samt seinem eingen Sohne in Einigkeit des Heilgen Geists, der herrscht ins Himmels Throne.

10. Er herrschet so gewaltiglich vom Anfang bis zum Ende. Gott Vatr, Gott Sohn, Gott Heilger Geist, b'scher mir ein seligs Ende.

Leipziger Gesangbuch, 1586. V. 3 u. 10 Zusätze von Andern.

Mel. Nun danket all und bringet. 6.

302. Nun sich die Nacht geendet hat, die Finsterniß zertheilt, wacht alles,

Morgen-Lieder.

was am Abend spat zu seiner
Ruh geeilt.
2. So wachet auch, ihr Sinnen, wacht, legt allen Schlaf beiseit, zum Lobe Gottes seid bedacht, denn es ist Dankenszeit.
3. Und du, des Leibes edler Gast, du theure Seele du, die du so sanft geruhet hast, dank Gott für deine Ruh.
4. Wie soll ich dir, du Seelenlicht, zur Gnüge dankbar sein? Mein Leib und Seel ist dir verpflicht, und ich bin ewig dein.
5. Dir geb ich, JEsu, diese Gab zu einem Unterpfand, dieweil ich sie empfangen hab von deiner Liebeshand.
6. Und diese deine Liebeshand hat heint bei mir gewacht, auch allen Schaden abgewandt in dieser finstern Nacht.
7. In deinen Armen schlief ich ein, drum konnte Satan nicht mit seiner List mir schädlich sein, die er auf mich gericht.
8. Vor Feuer und vor Wassersnoth hat mich, HErr, deine Güt, vor einem bösen, schnellen Tod heint diese Nacht behüt.
9. Hab Dank, o JEsu, habe Dank für deine Lieb und Treu; hilf, daß ich dir mein Lebenlang von Herzen dankbar sei.
10. Gedenke, HErr, auch heut an mich, an diesem ganzen Tag, und wende von mir gnädiglich Noth, Jammer, Angst und Plag.
11. Erhör, o JEsu, meine Bitt, nimm meine Seufzer an und laß all meine Tritt und Schritt heut gehn auf rechter Bahn.
12. Ach laß, o JEsu, keine Sünd mich diesen Tag begehn, sonst möcht ich armes Sündenkind nicht wohl bei dir bestehn.
13. Wend meine Augen gnädig ab von dieser Eitelkeit, damit bis zu an mein kühles Grab ich alles Böse meid.

14. Gib deinen Segen diesen Tag zu meinem Werk und That, damit ich selig sagen mag: Wohl dem, der JEsum hat!
15. Wohl dem, der JEsum bei sich führt, schleußt ihn ins Herz hinein, so ist sein ganzes Thun geziert, und er kann selig sein.
16. Nun dann, so fang ich meine Werk in Gottes Namen an, er geb mir seines Geistes Stärk, daß ich sie enden kann.

M. Joh. Friedrich Möckel, 1691.

Mel. HErr Gott, dich loben alle. 11.

303. O heilige Dreifaltigkeit, o hochgelobte Einigkeit, Gott Vater, Sohn, Heiliger Geist, heut diesen Tag mir Beistand leist!
2. Mein Seel, Leib, Ehr und Gut bewahr, daß mir kein Böses widerfahr und mich der Satan nicht verletz, noch mich in Schand und Schaden setz.
3. Des Vaters Huld mich heut anblick, des Sohnes Weisheit mich erquick, des Heilgen Geistes Glanz und Schein erleucht meins finstern Herzens Schrein.
4. Mein Schöpfer, steh mir kräftig bei, o mein Erlöser, hilf mir frei, o Tröster werth, weich nicht von mir, mein Herz mit Lieb und Glauben zier!
5. HErr, segne und behüte mich, erleuchte mich, HErr, gnädiglich! HErr, heb auf mich dein Angesicht und deinen Frieden auf mich richt! Martin Behemb, 1608.

Eigene Melodie. 4.

304. Wach auf, mein Herz, und singe dem Schöpfer aller Dinge, dem Geber aller Güter, dem frommen Menschenhüter.
2. Heint, als die dunkeln Schatten mich ganz umfangen hatten, hat Satan mein begehret, Gott aber hats verwehret.

3. Ja, Vater, als er suchte, daß er mich fressen mochte, war ich in deinem Schoße, dein Flügel mich beschlosse.

4. Du sprachst: Mein Kind, nun liege, trotz dem der dich betrüge, schlaf wohl, laß dir nicht grauen, du sollst die Sonne schauen.

5. Dein Wort das ist geschehen, ich kann das Licht noch sehen, von Noth bin ich befreiet, dein Schutz hat mich verneuet.

6. Du willst ein Opfer haben, hier bring ich meine Gaben, mein Weihrauch, Farr und Widder sind mein Gebet und Lieder.

7. Die wirst du nicht verschmähen, du kannst ins Herze sehen und weißest, daß zur Gabe ich ja nicht Bessers habe.

8. So wollst du nun vollenden dein Werk an mir und senden, der mich an diesem Tage auf seinen Händen trage.

9. Sprich Ja zu meinen Thaten, hilf selbst das Beste rathen, den Anfang, Mittl und Ende, ach HErr, zum Besten wende.

10. Mit Segen mich beschütte, mein Herz sei deine Hütte, dein Wort sei meine Speise, bis ich gen Himmel reise.

Paul Gerhardt, 1649.

Mel. Wie schön leuchtet der M. 86.

305. Wie schön leucht uns der Morgenstern vom Firmament des Himmels fern, die Nacht ist nun vergangen; all Kreatur macht sich herfür, des edlen Lichtes Pracht und Zier mit Freuden zu empfangen. Was lebt, was schwebt hoch in Lüften, tief in Klüften, läßt zu Ehren seinem Gott ein Danklied hören.

2. Du, o mein Herz, dich auch aufricht, erheb dein Stimm und säume nicht, dem HErrn dein Lob zu bringen; denn, HErr, du bists, dem Lob gebührt und dem man billig musicirt, dem man läßt innig klingen mit Fleiß Dank, Preis, Freudensaiten, daß von weitem man kann hören dich, o meinen Heiland, ehren.

3. Ich lag in stolzer Sicherheit, sah nicht, mit was Gefährlichkeit ich diese Nacht umgeben; des Teufels List und Büberei, die Höll, des Todes Tyrannei stund mir nach Leib und Leben, daß ich schwerlich wär entkommen und entnommen diesen Banden, wenn du mir nicht beigestanden.

4. Allein, o JEsu, meine Freud in aller Angst und Traurigkeit, du hast mich heut befreiet; du hast der Feinde Macht gewehrt, mir Schutz und sanfte Ruh beschert, des sei gebenedeiet. Mein Muth, mein Blut soll nun singen, soll nun springen, all mein Leben soll dir Dankeslieder geben.

5. Ei mein HErr, süßer Lebenshort, laß ferner deine Gnadenpfort mir heut auch offen bleiben; sei meine Burg und festes Schloß und laß kein feindliches Geschoß daraus mich nimmer treiben; stell dich für mich hin, zu kämpfen und zu dämpfen Pfeil und Eisen, wenn der Feind will Macht beweisen.

6. Geuß deiner Gnaden reichen Strahl auf mich vom hohen Himmelssal, mein Herz in mir verneue. Dein guter Geist mich leit und führ, daß ich nach meiner Amtsgebühr zu thun mich innig freue. Gib Rath und That, laß mein Sinnen und Beginnen stets sich wenden, seinen Lauf in dir zu enden.

7. Wend Unfall ab, kanns anders sein; wo nicht, so geb ich mich darein, ich will nicht widerstreben. Doch komm, o süßer Morgenthau, mein Herz erfrisch, daß ich dir trau und bleib im Kreuz ergeben, bis ich endlich nach dem Leiden zu den Freuden

werb erhoben, da ich dich kann ewig loben.

8. Indeß, mein Herze, sing und spring, in allem Kreuz sei guter Ding, der Himmel steht dir offen. Laß Schwermuth dich nicht nehmen ein, denk, daß die liebsten Kinderlein allzeit das Unglück troffen. Drum so sei froh, glaube feste, daß das Beste, so bringt Frommen, wir in jener Welt bekommen.

Burckhard Wiesenmeyer.

XXIV. Tisch=Lieder.

1. Vor Tische.

Mel. O JEsu Christ, meins Leb. 11.

306. Gesegn uns, HErr, die Gaben dein, die Speis laß unsre Nahrung sein, hilf, daß dadurch erquicket werd der dürftig Leib auf dieser Erd.
2. Denn dies zeitliche Brod allein kann uns nicht gnug zum Leben sein, dein göttlich Wort die Seele speist, hilft uns zum Leben allermeist.

Mel. Freu dich sehr, o meine S. 66.

307. Großer Gott, wir armen Sünder bitten dich aus Herzensgrund, siehe auf uns, deine Kinder, speise uns zu dieser Stund, laß uns ohne alle Noth haben unser täglich Brod; Segen wollst du auch verleihen, daß es uns mag wohl gedeihen.
2. Laß uns ja nicht sein vermessen, liebster Vater, HErr und Gott, in dem Wohlstand zu vergessen deiner Worte und Gebot. Gib uns allen ferner auch deiner Gaben rechten Brauch, daß wir, was du wirst bescheren, fein in deiner Furcht verzehren.
3. Lehre uns daraus erkennen und darum stets loben dich, daß du seiest der zu nennen, der für uns sorgt väterlich, welcher uns verlässet nicht, der auch alles, was gebricht uns in diesem armen Leben, pflegt mit reicher Hand zu geben.
4. Nun wohlan! auf deine Gnade setzen wir uns zu dem Tisch. Hilf, daß alles wohl gerathe und der Leib sich so erfrisch, daß er freudig werden kann, sein Arbeit zu fangen an. Laß die Mahlzeit so geschehen, wie du es wirst gerne sehen. Um 1700.

Mel. Schmücke dich, o liebe Seele. 72.

308. Speis uns, o Gott, deine Kinder, tröste die betrübten Sünder, sprich den Segen zu den Gaben, die wir jetzund vor uns haben, daß sie uns zu diesem Leben Stärke, Kraft und Nahrung geben, bis wir endlich mit den Frommen zu der Himmelsmahlzeit kommen.

Johann Heermann, 1630.

2. Nach Tische.

Eigene Melodie. 4.

309. Nun laßt uns Gott, dem HErren, danksagen und ihn ehren von wegen seiner Gaben, die wir empfangen haben.
2. Den Leib, die Seel, das Leben hat er allein uns geben;

dieselben zu bewahren, thut er nicht etwas sparen.

3. Nahrung gibt er dem Leibe, die Seele muß uns bleiben, wiewohl tödtliche Wunden sind kommen von der Sünden.

4. Ein Arzt ist uns gegeben, der selber ist das Leben; Christus, für uns gestorben, der hat das Heil erworben.

5. Sein Wort, sein Tauf, sein Nachtmahl dient wider allen Unfall; der Heilig Geist im Glauben lehrt uns darauf vertrauen.

6. Durch ihn ist uns vergeben die Sünd, geschenkt das Leben; im Himmel solln wir haben, o Gott, wie große Gaben.

7. Wir bitten deine Güte, wollst uns hinfort behüten, uns Große mit den Kleinen, du kannst nicht böse meinen.

8. Erhalt uns in der Wahrheit, gib ewigliche Freiheit zu preisen deinen Namen, durch JEsum Christum, Amen.

M. Ludwig Helmbold, 1584.

Mel. O JEsu Christ, meins L. 11.

310. Wir danken Gott für seine Gabn, die wir von ihm empfangen habn, wir bitten unsern lieben HErrn, er woll uns hinfort mehr bescheren.

2. Er woll uns speisen mit seinem Wort, daß wir satt werden hier und dort. Ach lieber HErr, du wollst uns gebn nach dieser Welt das ewge Lebn. Amen.

XXV. Abend-Lieder.

Mel. Ach, was soll ich Sünder. 36.

311. Ach mein JEsu, sieh, ich trete, da der Tag nunmehr sich neigt, und die Finsterniß sich zeigt, hin zu deinem Thron und bete, neige du zu deinem Sinn auch mein Herz und Sinnen hin.

2. Meine Tage gehn geschwinde, wie ein Pfeil zur Ewigkeit, und die allerlängste Zeit sauft vorbei als wie die Winde, fleußt dahin als wie ein Fluß mit dem schnellsten Wasserguß.

3. Und, mein JEsu, sieh ich Armer nehme mich doch nicht in Acht, daß ich dich bei Tag und Nacht herzlich suchte, mein Erbarmer, mancher Tag geht so dahin, da ich nicht recht wacker bin.

4. Ach, ich muß mich herzlich schämen, du erhältst, du schützest mich Tag und Nacht so gnädiglich, und ich will mich nicht bequemen, daß ich ohne Heuchelei dir dafür recht dankbar sei.

5. Nun ich komme mit Verlangen, o mein Herzensfreund, zu dir, neige du dein Licht zu mir, da der Tag nunmehr vergangen; sei du selbst mein Sonnenlicht, das durch alles Finstre bricht.

6. Laß mich meine Tage zählen, die du mir noch gönnen willst; mein Herz sei mit dir erfüllt. So wird mich nichts können quälen, denn wo du bist Tag und Licht, schaden uns die Nächte nicht.

7. Nun, mein treuer Heiland, wache, wache du in dieser Nacht, schütze mich mit deiner Macht, deine Liebe mich anlache. Laß mich Lebn auch wachsam sein, ob ich gleich jetzt schlafe ein.

Levin Joh. Schlicht, 1705.

Abend-Lieder.

In eigener Melodie. 11.

312. Christ, der du bist der helle Tag, vor dir die Nacht nicht bleiben mag, du leuchtest uns vom Vater her und bist des Lichtes Prediger.

2. Ach, lieber HErr, behüt uns heint in dieser Nacht vorm bösen Feind und laß uns in dir ruhen fein, daß wir vorm Satan sicher sein.

3. Obschon die Augen schlafen ein, so laß das Herz doch wacker sein; halt über uns dein rechte Hand, daß wir nicht falln in Sünd und Schand.

4. Wir bitten dich, HErr JEsu Christ, behüt uns für des Teufels List, der stets nach unsrer Seelen tracht, daß er an uns hab keine Macht.

5. Sind wir doch dein ererbtes Gut, erworben durch dein theures Blut; das war des ewgen Vaters Rath, als er uns dir geschenket hat.

6. Befiehl beim Engel, daß er komm und uns bewach, dein Eigenthum; gib uns die lieben Wächter zu, daß wir vorm Satan haben Ruh.

7. So schlafen wir im Namen dein, dieweil die Engel bei uns sein. Du heilige Dreifaltigkeit, wir loben dich in Ewigkeit.

Erasmus Alberus, † 1553.

In eigener Melodie. 11.

313. Christe, der du bist Tag und Licht, vor dir ist, HErr, verborgen nichts; du väterliches Lichtes Glanz, lehr uns den Weg der Wahrheit ganz.

2. Wir bitten dein göttliche Kraft, behüt uns, HErr, in dieser Nacht; bewahr uns, HErr, vor allem Leid, Gott Vater der Barmherzigkeit.

3. Vertreib des schweren Schlafens Frist, daß uns nicht schad des Feindes List, das Fleisch in Züchten reine sei; so sind wir mancher Sorgen frei.

4. So unsre Augen schlafen schier, laß unser Herze wachen dir; beschirm uns Gottes rechte Hand und lös uns von der Sünden Band.

5. Beschirmer, HErr der Christenheit, dein Hilf allzeit sei uns bereit. Hilf uns, HErr Gott, aus aller Noth durch dein heilig fünf Wunden roth.

6. Gedenk, o HErr, der schweren Zeit, darin der Leib gefangen leit; die Seele, die du hast erlöst, der gib, HErr JEsu, deinen Trost.

7. Gott Vater sei Lob, Ehr und Preis, dazu auch seinem Sohne weis, des Heilgen Geistes Gütigkeit, von nun an bis in Ewigkeit.

Wolfgang Meußlin, 1527.
(Hymnus: Christe qui lux es et dies.)

Eigene Melodie. 47.

314. Die Nacht ist kommen, drin wir ruhen sollen: Gott walts zu Frommen nach seim Wohlgefallen, daß wir uns legen in seim G'leit und Segen, der Ruh zu pflegen.

2. Treib, HErr, von uns fern die unreinen Geister, halt die Nachtwach gern, sei selbst unser Schutzherr, beschirm Leib und Seel unter deine Flügel, send uns dein Engel.

3. Laß uns einschlafen mit guten Gedanken, fröhlich aufwachen und von dir nicht wanken, laß uns mit Züchten unser Thun und Dichten zu deim Preis richten.

4. Pfleg auch der Kranken durch deinen Geliebten, hilf den Gefangnen, tröste die Betrübten, pfleg auch der Kinder, sei selbst ihr Vormünder, des Feinds Neid hinder.

5. Denn wir kein besser Zuflucht können haben, als zu dir, o HErr, in dem Himmel droben,

Abend-Lieder.

du verläßt keinen, gibst Acht auf die Deinen, die dich recht meinen.

6. Vater, dein Name werd von uns gepreiset. Dein Reich zukomme, dein Will werd beweiset. Gib Brod, vergib Sünd, Versuchung abwende, erlös uns, Amen. **Böhmische Brüder, 1566.**

Mel. HErr Gott, dich loben alle 11.

315. Für beinen Thron tret ich hiermit, o Gott, und dich demüthig bitt, wend dein gnädig Angesicht von mir, dem armen Sünder, nicht.

2. Du hast mich, o Gott, Vater milb, gemacht nach deinem Ebenbild, in dir web, schweb und lebe ich, vergehen müßt ich ohne dich.

3. Errettet hast du mich gar oft ganz wunderlich und unverhofft, da nur ein Schritt, ja nur ein Har mir zwischen Tod und Leben war.

4. Verstand und Ehr hab ich von dir, des Lebens Nothdurft gibst du mir, dazu auch einen treuen Freund, der mich im Glück und Unglück meint.

5. Gott Sohn, du hast mich durch dein Blut erlöset von der Höllengluth, das schwer Gesetz für mich erfüllt, dadurch des Vaters Zorn gestillt.

6. Wenn Sünd und Satan mich anklagt und mir das Herz im Leib verzagt, alsdann brauchst du dein Mutteramt, daß mich der Vater nicht verdammt.

7. Du bist mein Fürsprech allezeit, mein Heil, mein Trost und meine Freud, ich kann durch dein Verdienst allein hier ruhig und dort selig sein.

8. Gott Heilger Geist, du höchste Kraft, des Gnade in mir alles schafft, ist etwas Guts am Leben mein, so ist es wahrlich lauter dein.

9. Dein ists, daß ich Gott recht erkenn, ihn meinen HErrn und Vater nenn, sein wahres Wort und Sacrament behalt und lieb bis an mein End;

10. Daß ich fest in Anfechtung steh und nicht in Trübsal untergeh, daß ich im Herzen Trost empfind, zuletzt mit Freuden überwind.

11. Drum dank ich dir mit Herz und Mund, o Gott, in dieser (Morgen- Mittags-) Abend-Stund für alle Güte, Treu und Gnad, die meine Seel empfangen hat.

12. Und bitt, daß deine Gnadenhand bleib über uns heint ausgespannt; mein Amt, Gut, Ehr, Freund, Leib und Seel in deinen Schutz ich dir befehl.

13. Hilf, daß ich sei von Herzen fromm, damit mein ganzes Christenthum aufrichtig und rechtschaffen sei, nicht Augenschein und Heuchelei.

14. Entlaß mich meiner Sündenschuld, und hab mit deinem Knecht Geduld, zünd in mir Glauben an und Lieb, zu jenem Leben Hoffnung gib.

15. Ein seligs Ende mir bescher, am jüngsten Tag erweck mich, HErr, daß ich dich schaue ewiglich. Amen, Amen, erhöre mich.

Bodo v. Hodenberg, um 1640; gebessert durch Dr. Justus Gesenius, 1650.

Mel. Werde munter mein Gem. 66.

316. HErr, es ist von meinem Leben wiederum ein Tag dahin; lehre mich nun Achtung geben, ob ich fromm gewesen bin? Zeige mirs auch selber an, so ich was nicht recht gethan; und hilf jetzt in allen Sachen guten Feierabend machen.

2. Freilich wirst du manches finden, was dir nicht gefallen hat; denn ich bin noch voller

Abend-Lieder.

Sünden in Gedanken, Wort und That, und vom Morgen bis jetzund pfleget Herze, Hand und Mund so geschwind und oft zu fehlen, daß ichs selber nicht kann zählen.

3. Aber, o du Gott der Gnaden, habe noch einmal Geduld, ich bin freilich schwer beladen; doch vergib mir alle Schuld, deine große Vatertreu werde diesen Abend neu, so will ich noch deinen Willen künftig mehr als heut erfüllen.

4. Heilige mir das Gemüthe, daß der Schlaf nicht sündlich sei. Decke mich mit deiner Güte, auch dein Engel steh mir bei. Lösche Feur und Lichter aus und bewahre sonst das Haus, daß ich morgen mit den Meinen nicht im Unglück dürfe weinen.

5. Steure den gottlosen Leuten, die im Finstern Böses thun; sollte man gleich was bereiten, uns zu schaden, wenn wir ruhn, so zerstöre du den Rath und verhindere die That, wend auch alles andre Schrecken, was der Satan kann erwecken.

6. HErr, dein Auge geht nicht unter, wenn es bei uns Abend wird; denn du bleibest ewig munter und bist wie ein guter Hirt, der auch in der finstern Nacht über seiner Herde wacht. Darum hilf uns, deinen Schafen, daß wir alle sicher schlafen.

7. Laß mich denn gesund erwachen, wenn es rechte Zeit wird sein, daß ich ferner meine Sachen richte dir zu Ehren ein; oder hast du, lieber Gott, heint bestimmet meinen Tod, so befehl ich dir am Ende Leib und Seel in deine Hände. Casp. Neumann, um 1700.

Eigene Melodie. 11.

317. Hinunter ist der Sonnenschein, die finstre Nacht bricht stark herein, leucht uns, HErr Christ, du wahres Licht, laß uns im Finstern tappen nicht.

2. Dir sei Dank, daß du uns den Tag vor Schaden, G'fahr und mancher Plag durch deine Engel hast behüt aus Gnad und väterlicher Güt.

3. Womit wir habn erzürnet dich, dasselb verzeih uns gnädiglich und rechn es unsrer Seel nicht zu, laß uns schlafen mit Fried und Ruh.

4. Durch dein Engel die Wach bestell, daß uns der böse Feind nicht fäll; vor Schrecken, G'spenst und Feuersnoth, behüt uns heint o lieber Gott.

Nikolaus Herman, 1560.

Mel. Vater unser im Himmelr. 44.

318. Ich danke dir, liebreicher Gott, daß du mich heut vor Schand und Spott und schweren Fällen hast behüt, es kommt von deiner Gnad und Güt. Mein ganz Verderben ist aus mir, mein Heil das kömmt allein von dir.

2. Wenn du nicht hätteft mir gereicht, HErr, deine Hand, wär ich gar leicht gefallen auch so tief in Sünd, als sonsten andre Menschenkind; ohn deine Hilf und Gnadenhand fällt auch der Frömmst in Sünd und Schand.

3. Doch bin ich gar nicht engelrein, ich find, HErr JEsu, stets das Mein, den alten Adam ich noch spür, der mich anreizet für und für, daß ich mein Herz, Begierd und Sinn zur Eitelkeit soll neigen hin.

4. Ich klag an mein Unachtsamkeit vor dir, o Gott, mit Reu und Leid, wie du auch selber hast gesehn, was oft aus Schwachheit ist geschehn. Den innern Menschen hab ich nicht mit Fleiß verwahret nach meiner Pflicht.

5. Den Sinnen hab ich oft zu weit den Raum gegönnt zur Eitelkeit; ich habe viel geredt, gedacht, gehört, gesehen und vollbracht, was mir nicht wohl gestanden an, und ich nicht alles wissen kann.

6. Aus Gnaden alles mir vergib, verbrenns im Feuer deiner Lieb, du bist voll Heiligkeit und Gnad, was mir noch fehlt, für mich erstatt. Dein Blut mich wasche, daß ich werd so rein, als mich dein Herz begehrt.

7. Ich dank auch, liebster JEsu, dir für alle Gaben, die du mir erzeiget hast von Kindheit auf bis zu der Stund in großem Hauf, du hast mir so viel Guts gethan, daß ichs nicht all erzählen kann.

8. Ich bitte, halt auch gnädiglich dein Augen offen über mich, daß mich der Feind mit List und Macht nicht überfall in dieser Nacht. Behüt vor Unglück, Seel und Leib, Gefahr und Noth weit von mir treib.

9. Gib, daß ich nach gepflogner Ruh erwach, aufsteh und freudig thu, was du hast anbefohlen mir, und einen guten Wandel führ; mit deinem Geiste steh mir bei, daß nichts verdammlichs an mir sei.

10. Vor einem bösen schnellen Tod, o du liebreicher, frommer Gott, mich heint und jederzeit bewahr; laß bei mir sein der Engel Schar, daß Satanas und sein Gesind an mir ja keine Macht nicht find.

Johann Heermann, 1630.

Mel. O Welt, ich muß dich lassen. 31.

319. Nun ruhen alle Wälder, Vieh, Menschen, Städt und Felder, es schläft die ganze Welt; ihr aber, meine Sinnen, auf, auf, ihr sollt beginnen, was eurem Schöpfer wohl gefällt.

2. Wo bist du, Sonne, blieben? Die Nacht hat dich vertrieben, die Nacht, des Tages Feind. Fahr hin, ein andre Sonne, mein JEsus, meine Wonne, gar hell in meinem Herzen scheint.

3. Der Tag ist nun vergangen, die gülonen Sternlein prangen am blauen Himmelssal; so werd ich auch stehen, wenn mich wird heißen gehen mein Gott aus diesem Jammerthal.

4. Der Leib, der eilt zur Ruhe, legt ab das Kleid und Schuhe, das Bild der Sterblichkeit: die zieh ich aus, dagegen wird Christus mir anlegen den Rock der Ehr und Herrlichkeit.

5. Das Haupt, die Füß und Hände sind froh, daß nun zum Ende die Arbeit kommen sei; Herz, freu dich, du sollst werden vom Elend dieser Erden und von der Sündenarbeit frei.

6. Nun geht, ihr matten Glieder, geht, geht und legt euch nieder, der Betten ihr begehrt. Es kommen Stund und Zeiten, da man euch wird bereiten zur Ruh ein Bettlein in der Erd.

7. Mein Augen stehn verdrossen, im Hui sind sie geschlossen, wo bleibt dann Leib und Seel? Nimm sie zu deinen Gnaden, sei gut für allen Schaden, du Aug und Wächter Israel.

8. Breit aus die Flügel beide, o JEsu, meine Freude, und nimm dein Küchlein ein. Will Satan mich verschlingen, so laß die Englein singen: Dies Kind soll unverletzet sein.

9. Auch euch, ihr meine Lieben, soll heute nicht betrüben kein Unfall noch Gefahr. Gott laß euch ruhig schlafen, stell euch die gülenen Waffen ums Bett und seiner Helden Schar.

Paul Gerhardt, 1653.

Abend-Lieder.

In eigener Melodie. 6.

320. Nun sich der Tag geendet hat und keine Sonn mehr scheint, schläft alles, was sich abgemattet und was zuvor geweint.

2. Nur du, mein Gott, hast keine Rast, du schläfst noch schlummerst nicht, die Finsterniß ist dir verhaßt, weil du bist selbst das Licht.

3. Gedenke, HErr, doch auch an mich in dieser finstern Nacht, und schenke mir genädiglich den Schirm von deiner Wacht.

4. Wend ab des Satans Wütherei durch deiner Engel Schar, so bin ich aller Sorgen frei und bringt mir nichts Gefahr.

5. Zwar fühl ich wohl der Sünden Schuld, die mich bei dir klagt an; doch aber deines Sohnes Huld hat g'nug für mich gethan.

6. Den setz ich dir zum Bürgen ein, wenn ich muß vor Gericht; ich kann ja nicht verloren sein in solcher Zuversicht.

7. Darauf thu ich mein Augen zu und schlafe fröhlich ein. Mein Gott wacht jetzt in meiner Ruh, wer wollte traurig sein?

8. Weicht, nichtige Gedanken, hin, wo ihr habt euren Lauf! Ich baue jetzt in meinem Sinn Gott einen Tempel auf.

9. Soll diese Nacht die letzte sein in diesem Jammerthal, so führ mich, HErr, in Himmel ein, zur auserwählten Zahl.

10. Und also leb und sterb ich dir, du starker Zebaoth, im Tod und Leben hilf du mir aus aller Angst und Noth.

Dr. Johann Friedr. Herzog, vor 1670.

In eigener Melodie. 66.

321. Werde munter, mein Gemüthe, und ihr Sinnen, geht herfür, daß ihr preiset Gottes Güte, die er hat gethan an mir, da er mich den ganzen Tag für so mancher schweren Plag hat erhalten und beschützet, daß mich Satan nicht beschmitzet.

2. Lob und Dank sei dir gesungen, Vater der Barmherzigkeit, daß mir ist mein Werk gelungen, daß du mich vor allem Leid und vor Sünden mancher Art so getreulich hast bewahrt, auch die Feind hinweggetrieben, daß ich unbeschädigt blieben.

3. Keine Klugheit kann ausrechnen deine Güt und Wunderthat, ja, kein Redner kann aussprechen, was dein Hand erwiesen hat; deiner Wohlthat ist zu viel, sie hat weder Maß noch Ziel, ja, du hast mich so geführet, daß kein Unfall mich berühret.

4. Dieser Tag ist nun vergangen, die betrübte Nacht bricht an, es ist hin der Sonnen Prangen, so uns all erfreuen kann, stehe mir, o Vater, bei, daß dein Glanz stets vor mir sei, und mein kaltes Herz erhitze, ob ich gleich im Finstern sitze.

5. HErr, verzeihe mir aus Gnaden alle Sünd und Missethat, die mein armes Herz beladen und so gar vergiftet hat, daß auch Satan durch sein Spiel mich zur Höllen stürzen will; da kannst du allein erretten, strafe nicht mein Uebertreten.

6. Bin ich gleich von dir gewichen, stell ich mich doch wieder ein, hat uns doch dein Sohn verglichen durch sein Angst und Todespein. Ich verläugne nicht die Schuld, aber deine Gnad und Huld ist viel größer als die Sünde, die ich stets in mir befinde.

7. O du Licht der frommen Seelen, o du Glanz der Ewigkeit, dir will ich mich ganz befehlen diese Nacht und allezeit, bleibe doch, mein Gott, bei mir, weil

Abend-Lieder.

es nunmehr dunkel schier, da ich mich so sehr betrübe, tröste mich mit deiner Liebe.

8. Schütze mich vors Teufels Netzen, vor der Macht der Finsterniß, die mir manche Nacht zusetzen und erzeigen viel Verdrieß; laß mich dich, o wahres Licht, nimmermehr verlieren nicht; wenn ich dich nur hab im Herzen, fühl ich nicht der Seelen Schmerzen.

9. Wenn mein Augen schon sich schließen und ermüdet schlafen ein, muß mein Herz dennoch geflissen und auf dich gerichtet sein. Meine Seele mit Begier träume stets, o Gott, von dir, daß ich fest an dir bekleibe und auch schlafend dein verbleibe.

10. Laß mich diese Nacht empfinden eine sanft und süße Ruh, alles Uebel laß verschwinden, decke mich mit Segen zu, Leib und Seele, Muth und Blut, Weib und Kinder, Hab und Gut, Freunde, Feind und Hausgenossen sein in deinen Schutz geschlossen.

11. O, du großer Gott, erhöre, was dein Kind gebeten hat, JEsu, den ich stets verehre, bleibe ja mein Schutz und Rath, und mein Hort, du werther Geist, der du Freund und Tröster heißt, höre doch mein sehnlich Flehen! Amen, ja es soll geschehen.

Joh. Rist, 1642.

Beim Schluß der Woche.

Mel. Werde munter mein Gem. 66.

322. Gott, mein Herz dir Dank zusendet, dir ich Preis und Ehre sag, daß die Woche wohl geendet, jeder Tag mit seiner Plag, jede Arbeit, Sorg und Müh, was mir abgewogen hie, dafür an der Wochen Ende rühm ich deine Vaterhände.

2. Diese haben mich getragen, mich gekleidet und gespeist, Engelwacht um mich geschlagen, steten Schutz und Hilf geleist, alles Leid von mir gekehrt, Seel- und Leibesgut beschert; so daß ihrer ich genieße, glücklich diese Woche schließe.

3. Nimmer weiß satt auszubreiten Gottes Wohlthun hier mein Sinn; ich dank lebenslang mit Freuden für das, was ich hab und bin: Gott, dir sei Ruhm, Ehr und Preis, für Schutz, Liebe, Pfleg und Speis, für mein und der Meinen Leben, Leib und Seel bleib dir ergeben.

4. Ach vergib, was in der Wochen, jeden Tag, Stund und Minut wider dich ich hab verbrochen, heilge mich durch Christi Blut, rechne, was dein Sohn gethan, mir zum Besten immer an, und wirf dadurch mir zum Glücke, alle meine Sünd zurücke.

5. Ich gesteh, ich bin ein Sünder, ganz gekehrt zum bösen Pfad, als wie alle Menschenkinder, und nicht würdig deiner Gnad: aber dein lieb Vaterherz, Christi Wunden, Tod und Schmerz machen, daß ich glücklich lebe, drum ich ihnen mich ergebe.

6. Fröhlich geh ich nun zu Bette, Gottes Lieb und JEsu Blut weiche nicht von meiner Stätte, Heilger Geist, halt mich in Hut, bring mich morgen an den Ort, da man hört dein heilig Wort, mich mit selbem lab und speise, bis ich in den Himmel reise.

Emilie Juliane, Gräfin zu Schwarzburg, † 1706.

XXVI. Standes- und Berufs-Lieder.

Eigene Melodie. 43.

323. Alles ist an Gottes Segen und an seiner Gnad gelegen, über alles Geld und Gut. Wer auf Gott sein Hoffnung setzet, der behält ganz unverletzet einen freien Heldenmuth.

2. Der mich hat bisher ernähret und mir manches Glück bescheret, ist und bleibet ewig mein; der mich wunderlich geführet und noch leitet und regieret, wird forthin mein Helfer sein.

3. Viel bemühen sich um Sachen, die nur Sorg und Unruh machen und ganz unbeständig sind; ich begehr nach dem zu ringen, was mir kann Vergnügen bringen und man jetzt gar selten findt.

4. Hoffnung kann das Herz erquicken, was ich wünsche, wird sich schicken, so es anders Gott gefällt; meine Seele, Leib und Leben hab ich seiner Gnad ergeben und ihm alles heimgestellt.

5. Er weiß schon nach seinem Willen mein Verlangen zu erfüllen, es hat alles seine Zeit; ich hab ihm nichts vorzuschreiben, wie Gott will, so muß es bleiben, wenn Gott will, bin ich bereit.

6. Soll ich länger allhie leben, will ich ihm nicht widerstreben, ich verlasse mich auf ihn; ist doch nichts, das lang bestehet, alles Irdische vergehet und fährt wie ein Strom dahin.

Nürnberger Gesangb., 1676.

Mel. Schwing dich auf zu dein. 60.

324. Fang dein Werk mit JEsu an, JEsus hats in Händen; JEsum ruf zum Beistand an, JEsus wirds wohl enden. Steh mit JEsu Morgens auf, geh mit JEsu schlafen, führ mit JEsu deinen Lauf, lasse JEsum schaffen.

2. Morgens soll der Anfang sein, JEsum anzubeten, daß er woll dein Helfer sein stets in deinen Nöthen. Morgens, Abends und bei Nacht will er stehn zur Seiten, wenn des Satans List und Macht dich sucht zu bestreiten.

3. Wenn dein JEsus mit dir ist, laß die Feinde wüthen; er wird dich vor ihrer List schützen und behüten. Setz nur das Vertrauen dein in sein Allmachtshände und glaub sicher, daß allein er dein Unglück wende.

4. Wenn denn deine Sach also mit Gott angefangen, ei so hat es keine Noth, wirst den Zweck erlangen. Es wird folgen Glück und Heil hier in diesem Leben; endlich wird dir Gott dein Theil auch im Himmel geben.

5. Nun, HErr JEsu, all mein Sach sei dir übergeben; es nach deinem Willen mach auch im Tod und Leben. All mein Werk greif ich jetzt an, JEsu, in deinem Namen, laß es doch sein wohlgethan; ich sprech darauf: Amen.

Mel. Wer nur den lieben Gott l. 45.

325. Mein Werk will ich mit Gott anfangen und meinem HErren JEsu Christ, bei dem ist Hilfe zu erlangen, weil er der rechte Helfer ist. Ich sage: JEsus hats verricht, drum laß ich meinen JEsum nicht.

2. Von JEsu will ich niemals wanken, der mich geliebet hat vorhin, ihm soll mein Herz allstetig danken, daß ich in seiner Gnade bin, auf ihn ist stets mein

Herz gericht, ich lasse meinen JEsum nicht.

3. Mein JEsus will bei mir stets walten, weil ich bei ihm in Gnaden steh, ich laß ihn nicht, ich will ihn halten in aller Noth und allem Weh. Denn er bleibt meine Zuversicht; ich lasse meinen JEsum nicht.

4. Ich will bei meinem JEsu halten, ich bleib an ihm, drum ist er mein. Er läßt mich nicht, ich laß ihn walten, ich schließ ihn in mein Herz hinein; mein Herz im Glauben bei mir spricht: Ich lasse meinen JEsum nicht.

5. Scheints gleich, als läg ich gar darnieder, werd ich doch dadurch nicht verzagt, in JEsu krieg ich Hilfe wieder, drum sei es auch mit dem gewagt, ob mich gleich manche Noth anficht, so laß ich meinen JEsum nicht.

6. Der Teufel soll mich nicht erschrecken, stellt er sich wider mich gleich ein; mein JEsus wird das Schild ausstecken, darunter werd ich sicher sein. Drum jetzt mein Herze freudig spricht: Ich lasse meinen JEsum nicht.

7. Die Welt muß endlich doch vergehen mit aller ihrer Herrlichkeit; nichts ist, das ewig kann bestehen, als was mein JEsus hat bereit; wenn Himmel, Erd und alles bricht, laß ich doch meinen JEsum nicht.

8. Der Tod soll bei mir in dem Sterben auch nicht behalten überhand, mein JEsus läßt mich nicht verderben, drum hab ich ein gewisses Pfand, so mir sein kräftigs Wort verspricht; ich lasse meinen JEsum nicht.

9. Ich laß ihn nicht in meinem Leben, dort werd ich ewig bei ihm stehn, und an ihm als ein Klette kleben, da wird mein Mund sein Lob erhöhn, alsdenn seh ich sein Angesicht mit Freuden und mit vollem Licht.

10. Da will ich Dank und Preis ihm bringen, ich will vor Gottes höchstem Thron das Heilig, Heilig, Heilig singen dem größten Fürst und Königssohn in seinem Fried- und Freudenlicht; ich lasse meinen JEsum nicht.

 — r. Mich. Walther (?), 1662.

Mel. Auf meinen lieben Gott ꝛc. 29.

326. So tret ich demnach an, wie gut ich immer kann, mein Amt, Beruf und Wesen, darzu mich Gott erlesen, der wird mir seinen Segen auch wissen beizulegen.

2. Dir, Vater, sag ich Dank, daß du mein Lebenlang so reichlich mich ernähret und manche Gnad bescheret; laß deine Gut und Gaben mich heute ferner laben.

3. Ach mein HErr JEsu Christ, der du mein Helfer bist, ach segne meine Werke, mich selbst vom Himmel stärke, damit ich deinen Willen in allem mög erfüllen.

4. Behüte Seel und Leib und alles von mir treib, was meine Nahrung hindert und deinen Segen mindert; ja laß in Fried und Freuden mich einst von hinnen scheiden.

Joh. Heinrich v. Hippen, geb. 1656.

Ehestands-Lieder.

Mel. Werde munter mein Gem. 66.

327. Wer den Ehstand will erwählen, daß er ihn bei guter Ruh, ohne Sorge, Gram und Quälen möge glücklich bringen zu, fange es mit Beten an, so ist es recht wohlgethan, und Gott wird es also fügen, daß es beide kann vergnügen.

2. Denn es ist wohl angethan-

Standes- und Berufs-Lieder.

gen, wenn Gebet und reifer Rath beiderseits vorhergegangen: da verspürt man in der That, daß Gott selbst das Liebesband knüpfet, und aus seiner Hand Segen und ein frieblich Leben will dem neuen Paare geben.

3. Dieser Friede, dieser Segen bringet Ehre, Gut und Freud, wo man bleibt auf Gottes Wegen, gibt er auch die Seligkeit. Glücklich geht die Heirath an, wenns heißt: das hat Gott gethan; Gott, der hat es so gefüget, daß zwei Herzen sind vergnüget.

Mel. Wo Gott zum Haus nicht. 11.

328. Wohl dem, der in Gottesfurcht steht und auch auf seinem Wege geht; dein eigne Hand dich nähren soll, so lebst du recht und geht dir wohl.

2. Dein Weib wird in deim Hause sein wie ein Reben voll Trauben sein, und dein Kinder um deinen Tisch wie Oelpflanzen gesund und frisch.

3. Sieh, so reich Segen hangt dem an, wo in Gottesfurcht lebt ein Mann, von ihm läßt der alt Fluch und Zorn, den Menschenkindern angeborn.

4. Aus Zion wird Gott segnen dich, daß du wirst schauen stetiglich das Glück der Stadt Jerusalem, vor Gott in Gnaden angenehm.

5. Fristen wird er das Leben dein und mit Güte stets bei dir sein, daß du wirst sehen Kindeskind, und daß Israel Friede sind.

6. Ehr sei Gott Vater und dem Sohn, samt Heilgem Geist in einem Thron, welchs ihm auch also sei bereit von nun an bis in Ewigkeit.

Pf. 128. Dr. M. Luther, 1524

Reise-Lieder.

In eigener Melodie. 30.

329. In allen meinen Thaten, laß ich den Höchsten rathen, der alles kann und hat; er muß zu allen Dingen, solls anders wohl gelingen, selbst (darzu) geben Rath und That.

2. Nichts ist es spät und frühe um alle meine Mühe, mein Sorgen ist umsonst; er mags mit meinen Sachen nach seinem Willen machen, ich stells in seine (Vaters-) Gunst.

3. Es kann mir nichts geschehen, als was er hat versehen und was mir selig ist; ich nehm es, wie ers giebet, was ihm von mir beliebet, das (selbe) hab ich auch erkiest.

4. Ich traue seiner Gnaden, die mich vor allem Schaden, vor allem Uebel schützt; leb ich nach seinen Sätzen, so wird mich nichts verletzen, nichts fehlen, was mir (ewig) nützt.

5. Er wolle meiner Sünden in Gnaden mich entbinden, durchstreichen meine Schuld; er wird auf mein Verbrechen nicht stracks das Urtheil sprechen unt (mit mir) haben noch Gebuld.

6. Ich zieh in ferne Lande, zu nützen meinem Stande, darin er mich bestellt; sein Segen wird mir lassen, was gut und recht ist fassen, zu dienen (treulich) seiner Welt.

7. Bin ich in wilden Wüsten, so bin ich doch bei Christen, und Christus ist bei mir; der Helfer in Gefahren, der kann mich wohl bewahren, wie dorten so auch (also) hier.

8. Er wird zu diesem Reisen gewünschten Fortgang weisen, wohl helfen hin und her; Gesundheit, Heil und Leben, Zeit,

Standes- und Berufs-Lieder.

Wind und Wetter geben und alles, (alles) nach Begehr.

9. Sein Engel, der getreue, macht meine Feinde scheue, tritt zwischen mich und sie; durch seinen Zug, den frommen, sind wir so weit gekommen und wissen (demnach) fast nicht, wie.

10. Leg ich mich späte nieder, erwach ich frühe wieder, lieg oder zieh ich fort, in Schwachheit und in Banden und was mir stößt zu Handen, so tröstet mich (allzeit) sein Wort.

11. Hat er es denn beschlossen, so will ich unverdrossen an mein Verhängniß gehn. Kein Unfall unter allen wird mir zu harte fallen, ich will ihn (männlich) überstehn.

12. Ihm hab ich mich ergeben, zu sterben und zu leben, sobald er mir gebeut; es sei heut oder morgen, dafür laß ich ihn sorgen, er weiß die rechte (Helfens-) Zeit.

13. Gefällt es seiner Güte und sagt mir mein Gemüthe nicht was vergeblichs zu, so werd ich Gott noch preisen in manchen schönen Weisen daheim in meiner (stillen) Ruh.

14. Indeß wird er den Meinen mit Segen auch erscheinen, ihr Schutz, wie meiner, sein; wird beiderseits gewähren, was unser Wunsch und Zähren ihn bitten (können) überein.

15. So sei nun, Seele, seine und traue dem alleine, der dich geschaffen hat; es gehe, wie es gehe, dein Vater in der Höhe (der) weiß (zu) allen Sachen Rath. *Dr. Paul Flemming, 1633.*

Mel. Dies sind die heilgen zehn. 20.

330. Im Namen Gottes reisen wir, sein heilger Engel geh uns für, wie beim Volk in Egyptenland, das entging Pharaonis Hand. Kyrieleis.

2. HErr, du wollst unser G'leitsmann sein und mit uns gehen aus und ein, und zeigen alle Steig und Steg, wehren dem Unfall auf dem Weg. Kyrieleis.

3. So wird kein Berg noch tiefes Thal, kein Wasser uns irrn überall, fröhlich kommn wir an unsern Ort, wenn du uns gnädig hilfest fort. Kyrieleis.

4. HErr Christ, du bist der rechte Weg zum Himmel und der einge Steg; hilf uns Pilgrim ins Vaterland, weil du dein Blut hast dran gewandt. Kyrieleis.

Nikolaus Herman, um 1560.

Mel. Wer nur den lieben Gott. 45.

331. Wer nur mit seinem Gott verreiset, dem wird von Gott auch Bahn gemacht, weil er ihm lauter Wege weiset, worauf sein Gnadenauge wacht. Hier gilt die Losung früh und spat: wohl dem, der Gott zum Führer hat.

2. Wenn Jakob durch die Wüste gehet, trifft er ein liebes Bethel an. Wenn Israel am Jordan stehet, zeigt ihm der HErr ein Canaan. Geht David in das Thal hinab, so lehnt er sich auf Gottes Stab.

3. Gott hat sich gar zu sehr verbunden, er wolle bei den Seinen sein. Kein Ort wird in der Welt gefunden, Gott zieht mit ihnen aus und ein durch Feuers- und durch Wassers-Noth, auch selber mitten durch den Tod.

4. Er gängelt mich mit Vaterhänden, sein gnädig Auge leitet mich. Er will mir Luft und Wetter senden, das meiner Reise förderlich. Ja, seine Liebe soll allein mein bester Schirm im Sturme sein.

5. Er ist mir Wolk und Feuersäule, sowohl bei Tag als bei der Nacht. Er ist, der mir die längste Weile zu einem kurzen

Standes- und Berufs-Lieder.

Schritte macht. Kein Stein wird in den Weg gelegt, den er nicht auf die Seite trägt.

6. Er selbst ist Wahrheit, Weg und Leben, und wer ihm folgt, der irret nicht. Er hat uns selbst sein Wort gegeben, daß uns bei ihm kein Leid geschicht; und wenn der Weg voll Dornen wär, geht doch sein Schutz stets vor uns her.

7. Die Wagenburg ist stets geschlagen, die er um Dothans Berg gesetzt. Er lässet uns auf Händen tragen, daß uns kein Stoß den Fuß verletzt. Die Engel müssen, wo wir gehn, zur Rechten und zur Linken stehn.

8. So wallen wir allhier auf Erden, wo wir nur arme Pilger sein, bis wir dort Himmelsbürger werden, da gehen wir zu JEsu ein, ein sanfter Tod zeigt uns die Bahn, wie man zur Heimath kommen kann.

9. Indessen lassen wir uns führen, wie Gottes Hand uns gnädig lenkt, weil wir aus seiner Leitung spüren, daß er auf unser Bestes denkt. So wunderlich es oftmals scheint, so selig ist es doch gemeint.

10. Ich reise, HErr, in deinem Namen, sei du Gefährte, Weg und Stab. Die Helden, die zu Jakob kamen, send auch zu meinem Schutz herab. Mach Aus- und Eingang so beglückt, daß mir kein Fall das Ziel verrückt.

11. Bleib bei uns, wenns will Abend werden, gib Licht durch deine Gegenwart. Sei hier mein Leitstern auf der Erden, und ist der Kreuzsteg schwer und hart, so tröst uns auf die Ruhestatt, die man in Christi Schoße hat.

12. Wirst du bei mir auf diesem Wege mit deinem Schutz und Leitung sein, und auch indessen deine Pflege den Meinen insgesamt verleihn, so soll dies unser Opfer sein: gelobet sei der HErr allein.

13. Wir wollen einen Altar bauen, der Eben-Ezer heißen soll; daran soll man die Worte schauen: Gott führet seine Kinder wohl. So findet diese Losung statt: wohl dem, der Gott zum Führer hat.

Benjamin Schmolck, † 1737.

Ernte-Lied.

Mel. Nun danket Alle Gott. 55.

332. Frohlocket, jung und alt, ihr Reichen mit den Armen, da Gott den Unterhalt vom neuen aus Erbarmen für euch hat auf ein Jahr so milbiglich beschert; was euer Wünschen war, ist väterlich erhört.

2. Es hat, Gott Lob und Dank, hier Fried und Ruh gewohnet, vor Krieg und Untergang hat uns der HErr verschonet; kein Feuer, keine Glut, kein schwerer Hagelstein, kein Hunger, keine Fluth, noch Seuche kam herein.

3. Die Ernte hat der HErr uns treu und wohl bewahret; wer hätt, wenn er nicht wär, die Frücht uns so gesparet? Wer gäb uns Sonnenschein? Wer Regen oder Thau? Was würds ohn ihn wohl sein mit unserm Ackerbau.

4. Umsonst wär unsre Müh, umsonst wär Saat und Pflügen, wir würden niemals, nie ein Körnlein wieder kriegen; wir möchten früh aufstehn und bis zur Mitternacht nicht wieder schlafen gehn, es wär umsonst gewacht.

5. So aber wacht und hüt der Herrscher in der Höhe, und theilt den Segen mit, daß unser Werk

bestehe, der hat auch diesesmal des Sämanns Wunsch gestillt und reichlich überall der Schnitter Hand gefüllt.

6. So, daß der Segen ist nunmehre (nun meistens) eingeführet und ihr gestehen müßt, daß Gott der Ruhm gebühret, der uns mit reicher Hand erfreuet und erquickt und unserm Vaterland ein gutes Jahr geschickt.

7. Die Garben sind herein, drum sollen Korn und Weizen, die Gaben groß und klein zu Lob und Dank uns reizen, zu preisen unsern Gott, der seine Kinder liebt, und alle Jahr ihr Brod zur Zeit der Ernte gibt.

8. Gut ist, o HErr, das Land, darein du uns gesetzet; groß beine starke Hand, die uns so oft ergötzet; unendlich deine Macht, und ohne Ziel dein Ruhm, drum lobt man mit Bedacht dich jetzt im Heiligthum.

9. Verleih, o frommer Gott, uns ferner deine Gnade, daß keine Feuersnoth nicht unsern Hütten schade, kein Raub noch Ungemach, Fluth, Sterben, Seuch und Leid, noch sonst was komme noch von großer Fährlichkeit.

10. Gesegn uns mildiglich das, was wir täglich essen, und laß die Armuth sich nicht sehen ganz vergessen; gib, daß ein jeder so, ohn allem Ueberfluß, sei in dem Herzen froh, als wie ein Christ sein muß.

11. Laß es bis zu der Saat, ja bis zur Ernte reichen, gib selbsten Rath und That, und thu an uns ein Zeichen, daß jeder sehen kann, du seist, HErr Zebaoth, bei uns ein Wundermann, der rechte treue Gott.

12. Lob, Preis und Ehre sei jetzt und zu allen Zeiten dir, der du eins und drei, ein Gott der Ewigkeiten, dir, Vater, dir, Gott Sohn, und dir, Gott Heilger Geist, den man im Himmelsthron und auch auf Erden preist.

M. Christian Schmidt, um 1720.

Anhang für Kinder.

333. Mein lieber Gott, ich bitte dich, ein frommes Kind laß werden mich; sollt ich aber das nicht werden, so nimm mich lieber von der Erden. Nimm mich in dein Himmelreich, mach mich deinen Engeln gleich. Amen.

Eigene Melodie. 11.

334. Mir ist ein geistlich Kirchelein erbauet in dem Herzen mein, welchs allezeit gefärbet ist mit Blut des Lämmleins JEsu Christ.

2. Drin wohnt die heilg Dreieinigkeit, Gott Vater, Sohn, Heiliger Geist; das ist der werthe Seelengast, der gibt dem Herzen Ruh und Rast.

3. Es ist dies Kirchlein zwar gering, weil aber die drei wohnen drin, es groß genug und herrlich ist und Gottes königlicher Sitz.

4. Dies Häuslein und dies Kirchelein laß dir, o Gott, befohlen sein, b'hüts für Unfall und Herzeleid, wohn drin hier und in Ewigkeit.

Dr. B. Derschau, † 1639. (Nach dem Lat. des M. B. Walther.)

Mel. In dich hab ich gehoffet. 40.

335. O frommer Gott, ich danke dir, daß du so liebe Eltern mir aus Gnaden hast gegeben, und noch zur Zeit sie, mir zur Freud, erhalten bei dem Leben.

2. Verzeihe mir die Missethat, die dich und sie beleidigt hat, laß mich es nicht entgelten, daß ich, mein Gott, auf dein Gebot geachtet hab so selten.

Lob- und Dank-Lieder.

3. Gib mir ein Herz, das dankbar sei und meiner Eltern Eifer scheu, nicht thu, was ihn erreget, auch nimmermehr sich ihrer Lehr aus Bosheit widerleget.

4. Laß mir oft kommen in den Sinn, wie sauer ich der Mutter bin vom Anfang her geworden, und wie für mich der Vater sich bemühet aller Orten.

5. Gib meinen Eltern Fried und Ruh, es decke sie dein Segen zu, hilf ihr Kreuz ihnen tragen, behüte sie doch spat und früh vor Trübsal, Angst und Plagen.

6. Und wenn dahin ist ihre Zeit, so führ sie aus der Sterblichkeit hinauf zum Reich der Ehren; ich bringe dir viel Lob dafür, wenn du mich wirst erhören.

XXVII. Lob- und Dank-Lieder.

Mel. Allein Gott in der Höh sei. 49.

336. Bis hieher hat mich Gott gebracht durch seine große Güte; bis hieher hat er Tag und Nacht bewahrt Herz und Gemüthe. Bis hieher hat er mich geleit, bis hieher hat er mich erfreut, bis hieher mir geholfen.

2. Hab Lob und Ehre, Preis und Dank für die bisherge Treue, die du, o Gott, mir lebenslang bewiesen täglich neue; in mein Gedächtniß schreib ich an: der HErr hat große Ding gethan an mir und mir geholfen.

3. Hilf ferner auch, mein treuer Hort, hilf mir zu allen Stunden. Hilf mir an all und jedem Ort, hilf mir durch JEsu Wunden; hilf mir im Leben, Tod und Noth durch Christi Schmerzen, Blut und Tod, hilf mir, wie du geholfen.

Emilie Juliane, Gräfin von Schwarzburg, †1706.

Das Te Deum laudamus,
verdeutscht durch Dr. M. Luther, 1533.

Anmerk. Der erste Chor singt die vorgerückten, der andere die eingerückten Zeilen. Die Zeile des „Heilig", bezeichnet B. Ch., singen beide Chöre zusammen.

In eigener Melodie. 101.

337. HErr Gott, dich loben wir,
    HErr Gott, wir danken dir.
Dich, Vater in Ewigkeit,
    Ehrt die Welt weit und breit.
All Engel und Himmels-Heer,
    Und was dienet deiner Ehr,
Auch Cherubim und Seraphim
    Singen immer mit hoher Stimm:
Heilig ist unser Gott!
    Heilig ist unser Gott!
(B. Ch.) Heilig ist unser Gott, der HErre Zebaoth.
Dein göttlich Macht und Herrlichkeit
    Geht über Himmel und Erden weit.
Der heiligen zwölf Boten Zahl
    Und die lieben Propheten all,

Die theuren Märtrer allzumal
　Loben dich, HErr, mit großem Schall.
Die ganze werthe Christenheit
　Rühmt dich auf Erden allezeit.
Dich, Gott Vater im höchsten Thron,
　Deinen rechten und einigen Sohn,
Den Heiligen Geist und Tröster werth
　Mit rechtem Dienst sie lobt und ehrt.
Du König der Ehren, JEsu Christ,
　Gott Vaters ewiger Sohn du bist,
Der Jungfraun Leib nicht hast verschmäht,
　Zu erlösen das menschlich Geschlecht;
Du hast dem Tod zerstört sein Macht
　Und all Christen zum Himmel bracht,
Du sitzt zur Rechten Gottes gleich
　Mit aller Ehr ins Vaters Reich;
Ein Richter du zukünftig bist
　Alles, das todt und lebend ist.
Nun hilf uns, HErr, den Dienern dein,
　Die mit deim theurn Blut erlöset sein,
Laß uns im Himmel haben Theil
　Mit den Heiligen im ewigen Heil.
Hilf deinem Volk, HErr JEsu Christ,
　Und segne, das dein Erbtheil ist,
Wart und pfleg ihr zu aller Zeit
　Und heb sie hoch in Ewigkeit.
Täglich, HErr Gott, wir loben dich
　Und ehrn dein Namen stetiglich.
Behüt uns heut, o treuer Gott,
　Vor aller Sünd und Missethat.
Sei uns gnädig, o HErre Gott,
　Sei uns gnädig in aller Noth,
Zeig uns deine Barmherzigkeit,
　Wie unsre Hoffnung zu dir steht.
Auf dich hoffen wir, lieber HErr,
　In Schanden laß uns nimmermehr.
(V. Ch.)　Amen.

Mel. In dich hab ich gehoffet, H. 40.

338. Ich danke dir demüthiglich, o Gott, mein Vater, daß du dich von deinem Zorn gewendet und deinen Sohn zur Freud und Kron uns in die Welt gesendet.

2. Er ist gekommen, hat sein Blut vergossen und in solcher Fluth all unser Sünd ersticket; wer ihn nur faßt, wird aller Last benommen und erquicket.

3. Ich bitte, was ich bitten kann, herzlieber Vater, nimm mich an in diesen edlen Orden, der durch dies Blut gerecht und gut und ewig selig worden.

4. Laß meines Glaubens Aug und Hand ergreifen dieses werthe Pfand und nimmermehr verlieren; laß dieses Licht mein Angesicht zum ewgen Lichte führen.

5. Bereite meiner Seelen Haus, wirf allen Koth und Unflath aus, bau in mir deine Hütte,

Lob- und Dank-Lieder.

daß deine Güt in mein Gemüth
all ihre Lieb ausschütte.

6. Wenn ich dich hab, ist alles mein, du kannst nicht ohne Gaben sein, hast tausend Weg und Weisen, dein arme Herd auf dieser Erd zu nähren und zu speisen.

7. Gib mir, daß ich an meinem Ort allstets dich fürcht in deinem Wort und meinen Stand so führe, daß Glaub und Treu stets bei mir sei und all mein Leben ziere.

8. Gib mir ein gnügsam Herz und Sinn; denn das ist ja ein groß Gewinn, in steter Andacht liegen, und wenn Gott gibt, was ihm beliebt, sich lassen gerne gnügen.

9. Das Wenige, das durch Gottes Gnad ein Frommer und Gerechter hat, ist vielmal mehr geehret, als alles Geld, davon die Welt mit frechem Herzen zehret.

10. Die Frommen sind dir, HErr, bewußt, du bist ihr und sie deine Lust, und werden nicht zu Schanden. Kommt theure Zeit, findt sich bereit ihr Brod in allen Landen.

11. Gott hat den, der ihn fürchtet, lieb, sieht zu, daß ihn kein Unglück trüb, hat Lust zu seinen Wegen; und wenn er fällt, steht Gott und hält ihn fest in seinen Segen.

12. Des Höchsten Auge sieht auf die, die auf ihn hoffen spät und früh, daß er sie schütz und rette aus aller Noth, wenn sie der Tod auch selbst verschlungen hätte.

13. HErr, du kannst nichts, als gütig sein; du wollest deiner Güte Schein uns und all denen gönnen, die sich mit Mund und Herzensgrund allein zu dir bekennen.

14. Halt unser liebes Vaterland in deinem Schoß und starker Hand, behüt uns all zusammen vor falscher Lehr und Feindesheer, vor Pest und Feuersflammen.

15. Nimm all der Meinen eben wahr, treib, HErr, die böse Höllenschar von Jungen und von Alten, daß deine Herd hier zeitlich werd und ewig dort erhalten.

Paul Gerhardt, 1666.

Mel. Lobt Gott, ihr Christen, allz. 6.

339. Ich singe dir mit Herz und Mund, HErr, meines Herzens Lust; ich sing und mach auf Erden kund, was mir von dir bewußt.

2. Ich weiß, daß du der Brunn der Gnad und ewge Quelle seist, daraus uns allen früh und spat viel Heil und Gutes fleußt.

3. Was sind wir doch, was haben wir auf dieser ganzen Erd, das uns, o Vater, nicht von dir allein gegeben werd?

4. Wer hat das schöne Himmelszelt hoch über uns gesetzt? Wer ist es, der uns unser Feld mit Thau und Regen netzt?

5. Wer wärmet uns in Kält und Frost? Wer schützt uns vor dem Wind? Wer macht es, daß man Oel und Most zu seinen Zeiten findt?

6. Wer gibt uns Leben und Geblüt? Wer hält mit seiner Hand den güldnen, edlen, werthen Fried in unserm Vaterland?

7. Ach HErr, mein Gott, das kommt von dir, und du mußt alles thun, du hältst die Wach an unsrer Thür und läßt uns sicher ruhn.

8. Du nährest uns von Jahr zu Jahr, bleibst immer fromm und treu und stehst uns, wenn wir in Gefahr gerathen, herzlich bei.

9. Du strafst uns Sünder mit Gedull und schlägst nicht allzusehr, ja, endlich nimmst du unsre Schuld und wirfst sie in das Meer.

10. Wenn unser Herze seufzt und schreit, wirst du gar leicht erweicht und gibst uns, was uns

hoch erfreut und dir zu Ehren reicht.

11. Du zählst, wie oft ein Christe wein und was sein Kummer sei; kein Zähr und Thränlein ist so klein, du hebst und legst es bei.

12. Du füllst des Lebens Mangel aus mit dem, was ewig steht, und führst uns in des Himmels Haus, wenn uns die Erd ausgeht.

13. Wohlauf, mein Herze, sing und spring und habe guten Muth! Dein Gott, der Ursprung aller Ding, ist selbst und bleibt dein Gut.

14. Er ist dein Schatz, dein Erb und Theil, dein Glanz und Freudenlicht, dein Schirm und Schild, dein Hilf und Heil, schafft Rath und läßt dich nicht.

15. Was kränkst du dich in deinem Sinn und grämst dich Tag und Nacht? Nimm deine Sorg und wirf sie hin auf den, der dich gemacht.

16. Hat er dich nicht von Jugend auf versorget und ernährt? Wie manchen schweren Unglückslauf hat er zurückgekehrt!

17. Er hat noch niemals was versehn in seinem Regiment; nein, was er thut und läßt geschehn, das nimmt ein gutes End.

18. Ei nun, so laß ihn ferner thun und red ihm nichts darein, so wirst du hier in Frieden ruhn und ewig fröhlich sein.

Paul Gerhardt, 1653.

Mel. Aus meines Herzens Gr. 58.

340. Ich will mit Danken kommen in den gemeinen Rath der rechten wahren Frommen, die Gottes Rath und That mit süßem Lob erhöhn, zu denen will ich treten, da soll mein Dank und Beten von ganzem Herzen gehn.

2. Groß ist der HErr und mächtig, groß ist auch, was er macht; wer aufmerkt und andächtig nimmt seine Werk in Acht, hat eitel Lust daran. Was seine Weisheit setzet und ordnet, das ergötzet und ist sehr wohl gethan.

3. Sein Heil und große Güte steht fest und unbewegt; damit auch dem Gemüthe, das uns im Herzen schlägt, dieselbe nicht entweich, hat er zum Glaubenszunder ein Denkmal seiner Wunder gestift in seinem Reich.

4. Gott ist voll Gnad und Gaben, gibt Speis aus milder Hand, die Seinen wohl zu laben, die ihm allein bekannt; denkt stets an seinen Bund, gibt denen, die er weiden will mit dem Erb der Heiden, all seine Thaten kund.

5. Das Wirken seiner Hände und was er uns gebeut, das hat ein gutes Ende, bringt rechten Trost und Freud und Wahrheit, die nicht treugt. Gott leitet seine Knechte in dem rechtschaffnen Rechte, das sich zum Leben neigt.

6. Sein Herz läßt ihm nicht reuen, was uns sein Mund verspricht, gibt redlich und mit Treuen, was unser Unglück bricht, ist freudig, unverzagt, uns alle zu erlösen vom Kreuz und allem Bösen, das seine Kinder plagt.

7. Sein Wort ist wohl gegründet, sein Mund ist rein und klar; wozu er sich verbindet, das macht er fest und wahr und wird ihm gar nicht schwer; sein Name, den er führt, ist heilig und gezieret mit großem Lob und Ehr.

8. Die Furcht des HErren giebet den ersten besten Grund der Weisheit, die Gott liebet und rühmt mit seinem Mund. O wie klug ist der Sinn, der diesen Weg verstehet und fleißig darauf gehet! Des Lob fällt nimmer hin.

Pf. 111. Paul Gerhardt, 1657.

Lob- und Dank-Lieder.

Eigene Melodie. 24.

341. Lobe den HErren, den mächtigen König der Ehren, meine geliebete Seele, das ist mein Begehren. Kommet zu Hauf! Psalter und Harfe, wacht auf! Lasset die Musicam hören.
2. Lobe den HErren, der alles so herrlich regieret, der dich auf Adelers Fittigen sicher geführet, der dich erhält, wie es dir selber gefällt; hast du nicht dieses verspüret?
3. Lobe den HErren, der künstlich und fein dich bereitet, der dir Gesundheit verliehen, dich freundlich geleitet. In wie viel Noth hat nicht der gnädige Gott über dir Flügel gebreitet!
4. Lobe den HErren, der deinen Stand sichtbar gesegnet, der aus dem Himmel mit Strömen der Liebe geregnet; denke daran, was der Allmächtige kann, der dir mit Liebe begegnet.
5. Lobe den HErren, was in mir ist, lobe den Namen. Alles, was Odem hat, lobe mit Abrahams Samen. Er ist dein Licht; Seele, vergiß es ja nicht; lobende, schließe mit Amen!

Joachim Neander, 1679.

Mel. HErr JEsu Christ, meins L. 11.

342. Lob, Ehr und Preis sei unserm Gott, der uns so hoch geliebet hat, daß er uns seinen eingen Sohn gesandt zum Heil und Gnadenthron.
2. Lob sei dir, o HErr JEsu Christ, daß du unsr Bruder worden bist, hast uns errettet durch dein Blut vons Teufels Strick und Höllengluth.
3. Lob sei dir, o Gott Heilger Geist, der du der Herzen Tröster heißt und zierest sie mit Glauben sein, damit wir Gott gefällig sein.
4. Keins Menschen Zung aussprechen kann, was du, o Gott, an uns gethan. Drum seufzen wir, o treuer Hort: gib uns, was wir dich bitten, fort!
5. Vater, gedenk der Kinder dein, wir trauen ja auf dich allein; gib Leibsg'sundheit, gut Regiment, Krieg, Sterben, Theurung von uns wend.
6. HErr JEsu Christ, du starker Held, wehr doch dem Fürsten dieser Welt, zerstör sein Reich und schaff uns Ruh, auf daß dein Kirche nehme zu.
7. O Tröster werth, Heiliger Geist, der du all unsre Schwachheit weißt, sei uns mit deiner Hilf bereit, daß wir Gott dienen allezeit.
8. O ewige Dreifaltigkeit, einiger Gott von Ewigkeit, leucht uns mit deinem Angesicht, hilf, daß wir von dir wanken nicht.

Aus dem Dresd'ner Kirchen- und Hausbuch von 1694.

In eigener Melodie. 13.

343. Lobet den HErren, :,: denn er ist sehr freundlich; es ist sehr köstlich, unsern Gott zu loben. :,: Sein Lob ist schön und lieblich anzuhören. Lobet den HErren. :,:
2. Singt gegn einander :,: dem HErren mit Danken, lobt ihn mit Harfen unsern Gott, den werthen, :,: denn er ist mächtig und von großen Kräften. Lobet den HErren. :,:
3. Er kann den Himmel :,: mit Wolken bedecken, er gibt den Regen, wenn er will, auf Erden, :,: er läßt Gras wachsen hoch auf dürren Bergen. Lobet den HErren. :,:
4. Der allem Fleische :,: gibet seine Speise, dem Vieh sein Futter väterlicher Weise, :,: den jungen Raben, die ihn thun anrufen. Lobet den HErren. :,:
5. Er hat keine Luste :,: an der Stärk des Rosses, noch Wohlgefallen an jemandes Beinen; :,:

er hat Gefalln an den'n, die auf ihn trauen. Lobet den HErren. :,:

6. Danket dem HErren, :,: Schöpfer aller Dinge, der Brunn des Lebens thut aus ihm entspringen :,: gar hoch vom Himmel her aus seinem Herzen. Lobet den HErren. :,:

7. O JEsu Christe, :,: Sohn des Allerhöchsten, gib du die Gnade allen frommen Christen, :,: daß sie dein Namen ewig preisen, Amen. Lobet den HErren. :,:

Dr. N. Selnecker, 1587.

Mel. Nun freut euch, lieben Chr. 49.

344. Lobet den HErrn, ihr Heiden all, lobt ihn von Herzensgrunde; preist ihn, ihr Völker allzumal, dankt ihm zu aller Stunde, daß er euch auserwählet hat und mitgetheilet seine Gnad in Christo, seinem Sohne.

2. Denn seine groß Barmherzigkeit thut über uns stets walten, sein Wahrheit, Gnad und Gütigkeit erscheint Jungen und Alten und währet bis in Ewigkeit, schenkt uns aus Gnad die Seligkeit, drum singet: Halleluja!

In eigener Melodie. 11.

345. Mein Gott, ich danke herzlich dir für alle Wohlthat, die du mir von Kindheit bis auf diese Stund so überflüssig hast gegunt.

2. Du hast durch deine große Macht mich an das Tageslicht gebracht, mir Leib und Seele schön gezieret und in die Christenheit geführt.

3. Die Erbsünd, welche in mir haft, hat nunmehr weiter keine Kraft, weil du mich wieder in der Tauf zu deinem Kind genommen auf.

4. Wiewohl auch leider sich die Sünd an mir noch immer häufig findt, so hast du doch durch deinen Sohn dieselbe mir vergeben schon.

5. Viel tausend Gnade hast du mir auch sonst erwiesen für und für. Ich spür es stets und überall, drum sag ich billig noch einmal:

6. Mein Gott, ich danke herzlich dir für alle Wohlthat, die du mir von Kindheit bis auf diese Stund so überflüssig hast gegunt.

7. Ehr sei dem Vater und dem Sohn, dem Heilgen Geist in einem Thron, welchs ihm auch also sei bereit von nun an bis in Ewigkeit.

In eigener Melodie. 55.

346. Nun danket alle Gott mit Herzen, Mund und Händen, der große Dinge thut an uns und allen Enden, der uns von Mutterleib und Kindesbeinen an unzählig viel zu gut und noch jetzund gethan.

2. Der ewig reiche Gott woll uns bei unserm Leben ein immer fröhlich Herz und edlen Frieden geben und uns in seiner Gnad erhalten fort und fort und uns aus aller Noth erlösen hier und dort.

3. Lob, Ehr und Preis sei Gott dem Vater und dem Sohne und dem, der beiden gleich im höchsten Himmelsthrone, dem dreieinigen Gott, als es im Anfang war und ist und bleiben wird jetzund und immerdar.

M. Martin Rinkart, 1644.

Eigene Melodie. 6.

347. Nun danket all und bringet Ehr, ihr Menschen in der Welt, dem, dessen Lob der Engel Heer im Himmel stets vermeldt.

2. Ermuntert euch und singt mit Schall Gott, unserm höchsten Gut, der seine Wunder überall und große Dinge thut.

Lob- und Dank-Lieder.

3. Der uns von Mutterleibe an frisch und gesund erhält und, wo kein Mensch nicht helfen kann, sich selbst zum Helfer stellt.

4. Der, ob wir ihn gleich hoch betrübt, doch bleibet gutes Muths, die Straf erläßt, die Schuld vergibt und thut uns alles Guts.

5. Er gebe uns ein fröhlich Herz, erfrische Geist und Sinn und werf all Angst, Furcht, Sorg und Schmerz ins Meeres Tiefe hin.

6. Er lasse seinen Frieden ruhn in Israelis Land, er gebe Glück zu unserm Thun und Heil in allem Stand.

7. Er lasse seine Lieb und Güt um, bei und mit uns gehn, was aber ängstet und bemüht, gar ferne von uns stehn.

8. So lange dieses Leben währt, sei er stets unser Heil und bleib auch, wann wir von der Erd abscheiden, unser Theil.

9. Er drücke, wenn das Herze bricht, uns unsre Augen zu und zeig uns drauf sein Angesicht dort in der ewgen Ruh.

Paul Gerhardt, 1653.

In eigener Melodie. 93.

348. Nun lob, mein Seel, den HErren, was in mir ist, den Namen sein! Sein Wohlthat thut er mehren; vergiß es nicht, o Herze mein! Hat dir dein Sünd vergeben und heilt dein Schwachheit groß, errett dein armes Leben, nimmt dich in seinen Schoß; mit rechtem Trost beschüttet, verjüngt dem Adler gleich. Der Kön'g schafft Recht, behütet die Leidenden im Reich.

2. Er hat uns wissen lassen sein herrlich Recht und sein Gericht, dazu sein Güt ohn Maßen, es mangelt an Erbarmung nicht; sein Zorn läßt er wohl fahren, straft nicht nach unsrer Schuld, die Gnad thut er nicht sparen, den Blöden ist er hold. Sein Güt ist hoch erhaben ob den'n, die fürchten ihn. So fern der Ost vom Abend, ist unsre Sünd dahin.

3. Wie sich ein Mann erbarmet über sein junge Kinderlein, so thut der HErr uns Armen, so wir ihn kindlich fürchten rein. Er kennt das arm Gemächte und weiß, wir sind nur Staub, gleichwie das Gras von Rechte, ein Blum und fallend Laub, der Wind nur drüber wehet, so ist es nimmer da: also der Mensch vergehet, sein End das ist ihm nah.

4. Die Gottesgnad alleine bleibt stät und fest in Ewigkeit bei seiner lieben Gemeine, die steht in seiner Furcht bereit, die seinen Bund behalten; er herrscht im Himmelreich. Ihr starken Engel, waltet seins Lobs und dient zugleich dem großen HErrn zu Ehren und treibt sein heilges Wort; mein Seel soll auch vermehren sein Lob an allem Ort.

5. Sei Lob und Preis mit Ehren Gott Vater, Sohn, Heiligem Geist! Der woll in uns vermehren, was er uns aus Gnad verheißt, daß wir ihm fest vertrauen, gänzlich uns lassn auf ihn, von Herzen auf ihn bauen, daß unsr Herz, Muth und Sinn ihm festiglich anhangen; drauf singen wir zur Stund: Amen, wir werdns erlangen, glaubn wir aus Herzensgrund.

Johann Graumann (Pollander), 1525. V. 5. Mitte des 16. Jahrh.

In eigener Melodie. 45.

349. O daß ich tausend Zungen hätte und einen tausendfachen Mund, so stimmt ich damit in die Wette vom allertiefsten Herzensgrund ein Loblied nach dem andern an von dem, was Gott an mir gethan.

2. O daß doch meine Stimme schallte bis dahin, wo die Sonne steht! O daß mein Blut mit Jauchzen wallte, so lang es noch im Laufe geht! Ach wär ein jeder Puls ein Dank und jeder Odem ein Gesang!

3. Was schweigt ihr denn, ihr meine Kräfte? Auf, auf, braucht allen euren Fleiß und stehet munter im Geschäfte zu Gottes, meines HErren, Preis. Mein Leib und Seele, schicke dich und lobe Gott herzinniglich.

4. Ihr grünen Blätter in den Wäldern, bewegt und regt euch doch mit mir! Ihr schwanken Gräschen in den Feldern, ihr Blumen, laßt doch eure Zier zu Gottes Ruhm belebet sein und stimmet lieblich mit mir ein!

5. Ach alles, alles, was ein Leben und einen Odem in sich hat, soll sich mir zu Gehülfen geben, denn mein Vermögen ist zu matt, die großen Wunder zu erhöhn, die allenthalben um mich stehn.

6. Dir sei, o allerliebster Vater, unendlich Lob für Seel und Leib. Lob sei dir, mildester Berather, für allen edlen Zeitvertreib, den du mir in der ganzen Welt zu meinem Nutzen hast bestellt.

7. Mein treuster JEsu, sei gepriesen, daß dein erbarmungsvolles Herz sich mir so hülfreich hat erwiesen und mich durch Blut und Todesschmerz von aller Teufel Grausamkeit zu deinem Eigenthum befreit.

8. Auch dir sei ewig Ruhm und Ehre, o heilig werther Gottesgeist, für deines Trostes süße Lehre, die mich ein Kind des Lebens heißt. Ach wo was Guts von mir geschicht, das wirket nur dein göttlich Licht.

9. Wer überströmet mich mit Segen? Bist du es nicht, o reicher Gott? Wer schützet mich auf meinen Wegen? Du, du, o starker Zebaoth! Du trägst mit meiner Sündenschuld unsäglich gnädige Geduld.

10. Vor andern küß ich deine Ruthe, die du mir aufgebunden hast. Wie viel thut sie mir doch zu gute und ist mir eine sanfte Last! Sie macht mich fromm und zeugt dabei, daß ich von deinem Liebsten sei.

11. Ich hab es ja mein Lebetage schon so manch liebes Mal gespürt, daß du mich unter vielen Plage durch Dick und Dünne hast geführt; denn in der größesten Gefahr ward ich dein Trostlicht stets gewahr.

12. Wie sollt ich nun nicht voller Freuden in deinem steten Lobe stehn? Wie sollt ich auch im tiefsten Leiden nicht triumphirend einhergehn? Und fiele auch der Himmel ein, so will ich doch nicht traurig sein.

13. Drum reiß ich mich jetzt aus der Höhle der schnöden Eitelkeiten los und rufe mit erhöhter Seele: Mein Gott, du bist sehr hoch und groß; Kraft, Ruhm, Preis, Dank und Herrlichkeit gehört dir jetzt und allezeit.

14. Ich will von deiner Güte singen, so lange sich die Zunge regt, ich will dir Freudenopfer bringen, so lange sich mein Herz beweget; ja, wenn der Mund wird kraftlos sein, so stimm ich doch mit Seufzen ein.

15. Ach nimm das arme Lob auf Erden, mein Gott, in allen Gnaden hin; im Himmel soll es besser werden, wenn ich ein schöner Engel bin; da sing ich dir im höhern Chor viel tausend Halleluja vor. Joh. Menzer, 1704.

Lob- und Dank-Lieder.

Mel. Es ist das Heil uns kommen. 49.

350. Sei Lob und Ehr dem höchsten Gut, dem Vater aller Güte, dem Gott, der alle Wunder thut, dem Gott, der mein Gemüthe mit seinem reichen Trost erfüllt, dem Gott, der allen Jammer stillt. Gebt unserm Gott die Ehre!

2. Es danken dir die Himmelsheer, o Herrscher aller Thronen, und die auf Erden, Luft und Meer in deinem Schatten wohnen, die preisen deine Schöpfersmacht, die alles also wohl bedacht. Gebt unserm Gott die Ehre!

3. Was unser Gott geschaffen hat, das will er auch erhalten, darüber will er früh und spat mit seiner Gnade walten. In seinem ganzen Königreich ist alles recht und alles gleich. Gebt unserm Gott die Ehre!

4. Ich rief dem HErrn in meiner Noth: Ach Gott, vernimm mein Schreien! Da half mein Helfer mir vom Tod und ließ mir Trost gedeihen. Drum dank, ach Gott, drum dank ich dir. Ach danket, danket Gott mit mir! Gebt unserm Gott die Ehre!

5. Der HErr ist noch und nimmer nicht von seinem Volk geschieden, er bleibet ihre Zuversicht, ihr Segen, Heil und Frieden. Mit Mutterhänden leitet er die Seinen stetig hin und her. Gebt unserm Gott die Ehre!

6. Wenn Trost und Hilf ermangeln muß, die alle Welt erzeiget, so kommt und hilft der Ueberfluß, der Schöpfer selbst, und neiget die Vateraugen deme zu, der sonsten nirgends findet Ruh. Gebt unserm Gott die Ehre!

7. Ich will dich all mein Lebenlang, o Gott, von nun an ehren; man soll, o Gott, dein Lobgesang an allen Orten hören. Mein ganzes Herz ermuntre sich, mein Geist und Leib erfreuen sich. Gebt unserm Gott die Ehre!

8. Ihr, die ihr Christi Namen nennt, gebt unserm Gott die Ehre! Ihr, die ihr Gottes Macht bekennt, gebt unserm Gott die Ehre! Die falschen Götzen macht zu Spott; der HErr ist Gott, der HErr ist Gott. Gebt unserm Gott die Ehre!

9. So kommet vor sein Angesicht mit jauchzenvollem Springen, bezahlet die gelobte Pflicht und laßt uns fröhlich singen: Gott hat es alles wohl bedacht und alles, alles recht gemacht. Gebt unserm Gott die Ehre!

Johann Jakob Schütz, 1673.

Eigene Melodie. 84.

351. Sollt ich meinem Gott nicht singen? Sollt ich ihm nicht fröhlich sein? Denn ich seh in allen Dingen, wie so gut er's mit mir mein. Ist doch nichts als lauter Lieben, das sein treues Herze regt, das ohn Ende hebt und trägt, die in seinem Dienst sich üben. Alles Ding währt seine Zeit, Gottes Lieb in Ewigkeit.

2. Wie ein Adler sein Gefieder über seine Jungen streckt: also hat auch hin und wieder mich des Höchsten Arm gedeckt. Alsobald im Mutterleibe, da er mir mein Wesen gab und das Leben, das ich hab und noch diese Stunde treibe. Alles Ding währt seine Zeit, Gottes Lieb in Ewigkeit.

3. Sein Sohn ist ihm nicht zu theuer; nein, er gibt ihn für mich hin, daß er mich vom ewgen Feuer durch sein theures Blut gewinn. O du unergründter Brunnen, wie will doch mein schwacher Geist, ob er sich gleich hoch befleißt, deine Tief ergründen können? Alles Ding währt seine Zeit, Gottes Lieb in Ewigkeit.

4. Seinen Geist, den edlen Führer, gibt er mir in seinem Wort, daß er werde mein Regierer durch die Welt zur Himmelspfort, daß er mir mein Herz erfülle mit dem hellen Glaubenslicht, das des Todes Macht zerbricht und die Hölle selbst macht stille. Alles Ding währt seine Zeit, Gottes Lieb in Ewigkeit.

5. Meiner Seelen Wohlergeben hat er ja recht wohl bedacht; will dem Leibe Noth zustehen, nimmt ers gleichfalls wohl in Acht; wenn mein Können, mein Vermögen nichts vermag, nichts helfen kann, kommt mein Gott und hebt mir an sein Vermögen beizulegen. Alles Ding währt seine Zeit, Gottes Lieb in Ewigkeit.

6. Himmel, Erd und ihre Heere hat er mir zum Dienst bestellt; wo ich nur mein Aug hinkehre, find ich, was mich nährt und hält. Thier und Kräuter und Getreide in den Gründen, in der Höh, in den Büschen, in der See, überall ist meine Weide. Alles Ding währt seine Zeit, Gottes Lieb in Ewigkeit.

7. Wenn ich schlafe, wacht sein Sorgen und ermuntert mein Gemüth, daß ich alle liebe Morgen schaue neue Lieb und Güt. Wäre mein Gott nicht gewesen, hätte mich sein Angesicht nicht geleitet, wär ich nicht aus so mancher Angst genesen. Alles Ding währt seine Zeit, Gottes Lieb in Ewigkeit.

8. Wie so manche schwere Plage wird vom Satan hergeführt, die mich doch mein Lebetage niemals noch bisher gerührt. Gottes Engel, den er sendet, hat das Böse, was der Feind anzurichten ist gemeint, in die Ferne weggewendet. Alles Ding währt seine Zeit, Gottes Lieb in Ewigkeit.

9. Wie ein Vater seinem Kinde sein Herz niemals ganz entzeucht, ob es gleich bisweilen Sünde thut und aus der Bahne weicht: also hält auch mein Verbrechen mir mein frommer Gott zu gut, will mein Fehlen mit der Ruth und nicht mit dem Schwerte rächen. Alles Ding währt seine Zeit, Gottes Lieb in Ewigkeit.

10. Seine Strafen, seine Schläge, ob sie mir gleich bitter seind, dennoch, wenn ichs recht erwäge, find es Zeichen, daß mein Freund, der mich liebet, mein gedenke und mich von der schnöden Welt, die uns hart gefangen hält, durch das Kreuze zu ihm lenke. Alles Ding währt seine Zeit, Gottes Lieb in Ewigkeit.

11. Das weiß ich fürwahr und lasse mirs nicht aus dem Sinne gehn: Christenkreuz hat seine Maße und muß endlich stille stehn. Wenn der Winter ausgeschneiet, tritt der schöne Sommer ein: also wird auch nach der Pein, wers erwarten kann, erfreuet. Alles Ding währt seine Zeit, Gottes Lieb in Ewigkeit.

12. Weil denn weder Ziel noch Ende sich in Gottes Liebe findt, ei so heb ich meine Hände zu dir, Vater, als ein Kind, bitte, wollst mir Gnade geben, dich aus aller meiner Macht zu umfangen Tag und Nacht hier in meinem ganzen Leben, bis ich dich nach dieser Zeit lob und lieb in Ewigkeit. Paul Gerhardt, 1659.

XXVIII. Kreuz- und Trost-Lieder.

Eigene Melodie. 11.

352. Ach Gott, wie manches Herzeleid begegnet mir zu dieser Zeit! Der schmale Weg ist trübsalsvoll, den ich zum Himmel wandern soll.

2. Wie schwerlich läßt sich Fleisch und Blut zwingen zu dem ewigen Gut! Wo soll ich mich denn wenden hin? Zu dir, HErr JEsu, steht mein Sinn.

3. Bei dir mein Herz Trost, Hilf und Rath allzeit gewiß gefunden hat; niemand jemals verlassen ist, der getraut hat auf JEsum Christ.

4. Du bist der große Wundermann, das zeigt dein Amt und Person an. Welch Wunderding hat man erfahrn, da du, mein Gott, bist Mensch geborn.

5. Und führest mich durch deinen Tod ganz wunderlich aus aller Noth. JEsu, mein HErr und Gott allein, wie süß ist mir der Name dein!

6. Es kann kein Trauern sein so schwer, dein süßer Nam erfreut viel mehr; kein Elend mag so bitter sein, dein süßer Nam der lindert's sein.

7. Ob mir gleich Leib und Seel verschmacht, so weißt du, HErr, daß ich's nicht acht; wenn ich dich hab, so hab ich wohl, was mich ewig erfreuen soll.

8. Dein bin ich ja mit Leib und Seel; was kann mir thun Sünd, Tod und Höll? Kein beßre Treu auf Erden ist, denn nur bei dir, HErr JEsu Christ.

9. Ich weiß, daß du mich nicht verläßt, dein Wahrheit bleibt mir ewig fest; du bist mein rechter treuer Hirt, der mich ewig behüten wird.

10. JEsu, mein Freud, mein Ehr und Ruhm, mein Herzensschatz und mein Reichthum, ich kanns doch ja nicht zeigen an, wie hoch dein Nam erfreuen kann.

11. Wer Glaub und Lieb im Herzen hat, der wirds erfahren in der That, drum hab ich oft und viel geredt: Wenn ich an dir nicht Freude hätt,

12. So wollt ich den Tod wünschen her, ja, daß ich nie geboren wär; denn wer dich nicht im Herzen hat, der ist gewiß lebendig todt.

13. JEsu, du edler Bräutgam werth, mein höchste Zier auf dieser Erd, an dir allein ich mich ergötz weit über alle güldne Schätz.

14. So oft ich nur gedenk an dich, all mein Gemüth erfreuet sich, wenn ich mein Hoffnung stell zu dir, so fühl ich Fried und Trost in mir.

15. Wenn ich in Nöthen bet und sing, so wird mein Herz recht guter Ding; dein Geist bezeugt, daß solches frei des ewgen Lebens Vorschmack sei.

16. Drum will ich, weil ich lebe noch, das Kreuz dir willig tragen nach. Mein Gott, mach mich dazu bereit, es dient zum Besten allezeit.

17. Hilf mir mein Sach recht greifen an, daß ich mein Lauf vollenden kann; hilf mir auch zwingen Fleisch und Blut, vor Sünd und Schanden mich behüt.

18. Erhalt mein Herz im Glauben rein, so leb und sterb ich dir allein. JEsu, mein Trost, hör mein Begier, o mein Heiland, wär ich bei dir.

Conrad Hojer, 1597.

In Sterbensläuften.

Mel. Wo Gott der HErr nicht. 49.

353. Ach lieben Christen, seid getrost, wie thut ihr so verzagen? Weil uns der HErr heimsuchen thut, laßt uns von Herzen sagen: die Straf wir wohl verdienet han, solchs muß bekennen jedermann, niemand darf sich ausschließen.

2. In deine Hand uns geben wir, o Gott, du lieber Vater, denn unser Wandel ist bei dir, hier wird uns nicht gerathen. Weil wir in dieser Hütten sein, ist nur Elend, Trübsal und Pein, bei dir der Freud wir warten.

3. Kein Frucht das Weizenkörnlein bringt, es fall denn in die Erden; so muß auch unser irdscher Leib zu Staub und Asche werden, eh er kömmt zu der Herrlichkeit, die du, HErr Christ, uns hast bereit durch deinen Gang zum Vater.

4. Was wollen wir denn fürchten sehr den Tod auf dieser Erden? Es muß einmal gestorben sein; o wohl ist hie gewesen, welcher, wie Simeon entschläft, sein Sünd erkennt, Christum ergreift, so muß man selig sterben.

5. Dein Seel bedenk, bewahr dein Leib, laß Gott den Vater sorgen, sein Engel deine Wächter sein, b'hütn dich vor allem Argen; ja wie die Henn ihr Küchelein bedeckt mit ihren Flügelein, so thut der HErr uns Armen.

6. Wir wachen oder schlafen ein, so sind wir doch des HErren; auf Christum wir getaufet sein, der kann dem Satan wehren. Durch Adam auf uns kommt der Tod, Christus hilft uns aus aller Noth, drum loben wir den HErren.

M. Joh. Sigas, 1566.

Eigene Melodie. 29.

354. Auf meinen lieben Gott trau ich in Angst und Noth, der kann mich allzeit retten aus Trübsal, Angst und Nöthen, mein Unglück kann er wenden, steht alls in seinen Händen.

2. Ob mich mein Sünd anficht, will ich verzagen nicht; auf Christum will ich bauen, und ihm allein vertrauen, ihm thu ich mich ergeben im Tod und auch im Leben.

3. Ob mich der Tod nimmt hin, ist Sterben mein Gewinn, und Christus ist mein Leben, dem thu ich mich ergeben, ich sterb heut oder morgen, mein Seel wird er versorgen.

4. O mein HErr JEsu Christ, der du so g'duldig bist für mich am Kreuz gestorben, hast mir das Heil erworben, auch uns allen zugleiche das ewig Himmelreiche.

5. Amen, zu aller Stund sprech ich aus Herzensgrund; du wollest uns thun leiten, HErr Christ, zu allen Zeiten, auf daß wir deinen Namen ewiglich preisen, Amen.

Sigismund Weingärtner, um 1609.

Mel. Herzlich thut mich verlang. 59.

355. Befiehl du deine Wege und was dein Herze kränkt, der allertreusten Pflege des, der den Himmel lenkt; der Wolken, Luft und Winden gibt Wege, Lauf und Bahn, der wird auch Wege finden, da dein Fuß gehen kann.

2. Dem HErren mußt du trauen, wenn dirs soll wohlergehn; auf sein Werk mußt du schauen, wenn dein Werk soll bestehn. Mit Sorgen und mit Grämen und mit selbsteigner Pein läßt Gott ihm gar nichts nehmen, es muß erbeten sein.

Kreuz- und Trost-Lieder.

3. **Dein** ewge Treu und Gnade, o Vater, weiß und sieht, was gut sei oder schade dem sterblichen Geblüt; und was du dann erlesen, das treibst du, starker Held, und bringst zum Stand und Wesen, was deinem Rath gefällt.

4. **Weg** hast du allerwegen, an Mitteln fehlt dirs nicht, dein Thun ist lauter Segen, dein Gang ist lauter Licht, dein Werk kann niemand hindern, dein Arbeit darf nicht ruhn, wenn du, was deinen Kindern ersprießlich ist, willt thun.

5. **Und** ob gleich alle Teufel hier wollten widerstehn, so wird doch ohne Zweifel Gott nicht zurücke gehn; was er ihm vorgenommen, und was er haben will, das muß doch endlich kommen zu seinem Zweck und Ziel.

6. **Hoff,** o du arme Seele, hoff und sei unverzagt, Gott wird dich aus der Höhle da dich der Kummer jagt, mit großen Gnaden rücken, erwarte nur die Zeit, so wirst du schon erblicken die Sonn der schönsten Freud.

7. **Auf,** auf, gib deinem Schmerze und Sorgen gute Nacht, laß fahren, was dein Herze betrübt und traurig macht; bist du doch nicht Regente, der alles führen soll, Gott sitzt im Regimente und führet Alles wohl.

8. **Ihn,** ihn laß thun und walten, er ist ein weiser Fürst und wird sich so verhalten, daß du dich wundern wirst, wenn er, wie ihm gebühret, mit wunderbarem Rath die Sach hinausgeführet, die dich bekümmert hat.

9. **Er** wird zwar eine Weile mit seinem Trost verziehn und thun an seinem Theile, als hätt in seinem Sinn er deiner sich begeben, und solltst du für und für in Angst und Nöthen schweben, fragt er doch nichts nach dir.

10. **Wirds** aber sich befinden, daß du ihm treu verbleibst, so wird er dich entbinden, da du das am mindsten gläubst, er wird dein Herze lösen von der so schweren Last, die du zu keinem Bösen bisher getragen hast.

11. **Wohl** dir, du Kind der Treue, du hast und trägst davon mit Ruhm und Dankgeschreie den Sieg und Ehrenkron; Gott gibt dir selbst die Palmen in deine rechte Hand, und du singst Freudenpsalmen dem, der dein Leid gewandt.

12. **Mach End,** o HErr, mach Ende an aller unsrer Noth, stärk unsre Füß und Hände, und laß bis in den Tod uns allzeit deiner Pflege und Treu empfohlen sein, so gehen unsre Wege gewiß zum Himmel ein.

Paul Gerhardt, 1659.

Mel. JEsu, meine Freude, m. 74.

356. **G**ott, der wirds wohl machen, dem ich meine Sachen allzeit heimgestellt; er hat mich erkoren, eh ich noch geboren bin in diese Welt, hat mir auch nach seinem Brauch, was von Nöthen, stets gegeben hier in diesem Leben.

2. Gott, der wirds wohl machen, der mir manches Lachen, Freud und Lust geschenkt; der mich nie vergessen, der mit Kleid und Essen täglich mich bedenkt. Auch wenn fast des Kreuzes Last seine Lieben ziemlich drücket, hat er mich erquicket.

3. Gott, der wirds wohl machen, laß das Wetter krachen und die Stürme gehn; wenn mit großem Grausen alle Wellen brausen, will er bei mir stehn. Jonas lag im dritten Tag; schlägt dich Unglück gleich darnieder, Gott erhebt dich wieder.

4. Gott, der wirds wohl machen, er wird selber wachen über deiner Noth; wenn du willst ver-

zagen ganz in deinen Plagen, ist der fromme Gott auf der Bahn und nimmt dich an, dann verstäubt die Angst geschwinde, wie der Rauch vom Winde.

5. Gott, der wirds wohl machen, mächtig in den Schwachen ist er allezeit; wem hats je gefehlet, der ihn hat erwählet zum Trost in dem Leid? Drum, mein Herz, vergiß den Schmerz, alles steht in seinen Händen, Gott kann alles wenden.

6. Gott, der wirds wohl machen, wenn des Todes Rachen gleich ist aufgethan; wenn die Lebensjahre liegen auf der Bahre, führt er himmelan. Dieser Bund hat seinen Grund: die gelebt und leben werden, kommen in die Erden.

7. Gott, der wirds wohl machen, der den alten Drachen dämpfte ritterlich. Führt er gleich die Seinen über Stock und Steinen vielmal wunderlich, sei bereit zu Freud und Leid, Gott befiehl nur deine Sachen, Gott, der wirds wohl machen.

M. Ernst Stockmann, 1701.

Mel. In dich hab ich gehoffet. 40.

357. Gott führt die Seinen wunderlich, doch seine Wege gründen sich auf die verborgne Güte. Er giebet Acht bei Tag und Nacht auf ihre Schritt und Tritte.

2. Er stellet sich bisweilen hart, verbirget seine Gegenwart und läßt die Kinder weinen; allein ihr Leid währt kurze Zeit, Gott kanns nicht böse meinen.

3. Bedenkt, was das für Wege sind, oft muß das allerliebste Kind das größte Kreuze tragen; die ganze Frist des Lebens ist ein Sturm von lauter Plagen.

4. Allein es zieht der große Gott die Seinen durch dergleichen Noth von Sünden weit zurücke; so machet er die Kreuzbeschwer zu einem Liebesstricke.

5. Drum soll man immer fröhlich sein, und brechen böse Zeiten ein, so darf man nicht erschrecken. Ein frommes Kind kann gar geschwind sich hinter Gott verstecken.

6. Und tritt das letzte Leiden an, so weiß man, wie man sterben kann, wenn wir nur JEsum haben. In seinem Heil liegt unser Theil und aller Trost begraben.

7. Nun, lieber Gott, ich seh auf dich, du hast bisher mich wunderlich durch Freud und Leid geführet. Ach hilf mir nun dasselbe thun, was Heiligen gebühret.

8. Ich übergeb in deine Hand die Meinen und das ganze Land, du wirst sie schon bewachen; du bist der Mann, der helfen kann, ich laß dich alles machen.

Mel. O Gott, du frommer Gott. 65.

358. Gott ist und bleibt getreu, sein Herze bricht vom Lieben; pflegt er gleich oftermal die Seinen zu betrüben. Er prüfet durch das Kreuz, wie rein der Glaube sei, wie standhaft die Geduld; Gott ist und bleibt getreu.

2. Gott ist und bleibt getreu, er hilft ja selber tragen, was er uns aufgelegt, die Last der schweren Plagen; er braucht die Ruthe oft, und bleibet doch dabei ein Vater, der uns liebt. Gott ist und bleibt getreu.

3. Gott ist und bleibt getreu, er weiß, was wir vermögen; er pfleget nie zu viel dem Schwachen aufzulegen. Er macht sein Israel von Last und Banden frei; wenn große Noth entsteht, Gott ist und bleibt getreu.

4. Gott ist und bleibt getreu, er tröstet nach dem Weinen, er läßt für trübe Nacht die Freudensterne scheinen; der Sturm, des

Kreuzes Sturm geht Augenblicks vorbei; sei, Seele, nur getrost: Gott ist und bleibt getreu.

5. Gott ist und bleibt getreu, er stillet dein Begehren, er will dein Glaubensgold in Trübsalsgluth bewähren; nimm an von Gottes Hand den Kreuzkelch ohne Scheu, der Lebensbecher folgt. Gott ist und bleibt getreu.

6. Gott ist und bleibt getreu, laß alle Wetter krachen, Gott wird der Trübsal doch ein solches Ende machen, daß alles Kreuz und Noth dir ewig nützlich sei. So liebt der Höchste dich. Gott ist und bleibt getreu.

J. C. Wilhelmi (?), 1695.

In eigener Melodie. 80.

359. Gott lebet noch, Seele was verzagst du doch? Gott ist gut, der aus Erbarmen alle Hilf auf Erden thut, der mit Kraft und starken Armen machet alles wohl und gut; Gott kann besser, als wir denken, alle Noth zum Besten lenken. Seele, so bedenke doch: lebt doch unser HErr Gott noch.

2. Gott lebet noch, Seele, was verzagst du doch? Sollt der schlummern oder schlafen, der das Aug hat zugericht? Der die Ohren hat erschaffen, sollte dieser hören nicht? Gott ist Gott, der hört und siehet, wo den Frommen Weh geschiehet. Seele, so bedenke doch: lebt doch unser HErr Gott noch.

3. Gott lebet noch, Seele, was verzagst du doch? Der den Erdenkreis verhüllet mit den Wolken weit und breit, der die ganze Welt erfüllet, ist von uns nicht fern und weit. Wer Gott liebt, dem will er senden Hilf und Trost an allen Enden. Seele, so bedenke doch: lebt doch unser HErr Gott noch.

4. Gott lebet noch, Seele was verzagst du doch? Bist du schwer mit Kreuz beladen, nimm zu Gott nur deinen Lauf; Gott ist groß und reich von Gnaden, hilft den Schwachen gnädig auf. Gottes Gnade währet immer, seine Treu vergehet nimmer. Seele, so bedenke doch: lebt doch unser HErr Gott noch.

5. Gott lebet noch, Seele, was verzagst du doch? Wenn dich deine Sünden kränken, dein Verbrechen quält dich sehr: komm zu Gott, er wird versenken deine Sünden in das Meer, mitten in der Angst der Höllen kann er dich zufrieden stellen. Seele, so bedenke doch: lebt doch unser HErr Gott noch.

6. Gott lebet noch, Seele, was verzagst du doch? Will dich alle Welt verlassen, du weißt weder aus noch ein, Gott wird dennoch dich umfassen und im Leiden bei dir sein; Gott ist, der es herzlich meinet, wo die Noth am größten scheinet. Seele, so bedenke doch: lebt doch unser HErr Gott noch.

7. Gott lebet noch, Seele, was verzagst du doch? Mußtest du geängstet wallen auf der harten Dornenbahn, es ist Gottes Wohlgefallen, dich zu führen himmelan. Gott wird nach dem Jammerleben Friede, Freud und Wonne geben. Seele, so bedenke doch: lebt doch unser HErr Gott noch.

M. Joh. Friedr. Zihn, 1782.

Mel. Vater unser im Himmelr. 44.

360. HErr, der du Gnad und Hilf verheißt, Gott Vater, Sohn und Heilger Geist, du heiligste Dreifaltigkeit, erbarm dich deiner Christenheit! Erbarm dich, HErr, du treuer Gott, erbarm dich, HErr, in aller Noth!

2. Verschon uns, Gott, ach Gott, verschon und nach Verdienste uns nicht lohn! Gedenk an deine große Gnad, verzeih uns

unsre Missethat. Gib, daß uns Ehr, Gut, Seel und Leib durch deine Hilf ohn Schaden bleib.

3. Wir bitten dich, o Vater, noch, um Christi willen, hilf uns doch durch sein Geburt, Blut, Schweiß und Noth, durch seine Wunden, Kreuz und Tod, auch Auferstehn und Himmelsgang, hilf uns all unser Lebenlang.

4. Verleihe, daß bei reiner Lehr auch Gottesfurcht sich bei uns mehr, daß man die Jugend wohl erzieh, all Aergerniß und Sünden flieh. Hilf, daß mit Schanden untergehn, die deinem Worte widerstehn.

5. Laß die Regenten insgesamt sorgfältig sein in ihrem Amt; die Obrigkeit an unserm Ort beschütz und segne immerfort; gib heilsam, friedlich Regiment; Pest, Theurung, Unglück von uns wend.

6. All denen, die in Nöthen sein, mit Rettung, Hilf und Trost erschein; zerbrich das Joch, nimm weg die Last, damit du sie beleget hast; durch deine Allmacht, Güt und Treu von Plag und Drangsal sie befrei.

7. O JEsu Christe, Gottes Sohn, o JEsu Christe, Gnadenthron, o JEsu Christ, du Gotteslamm, das aller Welt Sünd auf sich nahm, erbarme dich, hör unsre Bitt, erbarme dich, gib deinen Fried!

8. HErr, der du Gnad und Hilf verheißt, Gott Vater, Sohn und Heilger Geist, du heiligste Dreifaltigkeit, erbarm dich deiner Christenheit! Erbarm dich, HErr, du treuer Gott, erbarm dich, HErr, in aller Noth!

Hannoversches Gesangbuch, 1657.
Verkürzung der plattdeutschen Litanei von J. Freder, † 1562.

Eigene Melodie. 11.

361. HErr Gott, der du mein Vater bist, ich schrei im Namen JEsu Christ zu dir, auf sein Wort, Eid und Tod hör, Helfer treu, in Angst und Noth.

2. Laß uns dein Wort, stärk uns im Geist, hilf, daß wir thun, was du uns heißt, gib Fried, Schutz, gute Freund und Brod, behüte Stadt und Land, o Gott.

3. Errett von Sünd, Teufel und Tod, aus Leibes und der Seelen Noth; ein selig Stündlein uns bescher, dein ist das Reich, Kraft, Preis und Ehr.

4. Auf dein Wort sprech ich Amen, HErr! Aus Gnad mein kleinen Glauben mehr, du bist allein der Vater mein, laß mich dein Kind und Erbe sein.

M. Joh. Matthesius, 1564.

Mel. HErr JEsu Christ, wahr M. 11.

362. Hilf, Helfer, hilf in Angst und Noth, erbarm dich mein, o treuer Gott, ich bin ja doch dein liebes Kind, trotz Teufel, Welt uud aller Sünd.

2. Ich trau auf dich, mein Gott und HErr! Wenn ich dich hab, was will ich mehr? Ich hab ja dich, HErr JEsu Christ, du mein Gott und Erlöser bist.

3. Des freu ich mich von Herzen sein, bin gutes Muths und harre dein, verlaß mich gänzlich auf dein Namn; hilf, Helfer, hilf! drauf sprech ich: Amn.

Martin Moller, 1593.

Mel. Es ist genug, so nimm rc. 52.

363. Ich habe gnug, mein HErr ist JEsus Christ, ich weiß von keinem mehr; wer nur sein Knecht und treuer Diener ist, der darf nicht sorgen sehr. Ich will ganz meinem Gott anhangen und nicht mehr nach der Welt verlangen. So hab ich gnug. :,:

2. Ich habe gnug, ich bin der Sorgen los und kränke nicht das

Herz. Ich bin vergnügt und sitz in Gottes Schoß, der lindert allen Schmerz; ich sorge nicht mehr für mein Leben, der Höchste kann mir alles geben. Ich habe gnug. :,:

3. Ich habe gnug. Gott, der die Vögel speist und alle Welt ernährt, Gott, der da Gras und Blumen wachsen heißt und ihnen Schmuck beschert, der wird auch meinen Leib ernähren, Nahrung und Kleider mir bescheren. Ich habe gnug. :,:

4. Ich habe gnug, besitz ich schon nicht Geld, es gilt mir alles gleich; ich habe Gott und bin schon auf der Welt in allen Stücken reich. Denn JEsus ist mein Schatz und Krone, der mir den Himmel gibt zum Lohne. Ich habe gnug. :,:

5. Ich habe gnug. Beschert mir Gott ein Kleid und läßt mirs wohl ergehn, so ist es gut; kommt aber auch die Zeit, daß ich soll öde stehn: die Blöße muß mich nicht erschrecken, mein Gott will Leib und Seele decken. Ich habe gnug. :,:

6. Ich habe gnug. Mein treuer Vater sieht, er siehet immer scharf auf mich, sein Kind, auf dies, was mein Gemüth, was Seel und Leib bedarf; drum laß ich Gott den Vater sorgen, bekümmre mich gar nichts um morgen. Heut hab ich gnug. :,:

7. Ich habe gnug und sorge für den Geist, das andre fällt mir zu; nur Gottes Reich, das JEsus suchen heißt, das gibt mir wahre Ruh. Ich trachte nur, des Vaters Willen in Kraft des Geistes zu erfüllen. Drum hab ich gnug. :,:

8. Ich habe gnug. Ich lieg an JEsu Brust und Gottes Vaterherz; was will ich mehr? Das gibet mir nur Lust, durchsüßet meinen Schmerz. Den Vor- schmack hab ich schon auf Erden, was will in jener Welt noch werden? Ich habe gnug. :,:

Mel. Wer nur den lieben Gott I. 45

364. Ich halte Gott in allem stille, er liebet mich in Freud und Schmerz. Wie gut ist Gottes Vaterwille, wie freundlich sein getreues Herz! Er ist mein Hort und meine Zier, was Gott gefällt, gefällt auch mir.

2. Mein Gott weiß alles wohl zu machen, er ist der ewig treue Freund, er läßt mich nach dem Weinen lachen, was er nur thut, ist wohlgemeint, sein Lieben währet für und für, was Gott gefällt, gefällt auch mir.

3. Sein Wille bleibet mein Vergnügen, so lang ich leb auf dieser Welt. Was kann mein eigner Wille tügen, der da nicht will, was Gott gefällt? Ich denk an meine Christgebühr; was Gott gefällt, gefällt auch mir.

4. Er will und wird mich ewig lieben, er weiß, was Seelen nützlich sei, er hat mich in die Hand geschrieben mit lauterm Golde seiner Treu. Weg, eigner Wille, weg mit dir! Was Gott gefällt, gefällt auch mir.

5. Gott will, daß mir geholfen werde, er will der Seelen Seligkeit; drum reiß ich mich von dieser Erde durch wahre Gottgelassenheit. Sein Will ergebe dort und hier; was Gott gefällt, gefällt auch mir.

Vor 1697.

Eigene Melodie. 40.

365. In dich hab ich gehoffet, HErr, hilf, daß ich nicht zu Schanden werd, noch ewiglich zu Spotte; das bitt ich dich, erhalte mich in deiner Treu, mein Gotte!

2. Dein gnädig Ohr neig her zu mir, erhör mein Bitt, thu dich herfür, eil bald, mich zu erretten;

in Angst und Weh ich lieg und steh, hilf mir in meinen Nöthen.

3. Mein Gott und Schirmer, steh mir bei, sei mir ein Burg, darin ich frei und ritterlich mög streiten wider mein Feind, der gar viel seind an mich auf beiden Seiten.

4. Du bist mein Stärk, mein Fels, mein Hort, mein Schild, mein Kraft (sagt mir dein Wort), mein Hilf, mein Heil, mein Leben, mein starker Gott in aller Noth; wer mag mir widerstreben?

5. Mir hat die Welt trüglich gericht mit Lügen und mit falschem G'dicht viel Netz und heimlich Stricken; HErr, nimm mein wahr in dieser G'fahr, b'hüt mich vor falschen Tücken.

6. HErr, meinen Geist befehl ich dir; mein Gott, mein Gott, weich nicht von mir, nimm mich in deine Hände! O wahrer Gott, aus aller Noth hilf mir am letzten Ende!

7. Glori, Lob, Ehr und Herrlichkeit sei Gott Vater und Sohn bereit, dem Heilgen Geist mit Namen; die göttlich Kraft mach uns sieghaft durch JEsum Christum, Amen.

Ps. 31. **Adam Reußner, 1533.**

Mel. Valet will ich dir geben. 59.

366. Ist Gott für mich, so trete gleich alles wider mich, so oft ich ruf und bete, weicht alles hinter sich. Hab ich das Haupt zum Freunde und bin geliebt bei Gott, was kann mir thun der Feinde und Widersacher Rott?

2. Nun weiß und glaub ich feste, ich rühms auch ohne Scheu, daß Gott der Höchst und Beste, mein Freund und Vater sei, und daß in allen Fällen er mir zur Rechten steh und dämpfe Sturm und Wellen und was mir bringet Weh,

3. Der Grund, da ich mich gründe, ist Christus und sein Blut, das machet, daß ich finde das ewge wahre Gut. An mir und meinem Leben ist nichts auf dieser Erd; was Christus mir gegeben, das ist der Liebe werth.

4. Mein JEsus ist mein Ehre, mein Glanz und helles Licht; wenn der nicht in mir wäre, so dürft und könnt ich nicht vor Gottes Augen stehen und vor dem strengen Sitz; ich müßte stracks vergehen, wie Wachs in Feuers Hitz.

5. Mein JEsus hat gelöschet, was mit sich führt den Tod; der ists, der mich rein wäschet, macht schneeweiß, was ist roth; in ihm kann ich mich freuen, hab einen Heldenmuth, darf kein Gerichte scheuen, wie sonst ein Sünder thut.

6. Nichts, nichts kann mich verdammen, nichts nimmet mir mein Herz; die Höll und ihre Flammen die sind mir nur ein Scherz; kein Urtheil mich erschrecket, kein Unheil mich betrübt, weil mich mit Flügeln decket mein Heiland, der mich liebt.

7. Sein Geist wohnt mir im Herzen, regieret meinen Sinn, vertreibt mir Sorg und Schmerzen, nimmt allen Kummer hin, gibt Segen und Gedeihen dem, was er in mir schafft, hilft mir das Abba schreien aus aller meiner Kraft.

8. Und wenn an meinem Orte sich Furcht und Schwachheit findt, so seufzt und spricht er Worte, die unaussprechlich sind mir zwar und meinem Munde, Gott aber wohl bewußt, der an des Herzens Grunde ersiehet seine Lust.

9. Sein Geist spricht meinem Geiste manch süßes Trostwort zu, wie Gott dem Hilfe leiste, der bei

ihm suchet Ruh, und wie er hab erbauet ein edle neue Stadt, da Aug und Herze schauet, was es geglaubet hat.

10. Da ist mein Theil, mein Erbe mir prächtig zugericht; wenn ich gleich fall und sterbe, fällt doch mein Himmel nicht; muß ich auch gleich hier feuchten mit Thränen meine Zeit, mein JEsus und sein Leuchten durchsüßet alles Leid.

11. Wer sich mit dem verbindet, den Satan fleucht und haßt, der wird verfolgt und findet ein harte, schwere Last zu leiden und zu tragen, geräth in Hohn und Spott, das Kreuz und alle Plagen die sind sein täglich Brod.

12. Das ist mir nicht verborgen, doch bin ich unverzagt; dich will ich lassen sorgen, dem ich mich zugesagt, es koste Leib und Leben und alles, was ich hab; an dir will ich fest kleben und nimmer lassen ab.

13. Die Welt die mag zerbrechen, du stehst mir ewiglich, kein Brennen, Hauen, Stechen soll trennen mich und dich, kein Hunger und kein Dürsten, kein Armuth, keine Pein, kein Zorn der großen Fürsten soll mir ein Hindrung sein.

14. Kein Engel, keine Freuden, kein Thron, kein Herrlichkeit, kein Lieben und kein Leiden, kein Angst und Herzeleid, was man nur kann erdenken, es sei klein oder groß, der keines soll mich lenken aus deinem Arm und Schoß.

15. Mein Herze geht in Sprüngen und kann nicht traurig sein, ist voller Freud und Singen, sieht lauter Sonnenschein. Die Sonne, die mir lachet, ist mein HErr JEsus Christ; das, was mich singend machet, ist, was im Himmel ist.

Paul Gerhardt, 1664.

Eigene Melodie. 59.

367. Keinen hat Gott verlassen, der ihm vertraut allzeit, und ob ihn gleich viel hassen, so bringts ihm doch kein Leid; Gott will die Seinen schützen, zuletzt erheben hoch und geben, was ihn nützet, hie zeitlich und auch dort.

2. Allein ichs Gott heimstelle, er machs, wies ihm gefällt, zu Nutz meiner armen Seele; in dieser argen Welt ist doch nur Noth und Leiden, und muß auch also sein, denn die zeitlichen Freuden bringn uns die ewge Pein.

3. Treulich will ich Gott bitten, ihn nehmen zum Beistand in allen meinen Nöthen, ihm besser als mir bekannt. Um G'duld will ich anhalten in alln Anliegen mein; er wird über mich walten und mein Nothhelfer sein.

4. All mein Glück und Unglücke kommt doch vom lieben Gott; ich weiche nicht zurücke und fleh in meiner Noth, wie sollt er mich nicht trösten, der treue Vater mein? Denn wenn die Noth am größten, will er gwiß bei mir sein.

5. Reichthum und alle Schätze, was sonst der Welt gefällt, drauf ich mein Sinn nicht setze, es bleibt doch in der Welt; mein Schatz ins Himmels Throne, der JEsus Christus heißt, ist meine Freud und Krone, schenkt mir den Heilgen Geist.

6. Ihn hab ich eingeschlossen in meines Herzens Schrein; sein Blut hat er vergossen für mich arms Würmelein, mir damit zu erwerben, daß ich von aller Pein durch seinen Tod und Sterben mög ewig sicher sein.

7. Nun soll ich mich erzeigen dankbar für solche Gab, ich geb mich Gott zu eigen mit allem, was ich hab. Wie ers mit mir will machen, hab ich ihm heim-

gestellt; ich b'fehl ihm meine Sachen, er machs, wies ihm gefällt.
    8. Amen, nun will ich schließen
dies schlechte Liedelein. HErr,
durch dein Blutvergießen laß
mich dein Erben sein, so hab ich
alls auf Erden, was mich erfreuet
schon; im Himmel soll mir werden die ewge Gnadenkron.

                                    Dr. Andr. Keßler (?), 1621.

Litanei oder allgemeines Kirchen-Gebet.

Anmerk. Die mit 1. bezeichneten Strophen singt der erste, die mit 2. bezeichneten der zweite Chor.

368.
  1. Kyrie!   2. Eleison.
  1. Christe!   2. Eleison.
  1. Kyrie!   2. Eleison.
  1. Christe!   2. Erhöre uns!
  1. HErr Gott, Vater im Himmel,
     HErr Gott Sohn, der Welt Heiland,
     HErr Gott Heiliger Geist!
    2. Erbarm dich über uns!
  1. Sei uns gnädig,
    2. Verschon uns, lieber HErre Gott!
1. Sei uns gnädig,
    2. Hilf uns, lieber HErre Gott!
1. Vor allen Sünden,
  Vor allem Irrsal,
  Vor allem Uebel,
    2. Behüt uns, lieber HErre Gott!
1. Vor des Teufels Trug und List,
  Vor bösem, schnellem Tod,
  Vor Pestilenz und theurer Zeit,
  Vor Krieg und Blutvergießen,
  Vor Aufruhr und Zwietracht,
  Vor Hagel und Ungewitter,
  Vor Feuer und Wassersnoth,
  Vor dem ewigen Tod,
    2. Behüt uns, lieber HErre Gott!
1. Durch dein heilig Geburt,
  Durch deinen Todeskampf und blutigen Schweiß,
  Durch dein Kreuz und Tod,
  Durch dein heiliges Auferstehn und Himmelfahrt,
  In unsrer letzten Noth,
  Am jüngsten Gericht,
    2. Hilf uns, lieber HErre Gott!
1. Wir arme Sünder bitten:
    2. Du wollst uns erhören, lieber HErre Gott!
1. Und deine heilige christliche Kirche regieren und führen,
    2. Erhör uns, lieber HErre Gott!
1. Alle Bischöfe, Pfarrherrn und Kirchendiener im heilsamen Wort
    und heiligen Leben behalten,
  Allen Rotten und Aergernissen wehren,
  Alle Irrige und Verführte wiederbringen,
  Den Satan unter unsere Füße treten,
  Treue Arbeiter in deine Ernte senden,

Kreuz- und Trost-Lieder.

Deinen Geist und Kraft zum Worte geben,
Allen Betrübten und Blöden helfen und trösten:
2. Erhör uns, lieber HErre Gott!
1. Allen Königen und Fürsten Fried und Eintracht geben,
Unsern Feinden und allen Tyrannen wehren,
Unser Land mit seiner Obrigkeit leiten und schützen,
Unsern Rath und Gemeine segnen und behüten,
Allen, so in Noth und Fahr sind, mit Hilf erscheinen:
2. Erhör uns, lieber HErre Gott!
1. Allen Schwangern und Säugern fröhliche Frucht und Gedeihen geben,
Aller Kinder und Kranken pflegen und warten,
Alle unschuldig Gefangene los und ledig lassen,
Alle Wittwen und Waisen vertheidgen und versorgen,
Aller Menschen dich erbarmen:
2. Erhör uns, lieber HErre Gott!
1. Unsern Feinden, Verfolgern und Lästerern vergeben und sie bekehren,
Die Früchte auf dem Felde geben und bewahren,
Und uns gnädiglich erhören:
2. Erhör uns, lieber HErre Gott!
1. O JEsu Christ, Gottes Sohn,
2. Erhör uns, lieber HErre Gott!
1. O du Gotteslamm, das der Welt Sünde trägt,
2. Erbarm dich über uns!
1. O du Gotteslamm, das der Welt Sünde trägt,
2. Erbarm dich über uns!
1. O du Gotteslamm, das der Welt Sünde trägt,
2. Verleih uns steten Fried!
 1. Christe! 2. Erhöre uns!
 1. Kyrie! 2. Eleison!
 1. Christe! 2. Eleison!
 Beide Chöre zusammen:
 Kyrie! Eleison! Amen!
Dr. M. Luther, 1529.

Mel. JEsu, meine Freude ec. 74.

369. Meine Seel ist stille zu Gott, dessen Wille mir zu helfen steht. Mein Herz ist vergnüget mit dem, wies Gott füget, nimmt an, wie es geht; geht es nur zum Himmel zu und bleibt JEsus ungeschieden, so bin ich zufrieden.

2. Meine Seele hanget an dir und verlanget, Gott, bei dir zu sein aller Ort und Zeiten, und mag keinen leiden, der ihr rede ein; von der Welt, Ehr, Lust und Geld, wornach viele sind beflissen, mag sie gar nichts wissen.

3. Nein, ach nein, nur einer, sagt sie, und sonst keiner wird von mir geliebt; JEsus, der getreue, in dem ich mich freue, sich mir ganz ergibt; er allein, er soll es sein, dem ich wieder mich ergebe und ihm einzig lebe.

4. Gottes Güt erwäge und dich gläubig lege sanft in seinen Schoß. Lerne ihm vertrauen, so wirst du bald schauen, wie die Ruh so groß, die da fleußt aus stillem Geist; wer sich weiß in Gott zu schicken, den kann er erquicken.

5. Meine Seele harret und

sich ganz verscharret tief in JEsu Brust; sie wird stark durch Hoffen; was sie ja betroffen, träget sie mit Lust, fasset sich ganz männiglich durch Geduld und Glauben feste; am End kommt das Beste.

6. Amen, es geschieht, wer zu JEsu fliehet, wird es recht erfahrn, wie Gott seinen Kindern pflegt das Kreuz zu mindern und das Glück zu sparn bis zu End; alsdenn sich wendt das zuerst gekoste Leiden und gehn an die Freuden. **M. Caspar Schade, 1690.**

Eigene Melodie. 60.

370. Schwing dich auf zu deinem Gott, du betrübte Seele! Warum liegst du, Gott zum Spott, in der Schwermuthshöhle? Merkst du nicht des Satans List? Er will durch sein Kämpfen deinen Trost, den JEsus Christ dir erworben, dämpfen.

2. Schüttle deinen Kopf und sprich: Fleuch du alte Schlange! Was erneurst du deinen Stich, machst mir angst und bange? Ist dir doch der Kopf zerknickt, und ich bin durchs Leiden meines Heilands dir entzückt in den Sal der Freuden.

3. Wirfst du mir mein Sündgen für? Wo hat Gott befohlen, daß mein Urtheil über mir ich bei dir soll holen? Wer hat dir die Macht geschenkt, andre zu verdammen, der du selbst doch liegst versenkt in der Höllen Flammen?

4. Hab ich was nicht recht gethan, ist mirs leid von Herzen; dahingegen nehm ich an Christi Blut und Schmerzen; denn das ist die Ranzion*) meiner Missethaten; bring ich dies vor Gottes Thron, ist mir wohl gerathen.

5. Stürme, Teufel, und du, Tod! Was könnt ihr mir schaden? Deckt mich doch in meiner Noth Gott mit seiner Gnaden. der Gott, der mir seinen Sohn selbst verehrt aus Liebe, daß der ewge Spott und Hohn mich nicht dort betrübe.

6. Schreie, tolle Welt, es sei mir Gott nicht gewogen, es sei lauter Täuscherei und im Grund erlogen. Wäre mir Gott gram und feind, würd er seine Gaben, die mein Eigen worden seind, wohl behalten haben.

7. Denn was ist im Himmelszelt, was im tiefen Meere, was ist Gutes in der Welt, das nicht mir gut wäre? Weme brennt das Sternenlicht, wozu ist gegeben Luft und Wasser? Dient es nicht mir und meinem Leben?

8. Ich bin Gottes, Gott ist mein; wer ist, der uns scheide? Dringt das liebe Kreuz herein mit dem bittern Leide, laß es dringen, kommt es doch von geliebten Händen, bricht und kriegt geschwind ein Loch, wenn es Gott will wenden.

9. Kinder, die der Vater soll ziehn zu allem Guten, die gedeihen selten wohl ohne Zucht und Ruthen. Bin ich denn nun Gottes Kind, warum will ich fliehen, wenn er mich von meiner Sünd auf was Guts will ziehen?

10. Es ist herzlich gut gemeint mit der Christen Plagen. Wer hier zeitlich wohl geweint, darf nicht ewig klagen, sondern hat vollkomme Lust dort in Christi Garten, dem er einig recht bewußt, endlich zu gewarten.

11. Gottes Kinder säen zwar traurig und mit Thränen. Aber endlich bringt das Jahr, wornach sie sich sehnen; denn es kömmt die Erntezeit, da sie Garben machen, da wird all ihr Gram und Leid lauter Freud und Lachen.

12. Ei so faß, o Christenherz, alle deine Schmerzen! Wirf sie fröhlich hinterwärts, laß des Trostes Kerzen dich entzünden

---

*) Ranzion d. i. Lösegeld.

Kreuz- und Trost-Lieder.

mehr und mehr! Gib dem großen Namen deines Gottes Preis und Ehr, er wird helfen. Amen.

Paul Gerhardt, 1653.

In eigener Melodie. 8.

371. Sollt es gleich bisweilen scheinen, als wenn Gott verließ die Seinen, ei so glaub und weiß ich dies: Gott hilft endlich doch gewiß.

2. Hilfe, die er aufgeschoben, hat er drum nicht aufgehoben; hilft er nicht zu jeder Frist, hilft er doch, wenns nöthig ist.

3. Gleichwie Väter nicht bald geben, wornach ihre Kinder streben, so hält Gott auch Maß und Ziel, er gibt, wem und wann er will.

4. Seiner kann ich mich getrösten, wenn die Noth am allergrößten; er ist gegen seinem Kind mehr als väterlich gesinnt.

5. Trotz dem Teufel, Trotz dem Drachen! Ich kann ihre Macht verlachen. Trotz dem schweren Kreuzesjoch! Gott, mein Vater, lebt doch noch.

6. Trotz des bittern Todes Zähnen! Trotz der Welt und allen denen, die mir sind ohn Ursach feind! Gott im Himmel ist mein Freund.

7. Laß die Welt nur immer neiden; will sie mich nicht länger leiden, ei so frag ich nichts darnach, Gott ist Richter meiner Sach.

8. Will sie mich gleich von sich treiben, muß mir doch der Himmel bleiben; wenn ich nur den Himmel krieg, hab ich alles zur Genüg.

9. Ich will ihr gar gerne lassen, was ich sonsten pfleg zu hassen; sie hab ihren Erdenkoth und laß mir nur meinen Gott.

10. Ach HErr, wenn ich dich nur habe, sag ich allem andern abe. Legt man mich gleich in das Grab, ach HErr, wenn ich dich nur hab!

M. Christoph Titius, um 1663.

Mel. JEsu Leiden, Pein und Tod. 60.

372. Sorge, Vater, sorge du, sorge für mein Sorgen, sorge selbst für meine Ruh heut sowohl als morgen, sorge für mich allezeit, sorge für das Meine, o du Gott der Freundlichkeit, sorge du alleine.

2. Sorge, wenn der Tag anbricht, für mein Leib und Seele; sorge, daß ich niemand nicht als dir befehle; sorg, o Höchster, für und für auch für meine Sinne; sorge, daß zuwider dir ich ja nichts beginne.

3. Sorg und laß dein Wort uns auch bis an unser Ende, daß der Sacramente Brauch nie sich von uns wende; sorge für die Obrigkeit, Diener deines Wortes, und dazu für alle Leut jedes Stands und Ortes.

4. Sorge, großer Menschenfreund, für uns, deine Kinder; sorge, HErr, für Freund und Feind, sorge für uns Sünder, sorge für mein Stücklein Brod, sorge doch für alle, die da sind mit mir in Noth, sorge, wenn ich falle!

5. Sorge, wenn ich schließe zu meine Augenlider; sorge, wenn ich bin zur Ruh und erwach hinwieder; sorge für mein Amt und Stand, Wort, Vernunft und Dichten, für die Arbeit meiner Hand, Lassen und Verrichten.

6. Sorge für mein Hab und Gut, Ehr und guten Namen; sorge, wenn mir Leides thut der verkehrte Samen; sorge, wenn zu Sünd und Spott mich mein Fleisch will leiten; sorge, wenn ich mit dem Tod muß am Ende streiten.

7. Sorge, HErr, wenn mich anficht Satan hier auf Erden; sorge, wenn ich vor Gericht soll gefordert werden; sorg für meine Grabesstatt, sorg in meinem Leben, sorge, wenn mein Geist nun hat dir sich übergeben.

Ludämilia Elisabeth, Gräfin zu Schwarzburg, † 1672.

Mel. Freu dich sehr, o meine S. 66.

373. Treuer Gott, ich muß dir klagen meines Herzens Jammerstand, ob dir wohl sind meine Plagen besser als mir selbst bekannt. Große Schwachheit ich verspür in Anfechtung oft bei mir, wenn der Satan allen Glauben will aus meinem Herzen rauben.

2. Du, mein Gott, dem nichts verborgen, weißt, daß ich von mir nichts hab und von allen meinen Sorgen; alles ist, HErr, deine Gab; alles, was ich find an mir, das da gut, hab ich von dir; auch den Glauben mir und allen schenkest du nach Wohlgefallen.

3. O mein Gott, vor den ich trete jetzt in meiner großen Noth, höre, wie ich sehnlich bete, laß mich werden nicht zu Spott! Meinen schwachen Glauben stärk und zerbrich des Teufels Werk, daß ich nimmermehr verzage, Christum stets im Herzen trage.

4. JEsus, du Quell aller Gnaden, welcher niemand von sich stößt, der mit Schwachheit ist beladen, gibst den Jüngern diesen Trost: Sollt ihr Glaube auch so klein, wie ein kleines Senfkorn sein, wollst du sie doch würdig schätzen, große Berge zu versetzen.

5. Laß mich Gnad, HErr, vor dir finden, der ich bin voll Traurigkeit; hilf du mir selbst überwinden, wenn ich oft muß an den Streit. Meinen Glauben täglich mehr und des Geistes Schwert verehr, damit ich den Feind kann schlagen, alle Pfeile von mir jagen.

6. Heilger Geist ins Himmels Throne, gleicher Gott von Ewigkeit mit dem Vater und dem Sohne, der Betrübten Trost und Freud, allen Glauben, den ich find, hast du in mir angezündt; über mir mit Gnaden walte, ferner deine Gab erhalte.

7. Deine Hilfe zu mir sende, o du edler Herzensgast, und das gute Werk vollende, das du angefangen hast. Blas in mir das Fünklein auf, bis daß nach vollbrachtem Lauf ich den Auserwählten gleiche und des Glaubens Ziel erreiche.

8. Gott, groß über alle Götter, heilige Dreifaltigkeit, außer dir ist kein Erretter; hilf mir zu derselben Zeit, wenn der Feind die Pfeil abdrückt, meine Schwachheit mir aufrückt, will mir allen Trost verschlingen und mich in Verzweiflung bringen.

9. Zeuch du mich aus seinem Stricke, den er mir geleget hat; laß ihm fehlen seine Tücke, drauf er sinnet früh und spat. Gib Kraft, daß ich allen Strauß ritterlich mag stehen aus, und so oft ich noch muß kämpfen, hilf du mir, die Feinde dämpfen.

10. Reiche deinem schwachen Kinde, das auf matten Füßen steht, deine Gnadenhand geschwinde, bis die Angst vorüber geht. Wie die Jugend gängle mich, daß der Feind nicht rühme sich, solch ein Herz hab er gefället, das auf dich sein Hoffnung stellet.

11. Du bist meine Hilf, mein Leben, mein Fels, meine Zuversicht, dem ich Leib und Seel ergeben; Gott, mein Gott, verzeuch doch nicht! eile, mir zu stehen bei, brich des Feindes Pfeil entzwei, laß ihn selbst zurücke

prallen und mit Schimpf zur Höllen fallen.

12. Ich will alle meine Tage rühmen deine starke Hand, daß du meine Noth und Plage hast so gnädig abgewandt; nicht nur in der Sterblichkeit soll dein Ruhm sein ausgebreit, ich wills auch hernach erweisen und bort ewiglich dich preisen.

Johann Heermann, 1630.

In eigener Melodie. 58.

374. Von Gott will ich nicht lassen, denn er läßt nicht von mir, führt mich auf rechter Straßen, da ich sonst irrte sehr, reichet mir seine Hand; den Abend als den Morgen thut er mich wohl versorgen, sei, wo ich woll, im Land.

2. Wenn sich der Menschen Hulde und Wohlthat all verkehrt, so findt sich Gott gar balde, sein Macht und Gnad bewährt, hilfet aus aller Noth, errett von Sünd und Schanden, von Ketten und von Banden, und wenns auch wär der Tod.

3. Auf ihn will ich vertrauen in meiner schweren Zeit; es kann mich nicht gereuen, er wendet alles Leid, ihm sei es heimgestellt; mein Leib, mein Seel, mein Leben sei Gott dem HErrn ergeben, er machs, wies ihm gefällt.

4. Es thut ihm nichts gefallen, denn was mir nützlich ist, er meints gut mit uns allen, schenkt uns den HErren Christ, sein allerliebsten Sohn; durch ihn er uns bescheret, was Leib und Seel ernähret; lobt ihn ins Himmels Thron.

5. Lobt ihn mit Herz und Munde, welchs er uns beides schenkt; das ist ein selge Stunde, darin man sein gedenkt; sonst verdirbt alle Zeit, die wir zubringn auf Erden; wir sollen selig werden und bleibn in Ewigkeit.

6. Auch wenn die Welt vergehet mit ihrer stolzen Pracht, wedr Ehr noch Gut bestehet, welchs vor war groß geacht. Wir werden nach dem Tod tief in die Erd begraben; wenn wir geschlafen haben, will uns erwecken Gott.

7. Die Seel bleibt unverloren, geführt in Abrams Schoß; der Leib wird neu geboren, von allen Sünden los, ganz heilig, rein und zart, ein Kind und Erb des HErren, daran muß uns nicht irren des Teufels listig Art.

8. Darum, ob ich schon dulde hier Widerwärtigkeit, wie ichs auch wohl verschulde, kommt doch die Ewigkeit, ist aller Freuden voll; dieselb ohn einigs Ende, dieweil ich Christum kenne, mir widerfahren soll.

9. Das ist des Vaters Wille, der uns erschaffen hat; sein Sohn hat Guts die Fülle erworben und Genad, und Gott der Heilge Geist im Glauben uns regieret, zum Reich des Himmels führet; ihm sei Lob, Ehr und Preis!

M. Ludw. Helmbold, 1563.

In eigener Melodie. 63.

375. Warum sollt ich mich denn grämen? Hab ich doch Christum noch, wer will mir den nehmen? Wer will mir den Himmel rauben, den mir schon Gottes Sohn beigelegt im Glauben?

2. Nackend lag ich auf dem Boden, da ich kam, da ich nahm meinen ersten Odem; nackend werd ich auch hinziehen, wenn ich werd von der Erd als ein Schatten fliehen.

3. Gut und Blut, Leib, Seel und Leben ist nicht mein; Gott allein ist es, ders gegeben; will ers wieder zu sich kehren, nehm ers hin, ich will ihn dennoch fröhlich ehren.

4. Schickt er mir ein Kreuz zu tragen, bringt herein Angst und Pein, sollt ich drum verzagen? Der es schickt, der wird es wenden; er weiß wohl, wie er soll all mein Unglück enden.

5. Gott hat mich bei guten Tagen oft ergötzt, sollt ich jetzt auch nicht etwas tragen? Fromm ist Gott und schärft mit Maßen sein Gericht, kann mich nicht ganz und gar verlassen.

6. Satan, Welt und ihre Rotten können mir nichts mehr hier thun, als meiner spotten; laß sie spotten, laß sie lachen, Gott, mein Heil, wird in Eil sie zu Schanden machen.

7. Unverzagt und ohne Grauen soll ein Christ, wo er ist, stets sich lassen schauen; wollt ihn auch der Tod aufreiben, soll der Muth dennoch gut und fein stille bleiben.

8. Kann uns doch kein Tod nicht tödten, sondern reißt unsern Geist aus viel tausend Nöthen, schleußt das Thor der bittern Leiden und macht Bahn, da man kann gehn zur Himmelsfreuden.

9. Allda will mit süßen Schätzen ich mein Herz auf den Schmerz ewiglich ergötzen; hier ist kein recht Gut zu finden; was die Welt in sich hält, muß im Hui verschwinden.

10. Was sind dieses Lebens Güter? Eine Hand voller Sand, Kummer der Gemüther. Dort, dort sind die edlen Gaben, da mein Hirt, Christus, wird mich ohn Ende laben.

11. HErr, mein Hirt, Brunn aller Freuden, du bist mein, ich bin dein, niemand kann uns scheiden; ich bin dein, weil du dein Leben und dein Blut mir zu gut in den Tod gegeben.

12. Du bist mein, weil ich dich fasse und dich nicht, o mein Licht, aus dem Herzen lasse. Laß mich, laß mich hingelangen, da du mich und ich dich leiblich *) werd umfangen. Paul Gerhardt, 1653.

In eigener Melodie. 64.

376. Was Gott thut, das ist wohlgethan! es bleibt gerecht sein Wille; wie er fängt meine Sachen an, will ich ihm halten stille; er ist mein Gott, der in der Noth mich wohl weiß zu erhalten, drum laß ich ihn nur walten.

2. Was Gott thut, das ist wohlgethan! er wird mich nicht betrügen, er führet mich auf rechter Bahn; so laß ich mich begnügen an seiner Huld und hab Geduld, er wird mein Unglück wenden, es steht in seinen Händen.

3. Was Gott thut, das ist wohlgethan! er wird mich wohl bedenken; er, als mein Arzt und Wundermann, wird mir nicht Gift einschenken für Arzenei; Gott ist getreu, drum will ich auf ihn bauen und seiner Güte trauen.

4. Was Gott thut, das ist wohlgethan! er ist mein Licht und Leben, der mir nichts Böses gönnen kann; ich will mich ihm ergeben in Freud und Leid; es kommt die Zeit, da öffentlich erscheinet, wie treulich er es meinet.

5. Was Gott thut, das ist wohlgethan! Muß ich den Kelch gleich schmecken, der bitter ist nach meinem Wahn, laß ich mich doch nicht schrecken, weil doch zuletzt ich werd ergötzt mit süßem Trost im Herzen, da weichen alle Schmerzen.

6. Was Gott thut, das ist wohlgethan! dabei will ich verbleiben; es mag mich auf die rauhe Bahn Noth, Tod und Elend treiben, so wird Gott mich ganz väterlich in seinen Armen halten, drum laß ich ihn nur walten.

M. Samuel Rodigast, 1675.

*) Hiob 19, 25.

Kreuz- und Trost-Lieder.

Eigene Melodie. 83.

377. Was mein Gott will, das g'scheh allzeit, sein Will der ist der beste; zu helfen den'n er ist bereit, die an ihn glauben feste; er hilft aus Noth, der fromme Gott, und züchtiget mit Maßen. Wer Gott vertraut, fest auf ihn baut, den will er nicht verlassen.

2. Gott ist mein Trost, mein Zuversicht, mein Hoffnung und mein Leben. Was mein Gott will, daß mir geschicht, will ich nicht widerstreben. Sein Wort ist wahr, denn all mein Har er selber hat gezählet; er hüt und wacht, stets für uns tracht, auf daß uns gar nichts fehlet.

3. Nun muß ich Sünder von dieser Welt hinfahrn in Gottes Willen zu meinem Gott, wenns ihm gefällt, will ich ihm halten stille. Mein arme Seel ich Gott befehl in meiner letzten Stunden. Du frommer Gott, Sünd, Höll und Tod hast du mir überwunden.

4. Noch eins, HErr, will ich bitten dich, du wirst mirs nicht versagen: Wenn mich der böse Geist aufficht, laß mich, HErr, nicht verzagen; hilf und auch wehr, ach Gott, mein HErr, zu Ehren deinem Namen. Wer das begehrt, dem wirds gewährt. Drauf sprech ich fröhlich: Amen.

Albrecht jun., Markgraf zu Brandenburg-Kulmbach, um 1555.

Mel. Von Gott will ich nicht lass. 58.

378. Was willt du dich betrüben, o meine liebe Seel? Thu den nur herzlich lieben, der heißt Immanuel. Vertraue ihm allein; er wird gut alles machen und fördern deine Sachen, wie dirs wird selig sein.

2. Denn Gott verlässet keinen, der sich auf ihn verläßt; er bleibt getreu den Seinen, die ihm vertrauen fest. Läßt sichs an wunderlich, so laß dir doch nicht grauen, mit Freuden wirst du schauen, wie Gott wird retten dich.

3. Auf ihn magst du es wagen mit unerschrocknem Muth; du wirst mit ihm erjagen, was dir ist nütz und gut. Denn was Gott haben will, das kann niemand verhindern aus allen Menschenkindern, so viel ihr sind im Spiel.

4. Wenn auch selbst aus der Höllen der Satan trotziglich mit seinen Rottgesellen sich setzet wider dich, so muß er doch mit Spott von seinen Ränken lassen, damit er dich will fassen; denn dein Werk fördert Gott.

5. Er richts zu seinen Ehren und deiner Seligkeit; solls sein, kein Mensch kanns wehren, und wärs ihm noch so leid. Wills denn Gott haben nicht, so kanns niemand forttreiben, es muß zurücke bleiben. Was Gott will, das geschicht.

6. Drum ich mich ihm ergebe, ihm sei es heimgestellt; nach nichts mehr ich sonst strebe, denn nur was ihm gefällt. Sein Will ist mein Begier, der ist und bleibt der beste, das gläub ich steif und feste; wohl dem, ders glaubt mit mir!

Johann Heermann, 1630.

Mel. Zion klagt mit Angst und c. 66.

379. Weg, mein Herz, mit den Gedanken, als ob du verstoßen wärst! Bleib in Gottes Wort und Schranken, da du anders reden hörst. Bist du bös und ungerecht, ei, so ist Gott fromm und schlecht; hast du Zorn und Tod verdienet, sinke nicht, Gott ist versühnet.

2. Du bist, wie die andern alle, angesteckt mit Sündengift, welches Adam mit dem Falle samt der Schlangen hat gestift; aber so du kehrst zu Gott und

dich besserst, hats nicht Noth. Sei getrost, Gott wird dein Flehen und Abbitten nicht verschmähen.

3. Er ist ja kein Bär noch Leue, der sich nur nach Blute sehnt; sein Herz ist zu lauter Treue und zur Sanftmuth angewöhnt; Gott hat einen Vatersinn, unser Jammer jammert ihn, unser Unglück ist sein Schmerze, unser Sterben kränkt sein Herze.

4. So wahrhaftig, als ich lebe, will ich keines Menschen Tod, sondern daß er sich ergebe an mich aus dem Sündenkoth. Gottes Freud ists, wenn auf Erd ein Verirrter wiederkehrt, will nicht, daß aus seiner Herde das Geringst entzogen werde.

5. Kein Hirt kann so fleißig gehen nach dem Schaf, das sich verläuft; solltst du Gottes Herze sehen, wie sich da der Kummer häuft, wie es dürstet, ächzt und brennt nach dem, der sich abgetrennt von ihm und auch von den Seinen, würdest du vor Liebe weinen.

6. Gott der liebt nicht nur die Frommen, die in seinem Hause seind, sondern auch, die ihm genommen durch den grimmen Seelenfeind, der dort in der Höllen sitzt und der Menschen Herz erhitzt wider den, der, wenn sich reget sein Fuß, alle Welt beweget.

7. Dennoch bleibt in Liebesflammen sein Verlangen allzeit groß, ruft und locket uns zusammen in den weiten Himmelsschoß; wer sich nun da stellet ein, suchet frei und los zu sein aus des Satans Reich und Rachen, der macht Gott und Engel lachen.

8. Gott und alles Heer hoch droben, dem der Himmel schweigen muß, wenn sie ihren Schöpfer loben, jauchzen über unsre Buß; aber was gesündigt ist, das verdeckt er und vergißt, wie wir ihn beleidigt haben, alles, alles ist vergraben.

9. Kein See kann sich so ergießen, kein Grund mag so grundlos sein, kein Strom so gewaltig fließen, gegen Gott ist alles klein, gegen Gott und seine Huld, die er über unsre Schuld alle Tage lässet schweben durch das ganze Sündenleben.

10. Nun, so ruh und sei zufrieden, Seele, die du traurig bist, was willt du dich viel ermüden, da es nicht vonnöthen ist? Deiner Sünden großes Meer, wie birs scheinet, ist nicht mehr (gegen Gottes Herz zu sagen), als was wir mit Fingern tragen.

11. Wären tausend Welt zu finden, von dem Höchsten zugericht, und du hättest alle Sünden, die darinnen sind, verricht, wär es viel, doch lange nicht so viel, daß das volle Licht seiner Gnaden hier auf Erden dadurch könnt erlöschet werden.

12. Mein Gott, öffne mir die Pforten solcher Wohlgewogenheit; laß mich allzeit aller Orten schmecken deine Süßigkeit. Liebe mich und treib mich an, daß ich dich, so gut ich kann, wiederum umfang und liebe und ja nun nicht mehr betrübe.

Paul Gerhardt, 1653.

Mel. Freu dich sehr, o meine S. 66.

380. Wenn dich Unglück hat betreten, wenn du steckst in Angst und Noth, mußt du fleißig zu Gott beten, Beten hilft in Noth und Tod, daß du Gottes Angesicht, auch im Kreuz auf dich gericht, kannst aus seinem Wort erblicken, und dein Herz mit Trost erquicken.

2. Keiner wird ja nie zu Schanden, der sich seinem Gott vertraut; kommt dir gleich viel Noth zu Handen, hast du auf ihn wohl gebaut; obs gleich scheint,

Kreuz = und Trost = Lieder.

als hört er nicht, weiß er doch, was dir gebricht. Deine Noth mußt du ihm klagen und in keinem Kreuz verzagen.

3. Rufen, Schreien, Klopfen, Beten ist der Christen beste Kunst; allzeit gläubig vor Gott treten, findet Hilfe, Gnad und Gunst; wer Gott fest vertrauen kann, ist der allerbeste Mann und wird allzeit Rettung finden, alles Unglück überwinden.

4. Lerne Gottes Weise merken, wie er bei den Seinen hält: er will ihren Glauben stärken, wenn sie Unglück überfällt. Unser Gott der lebt ja noch, schweigt er gleich, so hört er doch. Schrei getrost, du mußt nicht zagen, dein Gott kann dir nichts versagen.

5. Laß dich Gottes Wort regieren, das Geduld und Hoffnung lehrt; laß dich keine Furcht verführen, würd die Welt auch umgekehrt. Gottes Wahrheit ist dein Licht, dein Schutz, Trost und Zuversicht. Trau nur Gott, er kann nicht lügen. Bet, du wirst gewiß obsiegen.

6. Lob sei Gott für seine Gnade; seine große Güt und Treu macht, daß mir kein Feind nicht schade, sie ist alle Morgen neu; drum will ich mein Lebenlang immer sagen Lob und Dank meinem Gott in allen Dingen, fröhlich Halleluja singen.

Dr. Joh. Olearius, 1671.

In eigener Melodie. 92.

381. Wer Gott vertraut, hat wohl gebaut im Himmel und auf Erden. :,: Wer sich verläßt auf JEsum Christ, dem muß der Himmel werden. :,: Darum auf dich all Hoffnung ich ganz fest und steif thu setzen. HErr JEsu Christ, mein Trost du bist in Todesnoth und Schmerzen. :,:

2. Und wenns gleich wär dem Teufel sehr und aller Welt zuwider, :,: dennoch so bist du, JEsu Christ, der sie all schlägt darnieder; :,: und wenn ich dich nur hab um mich mit deinem Geist und Gnaden, so kann fürwahr mir ganz und gar mehr Tod noch Teufel schaden. :,:

3. Dein tröst ich mich ganz sicherlich, denn du kannst mir wohl geben, :,: was mir ist noth, du treuer Gott, in diesm und jenem Leben. :,: Gib wahre Reu, mein Herz erneu, errette Leib und Seele. Ach höre, HErr, dies mein Begehr, laß meine Bitt nicht fehlen! :,:

Joh. Mühlmann, 1598.

In eigener Melodie. 45.

382. Wer nur den lieben Gott läßt walten und hoffet auf ihn allezeit, den wird er wunderlich erhalten in allem Kreuz und Traurigkeit. Wer Gott, dem Allerhöchsten, traut, der hat auf keinen Sand gebaut.

2. Was helfen uns die schweren Sorgen? Was hilft uns unser Weh und Ach? Was hilft es, daß wir alle Morgen beseufzen unser Ungemach? Wir machen unser Kreuz und Leid nur größer durch die Traurigkeit.

3. Man halte nur ein wenig stille und sei nur in sich selbst vergnügt, wie unsers Gottes Gnadenwille, wie sein Allwissenheit es fügt. Gott, der uns ihm hat auserwählt, der weiß auch gar wohl, was uns fehlt.

4. Er kennt die rechten Freudenstunden, er weiß wohl, wann es nützlich sei; wenn er uns nur hat treu erfunden und merket keine Heuchelei, so kommt Gott, eh wirs uns versehn und lässet uns viel Guts geschehn.

5. Denk nicht in deiner Drangsalshitze, daß du von Gott ver-

lassen seist, und daß Gott der im Schoße sitze, der sich mit stetem Glücke speist; die Folgezeit verändert viel und setzet jeglichem sein Ziel.

6. Es sind ja Gott sehr schlechte Sachen und ist dem Höchsten alles gleich, den Reichen arm und klein zu machen, den Armen aber groß und reich. Gott ist der rechte Wundermann, der bald erhöhn, bald stürzen kann.

7. Sing, bet und geh auf Gottes Wegen, verricht das Deine nur getreu und trau des Himmels reichem Segen, so wird er bei dir werden neu; denn welcher seine Zuversicht auf Gott setzt, den verläßt er nicht.

Georg Neumark, 1657.

Mel. HErr, wie du willst, so schicks. 49.

383. Wie Gott mich führt, so will ich gehn ohn alles Eigenwählen: geschieht, was er mir ausersehn, wirrs mir an keinem fehlen; wie er mich führt, so geh ich mit und folge willig Schritt vor Schritt in kindlichem Vertrauen.

2. Wie Gott mich führt, so bin ich still und folge seinem Leiten, obgleich im Fleisch mein Eigenwill will öfters widerstreiten; wie Gott mich führt, bin ich bereit, in Zeit und auch in Ewigkeit stets seinen Schluß zu ehren.

3. Wie Gott mich führt, bin ich vergnügt, ich ruh in seinen Händen; wie er es schickt und mit mir fügt, wie ers will kehrn und wenden, sei ihm hiemit ganz heimgestellt, er machs, wie es ihm wohlgefällt, zum Leben oder Sterben.

4. Wie Gott mich führt, so geb ich mich in seinen Vaterwillen; scheints der Vernunft gleich wunderlich, sein Rath wird doch erfüllen, was er in Liebe hat bedacht, eh er mich an das Licht gebracht, ich bin ja nicht mein eigen.

5. Wie Gott mich führt, so bleib ich treu, im Glauben, Hoffen, Leiden; steht er mit seiner Kraft mir bei, was will mich von ihm scheiden? Ich fasse in Geduld mich fest; was Gott mir widerfahren läßt, muß mir zum Besten dienen.

6. Wie Gott mich führt, so will ich gehn, es geh durch Dorn und Hecken; von vornen läßt sich Gott nicht sehn, doch letzt wird ers aufdecken, wie er nach seinem Vaterrath mich treu und wohl geführet hat; dies sei mein Glaubensanker.

Lampertus Gedicke, 1711.

Mel. Wenn wir in höchsten Nöth. 11.

384. Wie lang hab ich, o höchster Gott, getragen meine Last und Noth! Wie lange schreit doch für und für mein hochbetrübter Muth zu dir!

2. Und doch hab ich kein Hilf von dir erlangt, das Kreuz wird schwerer mir; es nimmt von Stund zu Stunden zu, läßt weder Tag noch Nacht mir Ruh.

3. Oftmals hab ich bei mir gedacht: Ein harter Stein wird hohl gemacht durch Regentröpflein, die so klein; dein Herz will fast noch härter sein.

4. Mein Thränenwasser sich ergeußt und über meine Wangen fleußt, fällt auf dein Herz gar mildiglich; dennoch läßts nicht erweichen sich.

5. Ach Gott, du Brunnquell voller Gnad, des Lieb und Treu kein Ende hat, laß übertröpfeln doch dein Herz, Erbarmung trag mit meinem Schmerz.

6. Willt du mich nicht gar machen los von meinem Kreuz, das schwer und groß, so lindre mir doch solche Plag, daß ich sie nur ertragen mag.

7. Das wirst du thun zu rechter Zeit; gib nur Geduld, daß ich im Leid ausbauern mög, wie sich's gebührt, und nicht durch Wehmuth werd verführt.

8. Ich weiß, daß du mitleidig seist, ja, daß du ein Erbarmer heißt; darum, o Gott, laß ferne sein, daß du wolltst härter sein als Stein.

9. Will dich mein Elend jammern nicht, wer ist sonst, der mir Trost zuspricht? Und wird es je gleich auch gethan, seh ich doch nicht, wer helfen kann.

10. Du aber kannst gewaltiglich aus aller Noth erretten mich; kein Unglück ist so groß erhört, wenn du gebeutst, so muß es fort.

11. Gesündigt hab ich oft und viel; wer ist, der mit dir rechten will? Doch, weil du Gnad hast zugesagt, so sei es auf dein Wort gewagt.

12. Ich traue dir, ich ruf und schrei, bis ich des Schmerzens werde frei, der mich noch drückt so hart und sehr; dein Wort kann trügen nimmermehr.

13. Wenn gleich die ganze Welt vergeht, doch fest und unbeweglich steht, was mir, o Gott, dein Wort verspricht; dein Hilfe bleibet außen nicht.

14. Ich will alsdenn mit Lust und Freud nach ausgestandner Traurigkeit hoch preisen deine Hilf und Gnad, die mich niemals verlassen hat.

Johann Heermann, 1630.

In eigener Melodie. 66.

385. Zion klagt mit Angst und Schmerzen, Zion, Gottes werthe Stadt, die er trägt in seinem Herzen, die er ihm erwählet hat. Ach, spricht sie, wie hat mein Gott mich verlassen in der Noth und läßt mich so harte pressen! Meiner hat er ganz vergessen.

2. Der Gott, der mir hat versprochen seinen Beistand jederzeit, der läßt sich vergebens suchen jetzt in meiner Traurigkeit. Ach, will er denn für und für grausam zürnen über mir? Kann und will er sich der Armen jetzt nicht, wie vorhin, erbarmen?

3. Zion, o du Vielgeliebte! sprach zu ihr des HErren Mund, zwar du bist jetzt die Betrübte, Seel und Geist ist dir verwundt; doch stell alles Trauern ein; wo mag eine Mutter sein, die ihr eigen Kind kann hassen und aus ihrer Sorge lassen?

4. Ja, wenn du gleich möchtest finden einen solchen Muttersinn, da die Liebe kann verschwinden, so bleib ich doch, der ich bin; meine Treu bleibt gegen dir, Zion, o du meine Zier; du hast mir mein Herz besessen, deiner kann ich nicht vergessen.

5. Laß dich nicht den Satan blenden, der sonst nichts als schrecken kann. Siehe, hier in meinen Händen hab ich dich geschrieben an. Wie mag es denn anders sein? Ich muß ja gedenken dein; deine Mauern will ich bauen und dich fort und fort anschauen.

6. Du bist mir stets vor den Augen, du liegst mir in meinem Schoß, wie die Kindlein, die noch saugen, meine Treu zu dir ist groß; mich und dich soll keine Zeit, keine Noth, Gefahr noch Streit, ja der Satan selbst nicht scheiden, bleib getreu in allen Leiden.

Johann Heermann, 1636.

XXIX. In besonderen Zeiten der Noth.

1. In allgemeiner Landesnoth.

Eigene Melodie. 13.

386. Wend ab deinen Zorn, lieber Gott, mit Gnaden und laß nicht wüthen deine blutgen Ruthen; richt uns nicht streng nach unsern Missethaten, sondern nach Güte.
2. Denn so du wolltest nach Verdienste strafen, wer könnte deinen Grimm und Zorn ertragen? Als müßt vergehen, was du hast geschaffen, vor deinen Plagen.
3. Vergib, HErr, gnädig unsre große Schulde, laß über das Recht deine Gnade walten, denn du verschonst nach deiner großen Hulde, uns zu erhalten.
4. Sind wir doch arme Würmlein, Staub und Erden, mit Erbsünd, Schwachheit, Noth und Tod beladen; warum sollen wir gar zu nichte werden im Zorn ohn Gnaden?
5. Sieh an deins Sohnes Kreuz und bitter Leiden, der uns erlöset hat mit seinem Blute und eröffnen lassen sein Herz und Seiten, der Welt zu gute.
6. Darum, ach Vater, laß uns nicht verderben, dein Gnad und Geist durch Christum wollest geben; mach uns samt ihm des Himmelreiches Erben, mit dir zu leben. *Barthol. Gesius, 1604.*

Eigene Melodie. 11.

387. Wenn wir in höchsten Nöthen sein und wissen nicht, wo aus noch ein, und finden weder Hilf noch Rath, ob wir gleich sorgen früh und spat:
2. So ist dies unser Trost allein, daß wir zusammen insgemein dich anrufen, o treuer Gott, um Rettung aus der Angst und Noth.
3. Und heben unsre Augn und Herz zu dir in wahrer Reu und Schmerz und suchen der Sünd Vergebung und aller Strafen Linderung,
4. Die du verheißest gnädiglich allen, die darum bitten dich im Namen deins Sohns JEsu Christ, der unser Heil und Fürsprech ist.
5. Drum kommen wir, o HErre Gott, und klagen dir all unsre Noth, weil wir jetzt stehn verlassen gar in großer Trübsal und Gefahr.
6. Sieh nicht an unsre Sünde groß, sprich uns derselbn aus Gnaden los, steh uns in unserm Elend bei, mach uns von allen Plagen frei,
7. Auf daß von Herzen können wir nachmals mit Freuden danken dir, gehorsam sein nach deinem Wort, dich allzeit preisen hier und dort. *Dr. Paul Eberus, 1547.*

2. In Kriegszeiten.

Mel. Das JEsulein soll doch. 83.

388. Gib Fried, o frommer, treuer Gott, du Vater aller Gnaden! Wend ab die groß vorstehend Noth, verhüt all unsern Schaden. Der Feind mit Macht dahin nur tracht, die Völker zu verheeren, die deinen Sohn, den Heiland, Frohn, bekennen, lobn und ehren.
2. Gib Fried, o JEsu, lieber HErr, du Schützer deiner Heerde; es langet an dein Amt und Ehr, dein Gottesdienst so werthe;

In besonderen Zeiten der Noth.

solchs alls der Feind mit Ernst jetzt meint, wills hindern und ausrotten: drum steh uns bei, HErr JEsu, frei, die Feinde mach zu Spotte.

3. Gib Fried, o HErr Gott, Heilger Geist, du Tröster aller Blöden: bein Hilf uns jetzt und allzeit leist, laß dein Kirch nicht veröden. Das G'bet erweck, den Glauben stärk, gib wahre Buß und Reue; die Feinde stürz, dein Volk beschütz, auf daß sichs ewig freue.

M. Cyriacus Schneegaß, † 1597.

Mel. Freu dich sehr, o meine S. 66.

389. Gott, gib Fried in deinem Lande, da du wohnst mit deinem Wort; Glück und Heil zu allem Stande gib uns auch an allem Ort. Mach des Krieges bald ein End, deinen Frieden zu uns wend, daß wir stehen mögen bleiben, dein Wort ungehindert treiben.

2. Gott, gib Fried in deiner Gemeine, die dich ehrt und recht erkennt, auch JEsum Christum alleine ihren Seligmacher nennt. Laß sie Schutz und Friede han, daß ihr nichts mehr haben an alle, die wider sie streiten, steh ihr bei auf allen Seiten.

3. Gott, gib Fried an allen Enden, da dein Wort im Schwange geht; laß dein Wort nicht von uns wenden, weil darauf dein Ehr besteht. Wend von uns ab falsche Lehr, die dein Wort verdunkelt sehr; laß uns dein Wort helle scheinen, mach selig dadurch die Deinen.

4. Gott, gib Fried zu allen Zeiten, weil wir jetzt das Leben han; sonst kann niemand für uns streiten, mit Menschen ist nichts gethan. Darum du, HErr JEsu Christ, der du unser Kriegsfürst bist, streit für uns, als deine Freunde, und stürz alle deine Feinde.

5. Gott, gib Fried, es thut vonnöthen, weil die Feind so grausam sein, die mit ihrem Rauben und Tödten schonen nicht der Kinderlein; räche das unschuldge Blut, das um Rache schreien thut; straf der Feinde Sünd und Schanden, derer sie sich unterstanden.

6. Gott, gib Fried, den nicht kann geben die gottlose, böse Welt, die mit ihrem Krieg thut streben nur nach Ehren, Gut und Geld. JEsu Christ, du Friedefürst, wenn du Friede geben wirst, so wolln wir dir Ehr beweisen, dich mit Freuden lobn und preisen. M. Gottfried Edelmann, 1727.

3. Bei Verfolgung.

Mel. Herzliebster JEsu, was hast. 13.

390. HErr, unser Gott, laß nicht zu Schanden werden die, so in ihren Nöthen und Beschwerden bei Tag und Nacht auf deine Güte hoffen und zu dir rufen.

2. Mache zu Schanden alle, die dich hassen, die sich allein auf ihre Macht verlassen. Ach kehre dich mit Gnaden zu uns Armen, laß dichs erbarmen,

3. Und schaff uns Beistand wider unsre Feinde; wenn du ein Wort sprichst, werden sie bald Freunde, sie müssen Wehr und Waffen niederlegen, kein Glied mehr regen.

4. Wir haben niemand, dem wir uns vertrauen; vergebens ists, auf Menschenhilfe bauen; mit dir wollen wir Thaten thun und kämpfen, die Feinde dämpfen.

5. Du bist der Held, der sie kann untertreten und das bedrängte kleine Häuflein retten.

Wir suchen dich, wir schrein in JEsu Namen: Hilf, Helfer! Amen. Johann Heermann, 1630.

Mel. Ach was soll ich Sünder m. 36.

391. Sollt ich meinem Gott nicht trauen, der mich liebt so väterlich, der so herzlich sorgt für mich? Sollt ich auf den Fels nicht bauen, der mir ewig bleibet fest, der die Seinen nicht verläßt?
2. Er weiß alles, was mich drücket, mein Anliegen, meine Noth, er steht mir bei bis in Tod, er weiß, was mein Herz erquicket, seine Lieb und Vatertreu bleibt mir ewig immer neu.
3. Der die Vögel all ernähret, der die Blumen, Laub und Gras kleidet schön ohn Unterlaß, der uns alles Guts bescheret, sollte der verlassen mich? Nein, ich trau ihm sicherlich.
4. Wenn ich seinem Reich nachtrachte, wenn ich durch Gerechtigkeit finde meine Seligkeit, wenn ich alles Gut verachte, segnet mein Gott früh und spat Wort und Werke, Rath und That.
5. Ei, so mag der andre Morgen bleiben; was noch künftig ist, irrt mich nicht, ich bin ein Christ; ich laß meinen Gott versorgen alles, weil doch allezeit seine Sorge ist bereit.
6. Gott Lob, der mein Herz erfreuet, daß ich gläube festiglich, Gott, mein Vater, sorgt für mich; Gott Lob, der den Trost erneuet, daß ich weiß, Gott liebet mich, Gott versorgt mich ewiglich.
Dr. Johann Olearius, 1671.

4. Bei schweren Gewittern.

Mel. Auf meinen lieben Gott 2c. 29.

392. Ein Wetter steiget auf. Mein Herz, zu Gott hinauf! Fall ihm geschwind zu Fuße durch wahre Reu und Buße, damit gleich deine Sünden durch Christi Tod verschwinden.
2. HErr, der du gut und fromm, zu dir ich gläubig komm, bitt mir aus dein Erbarmen, hab Christum auf den Armen, um dessentwillen schone, mir nicht nach Sünden lohne.
3. Durch Christi theures Blut mach mir ein Herz und Muth, daß dich nicht knechtisch scheue, besondern deiner Treue in allem kindlich traue und auf dein Helfen baue.
4. Ich will mit dem, was mein, dir ganz gelassen sein; dein Flügel wird uns decken, verjagen alles Schrecken und lassen uns aus Gnaden das Wetter gar nicht schaden.
5. Wohlan, verlaß uns nicht, bleib unser Zuversicht und laß dein Vaterlieben auch jetzt an uns sich üben, so wolln wir, weil wir leben, dir Preis und Ehre geben.
Emilie Juliane, Gräfin von Schwarzburg, † 1706.

Mel. Wenn wir in höchsten Nöth. 11.

393. Es donnert sehr, o lieber Gott, ach, steh uns bei in dieser Noth; mach's mit dem Wetter nicht zu lang, es ist uns herzlich angst und bang.
2. Ach unsre schwere Missethat, die dies und mehr verdienet hat, erschrecket uns je mehr und mehr, und das Gewissen beißet sehr.
3. Schlag nicht bei uns ein, frommer Gott, sieh an des HErren Christi Tod, befiehl dem Blitzen, daß es nicht ein Unglück hier bei uns anricht.
4. HErr JEsu, tritt ins Mittel her, auf daß uns unser Bitt gewähr dein lieber Vater, zeig ihm an, du habest für uns gnug gethan.

In besonderen Zeiten der Noth. 211

5. O heilige Dreifaltigkeit, dein innerste Barmherzigkeit nehm unser Leib und Seel in Schutz und laß uns alles sein zu Nutz.

6. Kehr von uns deinen Grimm und Zorn und laß doch unser liebes Korn und andre Frücht nicht kommen um durch dieses Wetters Ungestüm.

7. Laß über unser ganzes Land nur Segen, Glück und allerhand, was uns zum Besten schicket sich, vom Himmel träufeln gnädiglich.

8. Krön dieses Jahr mit deinem Gut, erweck in uns getrosten Muth, den Blitz zu schauen als dein Werk in kindlich sichrer Glaubensstärk.

9. Die unbefugte Furcht benimm, zu hören deines Donners Stimm, und laß es wieder bald geschehn, daß wir die liebe Sonne sehn.

10. So bitten wir und gläuben fest, es werde dir aufs allerbest gefallen und erhöret sein dies unser armes Liedelein.

11. Dir, o Gott Vater, dir, Gott Sohn, dir, Heilger Geist, in einem Thron, dir, göttliche Dreieinigkeit, sei Lob und Preis in Ewigkeit!

Dr. Joh. Säubertus, † 1646.

Nach dem Ungewitter.

Mel. Wer nur den lieben Gott zc. 45.

394. Wo ist ein solcher Gott zu finden, wie du bist, o HErr Zebaoth, der tilget und erläßt die Sünden und stets bei uns ist in der Noth, der auch erretten kann vom Tod? Ach, dir ist niemand gleich, mein Gott!

2. Du ließest deinen Donner hören, es leuchteten die Blitze sehr, als wollten sie uns gar verzehren, die Sünden wurden uns zu schwer, wir wußten, daß derselben wär weit mehrer, als des Sands am Meer.

3. Um Trost war uns vorhin sehr bange, dein Antlitz, das verbarge sich; wir dachten: Wo bleibt Gott so lange? Will er denn zürnen ewiglich? Doch warfst du bald die Sünd zurück, dein Zorn währt einen Augenblick.

4. Nun, daß wir auch noch alle leben und, liebster Gott, nicht gar sind aus, ja annoch habn, was du gegeben an Menschen, Vieh, auch Hof und Haus, an Früchten und was sonst mag sein, das ist ja deine Güt allein.

5. Denn daß wir möchten nicht umkommen, hast du dich so herzväterlich selbst unsrer Seelen angenommen, dein Vaterherz bewegte dich, es wäre ja ein Liebestrieb; ach, wie hast du die Leut so lieb!

6. O lobe du nun, meine Seele, den HErrn auf deiner Herzensbahn; vergiß nicht in der Leibeshöhle, was er dir Gutes hat gethan: Er hat durch seine Allmachtshand das schwere Wetter abgewandt.

7. Es danket dir für solche Treue, was, treuer Vater, in uns ist, daß deine Güt ist täglich neue und zornig du gewesen bist, daß dein Zorn sich gewendet hat und du auch tröstest früh und spat.

8. O daß wir unser Thun und Dichten zu beinem steten Ruhm und Preis auf deine Warnung möchten richten und leben stets nach deim Geheiß, wenn unsere Gelübde wir dir könnten nur bezahlen hier.

9. Ach aber ach wir armen Sünder, jetzt stehen wir wohl aufgericht, sind aber schwache Menschenkinder, von denen es gar bald geschicht, daß sie auch

fallen unvermeint, indem sie kaum gestanden seind.

10. Darum, wenn unser Lebenswandel nicht ist, wie er sein sollte nu, so laß doch deinen Purpurmantel stets die Gebrechen decken zu. Ach handele nach deiner Huld und habe noch mit uns Geduld!

11. Wenn hören wird die Menschenheerde des Endgerichts Posaunenschall, wir sind auf Erden oder Erde, so laß uns hörn den Gnadenhall: Kommt, ihr Gesegnete, zugleich, ererbet das beschiedne Reich!

12. Ach daß wir dich schon sollten sehen von Angesicht zu Angesicht und unter deinen Schäflein gehen, die du von dir wirst lassen nicht. Bereit uns doch in dieser Zeit und hilf uns zu der Seligkeit.

Ludämilie Elisabeth, Gräfin zu Schwarzburg, † 1672.

5. Bei großer Dürre.

Mel. Wo Gott, der HErr, nicht rc. 49.

395. Ach HErre, du gerechter Gott, wir habens wohl verdienet mit unsrer Sünd und Missethat, daß unser Feld nicht grünet, daß Menschen und Vieh traurig sein; wenn du zuschleußt den Himmel dein, so müssen wir verschmachten.

2. HErr, unsre Sünd erkennen wir, die wollst du uns verzeihen; all unsre Hoffnung steht zu dir, Trost, Hilf thu uns verleihen. Gib uns Regen und Segen dein, um deines Namens willn allein, HErr, unser Gott und Tröster.

3. Gedenke, HErr, an deinen Bund, um deines Namens willen bitten wir dich aus Herzensgrund und thu unsre Noth stillen vom Himmel mit dem Regen dein; denn dein der Himmel ist allein, ohn dich kann es nicht regnen.

4. Kein andrer Götz vermag es nicht, daß er soll Regen geben; den Himmel hast du zugericht, darinnen du thust schweben. Allmächtig ist der Name dein, solchs alles kannst du thun allein, HErr, unser Gott und Tröster.

5. Wir wollen hinfort allezeit uns dir, o Gott, ergeben, durch deines Geistes Gnad bereit, nach deinem Willen leben. Wir wolln dir Freudenopfer thun, beim Namen singen Ehr und Ruhm durch JEsum Christum, Amen.

Nikolaus Herman (?), † 1561

XXX. Sterbe= und Begräbniß=Lieder.

Gebet um ein sanftes und seliges Ende.

Mel. HErr JEsu Christ, du höchst. 49.

396. Ach Gott, wenn ich bei mir betracht, daß alles Fleisch verdirbet, und dieses nehme wohl in Acht, wie elend mancher stirbet: so ruf ich dich, mein Vater, an, denn deine Güt und Allmacht kann hierin mir bestens helfen.

2. Ich weiß wohl, daß ich sterben muß, doch nicht zu welcher Stunden. Drum gib, daß ich in steter Buß und Glauben werd erfunden, heut diese Stund und allezeit zu meiner Heimfahrt sei bereit, sobald du mich abforderst.

3. Ach rechne mir es ja nicht zu, wenn ich mich untersange

Sterbe- und Begräbniß-Lieder.

und diese Bitte zu dir thu, warum dem Herzen bange; aus lauter unverdienter Güt vor vielen Schmerzen mich behüt und vor langwiergem Lager.

4. Hiernächst, mein Gott, bewahre mich vorm bösen, schnellen Ende; Wahnwitz, Verzweiflung gnädiglich samt Ungedult abwende. Ein solches Stündlein mir verleih, daß ich all meine Sünd dabei im Glauben mög bereuen.

5. Laß mich den werthen Heilgen Geist bis an mein End regieren und dessen Beistand allermeist im wahren Glauben spüren, daß mir alleine komm zu gut des HErren JEsu theures Blut, so er für mich vergossen.

6. Hilf, Helfer, hilf in Todesnoth, laß mich nicht lange quälen; dir will ich meine Seel, o Gott, zu treuer Gnad befehlen. Verkürz mir meine Noth und Pein, daß, wenn ich seh mein End da sein, mit Fried und Freud abfahre.

Hannov. Gesangbuch, 1646.

In eigener Melodie. 68.

397. Alle Menschen müssen sterben, alles Fleisch vergeht wie Heu; was da lebet, muß verderben, soll es anders werden neu. Dieser Leib der muß verwesen, wenn er anders soll genesen der so großen Herrlichkeit, die den Frommen ist bereit.

2. Drum so will ich dieses Leben, wenn es meinem Gott beliebt, auch ganz willig von mir geben, bin darüber nicht betrübt; denn in meines JEsu Wunden hab ich schon Erlösung funden, und mein Trost in Todesnoth ist des HErren JEsu Tod.

3. JEsus ist für mich gestorben, und sein Tod ist mein Gewinn; er hat mir das Heil erworben, drum fahr ich mit Freu-

ben hin hier aus diesem Weltgetümmel in den schönen Gotteshimmel, da ich werde allezeit schauen die Dreifaltigkeit.

4. Da wird sein das Freudenleben, da viel tausend Seelen schon sind mit Himmelsglanz umgeben, dienen dir vor Gottes Thron, da die Seraphinen prangen und das hohe Lied anfangen: Heilig, heilig, heilig heißt Gott der Vater, Sohn und Geist.

5. Da die Patriarchen wohnen, die Propheten allzumal, wo auf ihren Ehrenthronen sitzet die gezwölfte Zahl, wo in so viel tausend Jahren alle Frommen hingefahren, da wir unserm Gott zu Ehrn ewig Halleluja hörn.

6. O Jerusalem, du Schöne, ach wie helle glänzest du! Ach wie lieblich Lobgetöne hört man da in sanfter Ruh! O der großen Freud und Wonne! Jetzund gehet auf die Sonne, jetzund gehet an der Tag, der kein Ende nehmen mag.

7. Ach ich habe schon erblicket diese große Herrlichkeit; jetzund werd ich schön geschmücket mit der weißen Himmelskleid; mit der goldnen Ehrenkrone steh ich da vor Gottes Throne, schaue solche Freude an, die kein Ende nehmen kann.

Joh. Georg Albinus, 1652.

Mel. Valet will ich dir geben. 59.

398. Bedenke, Mensch, das Ende, bedenke deinen Tod. Der Tod kommt oft behende; der heute frisch und roth, kann morgen und geschwinder hinweg gestorben sein. Drum bilde dir, o Sünder, dein täglich Sterben ein.

2. Bedenke, Mensch, das Ende, bedenke das Gericht! Es müssen alle Stände vor JEsu Angesicht. Kein Mensch ist ausgenommen,

hier muß ein jeder bran und wird den Lohn bekommen, nachdem er hat gethan.

3. Bedenke, Mensch, das Ende, der Höllen Angst und Leid, daß dich nicht Satan blende mit seiner Eitelkeit. Hier ist ein kurzes Freuen, dort aber ewiglich ein kläglich Schmerzenschreien. Ach Sünder, hüte dich!

4. Bedenke, Mensch, das Ende, bedenke stets die Zeit, daß dich ja nichts abwende von jener Herrlichkeit, damit vor Gottes Throne die Seele wird verpflegt. Dort ist die Lebenskrone den Frommen beigelegt.

5. HErr, lehre mich bedenken der Zeiten letzte Zeit, daß sich nach dir zu lenken, mein Herze sei bereit. Laß mich den Tod betrachten und deinen Richterstuhl: laß mich auch nicht verachten der Höllen Feuerpfuhl.

6. Hilf Gott, daß ich in Zeiten auf meinen letzten Tag mit Buße mich bereiten und täglich sterben mag. Im Tod und vor Gerichte steh mir, o JEsu, bei, daß ich im Himmelslichte zu wohnen würdig sei.

Braunschweiger Gesangbuch, 1686.

Mel. Vater unser im Himmelr. 44.

399. Christ ist die Wahrheit und das Leben, die Auferstehung will er geben. Wer an ihn gläubt, das Leben wirbt, ob er auch gleich hier zeitlich stirbt. Wer lebt und gläubt, thut ihm die Ehr, wird gwißlich sterben nimmermehr.

Dr. M. Luther, 1542.

In eigener Melodie. 2.

400. Christus, der ist mein Leben, Sterben ist mein Gewinn, dem thu ich mich ergeben, mit Freud fahr ich dahin.

2. Mit Freud fahr ich von dannen zu Christ, dem Bruder mein, daß ich mög zu ihm kommen und ewig bei ihm sein.

3. Nun hab ich überwunden Kreuz, Leiden, Angst und Noth, durch sein heilig fünf Wunden bin ich versöhnt mit Gott.

4. Wenn meine Kräfte brechen, mein Athem geht schwer aus und kann kein Wort mehr sprechen: HErr, nimm mein Seufzen auf!

5. Wenn mein Herz und Gedanken vergehen, wie ein Licht, das hin und her thut wanken, wenn ihm die Flamm gebricht:

6. Alsdann sein sanft und stille, HErr, laß mich schlafen ein nach deinem Rath und Willen, wenn kommt mein Stündelein.

7. Und laß mich an dir kleben, wie eine Klett am Kleid, und ewig bei dir leben in himmlischer Wonn und Freud.

8. Amen! das wirst du, Christe, verleihen gnädiglich. Mit deinem Geist mich rüste, daß ich fahr seliglich.

Anna, Gräfin v. Stollberg, 1600.

Bei Begräbniß der Kinder und jungen Leute.

Mel. Ermuntre dich, mein schw. 67.

401. Du bist zwar mein und bleibest mein; wer will mirs anders sagen? Doch bist du nicht nur mein allein; der HErr von ewgen Tagen der hat das meiste Recht an dir, der fordert und erhebt von mir dich, o mein Kind, mein Wille, mein Herz und Wunsches Fülle!

2. Ach! galt es wünschen, wollt ich dich, du Sternlein meiner Seelen, vor allem Weltgut ewiglich mir wünschen und erwählen. Ich wollte sagen: bleib bei mir, du sollt sein meines Hauses Zier, an dir will ich mein Lieben bis in mein Sterben üben.

3. So sagt mein Herz und meint es gut, Gott aber meints

Sterbe- und Begräbniß-Lieder.

noch besser. Groß ist die Lieb in meinem Muth, in Gott ist sie noch größer. Ich bin ein Vater und nichts mehr; Gott ist der Väter Haupt und Ehr, ein Quell, da Alt und Jungen in aller Welt entsprungen.

4. Ich sehne mich nach meinem Kind; und der es mir gegeben, will, daß es nunmehr ohne Sünd im Himmel solle leben. Ich sprech: Ach weh, mein Licht verschwindt! Gott spricht: Willkommn, du liebes Kind, dich will ich bei mir haben und ewig reichlich laben.

5. O süßer Rath, o schönes Wort, und heilger, als wir denken, bei Gott ist ja kein böser Ort, kein Unglück und kein Kränken, kein Angst, kein Mangel, kein Versehn, bei Gott kann keinem Leid geschehn. Wen Gott versorgt und liebet, wird nimmermehr betrübet.

6. Wir Menschen sind ja auch bedacht, die Unsrigen zu zieren; wir gehn und sorgen Tag und Nacht, wie wir sie wollen führen in einen feinen selgen Stand, und ist doch selten so bewandt mit dem, wohin sie kommen, als wir uns vorgenommen.

7. Wie manches junges, frommes Blut wird jämmerlich verführet durch bös Exempel, daß es thut, was Christen nicht gebühret. Da hats denn Gottes Zorn zu Lohn, auf Erden nichts als Spott und Hohn. Der Vater muß mit Grämen sich seines Kindes schämen.

8. Ein solches darf ich ja nun nicht an meinem Kind erwarten. Das steht vor Gottes Angesicht und geht in Christi Garten, hat Freude, die es recht erfreut, und ruht von allem Herzeleid; es sieht und hört die Scharen, die uns allhier bewahren.

9. Es sieht und hört der Engel Mund, sein Mündlein hilft selbst singen; weiß alle Weisheit aus dem Grund und redt von solchen Dingen, die unser keiner noch nicht weiß, die auch durch unsern Fleiß und Schweiß wir, weil wir sind auf Erden, nicht ausstudiren werden.

10. Ach sollt ich doch von ferne stehn und noch ein wenig hören, wenn deine Sinne sich erhöhn und Gottes Namen ehren, der heilig, heilig, heilig ist, durch den auch du geheiligt bist, ich weiß, ich würde müssen vor Freuden Thränen gießen.

11. Ich würde sprechen: Bleib allhier! Nun will ich nicht mehr klagen: Ach, mein Kind, wärst du noch bei mir! Nein, sondern komm, du Wagen Eliä, hole mich geschwind und bring mich dahin, da mein Kind und so viel liebe Seelen so schöne Ding erzählen.

12. Nun, es sei ja und bleib also, ich will dich nicht mehr weinen; du lebst und bist von Herzen froh, siehst lauter Sonnen scheinen, die Sonnen ewger Freud und Ruh. Hier leb und bleib nun immerzu; ich will, wills Gott, mit andern auch bald hernacher wandern.

Paul Gerhardt, 1667.

Mel. Wenn mein Stündlein ꝛc. 49

402. Ein Würmlein bin ich arm und klein, mit Todesnoth umgeben, kein Trost weiß ich in Angst und Pein, im Sterben und im Leben, denn daß du selbst, HErr JEsu Christ, ein armes Würmlein worden bist; ach Gott, erhör mein Klagen!

2. Laß mich, HErr Christ, an deinem Leib ein grünes Zweiglein bleiben; mit deinem Geist, HErr, bei mir bleib, wenn Leib und Seel soll scheiden; wenn mir vergeht all mein Gesicht und mei-

Sterbe- und Begräbniß-Lieder.

nes Bleibens ist mehr nicht allhier auf dieser Erden,

3. So laß mich nicht in dieser Noth umkommen und verzagen, komm mir zu Hilf, du treuer Gott, mein Angst hilf mir ertragen; denk, daß ich bin am Leibe dein ein Glied und grünes Zweigelein, im Fried laß mich hinfahren.

4. Gedenk, HErr, an den theuren Eid, den du selbst hast geschworen: So wahr du lebst in Ewigkeit, ich soll nicht sein verloren, ich soll nicht kommen ins Gericht, den Tod auch ewig schmecken nicht, dein Heil wollst du mir zeigen.

5. Ach Gott, laß mir ein Leuchte sein dein Wort zum ewgen Leben, ein selges Ende mir verleih, ich will mich dir ergeben, ich will dir traun, mein HErr und Gott; denn du verläßt in keiner Noth, die deiner Hilf erwarten.

6. Drauf will ich nun befehlen dir mein Seel in deine Hände. Ach treuer Gott, steh fest bei mir, dein Geist nicht von mir wende; und wenn ich nicht mehr reden kann, so nimm mein letztes Seufzen an durch JEsum Christum, Amen.

Bartholomäus Fröhlich, † 1587.

In eigener Melodie. 52.

403. Es ist genug! so nimm, HErr, meinen Geist zu Zions Geistern hin; lös auf das Band, das allgemählich reißt; befreie diesen Sinn, der sich nach seinem Gotte sehnet, der täglich klagt und nächtlich thränet: Es ist genug! :,:

2. Es ist genug des Jammers, der mich drückt! Des Adams Apfelgier, das Sündengift, hat kaum mich nicht erstickt; nichts Gutes wohnt in mir. Was kläglich mich von Gotte trennet, was täglich mich beflecket nennet, des ist genug. :,:

3. Es ist genug des Kreuzes, das mir fast den Rücken wund gemacht; wie schwer, o Gott, wie hart ist diese Last! Ich schwemme manche Nacht mein hartes Lager durch mit Thränen. Wie lang, wie lange muß ich sehnen? Wann ists genug? :,:

4. Es ist genug, wenn nur mein JEsus will. Er kennet ja mein Herz; ich harre sein und halt indessen still, bis er mit allen Schmerz, der meine sieche Brust abnaget, zurücke legt und zu mir saget: Es ist genug! :,:

5. Es ist genug, HErr, wenn es dir gefällt, so spanne mich doch aus. Mein JEsus kömmt! Nun gute Nacht, o Welt! Ich fahr ins Himmelshaus, ich fahre sicher hin mit Frieden; mein feuchter Jammer bleibt darnieden. Es ist genug! :,:

Franz Joachim Burmeister, 1662.

In eigener Melodie. 66.

404. Freu dich sehr, o meine Seele, und vergiß all Noth und Qual, weil dich nun, Christus, dein HErre, ruft aus diesem Jammerthal; aus Trübsal und großem Leid sollt du fahren in die Freud, die kein Ohr jemals gehöret und in Ewigkeit auch währet.

2. Tag und Nacht hab ich gerufen zu dem HErren, meinem Gott, weil mich stets viel Kreuz betroffen, daß er mir hülf aus der Noth. Wie sich sehnt ein Wandersmann, daß sein Weg ein End mög han, so hab ich gewünschet eben, daß sich enden mög mein Leben.

3. Denn gleichwie die Rosen stehen unter Dornen spitzig gar, also auch die Christen gehen in lauter Angst und Gefahr; wie die Meereswellen sind und der

Sterbe- und Begräbniß-Lieder.

ungestüme Wind, also ist allhier auf Erden unser Lauf voller Beschwerden.

4. Welt, Tod, Teufel, Sünd und Hölle, unser eigen Fleisch und Blut plagen stets hier unsre Seele, lassen uns bei keinem Muth; wir sind voller Angst und Plag, lauter Kreuz sind unsre Tag; wenn wir nur geboren werden, findt sich Jammer gnug auf Erden.

5. Wenn die Morgenröth herleuchtet und der Schlaf sich von uns wendt, Sorg und Kummer daher streichet, Müh findt sich an allem End. Unsre Thränen sind das Brod, so wir essen früh und spat. Wenn die Sonn nicht mehr thut scheinen, ist nur lauter Klag und Weinen.

6. Drum, HErr Christ, du Morgensterne, der du ewiglich aufgehst, sei von mir jetzund nicht ferne, weil mich dein Blut hat erlöst. Hilf, daß ich mit Fried und Freud mög von hinnen fahren heut; ach sei du mein Licht und Straße, mich mit Beistand nicht verlasse!

7. In dein Seite will ich fliehen an meim bittern Todesgang, durch dein Wunden will ich ziehen ins himmlische Vaterland; in das schöne Paradeis, drein der Schächer thät sein Reis, wirst du mich, HErr Christ, einführen und mit ewger Klarheit zieren.

8. Ob mir schon die Augen brechen, das Gehöre gar verschwindt, meine Zung nicht mehr kann sprechen, der Verstand sich nicht besinnt, bist du doch mein Licht und Hort, Lebensweg und Himmelspfort; du wirst mich in Gnad regieren, auf der rechten Bahn heimführen.

9. Laß dein Engel mit mir fahren auf Elias Wagen roth, meine Seele wohl bewahren, wie Lazrum nach seinem Tod; laß sie ruhn in deinem Schoß, erfüll sie mit Freud und Trost, bis der Leib kommt aus der Erden und sie beid vereinigt werden.

10. Freu dich sehr, o meine Seele, und vergiß all Noth und Qual, weil dich nun Christus, dein HErre, ruft aus diesem Jammerthal; seine Freud und Herrlichkeit sollst du sehn in Ewigkeit, mit den Engeln jubiliren, in Ewigkeit triumphiren.

Caspar von Warnberg, um 1620

Bei Beerdigung kleiner Kinder.

Mel. O Welt, ich muß dich lassen. 31.

405. Gott Lob! die Stund ist kommen, da ich werd aufgenommen ins schöne Paradeis. Ihr Eltern dürft nicht klagen, mit Freuden sollt ihr sagen: Dem Höchsten sei Lob, Ehr und Preis!

2. Wie kanns Gott besser machen? Er reißt mich aus dem Rachen des Teufels und der Welt; die jetzt wie Löwen brüllen, ihr Grimm ist nicht zu stillen, bis alles übern Haufen fällt.

3. Dies sind die letzten Tage, da nichts als Angst und Plage mit Haufen bricht herein. Mich nimmt nun Gott von hinnen und lässet mich entrinnen der überhäuften Noth und Pein.

4. Kurz ist mein irdisch Leben, ein bessers wird mir geben Gott in der Ewigkeit; da werd ich nicht mehr sterben, in keiner Noth verderben, mein Leben wird sein lauter Freud.

5. Er eilet mit den Seinen, läßt sie nicht lange weinen in diesem Thränenthal. Ein schnell und selig Sterben ist schnell und glücklich erben des schönen Himmels Ehrensal.

6. Wie öfters wird verführet manch Kind, an dem man spüret rechtschaffne Frömmigkeit; die Welt, voll List und Tücke, legt heimlich ihre Stricke bei Tag und Nacht zu jeder Zeit.
7. Ihr Netze mag sie stellen, mich wird sie nun nicht fällen, sie wird mir thun kein Leid; denn wer kann den verletzen, den Christus jetzt wird setzen ins Schloß vollkommner Sicherheit?
8. Zuvor bracht ich euch Freude, jetzt, nun ich von euch scheide, betrübt sich euer Herz. Doch wenn ihrs recht betrachtet und, was Gott thut, hochachtet, wird sich bald ändern aller Schmerz.
9. Gott zählet alle Stunden, er schlägt und heilet Wunden, er kennet jedermann; nichts ist jemals geschehen, das er nicht vorgesehen, und was er thut, ist wohlgethan.
10. Wenn ihr mich werdet finden vor Gott, frei aller Sünden, in weißer Seide stehn und tragen Siegespalmen in Händen und mit Psalmen des HErren Ruhm und Lob erhöhn:
11. Da werdet ihr euch freuen, es wird euch herzlich reuen, daß ihr euch so betrübt. Wohl dem, der Gottes Willen gedenket zu erfüllen und ihm sich in Geduld ergibt.
12. Ade, nun seid gesegnet! Was euch jetzund begegnet, ist andern auch geschehn. Viel müssens noch erfahren. Nun, Gott woll euch bewahren, dort wollen wir uns wiedersehn.

Johann Heermann, 1636.

406. Siehe Nr. 85.

In eigener Melodie. 11.

407. HErr JEsu Christ, wahr Mensch und Gott, der du littst Marter, Angst und Spott, für mich am Kreuz auch endlich starbst und mir deins Vaters Huld erwarbst.
2. Ich bitt durchs bittre Leiden dein, du wollst mir Sünder gnädig sein, wenn ich nun komm in Sterbensnoth und ringen werde mit dem Tod;
3. Wenn mir vergeht all mein Gesicht und meine Ohren hören nicht, wenn meine Zunge nichts mehr spricht und mir vor Angst mein Herz zerbricht;
4. Wenn mein Verstand sich nichts mehr b'sinnt und mir all menschlich Hilf zerrinnt: so komm, HErr Christe, mir behend zu Hilf an meinem letzten End,
5. Und führ mich aus dem Jammerthal, verkürz mir auch des Todes Qual, die bösen Geister von mir treib, mit deinem Geist stets bei mir bleib,
6. Bis sich die Seel vom Leib abwendt, so nimm sie, HErr, in deine Händ; der Leib hab in der Erd sein Ruh, bis sich der jüngst Tag naht herzu.
7. Ein fröhlich Aufrstehn mir verleih, am jüngsten G'richt mein Fürsprech sei und meiner Sünd nicht mehr gedenk, aus Gnaden mir das Leben schenk.
8. Wie du hast zugesaget mir in deinem Wort, das trau ich dir: „Fürwahr, fürwahr, euch sage ich: Wer mein Wort hält und glaubt an mich,
9. Der wird nicht kommen ins Gericht und den Tod ewig schmecken nicht, und ob er schon hie zeitlich stirbt, mit nichten er drum gar verdirbt;
10. Sondern ich will mit starker Hand ihn reißen aus des Todes Band und ihn mit nehmen in mein Reich, da soll er dann mit mir zugleich
11. In Freuden leben ewiglich." Dazu hilf uns ja gnädiglich! Ach HErr, vergib all unsre

Sterbe- und Begräbniß-Lieder. 219

Schuld, hilf, daß wir warten
mit Geduld,
12. Bis unser Stündlein
kommt herbei, auch unser Glaub
stets wacker sei, deim Wort zu
trauen festiglich, bis wir entschlafen seliglich.
  Dr. Paul Eberus, 1557.

Mel. Nun laßt uns den Leib beg. 11.

408. Hört auf mit Trauern
und Klagen! Ob
dem Tod soll niemand zagen.
Er ist gestorben als ein Christ,
sein Tod ein Gang zum Leben ist.
  2. Der Sarg und Grab drum
wird geziert, der Leib ehrlich begraben wird, daß wir glauben,
er sei nicht todt, sondern schlaf
und ruh sanft in Gott.
  3. Wohl scheints, als sei nun
alls dahin, weil er da liegt ohn
Muth und Sinn, doch soll sich
bald finden wieder Lebn und
Kraft in alle Glieder.
  4. Bald werden diese Todten-
bein erwarmen und sich fügen fein
zusammen mit Kraft und Leben,
Gott wirds herrlich wiedergeben.
  5. Der Leichnam, der jetzt liegt
und starrt, wird nun gar bald in
schneller Fahrt schweben in Lüften
unbeschwert, gleichwie die Seele
leicht hinfährt.
  6. Ein Weizenkörnlein in der
Erd liegt erst ganz todt, dürr und
unwerth, doch kommts hervor
gar fein und zart und bringt viel
Frucht nach seiner Art.
  7. Der Leib, gemacht von
Erdenkloß, soll liegen in der
Erden Schoß und soll da ruhen
ohne Leid, bis er vom Tod wiedr
aufersteht.
  8. Der Leib war der Seelen
Häuslein, die blies Gott mit
seim Athem drein; ein edel Herz,
recht Muth und Sinn war durch
die Gabe Christi drin.
  9. Den Körper nun die Erd
bedeckt, bis ihn Gott wieder auferweckt, der seins Geschöpfs gedenken wird, welchs war nach
seinem Bild formirt.
  10. Ach daß nun käm der-
selbig Tag, da Christus nach seiner Zusag wird herfürbringen
ganz und gar, was in die Erd
verscharret war.
  Nikolaus Herman, † 1561.

Mel. Herzlich thut mich verlang. 59.

409. Ich bin ein Gast auf
Erden und hab hier
keinen Stand; der Himmel soll
mir werden, da ist mein Vaterland. Hier reis ich aus und abe,
dort in der ewgen Ruh ist Gottes Gnadengabe, die schleußt all
Arbeit zu.
  2. Was ist mein ganzes Wesen
von meiner Jugend an, als Müh
und Noth gewesen? So lang ich
denken kann, hab ich so manchen
Morgen, so manche liebe Nacht
mit Kummer und mit Sorgen
des Herzens zugebracht.
  3. Mich hat auf meinen Wegen
manch harter Sturm erschreckt,
Blitz, Donner, Wind und Regen
hat mir manch Angst erweckt;
Verfolgung, Haß und Neiden,
ob ichs gleich nicht verschuldt,
hab ich doch müssen leiden und
tragen mit Geduld.
  4. So gings den lieben Alten,
an derer Fuß und Pfad wir uns
noch täglich halten, wenns fehlt
an gutem Rath. Wie mußte sich
doch schmiegen der Vater Abraham, eh als ihm sein Vergnügen
und rechte Wohnstatt kam!
  5. Wie manche schwere Bürde
trug Isaak, sein Sohn! Und
Jakob, dessen Würde stieg bis
zum Himmelsthron, wie mußte
der sich plagen! In was für Weh
und Schmerz, in was für Furcht
und Zagen sank oft sein armes
Herz!
  6. Die frommen heilgen Seelen, die gingen fort und fort und

änderten mit Qualen den erst bewohnten Ort; sie zogen hin und wieder, ihr Kreuz war immer groß, bis daß der Tod sie nieder legt in des Grabes Schoß.

7. Ich habe mich ergeben in gleiches Glück und Leid; was will ich besser leben, als solche große Leut? Es muß ja durchgedrungen, es muß gelitten sein! Wer nicht hat wohl gerungen, geht nicht zur Freud hinein.

8. So will ich zwar nun treiben mein Leben durch die Welt, doch denk ich nicht zu bleiben in diesem fremden Zelt. Ich wandre meine Straßen, die zu der Heimath führt, da mich ohn alle Maßen mein Vater trösten wird.

9. Mein Heimath ist dort droben, da aller Engel Schar den großen Herrscher loben, der alles ganz und gar in seinen Händen träget, und für und für erhält auch alles hebt und leget, nachdems ihm wohlgefällt.

10. Zu dem steht mein Verlangen, da wollt ich gerne hin; die Welt bin ich durchgangen, daß ichs fast müde bin. Je länger ich hie walle, je wenger find ich Lust, die meinem Geist gefalle, das meist ist Stank und Wust.

11. Die Herberg ist zu böse, der Trübsal ist zu viel. Ach komm, mein Gott, und löse mein Herz, wenn dein Herz will. Komm, mach ein seligs Ende an meiner Wanderschaft, und was mich kränkt, das wende durch deinen Arm und Kraft.

12. Wo ich bisher gesessen, ist nicht mein rechtes Haus; wenn mein Ziel ausgemessen, so tret ich dann hinaus, und was ich hie gebrauchet, das leg ich alles ab; und wenn ich ausgehauchet, so scharrt man mich ins Grab.

13. Du aber, meine Freude, du, meines Lebens Licht, du zeuchst mich, wenn ich scheide, hin vor dein Angesicht, ins Haus der ewgen Wonne, da ich stets freudenvoll, gleich als die helle Sonne, nächst andern leuchten soll.

14. Da will ich immer wohnen, und nicht nur als ein Gast, bei denen, die mit Kronen du ausgeschmücket hast; da will ich herrlich singen von deinem großen Thun und frei von schnöden Dingen in meinem Erbtheil ruhn.

Paul Gerhardt, 1667.

Mel. O Ewigkeit, du Donnerw. 70

410. Ich bin ja, HErr, in deiner Macht, du hast mich an das Licht gebracht, erhältst mir auch das Leben. Du kennest meiner Monden Zahl, weißt, wann ich diesem Jammerthal auch gute Nacht muß geben. Wo, wie und wann ich sterben soll, das weißt du, Vater, mehr als wohl.

2. Wen hab ich nun, als dich allein, der mir in meiner letzten Pein mit Trost weiß beizuspringen? Wer nimmt sich meiner Seelen an, wenn nun mein Leben nichts mehr kann und mit dem Tod muß ringen, wenn alle Sinnenkraft gebricht? Thust du es, Gott, mein Heiland, nicht?

3. Mich dünkt, da lieg ich schon vor mir in großer Hitz, ohn Kraft, ohn Zier, mit Herzensangst befallen; Gehör und Rede nehmen ab, die Augen werden mir ein Grab, die Sünde kränkt vor allen. Des Satans Anklag hat nicht Ruh, setzt mir auch mit Versuchung zu.

4. Ich höre der Posaunen Ton und seh auch den Gerichtstag schon, das Urtheil mir zu fällen. Hier weiset mein Gewissensbuch, da aber des Gesetzes Fluch mich Sündenkind zur Höllen, da, wo man ewig, ewig leidt, ach, Jammer, Angst und Zeter schreit.

5. Kein Geld noch Gut errettet mich; umsonst entbeut ein Bruder sich, den andern los zu machen; er muß es ewig lassen stehn. Wir werden ewig nicht entgehn, kriegt uns der Höllen Rachen. Wer hilft mir sonst in dieser Noth, wo du nicht, Gott, du Todes Tod?

6. Der Teufel hat nicht Macht an mir, ich habe blos gesündigt dir, dir, der du Sünd vergiebest. Was maßt sich Satan dessen an, der kein Gesetz mir geben kann, nichts dran hat, das du liebest? Er nehme das, was sein ist, hin, ich weiß, daß ich des HErren bin.

7. HErr JEsu, ich, dein theures Gut, bezeug es selbst mit deinem Blut, der Sünd ich nicht gehöre. Was schont der Satan meiner nicht und schreckt mich durch das Zorngericht? Rett deines Leidens Ehre. Was gibest du mich fremder Hand und hast so viel an mich gewandt?

8. Nein, nein, ich weiß gewiß, mein Heil, du lässest mich, dein wahres Theil, in deinen Wunden sitzen; hier lach ich aller Macht und Noth, es mag Gesetz, Höll oder Tod auf mich mit Donner blitzen. Dieweil ich lebte, war ich dein, jetzt kann ich keines Fremden sein. M. Simon Dach, 1648.

Mel. Herzlich thut mich verlang. 59.

411. Ich war ein kleines Kindlein, geborn auf diese Welt, aber mein Sterbestündlein hat Gott mir bald bestellt; ich weiß gar nichts zu sagen, was Welt ist und ihr Thun, auch hab ich nicht gelernet, was gut odr bös mag sein.

2. Mein allerliebster Vater, der mich zur Welt gezeugt, und mein herzliebe Mutter, die mich selbst hat gesäugt, die thun mich jetzt verlassen mit Seufzen herziglich, aber der HErr, mein Heiland, der nimmt mich auf zu sich.

3. Er nimmt mich auf mit Gnaden zum Erben in sein Reich, der Tod kann mir nicht schaden, ich bin den Engeln gleich. Mein Leib wird wieder leben in Ruh und ewger Freud, mit samt der Seele schweben in ewger Seligkeit.

4. Gott g'segn euch, Vatr und Mutter, mir ist ganz wohl geschehn, Gott hat mich kleines Pflänzlein ins Paradies versehn. Dort wollen wir in Freuden einander wieder sehn, wenn unser Gott und HErre wird alls in allem sein.

Mel. Vater unser im Himmel. 44

412. In Christi Wunden schlaf ich ein, die machen mich von Sünden rein; ja, Christi Blut und Grechtigkeit, das ist mein Schmuck und Ehrenkleid, damit will ich vor Gott bestehn, wenn ich zum Himmel werd eingehn.

2. Mit Fried und Freud ich fahr dahin, ein Gotteskind ich allzeit bin. Dank hab, mein Tod, du führest mich; ins ewge Leben wandre ich, mit Christi Blut gereinigt sein. HErr JEsu, stärk den Glauben mein!

Dr. Paul Eberus, † 1569.

Mel. Zion klagt mit Angst ꝛc. 66.

413. Lasset ab, ihr, meine Lieben, lasset ab von Traurigkeit. Was wollt ihr euch mehr betrüben, weil ihr des versichert seid, daß ich alle Qual und Noth überwunden und bei Gott mit den Auserwählten schwebe voller Freud und ewig lebe?

2. Derer Tod soll man beklagen, die dort in der Höllenpein müssen leiden alle Plagen, so nur zu erdenken sein; die Gott aber nimmt zu sich in den Himmel, gleich wie mich, und mit aller Wollust tränket: wer ist, der sich darob kränket?

3. In des HErren JEsu Wunden hab ich mich geschlossen ein, da ich alles reichlich funden, wodurch ich kann selig sein; er ist die Gerechtigkeit, die vor Gott gilt jederzeit; wer dieselb ergreift im Glauben, dem kann nichts den Himmel rauben.

4. Niemand sag, ich sei umkommen, ob ich gleich gestorben bin; mein Gott hat mich weggenommen, Sterben ist jetzt mein Gewinn. Vor dem Unglück hat er mich hingerafft so väterlich. Jetzt kann mich kein Trübsal preßen, alle Angst ist nun vergessen.

5. Der Leib schläft in seiner Kammer ohne Sorgen sanft und wohl und verschläft den großen Jammer, dessen jetzt die Welt ist voll. Meine Seele schauet an den, der nichts als lieben kann, der auf seinen Schoß mich jetzet und mit höchster Freud ergötzet.

6. In der Welt ist nichts zu finden, als nur Theurung, Pest und Streit, und was mehr die großen Sünden bringen für Beschwerlichkeit. Sonderlich kommt noch ein Schwert, das der Christen Herz durchfährt. — O, viel besser, selig sterben, denn durch diesen Zwang verderben!

7. Solcher Noth bin ich entgangen, nichts ist, das mich schrecken kann; Fried und Freud hat mich umfangen, kein Feind darf mich sprengen an. Ich bin sicher ewiglich in des HErren Hand, der mich ihm zum Eigenthum erworben, da er ist am Kreuz gestorben.

8. Euch wird, meine liebsten Freunde, die ihr weinet in der Welt, schützen wider alle Feinde Gottes Sohn, der starke Held. Seid und bleibt ihm nur getreu, seine Gnad ist täglich neu. Wer Betrübte will betrüben, der muß wie die Spreu zerstieben.

9. Nun ich will euch dem befehlen, der sich euren Vater nennt, der die Thränen pflegt zu zählen, dem sein Herz vor Liebe brennt; der wird euch in eurem Leid trösten und zu seiner Zeit an den Ort, da ich bin, führen und mit höchster Klarheit zieren.

10. Da wird uns der Tod nicht scheiden, der uns jetzt geschieden hat. Gott wird selbst alsdann uns weiden und erfreun in seiner Stadt. Ewig, ewig werden wir in dem Paradies allhier mit einander jubiliren und ein englisch Leben führen.

Johann Heermann, 1646.

Eigene Melodie. 58.

414. Lasset die Kindlein kommen zu mir, spricht Gottes Sohn, sie sind meine Freud und Wonne, ich bin ihr Schild und Kron; auch für die Kinderlein, daß sie nicht werdn verloren, bin ich ein Kind geboren, drum sie mein eigen sein.

2. Der HErr gar freundlich küsset und herzt die Kinderlein, bezeugt mit Worten süße, der Himmel ihr soll sein, dieweil sein theures Blut, das aus sein heilgen Wunden am Kreuzesstamm geronnen, ihnen auch kömmt zu gut.

3. Drum nach Christi Verlangen bringet die Kinder her, damit sie Gnad erlangen, niemand es ihnen wehr; führet sie Christo zu, er will sich ihr erbarmen, nimmt sie in seine Armen, darin sie finden Ruh.

4. Ob sie gleich zeitlich sterben, ihr Seele Gott gefällt; denn sie sind Gottes Erben, lassen die schnöde Welt; sie sind frei aller G'fahr und dürfen hier nicht leiden, sie loben Gott mit Freuden dort bei der Engelschar.

Dr. Cornelius Becker, 1602.

Sterbe- und Begräbniß-Lieder.

Sterbe-Lied für Kinder.

Mel. HErr JEsu Christ, meins L. 11.

415. Mit Freuden will ich fahrn dahin, der zeitlich Tod ist mein Gewinn, ich weiß, Gott Lob und Dank! wohin, da ich recht wohl versorget bin.

2. Zu Gott, dem liebsten Vater mein, zu Christo, meinem Fleisch und Bein, zu allen heilgen Engelein, bei denen will ich ewig sein.

3. Solln wir uns hier nicht länger sehn, so solls in jener Welt geschehn. Amen, Amen, das gebe Gott, helf mir und euch aus aller Noth!

In eigener Melodie. 97.

416. Mitten wir im Leben sind mit dem Tod umfangen; wen suchen wir, der Hilfe thu, daß wir Gnad erlangen? Das bist du, HErr, alleine! Uns reuet unsre Missethat, die dich, HErr, erzürnet hat. Heiliger HErre Gott, heiliger starker Gott, heiliger barmherziger Heiland, du ewiger Gott, laß uns nicht versinken in des bittern Todes Noth! Kyrie Eleison!

2. Mitten in dem Tod ansicht uns der Höllen Rachen; wer will uns aus solcher Noth frei und ledig machen? Das bist du, HErr, alleine! Es jammert dein Barmherzigkeit unser Sünd und großes Leid. Heiliger HErre Gott, heiliger starker Gott, heiliger barmherziger Heiland, du ewiger Gott, laß uns nicht verzagen vor der tiefen Höllengluth. Kyrie Eleison!

3. Mitten in der Höllenangst unser Sünd uns treiben; wo solln wir denn fliehen hin, da wir mögen bleiben? Zu dir, HErr Christ, alleine! Vergossen ist dein theures Blut, das gnug für die Sünde thut. Heiliger HErre Gott, heiliger starker Gott, heiliger barmherziger Heiland, du ewiger Gott, laß uns nicht entfallen von des rechten Glaubens Trost. Kyrie Eleison!

Dr. M. Luther, 1524. V. 1. Verteutschung der lat. Antiphone des Notker Balbulus, † 912: "Media vita in morte sumus."

Am Grabe zu singen.

In eigener Melodie. 11.

Chor.

417. Nun laßt uns den Leib begraben; daran wir kein Zweifel haben, er wird am jüngsten Tag aufstehn und unverweslich hervorgehn.

2. Erd ist er und von der Erden, wird auch zur Erd wieder werden und von der Erd wieder aufstehn, wenn Gottes Posaun wird angehn.

3. Sein Seele lebt ewig in Gott, der sie allhier aus lauter Gnad von aller Sünd und Missethat durch seinen Sohn erlöset hat.

Gegenruf.

So traget mich denn immer hin, da ich so lang verwahret bin, bis Gott, mein treuer Seelenhirt, mich wieder auferwecken wird.

2. Ja freilich werd ich nach dem Tod zu Aschen, Erden, Staub und Koth, doch wird das arme Fleisch und Bein von meinem Gott verkläret sein.

3. Mein Leib wird hie der Würmer Spott, die Seele lebt bei ihrem Gott, der sie durch sein so bittres Leid erlöset hat zur Seligkeit.

Sterbe = und Begräbniß = Lieder.

4. Sein Jammer, Trübsal und Elend ist kommen zu einm seligen End, er hat getragen Christi Joch, ist gestorben und lebet noch.

5. Die Seele lebt ohn alle Klag, der Leib schläft bis am jüngsten Tag, an welchem Gott ihn verklären und ewger Freud wird gewähren.

6. Hier ist er in Angst gewesen, dort aber wird er genesen, in ewiger Freud und Wonne leuchten als die helle Sonne.

7. Nun lassen wir ihn hier schlafen und gehn all heim unsre Straßen, schicken uns auch mit allem Fleiß, denn der Tod kommt uns gleicher Weis.

4. Was mich für Trübsal hat verletzt, wird nun in höchste Lust versetzt; die Welt ist mir ein Jammerthal, dort aber ein recht Freudensal.

5. Wenn alle Welt zu Trümmern bricht und Gott wird halten sein Gericht, so wird mein Leib verkläret stehn und in das Himmelreich eingehn.

6. Wie manche Widerwärtigkeit hatt ich bei meiner Lebenszeit! Nun aber ist mir nichts bewußt, als aller Auserwählten Lust.

7. So laßt mich denn in sanfter Ruh und geht nach eurer Wohnung zu; ein jeder denke Tag für Tag, wie er auch selig sterben mag. Georg Neumark, 1657.

8. Das helf uns Christus, unser Trost, der uns durch sein Blut hat erlöst vons Teufels Gwalt und ewger Pein, ihm sei Lob, Preis und Ehr allein. Michael Weiße, 1531. (V. 8. von Dr. M. Luther.)

Mel. HErr JEsu Christ, wahr M. 11.

418. Nun lieg ich armes Würmelein und ruh in meinem Kämmerlein; ich bin durch einen sanften Tod entgangen aller Angst und Noth.

2. Was schadets mir, daß mein Gebein muß in das Grab verscharret sein? Mein Seelchen schwebet ohne Leid in Himmelsglanz und Herrlichkeit.

3. In solchem Schmuck, in solcher Zier prang ich vor Gottes Thron allhier. Mein JEsulein ist meine Lust, mein Labsal, meine beste Kost.

4. Was frag ich nun nach jener Welt? Mein JEsulein mich küßt und hält; in ihm erfreu ich mich allein, ohn ihn kann ich nicht fröhlich sein.

5. Mit Weinen war ich erst geboren, zum Jauchzen bin ich nun erkorn, ich singe mit der Engel Schar das ewig neue Jubeljahr.

6. Nichts Liebers meine Zunge singt, nichts Reiners meinen Oh-ren klingt, nichts Liebers meinem Herzen ist, als mein herzliebster JEsus Christ.

7. Drum, liebe Eltern, höret auf zu klagen meinen kurzen Lauf, ich bin vollkommen worden bald; wer selig stirbt, ist gnugsam alt.

8. Bedenket meinen Freudenstand und wie es in der Welt bewandt! Bei euch rumoret Krieg und Streit, hier herrschet Fried und Seligkeit.

9. Wer auf der Erden lange lebt, derselb auch lang in Sünden klebt, muß streiten oft mit Fleisch und Blut, das manchem weh und bange thut.

10. Ja, leiden muß er Kreuz und Noth und hat noch wohl ein langen Tod; hier hab ich schon nach kurzem Streit erlangt die Kron der Herrlichkeit.

11. Wie manches Kind fällt sich zu Tod, wie manches stirbt in Wassersnoth, wie manches

Sterbe- und Begräbniß-Lieder.

leidet lange Qual, eh es kommt aus dem Jammerthal!

12. Sollt euch denn dies nicht tröstlich sein, daß ich so sanft geschlafen ein, daß mir das liebe JEsulein verkürzet meine Todespein?

13. Drum legt die Hand auf euren Mund und seht auf Gott, der euch verwundt, der euch zu helfen ist bereit, wenns dienet eurer Seligkeit.

14. An jenem Tag wir werden gehn (da vor Gott Groß und Kleine stehn), zur himmlischen Wonn und Freud mit höchster Ehr und Herrlichkeit.

M. Mich. Schirmer, 1650.

Mel. Wenn mein Stündlein ꝛc. 49.

419. Nun sei getrost und unbetrübt, du, mein Geist und Gemüthe! Dein JEsus lebt, der dich geliebt, eh als dir dein Geblüte und Fleisch und Haut ward zugericht; der wird dich auch gewißlich nicht an deinem Ende hassen.

2. Erschrecke nicht vor deinem End, es ist nichts Böses drinnen; dein lieber HErr streckt seine Händ und fordert dich von hinnen aus so viel tausend Angst und Qual, die du in diesem Jammerthal bisher hast ausgestanden.

3. Zwar heißts ja Tod und Sterbensnoth, doch ist da gar kein Sterben, denn JEsus ist des Todes Tod und nimmt hin das Verderben, daß alle seine Stärk und Kraft mir, wenn ich jetzt werd hingerafft, nicht auf ein Härlein schade.

4. Des Todes Kraft steht in der Sünd und schnöden Missethaten, darein ich armes Adamskind so oft und viel gerathen. Nun ist die Sünd in JEsu Blut ersäuft, erstickt, getilgt und thut fort gar nichts mehr zur Sachen.

5. Die Sünd ist hin, und ich bin rein, Trotz dem, der mir das nehme! Hinführo ist das Leben mein, darf nicht, daß ich mich gräme um einer Sünden Lohn und Sold; wer ausgesöhnt, dem ist man hold und thut ihm nichts zuwider.

6. Ei nun, so nehm ich Gottes Gnad und alle seine Freude mit mir auf meinen letzten Pfad und weiß von keinem Leide. Der wilde Feind muß mir ein Schaf, sein Ungestüm ein süßer Schlaf und sanfte Ruhe werden.

7. Du, JEsu, allerliebster Freund, bist selbst mein Licht und Leben; du hältst mir fest, und kann kein Feind dich, wo du stehest, heben; in dir steh ich und du in mir, und wie wir stehn, so bleiben wir hier und dort ungeschieden.

8. Mein Leib, der legt sich hin zur Ruh, als der fast müde worden; die Seele fährt dem Himmel zu und mischt sich in den Orden der auserwählten Gottesschar und hält das ewge Jubeljahr mit allen heilgen Engeln.

9. Kommt denn der Tag, o höchster Fürst der Kleinen und der Großen, da du zum Allerletzten wirst in die Posaune stoßen, so soll dann Seel und Leib zugleich mit dir in deines Vaters Reich zu deiner Freud eingehen.

10. Ists nun dein Will, so stell dich ein, mich selig zu versetzen. Ach, ewig bei und mit dir sein, wie hoch muß das ergötzen! Eröffne dich, du Todespfort, auf daß an solchem schönen Ort ich durch dich möge fahren.

Paul Gerhardt, 1664.

Sterbe- und Begräbniß-Lieder.

Sterbe-Gebet zur heiligen Dreieinigkeit.

Eigene Melodie. Oder: Vater unser im Himmelreich. 44.

420. O HErre Gott, in meiner Noth ruf ich zu dir, du hilfest mir; mein Leib und Seel ich dir befehl in deine Händ; dein Engel send, der mich bewahr, wenn ich hinfahr aus dieser Welt, wenn dirs gefällt.

2. O JEsu Christ, gestorben bist am Kreuzesstamm, du Gotteslamm. Dein Wunden roth in aller Noth, dein theures Blut komm mir zu gut, dein Leidn und Sterbn mach mich zum Erbn in deinem Reich, den Engeln gleich.

3. O Heilger Geist, ein Tröster heißt; an meinem End dein Trost mir send; verlaß mich nicht, wenn mich anficht des Teufels G'walt, des Todes G'stalt. Mein höchster Hort, nach deinem Wort wollst du nur gebn das ewge Lebn.

Dr. Nikolaus Selnecker, 1587.

Mel. Vater unser im Himmelr. 44.

421. O Mensch, bedenke stets dein End, der Tod auch Leib und Seele trennt. Gehorche Gott und dich bekehr, mit Sünden nicht dein Herz beschwer. Hier bleibst du nicht, du mußt davon; wie du hier lebst, ist dort dein Lohn.

2. Wo sind die Kinder dieser Welt mit ihrer Wollust, Pracht und Geld? Wo sind, die noch vor wenger Zeit bei uns stolzirten voller Freud? Sie sind dahin, all ihre Hab ist nichts, denn Staub und Stank im Grab.

3. Hieran gedenk, o Menschenkind, bedenke, was sie worden sind. Sie waren Menschen, gleich wie du, die meiste Zeit sie brachten zu in Wollust; aber ach, wie schnell sind sie gefahren zu der Höll!

4. Hier wird der Leib der Würmer Kost, die Seel dort leidet Hitz und Frost, bis sie der HErr am jüngsten Tag zusammen bringen wird mit Klag und stürzen in das Schwefelfeur zu allen Teufeln ungeheur.

5. Denn wenn sie hier mit Üppigkeit gedient dem Satan haben beid, an ihre Buße nicht gedacht und an die finstre Todesnacht, so ists auch recht, daß sie zugleich dort leiden Qual ins Teufels Reich.

6. Was hilft sie nun ihr Ehr und Gut, ihr Wollust, Macht und Uebermuth? Wo ist ihr Lachen, Spiel und Scherz? Wo ist ihr Stolz und freches Herz? Dies alles ist in lauter Pein verwandelt, der kein Ziel wird sein.

7. Was Gott an ihnen hat gethan, bezeugt, daß er auch solches kann an dir erweisen. Du bist Erd, trittst Erd und wirst von Erd genähret; zu Erden wirst du nach dem Tod auch werden, gleich wie Moth und Koth.

8. Merk und behalt dies, was ich sag: Vergiß nicht deines Todes Tag, wie schnell er brechen wird herein; vielleicht möcht es noch heute sein. Der Tod mit dir macht keinen Bund; wie, wenn er käm jetzt diese Stund?

9. Gewiß ist, daß du sterben mußt; wann, wie und wo, ist unbewußt. An allem Ort, all Augenblick wirst aus der Tod sein Netz und Strick; bist du nun klug, so sei bereit und warte sein zu jeder Zeit.

10. Trau nicht auf deinen stolzen Leib, das Sündenrad nicht weiter treib. Willst du in Bosheit fahren fort, so fährest du zur Höllenpfort. Gott ist gerecht, er straft die Sünd, er straft dort, wie er dich hier findt.

Sterbe- und Begräbniß-Lieder.

11. Denn wer die Welt mehr liebt als Gott, aus Frömmigkeit nur treibt ein Spott, lebt täglich, wie der reiche Mann, in Völlerei, so gut er kann; dem Teufel dient er auf der Erd, wird ihm mit gleicher Straf gewährt.

12. O JEsu Christe, der du mich aus Finsterniß so gnädiglich berufen hast zu deinem Licht, hilf, daß ich mich gleich stelle nicht dem Wesen dieser argen Welt, die ganz mit Bosheit ist vergällt.

13. Verleih, daß ich aus aller Macht die Welt mit ihrer Lust veracht und trachte stets nach deinem Reich, da ich werd sein den Engeln gleich, da man dein auserwählten Kind in höchster Freud beisammen findt.

Johann Heermann, 1630.

Mel. O Welt, sieh hier dein Leben. 31.

422. O Tod, was willt du schrecken? Mein JEsus will mich wecken, wenn du mich hast gelegt hin in den Schoß der Erden; ich soll lebendig werden, wenn sich des HErren Geist erregt.

2. Weint nicht, ihr meine Lieben! Wollt ihr euch denn betrüben? Ach nicht, ich geh nur vor; wo ich bin hingegangen, müßt ihr auch angelangen durch dieses finstre Todesthor.

3. Die Erd ist meine Kammer, wo ich vor allem Jammer ganz sicher schlafen kann; nichts wird mich da ermüden, ich ruh in stillem Frieden, bis einst des HErren Tag bricht an.

4. Die Asche meiner Glieder gibt Gott mir alle wieder, wenn einst der große Hirt mir alle mein Gebeine mit einem neuen Scheine ganz herrlich überziehen wird.

5. Da soll mein Leib von Erden so hell und glänzend werden, wie JEsu Glieder sind; da werd ich nicht mehr weinen, weil ich so schön soll scheinen, als ein verklärtes Engelskind.

6. Drum komm, o süße Stunde, da mir aus meinem Munde mein letzter Hauch fährt aus. Wenn mein Leib wird erstarren, daß man mich wird verscharren in mein bestimmtes Todtenhaus.

7. Da werd ich sicher schlafen bei meines JEsu Schafen. Trotz dem, der mich verletzt! Die meinen Staub bewahren, sind seiner Engel Scharen, die er zu Wächtern hat gesetzt.

8. Wenn ich in meinem Grabe nun ausgeschlafen habe, so werd ich auferstehn; wie Christus von den Banden des Todes ist erstanden, so soll ich einst auch frei ausgehn.

9. Drum wenn ich werd erbleichen, so soll mein Grabeszeichen dein Siegesfähnlein sein; drauf will ich schlafen gehen und einst auch auferstehen und dringen in den Himmel ein.

10. Nun gute Nacht, ihr Meinen, laßt euer bitter Weinen, ich sehne mich zur Ruh; nach etlich wenig Tagen wird man mich schlafen tragen nach meinem Ruhebettlein zu.

11. Die sanften Grabelieder, die schlummern meine Glieder schon allgemählich ein; der kühle Schoß der Erden soll mein Schlafbettlein werden. Valet, es muß geschieden sein.

M. Joh. Quirsfeld, 1686.

Eigene Melodie. 31.

423. O Welt, ich muß dich lassen, ich fahr dahin mein Straßen ins ewig Vaterland; mein Geist will ich aufgeben, dazu mein Leib und Leben setzen in Gottes gnädge Hand.

2. Mein Zeit ist nun vollendet, der Tod das Leben schändet, Sterben ist mein Gewinn; kein Bleiben ist auf Erden, das Ewge

muß mir werden, mit Fried und Freud ich fahr dahin.

3. Ob mich gleich hat betrogen die Welt, von Gott abzogen durch Schand und Büberei, will ich doch nicht verzagen, sondern mit Glauben sagen, daß mir mein Sünd vergeben sei.

4. Auf Gott steht mein Vertrauen, sein Antlitz will ich schauen, wahrlich, durch JEsum Christ, der für mich ist gestorben, des Vaters Huld erworben, mein Mittler er auch worden ist.

5. Die Sünd mag mir nicht schaden, erlöst bin ich aus Gnaden, umsonst, durch Christi Blut. Kein Werk kommt mir zu Frommen, so ich will zu ihm kommen, allein der christlich Glauben gut.

6. Ich bin ein unnütz Knechte, mein Thun ist viel zu schlechte, denn daß ich ihm bezahl damit das ewig Leben; umsonst will er mir's geben und nicht nach meim Verdienst und Wahl.

7. Drauf will ich fröhlich sterben, das Himmelreich ererben, wie er's mir hat bereit. Hie mag ich nicht mehr bleiben, der Tod thut mich vertreiben, mein Seel sich von meim Leibe scheidt.

8. Damit fahr ich von hinnen. O Welt, thu dich besinnen, denn du mußt auch hernach; thu dich zu Gott bekehren und von ihm Gnad begehren, im Glauben sei du auch nicht schwach.

9. Die Zeit ist schon vorhanden, hör auf von Sünd und Schanden und richt dich auf die Straß mit Beten und mit Wachen, sonst all irdische Sachen sollt du gutwillig fahren lan.

10. Das schenk ich dir am Ende. Ade! zu Gott ich wende, zu ihm steht mein Begier. Hüt dich vor Pein und Schmerzen, nimm mein Abschied zu Herzen, meins Bleibens hie ist jetzt nicht mehr.

Dr. Johann Heß, † 1547.

Gespräch der Lebendigen mit den Todten.

In eigener Melodie. 12.

424. O wie selig seid ihr doch, ihr Frommen, die ihr durch den Tod zu Gott gekommen! Ihr seid entgangen aller Noth, die uns noch hält gefangen.

2. Muß man hie doch wie im Kerker leben und in Sorgen, Furcht und Schrecken schweben. Was wir hie kennen, ist nur Müh und Herzeleid zu nennen.

3. Ihr hingegen ruht in eurer Kammer sicher und befreit von allem Jammer, kein Kreuz und Leiden ist euch hinderlich in euren Freuden.

4. Christus wischet ab all eure Thränen, habt das schon, wonach wir uns erst sehnen; euch wird gesungen, was durch keines Ohr allhier gedrungen.

Ach ja wohl bin ich nunmehr entgangen aller Noth, die mich hier hielt gefangen; der Welt entnommen, bin ich nun zu meinem Gott gekommen.

2. Ich weiß nichts vom Kerker mehr zu sagen, weil mich Gott ließ in den Himmel tragen. In diesem Leben muß man freilich stets im Unglück schweben.

3. Mich hat hier viel Schmerz und Leid betroffen; und was konnt ich doch für Freude hoffen? Nun trifft kein Jammer mich nicht mehr in meiner Ruhekammer.

4. Ach wie wohl, wie wohl ist mir geschehen, daß ich keine Thränen mehr darf sehen! Ich hör jetzt singen nur von Gott und süßen Himmelsdingen.

Sterbe- und Begräbniß-Lieder.

5. Ach, wer wollte denn nicht gerne sterben und den Himmel für die Welt ererben? Wer wollt hier bleiben, sich den Jammer länger lassen treiben?

6. Komm, o Christe, komm, uns auszuspannen; lös uns auf und führ uns bald von dannen. Bei dir, o Sonne, ist der frommen Seelen Freud und Wonne.

M. Simon Dach, 1635.

5. Nein, hier in der Welt ist nichts zu finden, als nur Elend, Herzeleid und Sünden; mein Tod und Sterben macht, daß ich jetzt kann den Himmel erben.

6. Darum gute Nacht, ihr, meine Lieben, laßt euch meinen Tod nur nicht betrüben. Es kann geschehen, daß wir bald einander wieder sehen.

Paul Pfeffer, um 1737.

Bei Begräbnissen von Kindern und jungen Leuten.

Mel. Herzlich thut mich verlang. 59.

425. So hab ich obgesieget, mein Lauf ist nun vollbracht. Ich bin gar wohl vergnüget, zu tausend guter Nacht! Ihr aber, meine Lieben, thut nicht so ängstiglich; was wollt ihr euch betrüben? Stehts doch sehr gut um mich.

2. Denkt, Vater, wie viel Sorgen, wie manche Wachenacht, wie manchen düstern Morgen ein liebes Kind oft macht! Was ihm kann widerfahren, das fürchtet, der es liebt; den Kummer könnt ihr sparen, drum, so seid nicht betrübt.

3. Ach Mutter, laßt die Zähren, stellt euer Klagen ein; des Höchsten sein Begehren, das muß erfüllet sein. Warum ihr jetzo weinet und gar zu kläglich thut, das ist sehr wohl gemeinet; Gott macht es alles gut.

4. Die Freude, die sich reget bei einem Wandersmann, wenn er die Reise leget und kommet glücklich an; die Freude, die empfindet ein Schiffer, wenn sich schier ein sichrer Hafen findet, die spür ich jetzt bei mir.

5. Fahr hin, o Angst und Schmerzen, fahr immer, immer hin! Ich freue mich von Herzen, daß ich erlöset bin. Ich leb in tausend Freuden in meines Schöpfers Hand; mich trifft und rührt kein Leiden, so dieser Welt bekannt.

6. Die noch auf Erden wallen in irrthumsvoller Zeit, vermögen kaum zu lallen von froher Ewigkeit. Viel besser, wohl gestorben, als in der Welt gelebt; die Schwachheit ist verborben, worinnen ich geschwebt.

7. Schmückt meinen Sarg mit Kränzen, wie sonst ein Siegsmann prangt. Aus jenem Himmelslenzen hat meine Seel erlangt die ewig grüne Krone. Die werthe Siegespracht rührt her von Gottes Sohne, der hat mich so bedacht.

8. Noch netzet ihr die Wangen, ihr Eltern, über mir; euch hat das Leid umfangen, das Herze bricht euch schier. Des Vaters treue Liebe sieht sehnlich in mein Grab; die Mutter stehet trübe und kehrt die Augen ab.

9. Ich war euch nur geliehen auf eine kurze Zeit; will Gott mich zu sich ziehen, so werfet hin das Leid und sprecht: Gott hats gegeben, Gott nimms, du hast es recht; bei dir steht Tod und Leben, der Mensch ist Gottes Knecht.

10. Seht nicht an meine Jahre, gedenkt vielmehr zurück, daß ich ein Mensch hier ware und in dem Augenblick zum Tode reif und zeitig von erster Kindheit an.

Wie seid ihr doch so streitig in dem, was Gott gethan!

11. Daß ich das Grab muß sehen, zeigt unsern schwachen Stand; daß es so bald geschehen, thut Gottes Vaterhand. Gott wird das Leid euch stillen, ich sterbe nicht zu jung. Wer stirbt nach Gottes Willen, der stirbt schon alt genung.

12. Schein ich zu früh entkommen; sag jemand, kann man auch zu früh in Himmel kommen? Gott bleibt bei dem Gebrauch: er eilet mit den Seinen zur schönen Himmelspracht; wer mag nun den beweinen, der bei den Engeln lacht?

13. Fahr wohl, o liebe Seele, geneuß der süßen Lust. Uns, in der Trauerhöhle, ist nichts hiervon bewußt. Wann wird doch angelangen desselben Tages Schein, da du uns wirst umfangen? O möcht es heute sein!

Dr. Gottfr. Wilh. Sacer, † 1699.

In eigener Melodie. 59.

426. Valet will ich dir geben, du arge, falsche Welt; dein sündlich böses Leben durchaus mir nicht gefällt; im Himmel ist gut wohnen, hinauf steht mein Begier, da wird Gott ewig lohnen dem, der ihm dient allhier.

2. Rath mir nach deinem Herzen, o JEsu, Gottes Sohn! Soll ich hie dulden Schmerzen, hilf mir, HErr Christ, davon; verkürz mir alles Leiden, stärk meinen blöden Muth, laß mich selig abscheiden, setz mich in dein Erbgut.

3. In meines Herzens Grunde dein Nam und Kreuz allein funkelt all Zeit und Stunde, drauf kann ich fröhlich sein. Erschein mir in dem Bilde zu Trost in meiner Noth, wie du, HErr Christ, so milde dich hast geblut zu Tod.

4. Verbirg mein Seel aus Gnaden in deiner offnen Seit, rück sie aus allem Schaden zu deiner Herrlichkeit. Der ist wohl hie gewesen, der kommt ins Himmelsschloß; der ist ewig genesen, der bleibt in deinem Schoß.

5. Schreib meinen Namn aufs beste ins Buch des Lebens ein und bind mein Seel fein feste ins schöne Bündelein der'r, die im Himmel grünen und vor dir leben frei, so will ich ewig rühmen, daß dein Herz treue sei.

M. Valerius Herberger, 1613.

Mel. JEsu, meine Freude ꝛc. 74.

427. Was ist unser Leben und nach dem wir streben? Eitel Eitelkeit. Was ist unser Dichten, Wollen und Verrichten? Eitel Müh und Streit. Eitel ist, was sich erkiest hier ein Mensch in seinem Herzen, eitel Angst und Schmerzen.

2. Ach, wie ist so nichtig, ach, wie ist so flüchtig unsre Lebenszeit! Wenn wir auf die Erden kaum geboren werden, geht schon an der Streit. Da ist Leid und Traurigkeit, da muß man mit bösen Leuten unaufhörlich streiten.

3. Dieses unser Leben pflegt sich anzuheben mit viel Kreuz und Noth; da ist eitel Neiden, Sorge, Angst und Leiden und zuletzt der Tod. Diese Welt mir nicht gefällt; dort ist noch ein ander Leben, darnach thu ich streben.

4. Dich, o Welt, ich hasse, drum ich dir nur lasse dein Ergötzlichkeit, weil ich mir erlesen für dein eitel Wesen nur die Himmelsfreud, und dahin steht mir der Sinn, stetig hab ich die Gedanken in den Himmelsschranken.

5. HErr, wenn ich nur habe

Sterbe- und Begräbniß-Lieder.

dich zur Morgengabe, o so sei
und bleib die Welt ungeachtet!
Ob mir schon verschmachtet meine
Seel und Leib, bist du doch,
o JEsu, noch meines Herzens
Lust und Freude, mein Theil,
Heil und Weide.

M. Christoph Titius, um 1670.

In eigener Melodie. 49.
428. Wenn mein Stündlein vorhanden ist und soll hinfahrn mein Straße, so gleit du mich, HErr JEsu Christ, mit Hilf mich nicht verlasse. Mein Seel an meinem letzten End befehl ich dir in deine Händ, du wollst sie mir bewahren.

2. Mein Sünd mich werden kränken sehr, mein G'wissen wird mich nagen, denn ihr sind viel, wie Sand am Meer; doch will ich nicht verzagen; gedenken will ich an dein Tod, HErr JEsu, und dein Wunden roth die werden mich erhalten.

3. Ich bin ein Glied an deinem Leib, des tröst ich mich von Herzen; von dir ich ungeschieden bleib in Todesnoth und Schmerzen; wenn ich gleich sterb, so sterb ich dir, ein ewges Leben hast du mir mit deinem Tod erworben.

4. Weil du vom Tod erstanden bist, werd ich im Grab nicht bleiben; mein höchster Trost dein Auffahrt ist, Todesfurcht kann sie vertreiben; denn wo du bist, da komm ich hin, daß ich stets bei dir leb und bin, drum fahr ich hin mit Freuden.

5. So fahr ich hin zu JEsu Christ, mein Arm thu ich ausstrecken; so schlaf ich ein, und ruhe fein, kein Mensch kann mich aufwecken, denn JEsus Christus, Gottes Sohn, der wird die Himmelsthür aufthun, mich führn zum ewgen Leben.

Nikolaus Herman, 1560. V. 5. von einem Andern.

In eigener Melodie. 45.
429. Wer weiß, wie nahe mir mein Ende! Hin geht die Zeit, her kommt der Tod. Ach wie geschwinde und behende kann kommen meine Todesnoth! Mein Gott, ich bitt durch Christi Blut, machs nur mit meinem Ende gut!

2. Es kann vor Nacht leicht anders werden, als es am frühen Morgen war; denn weil ich leb auf dieser Erden, leb ich in steter Todsgefahr. Mein Gott, ich bitt durch Christi Blut, machs nur mit meinem Ende gut.

3. HErr, lehr mich stets mein End bedenken, und wenn ich einstens sterben muß, die Seel in JEsu Wunden senken und ja nicht sparen meine Buß. Mein Gott, ich bitt 2c.

4. Laß mich bei Zeit mein Haus bestellen, daß ich bereit sei für und für und sage frisch in allen Fällen: HErr, wie du willst, so schicks mit mir. Mein Gott 2c.

5. Mach mir stets zuckersüß den Himmel und gallenbitter diese Welt; gib, daß mir in dem Weltgetümmel die Ewigkeit sei vorgestellt. Mein Gott 2c.

6. Ach Vater, deck all meine Sünde mit dem Verdienste Christi zu, darein ich mich fest gläubig winde, das gibt mir recht erwünschte Ruh. Mein Gott 2c.

7. Ich weiß, in JEsu Blut und Wunden hab ich mich recht und wohl gebett, da find ich Trost in Todesstunden und Alles, was ich gerne hätt. Mein Gott 2c.

8. Nichts ist, das mich von JEsu scheide, nichts, es sei Leben oder Tod. Ich leg die Hand in seine Seite und sage: Mein HErr und mein Gott! Mein Gott 2c.

9. Ich habe JEsum angezogen schon längst in meiner heilgen Tauf; du bist mir auch daher

gewogen, hast mich zum Kind genommen auf. Mein Gott ꝛc.

10. Ich habe JEsu Fleisch gegessen, ich hab sein Blut getrunken hier; nun kann er meiner nicht vergessen, ich bleib in ihm und er in mir. Mein Gott ꝛc.

11. So komm mein End heut oder morgen, ich weiß, daß mirs mit JEsu glückt; ich bin und bleib in seinen Sorgen, mit JEsu Blut schön ausgeschmückt. Mein Gott ꝛc.

12. Ich leb indeß in Gott vergnüget und sterb ohn alle Kümmerniß; mir gnüget, wie es mein Gott füget, ich gläub und bin es ganz gewiß: Durch deine Gnad und Christi Blut machst du's mit meinem Ende gut.

Gedichtet 1686. Nach Einigen: M. Georg Michael Pfefferkorn. Nach Andern: Emilie Juliane, Gräfin zu Schwarzburg-Rudolstadt.

Mel. Wer nur den lieben Gott l. 45.

430. Wie kurz ist doch der Menschen Leben, wie elend wird man weggerafft! Wir sind mit Sterblichkeit umgeben, darum verseigt der Lebenssaft. Wir blühen auf und fallen ab, wir steigen aus der Wieg ins Grab.

2. Wohl aber dem, der so erstirbet, daß ihn sein Sterben nicht betrübt, den Gott entrückt, eh er verdirbet, und ihm ein besser Leben gibt, ein Leben in dem Paradeis, da man von keinem Jammer weiß.

3. Ach weinet nicht, daß ich gestorben, ich habe ja nun ausgekrankt; was mir mein JEsus hat erworben, das hab ich in dem Tod erlangt; ich bin an einen Ort gebracht, da meine Seel im Frieden lacht.

4. Wie lieblich schmeckt mir doch der Himmel, wie süße spricht mir JEsus zu! Hier schrecket mich kein Angstgetümmel, ich wohne hier in stolzer Ruh; ich habe für ein kurzes Leid erlangt den Schatz der Ewigkeit.

5. Je schneller ich von euch gewichen, je eher bin ich nun bei Gott; mein Körper, welcher ganz verblichen, der schläfet nur und ist nicht todt. Gott hat mir Sicherheit verschafft und mich vorm Unglück weggerafft.

6. Wie wohl bin ich doch aufgehoben, wie wohl hat mich doch Gott versorgt! Ich will dafür ihn ewig loben, denn ich war euch doch nur geborgt; mein Gott hat mich der Welt entwandt und mir den Himmel zuerkannt.

7. Ei gönnet mir doch dieses Glücke, das größer ist, denn ihr gedenkt; enthaltet euch der Thränenblicke, ich werde hiermit Trost getränkt; ach mäßigt doch das bittre Leid, ich bin in großer Herrlichkeit.

8. Verwelkt der Leib gleich in der Erden, er wird doch künftig wieder blühn, von JEsu schön verkläret werden, der wird ihm seinen Glanz anziehn; da werd ich als ein Engel sein, deß wird sich euer Herz erfreun.

9. Ich bin der bösen Welt entflogen, in welcher ihr euch noch betrübt; mich hat der HErr zu sich gezogen, der mich viel mehr, als ihr, geliebt; ich schaue JEsu Angesicht, daran gedenkt und weinet nicht.

M. Zacharias Herrmann, †1716.

XXXI. Ewigkeits-Lieder und Lieder von der Auferstehung und dem jüngsten Gericht.

Mel. Es ist gewißlich an der Zeit. 49.

431. Auf dein Zukunft, HErr JEsu Christ, hoffen wir alle Stunden; der jüngste Tag nicht fern mehr ist, bran werden wir entbunden. Hilf nur, daß wir sein wacker sein, wenn du mit deinen Engelein zu dem Gericht wirst kommen.
Melchior Bischoff, † 1614.

Mel. Auf meinen lieben Gott 2c. 29.

432. Die Zeit ist nunmehr nah, HErr JEsu, du bist da! Die Zeichen, die den Leuten dein Ankunft sollen deuten, die sind, wie wir gesehen, in großer Zahl geschehen.

2. Was soll ich denn nun thun? Ich soll auf dem beruhn, was du mir hast verheißen: daß du mich wollest reißen aus meines Grabes Kammer und allem andern Jammer.

3. Ach JEsu, wie so schön wird mir's alsdann ergehn! Du wirst mit tausend Blicken mich durch und durch erquicken, wenn ich hier von der Erde zu dir mich schwingen werde.

4. Ach was wird doch dein Wort, o süßer Seelenhort, was wird doch sein dein Sprechen, wenn dein Herz aus wird brechen zu mir und meinen Brüdern, als deines Leibes Gliedern.

5. Werd ich denn auch vor Freud in solcher Gnadenzeit den Augen ihre Zähren und Thränen können wehren, daß sie mir nicht in Haufen auf meine Wangen laufen?

6. Was für ein schönes Licht wird mir dein Angesicht, das ich in jenem Leben werd erstmals sehen, geben! Wie wird mir dein Güte entzücken mein Gemüthe!

7. Dein Augen, deinen Mund, den Leib, der noch verwundt, da wir so fest auf trauen, das werd ich alles schauen, auch innig herzlich grüßen die Maal an Händ und Füßen.

8. Dir ist allein bewußt die ungefälschte Lust und eble Seelenspeise in beinem Paradeise, die kannst du wohl beschreiben, ich kann nicht mehr als gläuben.

9. Doch was ich hier geglaubt, das steht gewiß und bleibt mein Theil, dem gar nicht gleichen die Güter aller Reichen; all anders Gut vergehet, mein Erbtheil das bestehet.

10. Ach HErr, mein schönstes Gut, wie wird sich all mein Blut in allen Adern freuen und auf das Neu erneuen, wenn du mir wirst mit Lachen dein Himmelsthür aufmachen!

11. Komm her, komm und empfind, o auserwähltes Kind, komm, schmecke, was für Gaben ich und mein Vater haben; komm, wirst du sagen, weide dein Herz in ewger Freude!

12. Ach du so arme Welt, was ist dein Gold und Geld hier gegen diese Kronen und mehr als güldne Thronen, die Christus hingestellet dem Volk, das ihm gefället!

13. Hier ist der Engel Land, der selgen Seelen Stand; hier hör ich nichts als Singen, hier seh ich nichts als Springen, hier ist kein Kreuz, kein Leiden, kein Tod, kein bittres Scheiden.

14. Halt ein, mein schwacher Sinn, halt ein, wo denkst du hin? Willst du, was grundlos, grün-

Ewigkeits-Lieder und Lieder von

ben, was unbegreiflich, finden? Hier muß der Witz sich neigen und alle Redner schweigen.

15. Dich aber, meine Zier, dich laß ich nicht von mir, dein will ich stets gedenken, HErr, der du mir wirst schenken mehr, als mit meiner Seelen ich wünschen kann und zählen.

16. Ach, wie ist mir so weh, eh ich dich aus der Höh, HErr, sehe zu uns kommen! Ach daß zum Heil der Frommen du meinen Wunsch und Willen noch möchtest heut erfüllen!

17. Doch, du weißt deine Zeit, mir ziemt nur, stets bereit und fröhlich da zu stehen und so einher zu gehen, daß alle Stund und Tage mein Herz mich zu dir trage.

18. Dies gib, HErr, und verleih, auf daß dein Huld und Treu ohn Unterlaß mich wecke, daß mich dein Tag nicht schrecke, da unser Schreck auf Erden soll Fried und Freude werden.

Paul Gerhardt, 1653.

In eigener Melodie. 49.

433. Es ist gewißlich an der Zeit, daß Gottes Sohn wird kommen in seiner großen Herrlichkeit, zu richten Bös und Frommen. Dann wird das Lachen werden theur, wenn alles wird vergehn in Feur, wie Petrus davon schreibet.

2. Posaunen wird man hören gehn an aller Welt ihr Ende, darauf bald werden auferstehn all Todten gar behende; die aber noch das Leben han, die wird der HErr von Stunden an verwandeln und verneuen.

3. Darnach wird man ablesen bald ein Buch, darin geschrieben, was alle Menschen, jung und alt, auf Erden habn getrieben, da dann gewiß ein jedermann wird hören, was er hat gethan in seinem ganzen Leben.

4. O weh dem ben, welcher hat des HErren Wort verachtet und nur auf Erden früh und spat nach großem Gut getrachtet! Der wird fürwahr ganz kahl bestehn und mit dem Satan müssen gehn von Christo in die Hölle.

5. O JEsu, hilf zur selben Zeit, von wegen deiner Wunden, daß ich im Buch der Seligkeit werd angezeichnet funden! Daran ich denn auch zweifle nicht, denn du hast ja den Feind gericht und meine Schuld bezahlet.

6. Derhalben mein Fürsprecher sei, wenn du nun wirst erscheinen, und lies mich aus dem Buche frei, darinnen stehn die Deinen, auf daß ich samt den Brüdern mein mit dir geh in den Himmel ein, den du uns hast erworben.

7. O JEsu Christ, du machst es lang mit deinem jüngsten Tage; den Menschen wird auf Erden bang von wegen vieler Plage. Komm doch, komm doch, du Richter groß, und mach uns in Gnaden los von allem Uebel! Amen.

Bartholomäus Ringwaldt, 1581. (Bearbeitung eines ältern deutschen Liedes nach dem lat. Hymnus: "Dies Irae, dies illa.")

Das Weh der Ewigkeit.

In eigener Melodie. 70.

434. O Ewigkeit, du Donnerwort, o Schwert, das durch die Seele bohrt, o Anfang sonder Ende! O Ewigkeit, Zeit ohne Zeit, ich weiß vor großer Traurigkeit nicht, wo ich mich hinwende; mein ganz erschrocknes Herz erbebt, daß mir die Zung am Gaumen klebt.

2. Kein Unglück ist in aller Welt, das endlich mit der Zeit

der Auferstehung und dem jüngsten Gericht.

nicht fällt und ganz wird aufgehoben; die Ewigkeit nur hat kein Ziel, sie treibet fort und fort ihr Spiel, läßt nimmer ab zu toben, ja, wie mein Heiland selber spricht, aus ihr ist kein Erlösung nicht.

3. O Ewigkeit, du machst mir bang! O ewig, ewig ist zu lang, hier gilt fürwahr kein Scherzen! Drum wenn ich diese lange Nacht zusamt der großen Pein betracht, erschreck ich recht von Herzen. Nichts ist zu finden weit und breit so schrecklich, als die Ewigkeit.

4. Was acht ich Wasser, Feur und Schwert! Dies alles ist kaum nennenswerth, es kann nicht lange dauern. Was wär es, wenn gleich ein Tyrann, der fünfzig Jahr kaum leben kann, mich endlich ließ vermauern? Gefängniß, Marter, Angst und Pein, die können ja nicht ewig sein.

5. Wenn der Verdammten große Qual so manches Jahr, als an der Zahl hie Menschen sich ernähren, als manchen Stern der Himmel hegt, als manches Laub die Erde trägt, noch endlich sollte währen, so wäre doch der Pein zuletzt ihr recht bestimmtes Ziel gesetzt.

6. Nun aber, wenn du die Gefahr viel hunderttausend tausend Jahr hast kläglich ausgestanden und von den Teufeln solcher Frist ganz grausamlich gemartert bist, ist doch kein Schluß vorhanden; die Zeit, so niemand zählen kann, die fänget stets von Neuem an.

7. Liegt einer krank und ruhet gleich im Bette, das von Golde reich recht fürstlich ist gezieret, so hasset er doch solchen Pracht, auch so, daß er die ganze Nacht ein kläglich Leben führet; er zählet jeden Glockenschlag und seufzet nach dem lieben Tag.

8. Ach was ist das! der Höllen Pein wird nicht wie Leibeskrankheit sein und mit der Zeit sich enden. Es wird sich der Verdammten Schar im Feur und Schwefel immerdar mit Zorn und Grimme wenden, und dies ihr unbegreiflichs Leib soll währen bis in Ewigkeit.

9. Ach Gott, wie bist du so gerecht, wie strafest du die bösen Knecht so hart im Pfuhl der Schmerzen! Auf kurze Sünden dieser Welt hast du so lange Pein bestellt, ach nimm es wohl zu Herzen! Betracht es oft, o Menschenkind, kurz ist die Zeit, der Tod geschwind.

10. Ach fliehe doch des Teufels Strick! Die Wollust kann ein Augenblick und länger nicht ergötzen; dafür willt du dein arme Seel hernachmals in des Teufels Höhl, o Mensch, zum Pfande setzen? Ja schöner Tausch, ja wohl gewagt, das bei den Teufeln wird beklagt.

11. So lang ein Gott im Himmel lebt und über alle Wolken schwebt, wird solche Marter währen; es wird sie plagen Kält und Hitz, Angst, Hunger, Schrecken, Feur und Blitz und sie doch nicht verzehren. Dann wird sich enden diese Pein, wenn Gott nicht mehr wird ewig sein.

12. Die Marter bleibet immerdar, als anfangs sie geschaffen war, sie kann sich nicht vermindern; es ist ein Arbeit sonder Ruh, sie nimmt an Klag und Seufzern zu bei jenen Satanskindern. O Sünder, deine Missethat empfindet weder Trost noch Rath!

13. Wach auf, o Mensch, vom Sündenschlaf, ermuntre dich, verlornes Schaf, und beßre bald dein Leben. Wach auf, es ist sehr hohe Zeit, es kommt heran

Ewigkeits = Lieder ꝛc.

die Ewigkeit, dir deinen Lohn zu geben. Vielleicht ist heut der letzte Tag; wer weiß, wie man noch sterben mag?

14. Ach laß die Wollust dieser Welt, Pracht, Hoffart, Reichthum, Ehr und Geld dir länger nicht gebieten! Schau an die große Sicherheit, die falsche Welt und böse Zeit, zusamt des Teufels Wüthen. Vor allen Dingen hab in Acht die vorerwähnte lange Nacht.

15. O du verfluchtes Menschenkind, von Sinnen toll, von Herzen blind, laß ab, die Welt zu lieben! Ach, ach, soll denn der Höllen Pein, da mehr denn tausend Henker sein, ohn Ende dich betrüben? Wo ist ein so beredter Mann, der dieses Werk aussprechen kann?

16. O Ewigkeit, du Donnerwort, o Schwert, das durch die Seele bohrt, o Anfang sonder Ende! O Ewigkeit, Zeit ohne Zeit, ich weiß vor großer Traurigkeit nicht, wo ich mich hinwende. HErr JEsu, wenn es dir gefällt, nimm mich zu dir ins Himmelszelt.
  Johann Rist, 1641.

17. O unerhörte Höllenqual, o Marter ohne Maß und Zahl, o ungemeines Leiden! Mein JEsu, ach, behüt mein Herz vor diesem ewig harten Schmerz, schenk mir des Himmels Freuden! Weil du für mich dein Blut versetzt, so lasse mich doch nicht zuletzt.

Mel. O wie selig seid ihr doch, ihr. 12.

435. O wie mögen wir doch unser Leben so der Welt und ihrer Lust ergeben und uns selbst scheiden von der Frommen Ruh und tausend Freuden?

2. Müssen wir nicht auch nach kurzen Jahren zu den Todten in die Grube fahren? Es wird geschehen, daß ein jeder seinen Lohn soll sehen.

3. Wenn die Welt ihr Ende nun genommen, und der Richter wird vom Himmel kommen, der wird entdecken alles, was wir meinten zu verstecken.

4. O was wird er für ein Urtheil fällen, wenn er unser Thun wird vor sich stellen, wenn er wird finden, wie wir hie gelebt in lauter Sünden!

5. O HErr Christe, wollest meiner schonen und mir Sünder nach Verdienst nicht lohnen! Ich will verlassen alle Welt und ihre Lüste hassen.

6. Forthin soll mein Leben dir zu Ehren nimmer sich von deinem Wort abkehren. Dein will ich bleiben; keine Welt soll mehr von dir mich treiben.

7. Deine Gnadenthür steht allen offen, die auf dich in diesem Leben hoffen; die ohn dich sterben, müssen dort mit Leib und Seel verderben.

8. Darum schließ ich mich in deine Wunden, da ich meinen Sünden Rath gefunden; dein Kreuz und Leiden führet mich zu wahren Himmelsfreuden.
  Heinrich AlbertI, 1641.

In eigener Melodie. 95.

436. Wachet auf, ruft uns die Stimme der Wächter sehr hoch auf der Zinne, wach auf, du Stadt Jerusalem! Mitternacht heißt diese Stunde, sie rufen uns mit hellem Munde: Wo seid ihr klugen Jungfrauen? Wohlauf, der Bräutgam kömmt, steht auf, die Lampen nehmt! Halleluja! Macht euch bereit zu der Hochzeit, ihr müsset ihm entgegen gehn.

2. Zion hört die Wächter singen, das Herz thut ihr für Freuden springen, sie wacht und stehet eilend auf. Ihr Freund kommt vom Himmel prächtig, von Gnaden stark, von Wahrheit mächtig,

ihr Licht wird hell, ihr Stern geht auf. Nun komm, du werthe Kron, HErr JEsu, Gottes Sohn! Hosianna! Wir folgen all zum Freudensal und halten mit das Abendmahl.

3. Gloria sei dir gesungen mit Menschen- und englischen Zungen, mit Harfen und mit Cymbeln schön. Von zwölf Perlen sind die Pforten an deiner Stadt, wir sind Consorten der Engel hoch um deinen Thron. Kein Aug hat je gespürt, kein Ohr hat mehr gehört solche Freude; des sind wir froh, i-o, i-o, ewig in dulci jubilo.

Dr. Philipp Nicolai, 1599.

Mel. Valet will ich dir geben. 59.

437. Wenn Gott von allem Bösen und dieser Lebensnoth wird meine Seel erlösen durch einen selgen Tod, daß ich werd aufgenommen, groß, herrlich, himmlisch, rein, hoch in die Zahl der Frommen, wie selig werd ich sein!

2. Mein Mund wird nichts als lachen, und meiner Zungen Klang wird nichts als Lieder machen, Gott, unserm Heil, zu Dank; ihm werd ich Ehre bringen, von seiner Werke Zahl wird heilig wiederklingen der ganze Himmelssal.

3. HErr, wende mein Verlangen, daß ich der Bande frei, darin ich bin gefangen, und ganz mein eigen sei; so lang ich hier muß leben, so bin ich immerzu mit Sünden nur umgeben und finde keine Ruh.

4. Was dein Gesetz mir zeiget, belustigt meinen Geist; doch ist mein Fleisch geneiget zum Argen allermeist; ich kann mich oft nicht retten vor Wünschen und Begier, und schrei in diesen Ketten: Ach Gott, wer hilfet mir?

5. Vom Jammer, den ich treibe, von meines Fleisches Streit und dieses Todes Leibe ist niemand, der mich freit? Doch will ich alles leiden, wenn du, o Gott, nur nicht dich wollest von mir scheiden mit deinem Angesicht.

6. Laß deinen Geist mich stärken, mach, daß ich überall kann seinen Beistand merken, so fürcht ich keinen Fall. Und ob ich lang muß weinen, so wird die Sonne mir um so viel heller scheinen mit unbewölkter Zier.

7. Hier muß ich Samen streuen mit Thränen vieler Pein, dort werd ich Wonne meien, der Ende nie wird sein; hie muß ich traurig singen und klagen meine Zeit, dort werd ich Garben bringen in ewger Herrlichkeit.

Simon Dach, † 1659.

Anhang.

Reformationsfest-Lied.
(Zu XV.)

Eigene Melodie. 49.

438. Wo Gott, der HErr, nicht bei uns hält, wenn unsre Feinde toben, und er unsrer Sach nicht zufällt im Himmel hoch dort oben, wo er Israels Schutz nicht ist und selber bricht der Feinde List, so ists mit uns verloren.

2. Was Menschen Kraft und

Witz anfäht, soll uns billig nicht schrecken; er sitzet an der höchsten Stätt, der wird ihrn Rath aufdecken; wenn sies aufs klügste greifen an, so geht doch Gott ein andre Bahn, es steht in seinen Händen.

3. Sie wüthen fast und fahren her, als wollten sie uns fressen; zu würgen steht all ihr Begehr, Gotts ist bei ihn vergessen. Wie Meereswellen einher schlahn, nach Leib und Leben sie uns stahn, des wird sich Gott erbarmen.

4. Sie stellen uns wie Ketzern nach, nach unserm Blut sie trachten, noch rühmen sie sich Christen hoch, die Gott allein groß achten. Ach Gott, der theure Name dein muß ihrer Schalkheit Deckel sein, du wirst einmal aufwachen.

5. Auf sperren sie den Rachen weit und wollen uns verschlingen; Lob und Dank sei Gott allezeit, es wird ihn nicht gelingen; er wird ihrn Strick zerreißen gar und stürzen ihre falsche Lahr; sie werden Gott nicht wehren.

6. Ach HErr Gott, wie reich tröstest du, die gänzlich sind verlassen! Der Gnaden Thür steht nimmer zu, Vernunft kann das nicht fassen; sie spricht: Es ist nun alls verlorn, da doch das Kreuz hat neugeborn, die deiner Hilf erwarten.

7. Die Feind sind all in deiner Hand, dazu all ihr Gedanken; ihr Anschlag ist dir wohlbekannt, hilf nur, daß wir nicht wanken! Vernunft wider den Glauben ficht, aufs Künftig will sie trauen nicht, da du wirst selber trösten.

8. Den Himmel und auch die Erden hast du, HErr Gott, gegründet; dein Licht laß uns helle werden, das Herz uns werd entzündet in rechter Lieb des Glaubens dein, mög bis ans End beständig sein, die Welt laß immer murren.

Pf. 123. Dr. Justus Jonas, 1524

Christlicher Heldenmuth.
(Zu XVI.)

Eigene Melodie. 65.

439. Löwen, laßt euch wieder finden, wie im ersten Christenthum, die nichts konnte überwinden; seht nur an ihr Marterthum, wie in Lieb sie glühen, wie sie Feuer sprühen, daß sich vor der Sterbenslust selbst der Satan fürchten mußt.

2. In Gefahren unerschrocken und von Lüsten unberührt, die aufs Eitle konnten locken, war man damals; die Begierd ging nur nach dem Himmel, fern aus dem Getümmel war erhoben das Gemüth, achtete, was zeitlich, nit.

3. Alle Ding nach ihrem Wesen und nicht nach der Meinung da wurden gründlich abgemessen, das Urtheil im Licht geschah, in Unglück glückselig waren sie und fröhlich, fern von Menschensclaverei und von ihren Banden frei.

4. Ganz großmüthig sie verlachten, was die Welt für Vortheil hält und wornach die Meisten trachten, es mocht sein Ehr, Wollust, Geld. Furcht war nicht in ihnen, auf die Kampfschaubühnen sprangen sie mit Freudigkeit, hielten mit den Thieren Streit.

5. O daß ich, wie diese waren, mich befänd auch in dem Stand! Laß mich doch im Grund erfahren dein hilfreiche, starke Hand, mein

Gott, recht lebendig! Gib, daß ich beständig bis in Tod durch deine Kraft übe gute Ritterschaft.

6. Ohne dich bin ich nicht tüchtig, irgend etwas Guts zu thun und dazu das, was so wichtig; es thut blos auf dir beruhn, HErr, HErr, meine Hoffnung. Halte dein Verheißung, hilf mir, daß ich als ein Held mit der Tugend werd vermählt.

7. Gib, daß ich mit Geisteswaffen kämpf in JEsu Löwenstärk und hier niemals möge schlafen, daß mir dieses große Werk durch dich mög gelingen und ich tapfer ringen, daß ich in die Luft nicht streich, sondern bald das Ziel erreich.

8. Es dürft wieder dazu kommen, daß des Feindes tolle Wuth zu der Schlachtbank deine Frommen führte und vergöß ihr Blut; nach gemeiner Sage große Trübsalstage werden kommen uns zu Haus und noch ein sehr harter Strauß.

9. Jetzund kommen erst die Hefen, denn das Maß muß sein erfüllt und das letzt noch übertreffen, wenn man sieht auf Christi Bild; was sein Kirch im Anfang leiden mußt beim Eingang, denn am Abend starb das Lamm, das doch früh ans Kreuze kam.

10. Ei wohlan, nur fein standhaftig, o ihr Brüder, tapfer drauf! Lasset uns doch recht herzhaftig folgen seiner Zeugen Hauf. Nur den Leib berühret, was ihm so gebühret; er hats Leiden wohl verdient, und die Seel darunter grünt.

11. Fort, weg mit dem Sinn der Griechen, denen Kreuz ein Thorheit ist; o laßt uns zurück nicht kriechen, wenn ans Kreuz soll JEsus Christ. Steht in JEsu Namen, wenn der Schlangensamen sich dem Glauben widersetzt und das Schlachtschwert auf uns wetzt.

12. Gebt euch in das Leiden wacker; mit dem Blut der Märtyrer wird gedüngt der Kirchenacker; diese Fettigkeit treibt sehr und macht stark ausssprossen, wenn mit wird begossen, o dann trägt er reichlich Frucht, eine schöne Gartenzucht.

13. Schwängre vor, o güldner Regen, uns, dein dürres Erd und Erd, daß wir dir getreu sein mögen und nicht achten Feur und Schwert, als in Liebe trunken und in dir versunken; mach dein Kirch am Glauben reich, daß das End dem Anfang gleich.

Morgen-Lied.
(Zu XXIII.)

Eigene Melodie. 1.

440. Der Tag vertreibt die finstre Nacht, o Brüder, seid munter und wacht, dienet Gott dem HErren.

2. Die Engel singen immerdar und loben Gott in großer Schar, der alles regieret.

3. Die Hähn und Vögel mancherlei loben Gott mit ihrem Geschrei, der sie speist und kleidet.

4. Der Himmel, die Erd und das Meer, geben dem HErren Lob und Ehr, thun sein Wohlgefallen.

5. Alles, was je geschaffen ward, ein jeglichs Ding nach seiner Art, preiset seinen Schöpfer.

6. Ei nun, Mensch, so edle Natur, o vernünftige Creatur, sei nicht so verdrossen.

7. Gedenk, daß dich dein HErre

Gott zu seinem Bild erschaffen hat, daß du ihn erkennest.

8. Und Lieb habest aus Herzensgrund, bekennest auch mit deinem Mund, sein also genießest.

9. Weil du nun seinen Geist gekost, und seiner Gnad genossen hast, so dank ihm von Herzen.

10. Sei munter, bet mit Fleiß und wach, sieh, daß du stets in seiner Sach treu erfunden werdest.

11. Du weißt nicht, wenn der HErre kömmt, denn er dir keine Zeit bestimmt, sondern stets heißt wachen.

12. So üb dich nun in seinem Bund, lob ihn mit Herzen, That und Mund, dank ihm seiner Wohlthat.

13. Sprich: o Vater in Ewigkeit, ich dank dir aller Gütigkeit, mir bisher erzeiget.

14. Durch JEsum Christum, deinen Sohn, welchem samt dir im höchsten Thron all Engel lobsingen.

15. Hilf, HErr, daß ich dich gleicherweis von nun an allzeit lob und preis, in Ewigkeit. Amen. *Michael Weiß, 1534.*

Lob-Lied.
(Zu XXVII.)

Eigene Melodie. 53.

441. Lobe den HErren, o meine Seele, ich will ihn loben bis in Tod; weil ich noch Stunden auf Erden zähle, will ich lobsingen meinem Gott. Der Leib und Seel gegeben hat, werde gepriesen früh und spat. Halleluja, Halleluja!

2. Fürsten sind Menschen vom Weib geboren und kehren um zu ihrem Staub; ihre Anschläge sind auch verloren, wenn nun das Grab nimmt seinen Raub. Weil dann kein Mensch uns helfen kann, rufe man Gott um Hilfe an. Halleluja! :,:

3. Selig, ja selig ist der zu nennen, des Hilfe der Gott Jakobs ist; welcher vom Glauben sich nichts läßt trennen und hofft getrost auf JEsum Christ. Wer diesen HErrn zum Beistand hat, findet am besten Rath und That. Halleluja! :,:

4. Dieser hat Himmel, Meer und die Erden, und was darinnen ist, gemacht. Alles muß pünktlich erfüllet werden, was er uns einmal zugedacht. Er ist's, der Herrscher aller Welt, welcher uns ewig Glauben hält. Halleluja! :,:

5. Zeigen sich welche, die Unrecht leiden, er ist's, der ihnen Recht verschafft. Hungrigen will er zur Speis bescheiden, was ihnen dient zur Lebenskraft. Die hart Gebundnen macht er frei, seine Gnad ist mancherlei. Halleluja! :,:

6. Sehende Augen gibt er den Blinden, erhebt, die tief gebeuget gehn. Wo er kann einige Fromme finden, die läßt er seine Liebe sehn. Sein Aufsicht ist der Fremden Trutz: Wittwen und Waisen hält er Schutz. Halleluja! :,:

7. Aber der Gottes-vergeßnen Tritte kehrt er mit starker Hand zurück, daß sie nur machen verkehrte Schritte und fallen selbst in ihren Strick. Der HErr ist König ewiglich: Zion! dein Gott sorgt stets für dich. Halleluja! :,:

8. Rühmet, ihr Menschen, den hohen Namen des, der so große

Wunder thut. Alles, was Odem hat, rufe Amen! und bringe Lob mit frohem Muth. Ihr Kinder Gottes, lobt und preist Vater und Sohn und Heilgen Geist. Halleluja! Halleluja!

Dr. Joh. Dan. Herrnschmidt, 1714

Zeichen der letzten Zeiten.
(Zu XXXI.)

Eigene Melodie. 22.

442. Gott hat das Evangelium gegeben, daß wir werden fromm; die Welt acht solchen Schatz nicht hoch, der größte Theil fragt nichts darnach. Das ist ein Zeichen vor dem jüngsten Tag.

2. Man fragt nicht nach der guten Lehr; der Geiz und Wucher noch vielmehr hat überhand genommen gar, noch sprechen sie: es hat kein G'fahr. Das ist 2c.

3. Täglich erdenkt man neue Netz, das sind der Gottlosen Gesetz, damit sie alles Gut zu sich gern wollten reißn gewaltiglich. Das ist 2c.

4. Man rühmt das Evangelium und will doch niemand werden fromm. Fürwahr man spott den lieben Gott; noch sprechen sie: es hat kein Noth. Das ist 2c.

5. Es ist doch eitel Büberei, die Welt treibt große Schinderei, als ob kein Gott im Himmel wär, das Armuth muß sich leiden sehr. Das ist 2c.

6. Die Schätz der Kirchen nimmt man hin, das wird ihn bringen klein Gewinn; die Armen läßt man leiden Noth und nimmt ihn aus dem Mund das Brod. Das ist 2c.

7. Die Schätz der Kirchen sind ihr Gift, sie sind von ihnen nicht gestift, noch nehmen sie das Kirchengut; sieh, was der leidig Geiz nicht thut. Das ist 2c.

8. Man fragt nach Gott dem HErrn nicht mehr, die Welt stinkt ganz nach eitler Ehr, die Hoffart nimmt ganz überhand, Betrügen, Lügen ist kein Schand. Das ist 2c.

9. Wo bleibt die brüderliche Lieb? Die ganze Welt ist voller Dieb. Kein Treu noch Glaub ist in der Welt, ein jeder spricht: hätt ich nur Geld. Das ist 2c.

10. Die Welt will ihr nicht lassen wehrn, an Gotts Wort will sich niemand kehrn: sie haben nichts gelernet mehr, denn nur Fressen und Saufen sehr. Das ist 2c.

11. Ihr größte Kunst ist banketirn und in der Büberei studirn, das kann sie aus der Maßen wohl, die Welt ist aller Schalkheit voll. Das ist 2c.

12. Die liebe Sonne kann nicht mehr zusehen und entsetzt sich sehr, darum verliert sie ihren Schein; das mag ein große Trübsal sein. Das ist 2c.

13. Der Mond und Sterne ängsten sich, und ihr Gestalt sieht jämmerlich; wie gern sie wollten werden frei von solcher großen Büberei. Das ist 2c.

14. Darum komm, lieber HErre Christ! Das Erdreich überdrüssig ist, zu tragen solche Höllenbränd. Drum machs einmal mit ihr ein End, und laß uns sehn den lieben jüngsten Tag.

Erasmus Alberus, 1551.

Der wunderfrohe Willkommen in dem himmlischen Jerusalem.
(Zu XXXI.)

Eigene Melodie. 73.

443. Jerusalem, du hochgebaute Stadt, wollt Gott, ich wär in dir! Mein sehnlich Herz so groß Verlangen hat, und ist nicht mehr bei mir. Weit über Berg und Thale, weit über blaches Feld schwingt es sich über alle und eilt aus dieser Welt.

2. O schöner Tag und noch viel schönre Stund, wann wirst du kommen schier, da ich mit Lust, mit freiem Freudenmund die Seele geb von mir in Gottes treue Hände zum auserwählten Pfand, daß sie mit Heil anlände in jenem Vaterland?

3. Im Augenblick wird sie erheben sich bis an das Firmament, wenn sie verläßt so sanft, so wunderlich die Stätt der Element, fährt auf Eliä Wagen, mit engelischer Schar, die sie in Händen tragen, umgeben ganz und gar.

4. O Ehrenburg! sei nun gegrüßet mir; thu auf der Gnaden Pfort! wie große Zeit hat mich verlangt nach dir, eh ich gekommen fort aus jenem bösen Leben, aus jener Nichtigkeit, und mir Gott hat gegeben das Erb der Ewigkeit.

5. Was für ein Volk, was für ein edle Schar kommt dort gezogen schon? Was in der Welt von Auserwählten war, seh ich, die beste Kron, die JEsus mir, der HErre, entgegen hat gesandt, da ich noch war so ferne in meinem Thränenland.

6. Propheten groß und Patriarchen hoch, auch Christen insgemein, die weiland dort trugen des Kreuzes Joch und der Tyrannen Pein, schau ich in Ehren schweben, in Freiheit überall, mit Klarheit hell umgeben, mit sonnenlichtem Strahl.

7. Wenn dann zuletzt ich angelanget bin ins schöne Paradeis, von höchster Freud erfüllet wird der Sinn, der Mund von Lob und Preis; das Halleluja reine singt man in Heiligkeit, das Hosianna feine, ohn End in Ewigkeit. .

8. Mit Jubelklang, mit Instrumenten schön, auf Chören ohne Zahl, daß von dem Klang und von dem süßen Ton erbebt der Freudensal; mit hundert tausend Zungen, mit Stimmen noch vielmehr, wie von Anfang gesungen das himmelische Heer.

Joh. Matthäus Meyfart, 1643.

Melodien = Register.

1.
Der Tag vertreibt die finstre Nacht.

2.
Ach bleib mit deiner Gnade.
Christus, der ist mein Leben.

3.
Laßt uns alle fröhlich sein.

4.
Amen, wir habn gehöret.
Nun laßt uns Gott den HErren.
Wach auf, mein Herz, und singe.

5.
JEsu, komm doch selbst zu mir.
Nun komm der Heiden Heiland.

6.
Lobt Gott, ihr Christen allzugleich.
Nun danket all und bringet Ehr.
Nun sich der Tag geendet hat.

7.
Ich dank dir schon durch deinen.

8.
Sollt es gleich bisweilen scheinen.

9.
JEsus Christus unser Heiland, der von.

10.
Komm, Gott Schöpfer, Heil. Geist.

11.
Ach bleib bei uns, HErr JEsu Christ.
Ach Gott, wie manches Herzeleid.
Christ, der du bist der helle Tag.
Christe, der du bist Tag und Licht.
Christum wir sollen loben schon.

Das alte Jahr vergangen ist.
Das neugeborne Kindelein.
Der du bist drei in Einigkeit.
Der Heilge Geist hernieder kam.
Die helle Sonn leucht jetzt herfür.
Erhalt uns, HErr, bei deinem Wort.
HErr Gott, der du mein Vater bist.
HErr Gott, dich loben alle wir.
HErr Gott, erhalt uns für und für.
HErr JEsu Christ, dich zu uns wend.
HErr JEsu Christ, meins Lebens Licht.
HErr JEsu Christ, wahr Mensch und Gott.
Hinunter ist der Sonnenschein.
Lob sei dem allmächtigen Gott.
Mein Gott, ich danke herzlich dir.
Mir ist ein geistlich Kirchelein.
Nun laßt uns den Leib begraben.
O JEsu Christ, meins Lebens Licht.
Vom Himmel hoch da komm ich her.
Was fürchtst du Feind Herodes sehr.
Wenn wir in höchsten Nöthen sein.
Wo Gott zum Haus nicht gibt sein Gunst.

12.
O wie selig seid ihr doch, ihr Frommen.

13.
Christe, du Beistand deiner.
Herzliebster JEsu, was hast du.
Lobet den HErren, denn er.
Wend ab deinen Zorn.

14.
O Traurigkeit, o Herzeleid.

15.
Christus ist erstanden von des Todes.

16.
JEsus Christus, unser Heiland, der den.

17.
Gelobet seist du, JEsu Christ.

18.
Warum betrübst du dich, mein Herz.

19.
Da JEsus an dem Kreuze stund.
Ich weiß, mein Gott, daß all mein Thun.
Verzage nicht, o frommer Christ.

Melodien-Register.

20.
Dies sind die heilgen zehn Gebot.
Mensch, wilt du leben seliglich.

21.
Der Heilge Geist hernieder kam.
Erschienen ist der herrlich Tag.

22.
Gott hat das Evangelium.

23.
Nun bitten wir den Heiligen Geist.

24.
Lobe den HErren, den mächtigen.

25.
Ach Gott und HErr.

26.
O JEsu Christ, dein Kripplein.
Wir Christenleut habn jetzund.

27.
Seelenbräutigam.

28.
Gottes Sohn ist kommen.

29.
Auf meinen lieben Gott.

30.
In allen meinen Thaten.
Wo soll ich fliehen hin.

31.
O Welt, ich muß dich lassen.
O Welt, sieh hier dein Leben.

32.
Höchster König, JEsu Christ.

33.
JEsus, meine Zuversicht.
Meinen JEsum laß ich nicht.

34.
Liebster JEsu, wir sind hier.
Meine Seel, ermuntre dich.

35.
Mit Fried und Freud ich fahr.
36.
Ach, was soll ich Sünder machen.
37.
Gott des Himmels und der Erden.
JEsus, JEsus, nichts als JEsus.
38.
Mir nach! spricht Christus.
39.
HErr, ich habe mißgehandelt.
Werde Licht, du Statt der Heiden.
40.
In dich hab ich gehoffet, HErr.
41.
Kommt her zu mir, spricht Gottes.
42.
Wir glauben all an einen Gott, Vater.
43.
Alles ist an Gottes Segen.
44.
All Ehr und Lob soll Gottes.
Heut triumphiret Gottes Sohn.
Vater unser im Himmelreich.
Wir danken dir, Gott, für und für.
45.
Ich sterbe täglich und mein.
O daß ich tausend Zungen.
Wer nur den lieben Gott.
Wer weiß, wie nahe mir mein.
46.
Dir, dir, Jehova, will ich singen.
47.
Die Nacht ist kommen.
48.
HErr Christ, der einig Gotts Sohn.
Wenn meine Sünd mich kränken.
49.
Ach Gott vom Himmel sieh darein.
Allein Gott in der Höh sei Ehr.

Auf diesen Tag bedenken wir.
Aus Lieb läßt Gott der Christenheit.
Aus tiefer Noth schrei ich zu dir.
Es ist das Heil uns kommen her.
Es ist gewißlich an der Zeit.
Es spricht der Unweisen Mund wohl.
HErr JEsu Christ, du höchstes Gut.
HErr, wie du willt, so schicks mit mir.
Lobet den HErrn, ihr Heiden all.
Nun freut euch, liebe Christen g'mein.
Wär Gott nicht mit uns diese Zeit.
Wenn mein Stündlein vorhanden ist.
Wo Gott, der HErr, nicht bei uns hält.

50.
O Lamm Gottes unschuldig.

51.
JEsu, meines Herzens Freud.

52.
Es ist genug, so nimm, HErr.

53.
Lobe den HErren, o meine.

54.
In dulci jubilo.

55.
Du großer Schmerzensmann.
Nun danket alle Gott.
O Gott, du frommer Gott.
O stilles Gotteslamm.
Was frag ich nach der Welt.

56.
Straf mich nicht in deinem Zorn.

57.
Auf, auf, mein Herz, mit Freuden.

58.
Aus meines Herzens Grunde.
Helft mir Gotts Güte preisen.
Lasset die Kindlein kommen.
Von Gott will ich nicht lassen.
Zeuch ein zu deinen Thoren.

59.
Ach Gott vom Himmelreiche.
Der Bräutgam wird bald rufen.
Geduld, die solln wir haben.

Herzlich thut mich verlangen.
Ich dank dir, lieber HErre.
Keinen hat Gott verlassen.
Valet will ich dir geben.

60.
JEsu Leiden, Pein und Tod.
Schwing dich auf zu deinem Gott.

61.
Christ lag in Todesbanden.

62.
Also heilig ist der Tag.

63.
Fröhlich soll mein Herze springen.
Warum sollt ich mich denn grämen.

64.
Was Gott thut, das ist wohlgethan.

65.
Löwen laßt euch wieder finden.

66.
Der am Kreuz ist meine Liebe.
Freu dich sehr, o meine Seele.
JEsu, deine heilgen Wunden.
Werde munter, mein Gemüthe.
Zion klagt mit Angst und Schmerzen.

67.
Ermuntre dich, mein schwacher.

68.
Alle Menschen müssen sterben.
JEsu, der du meine Seele.
JEsu, meines Lebens Leben.

69.
Eins ist noth, ach HErr, dies.

70.
O Ewigkeit, du Donnerwort.

71.
Macht hoch die Thür.

72.
Schmücke dich, o liebe Seele.

73.
Jerusalem, du hochgebaute.

Melodien-Register.

74.
JEsu, meine Freude.

75.
Ein feste Burg ist unser Gott.
HErr, auf dein Wort solls sein gewagt.

76.
Ich ruf zu dir, HErr JEsu Christ.

77.
Christ unser HErr zum Jordan kam.
Es wollt uns Gott genädig sein.

78.
Allein zu dir, HErr JEsu Christ.

79.
Komm, Heiliger Geist, HErre Gott.

80.
Gott lebet noch! Seele, was.

81.
Der Tag, der ist so freudenreich.

82.
Freuet euch, ihr Christen alle.

83.
Das JEsulein soll doch mein Trost.
Durch Adams Fall ist ganz verderbt.
O HErre Gott, dein göttlich Wort.
So gehst du nun, mein JEsu, hin.
Was mein Gott will, das g'scheh.

84.
Lasset uns mit JEsu ziehen.
Sollt ich meinem Gott nicht singen.

85.
An Wasserflüssen Babylon,

86.
Wie schön leuchtet der Morgenstern.

87.
Wir glauben all an einen Gott, Schöpfer.

88.
Mein Heiland nimmt die Sünder an.

89.
Wie wohl ist mir, o Freund der Seelen.

90.
Gott sei gelobet und gebenedeiet.
91.
O HErre Gott, in meiner.
92.
Wer Gott vertraut.
93.
Nun lob, mein Seel, den HErren.
94.
Herzlich lieb hab ich dich, o HErr.
95.
Wachet auf, ruft uns die Stimme.
96.
Gott der Vater wohn uns bei.
97.
Mitten wir im Leben sind.
98.
Christe, du Lamm Gottes.
99.
Christ ist erstanden.
100.
Christ fuhr gen Himmel.
101.
HErr Gott, dich loben wir.
102.
Jesaia dem Propheten.
103.
Kyrie Gott Vater.
104.
Kyrie Eleison.
105.
Komm, Heiliger Geist, erfüll.
106.
Schaffe in mir, Gott.
107.
Verleih uns Frieden gnädiglich.
108.
Gott sei uns gnädig und barmherzig.

Anhang.

1. Gebet zu christlicher Vorbereitung zum Gebet.

Ach himmlischer, getreuer Gott, lieber Vater! ich bin ja ein armer, elender Sünder, in Sünden empfangen und geboren, und derhalben nicht werth, daß ich meine Augen und Hände zu Dir aufhebe, mein Herz und Mund gegen Dich aufthue oder auch Dein Kind genennet werde. Weil Du aber nicht allein uns, Deinen armen Kreaturen, in allem unserm Anliegen zu beten ernstlich befohlen, sondern daneben auch gnädige Erhörung reichlich zugesagt und versprochen, und über das, beides, Wort und Weise, durch Deine Auserwählten im alten und neuen Testament, vornehmlich aber durch Deinen einigen allerliebsten Sohn, unsern HErrn JEsum Christum, gezeiget und gelehret hast, auf solch Dein Gebot Dir gehorsam zu sein, komme ich jetzt, o Gott und Vater! verlasse mich auf Deine gnädige Zusage und Verheißung, ich rufe Dich an in meinem Anliegen und bitte, Du wollest mich im Namen und Verdienst Deines eingebornen lieben Sohnes gnädiglich und väterlich erhören, Amen!

2. Morgengebet.

Barmherziger, gnädiger Gott, Du Vater des ewigen Lichtes und Trostes, des Güte und Treue alle Morgen neu ist, Dir sei Lob, Ehr und Dank gesagt für das liebliche Tageslicht, und daß Du mich in dieser finstern Nacht so gnädiglich bewahret hast, mir einen sanften Schlaf und Ruhe verliehen. Laß mich nun auch in Deiner Gnade und Liebe, Schutz und Schirm wieder fröhlich aufstehen, und das liebe Tageslicht nützlich und fröhlich gebrauchen. Vor allen Dingen aber erleuchte mich mit dem ewigen Lichte, welches ist mein HErr JEsus Christus, daß der in mir leuchten möge mit Seiner Gnade und mit Seiner Erkenntniß. Bewahre in meinem Herzen das Lichtlein meines Glaubens, mehre dasselbe und stärke es, erwecke Deine Liebe in mir, befestige die Hoffnung, gib mir wahre Demuth und Sanftmuth, daß ich wandle in den Fußstapfen meines HErrn JEsu Christi, und laß Deine göttliche Furcht in allem meinem Thun vor meinen Augen sein. Treibe von mir aus alle geistliche Finsterniß und Blindheit meines Herzens. Behüte mich diesen Tag und allezeit vor Aberglauben und Abgötterei, vor Hoffart, vor Lästerung Deines Namens, vor Verachtung Deines Wortes, vor Ungehorsam, vor dem leidigen Zorn, daß die Sonne diesen Tag nicht möge über meinem Zorn untergehen. Behüte mich vor Feindschaft, vor Haß und Neid, vor Unzucht, vor Ungerechtigkeit, vor Falschheit und Lügen, vor dem schändlichen Geiz und vor aller bösen

Lust und Vollbringung derselben. Erwecke in mir einen Hunger und Durst nach Dir und Deiner Gerechtigkeit. Lehre mich thun nach Deinem Wohlgefallen, Dein guter Geist führe mich auf ebener Bahn. Laß mir begegnen das Heer Deiner heiligen Engel, wie dem Jakob; thue denselbigen Befehl, daß sie mich auf allen meinen Wegen behüten, mich auf den Händen tragen, daß ich meinen Fuß nicht an einen Stein stoße; daß ich stark werde, auf Löwen und Ottern zu gehen und zu treten auf den jungen Löwen und Drachen. Ich befehle Dir heute meine Gedanken, mein Herz, Sinn und alle meine Anschläge. Ich befehle Dir meinen Mund und alle meine Worte. Ich befehle Dir alle meine Werke: laß sie zu Deines Namens Ehre gereichen und zu Nutz meines Nächsten. Mache mich zum Gefäß Deiner Barmherzigkeit, zum Werkzeug Deiner Gnaden. Segne all mein Thun, laß meinen Beruf glücklich fortgehen und wehre allen denen, so ihn hindern. Behüte mich vor Verläumdung und vor den Mordpfeilen des Lügners. Ich befehle Dir meinen Leib und Seele, mein Ehr' und Gut, laß mich Deine Gnade und Güte allzeit begleiten; halte Deine Hand über mich, ich gehe oder stehe, sitze oder wandele, wache oder schlafe. Behüte mich vor den Pfeilen, die des Tages fliegen, vor der Pestilenz, die im Finstern schleicht, vor der Seuche, die im Mittag verderbet. Segne meine Nahrung, gib mir, was Dein Wille ist, zu meiner Nothdurft. Laß mich auch Deiner Gaben nicht mißbrauchen. Behüte uns alle vor Krieg, Hunger und Pestilenz und vor einem bösen schnellen Tod. Behüte meine Seele, meinen Ausgang und Eingang von nun an bis in Ewigkeit. Beschere mir ein seliges Ende und laß mich des lieben jüngsten Tages und der Erscheinung der Herrlichkeit des HErrn JEsu Christi mit Verlangen und Freuden erwarten. Gott der Vater segne mich und behüte mich, Gott der Sohn erleuchte Sein Antlitz über mich und sei mir gnädig, Gott der Heilige Geist erhebe Sein Antlitz auf mich und gebe mir Seinen Frieden, Amen.

3. Morgengebetlein.

Im Namen meines HErrn JEsu Christi, des Gekreuzigten, stehe ich auf, der mich mit Seinem kostbaren Blut erlöset hat, der wolle mich vor allem Uebel behüten und bewahren, Er wolle mir auch geben alles Gute in meine Seel und Leib. O gütiger HErr, mein einziger Trost, Hoffnung und Leben! Deiner ewigen Majestät und Gnade opfere und ergeb ich mich ganz eigen und gar, und bitte Dich demüthiglich, daß ich und auch alle diejenigen, so Du mir befohlen, desgleichen alle Gläubigen, so Deinen Namen ehren und bekennen, durch Deine Hilfe und Gnade diesen ganzen Tag und allezeit unsers Lebens mögen nach Deinem göttlichen Willen und Wohlgefallen leben und wandeln. Du wollest auch mich samt allen meinen Gedanken, Worten und Werken diesen Tag und allezeit regieren, segnen, bewahren und behüten in allem Guten zum ewigen Leben. O HErr, ich bitte Dich, nimm von mir hinweg, was Dir mißfällt an mir, und gib mir, das zu thun, was Dir wohlgefällt an mir, der Du mit Gott dem Vater und Gott dem Heiligen Geist gleicher Gott, lebest und regierest in alle Ewigkeit, Amen.

4. Desgleichen.

O HErr Gott, himmlischer Vater! ich sage Dir Lob und Dank, daß Du mich diese Nacht und alle vorige Zeit in Deinem Schirm erhalten und durch Deine Gnade auf diese gegenwärtige Stunde hast kommen lassen. Und bitte Dich von Herzen, Du wollest mich nun gnädiglich annehmen, heut und allezeit meines Lebens, und mich durch Deinen Heiligen Geist regieren, auf daß alle Finsterniß des Unglaubens und fleischlicher Begierden aus meinem Herzen ausgetrieben und ich durch einen rechtschaffenen Glauben gerechtfertigt werde, mit Leib und Seel in dem Licht Deiner göttlichen Wahrheit wandele, zu Deinem Lob und meines Nächsten Nutz und Besserung, durch Christum, JEsum, unsern HErrn, Amen.

5. Desgleichen.

HErr JEsu Christe, der Du allein bist die rechte Sonne der Welt, so allewege aufgehet und nimmer untergehet, der Du auch durch dein gnädiges Anschauen Alles, was im Himmel und auf Erden ist, hervorbringest, erhältst, ernährest und erfreuest. Ich bitte Dich, erleuchte auch mein Herz, damit die Nacht der Sünden, auch die Finsterniß alles Irrthums vertrieben und ich durch Dein inwendiges und gnädiges Erleuchten ohne einigen Anstoß die Zeit meines Lebens hier auf Erden, entledigt von allen Werken der Finsterniß, als am Tage, möge christlich wandeln, der Du mit dem Vater und Heiligen Geist lebest und regierest in alle Ewigkeit, Amen.

6. Abendgebet.

Barmherziger, gnädiger Gott und Vater, ich sage Dir Lob und Dank, daß Du Tag und Nacht geschaffen, Licht und Finsterniß unterschieden, den Tag zur Arbeit und die Nacht zur Ruhe, auf daß sich Menschen und Vieh erquicken. Ich lobe und preise Dich in allen Deinen Wohlthaten und Werken, daß Du mich den vergangenen Tag hast vollenden lassen durch Deine göttliche Gnade und Schutz, und desselbigen Last und Plage überwinden und zurücklegen lassen. Es ist ja genug, lieber Vater, daß ein jeder Tag seine eigene Plage habe, Du hilfst ja immer eine Last nach der andern ablegen, bis wir endlich zur Ruhe und an den ewigen Tag kommen, da alle Plage und Beschwerung aufhören wird. Ich danke Dir von Herzen für all das Gute, das ich diesen Tag von Deiner Hand empfangen habe. Ach HErr, ich bin zu gering aller Barmherzigkeit, die Du an mir täglich thust. Ich danke Dir auch für die Abwendung des Bösen, so mir diesen Tag begegnen können, und daß Du mich unter dem Schirm des Höchsten und Schatten des Allmächtigen bedecket und behütet hast vor allem Unglück und schweren Sünden. Und bitte herzlich und kindlich, vergib mir alle meine Sünde, die ich diesen Tag begangen habe mit Gedanken, Worten und Werken. Viel Böses habe ich gethan, viel Gutes habe ich versäumt. Ach sei mir gnädig, mein Gott, sei mir gnädig, laß heute alle meine Sünde mit mir absterben. und gib mir, daß ich immer gottesfürchtiger, heiliger, frömmer und gerechter wieder aufstehe, daß mein Schlaf nicht ein Sündenschlaf sei, sondern ein heiliger Schlaf, daß meine Seele und mein Geist in mir zu Dir wache, mit Dir rede und handle. Segne meinen Schlaf, wie des Erzvaters Jakob, da er die Himmelsleiter im Traume sahe, und den Segen empfing, und die heiligen Engel sahe; daß ich von Dir rede, wenn ich mich zu Bette lege, an Dich gedenke, wenn ich aufwache; daß Dein Nam und Gedächtniß immer in meinem Herzen bleibe, ich schlafe oder wache. Gib mir, daß ich nicht erschrecke vor dem Grauen des Nachts, daß ich mich nicht fürchten möge vor dem plötzlichen Schrecken, noch vor den Sturmwinden der Gottlosen, sondern süße schlafe. Behüte mich vor schrecklichen Träumen, vor Gespenstern und Nachtgeistern, vor dem Einbruch der Feinde, vor Feuer und Wasser. Siehe, der uns behütet, schläft nicht, siehe, der Hüter Israel schläft noch schlummert nicht. Sei Du, o Gott, mein Schatten über meiner rechten Hand, daß mich des Tages die Sonne nicht steche, noch der Mond des Nachts. Laß Deine heiligen Wächter mich behüten und Deine Engel um mich her lagern und mir aushelfen. Dein heiliger Engel wecke mich zu rechter Zeit wieder auf, wie den Propheten Eliam, da er schlief unter dem Wachholderbaum, wie Petrum, da er schlief im Gefängniß zwischen den Hütern. Laß mir die heiligen Engel erscheinen im Schlaf, wie Joseph und den Weisen aus Morgenland, auf daß ich erkenne, daß ich auch sei in der Gesellschaft der heiligen Engel. Und wenn mein Stündlein vorhanden ist, so verleihe mir einen sanften Schlaf und eine selige Ruhe in JEsu Christo, meinem HErrn, Amen.

7. Abendgebet.

HErr Gott, himmlischer Vater, ich sage Dir Lob und Dank, daß Du mich diesen Tag so väterlich behütet, gelehret und ernähret hast, und bitte Dich, verzeihe mir, was ich diesen Tag wider Dich gedacht, geredt und gethan habe, und bewahre mich auch diese Nacht, daß ich in Deinem Namen ruhe und morgen fröhlich zu Deinem Lob wieder aufstehe. Behüt auch unsere Obern, Lehrer, Verwandte und jedermann, durch unsern HErrn JEsum Christum. Amen.

8. Tägliche Beichte vor Schlafengehen.

Mein lieber Vater! ich bekenne allewege, Du siehest es, daß ich je meinethalben, wie ich gehe oder stehe, inwendig und auswendig, mit Haut und Haar, mit Leib und Seel, in das ewige, höllische Feuer hineingehöre, daß doch in Summa, weißt Du, mein Vater, meinethalben nichts Gutes in mir ist, nicht ein Haar auf dem Haupte droben, es gehöret doch Alles mit einander hinein in den Abgrund der Hölle zum leidigen Teufel, was soll ich viel Wort davon machen; aber, mein lieber Vater! ich bitte wiederum hergegen allewege, ich sei meinethalben, was ich wolle, so bitte ich Dich dennoch und will es von Dir auch haben allewege, daß Du Dein Aufsehen und Aufmerken auf mich nicht wollest haben, und wollest Deine Augen auf mich nicht kehren und wenden, o es ist sonst mit mir verloren und verdorben, und wenn hundert tausendmal Welt auf mir wären; sondern da bitte ich Dich, Du wollest Dein

Aufsehen und Dein Aufmerken haben und wollest Deine Augen kehren, wenden und richten in das Angesicht Deines lieben Sohnes JEsu Christi, Deines Gesalbten, meines Mittlers, Hohenpriesters und Fürsprechers, meines Heilandes, Erlösers und Seligmachers, und wollest mir um Seinetwillen, und nicht um meinetwillen (bitte ich Dich, mein Vater), gnädig und barmherzig sein, und wollest mir um Deines lieben Sohnes JEsu Christi willen verleihen ein seliges Ende und eine fröhliche Auferstehung, hie helfen mit Leib, und dort in jener Welt mit der armen Seelen, und um seines rosinfarbenen Bluts wegen, das er denn mildiglich an dem Galgen des Kreuzes zur Verzeihung und Vergebung meiner Sünden vergossen hat, Dein Sohn JEsus Christus, bitte ich Dich jetzund, mein Vater, daß Du dasselbe Blut JEsu Christi, Deines lieben Sohnes, an mir armen Kreatur, meiner mannigfaltigen Sünden halben, die denn nicht auszureden sind, sondern wollest es nach Deiner grundlosen Barmherzigkeit den Nutzen und die Frucht lassen an mir schaffen und ausrichten, dazu es denn in Ewigkeit von Dir verordnet und von Deinem lieben Sohn JEsu Christo an dem Galgen des Kreuzes auch vergossen ist, als nämlich, daß Du mir es wollest gereichen und kommen lassen zu Verzeihung und Vergebung meiner Sünden, auf daß, welche Stunde, welchen Augenblick bei Nacht oder bei Tage Du kommest und klopfest an, und willt wiederum meinen Geist, welchen Du mir erstlich hast eingeblasen, hinweg fordern, so bitte ich Dich allewege, mein Vater, daß Du Dir denselben meinen Geist, (das ist) meine Seele, wollest je lassen in Deine Hände befohlen sein, um Deines lieben Sohnes JEsu Christi Bluts, Leidens und Sterbens willen, Amen.

9. Ein Gebet, enthaltend die Umschreibung der sieben Bitten des heiligen Vater Unser.

Du bist unser Vater, und willt Deine Ehre von uns haben, darum gib, daß Dein Name in aller Welt schön und hochgehalten werde, steure allerlei falschem Glauben und Gottesdienst und der ganzen Hölle, dem lästerlichen Glauben des Pabstes, den Rottengeistern und Ketzern, die alle Deinen Namen entheiligen und schänden, und unter Deinem Namen ihre Ehre suchen.

2. Dein Reich komme. Weil wir Dein Wort und rechte Lehre und Gottesdienst haben, so gib auch, daß Dein Reich in uns sei und bleibe, regiere uns in solcher Lehre und Leben, und schütze und erhalte uns dabei wider alle Gewalt des Teufels und seines Reichs, gib auch, daß alle Reiche, so dawider toben, zu scheitern gehen.

3. Dein Wille geschehe. Laß auch nicht unsern noch einiges Menschen, sondern allein Deinen Willen geschehen, und was Du denkest und rathschlagest, fortgehen wider alle Anschläge und Vornehmen der Welt, und was wider Deinen Willen und Rath strebet, ob sich gleich alle Welt zu Hauf schlüge und stärkete, ihr Ding dawider zu erhalten.

4. Gib uns unser täglich Brod. Alles, was uns Noth ist zur Erhaltung dieses Lebens, Nahrung, gesunder Leib, gut

Wetter, Haus, Hof, Weib, Kind, gut Regiment, Friede, und behüte uns vor allerlei Plage, Krankheit, Pestilenz, theurer Zeit, Krieg, Aufruhr ꝛc.

5. **Vergib uns unsre Schuld.** Siehe nicht an den schändlichen Mißbrauch und Undank der Welt für die Güter, die Du uns täglich so reichlich giebest, versage und entziehe uns darum dieselbige nicht, strafe uns auch nicht mit Ungnade, wie wir verdienen, sondern verzeihe gnädiglich, ob auch wir, die wir Christen und Deine Kinder heißen, nicht ohne Sünde leben, wie wir sollen.

6. **Führe uns nicht in Versuchung.** Weil wir auf Erden leben mitten in allerlei Anfechtung und Aergerniß, da man uns auf allen Seiten zusetzet, daß man uns hindere, daß wir also nicht allein auswendig von der Welt und Teufel, sondern auch inwendig von unserm eignen Fleisch angefochten werden, daß wir nicht leben können, wie wir sollten, noch vor so viel Gefahr und Anfechtung einen Tag vermöchten zu bestehen, wir bitten Dich, Du wollest uns in solcher Gefahr und Noth erhalten, daß wir nicht dadurch überwunden und gefället werden.

7. **Erlöse uns vom Uebel.** Hilf uns endlich aus allem Unglück ganz und gar, und wenn die Zeit kommet, daß wir sollen aus diesem Leben treten, so beschere uns ein gnädig selig Stündlein, Amen.

10. Kurzes Gebet um Glauben.

Ich danke Dir, mein lieber Gott, daß ich gelernet habe, daß ich meine Sünden nicht soll angreifen mit meiner eignen Buße, oder den Glauben anfahen mit meinen Werken, und meine Sünden tilgen; vor den Menschen dürfte ich es wohl thun, vor der Welt und dem Richter gilt es; aber vor Dir, Gott, ist ein ewiger Zorn, da kann ich nicht genug für thun, ich müßte verzagen. Darum danke ich Dir, daß ein Anderer für mich meine Sünden angegriffen, sie getragen und dafür bezahlet und gebüßet hat, das wollt ich gern glauben, es dünket mich auch sein recht und köstlich sein, aber ich kann mich nicht drein ergeben, ich finde in meiner Kraft nichts, das ich thun könnte, ich kanns nicht begreifen, wie ich wohl sollte. HErr, zeuch Du mich, hilf mir, und schenke mir die Kraft und Gabe, daß ichs glauben möge, wie David im 51. Psalme seufzet: Schaffe in mir, Gott, ein reines Herz, und gib mir einen neuen gewissen Geist; ein neu reines Herz vermag ich nicht zu machen, es ist Dein Geschöpf und Kreatur, gleichwie ich Sonne und Mond nicht machen kann, daß sie aufgehen und hell scheinen am Himmel, so wenig kann ich auch verschaffen, daß das Herze rein sei und ich einen gewissen Geist, einen starken, festen Muth habe, der steif sei und nicht zappele, zweifele oder wackele an Deinem Wort.

11. Gebet in Anfechtung mit zeitlichen Sorgen.

Allmächtiger Gott, himmlischer HErr und barmherziger Vater! Ich komme abermal zu Dir, als meinem treuen, lieben HErrn und Vater, und klage Dir von Herzen meine anliegende Noth, die mich dringet, daß ich zu Dir komme, denn der schändliche Unglaube plaget mich abermals, daß ich Dir nicht vertrauen kann und mich gänzlich auf Dein Wort und Zusage verlassen, daß Du mich in aller Noth versorgen werdest. Darum, mein Gott und HErr, ich bitte Dich, komme meinem Unglauben zu Hilfe, und mehre mir meinen Glauben, daß ich mich auf Dein Wort verlassen möge, und nicht davon abweichen, und dieweil Du mich hast heißen bitten um das tägliche Brod, so bitte ich Dich durch Christum, durch welchen Du uns also hast befohlen zu bitten, daß Du mich versorgen wollest mit Allem, was mir vonnöthen ist zu Leib und Seel, und o mein lieber Vater, dieweil es täglich so gefährlich stehet mit meiner zeitlichen Nahrung, auf welche ich mich gar nichts verlassen noch trösten soll, sondern allein auf Dich, denn Du kannst mir nicht allein helfen, sondern Du bietest mir selbst Deine Hilfe an, da Du sprichst: Rufe mich an in der Zeit der Noth, so will ich Dir helfen. Auf solches komme ich zu Dir und vertraue Deiner tröstlichen Zusage, die Du mir versprochen hast durch den Mund des heiligen Propheten Davids, da er saget: Der HErr kennet die Tage der Gläubigen, sie werden nicht zu Schanden in der bösen Zeit, und in der Theuerung werden sie genug haben. Darum werfe ich mein Anliegen, HErr, auf Dich, Du wirst mich versorgen und meines Herzens Begierde ersättigen: denn Du, mein HErr, hast mir versprochen, wenn ich am ersten das Reich Gottes und seine Gerechtigkeit suche, so soll mir solches alles von selbst zufallen und gegeben werden. Darum will ich mich um Dein Wort vornehmlich bekümmern, und alsdann Dich sorgen lassen, wie Du mich ernähren werdest. Dir befehl ich mich mit Leib und Seel, mein Haus und alle meine Nahrung; erhalte Du mich durch Deine Gnade hier zeitlich und dort ewiglich, in JEsu Christo, Deinem Sohn, unserm Erlöser und Seligmacher, Amen.

12. Gebet wider die Verfolger und Feinde der Kirche.

Himmlischer Vater! wir habens ja wohl verdienet, daß Du uns strafest; strafe Du uns aber selbst nach Deiner Gnade und nicht nach Deinem Grimm. Es ist uns besser, in Deiner Hände Stäupe uns geben, denn in der Menschen oder der Feinde Hände, wie David auch bat; denn groß ist Deine Barmherzigkeit. Wir haben Dir gesündiget, und Deine Gebote nicht gehalten. Aber Du weißest, allmächtiger Gott Vater, daß wir dem Teufel, den Feinden und Verfolgern Deines Wortes nicht gesündigt, sie auch kein Recht noch Macht haben, uns zu strafen, sondern Du kannst und magst sie brauchen als Deine grimmigen Ruthen wider uns, die wir an Dir gesündiget und alles Unglück verdienet haben. Ja, lieber Gott, himmlischer Vater, wir haben keine Sünde wider sie gethan, darum sie Recht hätten, uns zu strafen, sondern viel lieber wollten sie, daß wir samt ihnen aufs Greulichste wider Dich sündigten, denn sie fragen nicht darnach: ob wir Dir ungehorsam wären, Dich lästerten, allerlei Abgötterei trieben (wie sie thun), mit falscher Lehre, Unglauben und Lügen umgingen, Ehebruch, Unzucht, Mord, Diebstahl, Räuberei, Zauberei und alles Uebel wider Dich thäten — da fragten sie nicht nach; sondern das ist unsre Sünde wider sie, daß wir Dich, Gott Vater, den rechten einigen Gott, und Deinen lieben Sohn, unsern HErrn JEsum Christum, und den Heiligen Geist, einen ewigen Gott, predigen, glauben und bekennen, ja, das ist die Sünde, die wir wider sie thun: aber, wo wir Dich verläugneten, würde uns der Teufel und die Widersacher Deiner Kirche wohl zufrieden lassen, wie Dein lieber Sohn spricht: Wäret ihr von der Welt, so hätte die Welt das Ihre lieb. — Hier siehe nun drein, Du barmherziger Vater über uns, und ernster Richter über unsre Feinde, denn sie sind Deine Feinde mehr, denn unsre Feinde, und wenn sie uns verfolgen und schlagen, so verfolgen und schlagen sie Dich selber, denn das Wort, so wir predigen, glauben und bekennen, ist Dein, nicht unser, Alles Deines Heiligen Geistes Werk in uns; der Teufel will solches nicht leiden, sondern an Deiner Statt unser Gott sein, an Deines Wortes Statt Lügen in uns stiften. Ists nun Sünde, daß wir Dich den Vater und Deinen Sohn und den Heiligen Geist für den rechten einigen Gott halten, bekennen und rühmen, so bist Du selbst der Sünder, der Du solches in uns wirkest, heißest und haben willst, darum so hassen, schlagen und strafen sie Dich selbst, wenn sie uns um solcher Sachen willen hassen, schlagen oder strafen. Darum wache auf, lieber HErre Gott, und heilige Deinen Namen, den sie schänden, stärke Dein Reich, das sie in uns zerstören, und schaffe Deinen Willen, den sie in uns dämpfen wollen, und lasse Dich nicht um der Sünde willen also mit Füßen treten von denen, die nicht unsre Sünde in uns strafen, sondern Dein heiliges Wort, Namen und Werk in uns tilgen wollen, daß Du kein Gott sein sollest und kein Volk haben, das Dich predige, glaube und bekenne, der Du doch unser einiger Trost bist mit Deinem lieben Sohn und Heiligen Geist in Ewigkeit, Amen.

13. Gebet für den Seelsorger.

O allmächtiger, gütiger Gott und Vater unsers HErrn JEsu Christi, der Du uns ernstlich befohlen hast, daß wir Dich um Arbeiter in Deine Ernte bitten sollen. Wir bitten Deine grundlose Barmherzigkeit, Du wollest uns rechtschaffne Lehrer und Diener Deines göttlichen Wortes zuschicken und denselben Dein heilsames Wort in ihr Gemüth, Herz und Mund legen, daß sie Deinen Befehl treulich ausrichten, auch nichts predigen, was Deinem heiligen Worte möchte entgegen sein, auf daß wir durch Dein ewiges und himmlisches Wort ermahnet, gelehret, gespeiset, getröstet und erquicket werden und thun, was Dir gefällig und uns fruchtbarlich ist. Gib, HErr, Deiner Christenheit Deinen Geist und göttliche Weißheit, daß Dein Wort unter uns laufe und wachse, und mit aller Freudigkeit, wie sichs gebührt, geprediget und Deine heilige christliche Gemeinde gebessert werde, auf daß wir mit beständigem Glauben Dir dienen und in Erkenntniß Deines Namens bis ans Ende verharren, durch JEsum Christum, Amen.

14. Gebet für den Seelsorger zu Anfang des Gottesdienstes.

Allmächtiger, ewiger Gott! der Du durch Deinen lieben Sohn, unsern HErrn und Heiland JEsum Christum, uns befohlen haſt, Dich zu bitten um getreue Arbeiter in Deine Ernte, ich bitte Dich herzlich für meinen Pfarrherrn oder Seelſorger, daß Du ihm gebeſt, Dein heiliges Wort mit freudigem Aufthun ſeines Mundes wider alle falſche Lehre und Mißbräuche zu handeln, und er kund mache das Geheimniß Deines heiligen Evangelii, lehre und rede in Deiner Gemeinde, wie es ſich gebühret: auf daß ich mit allen andern, meinen lieben Brüdern und Schweſtern, die ſich mit mir in dieſer Kirche verſammeln, durch Deinen Heiligen Geiſt geſtärkt, hier zeitlich in Deinem Gehorſam lebe, und dort in Ewigkeit ſelig werde durch denſelbigen Deinen Sohn JEſum Chriſtum, Amen.

15. Eine Beichte zu Gott nach den heiligen zehn Geboten.

Gerechter Gott, barmherziger Vater, ich armer, elender Sünder bekenne, daß ich nicht allein in Sünden empfangen und geboren bin, ſondern auch die ganze Zeit meines Lebens, von Kindheit auf bis dieſe gegenwärtige Stunde mit vielen ſchweren Sünden, leider! zugebracht habe. Da ich Dich, mein Gott und HErre, nicht von ganzem Herzen, von ganzer Seele, von allen Kräften und von ganzem Gemüthe gefürchtet und geliebet, Dir auch nicht über alle Dinge vertrauet, Deinen heiligen Namen nicht von Herzen angerufen und geprieſen habe, ſondern denſelben mannigmal gemißbrauchet, die Predigt Deines heiligen Worts habe ich öfters verſäumet, verachtet und mich nicht daraus gebeſſert. Ich bin meinen Eltern und Herren ungehorſam geweſen. Ich habe meinen Stand und Beruf nicht ſo treulich und fleißig verwaltet, als Du es von mir erforderſt. Auch habe ich meinen Nächſten nicht geliebet, als mich ſelbſt, ſondern ihn gehaſſet, verachtet, beleidigt, Schaden gethan und laſſen geſchehen. Bin auch in Worten und Werken ſchandbar und unzüchtig geweſen. In meinem Gewerb und Hantierung habe ich mich nicht ſo eifrig der Gerechtigkeit und in Worten der Wahrheit befliſſen, als es ſein ſollte. Ich habe mich des Böſen gelüſten laſſen, ich bin hoffärtig, geizig, unkeuſch, zornig, unmäßig, neidiſch und träg geweſen. Habe alſo den Bund meiner heiligen Taufe übergangen und wie ich je wider Dich geſündigt habe, es ſei mit Werken, Worten oder Gedanken, heimlich oder öffentlich; und alle meine verborgenen Fehler, welcher Du mich, als ein Herzenskündiger, ſchuldig weißeſt beſſer, denn ich ſelbſt, die bekenne ich mit herzlicher Reue und Leid; ich bin ja ein unnützer Knecht (Magd), und habe geſündigt in dem Himmel und vor Dir, bin nicht werth, daß ich Dein Kind heiße und mein Auge zu Dir aufhebe. Denn ich Dich mit vielen groben Sünden heftig erzürnet und meine arme Seele und Gewiſſen hart beſchweret habe, welche mich drücken und wie eine ſchwere Laſt ſind ſie mir zu ſchwer geworden. So komme ich doch in der Zeit der Gnade und appellire von Deiner ſtrengen Gerechtigkeit zu Deiner grundloſen Barmherzigkeit. Vergib mir meine Sünde, nimm an zur Bezahlung derſelben den unſchuldigen Tod JEſu Chriſti, Deines lieben Sohnes, und verleihe mir Deinen heiligen Geiſt zur Beſſerung meines ſündlichen Lebens. Amen.

16. Eine andere Beichte.

Ich armer Sünder bekenne mich Gott, meinem himmlischen Vater, daß ich leider schwerlich und mannigfaltig gesündigt habe, nicht allein mit äußerlichen Sünden, sondern auch mit innerlicher, angeborner Blindheit, Unglauben, Zweifel, Kleinmüthigkeit, Ungeduld, Ungehorsam, Hoffart, bösen Lüsten, Geiz, heimlichem Neid, Haß und Mißgunst, auch anderen Sünden; denn ich auf mancherlei Weise die allerheiligsten Gebote Gottes übertreten habe, wie dasselbe mein lieber HErr und Gott an mir erkennet und ich so vollkömmlich nicht erkennen kann. Dieselben Sünden reuen mich sehr und sind mir leid und begehre von Herzen Gnade von Gott durch seinen lieben Sohn JEsum Christum und bitte, daß er mir seinen Heiligen Geist zur Besserung meines Lebens mittheilen wolle.

17. Seufzer für die, die kein Verlangen nach dem heil. Abendmahle empfinden.

Ach siehe doch an, allerliebster HErr JEsu Christe! meinen Jammer, ich bin für mich arm und elend, ich bin so träg und faul zu solcher Deiner Arzenei, daß ich mich schier gar nicht sehne zum Reichthum Deiner Gnade, darum bitte ich Dich, o HErr! entzünde in mir eine rechte Begierde und Verlangen nach Deiner Gnade, und gib mir einen festen Glauben an Deine Verheißung, damit ich Dich, meinen lieben Gott, nicht beleidige mit meinem heillosen Unglauben und Ueberdruß, Amen.

Mein HErr JEsu Christe! siehe an meine verderbte Natur, denn ich dürftiger und elender Mensch habe einen Ekel vor der Arzenei, die Du mir zur Vergebung der Sünden und Seligkeit geordnet hast, ich befinde in mir kein herzlich Verlangen nach dem Reichthum Deiner Gnaden, zünde an in meinem Herzen, lieber HErr, das Verlangen Deiner Barmherzigkeit und den Glauben an Deine Verheißung, auf daß ich Dich, meinen treuesten Hirten, mit meinem schändlichen Unglauben und leidigen Ueberdruß nicht erzürne, und würdiglich esse und trinke von dem Brod und Wein Deines Leibes und Blutes, und durch diese heilsame Speise gestärkt und erhalten werde zum ewigen Leben, Amen.

18. Gebet um festen Glauben an die erhaltene Absolution.

Lieber Gott, der Du mir neben Deinem heiligen Wort gewisse Wahrzeichen gegeben hast, mich zu versichern, daß meines HErrn Christi Leben, Gnade und Himmel, darinnen er ist, meine Sünde, Tod und Hölle, mir zu gut, alle ganz und gar aufgehoben habe; solche Verheißung wirst Du mir gewiß halten, daß die Worte, damit mich der Kirchendiener von Sünden losgesprochen hat, so fest und kräftig sind, als ob ich sie von Dir, o Gott! selbst gehöret hätte. Ists nun Gottes Wort, wie es denn ist, so muß und wirds gewiß auch geschehen und ergehen, wie die Worte lauten, darauf beruhe ich, und in solcher Hoffnung und Vertrauen will ich willig sterben.

19. Gebet vor dem Genuß des heil. Abendmahls.

Mein HErr JEsu Christe! ich komme abermals als ein armer Sünder, der sich vielfältig gegen Dich verschuldet und nichts als ewigen Zorn und höllische Strafe verdient hat: dieweil Du aber so mild bist von Barmherzigkeit, so willst Du nicht den Tod des Sünders, sondern daß er sich bekehre und lebe. Derhalben hast Du mit uns ein neues Testament aufgerichtet, welches Du längst zuvor durch Deine Propheten versprochen, daß Du wollest unsre Sünde durch Deinen Tod von uns hinwegnehmen, und derselbigen nimmermehr gedenken. Hast also Deinen letzten Willen vor Deinem Sterben gemacht und uns gewißlich versprochen, daß Du Deinen Leib wollest hingeben in einen schmählichen Tod und Dein Blut vergießen zu Vergebung unserer Sünden. Denn also lautet Deine gnadenreiche Verheißung: Nehmet, esset, das ist mein Leib, der für euch dargegeben wird; das ist der Kelch des neuen Testaments in meinem Blut, welches für euch vergossen wird zur Vergebung der Sünden. Solcher Deiner Zusage glaube ich festiglich, und verlaß mich darauf, als auf das wahrhaftige Wort Gottes; mir geschehe nach Deinen Worten. Darum zu mehrerer Versicherung und Stärkung meines Glaubens will ich hingehen und nach Deinem Befehl empfahen Deinen wahren Leib und trinken Dein wahres Blut, und also Deinen Tod helfen verkündigen, preisen, loben, ehren und dankbar sein für solche unaussprechliche Wohlthat, die Du mir dadurch erzeiget und geschenket hast. Denn hier thust Du Deinen Schatz auf als ein milder Schatzmeister, und theilest Deine Güter aus, Vergebung der Sünden, Gerechtigkeit und ewiges Leben. Dir sei, lieber HErr, mit Gott, Deinem himmlischen Vater, und Gott, dem Heiligen Geist, Lob, Ehr und Preis von Ewigkeit zu Ewigkeit, Amen.

20. Seufzer vor Empfahung des heil. Abendmahls.

Mein HErr Christe! ich bin gefallen, wollte wohl gern, daß ich stark wäre, so hast Du nun uns das Sacrament darum eingesetzt, daß wir unsern Glauben dadurch entzünden und stärken, und uns also geholfen werde: darum bin ich da und wills empfahen ꝛc. ꝛc. — HErr! siehe, da ist das Wort, hie ist mein Gebrechen und Krankheit, so hast Du selbst gesagt: Kommt her zu mir alle, die ihr mühselig und beladen seid, ich will euch erquicken, darum gehe ich herzu und lasse mir helfen.

HErr, wahr ists, daß ich nicht würdig bin, daß Du unter mein Dach gehest, so bin ich doch nothdürftig und begierig Deiner Hilfe und Gnaden, daß ich auch möge fromm werden: darum komme ich auf kein anderes Verlassen, denn daß ich jetzt süße Worte gehört habe, daß Du mich mit zu Deinem Tische ladest, und sagst mir Unwürdigen zu, ich soll Vergebung aller Sünden haben durch Dein Leib und Blut, so ichs esse und trinke in diesem Sacrament, Amen. Lieber HErr! Dein Wort ist wahr, da zweifle ich nicht an, und darauf esse und trinke ich mit Dir, mir geschehe nach Deinen Worten, Amen.

Lieber HErr! ich fühle mich so schwach, so krank und verzagt, dennoch will ich mich das nicht irren lassen, will dennoch zu Dir kommen, daß Du mir helfest, denn Du bist ja der Hirte, dafür halte ich Dich, darum will ich an meinen Werken verzagen.

21. Gebet nach dem Genuß des heil. Abendmahls.

O allmächtiger, ewiger Gott! ich sage Deiner göttlichen Milde herzliches Lob und Dank, daß Du mich nun abermal mit dem heilsamen Fleisch und Blut Deines einigen Sohnes JEsu Christi, meines HErrn, gespeiset und getränket hast. Und bitte Dich demüthiglich, Du wollest durch Deinen Heiligen Geist in mir wirken: wie ich jetzt das heil. Sacrament mit dem Munde habe empfangen, daß ich auch also Deine göttliche Gnade, Vergebung der Sünden, Vereinigung mit Christo und ewiges Leben, welches Alles Du mir in diesem Deinem heiligen Sacrament so gnädiglich angeboten und übergeben hast, mit festem Glauben ergreifen und ewiglich behalten möge, durch JEsum Christum, Deinen lieben Sohn, unsern HErrn, Amen.

22. Seufzer eines Sterbenden nach Empfang des heil. Abendmahls.

Allmächtiger, barmherziger, ewiger HErr und Gott! der Du bist ein Vater unsers lieben HErrn JEsu Christi, ich weiß gewiß, daß Du Alles, was Du gesagt hast, auch halten willst und kannst, denn Du kannst nicht lügen, Dein Wort ist wahrhaftig, und hast mir im Anfang Deinen lieben einigen Sohn JEsum Christum zugesagt; derselbige ist kommen und hat mich vom Teufel, Tod, Hölle und Sünden erlöset, darnach zu mehrerer Sicherheit aus gnädigem Willen mir die Sacramente der Taufe und des Altars geschenket, darinnen mir angeboten Vergebung der Sünden, ewiges Leben und alle himmlischen Güter; auf solches Sein Anerbieten habe ich derselben gebrauchet und im Glauben auf Sein Wort mich feste verlassen und sie empfangen, derhalben ich gar nicht zweifele, daß ich wohl sicher und zufrieden bin vor dem Teufel, Tod, Hölle und Sünde; ist dies meine Stunde und Dein göttlicher Wille, so will ich friedlich mit Freuden auf Dein Wort gern von hinnen scheiden, Amen.

23. Seufzer in Todesnöthen.

Ich bin ein armer Sünder, das weißt Du, mein lieber HErr, aber Du hast mir lassen vorbilden durch Deinen lieben Sohn JEsum Christum, daß Du wollest mir gnädig sein, die Sünde vergeben und von keinem Zorn und Verdammniß wissen, und heißest mich solches gläuben und nicht zweifeln; darauf verlasse ich mich und will fröhlich darauf dahin fahren.

HErr, ich weiß niemand, weder im Himmel noch auf Erden, zu welchem ich eine tröstliche Zuflucht möchte haben, als zu Dir durch Christum; ich muß mich nackend ausziehen von allen fremden Werken und Verdienst. HErr, ich hab keine Zuflucht, als zu Deinem göttlichen Schoß, darin der Sohn sitzet; wenn ich die Hoffnung nicht hab, so ists verloren.

24. Gebet der Umstehenden für einen Sterbenden.

Allmächtiger, ewiger Gott, himmlischer, getreuer, lieber Vater! Dieweil Du uns in Deinem wahrhaften Wort zugesagt und versprochen hast, daß Du deren Gebet, so in ihren Nöthen zu Dir schreien, gnädiglich wollest erhören: so rufen wir auch jetzt in diesem unsern Anliegen zu Dir, und bitten Dich durch JEsum Christum, Deinen lieben Sohn, unsern HErrn, daß Du Deine arme Kreatur hier an ihrem letzten Ende nicht verlassest. Behüte sie, o HErr und Gott, vor der Gewalt des bösen Feindes; führe sie nicht in Versuchung; rechne ihr ihre Blödigkeit nicht zu, sondern verzeihe ihr und sei ihr gnädig; laß sie nicht in diesen großen Nöthen, erbarme Dich ihrer, gib ihr Kraft und Stärke, wider ihre Feinde, Sünde, Tod, Teufel und Hölle ritterlich zu kämpfen und bei ihrem Erlöser beständiglich zu bleiben, und endlich durch ihn selig zu werden, um Deines lieben Sohnes, unsers HErrn JEsu Christi willen, Amen.

25. Eine kurze Litanei nebst Gebeten bei einem Sterbenden.

HErr, erbarme Dich, Christe, erbarme Dich!
HErr, erbarme Dich über diesen kranken Menschen!
HErr Gott Vater im Himmel,
HErr Gott Sohn, der Welt Heiland,
HErr Gott Heiliger Geist,
Heilige Dreifaltigkeit, ewiger Gott,
} Erbarme Dich über ihn!

HErr, sei gnädig und verschone dieses sterbenden Menschen!
Vor dem bösen Geist,
Vor des Teufels Trug und List,
Vor allem Uebel,
Vor der Höllen Pein,
} Behüt ihn, lieber HErre Gott!

Durch Deine heilige Menschwerdung und Geburt,
Durch Deinen Todeskampf und blutigen Schweiß,
Durch Dein Kreuz und bittern Tod,
Durch Dein heilige Auferstehung und Himmelfahrt,
Durch die Gnade des Heiligen Geistes,
An seinem letzten Ende,
Am jüngsten Tage,
Am jüngsten Gericht,
} Hilf ihm, lieber HErre Gott!

Wir armen Sünder bitten, Du wollest uns erhören, lieber HErre Gott!
Und diesen Kranken trösten,
Ihm alle seine Sünden verzeihen,
Und nach diesem Elend ihm das ewige Leben geben.
} Erhöre uns, lieber HErre Gott!

Christe, erhöre uns!

O Du Gottes Lamm, das der Welt Sünde getragen hat, erbarme Dich über diesen sterbenden Menschen, und gib ihm den ewigen Frieden!
HErr, erbarme Dich!
Christe, erbarme Dich!
HErr, erbarme Dich über ihn!
Vater unser, der Du bist im Himmel 2c.

Gebet.

Allmächtiger, ewiger Gott, himmlischer, getreuer, lieber Vater! tröste und stärke diese Deine arme Kreatur, und verschone ihrer durch Deine Güte; hilf ihr aus aller Angst und Noth, entbinde sie in Deinen Gnaden, und nimm sie zu Dir in Dein Reich, durch JEsum Christum, Deinen lieben Sohn, unsern einigen HErrn, Heiland, Erlöser und Seligmacher, Amen.

Desgleichen.

Allmächtiger, ewiger Gott! Laß Dich erbarmen das ängstliche Seufzen und Klagen dieses sterbenden Menschen, nimm ihn auf in Dein Himmelreich, das Du ihm und allen Gläubigen aus Gnaden von Anfang der Welt bereitet hast. Entbinde ihn gnädiglich, HErr, und nach Bezahlung menschlicher Schuld tröste ihn mit Deinen Auserwählten ewiglich, durch Deinen lieben Sohn, unsern HErrn JEsum Christum, Amen.

26. Formular zu Nothtaufen.

Man betet zusammen:

Vater unser, der Du 2c.

Darauf spricht der Taufende:

O lieber HErr Christe, wir opfern Dir auf Deinen Befehl dies Kindlein. Nimm es an und laß es einen Erben Deines Reichs werden, wie Du gesagt hast: Lasset die Kindlein zu mir kommen und wehret ihnen nicht, denn solcher ist das Himmelreich.

Die Anwesenden sprechen:

Amen.

Darauf tauft man und spricht:

Ich taufe dich im Namen des Vaters, des Sohnes und des Heiligen Geistes.

Die Anwesenden sprechen:

Amen.

Ist zu besorgen, daß auch die angegebene Form für das davoneilende Leben des Kindes zu lang sein möchte, so spricht der Taufende:

O HErr JEsu Christe, nimm dieses Kind an durch Deine Barmherzigkeit.

Die Anwesenden sprechen:
Amen.

Der Taufende spricht:
Ich taufe dich im Namen des Vaters, des Sohnes, und des Heiligen Geistes. Amen.

In höchster Noth kann man auch ohne Weiteres zum Wasser greifen, taufen und dazu sprechen:
Ich taufe dich im Namen des Vaters, des Sohnes, und des Heiligen Geistes.

Die Anwesenden sprechen:
Amen.

Register des Anhangs.

                                                Seite

1. Gebet zu christlicher Vorbereitung zum Gebet (aus L. Rabus Betbüchlein)................. 251
2. Morgengebet (aus Joh. Arndt's Paradiesgärtlein)..... 251
3. Ein Morgengebetlein (aus L. Rabus Betbüchlein)..... 252
4. Desgleichen....................................... 253
5. Desgleichen....................................... 253
6. Abendgebet (aus Joh. Arndt's Paradiesgärtlein)..... 253
7. Abendgebet (aus L. Rabus Betbüchlein)............. 254
8. Tägliche Beichte vor Schlafengehen (von Luther).... 254
9. Ein Gebet, enthaltend die Umschreibung der sieben Bitten des heiligen Vater Unser (von Luther)............ 255
10. Kurzes Gebet um Glauben (von Luther)............. 256
11. Gebet in Anfechtung mit zeitlichen Sorgen (aus Rabus) 256
12. Gebet wider die Verfolger und Feinde der Kirche (von Luther).. 257

		Seite
13.	Gebet für den Seelsorger (aus Rabus Betbüchlein)	258
14.	Gebet für den Seelsorger zu Anfang des Gottesdienstes (aus L. Rabus Betbüchlein)	258
15.	Eine Beichte zu Gott nach den heiligen zehn Geboten	259
16.	Eine andere Beichte	260
17.	Seufzer für die, die kein Verlangen nach dem heiligen Abendmahle empfinden (von Luther)	260
18.	Gebet um festen Glauben an die erhaltene Absolution (von Luther)	260
19.	Gebet vor dem Genuß des heiligen Abendmahls (aus L. Rabus Betbüchlein)	261
20.	Seufzer vor Empfahung des heiligen Abendmahls (von Luther)	261
21.	Gebet nach dem Genuß des heiligen Abendmahls (aus Rabus Betbüchlein)	262
22.	Seufzer eines Sterbenden nach Empfang des heiligen Abendmahls (von Luther)	262
23.	Seufzer in Todesnöthen (von Luther)	262
24.	Gebet der Umstehenden für einen Sterbenden (aus Rabus)	263
25.	Eine kurze Litanei nebst Gebeten bei einem Sterbenden (aus Rabus)	263
26.	Formular zu Noth- oder Jach-Taufen	264

Luther's Deudsch Catechismus. Aufl's new corrigirt vnd gebessert. 8. Wittenberg (Georgen Rhaw) 1540. 188 Bl, Prgmt. 6. —

Höchst selten. Enthält ausser obigen 188 Bl. noch die bekannte Vorrede von Luther „Strafpredigt an die Pfarrher" worin es unter anderm heisst: „Dieweil wir sehen dass leider viel Prediger vnd Pfarrher im betreiben des Catechismum seer saumig sind/ vnd verachten beide jr ampt vnd diese leer/ etliche aus grosser hoher kunst) etliche aber aus lauter faulheit/ vnd bauchsorge/ welche stellen sich nicht anders zur sachen/ denn als wären sie vmb jhres bauchs willen Pfarrherr odder Prediger/ vnd müssen nichts thun/ denn die güter gebrauchen weil sie leben/ wie sie vnter dem Babstumb gewohnet etc." Am Schlusse ist Luthers bekannte „Vermanung zur Beicht."

2114 **Hegel**, G. W. F., Wissenschaft d. Logik. Hrsg. von L. v. Henning. 2.
2 Thle. in 3 Bdn. 8. Berlin 1841. Hlwd. (Thlr. 6. —)
2115 **Heusde**, Ph. W. v., die Encyclopädie. Probe philosoph. Nachforschungen
d. Menschen Seelenvermögen u. deren Harmonie. 2 Thle. 8. Erlangen
Hldr. (Thlr. 1. 25) -
2116 **Hillebrand**, J., Versuch einer allg. Bildungslehre, wissenschaftl. dargestellt
d. Prinzipe d. Weisheit. 8. Braunschw. 1816. cart. (Thlr. 1. 15) -
2117 **Hueffell**, L., Briefe üb. d. Unsterblichk. d. menschl. Seele. 8. Carlsr. 1832. -
2118 **Kant**, J.. Kritik d. reinen Vernunft. 4 Bde. 8. Grätz 1795. Pp.

ENCHIRIDION.

Der kleine Katechismus,
für die gemeinen Pfarrherren und Prediger
durch
Dr. Martin Luther.

Vorrede.

Dr. Martinus Luther
allen treuen, frommen Pfarrherren und Predigern Gnade, Barmherzigkeit und Friede in Christo JEsu, unserm HErrn!

Diesen Katechismum oder christliche Lehre in solche kleine schlechte Form zu stellen, hat mich gezwungen und gedrungen die klägliche Noth, so ich neulich erfahren habe, da ich auch ein Visitator war. Hilf, lieber Gott! wie manchen Jammer habe ich gesehen, daß der gemeine Mann doch gar nichts weiß von der christlichen Lehre, sonderlich auf den Dörfern; und leider viel Pfarrherren fast ungeschickt und untüchtig sind zu lehren, und sollen doch alle Christen heißen, getauft sein und der heiligen Sakramente genießen: können weder Vater Unser, noch den Glauben oder zehen Gebot; leben dahin wie das Vieh und die unvernünftigen Säue; und nun das Evangelium kommen ist, dennoch fein gelernet haben, aller Freiheit meisterlich zu mißbrauchen.

O ihr Bischöfe! was wollt ihr doch Christo immermehr antworten, daß ihr das Volk so schändlich habt lassen dahin gehen, und euer Amt nicht einen Augenblick beweiset, daß euch alles Unglück fliehe! gebietet einerlei Gestalt, und treibet auf euer Menschengesetz; fraget aber dieweil nichts darnach, ob sie das Vater Unser, Glauben, zehen Gebot oder einiges Gottes Wort kennen. Ach und Weh über euern Hals ewiglich!

Darum bitte ich um Gotteswillen euch alle, meine lieben Herren und Brüder, so Pfarrherren und Prediger sind, wollet euch eures Amts von Herzen annehmen, und erbarmen über euer Volk, das euch befohlen ist, und uns helfen den Katechismum in die Leute, sonderlich in das junge Volk, bringen; und welche es nicht besser vermögen, diese Tafel und Form für sich nehmen, und dem Volke von Wort zu Wort fürbilden, nämlich also:

Aufs Erste: Daß der Priester vor allen Dingen sich hüte und meide mancherlei oder allerlei Text und Form der zehen Gebote, Glauben, Vater Unser, der Sakramente 2c. Sondern nehme eine Form vor sich, darauf er bleibe, und dieselbige immer treibe, ein Jahr wie das andere; denn das junge und alberne Volk muß man mit einerlei gewissem Text und Form lehren, sonst werden sie gar leicht irre, wenn man heute so und über ein Jahr anders lehret, als wollte man es bessern, und wird damit alle Mühe und Arbeit verloren.

Das haben die lieben Väter auch wohl gesehen, die das Vater Unser, Glauben, zehen Gebot alle auf eine Weise haben gebrauchet. Darum sollen wir auch bei dem jungen und einfältigen Volk solche Stücke also lehren, daß wir nicht eine Syllaben verrücken, oder ein Jahr anders, denn das andere, vorhalten oder vorsprechen. Darum erwähle dir, welche Form du willt, und bleibe dabei ewiglich. Wenn du aber bei denen Gelehrten und Verständigen predigen sollt, so magst du deine Kunst beweisen, und die Stücke so buntkraus machen, und so meisterlich drehen, als du kannst. Aber bei dem jungen Volke bleibe auf einerlei gewissen und einigen Form und Weise, und lehre sie vors Allererste die Stücke: Nämlich die zehen Gebote, Glauben, Vater Unser ꝛc. nach dem Text hin, von Wort zu Wort, daß sie es auch so nachsagen können und auswendig lernen.

Welche es aber nicht lernen wollen, daß man denen selbigen sagt: wie sie Christum verläugnen und keine Christen sind: sollen auch nicht zum Sakrament gelassen werden, kein Kind aus der Taufe heben, auch kein Stück der christlichen Freiheit brauchen, sondern schlecht dem Pabst und seinen Offizialen, dazu dem Teufel selbst, heimgeweiset sein. Darzu sollen ihnen die Eltern und Hausherren Essen und Trinken versagen, und ihnen andeuten, daß solche rohe Leute der Fürst aus dem Lande jagen wolle ꝛc.

Denn wiewohl man Niemand zwingen kann noch soll zum Glauben, so soll man doch den Haufen dahin halten und treiben, daß sie wissen, was recht und unrecht ist bei denen, bei welchen sie wohnen, sich nähren und leben wollen. Denn wer in einer Stadt wohnen will, der soll das Stadtrecht wissen und halten, das er genießen will; Gott gebe, er glaube, oder sei im Herzen für sich ein Schalk oder Bube.

Zum Andern: Wenn sie den Text wohl können, so lehre sie denn hernach auch den Verstand, daß sie wissen, was es gesaget sei. Und nimm abermal vor dich dieser Tafeln Weise, oder sonst eine kurze einige Weise, welche du willt, und bleibe dabei und verrücke sie mit keiner Sylbe nicht, gleichwie vom Texte jetzt gesagt ist; und nimm dir der Weile dazu, denn es ist nicht Noth, daß du alle Stücke auf einmal vornehmest, sondern eines nach dem andern. Wenn sie das erste Gebot zuvor wohl verstehen, darnach nimm das andere für dich und so fort an. Sonsten werden sie überschüttet, daß sie keines wohl behalten.

Zum Dritten: Wenn du sie nun solchen kurzen Katechismum gelehret hast, alsdenn nimm den großen Katechismum vor dich, und gib ihnen auch reichern und weitern Verstand, daselbst streich ein jeglich Gebot, Bitte und Stück aus mit seinen mancherlei Werken, Nutz, Frommen, Fahr und Schaden, wie du das alles reichlich findest in so viel Büchlein, die davon gemacht; und insonderheit treibe das Gebot und Stück am meisten, das bei deinem Volk am meisten Noth leidet. Als das siebente Gebot, vom Stehlen, mußt du bei Handwerkern, Händlern, ja auch bei Bauern und Gesinde heftig treiben; denn bei solchen Leuten ist allerlei Untreu und Dieberei groß. Item das vierte Gebot mußt du bei den Kindern und gemeinem Mann wohl treiben, daß sie still, treu, gehorsam, friedsam sein, und immer viel Exempel aus der Schrift, da Gott solche Leute gestraft und gesegnet hat, anführen. Insonderheit treibe auch daselbst die Obrigkeit und Eltern, daß sie wohl regieren und Kinder ziehen zur Schulen, mit Anzeigung, wie sie solches zu thun schuldig sind; und wo sie es nicht thun, welch eine verfluchte Sünde sie thun; denn sie stürzen und verwüsten damit beide Gottes und der Welt Reich, als die ärgsten Feinde beide Gottes und der Menschen. Und streiche wohl aus, was für greulichen Schaden sie thun, wo sie nicht helfen Kinder ziehen zu Pfarrherren, Predigern, Schreibern &c., daß Gott sie schrecklich darum strafen wird. Denn es ist hie Noth zu predigen: Die Eltern und Obrigkeit sündigen jetzt hierinne, das nicht zu sagen ist. Der Teufel hat auch ein Grausames damit im Sinne.

Jetzt, weil nun die Tyrannei des Pabsts ab ist, so wollen sie nicht mehr zum Sakramente gehen, und verachtens. Hier ist aber Noth zu treiben, doch mit diesem Bescheid: wir sollen Niemand zum Glauben oder Sakrament zwingen, auch kein Gesetz, noch Zeit oder Stätte bestimmen, aber also predigen, daß sie sich selbst, ohne unser Gesetz, dringen, und gleichsam uns Pfarrherren zwingen, das Sakrament zu reichen, welches thue man also, daß man ihnen sage: wer das Sakrament nicht suchet oder begehrt, zum wenigsten einmaler viere des Jahres, da ist zu besorgen, daß er das Sakrament verachte, und kein Christ sei; gleichwie der kein Christ ist, der an das Evangelium nicht gläubet oder höret. Denn Christus sprach nicht: solches lasset, oder solches verachtet, sondern: solches thut, so oft ihrs trinket &c. Er will es wahrlich gethan, und allerdings nicht gelassen und verachtet haben; solches thut, spricht Er.

Wer aber das Sakrament nicht groß achtet, das ist ein Zeichen, daß er keine Sünde, kein Fleisch, keinen Teufel, keine Welt, keinen Tod, keine Fahr, keine Hölle hat; das ist: er glaubet der keines, ob er wohl bis über die Ohren darin stecket, und ist zweifältig des Teufels; wiederum, so bedarf er auch keine Gnade, Leben, Paradies, Himmelreich, Christus, Gottes, noch einiges Gutes; denn wo er gläubete, daß er so viel Böses hätte, und so viel Gutes bedürfte, so würde er das Sakrament nicht so lassen, darinnen solchem Uebel geholfen und so viel Gutes gegeben wird. Man dürfte ihn auch mit keinem Gesetz zum Sakrament zwingen, sondern er würde selbst gelaufen und gerennt kommen, sich selbst zwingen und dich bringen, daß du ihm müssest das Sakrament geben.

Darum darfst du hie kein Gesetz stellen, wie der Pabst; streich nur wohl aus den Nutz und Schaden, Noth und Frommen, Fahr und Heil in diesem Sakrament, so werden sie selbst wohl kommen, ohne dein Zwingen. Kommen sie aber nicht, so laß sie fahren und sag ihnen, daß sie des Teufels sind, die ihre große Noth und Gottes gnädige Hilfe nicht achten noch fühlen. Wenn du aber solches nicht treibest, oder machst ein Gesetz oder Gift daraus, so ist es deine Schuld, daß sie das Sakrament verachten. Wie sollten sie nicht faul sein, wenn du schläfest und schweigest?

Darum siehe darauf, Pfarrherr und Prediger, unser Amt ist nun ein ander Ding worden, denn es unter dem Pabst war; es ist nun ernst und heilsam worden!

Darum hat es nun viel mehr Mühe und Arbeit, Fahr und Anfechtung, dazu wenig Lohn und Dank in der Welt. Christus aber will unser Lohn selbst sein, so wir treulich arbeiten. Das helf uns der Vater aller Gnade, dem sei Lob und Dank in Ewigkeit, durch JEsum Christum, unsern HErrn, Amen!

Die zehen Gebote.

Wie sie ein Hausvater seinem Gesinde einfältiglich vorhalten soll.

Das erste Gebot:
Du sollst nicht andere Götter haben neben mir.

Was ist das? Antwort:
Wir sollen Gott über alle Dinge fürchten, lieben und vertrauen.

Das andere Gebot:
Du sollst den Namen deines Gottes nicht unnützlich führen.

Was ist das? Antwort:
Wir sollen Gott fürchten und lieben, daß wir bei seinem Namen nicht fluchen, schwören, zaubern, lügen oder trügen, sondern denselben in allen Nöthen anrufen, beten, loben und danken.

Das dritte Gebot:
Du sollst den Feiertag heiligen.

Was ist das? Antwort:
Wir sollen Gott fürchten und lieben, daß wir die Predigt und sein Wort nicht verachten, sondern dasselbe heilig halten, gerne hören und lernen.

Das vierte Gebot:
Du sollst deinen Vater und deine Mutter ehren, auf daß dirs wohl gehe und du lange lebest auf Erden.

Was ist das? Antwort:
Wir sollen Gott fürchten und lieben, daß wir unsere Eltern und Herren nicht verachten noch erzürnen, sondern sie in Ehren halten, ihnen dienen, gehorchen, sie lieb und werth haben.

Das fünfte Gebot:
Du sollst nicht tödten.

Was ist das? Antwort:
Wir sollen Gott fürchten und lieben, daß wir unserm Nächsten an seinem Leibe keinen Schaden noch Leid thun, sondern ihm helfen und fördern in allen Leibesnöthen.

Das sechste Gebot:
Du sollst nicht ehebrechen.
Was ist das? Antwort:
Wir sollen Gott fürchten und lieben, daß wir keusch und züchtig leben in Worten und Werken; und ein jeglicher sein Gemahl lieben und ehren.

Das siebente Gebot:
Du sollst nicht stehlen.
Was ist das? Antwort:
Wir sollen Gott fürchten und lieben, daß wir unsers Nächsten Geld oder Gut nicht nehmen, noch mit falscher Waar oder Handel an uns bringen, sondern ihm sein Gut und Nahrung helfen bessern und behüten.

Das achte Gebot:
Du sollst nicht falsch Zeugniß reden wider deinen Nächsten.
Was ist das? Antwort:
Wir sollen Gott fürchten und lieben, daß wir unsern Nächsten nicht fälschlich belügen, verrathen, afterreden, oder bösen Leumund machen, sondern sollen ihn entschuldigen, Gutes von ihm reden, und alles zum Besten kehren.

Das neunte Gebot:
Du sollst nicht begehren deines Nächsten Haus.
Was ist das? Antwort:
Wir sollen Gott fürchten und lieben, daß wir unserm Nächsten nicht mit List nach seinem Erbe oder Hause stehen, noch mit einem Schein des Rechten an uns bringen, sondern ihm dasselbige zu behalten, förderlich und dienstlich sein.

Das zehente Gebot:
Du sollst nicht begehren deines Nächsten Weib, Knecht, Magd, Vieh, oder alles, was sein ist.
Was ist das? Antwort:
Wir sollen Gott fürchten und lieben, daß wir unserm Nächsten nicht sein Weib, Gesinde oder Vieh abspannen, abbringen oder abwendig machen, sondern dieselbigen anhalten, daß sie bleiben und thun, was sie schuldig sein.

Was sagt nun Gott von diesen Geboten allen? Antwort:
Er saget also: Ich, der HErr, dein Gott, bin ein starker, eifriger Gott, der über die, so mich hassen, die Sünde der Väter heimsuchet an den Kindern bis ins dritte und vierte Glied; aber denen, so mich lieben und meine Gebote halten, thue ich wohl in tausend Glied.

Was ist das? Antwort:
Gott dräuet zu strafen alle, die diese Gebote übertreten; darum sollen wir uns fürchten für seinem Zorn und nicht wider solche Ge-

bote thun. Er verheißet aber Gnade und alles Gutes allen, die solche Gebote halten; darum sollen wir ihn auch lieben und vertrauen, und gerne thun nach seinen Geboten.

Der Glaube.

Wie ein Hausvater denselbigen seinem Gesinde aufs einfältigste vorhalten soll.

Der erste Artikel.
Von der Schöpfung.

Ich glaube an Gott den Vater, allmächtigen Schöpfer Himmels und der Erden.

Was ist das? Antwort:

Ich glaube, daß mich Gott geschaffen hat, samt allen Creaturen, mir Leib und Seel, Augen, Ohren und alle Glieder, Vernunft und alle Sinne gegeben hat und noch erhält; dazu Kleider und Schuh, Essen und Trinken, Haus und Hof, Weib und Kind, Aecker, Vieh und alle Güter mit aller Nothdurft und Nahrung des Leibes und Lebens reichlich und täglich versorget, wider alle Fährlichkeit beschirmet, und vor allem Uebel behütet und bewahret; und das alles aus lauter väterlicher, göttlicher Güte und Barmherzigkeit, ohne alle mein Verdienst und Würdigkeit, des alles ich ihm zu danken, zu loben, und dafür zu dienen und gehorsam zu sein, schuldig bin; das ist gewißlich wahr.

Der andere Artikel.
Von der Erlösung.

Und an JEsum Christum, seinen eingebornen Sohn, unsern HErrn, der empfangen ist von dem Heiligen Geist, geboren von der Jungfrau Maria, gelitten unter Pontio Pilato, gekreuziget, gestorben und begraben, niedergefahren zur Höllen, am dritten Tage wieder auferstanden von den Todten, aufgefahren gen Himmel, sitzend zur Rechten Gottes, des allmächtigen Vaters, von dannen er kommen wird zu richten die Lebendigen und die Todten.

Was ist das? Antwort:

Ich glaube, daß JEsus Christus, wahrhaftiger Gott vom Vater in Ewigkeit geboren, und auch wahrhaftiger Mensch von der Jungfrau Maria geboren, sei mein HErr, der mich verlornen und verdammten Menschen erlöset hat, erworben, gewonnen von allen Sünden, vom Tod und von der Gewalt des Teufels; nicht mit Gold oder Silber, sondern mit seinem heiligen theuren Blut und mit seinem unschuldigen Leiden und Sterben; auf daß ich sein eigen sei und in seinem Reich unter ihm lebe und ihm diene, in ewiger

Gerechtigkeit, Unschuld und Seligkeit, gleichwie er ist auferstanden vom Tode, lebet und regieret in Ewigkeit; das ist gewißlich wahr.

Der dritte Artikel.
Von der Heiligung.

Ich glaube an den Heiligen Geist, eine heilige christliche Kirche, die Gemeine der Heiligen, Vergebung der Sünden, Auferstehung des Fleisches und ein ewiges Leben. Amen.

Was ist das? Antwort:

Ich glaube, daß ich nicht aus eigener Vernunft noch Kraft an JEsum Christum meinen HErrn gläuben oder zu ihm kommen kann; sondern der Heilige Geist hat mich durch das Evangelium berufen, mit seinen Gaben erleuchtet, im rechten Glauben geheiliget und erhalten, gleichwie er die ganze Christenheit auf Erden berufet, sammlet, erleuchtet, heiliget und bei JEsu Christo erhält im rechten einigen Glauben, in welcher Christenheit er mir und allen Gläubigen täglich alle Sünden reichlich vergibt, und am jüngsten Tage mich und alle Todten auferwecken wird, und mir samt allen Gläubigen in Christo ein ewiges Leben geben wird: das ist gewißlich wahr.

Das Vater Unser.

Wie ein Hausvater dasselbige seinem Gesinde aufs einfältigste vorhalten soll.

Vater unser, der du bist im Himmel.

Was ist das? Antwort:

Gott will uns damit locken, daß wir glauben sollen, er sei unser rechter Vater, und wir seine rechten Kinder, auf daß wir getrost und mit aller Zuversicht ihn bitten sollen, wie die lieben Kinder ihren lieben Vater.

Die erste Bitte.
Geheiliget werde dein Name.

Was ist das? Antwort:

Gottes Name ist zwar an ihm selbst heilig; aber wir bitten in diesem Gebet, daß er auch bei uns heilig werde.

Wie geschieht das? Antwort:

Wo das Wort Gottes lauter und rein gelehret wird, und wir auch heilig, als die Kinder Gottes, darnach leben, das hilf uns, lieber Vater im Himmel! Wer aber anders lehret und lebet, denn das Wort Gottes lehret, der entheiliget unter uns den Namen Gottes: da behüte uns für, lieber himmlischer Vater!

Die andere Bitte.
Dein Reich komme.

Was ist das? Antwort:

Gottes Reich kömmt wohl ohn unser Gebet von ihm selbst; **aber** wir bitten in diesem Gebet, daß es auch zu uns komme.

Wie geschicht das? Antwort:

Wenn der himmlische Vater uns seinen Heiligen Geist gibt, daß wir seinem heiligen Wort durch seine Gnade glauben und **göttlich** leben hier zeitlich und dort ewiglich.

Die dritte Bitte.

Dein Wille geschehe, wie im Himmel, also auch auf Erden.

Was ist das? Antwort:

Gottes guter gnädiger Wille geschicht wohl ohn unser Gebet; aber wir bitten in diesem Gebet, daß er auch bei uns geschehe.

Wie geschicht das? Antwort:

Wenn Gott allen bösen Rath und Willen bricht und hindert, so uns den Namen Gottes nicht heiligen und sein Reich nicht kommen lassen wollen, als da ist: des Teufels, der Welt und unsers Fleisches Wille; sondern stärket und behält uns fest in seinem Wort und Glauben, bis an unser Ende, das ist sein gnädiger und guter Wille.

Die vierte Bitte.

Unser täglich Brod gib uns heute.

Was ist das? Antwort:

Gott gibt täglich Brod, auch wohl ohne unsere Bitte, allen bösen Menschen; aber wir bitten in diesem Gebet, daß ers uns erkennen lasse und mit Danksagung empfahen unser täglich Brod.

Was heißt denn täglich Brod? Antwort:

Alles was zur Leibes-Nahrung und Nothdurft gehört, als Essen, Trinken, Kleider, Schuh, Haus, Hof, Acker, Vieh, Geld, Gut, fromm Gemahl, fromme Kinder, fromm Gesinde, fromme und getreue Oberherren, gut Regiment, gut Wetter, Friede, Gesundheit, Zucht, Ehre, gute Freunde, getreue Nachbarn und desgleichen.

Die fünfte Bitte.

Und erlaß uns unsere Schuld, als wir erlassen unsern Schuldigern.

Was ist das? Antwort:

Wir bitten in diesem Gebet, daß der Vater im Himmel nicht ansehen wolle unsere Sünden, und um derselben willen solche Bitten nicht versagen; (denn wir sind der keines werth, das wir bitten, habens auch nicht verdienet), sondern Er wolle uns alles aus Gnaden geben; denn wir täglich viel sündigen und wohl eitel Strafe verdienen: so wollen wir zwar wiederum auch herzlich vergeben, und gerne wohlthun denen, die sich an uns versündigen.

Die sechste Bitte.

Und führe uns nicht in Versuchung.

Das Sakrament der heiligen Taufe.

Was ist das? Antwort:

Gott versucht zwar Niemand; aber wir bitten in diesem Gebet, daß uns Gott wolle behüten und erhalten, auf daß uns der Teufel, die Welt und unser Fleisch nicht betrüge, noch verführe in Mißglauben, Verzweiflung und andere große Schand und Laster; und ob wir damit angefochten würden, daß wir doch endlich gewinnen und den Sieg behalten.

Die siebente Bitte.
Sondern erlöse uns von dem Uebel.

Was ist das? Antwort:

Wir bitten in diesem Gebet, als in der Summa, daß uns der Vater im Himmel von allerlei Uebel, Leibes und der Seelen, Gutes und Ehre, erlöse, und zuletzt, wenn unser Stündlein kömmt, ein seliges Ende beschere, und mit Gnaden von diesem Jammerthal zu sich nehme in den Himmel. Amen.

Was heißt Amen? Antwort:

Daß ich soll gewiß sein, solche Bitten sind dem Vater im Himmel angenehm und erhöret; denn er selbst hat uns geboten, also zu beten, und verheißen, daß er uns wolle erhören. Amen, Amen, das heißt: Ja, ja, es soll also geschehen.

Das Sakrament der heiligen Taufe.

Wie ein Hausvater dasselbige seinem Gesinde einfältiglich vorhalten soll.

Zum Ersten.

Was ist die Taufe? Antwort:

Die Taufe ist nicht allein schlecht Wasser, sondern sie ist das Wasser in Gottes Gebot verfasset, und mit Gottes Wort verbunden.

Welches ist denn solch Wort Gottes? Antwort:

Da unser HErr Christus spricht Matthäi am letzten: Gehet hin in alle Welt, und lehret alle Heiden und taufet sie im Namen des Vaters, und des Sohnes, und des Heiligen Geistes.

Zum Andern.

Was gibt oder nützt die Taufe? Antwort:

Sie wirket Vergebung der Sünden, erlöset von Tod und Teufel, und gibt die ewige Seligkeit allen, die es gläuben, wie die Worte und Verheißung Gottes lauten.

Welches sind denn solche Worte und Verheißung Gottes? Antwort:

Da unser HErr Christus spricht Marci am letzten: Wer da glaubet und getauft wird, der wird selig; wer aber nicht glaubet, der wird verdammet.

Zum Dritten.

Wie kann Wasser solche große Dinge thun? Antwort:

Wasser thuts freilich nicht, sondern das Wort Gottes, so mit und bei dem Wasser ist, und der Glaube, so solchem Worte Gottes im Wasser trauet. Denn ohne Gottes Wort ist das Wasser schlecht Wasser und keine Taufe. Aber mit dem Worte Gottes ist es eine Taufe, das ist: Ein gnadenreich Wasser des Lebens und ein Bad der neuen Geburt im Heiligen Geist, wie St. Paulus saget zum Tito am 3. Kapitel:

Durch das Bad der Wiedergeburt und Erneuerung des Heiligen Geistes, welchen er ausgegossen hat über uns reichlich durch JEsum Christum, unsern Heiland, auf daß wir durch desselben Gnade gerecht und Erben sein des ewigen Lebens, nach der Hoffnung, das ist gewißlich wahr.

Zum Vierten.

Was bedeutet denn solch Wassertaufen? Antwort:

Es bedeutet, daß der alte Adam in uns durch tägliche Reue und Buße soll ersäufet werden und sterben mit allen Sünden und bösen Lüsten, und wiederum täglich herauskommen und auferstehen ein neuer Mensch, der in Gerechtigkeit und Reinigkeit für Gott ewiglich lebe.

Wo stehet das geschrieben? Antwort:

St. Paulus zu'n Römern am 6. spricht: Wir sind samt Christo durch die Taufe begraben in den Tod; auf daß, gleichwie Christus ist von den Todten auferwecket durch die Herrlichkeit des Vaters, also sollen wir auch in einem neuen Leben wandeln.

Das Amt der Schlüssel.

Wie ein Hausvater dasselbige seinem Gesinde einfältiglich vorhalten soll.

Was ist das Amt der Schlüssel? Antwort:

Das Amt der Schlüssel ist die sonderbare Kirchengewalt, die Christus seiner Kirche auf Erden hat gegeben, denen bußfertigen Sündern die Sünde zu vergeben, denen Unbußfertigen aber die Sünde zu behalten, so lange sie nicht Buße thun.

Wo stehet das geschrieben? Antwort:

So schreibt der heilige Evangelist Johannes am 20. Kapitel: Der HErr JEsus blies seine Jünger an und sprach zu ihnen: Nehmet hin den Heiligen Geist; welchen ihr die Sünden erlasset, denen sind sie erlassen, und welchen ihr sie behaltet, denen sind sie behalten.

Was gläubest du bei diesen Worten? Antwort:

Ich glaube, was die berufenen Diener Christi aus seinem göttlichen Befehl mit uns handeln; sonderlich, wenn sie die öffentlichen und unbußfertigen Sünder von der christlichen Gemeine ausschließen, und die, so ihre Sünde bereuen und sich bessern wollen, wiederum entbinden, daß es also kräftig und gewiß sei auch im Himmel, als handelte es unser lieber HErr Christus mit uns selber.

Wie man die Einfältigen soll lehren beichten. (Matth. 18. Joh. 20.)

Was ist die Beichte? Antwort:

Die Beicht begreift zwei Stück in sich: Eines, daß man die Sünde bekenne; das andere, daß man die Absolution oder Vergebung vom Beichtiger empfahe, als von Gott selbst, und ja nicht daran zweifele, sondern fest glaube, die Sünden sein dadurch vergeben für Gott im Himmel.

Welche Sünden soll man beichten? Antwort:

Für Gott soll man sich aller Sünden schuldig geben; auch die wir nicht erkennen, wie wir im Vater Unser thun; aber für dem Beichtiger sollen wir allein die Sünden bekennen, die wir wissen und fühlen im Herzen.

Welche sind die? Antwort:

Da siehe deinen Stand an, nach den zehen Geboten, ob du Vater, Mutter, Sohn, Tochter, Herr, Frau, Knecht, Magd seist, ob du ungehorsam, untreu, unfleißig, zornig, unzüchtig, gehässig gewesen seiest? Ob du jemand leid gethan hast mit Worten oder Werken? Ob du gestohlen, versäumet, verwahrloset oder Schaden gethan hast?

Lieber, stelle mir eine kurze Weise zu beichten? Antwort:

So sollt du zum Beichtiger sprechen: Würdiger lieber Herr, ich bitte euch, ihr wollet meine Beichte hören, und mir die Vergebung sprechen, um Gottes willen!

Sage an:

Ich armer Sünder bekenne mich vor Gott aller Sünden schuldig; insonderheit bekenne ich vor euch, daß ich ein Knecht (Magd) ꝛc. bin. Aber ich diene, leider! untreulich meinem Herrn. Denn da und da habe ich nicht gethan, was sie mir geheißen; habe sie erzürnet und zu fluchen beweget; habe versäumet und Schaden lassen geschehen. Bin auch in Worten und Werken unschambar gewesen; habe mit meines gleichen gezürnet; wider meine Frau (Herrn) gemurret und gefluchet ꝛc. Das alles ist mir leid, und bitte um Gnade, ich will mich bessern.

Ein Herr oder Frau sage also:

Insonderheit bekenne ich vor euch, daß ich mein Kind und Gesinde nicht treulich erzogen habe zu Gottes Ehren. Ich habe gefluchet; böse Exempel mit unzüchtigen Worten und

Werken gegeben; meinen Nachbarn Schaden gethan; übel nachgeredet; zu theuer verkauft; falsche und nicht ganze Waare gegeben; und was er mehr wider die Gebote Gottes und seinen Stand gethan ꝛc.

Wenn aber jemand sich nicht befindet beschweret mit solchen oder größern Sünden, der soll nicht sorgen oder weiter Sünde suchen noch erdichten, und damit eine Marter aus der Beichte machen; sondern erzähle eine oder zwo, die du weißest. Also: Insonderheit bekenne ich, daß ich einmal gefluchet; item einmal unhübsch mit Worten gewest; einmal dies N. versäumet ꝛc. Also laß es genug sein.

Weißest du aber gar keine (welches doch nicht wohl möglich sein kann), so sage auch keine insonderheit, sondern nimm die Vergebung auf die gemeine Beichte, so du vor Gott thust gegen dem Beichtiger. Darauf soll der Beichtvater sagen:

Gott sei dir gnädig und stärke deinen Glauben.

Weiter:

Gläubest du auch, daß meine Vergebung Gottes Vergebung sei? Antwort

Ja, lieber Herr.

Darauf spreche er:

Wie du glaubest, so geschehe dir. Und ich, auf den Befehl meines HErrn JEsu Christi, vergebe dir deine Sünde im Namen des Vaters, und des Sohnes, und des Heiligen Geistes, Amen.

Gehe hin in Friede.

Welche aber große Beschwerung des Gewissens haben, oder betrübt und angefochten sind, die wird ein Beichtvater wohl wissen mit mehr Sprüchen zu trösten und zum Glauben zu reizen. Das soll allein eine gemeine Weise oder Beichte sein für die Einfältigen.

Das Sakrament des Altars.

Wie dasselbe ein Hausvater seinem Gesinde aufs einfältigste vorhalten soll.

Was ist das Sakrament des Altars? Antwort:

Es ist der wahre Leib und Blut unsers HErrn JEsu Christi unter dem Brod und Wein, uns Christen zu essen und zu trinken von Christo selbst eingesetzt.

Wo stehet das geschrieben? Antwort:

So schreiben die heiligen Evangelisten Matthäus, Marcus, Lucas und St. Paulus.

„Unser HErr JEsus Christus in der Nacht, da er verrathen ward, nahm er das Brod, dankete und brachs, und gab es seinen Jüngern und sprach: Nehmet hin und esset, das ist mein Leib, der für euch gegeben wird. Solches thut zu meinem Gedächtniß.

Vom Morgen- und Abend-Gebet.

Deſſelbigen gleichen nahm er auch den Kelch nach dem Abendmahl, dankete und gab ihnen den, und ſprach: Nehmet hin und trinket alle daraus; dieſer Kelch iſt das neue Teſtament in meinem Blut, das für euch vergoſſen wird zur Vergebung der Sünden. Solches thut, ſo oft ihrs trinket, zu meinem Gedächtniß."

Was nützt denn ſolch Eſſen und Trinken? Antwort:

Das zeigen uns die Worte: Für euch gegeben und vergoſſen zur Vergebung der Sünden.

Nämlich, daß uns im Sakrament Vergebung der Sünden, Leben und Seligkeit durch ſolche Worte gegeben wird; denn wo Vergebung der Sünden iſt, da iſt auch Leben und Seligkeit.

Wie kann leiblich Eſſen und Trinken ſolche große Dinge thun? Antwort:

Eſſen und Trinken thuts freilich nicht, ſondern die Worte, ſo da ſtehen: Für euch gegeben und vergoſſen zur Vergebung der Sünden. Welche Worte ſind neben dem leiblichen Eſſen und Trinken als das Hauptſtück im Sakrament. und wer denſelben Worten gläubet, der hat, was ſie ſagen und wie ſie lauten, nämlich Vergebung der Sünden.

Wer empfähet denn ſolch Sakrament würdiglich? Antwort:

Faſten und leiblich ſich bereiten iſt wohl eine feine äußerliche Zucht; aber der iſt recht würdig und wohl geſchickt, der den Glauben hat an dieſe Worte: Für euch gegeben und vergoſſen zur Vergebung der Sünden. Wer aber dieſen Worten nicht gläubet oder zweifelt, der iſt unwürdig und ungeſchickt, denn das Wort: „Für euch" fordert eitel gläubige Herzen.

Wie ein Hausvater ſein Geſinde ſoll lehren Morgens und Abends ſich ſegnen.

Des Morgens,

ſo du aus dem Bette fähreſt, ſollſt du dich ſegnen mit dem heiligen Kreuze und ſagen:

Das walte Gott Vater, Sohn und Heiliger Geiſt, Amen.

Darauf knieend oder ſtehend den Glauben und Vater Unſer; willſt du, ſo magſt du dies Gebetlein dazu ſprechen:

Ich danke Dir, mein himmliſcher Vater, durch JEſum Chriſtum, Deinen lieben Sohn, daß Du mich dieſe Nacht vor allem Schaden und Gefahr behütet haſt, und bitte Dich, Du wolleſt mich dieſen Tag auch behüten vor Sünden und allem Uebel, daß Dir all mein Thun und Leben gefalle. Denn ich befehle Dir mein Leib und Seele und alles in Deine Hände. Dein heiliger Engel ſei mit mir, daß der böſe Feind keine Macht an mir finde. Amen.

Und alsdann mit Freuden an dein Werk gegangen, und etwa ein Lied geſungen, als: Die zehen Gebote, oder was deine Andacht gibt.

Des Abends,

wenn du zu Bette gehest, sollst du dich segnen mit dem heiligen Kreuze und sagen:

Das walte Gott Vater, Sohn und Heiliger Geist, Amen.

Darauf knieend oder stehend den Glauben und Vater Unser; willst du, so magst du dies Gebetlein sprechen:

Ich danke Dir, mein himmlischer Vater, durch JEsum Christum, Deinen lieben Sohn, daß Du mich diesen Tag so gnädiglich behütet hast, und bitte Dich, Du wollest mir vergeben alle meine Sünde, wo ich unrecht gethan habe, und mich diese Nacht auch so gnädiglich behüten. Denn ich befehle mich, mein Leib und Seele und alles in Deine Hände. Dein heiliger Engel sei mit mir, daß der böse Feind keine Macht an mir finde, Amen!

Und alsdann flugs und fröhlich geschlafen.

Wie ein Hausvater sein Gesinde soll lehren das Benedicte und Gratias sprechen.

Die Kinder und Gesinde sollen mit gefaltenen Händen und züchtig vor den Tisch treten und sprechen:

Aller Augen warten auf Dich, HErr, und Du gibst ihnen ihre Speise zu seiner Zeit. Du thust Deine Hand auf, und sättigest alles, was da lebet, mit Wohlgefallen.

Darnach das Vater Unser und dies folgende Gebet:

HErr Gott, himmlischer Vater, segne uns und diese Deine Gaben, die wir von Deiner milden Güte zu uns nehmen durch JEsum Christum, unsern HErrn, Amen!

Das Gratias.

Also auch nach dem Essen sollen sie gleicher Weise thun, züchtig und mit gefaltenen Händen sprechen:

Danket dem HErrn, denn er ist freundlich, und seine Güte währet ewiglich; der allem Fleische Speise gibt, der dem Vieh sein Futter gibt, den jungen Raben, die ihn anrufen. Er hat nicht Lust an der Stärke des Rosses, noch Gefallen an Jemandes Beinen. Der HErr hat Gefallen an denen, die ihn fürchten und auf seine Güte warten.

Darnach das Vater Unser und dies folgende Gebet:

Wir danken Dir, HErr Gott, himmlischer Vater, durch JEsum Christum, unsern HErrn, für alle Deine Wohlthat, der Du lebest und regierest in Ewigkeit. Amen.

Die Haustafel.

Etliche Sprüche für allerlei heilige Orden und Stände, dadurch dieselben, als durch eigene Lektion, ihres Amts und Dienst zu ermahnen.

Denen Bischöfen, Pfarrherren und Predigern.

Ein Bischof soll unsträflich sein, eines Weibes Mann, nüchtern, mäßig, sittig, gastfrei, lehrhaftig; nicht ein Weinsäufer, nicht beißig, nicht unehrliche Hantierung treiben; sondern gelinde, nicht haderhaftig, nicht geizig, der seinem eigenen Hause wohl vorstehe, der gehorsame Kinder habe, mit aller Ehrbarkeit, nicht ein Neuling, der ob dem Worte halte, das gewiß ist, und lehren kann, auf daß er mächtig sei zu ermahnen durch die heilsame Lehre, und zu strafen die Widersprecher. 1 Tim. am 3, v. 2. 3. 4. 7., Tit. 1. v. 9.

Was die Zuhörer ihren Lehrern und Seelsorgern zu thun schuldig sein.

Esset und trinket, was sie haben. Denn ein Arbeiter ist seines Lohnes werth. Luc. 10, v. 7.

Der HErr hat befohlen, daß die, so das Evangelium verkündigen, sollen sich vom Evangelio nähren. 1 Cor. 9, v. 14.

Der unterrichtet wird mit dem Wort, der theile mit allerlei Gutes dem, der ihn unterrichtet. Irret euch nicht, Gott läßt sich nicht spotten. Gal. 6, v. 6. 7.

Die Aeltesten, die wohl vorstehen, die halte man zwiefacher Ehren werth; sonderlich die da arbeiten im Wort und in der Lehre. Denn es spricht die Schrift: Du sollst dem Ochsen, der da drischet, nicht das Maul verbinden. Und: Ein Arbeiter ist seines Lohnes werth. 1 Tim. 5, v. 18.

Wir bitten euch, lieben Brüder, daß ihr erkennet, die an euch arbeiten, und euch vorstehen in dem HErrn, und euch ermahnen, habet sie desto lieber um ihres Werkes willen und seid friedsam mit ihnen. 1 Thess. 5. v. 12. 13.

Gehorchet euren Lehrern und folget ihnen, denn sie wachen über eure Seelen, als die da Rechenschaft dafür geben sollen, auf daß sie es mit Freuden thun und nicht mit Seufzen, denn das ist euch nicht gut. Ebr. 13, v. 17.

Von weltlicher Obrigkeit.

Jedermann sei unterthan der Obrigkeit, die Gewalt über ihn hat. Denn es ist keine Obrigkeit ohne von Gott; wo aber Obrigkeit ist, die ist von Gott geordnet. Wer sich nun wider die Obrigkeit setzet, der widerstrebet Gottes Ordnung; die aber widerstreben, werden über sich ein Urtheil empfahen. Denn sie trägt das Schwert nicht umsonst, sie ist Gottes Dienerin, eine Rächerin zur Strafe über den, der Böses thut. Zu'n Röm. am 13, v. 1. 2. 4.

Von den Unterthanen.

Gebet dem Kaiser, was des Kaisers ist, und Gott, was Gottes ist. Matth. 22, v. 21.

So seid nun aus Noth unterthan, nicht allein um der Strafe willen, sondern auch um des Gewissens willen. Derohalben müsset ihr auch Schoß geben; denn es sind Gottes Diener, die solchen Schutz sollen handhaben. So gebet nun Jedermann, was ihr schuldig seid; Schoß, dem der Schoß gebühret, Zoll, dem der Zoll gebühret, Furcht, dem die Furcht gebühret, Ehre, dem die Ehre gebühret. Röm. am 13, v. 5.

So ermahne ich nun, daß man vor allen Dingen zuerst thue Bitte, Gebet, Fürbitte und Danksagung für alle Menschen, für die Könige und für alle Obrigkeit, auf daß wir ein geruhiges und stilles Leben führen mögen, in aller Gottseligkeit und Ehrbarkeit; denn solches ist gut, dazu auch angenehm für Gott und unserm Heiland 1 Tim. 2, v. 1. 2. 3.

Erinnere sie, daß sie dem Fürsten und der Obrigkeit unterthan und gehorsam sein. Tit. 4, v. 1.

Seid unterthan aller menschlichen Ordnung um des HErrn willen, es sei dem König als dem Obersten, oder den Hauptleuten, als den Gesandten von ihm, zur Rache über die Uebelthäter, und zu Lobe den Frommen. 1 Petr. 2, v. 13.

Denen Ehemännern.

Ihr Männer, wohnet bei euern Weibern mit Vernunft, und gebet dem weiblichen, als dem schwächsten Werkzeuge, seine Ehre, als auch Miterben der Gnade des Lebens, auf daß euer Gebet nicht verhindert werde. 1 Petr. 3, v. 7.

Und seid nicht bitter gegen sie. Coloss. 3, v. 19.

Denen Eheweibern.

Die Weiber sein unterthan ihren Männern, als dem HErrn, wie Sara Abraham gehorsam war, und hieß ihn Herr, welcher Töchter ihr worden seid, so ihr wohl thut, und nicht so schüchtern seid. 1 Petr. 3, v. 1. 6.

Denen Eltern.

Ihr Väter, reizet eure Kinder nicht zum Zorn, daß sie nicht scheu werden, sondern ziehet sie auf in der Zucht und Vermahnung zum HErrn. Ephes. am 6, v. 4. — Col. am 3, v. 21.

Denen Kindern.

Ihr Kinder, seid gehorsam euren Eltern in dem HErrn, denn das ist billig. Ehre Vater und Mutter: das ist das erste Gebot, das Verheißung hat, nämlich: daß dirs wohl gehe, und du lange lebest auf Erden. Zu'n Ephes. am 6, v. 12.

Denen Knechten, Mägden, Taglöhnern und Arbeitern.

Ihr Knechte, seid unterthan euren leiblichen Herren, mit Furcht und Zittern, in Einfältigkeit eures Herzens, als Christo; nicht mit Dienst allein vor Augen, als den Menschen zu gefallen, sondern als die Knechte Christi, daß ihr solchen Willen Gottes thut von Herzen mit gutem Willen. Lasset euch dünken, daß ihr dem HErrn dienet, und nicht den Menschen, und wisset, was ein jeglicher Gutes thun wird, das wird er von dem HErrn empfahen, er sei ein Knecht oder Freier. Ephes. 6, v. 5. 6.

Denen Hausherren und Hausfrauen.

Ihr Herren, thut auch dasselbige gegen ihnen, und lasset euer Dräuen, und wisset, daß auch euer HErr im Himmel ist, und ist bei ihm kein Ansehen der Person. Ephes. 6, v. 9.

Der gemeinen Jugend.

Ihr Jungen, seid unterthan den Aeltesten, und haltet fest an der Demuth, denn Gott widerstehet den Hoffärtigen, aber den Demüthigen gibt er Gnade. So demüthiget euch nun unter die gewaltige Hand Gottes, daß er euch erhöhe zu seiner Zeit. 1 Petr. 5, v. 6.

Denen Wittwen.

Das ist eine rechte Wittwe, die einsam ist, die ihre Hoffnung auf Gott stellet und bleibet am Gebet Tag und Nacht; welche aber in Wollüsten lebet, die ist lebendig todt. 1 Timoth. 5, v. 6. 7.

Der Gemeine.

Liebe deinen Nächsten als dich selbst, in dem Wort sind alle Gebot verfasset. Röm. am 13, v. 9. Und haltet an mit Beten für alle Menschen. 1 Tim. 2, v. 1.

Ein jeder lern sein Lektion,
So wird es wohl im Hause stohn.

Christliche Fragstücke.

Durch Dr. Martinum Lutherum gestellet für die, so zum Sakrament gehen wollen, mit ihren Antworten.

Nach gethaner Beicht und Unterricht von den zehen Geboten, Glauben, Vater Unser, von den Werken der Taufe und Sakrament, so mag der Beichtvater oder einer sich selbst fragen.

1. Gläubest du, daß du ein Sünder seist? Antwort:

Ja, ich glaube es; ich bin ein Sünder.

2. Wie weißt du das? Antwort:

Aus den zehen Geboten, die hab ich nicht gehalten.

3. Sind dir deine Sünden auch leid? Antwort:

Ja, es ist mir leid, daß ich wider Gott gesündiget habe.

4. Was hast du mit deinen Sünden bei Gott verdienet? Antwort:

Seinen Zorn und Ungnade, zeitlichen Tod und ewige Verdammniß. Röm. 6, v. 21. 23.

5. Hoffest du auch selig zu werden? Antwort:
Ja, ich hoffe es.

6. Weß tröstest du dich denn? Antwort:
Meines lieben HErrn JEsu Christi.

7. Wer ist Christus? Antwort:
Gottes Sohn, wahrer Gott und Mensch.

8. Wie viel sind Götter? Antwort:
Nur einer; aber drei Personen: Vater, Sohn und Heiliger Geist.

9. Was hat denn Christus für dich gethan, daß du dich sein tröstest? Antwort:
Er ist für mich gestorben, und hat sein Blut am Kreuz für mich vergossen, zur Vergebung der Sünden.

10. Ist der Vater auch für dich gestorben? Antwort:
Nein; denn der Vater ist nur Gott, der H. Geist auch; aber der Sohn ist wahrer Gott und wahrer Mensch, für mich gestorben, und hat sein Blut für mich vergossen.

11. Wie weißt du das? Antwort:
Aus dem heiligen Evangelio und aus den Worten vom Sakrament: und bei seinem Leib und Blut im Sakrament mir zum Pfande gegeben.

12. Wie lauten die Worte? Antwort:
Unser HErr JEsus Christus in der Nacht, da er verrathen ward, nahm er das Brod, dankte und brachs, und gabs seinen Jüngern und sprach: Nehmet hin und esset, das ist mein Leib, der für euch gegeben wird. Solches thut zu meinem Gedächtniß. Desselbigen gleichen nahm er auch den Kelch nach dem Abendmahl, dankte und gab ihnen den und sprach: Nehmet hin und trinket alle daraus: dieser Kelch ist das neue Testament in meinem Blut, das für euch vergossen wird zur Vergebung der Sünden. Solches thut, so oft ihrs trinket, zu meinem Gedächtniß.

13. So glaubest du, daß im Sakrament der wahre Leib und Blut Christi sei? Antwort:
Ja, ich glaube es.

14. Was bewegt dich, das zu glauben? Antwort:
Das Wort Christi: Nehmet hin, und esset, das ist mein Leib. Trinket alle daraus, das ist mein Blut.

15. Was sollen wir thun, wenn wir seinen Leib essen und sein Blut trinken und das Pfand also nehmen? Antwort:
Seinen Tod und Blutvergießen verkündigen, und gedenken, wie er uns gelehrt hat: Solches thut, so oft ihrs thut, zu meinem Gedächtniß.

16. Warum sollen wir seines Todes gedenken, und denselben verkündigen? Antwort:
Daß wir lernen glauben, daß keine Creatur hat können genug thun für unsere Sünden, denn Christus, wahrer Gott und Mensch:

so zum Sakrament gehen wollen.

und daß wir lernen erschrecken für unsern Sünden, und dieselben lernen groß achten; und uns sein allein freuen und trösten; und also durch denselben Glauben selig werden.

17. Was hat ihn denn bewegt, für deine Sünde zu sterben und genug zu thun? Antwort:

Die große Liebe zu seinem Vater, zu mir und andern Sündern, wie geschrieben stehet. Joh. 14. Röm. 5. Gal. 2. Ephes. 5.

18. Endlich: Warum willt du zum Sakrament gehen? Antwort:

Auf daß ich lerne glauben, daß Christus um meiner Sünde willen, aus großer Liebe gestorben sei, wie gesagt: und darnach von ihm auch lerne Gott und meinen Nächsten lieben.

19. Was soll einen Christen vermahnen und reizen, das Sakrament des Altars oft zu empfahen? Antwort:

Von Gottes wegen soll ihn beide des HErrn Christi Gebot und Verheißung, darnach auch seine eigene Noth, so ihm auf dem Halse lieget, treiben; um welcher willen solch Gebieten, Locken und Verheißung geschieht.

20. Wie soll ihm aber ein Mensch thun, wenn er solche Noth nicht fühlen kann; oder keinen Hunger noch Durst des Sakraments empfindet? Antwort:

Dem kann nicht besser gerathen werden, denn daß er erstlich in seinen Busen greife, und fühle, ob er auch noch Fleisch und Blut habe, und glaube doch der Schrift, was sie davon saget zun Gal. 5, und Röm. 7.

Zum Andern, daß er um sich sehe, ob er auch noch in der Welt sei: und denke, daß es an Sünden und Noth nicht fehlen werde, wie die Schrift saget Joh. 15. und 16., 1 Joh. 2. und 5.

Zum Dritten, so wird er ja auch den Teufel um sich haben, der ihm mit Lügen und Morden Tag und Nacht keinen Frieden innerlich und äußerlich lassen wird, wie ihn die Schrift abmalet Joh. 8. und 16. 1 Petr. 5. Ephes. 6. 2 Tim. 2.

Nota.

Diese Fragestücke und Antworten sind nicht Kinderspiel; sondern von dem ehrwürdigen und frommen D. Luther für die Jungen und Alten aus einem großen Ernst vorgeschrieben. Ein Jeder sehe sich wohl vor, und laß es ihm auch einen Ernst sein; denn St. Paulus zu'n Galat. am 6. spricht: Irret euch nicht, Gott läßt sich nicht spotten!

Die Augsburgische Confession

oder

Bekenntniß des Glaubens

etlicher Fürsten und Stände,
überantwortet Kaiserlicher Majestät zu Augsburg, Anno 1530.

Nebst den drei Haupt-Symbola

oder

Bekenntniß des Glaubens Christi,

in der Kirchen einträchtiglich gebraucht.

Das erste Bekenntniß oder Symbolum

ist das gemeine Bekenntniß der Apostel, darinnen der Grund un gelegt ist des christlichen Glaubens, und lautet also:

Ich glaube an Gott Vater, allmächtigen Schöpfer Himmels und der Erden.

Und an JEsum Christum, seinen einigen Sohn, unsern HErrn, der empfangen ist vom Heiligen Geiste, geboren von der Jungfrau Maria, gelitten unter Pontio Pilato, gekreuziget, gestorben und begraben, niedergefahren zur Höllen, am dritten Tage auferstanden von den Todten, aufgefahren gen Himmel, sitzend zur Rechten Gottes, des allmächtigen Vaters, von dannen er kommen wird zu richten die Lebendigen und die Todten.

Ich glaube an den Heiligen Geist, eine heilige christliche Kirche, die Gemeine der Heiligen, Vergebung der Sünden, Auferstehung des Fleisches, und ein ewiges Leben, Amen.

Das andere Bekenntniß, oder Nicänische Symbolum.

Ich glaube an einen einigen, allmächtigen Gott, den Vater, Schöpfer Himmels und der Erden, alles, das sichtbar und unsichtbar ist.

Und an einen einigen HErrn JEsum Christum, Gottes einigen Sohn, der vom Vater geboren ist vor der ganzen Welt, Gott von Gott, Licht von Licht, wahrhaftigen Gott vom wahrhaftigen Gott, geboren, nicht geschaffen, mit dem Vater in einerlei Wesen, durch welchen alles geschaffen ist; welcher um uns Menschen, und um unsere Seligkeit willen vom Himmel kommen ist, und leibhaftig worden durch den Heiligen Geist von der Jungfrau Maria, und Mensch worden, auch für uns gekreuziget unter Pontio Pilato, gelitten und begraben, und am dritten Tage auferstanden nach der

Schrift, und ist aufgefahren gen Himmel, und sitzet zur Rechten des Vaters, und wird wiederkommen mit Herrlichkeit, zu richten die Lebendigen und die Todten, des Reich kein Ende haben wird.

Und an den HErrn, den Heiligen Geist, der da lebendig macht, der vom Vater und dem Sohn ausgehet, der mit dem Vater und dem Sohn zugleich angebetet, und zugleich geehret wird, der durch die Propheten geredt hat. Und eine einige heilige christliche apostolische Kirche. Ich bekenne eine einige Taufe zur Vergebung der Sünden, und warte auf die Auferstehung der Todten, und ein Leben der zukünftigen Welt, Amen.

Das dritte Bekenntniß oder Symbolum heißt

Sancti Athanasii, welches er gemacht hat wider die Ketzer, Ariani genannt, und lautet also:

Wer da will selig werden, der muß vor allen Dingen den rechten christlichen Glauben haben.

Wer denselben nicht g a n z und r e i n hält, der wird ohne Zweifel ewiglich verloren sein.

Dies ist aber der rechte christliche Glaube, daß wir einen einigen Gott in drei Personen, und drei Personen in einiger Gottheit ehren

Und nicht die Personen in einander mengen, noch das göttliche Wesen zertrennen.

Eine andere Person ist der Vater, eine andere der Sohn, eine andere der Heilige Geist.

Aber der Vater und Sohn und Heiliger Geist ist ein einiger Gott, gleich in der Herrlichkeit, gleich in ewiger Majestät.

Welcherlei der Vater ist, solcherlei ist der Sohn, solcherlei ist auch der Heilige Geist.

Der Vater ist nicht geschaffen, der Sohn ist nicht geschaffen, der Heilige Geist ist nicht geschaffen.

Der Vater ist unmeßlich, der Sohn ist unmeßlich, der Heilige Geist ist unmeßlich.

Der Vater ist ewig, der Sohn ist ewig, der Heilige Geist ist ewig. Und sind doch nicht d r e i ewige, sondern es ist e i n ewiger.

Gleichwie auch nicht d r e i ungeschaffene, noch d r e i unmeßliche, sondern es ist e i n ungeschaffener und e i n unmeßlicher;

Also auch, der Vater ist allmächtig, der Sohn ist allmächtig, der Heilige Geist ist allmächtig.

Und sind doch nicht d r e i Allmächtige, sondern es ist e i n Allmächtiger.

Also der Vater ist Gott, der Sohn ist Gott, der Heilige Geist ist Gott.

Und sind doch nicht d r e i Götter, sondern es ist e i n Gott.

Also, der Vater ist der HErr, der Sohn ist der HErr, der Heilige Geist ist der HErr.

Und sind doch nicht d r e i HErren, sondern es ist e i n HErr.

Denn gleich wie wir müssen, nach christlicher Wahrheit, eine jegliche Person für sich Gott und HErrn bekennen:

Also können wir im christlichen Glauben nicht **drei Götter** oder **drei HErren** nennen.

Der Vater ist von Niemand weder gemacht, noch geschaffen, noch geboren.

Der Sohn ist allein vom Vater, nicht gemacht, noch geschaffen, sondern **geboren**.

Der Heilige Geist ist vom Vater und Sohn nicht gemacht, nicht geschaffen, nicht geboren, sondern **ausgehend**.

So ists nun **ein** Vater, nicht drei Väter, **ein** Sohn, nicht drei Söhne, **ein** Heiliger Geist, nicht drei Heilige Geister.

Und unter diesen drei Personen ist keine die erste, keine die letzte, keine die größeste, keine die kleineste.

Sondern alle drei Personen sind mit einander gleich ewig, gleich groß.

Auf daß also, wie gesagt ist, **drei** Personen in **einer** Gottheit, und **ein** Gott in **drei** Personen geehret werde.

Wer nun will selig werden, der muß also von den drei Personen in Gott halten.

Es ist aber auch noth zur ewigen Seligkeit, daß man treulich glaube, daß JEsus Christus, unser HErr, sei wahrhaftiger Mensch.

So ist nun dies der rechte Glaube, so wir glauben und bekennen, daß unser HErr JEsus Christus, Gottes Sohn, **Gott und Mensch** ist.

Gott ist er, aus des Vaters Natur vor der Welt geboren; **Mensch** ist er aus der Mutter Natur in der Welt geboren.

Ein vollkommener Gott, ein vollkommener Mensch mit vernünftiger Seelen und menschlichem Leibe,

Gleich ist er dem Vater nach der Gottheit, **Kleiner** ist er denn der Vater, nach der Menschheit.

Und wiewohl er Gott und Mensch ist, so ist er doch nicht zween, sondern ein Christus.

Einer, nicht daß die Gottheit in die Menschheit verwandelt sei, sondern daß die Gottheit hat die Menschheit an sich genommen.

Ja, **einer** ist er, nicht daß die zwo Naturen vermenget sind, sondern, daß er **eine einige Person** ist.

Denn gleichwie Leib und Seele ein Mensch ist, so ist Gott und Mensch ein Christus.

Welcher gelitten hat um unser Seligkeit willen, zur Höllen gefahren, am dritten Tage auferstanden von den Todten.

Aufgefahren gen Himmel, sitzet zur Rechten Gottes des allmächtigen Vaters.

Von dannen er kommen wird, zu richten die Lebendigen und die Todten.

Und zu seiner Zukunft müssen alle Menschen auferstehen mit ihren eigenen Leibern.

Und müssen Rechenschaft geben, was sie gethan haben.

Und welche Gutes gethan haben, werden ins ewige Leben gehen, welche aber Böses gethan, ins ewige Feuer.

Das ist der rechte christliche Glaube, wer denselben nicht fest und treulich glaubet, der kann nicht selig werden.

Augsburgische Confession.

Vorrede.

Aller Durchlauchtigster, Großmächtigster, Unüberwindlichster Kaiser, Allergnädigster Herr. Als E. K. Majestät kurz verschiener Zeit einen gemeinen Reichstag allhier gen Augsburg gnädiglichen ausgeschrieben, mit Anzeig und ernsten Begehr, von Sachen, unsern und des christlichen Namens Erbfeind, den Türken betreffend, und wie demselben mit beharrlicher Hülfe stattlichen widerstanden, auch wie der Zwiespalten halben in dem heiligen Glauben und der christlichen Religion gehandelt möge werden, zu rathschlagen und Fleiß anzukehren, alle eines jeglichen Gutbedünken, Opinion und Meinung zwischen uns selbst in Lieb und Gütigkeit zu hören, zu ersehen, und zu erwägen, und dieselben zu einer einigen christlichen Wahrheit zu bringen und zu vergleichen, alles, so zu beiden Theilen nicht recht ausgelegt oder gehandelt wäre, abzuthun, und durch uns alle eine einige und wahre Religion anzunehmen und zu halten, und, wie wir alle unter einem Christo sind und streiten, also auch alle in einer Gemeinschaft, Kirchen und Einigkeit zu leben. Und wir, die unten benannten Churfürsten und Fürsten, samt unsern Verwandten, gleich andern Churfürsten, Fürsten und Ständen darzu erfordert, so haben wir uns darauf dermaßen erhaben, daß wir sonder Ruhm mit dem ersten hieher kommen.

Und als denn auch E. K. Maj. zu unterthänigster Folgethuung berührtes E. K. Maj. Ausschreibens, und demselbigen gemäß, dieser Sachen halben, den Glauben berührt, an Churfürsten, Fürsten und Ständen ingemein, gnädiglichen, auch mit höchstem Fleiß und ernstlich begehrt, daß ein jeglicher, vermöge vorgemeldts E. K. Maj. Ausschreibens, sein Gutbedünken, Opinion und Meinung derselbigen Irrungen, Zwiespalten und Mißbräuch halben ꝛc. zu Deutsch und Latein in Schrift stellen und überantworten sollten. Darauf denn, nach genommenem Bedacht und gehaltenem Rath, E. K. Maj. an vergangener Mittwochen ist fürgetragen worden, als wollten wir auf unsern Theil das unser, vermöge E. K. Maj. Fürtrags, in Deutsch und Latein auf heute Freitag übergeben. Hierum, und E. K. Maj. zu unterthänigstem Gehorsam, überreichen und übergeben wir unserer Pfarrherren, Prediger, und ihrer Lehren, auch **unsers Glaubens-Bekenntniß**, was und welchergestalt sie aus Grunde göttlicher heiliger Schrift in unsern Landen, Fürstenthümern, Herrschaften, Städten und Gebieten predigen, lehren, halten und Unterricht thun. Und sind gegen E. K. Maj., unserm allergnädigsten Herrn, wir in aller Unterthänigkeit erbötig, so die andern Churfürsten, Fürsten und Stände dergleichen gezwiefachte schriftliche Uebergebung ihrer Meinung und Opinion in Latein und Deutsch jetzt auch thun werden, daß wir uns mit Ihren Liebden und ihnen gern von bequemen gleichmäßigen Wegen unterreden, und derselbigen, so viel der Gleichheit nach immer möglich, vereinigen wollen; damit unser beiderseits, als Parten, schriftlich Fürbringen und Gebrechen zwischen uns selbst in Lieb und Gütigkeit gehandelt, und dieselben Zwiespalten zu einer einigen wahren Religion, wie wir alle unter einem Christo seind und streiten, und Christum bekennen sollen, alles nach oft laut gemeldetes E. K. Maj. Ausschreibens und nach göttlicher Wahrheit, geführt mögen werden. Als wir denn auch Gott den Allmächtigen mit höchster Demuth anrufen und bitten wollen, seine göttliche Gnade darzu zu verleihen. Amen.

Wo aber bei unsern Herren, Freunden, und besondern den Churfürsten, Fürsten und Ständen des andern Theils, die Handlung dermaßen, wie E. K. Maj. Ausschreiben vermag, unter uns selbst in Lieb und Gütigkeit, bequeme Handlung nicht verfahren noch ersprießlich sein wollte, als doch an uns in keinem, das mit Gott und Gewissen zu christlicher Einigkeit dienstlich sein kann oder mag, erwinden soll, wie E. K. Maj., auch gemeldte unsre Freunde, die Churfürsten, Fürsten, Stände und ein jeder Liebhaber christlicher Religion, dem die Sachen fürkommen, aus nachfolgenden unser und der Unsern Bekenntnissen, gnädiglich, freundlich und genugsam werden zu vernehmen haben.

Nachdem denn E. K. Maj. vormals Churfürsten, Fürsten und Ständen des Reichs gnädiglichen zu verstehen gegeben, und sonderlich durch eine öffentlich verlesene Instruction auf dem Reichstage, so im Jahre der mindern Zahl 26 zu Speier gehalten, daß E. K. Maj. in Sachen unsern heiligen Glauben belangend, zu schließen lassen aus Ursachen, so dabei gemeldet, nicht gemeinet, sondern bei dem Pabst um ein Concilium fleißigen, und Anstaltung thun wollten, und für einem Jahr auf dem letzten Reichstag zu Speier vermöge einer schriftlichen Instruction Churfürsten, Fürsten und Ständen des Reichs, durch E. K. Maj. Statthalter im Reich, Königliche Würden zu Hungern und Böhmen re. samt E. K. Maj. Oratorn und verordneten Commissarien, dies unter andern haben fürtragen und anzeigen lassen, daß E. K. Maj derselben Statthalter, Amtsverwalter und Räthen des Kaiserl. Regiments, auch der abwesenden Churfürsten, Fürsten und Ständen Botschaften, so auf dem außgeschriebenen Reichstag zu Regensburg versammelt gewesen, Gutbedünken das General-Concilium belangend, nachgedacht, und solches anzusetzen auch für fruchtbar erkannt. Und weil sich aber diese Sachen zwischen E. K. Maj. und dem Pabst zu gutem christlichem Verstand schicken, daß E. K. Maj. gewiß wäre, daß durch den Pabst solch General-Concilium neben E. K. Maj. zum ersten auszuschreiben bewilligen, und daran kein Mangel erscheinen sollt. So erbieten gegen E. K. Maj. wir uns hiermit in aller Unterthänigkeit, und zum Ueberfluß in berührtem Fall, ferner auf ein solch gemein, frei christlich Concilium, darauf auf allen Reichstagen, so E. K. Maj. bei ihrer Regierung im Reich gehalten, durch Churfürsten, Fürsten und Stände aus hohen und tapfern Bewegungen geschlossen, an welches auch zusamt E. K. Maj. wir uns von wegen dieser großwichtigsten Sachen, in rechtlicher Weise und Form verschiener Zeit berufen und appellirt haben, der wir hiemit nochmals anhängig bleiben, und uns durch diese oder nachfolgende Handlung (es werden denn diese zwiespaltigen Sachen endlich in Liebe und Gütigkeit, laut E. K. Maj. Ausschreibens, gehört, erwogen, beigelegt, und zu einer christlichen Einigkeit vergleichet), nicht zu begeben wissen, davon wir hiemit öffentlich bezeugen und protestiren. Und seind das unsere und der Unsern Bekenntniß, wie unterschiedlichen von Artikel zu Artikeln hernach folget.

Artikel des Glaubens und der Lehre.

Der I. Artikel.
Von Gott.

Erstlich wird einträchtiglich gelehret und gehalten, laut des Beschluß Concilii Niceni, daß ein einig göttlich Wesen sei, welches genannt wird und wahrhaftiglich ist Gott, und seind doch drei Personen in demselben einigen göttlichen Wesen, gleich gewaltig, gleich ewig, Gott Vater, Gott Sohn, Gott Heiliger Geist, alle drei ein göttlich Wesen, ewig, ohne Stück, ohne End, unermeßlicher Macht, Weisheit und Güte, ein Schöpfer und Erhalter aller sichtbaren und unsichtbaren Dinge. Und wird durch das Wort Persona verstanden nicht ein Stück, nicht eine Eigenschaft in einem andern, sondern das selbst bestehet; wie denn die Väter in dieser Sachen dies Wort gebraucht haben.

Derhalben werden verworfen alle Ketzereien, so diesem Artikel zuwider sind, als Manichæi, die zweene Götter gesetzt haben, einen bösen und einen guten. Item Valentiniani, Ariani, Eunomiani, Mahometisten, und alle dergleichen, auch Samosateni alt und neu, so nur eine Person setzen, und von diesen zweien, Wort und Heilig Geist, Sophisterei machen, und sagen, daß es nicht müssen unterschiedene Personen sein, sondern Wort bedeute leiblich Wort oder Stimme, und der Heilige Geist sei erschaffene Regung in Kreaturen.

Der II. Artikel.
Von der Erbsünde.

Weiter wird bei uns gelehret, daß nach Adams Fall alle Menschen, so natürlich geboren werden, in Sünden empfangen und geboren werden, das ist, daß sie alle von Mutterleibe an voller böser Lust und Neigung sind, und keine wahre Gottesfurcht, keinen wahren Glauben an Gott von Natur haben können; daß auch dieselbige angeborne Seuche und Erbsünde wahrhaftiglich Sünde sei, und verdamme alle die unterm ewigen Gottes Zorn, so nicht durch die Taufe und Heiligen Geist wiederum neu geboren werden.

Hieneben werden verworfen die Pelagianer, und andere, so die Erbsünde nicht für Sünde haben, damit sie die Natur fromm machen durch natürliche Kräfte, zu Schmach dem Leiden und Verdienst Christi.

Der III. Artikel.
Von dem Sohne Gottes.

Item, es wird gelehret, daß Gott der Sohn sei Mensch worden, geboren aus der reinen Jungfrau Maria, und daß die zwo Naturen, göttliche und menschliche, in einer Person also unzertrennlich vereinigt, ein Christus sind, welcher wahrer Gott und Mensch ist, wahrhaftig geboren, gelitten, gekreuziget, gestorben und begraben, daß er ein Opfer wäre, nicht allein für die Erbsünde, sondern auch für alle andere Sünde, und Gottes Zorn versühnet.

Item, daß derselbige Christus sei abgestiegen zur Hölle, wahrhaftig am dritten Tage von den Todten auferstanden, aufgefahren gen Himmel, sitzend zur Rechten Gottes, daß er ewig herrsche über alle Kreaturen und regiere, daß er alle, so an ihn glauben, durch den Heiligen Geist heilige, reinige, stärke und tröste, ihnen auch Leben und allerlei Gaben und Güter austheile, und wider den Teufel und wider die Sünde schütze und beschirme.

Item, daß derselbige Herr Christus endlich wird öffentlich kommen zu richten die Lebendigen und die Todten 2c. laut des Symboli Apostolorum.

Der IV. Artikel.
Von der Rechtfertigung.

Weiter wird gelehret, daß wir Vergebung der Sünden und Gerechtigkeit für Gott nicht erlangen mögen durch unser Verdienst, Werk und Genugthun, sondern daß wir Vergebung der Sünden bekommen und für Gott gerecht werden aus Gnaden um Christus willen durch den Glauben, so wir glauben, daß Christus für uns gelitten hat, und daß uns um seinetwillen die Sünde vergeben, Gerechtigkeit und ewiges Leben geschenkt wird. Denn diesen Glauben will Gott für Gerechtigkeit für ihm halten und zurechnen, wie St. Paulus sagt zun Römern am 3. und 4. (Röm. 3, 24. 25. 26.; Röm. 4.)

Der V. Artikel.
Von dem Predigamte.

Solchen Glauben zu erlangen, hat Gott das Predigamt eingesetzt, Evangelium und Sakrament gegeben, dadurch er als durch Mittel den Heiligen Geist gibt, welcher den Glauben, wo und wenn er will, in denen, so das Evangelium hören, wirket, welches da lehret, daß wir durch Christus Verdienst, nicht durch unser Verdienst, einen gnädigen Gott haben, so wir solches glauben.

Und werden verdammt die Wiedertäufer und andere, so lehren, daß wir ohne das leibliche Wort des Evangelii den Heiligen Geist durch eigene Bereitung, Gedanken und Werke erlangen.

Der VI. Artikel.
Vom neuen Gehorsam.

Auch wird gelehret, daß solcher Glaube gute Früchte und gute Werke bringen soll, und daß man müsse gute Werke thun, allerlei, so Gott geboten hat, um Gottes Willen, doch nicht auf solche Werke zu vertrauen, dadurch Gnade für Gott zu verdienen. Denn wir empfahen Vergebung der Sünde und Gerechtigkeit durch den Glauben an Christum, wie Christus selbst spricht Luc. 17, 10.: „So ihr dies alles gethan habt, sollt ihr sprechen: Wir sind untüchtige

Knechte." Also lehren auch die Väter: Denn Ambrosius spricht: "Also ists beschlossen bei Gott, daß, wer an Christum glaubet, selig sei; und nicht durch Werke, sondern allein durch den Glauben, ohne Verdienst, Vergebung der Sünden habe."

Der VII. Artikel.
Von der Kirche.

Es wird auch gelehret, daß allezeit müsse eine heilige christliche Kirche sein und bleiben, welche ist die Versammlung aller Gläubigen, bei welchen das Evangelium rein geprediget und die heiligen Sakramente laut des Evangelii gereicht werden.

Denn dieses ist genug zu wahrer Einigkeit der christlichen Kirchen, daß da einträchtiglich nach reinem Verstand das Evangelium geprediget und die Sakramente dem göttlichen Wort gemäß gereicht werden. Und ist nicht noth zu wahrer Einigkeit der christlichen Kirchen, daß allenthalben gleichförmige Ceremonien, von den Menschen eingesetzt, gehalten werden, wie Paulus spricht Ephes. 4, 4. 5.: "Ein Leib, ein Geist, wie ihr berufen seid, zu einerlei Hoffnung eures Berufs, ein HErr, ein Glaube, eine Taufe."

Der VIII. Artikel.
Was die Kirche sei?

Item, wiewohl die christliche Kirche eigentlich nichts anders ist, denn die Versammlung aller Gläubigen und Heiligen, jedoch, dieweil in diesem Leben viel falscher Christen und Heuchler sein, auch öffentliche Sünder unter den Frommen bleiben, so sind die Sakramente gleichwohl kräftig, obschon die Priester, dadurch sie gereicht werden, nicht fromm seind, wie denn Christus selbst anzeigt Matth. 23, 2.: "Auf dem Stuhl Mosi sitzen die Pharisäer," 2c. Derohalben werden die Donatisten und alle andre verdammt, so anders halten.

Der IX. Artikel.
Von der Taufe.

Von der Taufe wird bei uns gelehret, daß sie nöthig sei, und daß dadurch Gnade angeboten werde, daß man auch die Kinder taufen soll, welche durch solche Taufe Gott überantwortet und gefällig werden.

Derhalben werden die Wiedertäufer verworfen, welche lehren, daß die Kindertaufe nicht recht sei.

Der X. Artikel.
Vom heiligen Abendmahl.

Vom heiligen Abendmahl des HErrn wird also gelehret, daß wahrer Leib und Blut Christi wahrhaftiglich unter der Gestalt des Brods und Weins im Abendmahl gegenwärtig sei, und da ausgetheilet und genommen wird. Derhalben wird auch die Gegenlehre verworfen.

Der XI. Artikel.
Von der Beichte.

Von der Beichte wird also gelehret, daß man in der Kirchen Privatam Absolutionem erhalten und nicht fallen lassen soll. Wiewohl in der Beichte nicht noth ist, alle Missethat und Sünden zu erzählen, dieweil doch solches nicht möglich ist, Ps. 19, 13.: „Wer kennet die Missethat?"

Der XII. Artikel.
Von der Buße.

Von der Buße wird gelehret, daß diejenigen, so nach der Taufe gesündiget haben, zu aller Zeit, so sie zur Buße kommen mögen, Vergebung der Sünden erlangen, und ihnen die Absolution von der Kirchen nicht soll geweigert werden. Und ist wahre rechte Buße eigentlich Reue und Leid, oder Schrecken haben über die Sünde, und doch daneben glauben an das Evangelium und Absolution, daß die Sünde vergeben und durch Christum Gnade erworben sei, welcher Glaube wiederum das Herz tröstet und zufrieden machet.

Darnach soll auch Besserung folgen, und daß man von Sünden lasse, denn dies sollen die Früchte der Buße sein, wie Johannes spricht Matth. 3, 8: Wirket rechtschaffene Früchte der Buße.

Hie werden verworfen die, so lehren, daß diejenigen, so einst sind fromm worden, nicht wieder fallen mögen.

Dagegen werden auch verdammt die Novatiani, welche die Absolution denen, so nach der Taufe gesündiget hatten, weigerten.

Auch werden die verworfen, so nicht lehren, daß man durch **Glauben** Vergebung der Sünden erlange, sondern durch unser Genugthun.

Der XIII. Artikel.
Vom Gebrauch der Sakramente.

Vom Brauch der Sakramente wird gelehret, daß die Sakramente eingesetzt sind, nicht allein darum, daß sie Zeichen sein, dabei man äußerlich die Christen kennen möge, sondern daß es Zeichen und Zeugniß sind göttliches Willens gegen uns, unsern Glauben dadurch zu erwecken und zu stärken, derhalben sie auch Glauben fordern, und denn recht gebraucht werden, so mans im Glauben empfähet, und den Glauben dadurch stärket.

Der XIV. Artikel.
Vom Kirchen-Regiment.

Vom Kirchen-Regiment wird gelehret, daß Niemand in der Kirchen öffentlich lehren, oder predigen, oder Sakramente reichen soll ohne ordentlichen Beruf.

Der XV. Artikel.
Von Kirchen-Ordnungen.

Von Kirchen-Ordnung von Menschen gemacht lehret man diejenigen halten, so ohne Sünde mögen gehalten werden, und zu

Augsburgische Confession.

Frieden, zu guter Ordnung in der Kirchen dienen, als gewisse Feier, Festa und dergleichen. Doch geschicht Unterricht dabei, daß man die Gewissen nicht damit beschweren soll, als sei solch Ding nöthig zur Seligkeit. Darüber wird gelehret, daß alle Satzungen und Tradition von Menschen darzu gemacht, daß man dadurch Gott versöhne und Gnade verdiene, Col. 2, 16., dem Evangelio und der Lehre vom Glauben an Christum entgegen sein, derhalben sein Kloster-Gelübde und andere Tradition von Unterschied der Speise, Tag 2c., dadurch man vermeint Gnade zu verdienen und für Sünde genug zu thun, untüchtig und wider das Evangelium.

Der XVI. Artikel.
Von Polizei und weltlichem Regiment.

Von Polizei und weltlichem Regiment wird gelehret, daß alle Obrigkeit in der Welt und geordnete Regiment und Gesetze gute Ordnung von Gott geschaffen und eingesetzet sind. Und daß Christen mögen in Obrigkeit-, Fürsten- und Richter-Amt ohne Sünde sein, nach kaiserlichen und andern üblichen Rechten Urtheil und Recht sprechen, Uebelthäter mit dem Schwert strafen, rechte Kriege führen, streiten, kaufen und verkaufen, aufgelegte Eide thun, eigens haben, ehelich sein 2c.

Hie werden verdammet die Wiedertäufer, so lehren, daß der obangezeigten keines christlich sei.

Auch werden diejenigen verdammet, so lehren, daß christliche Vollkommenheit sei, Haus und Hof, Weib und Kind leiblich verlassen, und sich der vorberührten Stücke äußern, so doch dies allein rechte Vollkommenheit ist, rechte Furcht Gottes und rechter Glaube an Gott. Denn das Evangelium lehret nicht ein äußerlich, zeitlich, sondern innerlich, ewig Wesen und Gerechtigkeit des Herzens, und stößt nicht um weltlich Regiment, Polizei und Ehestand, sondern will, daß man solches alles halte, als wahrhaftige Ordnung (Gottes Ordnung), und in solchen Ständen christliche Liebe und rechte gute Werke, ein Jeder nach seinem Beruf, beweise. Derohalben sind die Christen schuldig, der Obrigkeit unterthan und ihren Geboten gehorsam zu sein in allem, so ohne Sünde geschehen mag. Denn so der Obrigkeit Gebot ohne Sünde nicht geschehen mag, „soll man Gott mehr gehorsam sein, denn den Menschen." Actor. 4, 19., 5, 29.

Der XVII. Artikel.
Von Christi Wiederkunft zum Gerichte.

Auch wird gelehret, daß unser HErr JEsus Christus am jüngsten Tage kommen wird zu richten, und alle Todten auferwecken, den Gläubigen und Auserwählten ewiges Leben und ewige Freude geben, die gottlosen Menschen aber und die Teufel in die Hölle und ewige Strafe verdammen.

Derhalben werden die Wiedertäufer verworfen, so lehren, daß die Teufel und verdammte Menschen nicht ewige Pein und Qual haben werden.

Item, hie werden verworfen etliche jüdische Lehren, die sich auch jetzund erzeugen, daß vor der Auferstehung der Todten eitel Heilige, Fromme, ein weltlich Reich haben und alle Gottlosen vertilgen werden.

Der XVIII. Artikel.
Vom freien Willen.

Vom freien Willen wird gelehret, daß der Mensch etlicher maßen einen freien Willen hat, äußerlich ehrbar zu leben, und zu wählen unter den Dingen, so die Vernunft begreift; aber ohne Gnad, Hülfe und Wirkung des Heiligen Geistes vermag der Mensch nicht, Gott gefällig zu werden, Gott herzlich zu fürchten, oder zu glauben, oder die angeborne böse Lust aus dem Herzen zu werfen, sondern solches geschieht durch den Heiligen Geist, welcher durch Gottes Wort gegeben wird, denn Paulus spricht 1 Cor. 2, 14.: Der natürliche Mensch vernimmt nichts vom Geiste Gottes.

Und damit man erkennen möge, daß hierin keine Neuigkeit gelehret werde, so sind das die klaren Worte Augustini vom freien Willen, wie jetzund hiebei geschrieben aus dem 3. Buch Hypognosticon: „Wir bekennen, daß in allen Menschen ein freier Wille ist, denn sie haben je alle natürlichen, angebornen Verstand und Vernunft, nicht, daß sie etwas vermögen mit Gott zu handeln, als, Gott von Herzen zu lieben, zu fürchten, sondern allein in äußerlichen Werken dieses Lebens haben sie Freiheit Gutes oder Böses zu wählen, gut mein ich, das die Natur vermag, als, auf dem Acker zu arbeiten oder nicht, zu essen, zu trinken, zu einem Freunde zu gehen oder nicht, ein Kleid an oder aus zu thun, zu bauen, ein Weib zu nehmen, ein Handwerk zu treiben, und dergleichen etwas Nützliches und Gutes zu thun, welches alles doch ohne Gott nicht ist, noch bestehet, sondern alles aus ihm und durch ihn ist. Dagegen kann der Mensch auch Böses aus eigener Wahl fürnehmen, als vor einem Abgott nieder zu knieen, einen Todtschlag zu thun" 2c.

Der XIX. Artikel.
Von der Ursach der Sünden.

Von Ursach der Sünden wird bei uns gelehret, daß, wiewohl Gott der Allmächtige die ganze Natur geschaffen hat und erhält, so wirket doch der verkehrte Wille die Sünde in allen Bösen und Verächtern Gottes, wie denn des Teufels Wille ist, und aller Gottlosen, welcher alsbald, so Gott die Hand abgethan, sich von Gott zum Argen gewandt hat, wie Christus spricht Joh. 8, 44.: „Der Teufel redet Lügen aus seinem eigen."

Der XX. Artikel.
Vom Glauben und guten Werken.

Den Unsern wird mit Unwahrheit aufgeleget, daß sie gute Werke verbieten, denn ihre Schriften von zehen Geboten und andern beweisen, daß sie von rechten christlichen Ständen und Werken guten nützlichen Bericht und Ermahnung gethan haben, davon man vor dieser

Zeit wenig gelehret hat, sondern allermeist in allen Predigten auf kindische, unnöthige Werke, als Rosen-Kränze, Heiligen-Dienst, Mönche werden, Wallfahrten, gesetzte Fasten, Feier, Brüderschaften ꝛc. getrieben. Solche unnöthige Werke rühmet auch unser Widerpart nun nicht mehr so hoch als vorzeiten, darzu haben sie auch gelernet, nun vom Glauben zu reden, davon sie doch in Vorzeiten gar nichts geprediget haben, lehren dennoch nun, daß wir nicht allein aus Werken gerecht werden vor Gott, sondern setzen den Glauben an Christum darzu, sprechen, Glauben und Werk machen uns gerecht vor Gott, welche Rede mehr Trostes bringen möge, denn so man allein lehret auf Werk zu vertrauen.

Dieweil nun die Lehre vom Glauben, die das Hauptstück ist in christlichem Wesen, so lange Zeit, wie man bekennen muß, nicht getrieben worden, sondern allein Werk-Lehre an allen Orten gepredigt, ist davon durch die Unsern solcher Unterricht geschehen:

Erstlich, daß uns unsere Werke nicht mögen mit Gott versöhnen und Gnade erwerben, sondern solches geschicht allein durch den Glauben, so man glaubet, daß uns um Christus willen die Sünden vergeben werden, welcher allein der Mittler ist, den Vater zu versöhnen, 1 Tim. 2, 5. Wer nun vermeinet, solches durch Werke auszurichten, und Gnade zu verdienen, der verachtet Christum und suchet einen eigen Weg zu Gott wider das Evangelium, 1 Joh. 2, 2., Joh. 14, 6.

Diese Lehre vom Glauben ist öffentlich und klar im Paulo an vielen Orten gehandelt, sonderlich zun Ephesern am 2, 8.: „Aus Gnaden seid ihr selig worden durch den Glauben, und dasselbige nicht aus euch, sondern es ist Gottes Gabe, nicht aus Werken, damit sich niemand rühme" ꝛc. Und daß hierin kein neuer Verstand eingeführet sei, kann man aus Augustino beweisen, der diese Sache fleißig handelt, und auch also lehret, daß wir durch den Glauben an Christum Gnade erlangen, und vor Gott gerecht werden, und nicht durch Werke, wie sein ganzes Buch de Spiritu et Litera ausweiset. Wiewohl nun diese Lehre bei unversuchten Leuten sehr veracht wird, so befindet sich doch, daß sie den blöden und erschrockenen Gewissen sehr tröstlich und heilsam ist, denn das Gewissen kann nicht zu Ruhe und Friede kommen durch Werke, 1 Joh. 3, 19., sondern allein durch den Glauben, so es bei sich gewißlich schließt, daß es um Christus willen einen gnädigen Gott habe, wie auch Paulus spricht Röm. 5, 1.: „So wir durch den Glauben sind gerecht worten, haben wir Ruhe und Frieden mit Gott."

Diesen Trost hat man vorzeiten nicht getrieben in Predigten, sondern die armen Gewissen auf eigene Werke getrieben, und sind mancherlei Werke fürgenommen, denn Etliche hat das Gewissen in die Klöster gejagt, der Hoffnung, daselbst Gnade zu erwerben durch Klosterleben, etliche haben andere Werke erdacht, damit Gnade zu verdienen, und für Sünde genug zu thun, derselbigen viel haben erfahren, daß man dadurch nicht ist zu Frieden kommen, darum ist noth gewesen, diese Lehre vom Glauben an Christum zu predigen und fleißig zu treiben, daß man wisse, daß man allein durch den Glauben, ohne Verdienst, Gottes Gnade ergreifet.

Es geschicht auch Unterricht, daß man hie nicht von solchem

21

Glauben redet, den auch die Teufel und Gottlosen haben, die auch die Historien glauben, daß Christus gelitten habe, und auferstanden sei von Todten; sondern man redet vom wahren Glauben, der da glaubet, daß wir durch Christum Gnade und Vergebung der Sünde erlangen, und der nun weiß, daß er einen gnädigen Gott durch Christum hat, kennet also Gott, rufet ihn an und ist nicht ohne Gott, wie die Heiden. Denn der Teufel und Gottlose glauben diesen Artikel, Vergebung der Sünde, nicht, darum sind sie Gott feind, können ihn nicht anrufen, nicht Gutes von ihm hoffen, und also, wie jetzt angezeiget ist, redet die Schrift vom Glauben und heißet Glauben nicht ein solches Wissen, das Teufel und gottlose Menschen haben, denn also wird vom Glauben gelehret zun Hebräern am 11, 1., daß glauben sei nicht allein die Historien wissen, sondern **Zuversicht** haben zu Gott, seine Zusag zu empfahen. Und **Augustinus** erinnert uns auch, daß wir das Wort (Glauben) in der Schrift verstehen sollen, daß es heiße Zuversicht zu Gott, daß er uns gnädig sei, und heiße nicht allein solche Historien wissen, wie auch die Teufel wissen.

Ferner wird gelehret, daß gute Werke sollen und müssen geschehen, nicht daß man darauf vertraue, Gnade damit zu verdienen, sondern um Gottes willen, und Gott zu Lob, der Glaube ergreift allezeit allein Gnade und Vergebung der Sünde. Und dieweil durch den Glauben der Heilige Geist gegeben wird, so wird auch das Herz geschickt, gute Werke zu thun. Denn zuvorn, dieweil es ohne den Heiligen Geist ist, so ist es zu schwach, dazu ist es ins Teufels Gewalt, der die arme menschliche Natur zu viel Sünden treibet. Wie wir sehen in den Philosophen, welche sich unterstanden, ehrlich und untadelich zu leben, haben aber dennoch solches nicht ausgerichtet, sondern seind in viel große öffentliche Sünde gefallen: also gehet es mit dem Menschen, so er außer dem rechten Glauben ohne den Heiligen Geist ist, und sich allein durch eigene menschliche Kräfte regieret. Derhalben ist die Lehre vom Glauben nicht zu schelten, daß sie gute Werke verbiete, sondern vielmehr zu rühmen, daß sie lehre gute Werke zu thun, und Hülfe anbiete, wie man zu guten Werken kommen möge. Denn außer dem Glauben und außerhalb Christo ist menschliche Natur und Vermögen viel zu schwach, gute Werke zu thun, Gott anzurufen, Geduld zu haben im Leiden, den Nächsten zu lieben, befohlene Aemter fleißig auszurichten, gehorsam zu sein, böse Lust zu meiden. Solche hohe und rechte Werke mögen nicht geschehen ohne die Hülfe Christi, wie er selbst spricht Joh. 15, 5.: „Ohne mich könnt ihr nichts thun" ec.

Der XXI. Artikel.
Von dem Dienst der Heiligen.

Vom Heiligen - Dienst wird von den Unsern also gelehret, daß man der Heiligen gedenken soll, auf daß wir unsern Glauben stärken, so wir sehen, wie ihnen Gnade widerfahren, auch wie ihnen durch Glauben geholfen ist. Dazu, daß man Exempel nehme von ihren guten Werken, ein Jeder nach seinem Beruf, gleichwie die Kaiserliche Majestät seliglich und göttlich dem Exempel David folgen mag, Kriege wider den Türken zu führen, denn beide sind sie in königlichem Amte, welches Schutz und Schirm ihrer Unterthanen fordert. Durch Schrift aber mag man nicht beweisen, daß man die Heiligen anrufen oder Hülfe bei ihnen suchen soll. Denn es ist allein ein einiger Versöhner und **Mittler**, gesetzt **zwischen Gott und den Menschen, JEsus Christus**, 1 Tim. 2, 5., welcher ist der einige Heiland, der einige oberste **Priester, Gnadenstuhl und Vorsprecher für Gott,** Röm. 3, 25. und 8, 34. Und der hat allein zugesagt, daß er unser Gebet erhören wolle, Hebr. 11, 11. Das ist auch der höchste Gottesdienst nach der Schrift, daß man denselbigen JEsum Christum in allen Nöthen und Anliegen von Herzen suche und anrufe, 1 Joh. 2, 1.: „So Jemand sündiget, haben wir einen Fürsprecher bei Gott, der gerecht ist, JEsum."

Dies ist fast die Summa der Lehre, welche in unsern Kirchen zu rechtem christlichen Unterricht und Trost der Gewissen, auch zu Besserung der Gläubigen geprediget und gelehret ist, wie wir denn unser eigen Seel und Gewissen je nicht gerne wollten für Gott mit Mißbrauch göttliches Namens oder Wortes in die höchste und größte Gefahr setzen, oder auf unsere Kinder und Nachkommen eine andere Lehre, denn so dem reinen göttlichen Wort und christlicher Wahrheit gemäß, fällen oder erben. So denn dieselbige in heiliger Schrift klar gegründet, und darzu auch gemeiner christlicher, ja römischer Kirchen, so viel aus der Väter Schrift zu vermerken, nicht zuwider noch entgegen ist, so achten wir auch, unsere Widersacher können in obangezeigten Artikeln nicht uneinig mit uns sein. Derhalben handeln diejenigen ganz unfreundlich, geschwind und wider alle christliche Einigkeit und Liebe, so die Unsern derhalben als Ketzer abzusondern, zu verwerfen, und zu meiden, ihnen selbst ohne einigen beständigen Grund göttlicher Gebot oder Schrift fürnehmen. Denn die Irrung und Zank ist fürnehmlich über etlichen Traditionen und Mißbräuchen. So denn nun an den Hauptartikeln kein befindlicher Ungrund oder Mangel, und dies unser Bekenntniß göttlich und christlich ist, sollten sich billig die Bischöfe, wann schon bei uns der Tradition halben ein Mangel wäre, gelinder erzeigen, wiewohl wir verhoffen, beständigen Grund und Ursachen darzuthun, warum bei uns etliche Traditionen und Mißbräuche geändert sind.

Artikel, von welchen Zwiespalt ist, da erzählet werden die Mißbräuche, so geändert seind.

So nun von den Artikeln des Glaubens in unsern Kirchen nicht gelehret wird zuwider der heiligen Schrift oder gemeiner christlichen Kirchen, sondern allein etliche Mißbräuche geändert sind, welche zum Theil mit der Zeit selbst eingerissen, zum Theil mit Gewalt aufgericht: fordert unsere Nothdurft, dieselbigen zu erzählen, und Ursach darzuthun, warum hierin Aenderung geduldet ist, damit Kais. Maj. erkennen möge, daß nicht hierin unchristlich oder freventlich gehandelt, sondern daß wir durch Gottes Gebot, welches billig höher zu achten, denn alle Gewohnheit, gedrungen sein, solche Aenderung zu gestatten.

Der XXII. Artikel.
Von beider Gestalt des Sakraments.

Den Laien wird bei uns beide Gestalt des Sakraments gereicht aus dieser Ursach, daß dies ist ein klarer Befehl und Gebot Christi, Math. 26, 27.: „Trinket Alle daraus." Da gebeut Christus mit klaren Worten von dem Kelch, daß sie alle daraus trinken sollen.

Und damit Niemand diese Worte anfechten und glossiren könne, als gehöre es allein den Priestern zu, so zeiget Paulus 1 Cor. 11, 16. an, daß die ganze Versammlung der Corinther Kirchen beide Gestalt gebraucht hat. Und dieser Brauch ist lange Zeit in der Kirchen blieben, wie man durch die Historien und der Väter Schriften beweisen kann. Cyprianus gedenkt an vielen Orten, daß den Laien der Kelch die Zeit gereicht sei. So spricht St. Hieronymus, daß die Priester, so das Sakrament reichen, dem Volk das Blut Christi austheilen. So gebeut Gelasius der Pabst selbst, daß man das Sakrament nicht theilen soll. Distinct. 2. de Consecrat. cap. Comperimus. Man findet auch nirgend keinen Canon, der da gebiete, allein eine Gestalt zu nehmen. Es kann auch Niemand wissen, wenn oder durch welche diese Gewohnheit, eine Gestalt zu nehmen, eingeführt ist, wiewohl der Cardinal Cusanus gedenkt, wenn diese Weise approbirt sei. Nun ist's öffentlich, daß solche Gewohnheit wider Gottes Gebot auch wider die alten Canones eingeführt, unrecht ist. Derhalben hat sich nicht gebühret, derjenigen Gewissen, so das heilige Sakrament nach Christus Einsetzung zu gebrauchen begehrt haben, zu beschweren und zwingen, wider unsers HErrn Christi Ordnung zu handeln.

Und dieweil die Theilung des Sakraments der Einsetzung Christi zu entgegen ist, wird auch bei uns die gewöhnliche Prozession mit dem Sakrament unterlassen.

Der XXIII. Artikel.
Vom Ehestande der Priester.

Es ist bei Jedermann, hohes und niedres Standes, eine große mächtige Klage in der Welt gewesen, von großer Unzucht und wildem Wesen und Leben der Priester, so nicht vermochten Keuschheit zu halten, und war auch je mit solchen geistlichen Lastern aufs Höchste kommen. So viel häßlichs, groß Aergerniß, Ehebruch und ander Unzucht zu vermeiden, haben sich etliche Priester bei uns in ehelichen Stand begeben. Dieselben zeigen an diese Ursachen, daß sie dahin gedrungen und bewegt sind aus hoher Noth ihrer Gewissen, nachdem die Schrift klar meldet, der eheliche Stand sei von Gott dem HErrn eingesetzt. Unzucht zu vermeiden, wie Paulus sagt 1 Cor. 7, 2. 9.: „Die Unzucht zu vermeiden, hab ein Jeglicher sein eigen Eheweib." Item, „es ist besser ehelich werden, denn brennen." Und nachdem Christus sagt Matth. 19, 12.: „Sie fassen nicht Alle das Wort," da zeigt Christus an (welcher wohl gewußt hat, was am Menschen sei), daß wenig Leute die Gabe, keusch zu leben, haben, denn Genes. 1, 28.: „Gott hat den Menschen Männlein und Fräulein geschaffen." Ob es nun in menschlicher Macht

Augsburgische Confession.

ober Vermögen sei, ohne sonderliche Gabe und Gnade Gottes durch eigen Fürnehmen oder Gelübde, Gottes, der hohen Majestät, Geschöpfe besser zu machen oder zu ändern, hat die Erfahrung allzu klar gegeben. Denn was guts, was ehrbar, züchtiges Leben, was christlichs, ehrlichs oder redlichs Wandels an vielen daraus erfolget, wie greulich, schreckliche Unruhe und Qual ihrer Gewissen viel an ihrem letzten Ende derhalben gehabt, ist am Tage, und ihr viel haben es selbst bekennet. So denn Gottes Wort und Gebot durch kein menschlich Gelübde oder Gesetz mag geändert werden, haben aus dieser und andern Ursachen und Gründen die Priester und andere Geistliche Eheweiber genommen.

So ist es auch aus den Historien und der Väter Schriften zu beweisen, daß in der christlichen Kirchen vor Alters der Brauch gewesen, daß die Priester und Diacon Eheweiber gehabt. Darum sagt Paulus 1 Tim. 3, 2.: „Es soll ein Bischof unsträflich sein, eines Weibes Mann." Es sind auch in Deutschland erst vor vierhundert Jahren die Priester zum Gelübde der Keuschheit vom Ehestande mit Gewalt abgedrungen, welche sich dagegen sämmtlich auch so ganz ernstlich und hart gesetzet haben, daß ein Erzbischof zu Mainz, welcher das päbstliche neue Edict derhalben verkündiget, gar nahe in einer Empörung der ganzen Priesterschaft in einem Gedränge wäre umgebracht. Und dasselbige Verbot ist bald im Anfang so geschwind und unschicklich fürgenommen, daß der Pabst die Zeit nicht allein die künftige Ehe den Priestern verboten, sondern auch derjenigen Ehe, so schon in dem Stande lange gewesen, zerrissen, welches doch nicht allein wider alle göttliche, natürliche und weltliche Rechte, sondern auch den Canonibus (so die Päbste selbst gemacht), und den berühmtesten Conciliis ganz entgegen und zuwider ist.

Auch ist bei viel hohen, gottesfürchtigen, verständigen Leuten dergleichen Rede und Bedenken oft gehört, daß solcher gedrungener Cœlibat und Beraubung des Ehestandes, (welchen Gott selbst eingesetzt und frei gelassen), nie kein Gutes, sondern viel großer böser Laster, und viel Arges eingeführet habe. Es hat auch einer von Päbsten, Pius II. selbst, wie seine Historien anzeigt, diese Worte oft geredt und von sich schreiben lassen: Es möge wohl etliche Ursachen haben, warum den Geistlichen die Ehe verboten sei: es habe aber viel höher, größer und wichtiger Ursachen, warum man ihnen die Ehe soll wieder frei lassen. Ungezweifelt, es hat Pabst Pius, als ein verständiger, weiser Mann, dies Wort aus großem Bedenken geredt.

Derhalben wollen wir uns in Unterthänigkeit zu Kaiserlicher Maj. vertrösten, daß ihre Majestät, als ein christlicher, hochlöblicher Kaiser, gnädiglich beherzigen werde, daß jetzund in den letzten Zeiten und Tagen, von welchen die Schrift meldet, die Welt immer je ärger und die Menschen gebrechlicher und schwächer werden.

Derhalben wohl hochnöthig, nützlich und christlich ist, diese fleißige Einsehung zu thun, damit, wo der Ehestand verboten, nicht ärgere und schändlichere Unzucht und Laster in deutschen Landen möchten einreißen. Denn es wird je diese Sachen Niemand weislicher oder besser ändern oder machen können, denn Gott selbst, welcher den Ehestand, menschlicher Gebrechlichkeit zu helfen und Unzucht zu wehren, eingesetzt hat. So sagen die alten Canones auch, man müsse zu Zeiten die Schärfe und Rigorem lindern und nachlassen, um menschlicher Schwachheit willen, und ärgers zu verhüten und zu meiden.

Nun wäre das in diesem Fall auch wohl christlich und ganz hoch vonnöthen. Was kann auch der Priester und der Geistlichen Ehestand gemeiner christlichen Kirchen nachtheilig sein, sonderlich der Pfarrherren und anderer, die der Kirchen dienen sollen? Es würde wohl künftig an Priestern und Pfarrherren mangeln, so dies harte Verbot des Ehestands länger währen sollt.

So nun dieses, nämlich daß die Priester und Geistlichen mögen ehelich werden, gegründet ist auf das göttliche Wort und Gebot, dazu die Historien beweisen, daß die Priester ehelich gewesen; so auch das Gelübde der Keuschheit so viel häßliche, unchristliche Aergerniß, so viel Ehebruch, schreckliche unerhörte Unzucht und greuliche Laster hat angericht, daß auch etliche unter Thumherren, Curtisan zu Rom solches oft selbst bekennt und kläglich angezogen, wie solche Laster im Clero zu greulich und übermacht, Gottes Zorn würde erreget werden; so ists je erbärmlich, daß man den christlichen Ehestand nicht allein verboten, sondern an etlichen Orten aufs geschwindest, wie um groß Uebelthat, zu strafen sich unterstanden hat.

So ist auch der Ehestand in Kais. Rechten und in allen Monarchien, wo je Gesetz und Recht gewesen, hoch gelobet. Allein dieser Zeit beginnet man die Leute unschuldig, allein um der Ehe willen zu martern, und dazu Priester, der man für andern schonen sollt. Und geschicht nicht allein wider göttliche Rechte, sondern auch wider die Canones. Paulus der Apostel, 1 Tim. 4, 3., nennet die Lehre, „so die Ehe verbieten, Teufels-Lehre." So sagt Christus selbst Joh. 8, 44.: „Der Teufel sei ein Mörder von Anbeginn," welches denn wohl zusammen stimmet, daß es freilich Teufels-Lehren sein müssen, die Ehe verbieten, und sich unterstehen, solche Lehre mit Blutvergießen zu erhalten.

Wie aber kein menschlich Gesetz Gottes Gebot kann wegthun oder ändern, also kann auch kein Gelübde Gottes Gebot ändern. Darum gibt auch St. Cyprianus den Rath, daß die Weiber, so die gelobte Keuschheit nicht halten, sollen ehelich werden, und sagt L. I. Epist. 11. also: „So sie aber Keuschheit nicht halten wollen, oder nicht vermögen, so ists besser, daß sie ehelich werden, denn daß sie durch ihre Lust ins Feuer fallen, und sollen sich wohl fürsehen, daß sie den Brüdern und Schwestern kein Aergerniß anrichten."

Zudem, so brauchen auch alle Canones größere Gelindigkeit und Aequität gegen diejenigen, so in der Jugend Gelübde gethan, wie denn Priester und Mönche des mehreren Theil in der Jugend in solchen Stand aus Unwissenheit kommen sind.

Der XXIV. Artikel.
Von der Messe.

Man leget den Unsern mit Unrecht auf, daß sie die Messe sollen abgethan haben. Denn das ist öffentlich, daß die Meß, ohne Ruhm zu reden, bei uns mit größer Andacht und Ernst gehalten wird, denn bei den Widersachern. So werden auch die Leute mit höchstem Fleiß zum öftermal unterrichtet vom heiligen Sakrament, wozu es eingesetzt und wie es zu gebrauchen sei, als nämlich, die erschrockenen Gewissen damit zu trösten, dadurch das Volk zur Communion und Meß gezogen wird. Dabei geschicht auch Unterricht wider andere unrechte Lehren vom Sakrament. So ist auch in den öffentlichen Ceremonien der Messe keine merkliche Aenderung geschehen, denn daß an etlichen Orten deutsche Gesänge (das Volk damit zu lehren und zu üben), neben lateinischem Gesang gesungen werden, sintemal alle Ceremonien fürnehmlich dazu dienen sollen, daß das Volk daran lerne, was ihm zu wissen von Christo noth ist.

Nachdem aber die Messe auf mancherlei Weise vor dieser Zeit mißbraucht, wie am Tage ist, daß ein Jahrmarkt daraus gemacht, daß man sie kauft und verkauft hat, und daß mehrer Theil in allen Kirchen um Geldes willen gehalten worden, ist solcher Mißbrauch zu mehrmalen, auch vor dieser Zeit, von gelehrten und frommen Leuten gestraft worden. Als nun die Prediger bei uns davon gepredigt, und die Priester erinnert sind der schrecklichen Bedrohung, so denn billig einen jeden Christen bewegen soll, 1 Cor. 11, 27., daß, wer das Sakrament unwürdiglich brauchet, der sei schuldig am Leibe und Blut Christi, darauf sind solche Kauf-Messen und Winkel-Messen (welche bis anher aus Zwang um Geldes und der Präbenden willen gehalten worden), in unsern Kirchen gefallen.

Dabei ist auch der greuliche Irrthum gestrafet, daß man gelehret hat, unser HErr Christus habe durch seinen Tod allein für die Erbsünde genug gethan, und die Messe eingesetzt zu einem Opfer für die andern Sünden, und also die Messe zu einem Opfer gemacht für die Lebendigen und Todten, dadurch Sünde wegzunehmen und Gott zu versöhnen. Daraus ist weiter gefolget, daß man disputirt hat, ob eine Messe, für viel gehalten, also viel verdiene, als so man für einen Jeglichen eine sonderliche hielte? Daher ist die große unzählige Menge der Messen kommen, daß man mit diesem Werk hat wollen bei Gott Alles erlangen, das man bedurft hat, und ist daneben des Glaubens an Christum und rechten Gottesdienstes vergessen worden.

Darum ist davon Unterricht geschehen, wie ohne Zweifel die Noth gefordert, daß man wüßte, wie das Sakrament recht zu gebrauchen wäre. Und erstlich, daß kein Opfer für Erbsünde und andere Sünde sei, denn der einige Tod Christi, zeiget die Schrift an vielen Orten an. Denn also stehet geschrieben zun Ebräern 9, 26. 28.; 10, 10. 14., daß sich Christus „einmal geopfert hat, und dadurch für alle Sünde genug gethan." Es ist eine unerhörte Neuigkeit, in der Kirchen lehren, daß Christus Tod sollte allein für die Erbsünde, und sonst nicht auch für andere Sünden genug gethan haben, derhalben zu hoffen, daß männiglich verstehe, daß solcher Irrthum nicht unbillig gestraft sei.

Zum Andern, so lehret St. Paulus, Röm. 3, 28., daß wir für Gott Gnade erlangen, „durch den Glauben, und nicht durch Werke." Dawider ist öffentlich dieser Mißbrauch der Meß, so man vermeint durch dieses Werk Gnade zu erlangen, wie man denn weiß, daß man die Meß darzu gebrauchet, dadurch Sünde abzulegen, und

Gnade und alle Güter bei Gott zu erlangen, nicht allein der Priester für sich, sondern auch für die ganze Welt, und für andere Lebendige und Todte.

Zum Dritten, so ist das heilige Sakrament eingesetzt, nicht damit für die Sünde ein Opfer anzurichten (denn das Opfer ist zuvor geschehen), sondern daß unser Glaube dadurch erweckt, und die Gewissen getröstet werden, welche durchs Sakrament erinnert werden, daß ihnen Gnade und Vergebung der Sünde von Christo zugesagt ist. Derhalben fordert das Sakrament Glauben, und wird ohne Glauben vergeblich gebraucht.

Dieweil nun die Meß nicht ein Opfer ist für andere, Lebendige oder Todte, ihre Sünde wegzunehmen, sondern soll eine Communion sein, da der Priester und andere das Sakrament empfahen für sich, so wird diese Weise bei uns gehalten, daß man an Feiertagen (auch sonst, so Communicanten da sind), Meß hält, und Etliche, so das begehren, communicirt. Also bleibt die Meß bei uns in ihrem rechten Brauch, wie sie vor Zeiten in der Kirchen gehalten, wie man beweisen mag aus St. Paulo, 1 Cor. 11, 33., darzu auch vieler Väter Schriften. Denn Chrysostomus spricht, wie der Priester täglich stehe, und fordere Etliche zur Communion, Etlichen verbiete er, hinzu zu treten. Auch zeigen die alten Canones an, daß einer das Amt gehalten hat, und die andern Priester und Diakon communicirt. Denn also lauten die Worte in Canone Niceno: „Die Diakon sollen nach den Priestern ordentlich das Sakrament empfahen vom Bischofe oder Priester."

So man nun keine Neuigkeit hierin, die in der Kirchen für Alters nicht gewesen, fürgenommen hat, und in den öffentlichen Ceremonien der Messen keine merkliche Aenderung geschehen ist, allein daß die andern unnöthigen Messen, etwa durch einen Mißbrauch gehalten neben der Pfarrmesse, gefallen sind, soll billig diese Weise Messe zu halten nicht für ketzerisch und unchristlich verdammet werden. Denn man hat vor Zeiten auch in den großen Kirchen, da viel Volks gewesen, auch auf die Tage, so das Volk zusammen kam, nicht täglich Meß gehalten, wie Tripartita historia lib. 9 anzeiget, daß man zu Alexandria am Mittwoch und Freitag die Schrift gelesen und ausgelegt habe und sonst alle Gottesdienste gehalten, ohne die Messe.

Der XXV. Artikel.
Von der Beichte.

Die Beichte ist durch die Prediger dies Theils nicht abgethan. Denn diese Gewohnheit wird bei uns gehalten, das Sakrament nicht zu reichen denen, so nicht zuvor verhört und absolvirt sind. Dabei wird das Volk fleißig unterrichtet, wie tröstlich das Wort der Absolution sei, wie hoch und theuer die Absolution zu achten, denn es sei nicht des gegenwärtigen Menschen Stimme oder Wort, sondern Gottes Wort, der da die Sünde vergibt, denn sie wird an Gottes Statt und aus Gottes Befehl gesprochen. Von diesem Befehl und Gewalt der Schlüssel, wie tröstlich, wie nöthig sie sei den erschrockenen Gewissen, wird mit großem Fleiß gelehret, darzu, wie Gott fordert, dieser Absolution zu glauben, nicht weniger, denn so Gottes Stimme vom Himmel erschölle, und uns dero fröhlich trösten, und wissen, daß wir durch solchen Glauben Vergebung der Sünden erlangen. Von diesen nöthigen Stücken haben vor Zeiten die Prediger, so von der Beichte viel lehreten, nicht ein Wörtlein gerühret, sondern allein die Gewissen gemartert mit langer Erzählung der Sünden, mit Genugthun, mit Ablaß, mit Wallfahrten und dergleichen. Und viel unserer Widersacher bekennen selbst, daß dieses Theils von rechter christlicher Buße schicklicher, denn zuvor in langer Zeit, geschrieben und gehandelt sei.

Und wird von der Beichte also gelehret, daß man Niemand bringen soll, die Sünde namhaftig zu erzählen, denn solches ist unmöglich, wie der Psalm 19, 13. spricht: „Wer kennet die Missethat?" Und Jeremias 17, 9. spricht: „Des Menschen Herz ist so arg, daß man es nicht auslernen kann." Die elende menschliche Natur stecket also tief in Sünden, daß sie dieselbe nicht alle sehen oder kennen kann, und sollten wir allein von denen absolvirt werden, die wir zählen können, wäre uns wenig geholfen. Derhalben ist nicht noth, die Leute zu bringen, die Sünde namhaftig zu erzählen. Also habens auch die Väter gehalten, wie man findet Distinct I. de Pœnitentia, da die Worte Chrysostomi angezogen werden: „Ich sage nicht, daß du dich selbst sollst öffentlich dargeben, noch bei einem andern dich selbst verklagen oder schuldig geben, sondern gehorche dem Propheten, welcher spricht: Offenbare dem HErrn deine Wege. Psalm 37, 5. Derhalben beichte Gott dem HErrn, dem wahrhaftigen Richter, neben deinem Gebet, nicht sage deine Sünde mit der Zungen, sondern in deinem Gewissen." Hie siehet man klar, daß Chrysostomus nicht zwinget, die Sünde namhaftig zu erzählen. So lehret auch die Glossa in Decretis, de Pœnitentia, daß die Beichte nicht durch die Schrift geboten, sondern durch die Kirche eingesetzt sei. Doch wird durch die Prediger dieses Theils fleißig gelehret, daß die Beichte von wegen der Absolution, welche das Hauptstück und das Fürnehmste darin ist, zum Trost der erschrockenen Gewissen, darzu um etlicher anderer Ursachen willen, zu erhalten sei.

Der XXVI. Artikel.
Vom Unterschied der Speise.

Vor Zeiten hat man also gelehret, geprediget und geschrieben, daß der Unterschied der Speise und dergleichen Tradition von Menschen angesetzt, dazu dienen, daß man dadurch Gnade verdiene und für die Sünde genug thue. Aus diesem Grunde hat man täglich neue Fasten, neue Ceremonien, neue Orden und dergleichen erdacht und auf solches heftig und hart getrieben, als seien solche Dinge nöthige Gottesdienste, dadurch man Gnade verdiene, so mans halte, und große Sünde geschehe, so mans nicht halte. Daraus sind viel schädlicher Irrthümer in der Kirchen gefolget.

Erstlich ist dadurch die Gnade Christi und die Lehre vom Glauben verdunkelt, welche uns das Evangelium mit großem Ernst fürhält, und treibt hart darauf, daß man den Verdienst Christi hoch und theuer achte, und wisse, daß Glauben an Christum hoch und weit über alle Werke zu setzen sei. Derhalben hat St. Paulus heftig wider das Gesetz Mosis und menschliche Traditiones gefochten, Röm. 3, 28., daß wir lernen sollen, daß wir für Gott nicht fromm werden „aus unsern Werken, sondern allein durch den Glauben an Christum, daß wir Gnade erlangen um Christus willen." Solche Lehre ist schier ganz verloschen dadurch, daß man gelehret, Gnade zu verdienen mit Gesetzen, Fasten, Unterschied der Speise, Kleidern ꝛc.

Zum Andern haben auch solche Traditiones Gottes Gebot verdunkelt. Denn man setzt diese Traditiones weit über Gottes Gebot. Dies hielt man allein für christlich Leben, wer die Feier also hielt, also betete, also fastete, also gekleidet war, das nennet man geistlich, christlich leben.

Darneben hielt man andere nöthige gute Werke für ein weltlich, ungeistlich Wesen, nämlich diese, so Jeder nach seinem Beruf zu thun schuldig ist, als, daß der Hausvater arbeitet, Weib und Kind zu ernähren und zur Gottesfurcht aufzuziehen, die Hausmutter Kinder gebieret und wartet ihr, ein Fürst und Obrigkeit Land und Leute regieret ꝛc. Solche Werke, von Gott geboten, mußten ein weltlich und unvollkommen Wesen sein, aber die Traditiones mußten den prächtigen Namen haben, daß sie allein heilige, vollkommene Werke heißen. Derhalben war kein Maß noch Ende, solche Traditiones zu machen.

Zum Dritten, solche Traditiones sind zu hoher Beschwerung der Gewissen gerathen. Denn es war nicht möglich, alle Traditiones zu halten, und waren doch die Leute in der Meinung, als wäre solches ein nöthiger Gottesdienst, und schreibet G e r s o n, daß Viel hiemit in Verzweiflung gefallen, Etliche haben sich auch selbst umgebracht, derhalben, daß sie keinen Trost von der Gnade Christi gehöret haben. Denn man siehet bei den Summisten und Theologen, wie die Gewissen verwirret, welche sich unterstanden haben, die Traditiones zusammen zu ziehen, und epieikeias gesucht, daß sie denen Gewissen hülfen, so viel damit zu thun gehabt, daß dieweil alle heilsame christliche Lehre von nöthigen Sachen, als, vom Glauben, von Trost in hohen Anfechtungen und dergleichen, darnieder gelegen ist. Darüber haben auch viel fromme Leute vor dieser Zeit sehr geklagt, daß solche Traditiones viel Zanks in der Kirchen anrichten, und daß fromme Leute damit verhindert, zur rechten Erkenntniß Christi nicht kommen möchten. G e r s o n und Etliche mehr haben heftig darüber geklagt. Ja es hat auch A u g u s t i n o mißfallen, daß man die Gewissen mit so viel Traditionibus beschweret, derhalben er dabei Unterricht gibt, daß mans nicht für nöthige Dinge halten soll.

Darum haben die Unsern nicht aus Frevel oder Verachtung geistlicher Gewalt von diesen Sachen gelehret, sondern es hat die hohe Noth gefordert, Unterricht zu thun von obangezeigten Irrthümern, welche aus Mißverstand der Tradition gewachsen sein. Denn das Evangelium zwinget, daß man die Lehre vom Glauben solle und müsse in der Kirchen treiben, welche doch nicht mag verstanden werden, so man vermeint, durch eigene erwählte Werke Gnade zu verdienen. Und ist also davon gelehret, daß man durch Haltung gedachter menschlicher Tradition nicht kann Gnade verdienen, oder Gott versühnen, oder für die Sünde genug thun; und soll derhalben kein nöthiger Gottesdienst daraus gemacht werden. Dazu wird Ursach aus der Schrift angezogen. Christus entschuldiget die Apostel, da sie

Augsburgische Confession.

gewöhnliche Traditiones nicht gehalten haben, und spricht dabei Matth. 15, 3. 9.: „Sie ehren mich vergeblich mit Menschengeboten." So er nun dies einen vergeblichen Dienst nennet, muß er nicht nöthig sein. Und bald hernach, Matth. 15, 11.: „Was zum Munde eingehet, verunreiniget den Menschen nicht." Item, Paulus spricht, Röm. 14, 17.: „Das Himmelreich stehet nicht in Speise oder Trank." Col. 2, 16. 20.: „Niemand soll euch richten in Speise, Trank, Sabbath" rc. Actor. 15, 10. spricht Petrus: „Warum versucht ihr Gott mit Auflegung des Jochs auf der Jünger Hals, welches weder unsere Väter noch wir haben mögen tragen? sondern wir glauben durch die Gnade unsers HErrn JEsu Christi selig zu werden." Da verbeut Petrus, daß man die Gewissen nicht beschweren soll mit mehr äußerlichen Ceremonien, es sei Mosis oder andern. Und 1 Tim. 4, 1. 3. werden solche Verbote, als, Speise verbieten, Ehe verbieten rc., Teufelslehre genennet. Denn dies ist stracks dem Evangelio entgegen, solche Werke einsetzen oder thun, daß man damit Vergebung der Sünden verdiene, oder als möge Niemands Christen sein, ohne solche Dienste.

Daß man aber den Unsern die Schuld gibt, als verböten sie Kasteiung und Zucht, wie Jovinianus, wird sich viel anders aus ihren Schriften befinden. Denn sie haben allezeit gelehret vom heiligen Kreuz, daß Christen zu leiden schuldig sind, und dieses ist rechte, ernstliche und nicht erdichtete Kasteiung. Daneben wird auch gelehret, daß ein Jeglicher schuldig ist, sich mit leiblicher Uebung, als Fasten und anderer Uebung, also zu halten, daß er nicht Ursach zu Sünden gebe, nicht daß er mit solchen Werken Gnade verdiene. Diese leibliche Uebung soll nicht allein etliche bestimmte Tage, sondern stets getrieben werden. Davon redet Christus Luc. 21, 34.: „Hütet euch, daß eure Herzen nicht beschweret werden mit Völlerei." Item, Matth. 17, 21.: „Die Teufel werden nicht ausgeworfen, denn durch Fasten und Gebet." Und Paulus spricht 1 Cor. 9, 27.: „Er kasteie seinen Leib, und bringe ihn zu Gehorsam," damit er anzeigt, daß Kasteiung dienen soll, nicht damit Gnade zu verdienen, sondern den Leib geschickt zu halten, daß er nicht verhindere, was einem Jeglichen nach seinem Beruf zu schaffen befohlen ist, und wird also nicht das Fasten verworfen, sondern daß man einen nöthigen Dienst daraus, auf bestimmte Tag und Speise, zu Verwirrung der Gewissen gemacht hat.

Auch werden dieses Theils viel Ceremonien und Tradition gehalten, als Ordnung der Messe und andere Gesänge, Feste rc., welche dazu dienen, daß in der Kirchen Ordnung gehalten werde. Darneben aber wird das Volk unterrichtet, daß solcher äußerlicher Gottesdienst nicht fromm macht für Gott, und daß mans ohne Beschwerung des Gewissens halten soll, also, daß, so man es nachläßt ohne Aergerniß, nicht daran gesündiget wird. Diese Freiheit in äußerlichen Ceremonien haben auch die alten Väter gehalten. Denn im Orient hat man das Osterfest auf andere Zeit, denn zu Rom gehalten; und da Etliche diese Ungleichheit für eine Trennung in der Kirchen halten wollten, seind sie vermahnet von Anderen, daß nicht noth ist, in solchen Gewohnheiten Gleichheit zu halten, und spricht Irenæus also: „Ungleichheit in Fasten trennet nicht die Einigkeit des Glaubens." Wie auch Distinct. 12. von solcher Ungleichheit in menschlichen Ordnungen geschrieben, daß sie der Einigkeit der Christenheit nicht zuwider sei. Und Tripartita Hist. lib. 9. zeucht zusammen viel ungleicher Kirchengewohnheiten, und setzet einen nützlichen christlichen Spruch: „Der Apostel Meinung ist nicht gewesen, Feiertage einzusetzen, sondern Glauben und Liebe zu lehren."

Der XXVII. Artikel.
Von Klostergelübden.

Von Klostergelübden zu reden, ist noth, erstlich zu bedenken, wie es bis anher damit gehalten, welch Wesen sie in Klöstern gehabt, und daß sehr viel darin täglich nicht allein wider Gottes Wort, sondern auch päpstlichen Rechten zu entgegen gehandelt ist. Denn zu St. Augustini Zeiten seind Klosterstände frei gewesen, folgend, da die rechte Zucht und Lehre zerrüttet, hat man Klostergelübde erdacht und damit eben, als mit einem erdachten Gefängniß, die Zucht wieder aufrichten wollen.

Ueber das hat man neben den Klostergelübden viel andere Stücke mehr aufgebracht, und mit solchen Banden und Beschwerden ihrer viel, auch vor gebührenden Jahren, beladen.

So sind auch viele Personen aus Unwissenheit zu solchem Klosterleben kommen, welche, wiewohl sie sonst nicht zu jung gewesen, haben doch ihr Vermögen nicht genugsam ermessen und verstanden. Dieselben Alle, also verstrickt und verwickelt, sind gezwungen und gedrungen, in solchen Banden zu bleiben, ungeacht deß, daß auch päpstisch Recht ihrer viel frei gibt. Und das ist beschwerlicher gewesen in Jungfrauenklöstern, denn Mönchsklöstern, so sich doch geziemet hätte, der Weibsbilder, als der Schwachen, zu verschonen. Dieselbe Strenge und Härtigkeit hat auch viel frommen Leuten in vorigen Zeiten mißfallen, denn sie haben wohl gesehen, daß beide, Knaben und Mägdlein, um Erhaltung willen des Leibs, in die Klöster sind versteckt worden. Sie haben auch wohl gesehen, wie übel dasselbe Fürnehmen gerathen ist, was Aergerniß, was Beschwerung der Gewissen es gebracht, und haben viel Leute geklagt, daß man in solcher gefährlichen Sache die Canones so gar nicht geachtet. Zudem, so hat man eine solche Meinung von den Klostergelübden, die unverborgen, die auch viel Mönchen übel gefallen hat, die wenig einen Verstand gehabt.

Denn sie gaben für, daß Klostergelübde der Taufe gleich wären, und daß man mit dem Klosterleben Vergebung der Sünde und Rechtfertigung vor Gott verdiente, ja sie setzten noch mehr darzu, daß man mit dem Klosterleben verdiente nicht allein Gerechtigkeit und Frömmigkeit, sondern auch, daß man damit hielt die Gebote und Räthe im Evangelio verfaßt; und wurden also die Klostergelübde höher gepreiset, denn die Taufe. Item, daß man mehr verdiente mit dem Klosterleben, denn mit allen andern Ständen, so von Gott geordnet sind, als Pfarrherr- und Predigerstand, Obrigkeit, Fürsten, Herrenstand und dergleichen, die alle nach Gottes Gebot, Wort und Befehl in ihrem Beruf ohne erdichtete Geistlichkeit dienen. Wie denn dieser Stücke keines verneinet werben mag, benn man findets in ihren eigenen Büchern. Ueber das wer also gefangen und ins Kloster kommen, lernet wenig von Christo.

Etwa hat man Schulen der heiligen Schrift und anderer Künste, so der christlichen Kirchen dienstlich sind, in den Klöstern gehalten, daß man aus den Klöstern Pfarrherren und Bischöfe genommen hat. Jetzt aber hats viel ein andere Gestalt: denn vor Zeiten kamen sie der Meinung zusammen im Klosterleben, daß man die Schrift lernete. Jetzt geben sie für, das Klosterleben sei ein solch Wesen, daß man Gottes Gnade und Frömmigkeit für Gott damit verdiene, ja es sei ein Stand der Vollkommenheit, und sehens den andern Ständen, so von Gott eingesetzt, weit vor. Das alles wird darum angezogen, ohn alle Verunglimpfung, damit man je desto baß vernehmen und verstehen möge, was und wie die Unsern predigen und lehren.

Erstlich lehren sie bei uns von denen, die zur Ehe greifen, also, daß alle die, so zum ledigen Stande nicht geschickt sind, Macht, Fug und Recht haben, sich zu verehelichen. Denn die Gelübde vermögen nicht, Gottes Ordnung und Gebot aufzuheben. Nun lautet Gottes Gebot also, 1 Cor. 7, 2.: „Um der Hurerei willen habe ein Jeglicher sein eigen Weib, und eine Jegliche habe ihren eigenen Mann." Darzu bringet, zwinget und treibet nicht allein Gottes Gebot, sondern auch Gottes Geschöpf und Ordnung alle die zum Ehestand, die ohne sonder Gottes Werk mit der Gabe der Jungfrauschaft nicht begnadet sind, laut dieses Spruchs Gottes selbst, Genes. 2, 18.: „Es ist nicht gut, daß der Mensch allein sei, wir wollen ihm eine Gehülfin machen, die um ihn sei."

Was mag man nun dawider aufbringen? Man rühme das Gelübde und Pflicht, wie hoch man wolle, man mutze es auf, so hoch man kann, so mag man dennoch nicht erzwingen, daß Gottes Gebot dadurch aufgehoben werde. Die Doctores sagen, daß die Gelübde, auch wider des Papstes Recht, unbündig sind, wie viel weniger sollen sie denn binden, Statt und Kraft haben wider Gottes Gebot?

Wo die Pflicht der Gelübde keine ander Ursach hätten, daß sie möchten aufgehoben werden, so hätten die Päpste auch nicht dawider dispensiret oder erlaubt, denn es gebühret keinem Menschen, die Pflicht, so aus göttlichen Rechten herwächst, zu zerreißen. Darum haben die Päpste wohl bedacht, daß in dieser Pflicht eine Æquität soll gebraucht werden, und haben zum östernmal dispensirt, als mit einem Könige von Arragen, und vielen andern. So man nun zur Erhaltung zeitlicher Dinge dispensiret hat, soll viel billiger dispensiret werden um Nothdurst willen der Seelen.

Folgends, warum treibet der Gegentheil so hart, daß man die Gelübde halten muß, und siehet nicht zuvor an, ob das Gelübde seine Art habe? Denn das Gelübde soll in möglichen Sachen willig und ungezwungen sein. Wie aber die ewige Keuschheit in des Menschen Gewalt und Vermögen stehe, weiß man wohl. Auch sind wenig, beide Manns- und Weibspersonen, die von ihnen selbst, willig und wohl bedacht, das Klostergelübde gethan haben. Ehe sie zum rechten Verstande kommen, so überredt man sie zum Klostergelübde. Zuweilen werden sie auch dazu gezwungen und gedrungen. Darum ist es je nicht billig, daß man so geschwind und hart von der Gelübdepflicht disputire, angesehen, daß sie alle bekennen, daß solches wider die Natur und Art des Gelübdes ist, da es nicht williglich und mit gutem Rath und Bedacht gelobet würde.

Etliche Canones und päpstliche Rechte zerreißen die Gelübde, die unter fünfzehn Jahren geschehen sein. Denn sie haltens dafür, daß man vor derselbigen Zeit so viel Verstandes nicht hat, daß man die Ordnung des ganzen Lebens, wie dasselbe anzustellen, beschließen könne.

Ein ander Canon gibt der menschlichen Schwachheit noch mehr Jahren zu. Denn er verbeut das Klostergelübde unter achtzehn Jahre zu thun. Daraus hat der meiste Theil Entschuldigung und Ursachen, aus den Klöstern zu gehen, denn sie des mehren Theils in der Kindheit vor diesen Jahren in Klöster kommen sind. Endlich, wenn gleich die Verbrechung des Klostergelübdes möchte getadelt werden, so könnte aber dennoch nicht daraus erfolgen, daß man derselben Ehe zerreißen sollte. Denn St. Augustinus sagt, 27. quæst. 1. cap. Nuptiarum, daß man solche Ehe nicht zerreißen soll. Nun ist je St. Augustin nicht im geringen Ansehen in der christlichen Kirchen, obgleich Etliche hernach anders gehalten.

Wiewohl nun Gottes Gebot von dem Ehestande ihr sehr viel vom Klostergelübde frei und ledig gemacht, so wenden doch die Unsern noch mehr Ursachen für, daß Klostergelübde nichtig und unbündig sein. Denn aller Gottesdienst von den Menschen, ohne Gottes Gebot und Befehl eingesetzt und erwählet, Gerechtigkeit und Gottes Gnade zu erlangen, sei wider Gott, und dem Evangelio und Gottes Befehl entgegen. Wie denn Christus sagt Matth. 15, 9.: „Sie dienen mir vergebens mit Menschengeboten." So lehret auch St. Paulus überall, daß man Gerechtigkeit nicht soll suchen aus unsern Geboten und Gottesdiensten, so von Menschen erdichtet sind, sondern daß Gerechtigkeit und Frömmigkeit für Gott kömmt aus dem Glauben und Vertrauen, Röm. 3, 22., daß wir glauben, daß uns Gott um seines einigen Sohnes Christus willen zu Gnaden annimmt. Nun ist es je am Tage, daß die Mönche gelehret und geprediget haben, daß die erdachte Geistlichkeit genug thue für die Sünde, und Gottes Gnade und Gerechtigkeit erlange. Was ist nun dies anders, denn die Herrlichkeit und Preis der Gnaden Christi vermindern, und die Gerechtigkeit des Glaubens verläugnen? Darum folget aus dem, daß solche gewöhnliche Gelübde unrechte, falsche Gottesdienst gewesen. Derhalben sind sie auch unbündig. Denn ein gottlos Gelübde, und das wider Gottes Gebot geschehen, ist unbündig und nichtig, wie auch die Canones lehren, daß der Eid nicht soll ein Band zur Sünde sein.

St. Paulus sagt zun Galatern am 5, 4.: „Ihr seid ab von Christo, die ihr durch das Gesetz rechtfertig werden wollt, und habt der Gnaden gefehlet." Derhalben auch die, so durch Gelübde wollen rechtfertig werden, sind von Christo ab, und fehlen der Gnade Gottes. Denn dieselben rauben Christo seine Ehre, der allein gerecht macht, und geben solche Ehre ihren Gelübden und Klosterleben.

Man kann auch nicht läugnen, daß die Mönche gelehret und geprediget haben, daß sie durch ihre Gelübde und Klosterwesen und Weise gerecht werden, und Vergebung der Sünden verdienen, ja, sie haben noch wohl ungeschickter Ding erdicht und gesagt, daß sie ihre guten Werke den Andern mittheilen. Wenn nun Einer dies Alles wollt unglimpflich treiben und aufmutzen, wie viel Stücke könnte er zusammen bringen, deren sich die Mönche jetzt selbst schämen und nicht wollen gethan haben? Ueber das Alles haben sie auch die Leute überredt, daß die erdichteten geistlichen Ordensstände sind christliche Vollkommenheit. Dies ist ja die Werke rühmen, daß man dadurch gerecht werde. Nun ist es nicht ein gering Aergerniß in der christlichen Kirchen, daß man dem Volk einen solchen Gottesdienst fürträgt, den die Menschen ohne Gottes Gebot erdichtet haben, und lehren, daß ein solcher Gottesdienst die Menschen für Gott fromm und gerecht mache. Denn Gerechtigkeit des Glaubens, die man am meisten in der Kirchen treiben soll, wird verdunkelt, wenn denen Leuten die Augen aufgesperret werden mit dieser seltsamen Engelsgeistlichkeit und falschem Fürgeben der Armuth, Demuth und Keuschheit. Col. 2, 18.

Ueber das werden auch die Gebote Gottes und der rechte und wahre Gottesdienst dadurch verdunkelt, wenn die Leute hören, daß allein die Mönche im Stande der Vollkommenheit sein sollen. Denn die christliche Vollkommenheit ist, daß man Gott von Herzen und mit Ernst fürchtet, und doch auch eine herzliche Zuversicht und Glauben, auch Vertrauen fasse, daß wir um Christus willen einen gnädigen barmherzigen Gott haben, daß wir mögen und sollen von Gott bitten und begehren, was uns noth ist, und Hilfe von ihm in allen Trübsalen gewißlich nach eines Jeden Beruf und Stand gewarten. Daß wir auch indeß sollen äußerlich mit Fleiß gute Werke thun und unsers Berufs warten. Darin stehet die rechte Vollkommenheit und der rechte Gottesdienst, nicht im Betteln oder in einer schwarzen oder grauen Kappen 2c. Aber das gemeine Volk fasset viel schädlicher Meinung aus falschem Lob des Klosterlebens. So sie es hören, daß man den ledigen Stand ohne alle Maß lobet, folget, daß es mit beschwertem Gewissen im Ehestand ist. Denn daraus, so der gemeine Mann höret, daß die Bettler allein sollen vollkommen sein, kann er nicht wissen, daß er ohne Sünde Güter haben und hantiren möge. So das Volk höret, es sei nur ein Rath, nicht Rache üben, folget, daß Etliche vermeinen, es sei nicht Sünde, außerhalb des Amts Rache zu üben. Etliche meinen, Rache gezieme den Christen gar nicht, auch nicht der Obrigkeit. Man liefet auch der Exempel viel, daß Etliche Weib und Kind, auch ihr Regiment verlassen und sich in Klöster gesteckt haben. Dasselbe, haben sie gesagt, heißt, aus der Welt fliehen und ein solch Leben suchen, das Gott baß gefiel, denn der Andern Leben. Sie haben auch nicht können wissen, daß man Gott dienen soll in den Geboten, die er gegeben hat, und nicht in den Geboten, die von Menschen erdichtet sind. Nun ist je das ein guter und vollkommener Stand des Lebens, welcher Gottes Gebot für sich hat; das aber ist ein gefährlicher Stand des Lebens, der Gottes Gebot nicht für sich hat.

Von solchen Sachen ist vonnöthen gewesen, den Leuten guten Bericht zu thun. Es hat auch Gerson in Vorzeiten den Irrthum der Mönche von der Vollkommenheit gestraft, und zeucht an, daß bei seinen Zeiten dieses eine neue Rede gewesen sei, daß das Klosterleben ein Stand der Vollkommenheit sein soll. So viel gottloser

Meinung und Irrthum kleben in den Klostergelübden, daß sie sollen rechtfertigen und fromm für Gott machen, daß sie die christliche Vollkommenheit sein sollen, daß man damit beide, des Evangeliums Räthe und Gebot, halte, daß sie haben die Uebermaß der Werke, die man Gott nicht schuldig sei.

Dieweil denn solches Alles falsch, eitel und erdichtet ist, so macht es auch die Klostergelübde nichtig und unbündig.

Der XXVIII. Artikel.
Von der Bischöfe Gewalt.

Von der Bischöfe Gewalt ist vor Zeiten viel und mancherlei geschrieben, und haben Etliche unschicklich die Gewalt der Bischöfe und das weltliche Schwert unter einander gemengt; und sind aus diesem unordentlichen Gemeng sehr große Kriege, Aufruhr und Empörung erfolget, aus dem, daß die Bischöfe im Schein ihrer Gewalt, die ihnen von Christo gegeben, nicht allein neue Gottesdienste angerichtet haben, und mit Fürbehaltung etlicher Fälle und mit gewaltsamem Bann die Gewissen beschwert, sondern auch sich unterwunden, Kaiser und Könige zu setzen und entsetzen, ihres Gefallens. Welchen Frevel auch lange Zeit hievor gelehrte und gottesfürchtige Leute in der Christenheit gestraft haben. Derhalben die Unsern zum Trost der Gewissen gezwungen worden sind, den Unterschied der geistlichen und weltlichen Gewalt, Schwert und Regiment anzuzeigen. Und haben gelehret, daß man beide Regiment und Gewalt um Gottes Gebots willen mit aller Andacht ehren und wohl halten soll, als zwo höchste Gaben Gottes auf Erden.

Nun lehren die Unsern also, daß die Gewalt der Schlüssel oder der Bischöfen sei, laut des Evangeliums, eine Gewalt und Befehl Gottes, das Evangelium zu predigen, die Sünde zu vergeben und zu behalten, und die Sakramente zu reichen und zu handeln. Denn Christus hat die Apostel mit dem Befehl ausgesandt, Joh. 20, 21.: „Gleichwie mich mein Vater gesandt hat, also sende ich euch auch. Nehmet hin den Heiligen Geist; welchen ihr die Sünde erlassen werdet, denen sollen sie erlassen sein, und denen ihr sie vorbehalten werdet, denen sollen sie vorbehalten sein." Dieselbe Gewalt der Schlüssel oder Bischöfen übet und treibet man allein mit der Lehre und Predigt Gottes Worts, und mit Handreichung derer Sakramente, gegen vielen oder einzelnen Personen, darnach der Beruf ist. Denn damit werden gegeben nicht leibliche, sondern ewige Dinge und Güter, als nämlich, ewige Gerechtigkeit, der Heilige Geist und das ewige Leben. Diese Güter kann man anders nicht erlangen, denn durch das Amt der Predigt und durch die Handreichung der heiligen Sakramente. Denn St. Paulus spricht Röm. 1, 16.: „Das Evangelium ist eine Kraft Gottes, selig zu machen Alle, die daran glauben." Dieweil nun die Gewalt der Kirchen oder Bischöfen ewige Güter gibt, und allein durch das Predigtamt geübt und getrieben wird, so hindert sie die Polizei und das weltliche Regiment nichts überall. Denn das weltliche Regiment gehet mit viel andern Sachen um, denn das Evangelium, welche Gewalt schützt nicht die Seelen, sondern Leib und Gut wider äußerliche Gewalt mit dem Schwert und leiblichen Pönen.

Darum soll man die zwei Regiment, das geistliche und weltliche, nicht in einander mengen und werfen. Denn der geistlich Gewalt hat seinen Befehl, das Evangelium zu predigen und die Sakramente zu reichen, soll auch nicht in ein fremd Amt fallen, soll nicht Könige setzen oder entsetzen, soll weltlich Gesetz und Gehorsam der Obrigkeit nicht aufheben oder zerrütten, soll weltlicher Gewalt nicht Gesetz machen und stellen von weltlichen Händeln. Wie denn auch Christus selbst gesagt hat Joh. 18, 36.: „Mein Reich ist nicht von dieser Welt." Item, Luc. 12, 14.: „Wer hat mich zu einem Richter zwischen euch gesetzt?" Und St. Paulus zun Philippern am 3, 20.: „Unsere Bürgerschaft ist im Himmel." Und in der 2. zun Corinthern 10, 4.: „Die Waffen unserer Ritterschaft sind nicht fleischlich, sondern mächtig für Gott, zu verstören die Anschläge und alle Höhe, die sich erhebt wider die Erkenntniß Gottes."

Dieser Gestalt unterscheiden die Unsern beide Regiment und Gewaltamt, und heißen sie beide, als die höchste Gabe Gottes auf Erden, in Ehren halten. Wo aber die Bischöfe weltlich Regiment und Schwert haben, so haben sie dieselben nicht als Bischöfe aus göttlichen Rechten, sondern aus menschlichen, kaiserlichen Rechten, geschenkt von Kaisern und Königen zu weltlicher Verwaltung ihrer Güter, und gehet das Amt des Evangeliums gar nichts an. Derhalben ist das bischöfliche Amt nach göttlichen Rechten das Evangelium predigen, Sünde vergeben, Lehre urtheilen, und die Lehre, so dem Evangelio entgegen, verwerfen, und die Gottlosen, dero gottlos Wesen offenbar ist, aus christlicher Gemeine ausschließen, ohne menschliche Gewalt, sondern allein durch Gottes Wort, und diesfalls sind die Pfarrleute und Kirchen schuldig, den Bischöfen gehorsam zu sein, laut dieses Spruchs Christi, Luc. am 10, 16.: „Wer euch höret, der höret mich." Wo sie aber etwas dem Evangelio entgegen lehren, setzen oder aufrichten, haben wir Gottes Befehl in solchem Fall, daß wir nicht sollen gehorsam sein, Matth. am 7, 15.: „Sehet euch für für den falschen Propheten." Und St. Paulus zun Galatern am 1, 18.: „So auch wir, oder ein Engel vom Himmel euch ein ander Evangelium predigen würde, denn das wir euch geprediget haben, der sei verflucht." Und in der 2. Epistel zun Corinthern am 13, 18.: „Wir haben keine Macht wider die Wahrheit, sondern für die Wahrheit." Item, Vers 10.: „Nach der Macht, welche mir der HErr zu bessern und nicht zu verderben gegeben hat." Also gebeut auch das geistliche Recht 2. q. 7. in cap. Sacerdotes und in cap. Oves. Und St. Augustin schreibet in der Epistel wider Petilianum: „Man soll auch den Bischöfen, so ordentlich gewählet, nicht folgen, wo sie irren oder etwas wider die heilige Schrift lehren oder ordnen."

Daß aber die Bischöfe sonst Gewalt und Gerichtszwang haben in etlichen Sachen, als nämlich Ehesachen oder Zehnten, dieselben haben sie aus Kraft menschlicher Rechte. Wo aber die Ordinarien nachlässig in solchem Amt, so sind die Fürsten schuldig, sie thuns auch gern oder ungern, hierin ihren Unterthanen um Friedens willen Recht zu sprechen, zur Verhütung Unfrieden und großer Unruhe in Ländern.

Weiter disputirt man: Ob auch Bischöfe Macht haben, Ceremonien in der Kirchen aufzurichten, desgleichen Satzungen von Speise, Feiertagen, von unterschiedlichen Orten der Kirchendiener? Denn die den Bischöfen diese Gewalt geben, ziehen diesen Spruch Christi an, Joh. 16, 12.: „Ich habe euch noch viel zu sagen, ihr aber könnets jetzt nicht tragen; wenn aber der Geist der Wahrheit kommen wird, der wird euch in alle Wahrheit führen." Darzu führen sie auch das Erempel, Actor. am 15, 20., da sie Blut und Ersticktes verboten haben. So zeigt man auch das an, daß der Sabbath in Sonntag verwandelt ist worden, wider die zehn Gebote, dafür sie es achten, und wird kein Erempel so hoch getrieben und angezogen, als die Verwandlung des Sabbaths, und wollen damit erhalten, daß die Gewalt der Kirchen groß sei, dieweil sie mit den zehn Geboten dispensiret, und etwas daran verändert hat.

Aber die Unsern lehren in dieser Frage also: Daß die Bischöfe nicht Macht haben, etwas wider das Evangelium zu setzen und aufzurichten, wie denn oben angezeigt ist, und die geistlichen Rechte durch die ganze neunte Distinction lehren. Nun ist dieses öffentlich wider Gottes Befehl und Wort, der Meinung, Gesetze zu machen oder zu gebieten, daß man dadurch für die Sünde genug thue und Gnade erlange, denn es wird die Ehre des Verdienstes Christi verlästert, wenn wir uns mit solchen Satzungen unterwinden, Gnade zu verdienen. Es ist auch am Tage, daß um dieser Meinung willen in der Christenheit menschliche Aufsatzung unzählig überhand genommen haben und indeß die Lehre vom Glauben und die Gerechtigkeit des Glaubens gar ist unterdrückt gewesen, man hat täglich neue Feiertage, neue Fasten geboten, neue Ceremonien und neue Ehrerbietung der Heiligen eingesetzt, mit solchen Werken Gnade und alles Guts bei Gott zu verdienen. Item, die menschliche Satzung aufrichten, thun auch damit wider Gottes Gebot, daß sie Sünde setzen in der Speise, in Tagen und dergleichen Dingen, und beschweren also die Christenheit mit der Knechtschaft des Gesetzes, eben als müßte bei den Christen ein solcher Gottesdienst sein, Gottes Gnade zu verdienen, der gleich wäre dem levitischen Gottesdienst, welchen Gott sollte den Aposteln und Bischöfen befohlen haben aufzurichten, wie denn Etliche davon schreiben, stehet auch wohl zu glauben, daß etliche Bischöfe mit dem Erempel des Gesetzes Mosis sind betrogen worden, daher so unzählige Satzungen kommen sind, daß eine Todsünde sein soll, wenn man an Feiertagen eine Handarbeit thue, auch ohne Aergerniß der Andern; daß eine Todsünde sei, wenn man die Siebenzeit nachläßt, daß etliche Speisen das Gewissen verunreinigen, daß Fasten ein solch Werk sei, damit man Gott versöhne, daß die Sünde in einem fürbehaltenen Fall werde nicht vergeben, man ersuche denn zuvor den Vorbehalter des Falls, unangesehen, daß die geistlichen Rechte nicht von Vorbehaltung der Schuld, sondern von Fürbehaltung der Kirchenpön reden.

Woher haben denn die Bischöfe Recht und Macht, solche Aufsätze der Christenheit aufzulegen, die Gewissen zu verstricken? Denn St. Peter verbietet in Geschichten der Apostel am Actor. 15, 10.: „das Joch auf der Jünger Hälse zu legen," und St. Paulus sagt 2 Corinth. 13. 10.: „daß ihnen die Gewalt, zu bessern, und nicht zu verderben, gegeben sei." Warum mehren sie denn die

Sünde mit solchen Aufsätzen? Doch hat man helle Sprüche der göttlichen Schrift, die da verbieten, solche Aufsätze aufzurichten, die Gnade Gottes damit zu verdienen, oder als sollten sie vonnöthen zur Seligkeit sein. So sagt St. Paulus Coloss. 2, 16.: "So laßt nun Niemand euch Gewissen machen über Speise oder über Trank, oder über bestimmten Tagen," nämlich "den Feiertagen oder neuen Monden, oder Sabbathen, welches ist der Schatten von dem, das zukünftig war, aber der Körper selbst ist in Christo." Item, Vers 20.: "So ihr denn gestorben seid mit Christo von den weltlichen Satzungen, was lasset ihr euch denn fangen mit Satzungen, als wäret ihr lebendig, die da sagen: Du sollt das nicht anrühren, du sollt das nicht essen noch trinken, du sollt das nicht anlegen," welches sich doch alles unterhanden verzehret, und sind Menschengebot und Lehre, und haben einen Schein der Wahrheit. Item, St. Paulus zu Tito 1, 14. verbietet öffentlich, man soll nicht achten auf jüdische Fabeln und Menschengebote, welche die Wahrheit abwenden.

So redet auch Christus selbst Matth. 15, 14. von denen, so die Leute auf Menschengebot treiben: "Laßt sie fahren, sie sind der Blinden blinde Leiter," und verwirft solchen Gottesdienst, und sagt Vers 13.: "Alle Pflanzen, die mein himmlischer Vater nicht gepflanzet hat, die werden ausgerottet." So nun die Bischöfe Macht haben, die Kirchen mit unzähligen Aufsätzen zu beschweren und die Gewissen zu verstricken, warum verbietet denn die göttliche Schrift so oft, die menschlichen Aufsätze zu machen und zu hören? warum nennet sie dieselben Teufelslehren? 1 Tim. 4, 1. Sollt denn der Heilige Geist solches Alles vergeblich verwarnet haben?

Derhalben, dieweil solche Ordnungen als nöthig aufgerichtet, damit Gott zu versöhnen und Gnade zu verdienen, dem Evangelio entgegen sind, so ziemet sich keineswegs den Bischöfen, solche Gottesdienste zu erzwingen. Denn man muß in der Christenheit die Lehre von der christlichen Freiheit behalten, als nämlich, daß die Knechtschaft des Gesetzes nicht nöthig ist zur Rechtfertigung, wie denn St. Paulus zun Galatern schreibet am 5, 1.: "So bestehet nun in der Freiheit, damit uns Christus befreiet hat, und laßt euch nicht wieder in das knechtische Joch verknüpfen." Denn es muß je der fürnehmste Artikel des Evangeliums erhalten werden, daß wir die Gnade Gottes durch den Glauben an Christum ohn unser Verdienst erlangen, und nicht durch Dienste von Menschen eingesetzt, verdienen.

Was soll man denn halten vom Sonntag und dergleichen andern Kirchenordnungen und Ceremonien? Darzu geben die Unsern diese Antwort: Daß die Bischöfe oder Pfarrherren mögen Ordnung machen, damit es ordentlich in der Kirchen zugehe, nicht, damit Gottes Gnade zu erlangen, auch nicht, damit für die Sünde genug zu thun, oder die Gewissen damit zu verbinden, solches für nöthigen Gottesdienst zu halten, und es dafür zu achten, daß sie Sünde thäten, wenn sie ohne Aergerniß dieselben brechen. Also hat St. Paulus 1 Corinth. 11, 5. verordnet, "daß die Weiber in der Versammlung ihr Haupt sollen decken." Item, daß die Prediger in der Versammlung nicht zugleich alle reden, sondern ordentlich einer nach dem andern.

Solche Ordnung gebühret der christlichen Versammlung um der Liebe und Friedens willen zu halten, und den Bischöfen und Pfarrherren in diesen Fällen gehorsam zu sein, und dieselben so fern zu halten, 1 Corinth. 14, 40., daß einer den andern nicht ärgere, damit in der Kirchen keine Unordnung oder wüstes Wesen sei, Phil. 2, 14., doch also, daß die Gewissen nicht beschweret werden, daß mans für solche Dinge halte, die noth sein sollten zur Seligkeit, und es dafür achte, daß sie Sünde thäten, wenn sie dieselben ohne der Andern Aergerniß brechen, wie denn Niemand sagt, daß das Weib Sünde thue, die mit bloßem Haupt ohne Aergerniß der Leute ausgehet. Also ist die Ordnung vom Sonntage, von der Osterfeier, von den Pfingsten, und dergleichen Feier und Weise. Denn die es dafür achten, daß die Ordnung vom Sonntage für den Sabbath, als nöthig aufgerichtet sei, die irren sehr, denn die heilige Schrift hat den Sabbath abgethan und lehret, daß alle Ceremonien des alten Gesetzes nach Eröffnung des Evangeliums mögen nachgelassen werden, und dennoch, weil vonnöthen gewesen ist, einen gewissen Tag zu verordnen, auf daß das Volk wüßte, wenn es zusammenkommen sollte, hat die christliche Kirche den Sonntag dazu verordnet, und zu dieser Veränderung desto mehr Gefallens und Willens gehabt, damit die Leute ein Exempel hätten der christlichen Freiheit, daß man wüßte, daß weder die Haltung des Sabbaths, noch eines andern Tages, vonnöthen sei.

Es sind viel unrichtige Disputationes von der Verwandlung des Gesetzes, von den Ceremonien des neuen Testaments, von der Veränderung des Sabbaths, welche alle entsprungen sind aus falscher und irriger Meinung, als müßte man in der Christenheit einen solchen Gottesdienst haben, der dem levitischen oder jüdischen Gottesdienst gemäß wäre, und als sollte Christus den Aposteln und Bischöfen befohlen haben, neue Ceremonien zu erdenken, die zur Seligkeit nöthig wären. Dieselben Irrthümer haben sich in die Christenheit eingeflochten, da man die Gerechtigkeit des Glaubens nicht lauter und rein gelehrt und geprediget hat. Etliche disputiren also vom Sonntag, daß man ihn halten müsse, wiewohl nicht aus göttlichen Rechten, stellen Form und Maß, wiefern man am Feiertag arbeiten mag. Was sind aber solche Disputationes anders, denn Fallstricke des Gewissens? Denn wiewohl sie sich unterstehen, menschliche Aufsätze zu lindern und epiciren, so kann man doch keine epieikeian oder Linderung treffen, so lange die Meinung stehet und bleibet, als sollten sie vonnöthen sein. Nun muß dieselbige Meinung bleiben, wenn man nichts weiß von der Gerechtigkeit des Glaubens und von der christlichen Freiheit. Die Apostel haben geheißen, Actor. 15, 20., man soll sich enthalten des Bluts und Erstickten. Wer hälts aber jetzo? Aber dennoch thun die keine Sünde, die es nicht halten, denn die Apostel haben auch selbst die Gewissen nicht wollen beschweren mit solcher Knechtschaft, sondern habens um Aergerniß willen eine Zeitlang verboten. Denn man muß Achtung haben in dieser Satzung auf das Hauptstück christlicher Lehre, das durch dieses Decret nicht aufgehoben wird.

Man hält schier keine alte Canones, wie sie lauten, es fallen auch derselben Satzung täglich viel weg, auch bei denen, die solche Aufsätze allerfleißigst halten. Da kann man dem Gewissen nicht rathen noch helfen, wo diese Linderung nicht gehalten wird, daß wir wissen, solche Aufsätze also zu halten, daß mans nicht dafür halte, daß sie nöthig sein, daß auch den Gewissen unschädlich sei, ob gleich solche Aufsätze fallen. Es würden aber die Bischöfe leichtlich den Gehorsam erhalten, wo sie nicht darauf dringen, diejenigen Satzungen zu halten, so doch ohne Sünde nicht mögen gehalten werden. Jetzo aber thun sie ein Ding, und verbieten beide Gestalt des heiligen Sakraments, item den Geistlichen den Ehestand, nehmen Niemand auf, ehe benn er zuvor einen Eid gethan habe, er wolle diese Lehre, so doch ohne Zweifel dem heiligen Evangelio gemäß ist, nicht predigen.

Unsere Kirchen begehren nicht, daß die Bischöfe mit Nachtheil ihrer Ehre und Würden wiederum Friede und Einigkeit machen (wiewohl solches den Bischöfen in der Noth auch zu thun gebühret), allein bitten sie darum, daß die Bischöfe etliche unbillige Beschwerungen nachlassen, die doch vor Zeiten auch in der Kirchen nicht gewesen und angenommen sein wider den Gebrauch der christlichen gemeinen Kirchen, welche vielleicht im Anheben etliche Ursachen gehabt, aber sie reimen sich nicht zu unsern Zeiten. So ist es auch unläugbar, daß etliche Satzungen aus Unverstand angenommen sind. Darum sollten die Bischöfe der Gütigkeit sein, dieselben Satzungen zu mildern, sintemal eine solche Aenderung nicht schadet, die Einigkeit christlicher Kirchen zu erhalten; denn viel Satzungen von den Menschen aufkommen, sind mit der Zeit selbst gefallen, und nicht nöthig zu halten, wie die päpstlichen Rechte selbst zeugen. Kanns aber je nicht sein, es auch bei ihnen nicht zu erhalten, daß man solche menschliche Satzungen mäßige und abthue, welche man ohne Sünde nicht kann halten, so müssen wir der Apostel Regel folgen, die uns gebietet, Actor. 5, 29.: „Wir sollen Gott mehr gehorsam sein, denn den Menschen."

St. Peter verbietet den Bischöfen, 1 Petr. 5, 3., die **Herrschaft**, als hätten sie Gewalt, die Kirchen, wozu sie wollten, zu zwingen. Jetzt gehet man nicht damit um, wie man den Bischöfen ihre Gewalt nehme, sondern man bittet und begehret, sie wollten die Gewissen nicht zu Sünden zwingen. Wenn sie aber solches nicht thun werden und die Bitte verachten, so möchten sie gedenken, wie sie werden deshalben Gott Antwort geben müssen, dieweil sie mit solcher ihrer Härtigkeit Ursach geben zu Spaltung und Schisma, das sie doch billig sollen verhüten helfen.

Beschluß.

Dies sind die **fürnehmsten Artikel**, die für streitig geachtet werden. Denn wiewohl man viel mehr Mißbräuche und Unrichtigkeit hätte anziehen können, so haben wir doch, die Weitläuftigkeit und Länge zu verhüten, allein die fürnehmsten vermeldet, daraus die andern leichtlich zu ermessen. Denn man in Vorzeiten sehr geklaget über den Ablaß, über Wallfahrten, über Mißbrauch des Bannes. Es hatten auch die Pfarrer unendlich Gezänk mit den Mönchen von wegen des Beichthörens, des Begräbniß, der Leichpredigten und unzähliger anderer Stücke mehr. Solches Alles haben wir im Besten und um Glimpfs willen übergangen, damit man die fürnehmsten Stücke in dieser Sache desto baß vermerken möchte. Dafür soll es auch nicht gehalten werden, daß in dem Jemand ichtes zu Haß, wider oder Unglimpf geredet oder angezogen sei, sondern wir haben allein die Stücke erzählet, die wir für nöthig anzuziehen und zu vermelden geacht haben, damit man daraus desto baß zu vernehmen habe, daß bei uns nicht weder mit Lehre noch mit Ceremonien angenommen ist, das entweder der heiligen Schrift oder gemeiner christlicher Kirchen zu entgegen wäre. Denn es ist je am Tage und öffentlich, daß wir mit allem Fleiß mit Gottes Hilfe (ohne Ruhm zu reden), verhütet haben, damit je keine neue und gottlose Lehre sich in unsern Kirchen einflechte, einreiße und überhand nehme.

Die obgemeldeten Artikel haben wir, dem Ausschreiben nach, übergeben wollen, zu einer Anzeigung unser Bekenntniß und der Unsern Lehre. Und ob Jemand befunden würde, der daran Mangel hätte, dem ist man ferner Bericht, mit Grund göttlicher heiliger Schrift, zu thun erbötig.

E. Kaiserl. Majestät
unterthänigste

Johannes, Herzog zu Sachsen, Churfürst.

Georg, Markgraf zu Brandenburg

Ernst, Herzog zu Lüneburg.

Philipps, Landgraf zu Hessen.

Wolfgang, Fürst zu Anhalt.

Die Stadt Nürnberg.

Die Stadt Reutlingen.

Episteln und Evangelien
auf alle
Sonntage und vornehmste Feste
durch das ganze Jahr.

Am ersten Sonntage des Advents.
Epistel. Röm. 13, 11—14.

Lieben Brüder, weil wir solches wissen, nämlich die Zeit, daß die Stunde da ist, aufzustehen vom Schlaf, sintemal unser Heil itzt näher ist, denn da wirs glaubten. Die Nacht ist vergangen, der Tag aber herbei kommen: so lasset uns ablegen die Werke der Finsterniß, und anlegen die Waffen des Lichts. Lasset uns ehrbarlich wandeln als am Tage, nicht in Fressen und Saufen, nicht in Kammern und Unzucht, nicht in Hader und Neid; sondern ziehet an den HErrn JEsum Christ, und wartet des Leibes, doch also, daß er nicht geil werde.

Evangelium. Matth. 21, 1—9.

Da sie nun nahe bei Jerusalem kamen gen Bethphage an den Oelberg, sandte JEsus seiner Jünger zween, und sprach zu ihnen: Gehet hin in den Flecken, der vor euch lieget, und bald werdet ihr eine Eselin finden angebunden, und ein Füllen bei ihr, löset sie auf und führet sie zu mir. Und so euch jemand etwas wird sagen, so sprecht: Der HErr bedarf ihr, so bald wird er sie euch lassen. Das geschah aber alles, auf daß erfüllet würde, das gesagt ist durch den Propheten, der da spricht: Saget der Tochter Zion: Siehe, dein König kommt zu dir sanftmüthig, und reitet auf einem Esel und auf einem Füllen der lastbaren Eselin. Die Jünger gingen hin, und thaten, wie ihnen JEsus befohlen hatte, und brachten die Eselin und das Füllen, und legten ihre Kleider drauf, und satzten ihn drauf. Aber viel Volks breitete die Kleider auf den Weg. Die andern hieben Zweige von den Bäumen, und streueten sie auf den Weg. Das Volk aber, das vorging und nachfolgete, schrie und sprach: Hosianna dem Sohne David, gelobet sei, der da kommt in dem Namen des HErrn! Hosianna in der Höhe.

Am zweiten Sonntage des Advents.
Epistel. Röm. 15, 4—13.

Lieben Brüder, was aber zuvor geschrieben ist, das ist uns zur Lehre geschrieben, auf daß wir durch Geduld und Trost der Schrift Hoffnung haben. Gott aber der Geduld und des Trostes gebe euch, daß ihr einerlei gesinnet seid unter einander, nach JEsu Christo, auf daß ihr einmüthiglich mit einem Munde lobet Gott und den Vater unsers HErrn JEsu Christi. Darum nehmet euch unter einander auf, gleichwie euch Christus hat aufgenommen, zu Gottes Lobe. Ich sage aber, daß JEsus Christus sei ein Diener gewesen der Beschneidung um der Wahrheit willen Gottes, zu bestätigen die Verheißung, den Vätern geschehen. Daß die Heiden aber Gott loben um der Barmherzigkeit willen, wie geschrieben stehet: Darum will ich dich loben unter den Heiden, und deinem Namen singen. Und abermal spricht er: Freuet euch, ihr Heiden, mit seinem Volk. Und abermal: Lobet den HErrn, alle Heiden, und preiset ihn, alle Völker. Und abermal spricht Jesaias: Es wird sein die Wurzel Jesse, und der auferstehen wird, zu herrschen über die Heiden, auf den werden die Heiden hoffen. Gott aber der Hoffnung erfülle euch mit aller Freude und Friede im Glauben, daß ihr völlige Hoffnung habt durch die Kraft des Heiligen Geistes.

Evangelium. Luc. 21, 25—36.

Und es werden Zeichen geschehen an der Sonne und Mond und Sternen; und auf Erden wird den Leuten bange sein, und werden zagen, und das Meer und die Wasserwogen werden brausen. Und die Menschen werden verschmachten vor Furcht und vor Warten der Dinge, die kommen sollen auf Erden: denn auch der Himmel Kräfte sich bewegen werden. Und alsdann werden sie sehen des Menschen Sohn kommen in den Wolken, mit großer Kraft und Herrlichkeit. Wenn aber dieses anfähet zu geschehen, so sehet auf, und hebet eure Häupter auf, darum, daß sich eure Erlösung nahet. Und er sagte ihnen ein Gleichniß: Sehet an den Feigenbaum, und alle Bäume, wenn sie itzt ausschlagen, so sehet ihrs an ihnen, und merket, daß itzt der Sommer nahe ist. Also auch ihr, wenn ihr dies alles sehet angehen, so wisset, daß das Reich Gottes nahe ist. Wahrlich, ich sage euch, dieß Geschlecht wird nicht vergehen, bis daß es alles geschehe. Himmel und Erde werden vergehen, aber meine Worte vergehen nicht.

Aber hütet euch, daß eure Herzen nicht beschwert werden mit Fressen und Saufen, und mit Sorgen der Nahrung, und komme dieser Tag schnell über euch: denn wie ein Fallstrick wird er kommen über alle, die auf Erden wohnen. So seid nun wacker allezeit und betet, daß ihr würdig werden möget, zu entfliehen diesem allen, das geschehen soll, und zu stehen vor des Menschen Sohn.

Am dritten Sonntage des Advents.
Epistel. 1 Cor. 4, 1—5.

Dafür halte uns jedermann, nämlich für Christi Diener und Haushalter über Gottes Geheimnisse. Nun suchet man nicht mehr an den Haushaltern, denn daß sie treu erfunden werden. Mir aber ists ein geringes, daß ich von euch gerichtet werde, oder von einem menschlichen Tage, auch richte ich mich selbst nicht. Ich bin mir wohl nichts bewußt, aber darin bin ich nicht gerechtfertiget: der HErr ists aber, der mich richtet. Darum richtet nicht vor der Zeit, bis der HErr komme, welcher auch wird ans Licht bringen, was im Finstern verborgen ist, und den Rath der Herzen offenbaren, alsdann wird einem jeglichen von Gott Lob widerfahren.

Evangelium. Matth. 11, 2—10.

Da aber Johannes im Gefängniß die Werke Christi hörete, sandte er seiner Jünger zween, und ließ ihm sagen: Bist du, der da kommen soll, oder sollen wir eines andern warten? JEsus antwortete und sprach zu ihnen: Gehet hin und saget Johanni wieder, was ihr sehet und höret: Die Blinden sehen, die Lahmen gehen, die Aussätzigen werden rein, und die Tauben hören, die Todten stehen auf, und den Armen wird das Evangelium geprediget. Und selig ist, der sich nicht an mir ärgert. Da die hingingen, fing JEsus an zu reden zu dem Volke von Johanne: Was seid ihr hinausgegangen in die Wüste zu sehen? Wolltet ihr ein Rohr sehen, das der Wind hin und her wehet? Oder was seid ihr hinausgegangen zu sehen? Wolltet ihr einen Menschen in weichen Kleidern sehen? Siehe, die da weiche Kleider tragen, sind in der Könige Häuser. Oder was seid ihr hinausgegangen zu sehen? Wolltet ihr einen Propheten sehen? Ja, ich sage euch, der auch mehr ist, denn ein Prophet. Denn dieser ist's, von dem geschrieben stehet: Siehe, ich sende meinen Engel vor dir her, der deinen Weg vor dir bereiten soll.

Am vierten Sonntage des Advents.

Epistel. Phil. 4, 4—7.

Lieben Brüder, freuet euch in dem HErrn allewege, und abermal sage ich: Freuet euch. Eure Lindigkeit lasset kund sein allen Menschen. Der HErr ist nahe. Sorget nichts, sondern in allen Dingen lasset eure Bitte im Gebet und Flehen mit Danksagung vor Gott kund werden. Und der Friede Gottes, welcher höher ist denn alle Vernunft, bewahre eure Herzen und Sinne in Christo JEsu.

Evangelium. Joh. 1, 19—28.

Und dieß ist das Zeugniß Johannis, da die Juden sandten von Jerusalem Priester und Leviten, daß sie ihn fragten: Wer bist du? Und er bekannte, und leugnete nicht; und er bekannte: Ich bin nicht Christus. Und sie fragten ihn: Was denn? Bist du Elias? Er sprach: Ich bin's nicht. Bist du ein Prophet? Und er antwortete: Nein. Da sprachen sie zu ihm: Was bist du denn? daß wir Antwort geben denen, die uns gesandt haben. Was sagst du von dir selbst? Er sprach: Ich bin eine Stimme eines Predigers in der Wüste: Richtet den Weg des HErrn, wie der Prophet Jesaias gesagt hat. Und die gesandt waren, die waren von den Pharisäern, und fragten ihn und sprachen zu ihm: Warum taufest du denn, so du nicht Christus bist, noch Elias, noch ein Prophet? Johannes antwortete ihnen und sprach: Ich taufe mit Wasser, aber er ist mitten unter euch getreten, den ihr nicht kennet, der ist's, der nach mir kommen wird, welcher vor mir gewesen ist, deß ich nicht werth bin, daß ich seine Schuhriemen auflöse. Dieß geschah zu Bethabara, jenseit des Jordans, da Johannes taufete.

Am heiligen Christtage.

Epistel. Tit. 2, 11—14.

Es ist erschienen die heilsame Gnade Gottes allen Menschen, und züchtiget uns, daß wir sollen verleugnen das ungöttliche Wesen und die weltlichen Lüste, und züchtig, gerecht und gottselig leben in dieser Welt, und warten auf die selige Hoffnung und Erscheinung der Herrlichkeit des großen Gottes und unsers Heilandes JEsu Christi, der sich selbst für uns gegeben hat, auf daß er uns erlösete von aller Ungerechtigkeit, und heiligte ihm selbst ein Volk zum Eigenthum, das fleißig wäre zu guten Werken.

Evangelium. Luc. 2, 1—14.

Es begab sich aber zu der Zeit, daß ein Gebot von dem Kaiser Augusto ausging, daß alle Welt geschätzet würde. Und diese Schatzung war die allererste, und geschah zur Zeit, da Cyrenius Landpfleger in Syrien war. Und jedermann ging, daß er sich schätzen ließe, ein jeglicher in seine Stadt. Da machte sich auch auf Joseph aus Galiläa, aus der Stadt Nazareth, in das jüdische Land, zur Stadt Davids, die da heißet Bethlehem, darum, daß er von dem Hause und Geschlechte Davids war, auf daß er sich schätzen ließe mit Maria, seinem vertrauten Weibe, die war schwanger. Und als sie daselbst waren, kam die Zeit, daß sie gebären sollte. Und sie gebar ihren ersten Sohn, und wickelte ihn in Windeln, und legte ihn in eine Krippe, denn sie hatten sonst keinen Raum in der Herberge. Und es waren Hirten in derselbigen Gegend auf dem Felde bei den Hürden, die hüteten des Nachts ihrer Heerde. Und siehe, des HErrn Engel trat zu ihnen, und die Klarheit des HErrn leuchtete um sie, und sie fürchteten sich sehr. Und der Engel sprach zu ihnen: Fürchtet euch nicht, siehe, ich verkündige euch große Freude, die allem Volke widerfahren wird. Denn euch ist heute der Heiland geboren, welcher ist Christus, der HErr, in der Stadt Davids. Und das habt zum Zeichen, ihr werdet finden das Kind in Windeln gewickelt, und in einer Krippe liegen. Und alsbald war da bei dem Engel die Menge der himmlischen Heerschaaren, die lobeten Gott und sprachen: Ehre sei Gott in der Höhe, und Friede auf Erden, und den Menschen ein Wohlgefallen.

Am Tage St. Stephani.

Epistel. Apost. Gesch. 6, 8—15. 7, 54—59.

Stephanus aber, voll Glaubens und Kräfte, that Wunder und große Zeichen unter dem Volk. Da stunden etliche auf von der Schule, die da heißet der Libertiner, und der Cyrener, und der Alexanderer, und derer, die aus Cilicia und Asia waren, und befragten sich mit Stephano. Und sie vermochten nicht widerzustehen der Weisheit und dem Geiste, der da redete. Da richteten sie zu etliche Männer, die sprachen: Wir haben ihn gehört Lästerworte reden wider Mosen und wider Gott. Und bewegten das Volk, und die Aeltesten, und die Schriftgelehrten; und traten herzu, und rissen ihn hin, und führten ihn vor den Rath. Und stelleten falsche Zeugen dar, die sprachen: Dieser Mensch höret nicht auf zu reden Lästerworte wider diese heilige Stätte und das Gesetz. Denn wir haben ihn hören sagen: JEsus von Nazareth wird diese Stätte zerstören, und ändern die Sitten, die uns Moses gegeben hat. Und sie sahen auf ihn alle, die im Rathe saßen, und sahen sein Angesicht, wie eines Engels Angesicht. Da sie solches höreten, gings ihnen durchs Herz, und bissen die Zähne zusammen über ihn. Als er aber voll Heiligen Geistes war, sahe er auf gen Himmel, und sahe die Herrlichkeit Gottes, und JEsum stehen zur Rechten Gottes, und sprach: Siehe, ich sehe den Himmel offen, und des Menschen Sohn zur Rechten Gottes stehen. Sie schrieen aber laut, und hielten ihre Ohren zu, und stürmeten einmüthiglich zu ihm ein, stießen ihn zur Stadt hinaus und steinigten ihn. Und die Zeugen legten ab ihre Kleider zu den Füßen eines Jünglings, der hieß Saulus, und steinigten Stephanum, der anrief und sprach: HErr JEsu, nimm meinen Geist auf! Er knieete aber nieder, und schrie laut: HErr, behalte ihnen diese Sünde nicht! Und als er das gesaget, entschlief er.

Evangelium. Matth. 23, 34—39.

Darum siehe, ich sende zu euch Propheten und Weise und Schriftgelehrte; und derselbigen werdet ihr etliche tödten und kreuzigen, und etliche werdet ihr geißeln in euren Schulen, und werdet sie verfolgen von einer Stadt zu der andern; auf daß über euch komme alle das gerechte Blut, das vergossen ist auf Erden, von dem Blute an des gerechten Abels bis aufs Blut Zacharias, Barachiä Sohn, welchen ihr getödtet habt zwischen dem Tempel und Altar. Wahrlich, ich sage euch, daß solches alles wird über dieß Geschlecht kommen. Jerusalem, Jerusalem, die du tödtest die Propheten und steinigest, die zu dir gesandt sind, wie oft habe ich deine Kinder versammeln wollen, wie eine Henne versammelt ihre Küchlein unter ihre Flügel; und ihr habt nicht gewollt. Siehe, euer Haus soll euch wüste gelassen werden. Denn ich sage euch: Ihr werdet mich von jetzt an nicht sehen, bis ihr sprechet: Gelobet sei, der da kommt im Namen des HErrn!

Am Tage St. Johannis des Evangelisten.

Epistel. Ebr. 1, 1—14.

Nachdem vor Zeiten Gott manchmal und mancherlei Weise geredet hat zu den Vätern durch die Propheten, hat er am letzten in diesen Tagen zu uns geredet durch den Sohn, welchen er gesetzet hat zum Erben über alles, durch welchen er auch die Welt gemacht hat. Welcher, sintemal er ist der Glanz seiner Herrlichkeit und das Ebenbild seines Wesens, und träget alle Dinge mit seinem kräftigen Wort, und hat gemacht die Reinigung unserer Sünden durch sich selbst, hat er sich gesetzet zu der Rechten der Majestät in der Höhe, so viel besser worden, denn die Engel, so gar viel einen höheren Namen er vor ihnen ererbet hat. Denn zu welchem Engel hat er jemals gesagt: Du bist mein Sohn, heute habe ich dich gezeuget? Und abermal: Ich werde sein Vater sein, und er wird mein Sohn sein. Und abermal, da er einführet den Erstgebornen in die Welt, spricht er: Und es sollen ihn alle Engel Gottes anbeten. Von den Engeln spricht er zwar: Er machet seine Engel Geister, und seine Diener Feuerflammen; aber von dem Sohn: Gott, dein Stuhl währet von Ewigkeit zu Ewigkeit. Das Scepter deines Reichs ist ein richtiges Scepter. Du hast geliebet die Gerechtigkeit und gehasset die Ungerechtigkeit; darum hat dich, o Gott, gesalbet dein Gott mit dem Oele der Freuden über deine Genossen. Und: Du, HErr, hast von Anfang die Erde gegründet, und die Himmel sind deiner Hände Werk. Dieselbigen werden vergehen; du aber wirst bleiben; und sie werden alle veralten wie ein Kleid, und wie ein Gewand wirst du sie wandeln, und sie werden sich verwandeln; du aber bist derselbige, und deine Jahre werden nicht aufhören. Zu welchem Engel aber hat er jemals gesagt: Setze dich zu meiner Rechten, bis ich lege deine Feinde zum Schemel deiner Füße? Sind sie nicht allzumal dienstbare Geister, ausgesandt zum Dienst, um derer willen, die ererben sollen die Seligkeit?

Evangelium. Joh. 1, 1—14.

Im Anfang war das Wort, und das Wort war bei Gott, und Gott war das Wort. Dasselbige war im Anfang bei Gott. Alle Dinge sind durch dasselbige gemacht, und ohne dasselbige ist nichts gemacht, was gemacht ist. In ihm war das Leben, und das Leben war das Licht der Menschen. Und das Licht scheinet in der Finsterniß, und die Finsterniß habens nicht begriffen. Es ward ein Mensch von Gott gesandt, der hieß Johannes. Derselbige kam zum Zeugniß, daß er von dem Licht zeugete, auf daß sie alle durch ihn glaubeten. Er war nicht das Licht, sondern daß er zeugete von dem Licht. Das war das wahrhaftige Licht, welches alle Menschen erleuchtet, die in diese Welt kommen. Es war in der Welt, und die Welt ist durch dasselbige gemacht; und die Welt kannte es nicht. Er kam in sein Eigenthum, und die Seinen nahmen ihn nicht auf. Wie viel ihn aber aufnahmen, denen gab er Macht, Gottes Kinder zu werden, die an seinen Namen glauben. Welche nicht von dem Geblüte, noch von dem Willen des Fleisches, noch von dem Willen eines Mannes, sondern von Gott geboren sind. Und das Wort ward Fleisch und wohnete unter uns, und wir sahen seine Herrlichkeit, eine Herrlichkeit, als des eingebornen Sohns vom Vater, voller Gnade und Wahrheit.

Am Sonntage nach dem heiligen Christtage.

Epistel. Gal. 4, 1—7.

Ich sage aber, so lange der Erbe ein Kind ist, so ist unter ihm und einem Knechte kein Unterschied, ob er wohl ein Herr ist aller Güter. Sondern er ist unter den Vormündern und Pflegern bis auf die bestimmte Zeit vom Vater. Also auch wir, da wir Kinder waren, waren wir gefangen unter den äußerlichen Satzungen. Da aber die Zeit erfüllet ward, sandte Gott seinen Sohn, geboren von einem Weibe, und unter das Gesetz gethan, auf daß er die, so unter dem Gesetz waren, erlösete, daß wir die Kindschaft empfingen. Weil ihr denn Kinder seid, hat Gott gesandt den Geist seines Sohnes in eure Herzen, der schreiet: Abba, lieber Vater. Also ist nun hier kein Knecht mehr, sondern eitel Kinder; sinds aber Kinder, so sinds auch Erben Gottes durch Christum.

Evangelium. Luc. 2, 33—40.

Und sein Vater und Mutter wunderten sich des, das von ihm geredet ward. Und Simeon segnete sie und sprach zu Maria, seiner Mutter: Siehe, dieser wird gesetzet zu einem Falle und Auferstehen vieler in Israel, und zu einem Zeichen, dem widersprochen wird (und es wird ein Schwert durch deine Seele bringen), auf daß vieler Herzen Gedanken offenbar werden. Und es war eine Prophetin, Hanna, eine Tochter Phanuel, vom Geschlecht Aser, die war wohl betaget, und hatte gelebet sieben Jahre mit ihrem Manne, nach ihrer Jungfrauschaft, und war nun eine Wittwe bei vier und achtzig Jahren, die kam nimmer vom Tempel, dienete Gott mit Fasten und Beten Tag und Nacht. Dieselbige trat auch hinzu zu derselbigen Stunde, und preisete den HErrn, und redete von ihm zu allen, die auf die Erlösung zu Jerusalem warteten. Und da sie alles vollendet hatten nach dem Gesetz des HErrn, kehrten sie wieder in Galiläam, zu ihrer Stadt Nazareth. Aber das Kind wuchs, und ward stark im Geist, voller Weisheit, und Gottes Gnade war bei ihm.

Am Neujahrstage.
Epistel. Gal. 3, 23—29.

Ehe denn aber der Glaube kam, wurden wir unter dem Gesetze verwahret und verschlossen auf den Glauben, der da sollte offenbaret werden. Also ist das Gesetz unser Zuchtmeister gewesen auf Christum, daß wir durch den Glauben gerecht würden. Nun aber der Glaube kommen ist, sind wir nicht mehr unter dem Zuchtmeister. Denn ihr seid alle Gottes Kinder, durch den Glauben an Christum JEsum. Denn wie viel euer getauft sind, die haben Christum angezogen. Hier ist kein Jude noch Grieche, hier ist kein Knecht noch Freier, hier ist kein Mann noch Weib; denn ihr seid allzumal Einer in Christo JEsu. Seid ihr aber Christi, so seid ihr ja Abrahams Samen, und nach der Verheißung Erben.

Evangelium. Luc. 2, 21.

Und da acht Tage um waren, daß das Kind beschnitten würde, da ward sein Name genennet JEsus, welcher genennet war von dem Engel, ehe denn er im Mutterleibe empfangen ward.

Am Sonntage nach dem Neujahrstage.
Epistel. Tit. 3, 4—7.

Da aber erschien die Freundlichkeit und Leutseligkeit Gottes, unsers Heilandes, nicht um der Werke willen der Gerechtigkeit, die wir gethan hatten, sondern nach seiner Barmherzigkeit machet er uns selig durch das Bad der Wiedergeburt und Erneuerung des Heiligen Geistes, welchen er ausgegossen hat über uns reichlich durch

JEsum Christum, unsern Heiland, auf daß wir durch desselbigen Gnade gerecht und Erben sein des ewigen Lebens, nach der Hoffnung. Das ist je gewißlich wahr.

Evangelium. Matth. 2, 13—23.

Da sie aber hinweggezogen waren, siehe, da erschien der Engel des HErrn dem Joseph im Traum und sprach: Stehe auf und nimm das Kindlein und seine Mutter zu dir und fleuch in Egyptenland und bleib allda, bis ich dir sage; denn es ist vorhanden, daß Herodes das Kindlein suche, dasselbe umzubringen. Und er stund auf und nahm das Kindlein und seine Mutter zu sich bei der Nacht, und entwich in Egyptenland, und blieb allda bis nach dem Tode Herodis, auf daß erfüllet würde, das der HErr durch den Propheten gesagt hat, der da spricht: Aus Egypten habe ich meinen Sohn gerufen. Da Herodes nun sahe, daß er von den Weisen betrogen war, ward er sehr zornig und schickte aus und ließ alle Kinder zu Bethlehem tödten und an ihren ganzen Grenzen, die da zweijährig und drunter waren, nach der Zeit, die er mit Fleiß von den Weisen erlernet hatte. Da ist erfüllet, das gesagt ist von dem Propheten Jeremia, der da spricht: Auf dem Gebirge hat man ein Geschrei gehöret, viel Klagens, Weinens und Heulens; Rahel beweinte ihre Kinder und wollte sich nicht trösten lassen, denn es war aus mit ihnen. Da aber Herodes gestorben war, siehe, da erschien der Engel des HErrn dem Joseph im Traum in Egyptenland und sprach: Stehe auf und nimm das Kindlein und seine Mutter zu dir und zeuch hin in das Land Israel; sie sind gestorben, die dem Kinde nach dem Leben stunden. Und er stund auf und nahm das Kindlein und seine Mutter zu sich und kam in das Land Israel. Da er aber hörete, daß Archelaus im jüdischen Lande König war anstatt seines Vaters Herodis, fürchtete er sich dahin zu kommen. Und im Traum empfing er Befehl von Gott und zog in die Oerter des galiläischen Landes, und kam und wohnete in der Stadt, die da heißet Nazareth; auf daß erfüllet würde, das da gesagt ist durch die Propheten: Er soll Nazarenus heißen.

Am Tage der Erscheinung Christi.
Lection. Jes. 60, 1—6.

Mache dich auf, werde Licht, denn dein Licht kommt, und die Herrlichkeit des HErrn gehet auf über dir. Denn siehe, Finsterniß bedecket das Erdreich, und Dunkel die Völker. Aber über dir gehet auf der HErr, und seine Herrlichkeit erscheinet über dir. Und die Heiden werden in deinem Lichte wandeln, und die Könige im Glanz, der über dir aufgehet. Hebe deine Augen auf und siehe umher, diese alle versammelt kommen zu dir. Deine Söhne werden von ferne kommen und deine Töchter zur Seite erzogen werden. Dann wirst du deine Lust sehen und ausbrechen, und dein Herz wird sich wundern und ausbreiten, wenn sich die Menge am Meer zu dir bekehret und die Macht der Heiden zu dir kommt. Denn die Menge der Kameele wird dich bedecken, und die Läufer aus Midian und Epha. Sie werden aus Saba alle kommen, Gold und Weihrauch bringen und des HErrn Lob verkündigen.

Episteln und Evangelien.

Evangelium. Matth. 2, 1—12.

Da Jesus geboren war zu Bethlehem im jüdischen Lande, zur Zeit des Königs Herodis, siehe, da kamen die Weisen vom Morgenland gen Jerusalem und sprachen: Wo ist der neugeborne König der Juden? Wir haben seinen Stern gesehen im Morgenland und sind kommen, ihn anzubeten. Da das der König Herodes hörete, erschrak er und mit ihm das ganze Jerusalem, und ließ versammeln alle Hohenpriester und Schriftgelehrten unter dem Volk und erforschete von ihnen, wo Christus sollte geboren werden. Und sie sagten ihm: Zu Bethlehem im jüdischen Lande. Denn also stehet geschrieben durch den Propheten: Und du Bethlehem im jüdischen Lande bist mit nichten die kleinste unter den Fürsten Juda; denn aus dir soll mir kommen der Herzog, der über mein Volk Israel ein Herr sei. Da berief Herodes die Weisen heimlich und erlernte mit Fleiß von ihnen, wann der Stern erschienen wäre. Und weisete sie gen Bethlehem und sprach: Ziehet hin und forschet fleißig nach dem Kindlein, und wenn ihrs findet, so sagt mirs wieder, daß ich auch komme und es anbete. Als sie nun den König gehöret hatten, zogen sie hin. Und siehe, der Stern, den sie im Morgenlande gesehen hatten, ging vor ihnen hin, bis daß er kam und stund oben über, da das Kindlein war. Da sie den Stern sahen, wurden sie hoch erfreut und gingen in das Haus und fanden das Kindlein mit Maria, seiner Mutter, und fielen nieder und beteten es an. Und thäten ihre Schätze auf und schenkten ihm Gold, Weihrauch und Myrrhen. Und Gott befahl ihnen im Traum, daß sie sich nicht sollten wieder zu Herodes lenken, und zogen durch einen andern Weg wieder in ihr Land.

Am ersten Sonntage nach dem Tage der Erscheinung Christi.

Epistel. Röm. 12, 1—6.

Ich ermahne euch, lieben Brüder, durch die Barmherzigkeit Gottes, daß ihr eure Leiber begebet zum Opfer, das da lebendig, heilig und Gott wohlgefällig sei, welches sei euer vernünftiger Gottesdienst. Und stellet euch nicht dieser Welt gleich, sondern verändert euch durch Verneuerung eures Sinnes, auf daß ihr prüfen möget, welches da sei der gute, der wohlgefällige und der vollkommene Gotteswille. Denn ich sage durch die Gnade, die mir gegeben ist, jedermann unter euch, daß niemand weiter von ihm halte, denn sichs gebühret zu halten, sondern daß er von ihm mäßiglich halte, ein jeglicher, nachdem Gott ausgetheilet hat das Maß des Glaubens. Denn gleicher Weise, als wir in einem Leibe viel Glieder haben, aber alle Glieder nicht einerlei Geschäft haben, also sind wir viele ein Leib in Christo, aber unter einander ist einer des andern Glied. Und haben mancherlei Gaben nach der Gnade, die uns gegeben ist.

Evangelium. Luc. 2, 41—52.

Und seine Eltern gingen alle Jahr gen Jerusalem auf das Osterfest. Und da er zwölf Jahr alt war, gingen sie hinauf gen Jerusalem, nach Gewohnheit des Festes. Und da die Tage vollendet waren und sie wieder zu Hause gingen, blieb das Kind JEsus zu Jerusalem, und seine Eltern wußtens nicht. Sie meineten aber, er wäre unter den Gefährten, und kamen eine Tagereise, und suchten ihn unter den Gefreundten und Bekannten. Und da sie ihn nicht fanden, gingen sie wiederum gen Jerusalem, und suchten ihn. Und es begab sich nach dreien Tagen, fanden sie ihn im Tempel sitzen mitten unter den Lehrern, daß er ihnen zuhörete, und sie fragte. Und alle, die ihm zuhöreten, verwunderten sich seines Verstandes und seiner Antwort. Und da sie ihn sahen, entsetzten sie sich. Und seine Mutter sprach zu ihm: Mein Sohn, warum hast du uns das gethan? Siehe, dein Vater und ich haben dich mit Schmerzen gesucht. Und er sprach zu ihnen: Was ists, daß ihr mich gesucht habt? Wisset ihr nicht, daß ich sein muß in dem, das meines Vaters ist? Und sie verstunden das Wort nicht, das er mit ihnen redete. Und er ging mit ihnen hinab, und kam gen Nazareth, und war ihnen unterthan. Und seine Mutter behielt alle diese Worte in ihrem Herzen. Und JEsus nahm zu an Weisheit, Alter und Gnade, bei Gott und den Menschen.

Am zweiten Sonntage nach dem Tage der Erscheinung Christi.

Epistel. Röm. 12, 6—16.

Lieben Brüder, wir haben mancherlei Gaben nach der Gnade, die uns gegeben ist. Hat jemand Weissagung, so sei sie dem Glauben ähnlich. Hat jemand ein Amt, so warte er des Amts. Lehret jemand, so warte er der Lehre. Ermahnet jemand, so warte er des Ermahnens. Gibt jemand, so gebe er einfältiglich. Regieret jemand, so sei er sorgfältig. Uebet jemand Barmherzigkeit, so thue ers mit Lust. Die Liebe sei nicht falsch. Hasset das Arge, hanget dem Guten an. Die brüderliche Liebe unter einander sei herzlich. Einer komme dem Andern mit Ehrerbietung zuvor. Seid nicht träge, was ihr thun sollt. Seid brünstig im Geist. Schicket euch in die Zeit. Seid fröhlich in Hoffnung, geduldig in Trübsal. Haltet an am Gebet. Nehmet euch der Heiligen Nothdurft an. Herberget gern. Segnet, die euch verfolgen. Segnet, und fluchet nicht. Freuet euch mit den Fröhlichen, und weinet mit den Weinenden. Habet einerlei Sinn unter einander. Trachtet nicht nach hohen Dingen, sondern haltet euch herunter zu den Niedrigen.

Evangelium. Joh. 2, 1—11.

Und am dritten Tage ward eine Hochzeit zu Cana in Galiläa, und die Mutter JEsu war da. JEsus aber und seine Jünger wurden auch auf die Hochzeit geladen. Und da es am Wein gebrach, spricht die Mutter JEsu zu ihm: Sie haben nicht Wein. JEsus spricht zu ihr: Weib, was habe ich mit dir zu schaffen? Meine Stunde ist noch nicht kommen. Seine Mutter spricht zu den Dienern: Was er euch saget, das thut. Es waren aber allda sechs steinerne Wasserkrüge gesetzt, nach der Weise der jüdischen Reinigung, und gingen je in einen zwei oder drei Maß. JEsus spricht zu ihnen: Füllet die Wasserkrüge mit Wasser. Und sie fülleten sie bis oben an.

Und er spricht zu ihnen: Schöpfet nun, und bringts dem Speisemeister, und sie brachtens. Als aber der Speisemeister kostet den Wein, der Wasser gewesen war, und wußte nicht, von wannen er kam, die Diener aber wußtens, die das Wasser geschöpft hatten, ruft der Speisemeister den Bräutigam, und spricht zu ihm: Jedermann gibt zum ersten guten Wein, und wenn sie trunken worden sind, alsdann den geringern; du hast den guten Wein bisher behalten. Das ist das erste Zeichen, das JEsus that, geschehen zu Cana in Galiläa, und offenbarte seine Herrlichkeit. Und seine Jünger glaubten an ihn.

Am dritten Sonntage nach dem Tage der Erscheinung Christi.

Epistel. Röm. 12, 17—21.

Haltet euch nicht selbst für klug. Vergeltet Niemand Böses mit Bösem. Fleißiget euch der Ehrbarkeit gegen jedermann. Ists möglich, so viel an euch ist, so haltet mit allen Menschen Frieden. Rächet euch selber nicht, meine Liebsten, sondern gebet Raum dem Zorn; denn es stehet geschrieben: Die Rache ist mein, ich will vergelten, spricht der HErr. So nun deinen Feind hungert, so speise ihn; dürstet ihn, so tränke ihn. Wenn du das thust, so wirst du feurige Kohlen auf sein Haupt sammeln. Laß dich nicht das Böse überwinden, sondern überwinde das Böse mit Gutem.

Evangelium. Matth. 8, 1—13.

Da JEsus aber vom Berge herabging, folgete ihm viel Volks nach. Und siehe, ein Aussätziger kam und betete ihn an, und sprach: HErr, so du willst, kannst du mich wohl reinigen. Und JEsus streckete seine Hand aus, rührete ihn an, und sprach: Ich wills thun, sei gereiniget. Und alsbald ward er von seinem Aussatz rein. Und JEsus sprach zu ihm: Siehe zu, sage es niemand, sondern gehe hin und zeige dich dem Priester, und opfere die Gabe, die Moses befohlen hat zu einem Zeugniß über sie. Da aber JEsus einging zu Capernaum, trat ein Hauptmann zu ihm, der bat ihn, und sprach: HErr, mein Knecht liegt zu Hause, und ist gichtbrüchig, und hat große Qual. JEsus sprach zu ihm: Ich will kommen und ihn gesund machen. Der Hauptmann antwortete und sprach: HErr, ich bin nicht werth, daß du unter mein Dach gehest; sondern sprich nur ein Wort, so wird mein Knecht gesund. Denn ich bin ein Mensch, dazu der Obrigkeit unterthan, und habe unter mir Kriegsknechte; noch wenn ich sage zu einem: Gehe hin, so geht er; und zum andern: Komm her, so kommt er; und zu meinem Knechte: Thue das, so thut ers. Da das JEsus hörete, verwunderte er sich und sprach zu denen, die ihm nachfolgeten: Wahrlich, ich sage euch, solchen Glauben habe ich in Israel nicht funden. Aber ich sage euch: Viele werden kommen vom Morgen und vom Abend und mit Abraham, Isaak und Jakob im Himmelreich sitzen. Aber die Kinder des Reichs werden ausgestoßen in die Finsterniß hinaus, da wird sein Heulen und Zähnklappen. Und JEsus sprach zu dem Hauptmann: Gehe hin, dir geschehe, wie du geglaubet hast. Und sein Knecht ward gesund zu derselbigen Stunde.

Am vierten Sonntage nach dem Tage der Erscheinung Christi.

Epistel. Röm. 13, 8—10.

Seid niemand nichts schuldig, denn daß ihr euch unter einander liebet; denn wer den andern liebet, der hat das Gesetz erfüllet. Denn das da gesagt ist: Du sollst nicht ehebrechen, du sollst nicht tödten, du sollst nicht stehlen, du sollst nicht falsch Zeugniß geben, dich soll nichts gelüsten, und so ein ander Gebot mehr ist, das wird in diesem Worte verfasset: Du sollst deinen Nächsten lieben als dich selbst. Die Liebe thut dem Nächsten nichts Böses. So ist nun die Liebe des Gesetzes Erfüllung.

Evangelium. Matth. 8, 23—27.

Und JEsus trat in das Schiff, und seine Jünger folgeten ihm. Und siehe, da erhub sich ein groß Ungestüm im Meer, also daß auch das Schifflein mit Wellen bedeckt ward; und er schlief. Und die Jünger traten zu ihm und weckten ihn auf und sprachen: HErr, hilf uns, wir verderben. Da sagte er zu ihnen: Ihr Kleingläubigen, warum seid ihr so furchtsam? Und stund auf und bedräuete den Wind und das Meer, da ward es ganz stille. Die Menschen aber verwunderten sich und sprachen: Was ist das für ein Mann, daß ihm Wind und Meer gehorsam ist?

Am Tage der Reinigung Mariä.

Lection. Maleachi 3, 1—4.

Siehe, ich will meinen Engel senden, der vor mir her den Weg bereiten soll, und bald wird kommen zu seinem Tempel der HErr, den ihr suchet, und der Engel des Bundes, des ihr begehret. Siehe, er kommt, spricht der HErr Zebaoth. Wer wird aber den Tag seiner Zukunft erleiden mögen? Und wer wird bestehen, wenn er wird erscheinen? Denn er ist wie das Feuer eines Goldschmiedes und wie die Seife der Wäscher. Er wird sitzen und schmelzen und das Silber reinigen. Er wird die Kinder Levi reinigen und läutern wie Gold und Silber. Dann werden sie dem HErrn Speisopfer bringen in Gerechtigkeit. Und wird dem HErrn wohlgefallen das Speisopfer Juda und Jerusalem, wie vorhin und vor langen Jahren.

Evangelium. Luc. 2, 22—32.

Und da die Tage ihrer Reinigung nach dem Gesetze Mosis kamen, brachten sie das Kindlein JEsus gen Jerusalem, auf daß sie ihn darstelleten dem HErrn. (Wie denn geschrieben stehet in dem Gesetz des HErrn: Allerlei Männlein, das zum Ersten die Mutter bricht, soll dem HErrn geheiliget heißen.) Und daß sie geben das Opfer, nach dem gesagt ist im Gesetze des HErrn: Ein Paar Turteltauben oder zwo junge Tauben. Und siehe, ein Mensch war zu Jerusalem, mit Namen Simeon, und derselbige Mensch war fromm und gottesfürchtig, und wartete auf den Trost Israel, und der Heilige Geist war in ihm. Und ihm war eine Antwort worden von dem Heiligen Geiste, er sollte den Tod nicht sehen, er hätte denn zuvor den Christ des HErrn gesehen. Und kam aus Anregen des Geistes in den Tempel. Und da die Eltern das Kind JEsus in den Tempel brachten, daß sie für ihn thäten, wie man pfleget nach dem Gesetz, da nahm er ihn auf seine Arme und lobete Gott und sprach: HErr, nun lässest du deinen Diener im Frieden fahren, wie du gesaget hast. Denn meine Augen haben deinen Heiland gesehen, welchen du bereitet hast vor allen Völkern, ein Licht zu erleuchten die Heiden und zum Preis deines Volks Israel.

Am fünften Sonntage nach dem Tage der Erscheinung Christi.

Epistel. Col. 3, 12—17.

So ziehet nun an, als die Auserwähleten Gottes, Heiligen und Geliebten, herzliches Erbarmen, Freundlichkeit, Demuth, Sanftmuth, und vertraget einer den andern, und vergebet euch unter einander, so jemand Klage hat wider den andern, gleichwie Christus euch vergeben hat, also auch ihr. Ueber alles aber ziehet an die Liebe, die da ist das Band der Vollkommenheit, und der Friede Gottes regiere in euren Herzen, zu welchem ihr auch berufen seid in einem Leibe, und seid dankbar. Lasset das Wort Christi unter euch reichlich wohnen in aller Weisheit, lehret und vermahnet euch selbst mit Psalmen und Lobgesängen und geistlichen lieblichen Liedern, und singet dem HErrn in eurem Herzen. Und Alles, was ihr thut mit Worten oder Werken, das thut Alles in dem Namen des HErrn JEsu, und danket Gott und dem Vater durch ihn.

Evangelium. Matth. 13, 24—30.

Und JEsus legte ihnen ein ander Gleichniß vor und sprach: Das Himmelreich ist gleich einem Menschen, der guten Samen auf seinen Acker säete. Da aber die Leute schliefen, kam sein Feind und säete Unkraut zwischen den Weizen, und ging davon. Da nun das Kraut wuchs und Frucht brachte, da fand sich auch das Unkraut. Da traten die Knechte zu dem Hausvater und sprachen: Herr, hast du nicht guten Samen auf deinen Acker gesäet? Woher hat er denn das Unkraut? Er sprach zu ihnen: Das hat der Feind gethan. Da sprachen die Knechte: Willst du denn, daß wir hingehen und es ausjäten? Er sprach: Nein, auf daß ihr nicht zugleich den Weizen mit ausraufet, so ihr das Unkraut ausjätet. Lasset beides mit einander wachsen bis zu der Ernte, und um der Ernte Zeit will ich zu den Schnittern sagen: Sammlet zuvor das Unkraut und bindet es in Bündlein, daß man es verbrenne; aber den Weizen sammlet mir in meine Scheuren.

Am sechsten Sonntage nach dem Tage der Erscheinung Christi.

Epistel. 2 Petr. 1, 16—21.

Denn wir haben nicht den klugen Fabeln gefolget, da wir euch kund gethan haben die Kraft und Zukunft unsers HErrn

JEsu Christi, sondern wir haben seine Herrlichkeit selber gesehen, da er empfing von Gott dem Vater Ehre und Preis, durch eine Stimme, die zu ihm geschah von der großen Herrlichkeit, dermaßen: Dies ist mein lieber Sohn, an dem ich Wohlgefallen habe. Und diese Stimme haben wir gehöret vom Himmel bracht, da wir mit ihm waren auf dem heiligen Berge. Wir haben ein festes prophetisches Wort, und ihr thut wohl, daß ihr darauf achtet, als auf ein Licht, das da scheinet in einem dunkeln Ort, bis der Tag anbreche und der Morgenstern aufgehe in euren Herzen. Und das sollt ihr für das erste wissen, daß keine Weissagung in der Schrift geschieht aus eigener Auslegung. Denn es ist noch nie keine Weissagung aus menschlichem Willen hervorgebracht, sondern die heiligen Menschen Gottes haben geredet, getrieben von dem Heiligen Geist.

Evangelium. Matth. 17, 1—8.

Und nach sechs Tagen nahm JEsus zu sich Petrum und Jacobum und Johannem, seinen Bruder, und führete sie beiseits auf einen hohen Berg, und ward verkläret vor ihnen, und sein Angesicht leuchtete wie die Sonne, und seine Kleider wurden weiß als ein Licht. Und siehe, da erschienen ihnen Moses und Elias, die redeten mit ihm. Petrus aber antwortete, und sprach zu JEsu: HErr, hie ist gut sein; willst du, so wollen wir hier drei Hütten machen, dir eine, Mosi eine und Elias eine. Da er noch also redete, siehe, da überschattete sie eine lichte Wolke. Und siehe, eine Stimme aus der Wolke sprach: Dies ist mein lieber Sohn, an dem ich Wohlgefallen habe, den sollt ihr hören. Da das die Jünger höreten, fielen sie auf ihr Angesicht und erschraken sehr. JEsus aber trat zu ihnen, rührete sie an und sprach: Stehet auf und fürchtet euch nicht. Da sie aber ihre Augen aufhuben, sahen sie niemand, denn JEsum alleine.

Am Sonntage Septuagesimä.

Epistel. 1 Cor. 9, 24—27. 10, 1—5.

Wisset ihr nicht, daß die, so in den Schranken laufen, die laufen alle, aber einer erlanget das Kleinod? Laufet nun also, daß ihr es ergreifet. Ein jeglicher aber, der da kämpfet, enthält sich alles Dinges: jene also, daß sie eine vergängliche Krone empfahen, wir aber eine unvergängliche. Ich laufe aber also, nicht als aufs Ungewisse; ich fechte also, nicht als der in die Luft streichet; sondern ich betäube meinen Leib und zähme ihn, daß ich nicht den Andern predige und selbst verwerflich werde. Ich will euch aber, lieben Brüder, nicht verhalten, daß unsere Väter sind alle unter der Wolke gewesen, und sind alle durchs Meer gegangen, und sind alle unter Mosen getauft mit der Wolke und mit dem Meer, und haben alle einerlei geistliche Speise gessen, und haben alle einerlei geistlichen Trank getrunken; sie trunken aber von dem geistlichen Fels, der mit folgete, welcher war Christus. Aber an ihrer vielen hatte Gott keinen Wohlgefallen; denn sie sind niedergeschlagen in der Wüste.

Evangelium. Matth. 20, 1—16.

Das Himmelreich ist gleich einem Hausvater, der am Morgen ausging, Arbeiter zu miethen in seinen Weinberg. Und da er mit den Arbeitern eins ward um einen Groschen zum Tagelohn, sandte er sie in seinen Weinberg. Und ging aus um die dritte Stunde, und sahe andere an dem Markte müßig stehen, und sprach zu ihnen: Gehet ihr auch hin in den Weinberg, ich will euch geben, was recht ist. Und sie gingen hin. Abermal ging er aus um die sechste und neunte Stunde, und that gleich also. Um die eilfte Stunde aber ging er aus, und fand andere müßig stehen, und sprach zu ihnen: Was stehet ihr hier den ganzen Tag müßig? Sie sprachen zu ihm: Es hat uns niemand gedinget. Er sprach zu ihnen: Gehet ihr auch hin in den Weinberg, und was recht sein wird, soll euch werden. Da es nun Abend ward, sprach der Herr des Weinbergs zu seinem Schaffner: Rufe den Arbeitern und gib ihnen den Lohn und hebe an an den letzten bis zu den ersten. Da kamen, die um die eilfte Stunde gedinget waren, und empfing ein jeglicher seinen Groschen. Da aber die Ersten kamen, meineten sie, sie würden mehr empfahen, und sie empfingen auch ein jeglicher seinen Groschen. Und da sie den empfingen, murreten sie wider den Hausvater, und sprachen: Diese Letzten haben nur eine Stunde gearbeitet, und du hast sie uns gleich gemacht, die wir des Tages Last und Hitze getragen haben. Er antwortete aber, und sagte zu einem unter ihnen: Mein Freund, ich thue dir nicht Unrecht; Bist du nicht mit mir eins worden um einen Groschen? Nimm, was dein ist, und gehe hin. Ich will aber diesen Letzten geben gleich wie dir. Oder habe ich nicht Macht zu thun, was ich will, mit dem Meinen? Siehest du darum scheel, daß ich so gütig bin? Also werden die Letzten die Ersten, und die Ersten die Letzten sein. Denn Viele sind berufen, aber Wenige sind auserwählet.

Am Sonntage Sexagesimä.

Epistel. 2 Cor. 11, 19—33. 12, 1—6.

Lieben Brüder, ihr vertraget gern die Narren, dieweil ihr klug seid. Ihr vertraget, so euch jemand zu Knechten machet, so euch jemand schindet, so euch jemand nimmt, so euch jemand trotzet, so euch jemand in das Angesicht streichet. Das sage ich nach der Unehre, als wären wir schwach worden. Worauf nun jemand kühne ist (ich rede in Thorheit), darauf bin ich auch kühne. Sie sind Ebräer, ich auch. Sie sind Israeliter, ich auch. Sie sind Abrahams Samen, ich auch. Sie sind Diener Christi (ich rede thörlich), ich bin wohl mehr. Ich habe mehr gearbeitet, ich habe mehr Schläge erlitten, ich bin öfter gefangen, oft in Todesnöthen gewesen. Von den Juden habe ich fünfmal empfangen vierzig Streiche weniger eins. Ich bin dreimal gestäupet, einmal gesteiniget, dreimal habe ich Schiffbruch erlitten, Tag und Nacht habe ich zugebracht in der Tiefe (des Meers), ich habe oft gereiset, ich bin in Fährlichkeit gewesen zu Wasser, in Fährlichkeit unter den Mördern, in Fährlichkeit unter den Juden, in Fährlichkeit unter den Heiden, in Fährlichkeit in den Städten, in Fährlichkeit in der Wüste, in Fährlichkeit auf dem Meer, in Fährlichkeit unter den falschen Brüdern, in Mühe und Arbeit, in viel Wachen, in Hunger und Durst, in viel Fasten, in Frost und Blöße. Ohne was sich sonst zuträget, nämlich, daß ich täglich werde angelaufen, und trage Sorge für alle Gemeinen. Wer ist schwach, und ich werde nicht schwach? Wer wird geärgert, und ich brenne nicht? So ich mich je rühmen soll, will ich mich meiner Schwachheit rühmen. Gott und der Vater unsers HErrn JEsu Christi, welcher sei gelobet in Ewigkeit, weiß, daß ich nicht lüge. Zu Damasco der Landpfleger des Königs Areta verwahrete die Stadt der Damascer, und wollte mich greifen. Und ich ward in einem Korbe zum Fenster aus durch die Mauern niedergelassen und entrann aus seinen Händen. Es ist mir ja das Rühmen nichts nütze; doch will ich kommen auf die Gesichte und Offenbarungen des HErrn. Ich kenne einen Menschen in Christo vor vierzehn Jahren, (ist er in dem Leibe gewesen, so weiß ich's nicht, oder ist er außer dem Leibe gewesen, so weiß ich's auch nicht, Gott weiß es,) derselbige ward entzücket bis in den dritten Himmel. Und ich kenne denselbigen Menschen, (ob er in dem Leibe oder außer dem Leibe gewesen ist, weiß ich nicht, Gott weiß es,) er ward entzücket in das Paradies, und hörete unaussprechliche Worte, welche kein Mensch sagen kann. Davon will ich mich rühmen; von mir selbst aber will ich mich nichts rühmen, ohne meiner Schwachheit. Und so ich mich rühmen wollte, thät ich darum nicht thörlich, denn ich wollte die Wahrheit sagen. Ich enthalte mich aber deß, auf daß nicht jemand mich höher achte, denn er an mir siehet oder von mir höret. Und auf daß ich mich nicht der hohen Offenbarung überhebe, ist mir gegeben ein Pfahl ins Fleisch, nämlich des Satans Engel, der mich mit Fäusten schlage, auf daß ich mich nicht überhebe. Dafür ich dreimal den HErrn geflehet habe, daß er von mir wiche, und er hat zu mir gesagt: Laß dir an meiner Gnade genügen, denn meine Kraft ist in den Schwachen mächtig. Darum will ich mich am allerliebsten rühmen meiner Schwachheit, auf daß die Kraft Christi bei mir wohne.

Evangelium. Luc. 8, 4—15.

Da nun viel Volks bei einander war, und aus den Städten zu ihm eileten, sprach er durch ein Gleichniß: Es ging ein Säemann aus, zu säen seinen Samen, und indem er säete, fiel etliches an den Weg und ward vertreten, und die Vögel unter dem Himmel fraßen's auf. Und etliches fiel auf den Fels, und da es aufging, verdorrete es, darum, daß es nicht Saft hatte. Und etliches fiel mitten unter die Dornen, und die Dornen gingen mit auf und erstickten's. und etliches fiel auf ein gut Land, und es ging auf und trug hundertfältige Frucht. Da er das sagte, rief er: Wer Ohren hat zu hören, der höre! Es fragten ihn aber seine Jünger und sprachen, was dieses Gleichniß wäre? Er aber sprach: Euch ist's gegeben, zu wissen das Geheimniß des Reichs Gottes, den andern aber in Gleichnissen, daß sie es nicht sehen, ob sie es schon sehen, und nicht verstehen, ob sie es schon hören. Das ist aber dies Gleichniß: Der Same ist das Wort Gottes. Die aber an dem Wege sind, das sind, die es hören; darnach kommt der Teufel und nimmt das

Wort von ihren Herzen, auf daß sie nicht glauben und selig werden.
Die aber auf dem Fels sind die, wenn sie es hören, nehmen sie das
Wort mit Freuden an, und die haben nicht Wurzel; eine Zeitlang
glauben sie, und zu der Zeit der Anfechtung fallen sie ab. Das aber
unter die Dornen fiel, sind die, so es hören, und gehen hin unter
den Sorgen, Reichthum und Wollust dieses Lebens, und ersticken
und bringen keine Frucht. Das aber auf dem guten Lande, sind,
die das Wort hören und behalten in einem feinen, guten Herzen
und bringen Frucht in Geduld.

Am Sonntage Quinquagesimä oder Esthomihi.

Epistel. 1 Cor. 13, 1—13.

Wenn ich mit Menschen- und mit Engel-Zungen redete und hätte
der Liebe nicht, so wäre ich ein tönend Erz oder eine klingende
Schelle. Und wenn ich weissagen könnte, und wüßte alle Geheimniß und alle Erkenntniß, und hätte allen Glauben, also, daß ich
Berge versetzte, und hätte der Liebe nicht, so wäre ich nichts.
Und wenn ich alle meine Habe den Armen gäbe und ließe meinen
Leib brennen, und hätte der Liebe nicht, so wäre mirs nichts nütze.
Die Liebe ist langmüthig und freundlich, die Liebe eifert nicht,
die Liebe treibet nicht Muthwillen, sie blähet sich nicht, sie stellt sich
nicht ungeberdig, sie suchet nicht das Ihre, sie läßt sich nicht erbittern,
sie trachtet nicht nach Schaden, sie freuet sich nicht der Ungerechtigkeit; sie freuet sich aber der Wahrheit. Sie verträget alles, sie glaubet alles, sie hoffet alles, sie duldet alles. Die Liebe höret nimmer auf, so doch die Weissagungen aufhören werden, und die
Sprachen aufhören werden, und das Erkenntniß aufhören wird.
Denn unser Wissen ist Stückwerk, und unser Weissagen ist Stückwerk. Wenn aber kommen wird das Vollkommene, so wird das
Stückwerk aufhören. Da ich ein Kind war, da redete ich wie
ein Kind, und war klug wie ein Kind, und hatte kindische Anschläge;
da ich aber ein Mann ward, that ich ab, was kindisch war.
Wir sehen itzt durch einen Spiegel in einem dunkeln Worte,
dann aber von Angesicht zu Angesichte. Itzt erkenne ichs stückweise,
dann aber werde ichs erkennen, gleich wie ich erkennet bin.
Nun aber bleibet Glaube, Hoffnung, Liebe, diese drei, aber die
Liebe ist die größeste unter ihnen.

Evangelium. Luc. 18, 31—43.

Er nahm aber zu sich die Zwölfe und sprach zu ihnen: Sehet, wir
gehen hinauf gen Jerusalem, und es wird alles vollendet werden,
das geschrieben ist durch die Propheten von des Menschen Sohn.
Denn er wird überantwortet werden den Heiden, und er wird verspottet und geschmähet und verspeiet werden. Und sie werden ihn
geißeln und tödten, und am dritten Tage wird er wieder auferstehen.
Sie aber vernahmen der keines, und die Rede war ihnen verborgen,
und wußten nicht, was das gesagt war. Es geschah aber, da er
nahe zu Jericho kam, saß ein Blinder am Wege und bettelte.
Da er aber hörete das Volk, das durchhin ging, forschete er,
was das wäre. Da verkündigten sie ihm, JEsus von Nazareth

ginge vorüber. Und er rief und sprach: JEsu, du Sohn David, erbarme dich mein! Die aber vornean gingen, bedräueten ihn, er sollte schweigen. Er aber schrie vielmehr: Du Sohn David, erbarme dich mein! JEsus aber stund stille und hieß ihn zu sich führen. Da sie ihn aber nahe bei ihn brachten, fragte er ihn und sprach: Was willst du, daß ich dir thun soll? Er sprach: HErr, daß ich sehen möge. Und JEsus sprach zu ihm: Sei sehend, dein Glaube hat dir geholfen. Und alsobald ward er sehend und folgete ihm nach und preisete Gott. Und alles Volk, das solches sahe, lobete Gott.

Am ersten Sonntage in der Fasten oder Invocavit.

Epistel. 2 Cor. 6, 1—10.

Lieben Brüder, wir ermahnen aber euch, als Mithelfer, daß ihr nicht vergeblich die Gnade Gottes empfahet. Denn er spricht: Ich habe dich in der angenehmen Zeit erhöret und habe dir am Tage des Heils geholfen. Sehet, itzt ist die angenehme Zeit, itzt ist der Tag des Heils. Lasset uns aber niemand irgend ein Aergerniß geben, auf daß unser Amt nicht verlästert werde, sondern in allen Dingen lasset uns beweisen als die Diener Gottes, in großer Geduld, in Trübsalen, in Nöthen, in Aengsten, in Schlägen, in Gefängnissen, in Aufrühren, in Arbeit, in Wachen, in Fasten, in Keuschheit, in Erkenntniß, in Langmuth, in Freundlichkeit, in dem Heiligen Geist, in ungefärbter Liebe, in dem Worte der Wahrheit, in der Kraft Gottes, durch Waffen der Gerechtigkeit, zur Rechten und zur Linken, durch Ehre und Schande, durch böse Gerüchte und gute Gerüchte; als die Verführer, und doch wahrhaftig; als die Unbekannten, und doch bekannt; als die Sterbenden, und siehe, wir leben; als die Gezüchtigten, und doch nicht ertödtet; als die Traurigen, aber allezeit fröhlich; als die Armen, aber die doch viel reich machen; als die nichts inne haben, und doch alles haben.

Evangelium. Matth. 4, 1—11.

Da ward JEsus vom Geiste in die Wüsten geführet, auf daß er vom Teufel versuchet würde. Und da er vierzig Tage und vierzig Nächte gefastet hatte, hungerte ihn. Und der Versucher trat zu ihm und sprach: Bist du Gottes Sohn, so sprich, daß diese Steine Brod werden. Und er antwortete und sprach: Es stehet geschrieben: Der Mensch lebet nicht vom Brod allein, sondern von einem jeglichen Worte, das durch den Mund Gottes gehet. Da führete ihn der Teufel mit sich in die heilige Stadt und stellete ihn auf die Zinnen des Tempels und sprach zu ihm: Bist du Gottes Sohn, so laß dich hinab, denn es stehet geschrieben: Er wird seinen Engeln über dir Befehl thun, und sie werden dich auf den Händen tragen, auf daß du deinen Fuß nicht an einen Stein stößest. Da sprach JEsus zu ihm: Wiederum stehet auch geschrieben: Du sollst Gott, deinen HErrn, nicht versuchen. Wiederum führete ihn der Teufel mit sich auf einen sehr hohen Berg und zeigte ihm alle Reiche der Welt und ihre Herrlichkeit, und sprach zu ihm:

Dies alles will ich dir geben, so du niederfällest und mich anbetest. Da sprach JEsus zu ihm: Hebe dich weg von mir, Satan; denn es stehet geschrieben: Du sollst anbeten Gott, deinen HErrn, und ihm allein dienen. Da verließ ihn der Teufel, und siehe, da traten die Engel zu ihm und dieneten ihm.

Am zweiten Sonntage in der Fasten oder Reminiscere.
Epistel. 1 Thess. 4, 1—7.

Weiter, lieben Brüder, bitten wir euch, und ermahnen in dem HErrn JEsu, nachdem ihr von uns empfangen habt, wie ihr sollet wandeln und Gott gefallen, daß ihr immer völliger werdet. Denn ihr wisset, welche Gebote wir euch gegeben haben durch den HErrn JEsum. Denn das ist der Wille Gottes, eure Heiligung, daß ihr meidet die Hurerei, und ein jeglicher unter euch wisse sein Faß zu behalten in Heiligung und Ehren, nicht in der Lustseuche, wie die Heiden, die von Gott nichts wissen. Und daß niemand zu weit greife, noch vervortheile seinen Bruder im Handel; denn der HErr ist der Rächer über das alles, wie wir euch zuvor gesagt und bezeuget haben. Denn Gott hat uns nicht berufen zur Unreinigkeit, sondern zur Heiligung.

Evangelium. Matth. 15, 21—28.

Und JEsus ging aus von dannen und entwich in die Gegend Thyri und Sidon. Und siehe, ein canandisch Weib ging aus derselbigen Grenze, und schrie ihm nach und sprach: Ach HErr, du Sohn Davids, erbarme dich mein! Meine Tochter wird vom Teufel übel geplagt. Und er antwortete ihr kein Wort. Da traten zu ihm seine Jünger, baten ihn und sprachen: Laß sie doch von dir, denn sie schreiet uns nach. Er antwortete aber und sprach: Ich bin nicht gesandt, denn nur zu den verlorenen Schafen von dem Hause Israel. Sie kam aber und fiel vor ihm nieder und sprach: HErr, hilf mir! Aber er antwortete und sprach: Es ist nicht fein, daß man den Kindern ihr Brod nehme und werfe es vor die Hunde. Sie sprach: Ja, HErr; aber doch essen die Hündlein von den Brosamen, die von ihrer Herren Tische fallen. Da antwortete JEsus und sprach zu ihr: O Weib, dein Glaube ist groß, dir geschehe, wie du willst! Und ihre Tochter ward gesund zu derselbigen Stunde.

Am dritten Sonntage in der Fasten, oder Oculi.
Epistel. Eph. 5, 1—9.

Lieben Brüder, so seid nun Gottes Nachfolger, als die lieben Kinder, und wandelt in der Liebe, gleichwie Christus uns hat geliebet und sich selbst dargegeben für uns zur Gabe und Opfer, Gott zu einem süßen Geruch. Hurerei aber und alle Unreinigkeit oder Geiz lasset nicht von euch gesaget werden, wie den Heiligen zustehet, auch schandbare Worte und Narrentheidinge oder Scherz, welche euch nicht ziemen, sondern vielmehr Danksagung. Denn das sollt ihr wissen, daß kein Hurer oder Unreiner oder Geiziger (welcher ist ein Götzendiener) Erbe hat an dem Reiche Christi und Gottes.

Laſſet euch niemand verführen mit vergeblichen Worten, denn um dieſer willen kommt der Zorn Gottes über die Kinder des Unglaubens. Darum ſeid nicht ihre Mitgenoſſen. Denn ihr waret weiland Finſterniß, nun aber ſeid ihr ein Licht in dem HErrn. Wandelt wie die Kinder des Lichts. Die Frucht des Geiſtes iſt allerlei Gütigkeit und Gerechtigkeit und Wahrheit.

Evangelium. Luc. 11, 14—28.

JEſus trieb einen Teufel aus, der war ſtumm. Und es geſchah, da der Teufel ausfuhr, da redete der Stumme. Und das Volk verwunderte ſich. Etliche aber unter ihnen ſprachen: Er treibt die Teufel aus durch Beelzebub, den Oberſten der Teufel. Die andern aber verſuchten ihn und begehrten ein Zeichen von ihm vom Himmel. Er aber vernahm ihre Gedanken und ſprach zu ihnen: Ein jeglich Reich, ſo es mit ihm ſelbſt uneins wird, das wird wüſte, und ein Haus fället über das andere. Iſt denn der Satanas auch mit ihm ſelbſt uneins, wie will ſein Reich beſtehen? Dieweil ihr ſaget, ich treibe die Teufel aus durch Beelzebub. So aber ich die Teufel durch Beelzebub austreibe, durch wen treiben ſie eure Kinder aus? Darum werden ſie eure Richter ſein. So ich aber durch Gottes Finger die Teufel austreibe, ſo kommt je das Reich Gottes zu euch. Wenn ein ſtarker Gewappneter ſeinen Palaſt bewahret, ſo bleibet das Seine mit Frieden. Wenn aber ein Stärkerer über ihn kommt und überwindet ihn, ſo nimmt er ihm ſeinen Harniſch, darauf er ſich verließ, und theilet den Raub aus. Wer nicht mit mir iſt, der iſt wider mich; und wer nicht mit mir ſammlet, der zerſtreuet. Wenn der unſaubere Geiſt von dem Menſchen ausführet, ſo durchwandelt er dürre Stätte, ſuchet Ruhe und findet ſie nicht, ſo ſpricht er: Ich will wieder umkehren in mein Haus, daraus ich gegangen bin. Und wenn er kommt, ſo findet er's mit Beſemen gekehret und geſchmücket. Dann gehet er hin und nimmt ſieben Geiſter zu ſich, die ärger ſind denn er ſelbſt, und wenn ſie hineinkommen, wohnen ſie da, und wird hernach mit demſelbigen Menſchen ärger denn vorhin. Und es begab ſich, da er ſolches redete, erhub ein Weib im Volke die Stimme und ſprach zu ihm: Selig iſt der Leib, der dich getragen hat, und die Brüſte, die du geſogen haſt! Er aber ſprach: Ja, ſelig ſind, die Gottes Wort hören und bewahren.

Am vierten Sonntage in der Faſten, oder Lätare.

Epiſtel. Gal. 4, 21—31.

Saget mir, die ihr unter dem Geſetze ſein wollt, habt ihr das Geſetz nicht gehöret? Denn es ſtehet geſchrieben, daß Abraham zween Söhne hatte, einen von der Magd, den andern von der Freien. Aber der von der Magd war, iſt nach dem Fleiſch geboren; der aber von der Freien iſt durch die Verheißung geboren. Die Worte bedeuten etwas. Denn das ſind die zwei Teſtamente, eines von dem Berg Sina, das zur Knechtſchaft gebieret, welches iſt die Agar. Denn Agar heißet in Arabia der Berg Sina, und langet bis gen Jeruſalem, das zu dieſer Zeit iſt, und iſt dienſtbar mit ſeinen Kindern. Aber das Jeruſalem, das droben iſt, das iſt die Freie, die iſt unſer

Episteln und Evangelien.

aller Mutter. Denn es stehet geschrieben: Sei fröhlich, du Unfruchtbare, die du nicht gebierest, und brich hervor, und rufe, die du nicht schwanger bist! denn die Einsame hat viel mehr Kinder, denn die den Mann hat. Wir aber, lieben Brüder, sind, Jsaak nach, der Verheißung Kinder. Aber gleichwie zu der Zeit, der nach dem Fleisch geboren war, verfolgete den, der nach dem Geist geboren war, also gehet es jetzt auch. Aber was spricht die Schrift? Stoß die Magd hinaus mit ihrem Sohne, denn der Magd Sohn soll nicht erben mit dem Sohne der Freien. So sind wir nun, lieben Brüder, nicht der Magd Kinder, sondern der Freien.

Evangelium. Joh. 6, 1—15.

Darnach fuhr JEsus weg über das Meer, an der Stadt Tiberias, in Galiläa. Und es zog ihm viel Volks nach, darum, daß sie die Zeichen sahen, die er an den Kranken that. JEsus aber ging hinauf auf einen Berg und saßte sich daselbst mit seinen Jüngern. Es war aber nahe die Ostern, der Juden Fest. Da hub JEsus seine Augen auf und siehet, daß viel Volks zu ihm kommt, und spricht zu Philippo: Wo kaufen wir Brot, daß diese essen? (Das sagte er aber, ihn zu versuchen; denn er wußte wohl, was er thun wollte.) Philippus antwortete ihm: Zweihundert Pfennige werth Brods ist nicht genug unter sie, daß ein jeglicher ein wenig nehme. Spricht zu ihm einer seiner Jünger, Andreas, der Bruder Simonis Petri: Es ist ein Knabe hier, der hat fünf Gerstenbrode und zween Fische; aber was ist das unter so viele? JEsus aber sprach: Schaffet, daß sich das Volk lagere. Es war aber viel Gras an dem Ort. Da lagerten sich bei fünftausend Mann. JEsus aber nahm die Brode, dankete, und gab sie den Jüngern, die Jünger aber denen, die sich gelagert hatten; desselbigen gleichen auch von den Fischen, wie viel er wollte. Da sie aber satt waren, sprach er zu seinen Jüngern: Sammelt die übrigen Brocken, daß nichts umkomme. Da sammelten sie und füllten zwölf Körbe mit Brocken von den fünf Gerstenbroden, die überblieben denen, die gespeiset worden. Da nun die Menschen das Zeichen sahen, das JEsus that, sprachen sie: Das ist wahrlich der Prophet, der in die Welt kommen soll. Da JEsus nun merkte, daß sie kommen würden und ihn haschen, daß sie ihn zum Könige machten, entwich er abermal auf den Berg, er selbst allein.

Am fünften Sonntage in der Fasten, oder Judica.
Epistel. Hebr. 9, 11—15.

Christus aber ist kommen, daß er sei ein Hoherpriester der zukünftigen Güter, durch eine größere und vollkommere Hütte, die nicht mit Händen gemacht ist, das ist, die nicht also gebauet ist. Auch nicht durch der Böcke oder Kälber Blut, sondern er ist durch sein eigen Blut einmal in das Heilige eingegangen und hat eine ewige Erlösung erfunden. Denn so der Ochsen und der Böcke Blut, und die Asche, von der Kuh gesprenget, heiliget die Unreinen zu der leiblichen Reinigkeit; wie viel mehr wird das Blut Christi, der sich selbst ohn allen Wandel durch den Heiligen Geist Gotte geopfert hat, unser Gewissen reinigen von den todten Werken, zu dienen dem lebendigen Gott? Und darum ist er auch ein Mittler des neuen Testaments, auf daß durch den Tod, so geschehen ist zur Erlösung von den Uebertretungen (die unter dem ersten Tenament waren), die, so berufen sind, das verheißene ewige Erbe empfahen.

Evangelium. Joh. 8, 46—59.

JEsus sprach zu den Juden: Welcher unter euch kann mich einer Sünde zeihen? So ich euch aber die Wahrheit sage, warum glaubet ihr mir nicht? Wer von Gott ist, der höret Gottes Wort; darum höret ihr nicht, denn ihr seid nicht von Gott. Da antworteten die Juden und sprachen zu ihm: Sagen wir nicht recht, daß du ein Samariter bist und hast den Teufel? JEsus antwortete: Ich habe keinen Teufel, sondern ich ehre meinen Vater, und ihr unehret mich. Ich suche nicht meine Ehre, es ist aber einer, der sie suchet und richtet. Wahrlich, wahrlich, ich sage euch: So jemand mein Wort wird halten, der wird den Tod nicht sehen ewiglich. Da sprachen die Juden zu ihm: Nun erkennen wir, daß du den Teufel hast. Abraham ist gestorben, und die Propheten, und du sprichst: So jemand mein Wort hält, der wird den Tod nicht schmecken ewiglich. Bist du mehr, denn unser Vater Abraham, welcher gestorben ist? und die Propheten sind gestorben. Was machst du aus dir selbst? JEsus antwortete: So ich mich selber ehre, so ist meine Ehre nichts. Es ist aber mein Vater, der mich ehret, welchen ihr sprechet, er sei euer Gott, und kennet ihn nicht; ich aber kenne ihn. Und so ich würde sagen, ich kenne sein nicht, so würde ich ein Lügner, gleichwie ihr seid. Aber ich kenne ihn, und halte sein Wort. Abraham, euer Vater, ward froh, daß er meinen Tag sehen sollte; und er sahe ihn und freuete sich. Da sprachen die Juden zu ihm: Du bist noch nicht fünfzig Jahr alt, und hast Abraham gesehen? JEsus sprach zu ihnen: Wahrlich, wahrlich, ich sage euch, ehe denn Abraham ward, bin ich. Da huben sie Steine auf, daß sie auf ihn würfen. Aber JEsus verbarg sich, und ging zum Tempel hinaus, mitten durch sie hinstreichend.

Am Tage der Verkündigung Mariä.
Lection. Jes. 7, 10—15.

Und der HErr redete abermal zu Ahas, und sprach: Fordere dir ein Zeichen vom HErrn, deinem Gott, es sei unten in der Hölle oder droben in der Höhe. Aber Ahas sprach: Ich wills nicht fordern, daß ich den HErrn nicht versuche. Da sprach er: Wohlan, so höret ihr vom Hause David: Ists euch zu wenig, daß ihr die Leute beleidiget, ihr müsset auch meinen Gott beleidigen? Darum so wird euch der HErr selbst ein Zeichen geben. Siehe, eine Jungfrau ist schwanger, und wird einen Sohn gebären, den wird sie heißen Immanuel. Butter und Honig wird er essen, daß er wisse Böses zu verwerfen und Gutes zu erwählen.

Evangelium. Luc. 1, 26—38.

Und im sechsten Mond ward der Engel Gabriel gesandt von Gott in eine Stadt in Galiläa, die heißet Nazareth, zu einer Jungfrau, die vertrauet war einem Manne mit Namen Joseph, vom Hause David, und die Jungfrau hieß Maria. Und der Engel kam zu ihr hinein und sprach: Gegrüßet seist du, Holdselige, der HErr ist mit dir, du Gebenedeiete unter den Weibern! Da sie aber ihn sahe, erschrak sie über seiner Rede, und gedachte: Welch ein Gruß ist das? Und der Engel sprach zu ihr: Fürchte dich nicht, Maria, du hast Gnade bei Gott funden. Siehe, du wirst schwanger werden im Leibe, und einen Sohn gebären, deß Namen sollst du JEsus heißen. Der wird groß und ein Sohn des Höchsten genennet werden, und Gott der HErr wird ihm den Stuhl seines Vaters David geben. Und er wird ein König sein über das Haus Jakob ewiglich, und seines Königreichs wird kein Ende sein. Da sprach Maria zu dem Engel: Wie soll das zugehen? sintemal ich von keinem Manne weiß. Der Engel antwortete und sprach zu ihr: Der Heilige Geist wird über dich kommen, und die Kraft des Höchsten wird dich überschatten; darum auch das Heilige, das von dir geboren wird, wird Gottes Sohn genennet werden. Und siehe, Elisabeth, deine Gefreundte, ist auch schwanger mit einem Sohne in ihrem Alter, und gehet jetzt im sechsten Mond, die im Geschrei ist, daß sie unfruchtbar sei. Denn bei Gott ist kein Ding unmöglich. Maria aber sprach: Siehe, ich bin des HErrn Magd; mir geschehe, wie du gesagt hast. Und der Engel schied von ihr,

Am Palm-Sonntage.

Epistel. Phil. 2, 5—11.

Ein jeglicher sei gesinnet, wie JEsus Christus auch war; welcher, ob er wohl in göttlicher Gestalt war, hielt ers nicht für einen Raub, Gott gleich sein; sondern äußerte sich selbst, und nahm Knechtsgestalt an, ward gleich wie ein anderer Mensch, und an Geberden als ein Mensch erfunden. Er erniedrigte sich selbst, und ward gehorsam bis zum Tode, ja zum Tode am Kreuz. Darum hat ihn auch Gott erhöhet, und hat ihm einen Namen gegeben, der über alle Namen ist, daß in dem Namen JEsu sich beugen sollen alle derer Knie, die im Himmel und auf Erden, und unter der Erde sind, und alle Zungen bekennen sollen, daß JEsus Christus der HErr sei, zur Ehre Gottes des Vaters.

Evangelium. Matth. 21, 1—9.

Siehe das Evangelium am ersten Sonntage des Advents.

Am Gründonnerstage.

Epistel. 1 Cor. 11, 23—32.

Ich habe es von dem HErrn empfangen, das ich euch gegeben habe. Denn der HErr JEsus in der Nacht, da er verrathen ward, nahm er das Brod, dankete, und brachs, und sprach: Nehmet, esset, das ist mein Leib, der für euch gebrochen wird; solches thut zu meinem Gedächtniß. Desselbigen gleichen auch den Kelch, nach dem Abendmahl, und sprach: Dieser Kelch ist das neue Testament in meinem Blut; solches thut, so oft ihrs trinket, zu meinem Gedächtniß. Denn so oft ihr von diesem Brod esset, und von diesem Kelch trinket, sollt ihr des HErrn Tod verkündigen, bis daß er kommt. Welcher nun unwürdig von diesem Brod isset, oder von dem Kelch des HErrn trinket, der ist schuldig an dem Leib und Blut des HErrn. Der Mensch prüfe aber sich selbst, und also esse er von diesem Brod, und trinke von diesem Kelch. Denn welcher unwürdig isset und trinket, der isset und trinket ihm selber das Gericht, damit, daß er nicht unterscheidet den Leib des HErrn. Darum sind auch so viele Schwache und Kranke unter euch, und ein gut Theil schlafen. Denn so wir uns selber richteten, so würden wir nicht gerichtet. Wenn wir aber gerichtet werden, so werden wir von dem HErrn gezüchtiget, auf daß wir nicht samt der Welt verdammet werden.

Evangelium. Joh. 13, 1—15.

Vor dem Fest aber der Ostern, da JEsus erkennete, daß seine Zeit kommen war, daß er aus dieser Welt ginge zum Vater; wie er hatte geliebet die Seinen, die in der Welt waren, so liebete er sie bis ans Ende. Und nach dem Abendessen, da schon der Teufel hatte dem Juda Simonis Ischarioth ins Herz gegeben, daß er ihn verriethe, wußte JEsus, daß ihm der Vater hatte alles in seine Hände gegeben, daß er von Gott kommen war, und zu Gott ging: stund er vom Abendmahl auf, legte seine Kleider ab, und nahm einen Schurz, und umgürtete sich. Darnach goß er Wasser in ein Becken, hub an den Jüngern die Füße zu waschen, und trocknete sie mit dem Schurz, damit er umgürtet war. Da kam er zu Simon Petro; und derselbige sprach zu ihm: HErr, solltest du mir meine Füße waschen? JEsus antwortete und sprach zu ihm: Was ich thue, das weißest du jetzt nicht; du wirsts aber hernach erfahren. Da sprach Petrus zu ihm: Nimmermehr sollst du mir die Füße waschen. JEsus antwortete ihm: Werde ich dich nicht waschen, so hast du kein Theil mit mir. Spricht zu ihm Simon Petrus: HErr, nicht die Füße allein, sondern auch die Hände und das Haupt. Spricht JEsus zu ihm: Wer gewaschen ist, der darf nicht, denn die Füße waschen, sondern er ist ganz rein. Und ihr seid rein; aber nicht alle. Denn er wußte seinen Verräther wohl; darum sprach er: Ihr seid nicht alle rein. Da er nun ihre Füße gewaschen hatte, nahm er seine Kleider, und setzte sich wieder nieder, und sprach abermal zu ihnen: Wisset ihr, was ich euch gethan habe? Ihr heißet mich Meister und HErr, und saget recht daran; denn ich bins auch. So nun ich, euer HErr und Meister, euch die Füße gewaschen habe, so sollet ihr auch euch unter einander die Füße waschen. Ein Beispiel habe ich euch gegeben, daß ihr thut, wie ich euch gethan habe.

Am heiligen Ostertage.

Epistel. 1 Cor. 5, 6—8.

Euer Ruhm ist nicht fein. Wisset ihr nicht, daß ein wenig Sauerteig den ganzen Teig versäuert? Darum feget den alten Sauerteig aus, auf daß ihr ein neuer Teig seid. Denn wir haben auch ein Osterlamm, das ist Christus, für uns geopfert. Darum lasset uns Ostern halten, nicht im alten Sauerteige, auch nicht im Sauerteige der Bosheit und Schalkheit, sondern in dem Süßteige der Lauterkeit und der Wahrheit.

Evangelium. Marc. 16, 1—8.

Und da der Sabbath vergangen war, kauften Maria Magdalena und Maria Jacobi und Salome Specerei, auf daß sie kämen und salbeten ihn. Und sie kamen zum Grabe an einem Sabbather sehr frühe, da die Sonne aufging. Und sie sprachen unter einander: Wer wälzet uns den Stein von des Grabes Thür? Und sie sahen dahin, und wurden gewahr, daß der Stein abgewälzet war; denn er war sehr groß. Und sie gingen hinein in das Grab, und sahen einen Jüngling zur rechten Hand sitzen, der hatte ein lang weiß Kleid an; und sie entsetzten sich. Er aber sprach zu ihnen: Entsetzet euch nicht; ihr suchet JEsum von Nazareth, den Gekreuzigten; er ist auferstanden und ist nicht hier. Siehe da die Stätte, da sie ihn hinlegten. Gehet aber hin und sagts seinen Jüngern und Petro, daß er vor euch hingehen wird in Galiläa; da werdet ihr ihn sehen, wie er euch gesagt hat. Und sie gingen schnell heraus und flohen von dem Grabe; denn es war sie Zittern und Entsetzen ankommen, und sagten niemand nichts; denn sie fürchteten sich.

Am Oster-Montage.
Epistel. Apost. Gesch. 10, 34—41.

Petrus aber that seinen Mund auf und sprach: Nun erfahre ich mit der Wahrheit, daß Gott die Person nicht ansiehet; sondern in allerlei Volk, wer ihn fürchtet und recht thut, der ist ihm angenehm. Ihr wisset wohl von der Predigt, die Gott zu den Kindern Israel gesandt hat, und verkündigen lassen den Frieden durch JEsum Christum (welcher ist ein HErr über alles), die durchs ganze jüdische Land geschehen ist, und angegangen in Galiläa nach der Taufe, die Johannes predigte; wie Gott denselbigen JEsum von Nazareth gesalbet hat mit dem Heiligen Geiste und Kraft; der umhergezogen ist, und hat wohlgethan und gesund gemachet Alle, die vom Teufel überwältiget waren; denn Gott war mit ihm. Und wir sind Zeugen alles des, das er gethan hat im jüdischen Lande und zu Jerusalem. Den haben sie getödtet und an ein Holz gehänget. Denselbigen hat Gott auferwecket am dritten Tage, und ihn lassen offenbar werden, nicht allem Volk, sondern uns, den vorerwählten Zeugen von Gott, die wir mit ihm gegessen und getrunken haben, nachdem er auferstanden ist von den Todten.

Evangelium. Luc. 24, 13—35.

Und siehe, zween aus ihnen gingen an demselbigen Tage in einen Flecken, der war von Jerusalem sechzig Feldwegs weit, deß Name heißt Emmaus. Und sie redeten mit einander von allen diesen Geschichten. Und es geschah, da sie so redeten und befragten sich mit einander, nahete JEsus zu ihnen und wandelte mit ihnen. Aber ihre Augen wurden gehalten, daß sie ihn nicht kannten. Er sprach aber zu ihnen: Was sind das für Reden, die ihr zwischen euch handelt unterwegs, und seid traurig? Da antwortete einer mit Namen Kleophas, und sprach zu ihm: Bist du allein unter den Fremdlingen zu Jerusalem, der nicht wisse, was in diesen Tagen drinnen geschehen ist? Und er sprach zu ihnen: Welches? Sie aber sprachen zu ihm: Das von JEsu von Nazareth, welcher war ein Prophet, mächtig von Thaten und Worten vor Gott und allem Volk; wie ihn unsere Hohenpriester und Obersten überantwortet haben zur Verdammniß des Todes, und gekreuziget. Wir aber hofften, er sollte Israel erlösen. Und über das alles ist heute der dritte Tag, daß solches geschehen ist. Auch haben uns erschreckt etliche Weiber der Unsern, die sind frühe bei dem Grabe gewesen, haben seinen Leib nicht funden, kommen und sagen, sie haben ein Gesicht der Engel gesehen, welche sagen, er lebe. Und etliche unter uns gingen hin zum Grabe, und fandens also, wie die Weiber sagten, aber ihn fanden sie nicht. Und er sprach zu ihnen: O ihr Thoren und träges Herzens zu glauben alle dem, das die Propheten geredet haben! Mußte nicht Christus solches leiden, und zu seiner Herrlichkeit eingehen? Und fing an von Mose und allen Propheten, und legte ihnen alle Schriften aus, die von ihm gesagt waren. Und sie kamen zum Flecken, da sie hingingen; und er stellete sich, als wollte er fürder gehen. Und sie nöthigten ihn und sprachen: Bleibe bei uns; denn es will Abend werden, und der Tag hat sich geneiget. Und er ging hinein, bei ihnen zu bleiben. Und es geschah, da er mit ihnen zu Tische saß, nahm er das Brod, dankete, brachs, und gabs ihnen. Da wurden ihre Augen geöffnet, und erkenneten ihn. Und er verschwand vor ihnen. Und sie sprachen unter einander: Brannte nicht unser Herz in uns, da er mit uns redete auf dem Wege, als er uns die Schrift öffnete? Und sie stunden auf zu derselbigen Stunde, kehreten wieder gen Jerusalem, und fanden die Eilfe versammelt, und die bei ihnen waren, welche sprachen: Der HErr ist wahrhaftig auferstanden, und Simoni erschienen. Und sie erzähleten ihnen, was auf dem Wege geschehen war, und wie er von ihnen erkannt wäre an dem, da er das Brod brach.

Am Oster-Dienstage.

Epistel. Apost. Gesch. 13, 26—33.

Ihr Männer, lieben Brüder, ihr Kinder des Geschlechts Abraham, und die unter euch Gott fürchten, euch ist das Wort dieses Heils gesandt. Denn die zu Jerusalem wohnen, und ihre Obersten, dieweil sie diesen nicht kenneten, noch die Stimme der Propheten, (welche auf alle Sabbather gelesen werden,) haben sie dieselbigen mit ihren Urtheilen erfüllet. Und wiewohl sie keine Ursache des Todes an ihm fanden, baten sie doch Pilatum, ihn zu tödten. Und als sie alles vollendet hatten, was von ihm geschrieben ist, nahmen sie ihn von dem Holze, und legten ihn in ein Grab. Aber Gott hat ihn auferwecket von den Todten. Und er ist erschienen viel Tage denen, die mit ihm hinauf von Galiläa gen Jerusalem gegangen waren, welche sind seine Zeugen an das Volk. Und wir auch verkündigen euch die Verheißung, die zu unsern Vätern geschehen ist, daß dieselbige Gott uns, ihren Kindern, erfüllet hat in dem, daß er JEsum auferwecket hat.

Episteln und Evangelien.

Evangelium. Luc. 24, 36—47.

Da sie aber davon redeten, trat er selbst, JEsus, mitten unter sie, und sprach zu ihnen: Friede sei mit euch! Sie erschraken aber und fürchteten sich, meineten, sie sähen einen Geist. Und er sprach zu ihnen: Was seid ihr so erschrocken? und warum kommen solche Gedanken in eure Herzen? Sehet meine Hände und meine Füße, ich bins selber; fühlet mich, und sehet; denn ein Geist hat nicht Fleisch und Bein, wie ihr sehet, daß ich habe. Und da er das sagte, zeigte er ihnen Hände und Füße. Da sie aber noch nicht glaubeten vor Freuden, und sich verwunderten, sprach er zu ihnen: Habt ihr hie etwas zu essen? Und sie legten ihm vor ein Stück von gebratenem Fisch, und Honigseims. Und er nahms, und aß vor ihnen. Er aber sprach zu ihnen: Das sind die Reden, die ich zu euch sagte, da ich noch bei euch war; denn es muß alles erfüllet werden, was von mir geschrieben ist im Gesetze Mosis, in den Propheten, und in den Psalmen. Da öffnete er ihnen das Verständniß, daß sie die Schrift verstunden. Und sprach zu ihnen: Also ists geschrieben, und also mußte Christus leiden, und auferstehen von den Todten am dritten Tage, und predigen lassen in seinem Namen Buße und Vergebung der Sünden unter allen Völkern, und anheben zu Jerusalem.

Am ersten Sonntage nach Ostern, oder Quasimodogeniti.

Epistel. 1 Joh. 5, 4—9.

Alles, was von Gott geboren ist, überwindet die Welt; und unser Glaube ist der Sieg, der die Welt überwunden hat. Wer ist aber, der die Welt überwindet, ohne der da glaubet, daß JEsus Gottes Sohn ist? Dieser ists, der da kommt mit Wasser und Blut, JEsus Christus, nicht mit Wasser allein, sondern mit Wasser und Blut. Und der Geist ists, der da zeuget, daß Geist Wahrheit ist. Denn drei sind, die da zeugen im Himmel: Der Vater, das Wort und der Heilige Geist; und diese drei sind Eins. Und drei sind, die da zeugen auf Erden: Der Geist, und das Wasser, und das Blut; und die drei sind beisammen. So wir der Menschen Zeugniß annehmen, so ist Gottes Zeugniß größer; denn Gottes Zeugniß ist das, das er gezeuget hat von seinem Sohne. Wer da glaubet an den Sohn Gottes, der hat solch Zeugniß bei ihm.

Evangelium. Joh. 20, 19—31.

Am Abend aber desselbigen Sabbaths, da die Jünger versammelt, und die Thüren verschlossen waren, aus Furcht vor den Juden, kam JEsus, und trat mitten ein, und spricht zu ihnen: Friede sei mit euch! Und als er das sagte, zeigte er ihnen die Hände, und seine Seite. Da wurden die Jünger froh, daß sie den HErrn sahen. Da sprach JEsus abermal zu ihnen: Friede sei mit euch! Gleichwie mich der Vater gesandt hat, so sende ich euch. Und da er das sagte, blies er sie an, und spricht zu ihnen: Nehmet hin den Heiligen Geist. Welchen ihr die Sünden erlasset, denen sind sie erlassen; und welchen ihr sie behaltet, denen sind sie behalten.

Thomas aber, der Zwölfen einer, der da heißet Zwilling, war nicht bei ihnen, da JEsus kam. Da sagten die andern Jünger zu ihm: Wir haben den HErrn gesehen. Er aber sprach zu ihnen: Es sei denn, daß ich in seinen Händen sehe die Nägelmale, und lege meinen Finger in die Nägelmale, und lege meine Hand in seine Seite, will ichs nicht glauben. Und über acht Tage waren abermal seine Jünger drinnen, und Thomas mit ihnen. Kommt JEsus, da die Thüren verschlossen waren, und tritt mitten ein, und spricht: Friede sei mit euch! Darnach spricht er zu Thoma: Reiche deinen Finger her, und siehe meine Hände; und reiche deine Hand her, und lege sie in meine Seite; und sei nicht ungläubig, sondern gläubig. Thomas antwortete und sprach zu ihm: Mein HErr, und mein Gott! Spricht JEsus zu ihm: Dieweil du mich gesehen hast, Thoma, so glaubest du. Selig sind, die nicht sehen und doch glauben. Auch viel andere Zeichen that JEsus vor seinen Jüngern, die nicht geschrieben sind in diesem Buch. Diese aber sind geschrieben, daß ihr glaubet, JEsus sei Christ, der Sohn Gottes; und daß ihr durch den Glauben das Leben habt in seinem Namen.

Am zweiten Sonntage nach Ostern, oder Misericordias Domini.

Epistel. 1 Petri 2, 21—25.

Denn dazu seid ihr berufen, sintemal auch Christus gelitten hat für uns, und uns ein Vorbild gelassen, daß ihr sollt nachfolgen seinen Fußstapfen. Welcher keine Sünde gethan hat, ist auch kein Betrug in seinem Munde erfunden, welcher nicht wieder schalt, da er gescholten ward, nicht dräuete, da er litt; er stellete es aber dem heim, der da recht richtet. Welcher unsere Sünden selbst geopfert hat an seinem Leibe auf dem Holz, auf daß wir, der Sünde abgestorben, der Gerechtigkeit leben; durch welches Wunden ihr seid heil worden. Denn ihr waret wie die irrenden Schafe; aber ihr seid nun bekehret zu dem Hirten und Bischof eurer Seelen.

Evangelium. Joh. 10, 12—16.

Ich bin ein guter Hirte; ein guter Hirte lässet sein Leben für die Schafe. Ein Miethling aber, der nicht Hirte ist, deß die Schafe nicht eigen sind, siehet den Wolf kommen, und verlässet die Schafe und fleucht; und der Wolf erhaschet und zerstreuet die Schafe. Der Miethling aber fleucht; denn er ist ein Miethling, und achtet der Schafe nicht. Ich bin ein guter Hirte, und erkenne die Meinen, und bin bekannt den Meinen; wie mich mein Vater kennet, und ich kenne den Vater. Und ich lasse mein Leben für die Schafe. Und ich habe noch andere Schafe, die sind nicht aus diesem Stalle. Und dieselben muß ich herführen, und sie werden meine Stimme hören, und wird eine Heerde und ein Hirte werden.

Am dritten Sonntage nach Ostern, oder Jubilate.

Epistel. 1 Petri 2, 11—20.

Lieben Brüder, ich ermahne euch, als die Fremdlinge und Pilgrime, enthaltet euch von fleischlichen Lüsten, welche wider die

Seele streiten; und führet einen guten Wandel unter den Heiden, auf daß die, so von euch afterreden, als von Uebelthätern, eure guten Werke sehen, und Gott preisen, wenns nun an den Tag kommen wird. Seid unterthan aller menschlichen Ordnung um des HErrn willen, es sei dem Könige als dem Obersten, oder den Hauptleuten, als den Gesandten von ihm zur Rache über die Uebelthäter, und zu Lobe den Frommen. Denn das ist der Wille Gottes, daß ihr mit Wohlthun verstopfet die Unwissenheit der thörichten Menschen, als die Freien, und nicht als hättet ihr die Freiheit zum Deckel der Bosheit, sondern als die Knechte Gottes. Thut Ehre jedermann. Habt die Brüder lieb. Fürchtet Gott. Ehret den König. Ihr Knechte, seid unterthan mit aller Furcht den Herren, nicht allein den gütigen und gelinden, sondern auch den wunderlichen. Denn das ist Gnade, so jemand um des Gewissens willen zu Gott das Uebel verträgt, und leidet das Unrecht. Denn was ist das für ein Ruhm, so ihr um Missethat willen Streiche leidet? Aber wenn ihr um Wohlthat willen leidet und erduldet, das ist Gnade bei Gott.

Evangelium. Joh. 16, 16—23.

Ueber ein Kleines, so werdet ihr mich nicht sehen; und aber über ein Kleines, so werdet ihr mich sehen; denn ich gehe zum Vater. Da sprachen etliche unter seinen Jüngern unter einander: Was ist das, das er saget zu uns, über ein Kleines, so werdet ihr mich nicht sehen, und aber über ein Kleines, so werdet ihr mich sehen, und daß ich zum Vater gehe? Da sprachen sie: Was ist das, das er sagt, über ein Kleines? wir wissen nicht, was er redet. Da merkete JEsus, daß sie ihn fragen wollten, und sprach zu ihnen: Davon fraget ihr unter einander, daß ich gesagt habe, über ein Kleines, so werdet ihr mich nicht sehen, und aber über ein Kleines, so werdet ihr mich sehen. Wahrlich, wahrlich, ich sage euch, ihr werdet weinen und heulen; aber die Welt wird sich freuen. Ihr aber werdet traurig sein, doch eure Traurigkeit soll in Freude verkehret werden. Ein Weib, wenn sie gebiert, so hat sie Traurigkeit; denn ihre Stunde ist kommen. Wenn sie aber das Kind geboren hat, denket sie nicht mehr an die Angst, um der Freude willen, daß der Mensch zur Welt geboren ist. Und ihr habt auch nun Traurigkeit; aber ich will euch wieder sehen, und euer Herz soll sich freuen, und eure Freude soll niemand von euch nehmen. Und an demselbigen Tage werdet ihr mich nichts fragen.

Am vierten Sonntage nach Ostern, oder Cantate.
Epistel. Jac. 1, 16—21.

Irret nicht, lieben Brüder. Alle gute Gabe und alle vollkommene Gabe kommt von oben herab, von dem Vater des Lichts, bei welchem ist keine Veränderung, noch Wechsel des Lichts und Finsterniß. Er hat uns gezeuget nach seinem Willen durch das Wort der Wahrheit, auf daß wir wären Erstlinge seiner Creaturen. Darum, lieben Brüder, ein jeglicher Mensch sei schnell zu hören, langsam aber zu reden, und langsam zum Zorn. Denn des Menschen

Kern thut nicht, was vor Gott recht ist. Darum so leget ab alle Unsauberkeit und alle Bosheit; und nehmet das Wort an mit Sanftmuth, das in euch gepflanzet ist, welches kann eure Seelen selig machen.

Evangelium. Joh. 16, 5—15.

Nun aber gehe ich hin zu dem, der mich gesandt hat; und niemand unter euch fraget mich: Wo gehest du hin? Sondern dieweil ich solches zu euch geredet habe, ist euer Herz voll Trauerns worden. Aber ich sage euch die Wahrheit, es ist euch gut, daß ich hingehe. Denn so ich nicht hingehe, so kommt der Tröster nicht zu euch; so ich aber hingehe, will ich ihn zu euch senden. Und wenn derselbige kommt, der wird die Welt strafen um die Sünde, und um die Gerechtigkeit, und um das Gericht. Um die Sünde, daß sie nicht glauben an mich. Um die Gerechtigkeit aber, daß ich zum Vater gehe; und ihr mich hinfort nicht sehet. Um das Gericht, daß der Fürst dieser Welt gerichtet ist. Ich habe euch noch viel zu sagen, aber ihr könnets jetzt nicht tragen. Wenn aber jener, der Geist der Wahrheit kommen wird, der wird euch in alle Wahrheit leiten. Denn er wird nicht von ihm selber reden; sondern was er hören wird, das wird er reden, und was zukünftig ist, wird er euch verkündigen. Derselbige wird mich verklären; denn von dem Meinen wird ers nehmen, und euch verkündigen. Alles, was der Vater hat, das ist mein; darum hab ich gesagt: Er wirds von dem Meinen nehmen, und euch verkündigen.

Am fünften Sonntage nach Ostern, oder Vocem Juc.

Epistel. Jac. 1, 22—27.

Seid aber Thäter des Worts, und nicht Hörer allein, damit ihr euch selbst betrüget. Denn so jemand ist ein Hörer des Worts, und nicht ein Thäter, der ist gleich einem Mann, der sein leiblich Angesicht im Spiegel beschauet. Denn nachdem er sich beschauet hat, gehet er von Stund an davon, und vergisset, wie er gestaltet war. Wer aber durchschauet in das vollkommene Gesetz der Freiheit, und darinnen beharret, und ist nicht ein vergeßlicher Hörer, sondern ein Thäter; derselbige wird selig sein in seiner That. So aber sich jemand unter euch lässet dünken, er diene Gott, und hält seine Zunge nicht im Zaum, sondern verführet sein Herz, deß Gottesdienst ist eitel. Ein reiner und unbefleckter Gottesdienst vor Gott dem Vater ist der: die Waisen und Wittwen in ihrer Trübsal besuchen, und sich von der Welt unbefleckt behalten.

Evangelium. Joh. 16, 23—30.

Wahrlich, wahrlich, ich sage euch, so ihr den Vater etwas bitten werdet in meinem Namen, so wird ers euch geben. Bisher habt ihr nichts gebeten in meinem Namen. Bittet, so werdet ihr nehmen, daß eure Freude vollkommen sei. Solches habe ich zu euch durch Sprüchwort geredet. Es kommt aber die Zeit, daß ich nicht mehr durch Sprüchwort mit euch reden werde, sondern euch frei heraus verkündigen von meinem Vater. An demselbigen Tage werdet ihr bitten in meinem Namen. Und ich sage euch nicht, daß ich den Vater für euch bitten will; denn er selbst, der Vater, hat euch lieb, darum, daß ihr mich liebet und glaubet, daß ich von Gott ausgegangen bin. Ich bin vom Vater ausgegangen, und kommen in die Welt; wiederum verlasse ich die Welt, und gehe zum Vater. Sprechen zu ihm seine Jünger: Siehe, nun redest du frei heraus, und sagest kein Sprüchwort. Nun wissen wir, daß du alle Dinge weißest, und bedarfst nicht, daß dich jemand frage. Darum glauben wir, daß du von Gott ausgegangen bist.

Am Tage der Himmelfahrt Christi.
Epistel. Apost. Gesch. 1, 1—11.

Die erste Rede habe ich zwar gethan, lieber Theophile, von alle dem, das JEsus anfing, beide zu thun und zu lehren, bis an den Tag, da er aufgenommen ward, nachdem er den Aposteln (welche er hatte erwählet) durch den Heiligen Geist Befehl gethan hatte. Welchen er sich nach seinem Leiden lebendig erzeiget hatte durch mancherlei Erweisungen und ließ sich sehen unter ihnen vierzig Tage lang, und redete mit ihnen vom Reich Gottes. Und als er sie versammelt hatte, befahl er ihnen, daß sie nicht von Jerusalem wichen, sondern warteten auf die Verheißung des Vaters, welche ihr habt gehöret (sprach er) von mir. Denn Johannes hat mit Wasser getauft; ihr aber sollt mit dem Heiligen Geiste getauft werden nicht lange nach diesen Tagen. Die aber, so zusammen kommen waren, fragten ihn und sprachen: HErr, wirst du auf diese Zeit wieder aufrichten das Reich Israel? Er aber sprach zu ihnen: Es gebühret euch nicht zu wissen Zeit oder Stunde, welche der Vater seiner Macht vorbehalten hat; sondern ihr werdet die Kraft des Heiligen Geistes empfahen, welcher auf euch kommen wird; und werdet meine Zeugen sein zu Jerusalem, und in ganz Judäa und Samaria, und bis an das Ende der Erden. Und da er solches gesagt, ward er aufgehaben zusehends, und eine Wolke nahm ihn auf vor ihren Augen weg. Und als sie ihm nachsahen gen Himmel fahrend, siehe, da stunden bei ihnen zween Männer in weißen Kleidern, welche auch sagten: Ihr Männer von Galiläa, was stehet ihr und sehet gen Himmel? Dieser JEsus, welcher von euch ist aufgenommen gen Himmel, wird kommen, wie ihr ihn gesehen habt gen Himmel fahren.

Evangelium. Marc. 16, 14—20.

Zuletzt, da die Eilfe zu Tische saßen, offenbarete er sich und schalt ihren Unglauben und ihres Herzens Härtigkeit, daß sie nicht geglaubet hatten denen, die ihn gesehen hatten auferstanden. Und sprach zu ihnen: Gehet hin in alle Welt, und prediget das Evangelium aller Creatur. Wer da glaubet und getauft wird, der wird selig werden; wer aber nicht glaubet, der wird verdammt werden. Die Zeichen aber, die da folgen werden denen, die da glauben, sind die: In meinem Namen werden sie Teufel austreiben, mit neuen Zungen reden, Schlangen vertreiben, und so sie etwas Tödtliches trinken, wirds ihnen nicht schaden; auf die Kranken werden sie die Hände legen, so wirds besser mit ihnen werden. Und der HErr, nachdem er mit ihnen geredet hatte, ward er aufgehaben gen Himmel, und sitzet zur rechten Hand Gottes. Sie aber gingen aus und predigten an allen Orten, und der HErr wirkte mit ihnen, und bekräftigte das Wort durch mitfolgende Zeichen.

Am Sonntage nach der Himmelfahrt Christi, oder Exaudi.

Epistel. 1 Petri 4, 8—11.

So seid nun mäßig und nüchtern zum Gebet. Vor allen Dingen aber habt unter einander eine brünstige Liebe; denn die Liebe deckt auch der Sünden Menge. Seid gastfrei unter einander ohne Murmeln. Und dienet einander, ein jeglicher mit der Gabe, die er empfangen hat, als die guten Haushalter der mancherlei Gnade Gottes. So jemand redet, daß ers rede als Gottes Wort. So jemand ein Amt hat, daß ers thue als aus dem Vermögen, das Gott darreichet, auf daß in allen Dingen Gott gepreiset werde durch JEsum Christum, welchem sei Ehre und Gewalt von Ewigkeit zu Ewigkeit! Amen.

Evangelium. Joh. 15, 26. 27. Cap. 16, 1—4.

Wenn aber der Tröster kommen wird, welchen ich euch senden werde vom Vater, der Geist der Wahrheit, der vom Vater ausgehet, der wird zeugen von mir. Und ihr werdet auch zeugen; denn ihr seid vom Anfang bei mir gewesen. Solches habe ich zu euch geredet, daß ihr euch nicht ärgert. Sie werden euch in den Bann thun. Es kommt aber die Zeit, daß, wer euch tödtet, wird meinen, er thue Gott einen Dienst daran. Und solches werden sie euch darum thun, daß sie weder meinen Vater, noch mich erkennen. Aber solches habe ich zu euch geredet, auf daß, wenn die Zeit kommen wird, daß ihr daran gedenket, daß ichs euch gesagt habe. Solches habe ich euch von Anfang nicht gesagt; denn ich war bei euch.

Am heiligen Pfingst-Tage.

Epistel. Apost. Gesch. 2, 1—13.

Und als der Tag der Pfingsten erfüllet war, waren sie alle einmüthig bei einander. Und es geschah schnell ein Brausen vom Himmel, als eines gewaltigen Windes, und erfüllete das ganze Haus, da sie saßen. Und man sahe an ihnen die Zungen zertheilet, als wären sie feurig. Und er setzte sich auf einem jeglichen unter ihnen; und wurden alle voll des Heiligen Geistes, und fingen an zu predigen mit andern Zungen, nachdem der Geist ihnen gab auszusprechen. Es waren aber Juden zu Jerusalem wohnend, die waren gottesfürchtige Männer, aus allerlei Volk, das unter dem Himmel ist. Da nun diese Stimme geschah, kam die Menge zusammen, und wurden verstürzt; denn es hörete ein jeglicher, daß sie mit seiner Sprache redeten. Sie entsatzten sich aber alle, verwunderten sich, und sprachen unter einander: Siehe, sind nicht diese alle, die da reden, aus Galiläa? Wie hören wir denn ein jeglicher seine Sprache, darinnen wir geboren sind? Parther, und Meder, und Elamiter, und die wir wohnen in Mesopotamien, und in Judäa und Cappadocien, Pontus und Asien, Phrygien und Pamphylien, Egypten, und an den Enden der Libyen bei Kyrene, und Ausländer von Rom, Juden und Judengenossen, Creter und Araber; wir hören sie mit unsern Zungen die großen Thaten Gottes reden. Sie entsatzten sich aber alle, und wurden irre, und sprachen einer zu dem andern: Was will das werden? Die andern aber hattens ihren Spott und sprachen: Sie sind voll süßen Weins.

Evangelium. Joh. 14, 23—31.

Wer mich liebet, der wird mein Wort halten; und mein Vater wird ihn lieben, und wir werden zu ihm kommen, und Wohnung bei ihm machen. Wer aber mich nicht liebet, der hält meine Worte nicht. Und das Wort, das ihr höret, ist nicht mein, sondern des Vaters, der mich gesandt hat. Solches hab ich zu euch geredet, weil ich bei euch gewesen bin. Aber der Tröster, der Heilige Geist, welchen mein Vater senden wird in meinem Namen, derselbige wirds euch alles lehren, und euch erinnern alles deß, das ich euch gesagt habe. Den Frieden lasse ich euch; meinen Frieden gebe ich euch. Nicht gebe ich euch, wie die Welt gibt. Euer Herz erschrecke nicht, und fürchte sich nicht. Ihr habt gehöret, daß ich euch gesagt habe, ich gehe hin und komme wieder zu euch. Hättet ihr mich lieb, so würdet ihr euch freuen, daß ich gesagt habe, ich gehe zum Vater; denn der Vater ist größer, denn ich. Und nun hab ichs euch gesagt, ehe denn es geschiehet, auf daß, wenn es nun geschehen wird, daß ihr glaubet. Ich werde fort mehr nicht viel mit euch reden: denn es kommt der Fürst dieser Welt, und hat nichts an mir. Aber daß die Welt erkenne, daß ich den Vater liebe, und ich also thue, wie mir der Vater geboten hat; stehet auf, und lasset uns von hinnen gehen.

Am Pfingst-Montage.

Epistel. Apost. Gesch. 10, 42—48.

Und er hat uns geboten, zu predigen dem Volk, und zu zeugen, daß er ist verordnet von Gott ein Richter der Lebendigen und der Todten. Von diesem zeugen alle Propheten, daß durch seinen Namen alle, die an ihn glauben, Vergebung der Sünden empfahen sollen. Da Petrus noch diese Worte redete, fiel der Heilige Geist auf alle, die dem Wort zuhöreten. Und die Gläubigen aus der Beschneidung, die mit Petro kommen waren, entsatzten sich, daß auch auf die Heiden die Gabe des Heiligen Geistes ausgegossen ward. Denn sie höreten, daß sie mit Zungen redeten, und Gott hoch preiseten. Da antwortete Petrus: Mag auch jemand das Wasser wehren, daß diese nicht getauft werden, die den Heiligen Geist empfangen haben, gleichwie auch wir? Und befahl, sie zu taufen in dem Namen des HErrn.

Evangelium. Joh. 3, 16—21.

Also hat Gott die Welt geliebet, daß er seinen eingebornen Sohn gab, auf daß alle, die an ihn glauben, nicht verloren werden, sondern das ewige Leben haben. Denn Gott hat seinen Sohn nicht gesandt in die Welt, daß er die Welt richte, sondern daß die Welt durch ihn selig werde. Wer an ihn glaubet, der wird nicht gerichtet; wer aber nicht glaubet, der ist schon gerichtet; denn er glaubet nicht an den Namen des eingebornen Sohnes Gottes. Das ist aber das Gericht, daß das Licht in die Welt kommen ist, und die Menschen liebeten die Finsterniß mehr denn das Licht; denn ihre Werke waren böse. Wer Arges thut, der hasset das Licht, und kommt nicht an das Licht, auf daß seine Werke nicht gestraft werden. Wer aber die Wahrheit thut, der kommt an das Licht, daß seine Werke offenbar werden; denn sie sind in Gott gethan.

Am Pfingst-Dienstage.

Epistel. Apost. Gesch. 8, 14—17.

Da aber die Apostel höreten zu Jerusalem, daß Samaria das Wort Gottes angenommen hatte, sandten sie zu ihnen Petrum und Johannem. Welche, da sie hinab kamen, beteten sie über sie, daß sie den Heiligen Geist empfingen. (Denn er war noch auf keinen gefallen, sondern waren allein getauft in dem Namen Christi JEsu.) Da legten sie die Hände auf sie, und sie empfingen den Heiligen Geist.

Evangelium. Joh. 10, 1—11.

Wahrlich, wahrlich, ich sage euch, wer nicht zur Thür hinein gehet in den Schafstall, sondern steiget anderswo hinein, der ist ein Dieb und ein Mörder. Der aber zur Thür hinein gehet, der ist ein Hirte der Schafe. Demselbigen thut der Thürhüter auf, und die Schafe hören seine Stimme; und er ruft seinen Schafen mit Namen, und führet sie aus. Und wenn er seine Schafe hat ausgelassen, gehet er vor ihnen hin, und die Schafe folgen ihm nach; denn sie kennen seine Stimme. Einem Fremden aber folgen sie nicht nach, sondern fliehen von ihm; denn sie kennen der Fremden Stimme nicht. Diesen Spruch sagte JEsus zu ihnen; sie vernahmen aber nicht, was es war, das er zu ihnen sagte. Da sprach JEsus wieder zu ihnen: Wahrlich, wahrlich, ich bin die Thür zu den Schafen. Alle, die vor mir kommen sind, die sind Diebe und Mörder gewesen; aber die Schafe haben ihnen nicht gehorchet. Ich bin die Thür; so jemand durch mich eingehet, der wird selig werden, und wird ein- und ausgehen, und Weide finden. Ein Dieb kommt nicht, denn daß er stehle, würge und umbringe. Ich bin kommen, daß sie das Leben und volle Genüge haben sollen.

Am Sonntage Trinitatis.

Epistel. Röm. 11, 33—36.

O welch eine Tiefe des Reichthums, beide der Weisheit und Erkenntniß Gottes! Wie gar unbegreiflich sind seine Gerichte und unerforschlich seine Wege! Denn wer hat des HErrn Sinn erkannt? Oder wer ist sein Rathgeber gewesen? Oder wer hat ihm etwas zuvor gegeben, das ihm werde wieder vergolten? Denn von ihm, und durch ihn, und in ihm sind alle Dinge. Ihm sei Ehre in Ewigkeit! Amen.

Episteln und Evangelien.

Evangelium. Joh. 3, 1—15.

Es war aber ein Mensch unter den Pharisäern, mit Namen Nicodemus, ein Oberster unter den Juden; der kam zu JEsu bei der Nacht und sprach zu ihm: Meister, wir wissen, daß du bist ein Lehrer, von Gott kommen; denn niemand kann die Zeichen thun, die du thust, es sei denn Gott mit ihm. JEsus antwortete und sprach zu ihm: Wahrlich, wahrlich, ich sage dir, es sei denn, daß jemand von neuem geboren werde, kann er das Reich Gottes nicht sehen. Nicodemus spricht zu ihm: Wie kann ein Mensch geboren werden, wenn er alt ist? Kann er auch wiederum in seiner Mutter Leib gehen und geboren werden? JEsus antwortete: Wahrlich, wahrlich, ich sage dir, es sei denn, daß jemand geboren werde aus dem Wasser und Geist, so kann er nicht in das Reich Gottes kommen. Was vom Fleisch geboren wird, das ist Fleisch; und was vom Geist geboren wird, das ist Geist. Laß dichs nicht wundern, daß ich dir gesagt habe: Ihr müsset von neuem geboren werden. Der Wind bläset, wo er will, und du hörest sein Sausen wohl; aber du weißt nicht, von wannen er kommt, und wohin er fähret. Also ist ein jeglicher, der aus dem Geist geboren ist. Nicodemus antwortete und sprach zu ihm: Wie mag solches zugehen? JEsus antwortete und sprach zu ihm: Bist du ein Meister in Israel, und weißest das nicht? Wahrlich, wahrlich, ich sage dir, wir reden, das wir wissen, und zeugen, das wir gesehen haben, und ihr nehmet unser Zeugniß nicht an. Glaubt ihr nicht, wenn ich euch von irdischen Dingen sage; wie würdet ihr glauben, wenn ich euch von himmlischen Dingen sagen würde? Und niemand fähret gen Himmel, denn der vom Himmel hernieder kommen ist, nämlich des Menschen Sohn, der im Himmel ist. Und wie Moses in der Wüste eine Schlange erhöhet hat, also muß des Menschen Sohn erhöhet werden, auf daß alle, die an ihn glauben, nicht verloren werden, sondern das ewige Leben haben.

Am ersten Sonntage nach Trinitatis.
Epistel. 1 Joh. 4, 16—21.

Gott ist die Liebe; und wer in der Liebe bleibet, der bleibet in Gott, und Gott in ihm. Daran ist die Liebe völlig bei uns, auf daß wir eine Freudigkeit haben am Tage des Gerichts; denn gleichwie er ist, so sind auch wir in dieser Welt. Furcht ist nicht in der Liebe, sondern die völlige Liebe treibet die Furcht aus; denn die Furcht hat Pein. Wer sich aber fürchtet, der ist nicht völlig in der Liebe. Lasset uns ihn lieben; denn er hat uns erst geliebet. So jemand spricht: Ich liebe Gott, und hasset seinen Bruder, der ist ein Lügner. Denn wer seinen Bruder nicht liebet, den er siehet; wie kann er Gott lieben, den er nicht siehet? Und dieß Gebot haben wir von ihm, daß wer Gott liebet, daß der auch seinen Bruder liebe.

Evangelium. Luc. 16, 19—31.

Es war aber ein reicher Mann, der kleidete sich mit Purpur und köstlicher Leinwand und lebete alle Tage herrlich und in Freuden. Es war aber ein Armer, mit Namen Lazarus der lag vor seiner Thür voller Schwären, und begehrete sich zu sättigen von den Brosamen, die von des Reichen Tische fielen; doch kamen die Hunde, und leckten ihm seine Schwären. Es begab sich aber, daß der Arme starb, und ward getragen von den Engeln in Abrahams Schooß. Der Reiche aber starb auch und ward begraben. Als er nun in der Hölle und in der Qual war, hub er seine Augen auf, und sahe Abraham von ferne, und Lazarum in seinem Schooß, rief und sprach: Vater Abraham, erbarme dich mein und sende Lazarum, daß er das Aeußerste seines Fingers ins Wasser tauche und kühle meine Zunge; denn ich leide Pein in dieser Flamme. Abraham aber sprach: Gedenke, Sohn, daß du dein Gutes empfangen hast in deinem Leben, und Lazarus dagegen hat Böses empfangen; nun aber wird er getröstet und du wirst gepeiniget. Und über das alles ist zwischen uns und euch eine große Kluft befestiget, daß die da wollten von hinnen hinab fahren zu euch, können nicht, und auch nicht von dannen zu uns herüber fahren. Da sprach er: So bitte ich dich, Vater, daß du ihn sendest in meines Vaters Haus; denn ich habe noch fünf Brüder, daß er ihnen bezeuge, auf daß sie nicht auch kommen an diesen Ort der Qual. Abraham sprach zu ihm: Sie haben Mosen und die Propheten; laß sie dieselbigen hören. Er aber sprach: Nein, Vater Abraham; sondern wenn einer von den Todten zu ihnen ginge, so würden sie Buße thun. Er sprach zu ihm: Hören sie Mosen und die Propheten nicht, so werden sie auch nicht glauben, ob jemand von den Todten aufstünde.

Am zweiten Sonntage nach Trinitatis.

Epistel. 1 Joh. 3, 13—18.

Verwundert euch nicht, meine Brüder, ob euch die Welt hasset. Wir wissen, daß wir aus dem Tode in das Leben kommen sind; denn wir lieben die Brüder. Wer den Bruder nicht liebet, der bleibet im Tode. Wer seinen Bruder hasset, der ist ein Todtschläger; und ihr wisset, daß ein Todtschläger nicht hat das ewige Leben bei ihm bleibend. Daran haben wir erkannt die Liebe, daß er sein Leben für uns gelassen hat; und wir sollen auch das Leben für die Brüder lassen. Wenn aber jemand dieser Welt Güter hat, und siehet seinen Bruder darben, und schließt sein Herz vor ihm zu; wie bleibet die Liebe Gottes bei ihm? Meine Kindlein, lasset uns nicht lieben mit Worten, noch mit der Zunge, sondern mit der That und mit der Wahrheit.

Evangelium. Luc. 14, 16—24.

Er aber sprach zu ihm: Es war ein Mensch, der machte ein groß Abendmahl, und lud viele dazu. Und sandte seinen Knecht aus zur Stunde des Abendmahls, zu sagen den Geladenen: Kommt, denn es ist alles bereit. Und sie fingen an alle nach einander sich zu entschuldigen. Der erste sprach zu ihm: Ich habe einen Acker gekauft, und muß hinaus gehen und ihn besehen; ich bitte dich, entschuldige mich. Und der andere sprach: Ich habe fünf Joch Ochsen gekauft, und ich gehe jetzt hin, sie zu besehen; ich bitte dich, entschuldige mich. Und der dritte sprach: Ich habe ein

Weib genommen; darum kann ich nicht kommen. Und der Knecht kam, und sagte das seinem Herrn wieder. Da ward der Hausherr zornig, und sprach zu seinem Knechte: Gehe aus bald auf die Straßen und Gassen der Stadt, und führe die Armen und Krüppel und Lahmen und Blinden herein. Und der Knecht sprach: Herr, es ist geschehen, was du befohlen hast: es ist aber noch Raum da. Und der Herr sprach zu dem Knechte: Gehe aus auf die Landstraßen und an die Zäune, und nöthige sie herein zu kommen, auf daß mein Haus voll werde. Ich sage euch aber, daß der Männer keiner, die geladen sind, mein Abendmahl schmecken wird.

Am dritten Sonntage nach Trinitatis.

Epistel. 1 Petr. 5, 6—11.

So demüthiget euch nun unter die gewaltige Hand Gottes, daß er euch erhöhe zu seiner Zeit. Alle eure Sorge werfet auf ihn, denn er sorget für euch. Seid nüchtern und wachet; denn euer Widersacher, der Teufel, geht umher wie ein brüllender Löwe, und suchet, welchen er verschlinge. Dem widerstehet fest im Glauben, und wisset, daß eben dieselbigen Leiden über eure Brüder in der Welt gehen. Der Gott aber aller Gnade, der uns berufen hat zu seiner ewigen Herrlichkeit in Christo JEsu, derselbige wird euch, die ihr eine kleine Zeit leidet, vollbereiten, stärken, kräftigen, gründen. Demselbigen sei Ehre und Macht von Ewigkeit zu Ewigkeit. Amen.

Evangelium. Luc. 15, 1—10.

Es naheten aber zu ihm allerlei Zöllner und Sünder, daß sie ihn höreten. Und die Pharisäer und Schriftgelehrten murreten und sprachen: Dieser nimmt die Sünder an und isset mit ihnen. Er sagte aber zu ihnen dieß Gleichniß und sprach: Welcher Mensch ist unter euch, der hundert Schafe hat, und so er der eines verlieret, der nicht lasse die neun und neunzig in der Wüste, und hingehe nach dem verlornen, bis daß ers finde. Und wenn ers funden hat, so legt ers auf seine Achseln mit Freuden. Und wenn er heim kommt, ruft er seinen Freunden und Nachbarn, und spricht zu ihnen: Freuet euch mit mir; denn ich habe mein Schaf funden, das verloren war. Ich sage euch: Also wird auch Freude im Himmel sein über einen Sünder, der Buße thut, vor neun und neunzig Gerechten, die der Buße nicht bedürfen. Oder welch Weib ist, die zehn Groschen hat, so sie der einen verlieret, die nicht ein Licht anzünde und kehre das Haus, und suche mit Fleiß, bis daß sie ihn finde? Und wenn sie ihn funden hat, rufet sie ihren Freundinnen und Nachbarinnen, und spricht: Freuet euch mit mir; denn ich habe meinen Groschen funden, den ich verloren hatte. Also auch, sage ich euch, wird Freude sein vor den Engeln Gottes über einen Sünder, der Buße thut.

Am vierten Sonntage nach Trinitatis.

Epistel. Röm. 8, 18—23.

Denn ich halte es dafür, daß dieser Zeit Leiden der Herrlichkeit nicht werth sei, die an uns soll offenbaret werden. Denn das ängstliche Harren der Creatur wartet auf die Offenbarung der Kinder Gottes. Sintemal die Creatur unterworfen ist der Eitelkeit ohn ihren Willen, sondern um deß willen, der sie unterworfen hat auf Hoffnung. Denn auch die Creatur frei werden wird von dem Dienst des vergänglichen Wesens zu der herrlichen Freiheit der Kinder Gottes. Denn wir wissen, daß alle Creatur sehnet sich mit uns und ängstet sich noch immerdar. Nicht alleine aber sie, sondern auch wir selbst, die wir haben des Geistes Erstlinge, sehnen uns auch bei uns selbst nach der Kindschaft und warten auf unsers Leibes Erlösung.

Evangelium. Luc. 6, 36—42.

Darum seid barmherzig, wie auch euer Vater barmherzig ist. Richtet nicht, so werdet ihr auch nicht gerichtet. Verdammet nicht, so werdet ihr auch nicht verdammet. Vergebet, so wird euch vergeben. Gebet, so wird euch gegeben. Ein voll, gedrückt, gerüttelt und überflüssig Maß wird man in euren Schooß geben; denn eben mit dem Maß, da ihr mit messet, wird man euch wieder messen. Und er sagte ihnen ein Gleichniß: Mag auch ein Blinder einem Blinden den Weg weisen? Werden sie nicht alle beide in die Grube fallen? Der Jünger ist nicht über seinen Meister; wenn der Jünger ist wie sein Meister, so ist er vollkommen. Was siehest du aber einen Splitter in deines Bruders Auge, und des Balken in deinem Auge wirst du nicht gewahr? Oder wie kannst du sagen zu deinem Bruder: Halt stille, Bruder, ich will den Splitter aus deinem Auge ziehen; und du siehest selbst nicht den Balken in deinem Auge? Du Heuchler, zeuch zuvor den Balken aus deinem Auge und besiehe dann, daß du den Splitter aus deines Bruders Auge ziehest.

Am Tage St. Johannis des Täufers.
Lection. Jes. 40, 1—5.

Tröstet, tröstet mein Volk, spricht euer Gott; redet mit Jerusalem freundlich, und prediget ihr, daß ihre Ritterschaft ein Ende hat, denn ihre Missethat ist vergeben: denn sie hat zwiefältig empfangen von der Hand des HErrn um alle ihre Sünde. Es ist eine Stimme eines Predigers in der Wüste: Bereitet dem HErrn den Weg, machet auf dem Gefilde eine ebene Bahn unserm Gott. Alle Thale sollen erhöhet werden, und alle Berge und Hügel sollen geniedriget werden; und was ungleich ist, soll eben, und was höckericht ist, soll schlecht werden. Denn die Herrlichkeit des HErrn soll offenbaret werden; und alles Fleisch mit einander wird sehen, daß des HErrn Mund redet.

Evangelium. Luc. 1, 57—80.

Und Elisabeth kam ihre Zeit, daß sie gebären sollte, und sie gebar einen Sohn. Und ihre Nachbarn und Gefreundten höreten, daß der HErr große Barmherzigkeit an ihr gethan hatte, und freueten sich mit ihr. Und es begab sich, am achten Tage kamen sie, zu beschneiden das Kindlein, und hießen ihn, nach seinem Vater, Zacharias. Aber seine Mutter antwortete und sprach: Mit nichten, sondern er soll Johannes heißen. Und sie sprachen zu ihr: Ist doch niemand in deiner Freundschaft, der also heiße. Und sie winkten seinem Vater, wie er ihn wollte heißen lassen. Und er forderte ein Täfelein, schrieb und sprach: Er heißt Johannes. Und sie verwunderten sich alle. Und alsbald ward sein Mund und seine Zunge aufgethan, und redete und lobete Gott. Und es kam eine Furcht über alle Nachbarn, und diese Geschichte ward alle ruchtbar auf dem ganzen jüdischen Gebirge. Und alle, die es höreten, nahmens zu Herzen und sprachen: Was, meinest du, will aus dem Kindlein werden? Denn die Hand des HErrn war mit ihm. Und sein Vater Zacharias ward des Heiligen Geistes voll, weissagete und sprach: Gelobet sei der HErr, der Gott Israel; denn er hat besucht und erlöset sein Volk. Und hat uns aufgerichtet ein Horn des Heils, in dem Hause seines Dieners David. Als er vor Zeiten geredet hat durch den Mund seiner heiligen Propheten: Daß er uns errettete von unsern Feinden und von der Hand aller, die uns hassen; und die Barmherzigkeit erzeigete unsern Vätern, und gedächte an seinen heiligen Bund, und an den Eid, den er geschworen hat unserm Vater Abraham, uns zu geben, daß wir, erlöset aus der Hand unserer Feinde, ihm dieneten ohn Furcht unser Lebenlang, in Heiligkeit und Gerechtigkeit, die ihm gefällig ist. Und du Kindlein wirst ein Prophet des Höchsten heißen; du wirst vor dem HErrn hergehen, daß du seinen Weg bereitest, und Erkenntniß des Heils gebest seinem Volk, die da ist in Vergebung ihrer Sünden; durch die herzliche Barmherzigkeit unsers Gottes, durch welche uns besucht hat der Aufgang aus der Höhe, auf daß er erscheine denen, die da sitzen in Finsterniß und Schatten des Todes, und richte unsere Füße auf den Weg des Friedens. Und das Kindlein wuchs und ward stark im Geist, und war in der Wüste, bis daß er sollte hervortreten vor das Volk Israel.

Am fünften Sonntage nach Trinitatis.

Epistel. 1 Petr. 3, 8—15.

Endlich aber seid allesamt gleich gesinnet, mitleidig, brüderlich, barmherzig, freundlich, vergeltet nicht Böses mit Bösem oder Scheltwort mit Scheltwort; sondern dagegen segnet, und wisset, daß ihr dazu berufen seid, daß ihr den Segen beerbet. Denn wer leben will, und gute Tage sehen, der schweige seine Zunge, daß sie nichts Böses rede, und seine Lippen, daß sie nicht trügen. Er wende sich vom Bösen und thue Gutes; er suche Friede und jage ihm nach. Denn die Augen des HErrn sehen auf die Gerechten und seine Ohren auf ihr Gebet; das Angesicht aber des HErrn siehet auf die, so Böses thun. Und wer ist, der euch schaden könnte, so ihr dem Guten nachkommet? Und ob ihr auch leidet um Gerechtigkeit willen, so seid ihr doch selig. Fürchtet euch aber vor ihrem Trotzen nicht und erschrecket nicht. Heiliget aber Gott den HErrn in euren Herzen.

Evangelium. Luc. 5, 1—11.

Es begab sich aber, daß sich das Volk zu ihm drang, zu hören das Wort Gottes, und er stund am See Genezareth und sahe zwei Schiffe am See stehen; die Fischer aber waren ausgetreten und wuschen ihre Netze, trat er in der Schiffe eines, welches Simonis war, und bat ihn, daß er's ein wenig vom Lande führete. Und er setzte sich, und lehrete das Volk aus dem Schiff. Und als er hatte aufgehöret zu reden, sprach er zu Simon: Fahre auf die Höhe und werfet eure Netze aus, daß ihr einen Zug thut. Und Simon antwortete und sprach zu ihm: Meister, wir haben die ganze Nacht gearbeitet, und nichts gefangen, aber auf dein Wort will ich das Netz auswerfen. Und da sie das thaten, beschlossen sie eine große Menge Fische, und ihr Netz zerriß. Und sie winkten ihren Gesellen, die im andern Schiff waren, daß sie kämen und hülfen ihnen ziehen. Und sie kamen und fülleten beide Schiffe voll, also, daß sie sanken. Da das Simon Petrus sahe, fiel er JEsu zu den Knieen und sprach: HErr, gehe von mir hinaus; ich bin ein sündiger Mensch. Denn es war ihn ein Schrecken ankommen und alle, die mit ihm waren, über diesem Fischzug, den sie mit einander gethan hatten; desselbigen gleichen auch Jacobum und Johannem, die Söhne Zebedäi, Simonis Gesellen. Und JEsus sprach zu Simon: Fürchte dich nicht; denn von nun an wirst du Menschen fahen. Und sie führeten die Schiffe zu Lande und verließen alles und folgeten ihm nach.

Am Tage der Heimsuchung Mariä.

Lection. Jes. 11, 1—5.

Und es wird eine Ruthe aufgehen von dem Stamm Isai, und ein Zweig aus seiner Wurzel Frucht bringen. Auf welchem wird ruhen der Geist des HErrn, der Geist der Weisheit und des Verstandes, der Geist des Raths und der Stärke, der Geist der Erkenntniß und der Furcht des HErrn. Und sein Riechen wird sein in der Furcht des HErrn. Er wird nicht richten, nach dem seine Augen sehen, noch strafen, nach dem seine Ohren hören: sondern wird mit Gerechtigkeit richten die Armen, und mit Gericht strafen die Elenden im Lande; und wird mit dem Stabe seines Mundes die Erde schlagen, und mit dem Odem seiner Lippen die Gottlosen tödten. Gerechtigkeit wird die Gurt seiner Lenden sein, und der Glaube die Gurt seiner Nieren.

Evangelium. Luc. 1, 39—56.

Maria aber stund auf in den Tagen, und ging auf das Gebirge endelich zu der Stadt Juda, und kam in das Haus Zacharias, und grüßete Elisabeth. Und es begab sich, als Elisabeth den Gruß Mariä hörete, hüpfete das Kind in ihrem Leibe. Und Elisabeth ward des Heiligen Geistes voll, und rief laut und sprach: Gebenedeiet bist du unter den Weibern, und gebenedeiet ist die Frucht deines Leibes. Und woher kommt mir das, daß die Mutter meines HErrn zu mir kommt? Siehe, da ich die Stimme deines Grußes hörete, hüpfete mit Freuden das Kind in meinem Leibe. Und o selig bist du, die du geglaubet hast: denn es wird vollendet werden, was dir gesagt ist von dem HErrn. Und Maria sprach: Meine Seele erhebet den HErrn, und mein Geist freuet sich Gottes, meines Heilandes. Denn er hat die Niedrigkeit seiner Magd angesehen. Siehe, von nun an werden mich selig preisen alle Kindskind. Denn er hat große Dinge an mir gethan, der da mächtig ist, und deß Name heilig ist. Und seine Barmherzigkeit währet immer für und für bei denen, die ihn fürchten. Er übet Gewalt mit seinem Arm und zerstreuet, die hoffärtig sind in ihres Herzens Sinn. Er stößet die Gewaltigen vom Stuhl, und erhebt die Niedrigen. Die Hungrigen füllet er mit Gütern, und läßt die Reichen leer. Er denket der Barmherzigkeit und hilft seinem Diener Israel auf, wie er geredet hat unsern Vätern, Abraham und seinem Samen ewiglich. Und Maria blieb bei ihr bei drei Monden; darnach kehrete sie wiederum heim.

Am sechsten Sonntage nach Trinitatis.
Epistel. Röm. 6, 3—11.

Wisset ihr nicht, daß alle, die wir in JEsum Christ getauft sind, die sind in seinen Tod getauft? So sind wir je mit ihm begraben durch die Taufe in den Tod, auf daß, gleichwie Christus ist auferweckt von den Todten durch die Herrlichkeit des Vaters, also sollen auch wir in einem neuen Leben wandeln. So wir aber samt ihm gepflanzet werden zu gleichem Tode, so werden wir auch der Auferstehung gleich sein, dieweil wir wissen, daß unser alter Mensch samt ihm gekreuziget ist, auf daß der sündliche Leib aufhöre, daß wir hinfort der Sünde nicht dienen. Denn wer gestorben ist, der ist gerechtfertiget von der Sünde. Sind wir aber mit Christo gestorben, so glauben wir, daß wir auch mit ihm leben werden, und wissen, daß Christus, von den Todten erwecket, hinfort nicht stirbt; der Tod wird hinfort über ihn nicht herrschen. Denn, das er gestorben ist, das ist er der Sünde gestorben zu Einem mal; das er aber lebet, das lebet er Gotte. Also auch ihr, haltet euch dafür, daß ihr der Sünde gestorben seid, und lebet Gotte in Christo JEsu, unserm HErrn.

Evangelium. Matth. 5. 20—26.

Denn ich sage euch: Es sei denn eure Gerechtigkeit besser, denn der Schriftgelehrten und Pharisäer, so werdet ihr nicht in das Himmelreich kommen. Ihr habt gehöret, daß zu den Alten gesagt ist: Du sollst nicht tödten; wer aber tödtet, der soll des Gerichts schuldig sein. Ich aber sage euch: Wer mit seinem Bruder zürnet, der ist des Gerichts schuldig; wer aber zu seinem Bruder sagt: Racha, der ist des Raths schuldig; wer aber sagt: Du Narr, der ist des höllischen Feuers schuldig. Darum wenn du deine Gabe auf den Altar opferst und wirst allda eingedenk, daß dein Bruder etwas wider dich habe: so laß allda vor dem Altar deine Gabe und gehe zuvor hin, und versöhne dich mit deinem Bruder; und alsdann komm und opfere deine Gabe. Sei willfertig deinem Widersacher bald, dieweil du noch bei ihm auf dem Wege bist, auf daß dich der Widersacher nicht dermaleins überantworte dem Richter, und der Richter überantworte dich dem Diener, und werdest in den Kerker geworfen. Ich sage dir: Wahrlich, du wirst nicht von dannen heraus kommen, bis du auch den letzten Heller bezahlest.

Am siebenten Sonntage nach Trinitatis.
Epistel. Röm. 6, 19—23.

Ich muß menschlich davon reden um der Schwachheit willen eures Fleisches. Gleichwie ihr eure Glieder begeben habt zum Dienste der Unreinigkeit und von einer Ungerechtigkeit zu der andern, also begebet auch nun eure Glieder zum Dienste der Gerechtigkeit, daß sie heilig werden. Denn da ihr der Sünde Knechte waret, da waret ihr frei von der Gerechtigkeit. Was hattet ihr nun zu der Zeit für Frucht? Welcher ihr euch jetzt schämet; denn das Ende derselbigen ist der Tod. Nun ihr aber seid von der Sünde frei und Gottes Knechte worden, habt ihr eure Frucht, daß ihr heilig werdet, das Ende aber das ewige Leben. Denn der Tod ist der Sünde Sold; aber die Gabe Gottes ist das ewige Leben in Christo JEsu, unserm HErrn.

Evangelium. Marc. 8, 1—9.

Zu der Zeit, da viel Volks da war und hatten nicht zu essen, rief JEsus seine Jünger zu sich und sprach zu ihnen: Mich jammert des Volks; denn sie haben nun drei Tage bei mir beharret, und haben nichts zu essen; und wenn ich sie ungegessen von mir heim ließe gehen, würden sie auf dem Wege verschmachten. Denn etliche waren von ferne kommen. Seine Jünger antworteten ihm: Woher nehmen wir Brod hie in der Wüste, daß wir sie sättigen? Und er fragte sie: Wie viel habt ihr Brod? Sie sprachen: Sieben. Und er gebot dem Volke, daß sie sich auf die Erde lagerten. Und er nahm die sieben Brode, und dankete, und brach sie, und gab sie seinen Jüngern, daß sie dieselbigen vorlegten; und sie legten dem Volk vor. Und hatten ein wenig Fischlein; und er dankete, und hieß dieselbigen auch vortragen. Sie aßen aber und wurden satt, und huben die übrigen Brocken auf, sieben Körbe. Und ihrer waren bei vier tausend, die da gegessen hatten; und er ließ sie von sich.

Am achten Sonntage nach Trinitatis.
Epistel. Röm. 8, 12—17.

So sind wir nun, lieben Brüder, Schuldner, nicht dem Fleisch, daß wir nach dem Fleisch leben. Denn wo ihr nach dem Fleisch lebet, so werdet ihr sterben müssen; wo ihr aber durch den Geist des Fleisches Geschäfte tödtet, so werdet ihr leben. Denn welche der Geist Gottes treibet, die sind Gottes Kinder. Denn ihr habt nicht einen knechtlichen Geist empfangen, daß ihr euch abermal fürchten müßtet; sondern ihr habt einen kindlichen Geist empfangen, durch welchen wir rufen: Abba, lieber Vater. Derselbige Geist gibt Zeugniß unserm Geist, daß wir Gottes Kinder sind. Sind wir denn Kinder, so sind wir auch Erben, nämlich Gottes Erben und Miterben Christi, so wir anders mit leiden, auf daß wir auch mit zur Herrlichkeit erhoben werden.

Epiſteln und Evangelien.

Evangelium. Matth. 7, 15—23.

Sehet euch vor vor den falſchen Propheten, die in Schafskleidern zu euch kommen; inwendig aber ſind ſie reißende Wölfe. An ihren Früchten ſollt ihr ſie erkennen. Kann man auch Trauben leſen von den Dornen, oder Feigen von den Diſteln? Alſo ein jeglicher guter Baum bringet gute Früchte; aber ein fauler Baum bringet arge Früchte. Ein guter Baum kann nicht arge Früchte bringen, und ein fauler Baum kann nicht gute Früchte bringen. Ein jeglicher Baum, der nicht gute Früchte bringet, wird abgehauen und ins Feuer geworfen. Darum an ihren Früchten ſollt ihr ſie erkennen. Es werden nicht alle, die zu mir ſagen: HErr, HErr! in das Himmelreich kommen, ſondern die den Willen thun meines Vaters im Himmel. Es werden viele zu mir ſagen an jenem Tage: HErr, HErr, haben wir nicht in deinem Namen geweiſſaget? Haben wir nicht in deinem Namen Teufel ausgetrieben? Haben wir nicht in deinem Namen viel Thaten gethan? Dann werde ich ihnen bekennen: Ich habe euch noch nie erkannt, weichet alle von mir, ihr Uebelthäter.

Am neunten Sonntage nach Trinitatis.
Epiſtel. 1 Cor. 10, 6—13.

Das iſt aber uns zum Vorbilde geſchehen, daß wir uns nicht gelüſten laſſen des Böſen, gleichwie jene gelüſtet hat. Werdet auch nicht Abgöttiſche, gleichwie jener etliche wurden; als geſchrieben ſtehet: Das Volk ſetzte ſich nieder, zu eſſen und zu trinken, und ſtund auf, zu ſpielen. Auch laſſet uns nicht Hurerei treiben, wie etliche unter jenen Hurerei trieben, und fielen auf Einen Tag drei und zwanzig tauſend. Laſſet uns aber auch Chriſtum nicht verſuchen, wie etliche von jenen ihn verſuchten, und wurden von den Schlangen umgebracht. Murret auch nicht, gleichwie jener etliche murreten, und wurden umgebracht durch den Verderber. Solches alles widerfuhr ihnen zum Vorbilde, es iſt aber geſchrieben uns zur Warnung, auf welche das Ende der Welt kommen iſt. Darum, wer ſich läſſet dünken, er ſtehe, mag wohl zuſehen, daß er nicht falle. Es hat euch noch keine, denn menſchliche Verſuchung betreten; aber Gott iſt getreu, der euch nicht läſſet verſuchen über euer Vermögen, ſondern machet, daß die Verſuchung ſo ein Ende gewinne, daß ihrs könnet ertragen.

Evangelium. Luc. 16, 1—9.

Er ſprach aber auch zu ſeinen Jüngern: Es war ein reicher Mann, der hatte einen Haushalter; der ward vor ihm berüchtiget, als hätte er ihm ſeine Güter umgebracht. Und er forderte ihn, und ſprach zu ihm: Wie höre ich das von dir? Thu Rechnung von deinem Haushalten: denn du kannſt hinfort nicht mehr Haushalter ſein. Der Haushalter ſprach bei ſich ſelbſt: Was ſoll ich thun? Mein Herr nimmt das Amt von mir; graben mag ich nicht, ſo ſchäme ich mich zu betteln. Ich weiß wohl, was ich thun will, wenn ich nun von dem Amt geſetzt werde, daß ſie mich in ihre Häuſer nehmen. Und er rief zu ſich alle Schuldner ſeines Herrn, und sprach zu dem ersten: Wie viel bist du meinem Herrn schuldig? Er sprach: Hundert Tonnen Oels. Und er sprach zu ihm: Nimm deinen Brief, setze dich, und schreib flugs fünfzig. Darnach sprach er zu dem andern: Du aber, wie viel bist du schuldig? Er sprach: Hundert Malter Weizen. Und er sprach zu ihm: Nimm deinen Brief, und schreib achtzig. Und der Herr lobete den ungerechten Haushalter, daß er klüglich gethan hatte. Denn die Kinder dieser Welt sind klüger, denn die Kinder des Lichtes in ihrem Geschlechte. Und ich sage euch auch: Machet euch Freunde mit dem ungerechten Mammon, auf daß, wenn ihr nun darbet, sie euch aufnehmen in die ewigen Hütten.

Am zehnten Sonntage nach Trinitatis.

Epistel. 1 Cor. 12, 1—11.

Von den geistlichen Gaben aber will ich euch, lieben Brüder, nicht verhalten. Ihr wisset, daß ihr Heiden seid gewesen, und hingegangen zu den stummen Götzen, wie ihr geführt wurdet. Darum thue ich euch kund, daß niemand JEsum verfluchet, der durch den Geist Gottes redet; und niemand kann JEsum einen HErrn heißen, ohne durch den Heiligen Geist. Es sind mancherlei Gaben; aber es ist Ein Geist. Und es sind mancherlei Aemter; aber es ist Ein HErr. Und es sind mancherlei Kräfte; aber es ist Ein Gott, der da wirket alles in allen. In einem jeglichen erzeigen sich die Gaben des Geistes zum gemeinen Nutzen. Einem wird gegeben durch den Geist, zu reden von der Weisheit; dem andern wird gegeben, zu reden von der Erkenntniß nach demselbigen Geist; einem andern der Glaube in demselbigen Geist; einem andern die Gabe, gesund zu machen, in demselbigen Geist; einem andern, Wunder zu thun; einem andern Weissagung; einem andern, Geister zu unterscheiden; einem andern mancherlei Sprachen; einem andern, die Sprachen auszulegen. Dieß aber alles wirket derselbige einige Geist, und theilet einem jeglichen seines zu, nachdem er will.

Evangelium. Luc. 19, 41—48.

Und als er nahe hinzu kam, sahe er die Stadt an, und weinete über sie, und sprach: Wenn du es wüßtest, so würdest du auch bedenken zu dieser deiner Zeit, was zu deinem Frieden dienet. Aber nun ist's vor deinen Augen verborgen. Denn es wird die Zeit über dich kommen, daß deine Feinde werden um dich und deine Kinder mit dir eine Wagenburg schlagen, dich belagern, und an allen Orten ängsten, und werden dich schleifen, und keinen Stein auf dem andern lassen, darum, daß du nicht erkannt hast die Zeit, darinnen du heimgesucht bist. Und er ging in den Tempel, und fing an auszutreiben, die darinnen verkauften und kauften, und sprach zu ihnen: Es stehet geschrieben: Mein Haus ist ein Bethaus; ihr aber habts gemacht zur Mördergrube. Und lehrete täglich im Tempel. Aber die Hohenpriester und Schriftgelehrten, und die Vornehmsten im Volk trachteten ihm nach, daß sie ihn umbrächten, und fanden nicht, wie sie ihm thun sollten; denn alles Volk hing ihm an, und hörete ihn.

Am eilften Sonntage nach Trinitatis.
Epistel. 1 Cor. 15, 1—10.

Ich erinnere euch aber, lieben Brüder, des Evangelii, das ich euch verkündiget habe, welches ihr auch angenommen habt, in welchem ihr auch stehet, durch welches ihr auch selig werdet, welcher Gestalt ich es euch verkündiget habe, so ihrs behalten habt, es wäre denn, daß ihrs umsonst geglaubet hättet. Denn ich habe euch zuvörderst gegeben, welches ich auch empfangen habe, daß Christus gestorben sei für unsere Sünden, nach der Schrift; und daß er begraben sei, und daß er auferstanden sei am dritten Tage, nach der Schrift; und daß er gesehen worden ist von Kephas, darnach von den Zwölfen; darnach ist er gesehen worden von mehr denn fünfhundert Brüdern auf einmal, deren noch viel leben, etliche aber sind entschlafen. Darnach ist er gesehen worden von Jacobo, darnach von allen Aposteln; am letzten nach allen ist er auch von mir, als einer unzeitigen Geburt, gesehen worden. Denn ich bin der geringste unter den Aposteln, als der ich nicht werth bin, daß ich ein Apostel heiße, darum, daß ich die Gemeine Gottes verfolget habe. Aber von Gottes Gnaden bin ich, das ich bin, und seine Gnade an mir ist nicht vergeblich gewesen; sondern ich habe viel mehr gearbeitet denn sie alle; nicht aber ich, sondern Gottes Gnade, die in mir ist.

Evangelium. Luc. 18, 9—14.

Er sagte aber zu etlichen, die sich selbst vermaßen, daß sie fromm wären, und verachteten die andern, ein solch Gleichniß: Es gingen zween Menschen hinauf in den Tempel zu beten, einer ein Pharisäer, der andere ein Zöllner. Der Pharisäer stund und betete bei sich selbst also: Ich danke dir, Gott, daß ich nicht bin wie die andern Leute, Räuber, Ungerechte, Ehebrecher, oder auch wie dieser Zöllner; ich faste zweimal in der Woche, und gebe den Zehnten von allem, das ich habe. Und der Zöllner stund von ferne, wollte auch seine Augen nicht aufheben gen Himmel, sondern schlug an seine Brust und sprach: Gott, sei mir Sünder gnädig. Ich sage euch: Dieser ging hinab gerechtfertigt in sein Haus vor jenem. Denn wer sich selbst erhöhet, der wird erniedriget werden; und wer sich selbst erniedriget, der wird erhöhet werden.

Am zwölften Sonntage nach Trinitatis.
Epistel. 2 Cor. 3, 4—11.

Ein solch Vertrauen aber haben wir durch Christum zu Gott. Nicht, daß wir tüchtig sind von uns selber, etwas zu denken, als von uns selber; sondern daß wir tüchtig sind, ist von Gott. Welcher auch uns tüchtig gemacht hat, das Amt zu führen des neuen Testaments, nicht des Buchstabens, sondern des Geistes. Denn der Buchstabe tödtet; aber der Geist macht lebendig. So aber das Amt, das durch die Buchstaben tödtet, und in die Steine ist gebildet, Klarheit hatte, also, daß die Kinder Israel nicht konnten ansehen das Angesicht Mosis um der Klarheit willen seines Angesichtes, die doch aufhöret: wie sollte nicht viel mehr das Amt, das den Geist gibt, Klarheit haben? Denn so das Amt, das die Verdammniß prediget, Klarheit hat; wie viel mehr hat das Amt, das die Gerechtigkeit prediget, überschwängliche Klarheit. Denn auch jenes Theil, das verkläret war, ist nicht für Klarheit zu achten gegen dieser überschwänglichen Klarheit. Denn so das Klarheit hatte, das da aufhöret; viel mehr wird das Klarheit haben, das da bleibet.

Evangelium. Marc. 7, 31—37.

Und da er wieder ausging von den Grenzen Tyri und Sidon, kam er an das galiläische Meer, mitten unter die Grenze der zehn Städte. Und sie brachten zu ihm einen Tauben, der stumm war, und sie baten ihn, daß er die Hand auf ihn legte. Und er nahm ihn von dem Volk besonders, und legte ihm die Finger in die Ohren, und spützete, und rührete seine Zunge. Und sahe auf gen Himmel, senfzete und sprach zu ihm: Hephata, das ist, thu dich auf. Und alsbald thaten sich seine Ohren auf, und das Band seiner Zunge ward los, und redete recht. Und er verbot ihnen, sie solltens niemand sagen. Je mehr er aber verbot, je mehr sie es ausbreiteten. Und verwunderten sich über die Maße und sprachen: Er hat alles wohlgemacht; die Tauben macht er hörend, und die Sprachlosen redend.

Am dreizehnten Sonntage nach Trinitatis.

Epistel. Gal. 3, 15—22.

Lieben Brüder, ich will nach menschlicher Weise reden: Verachtet man doch eines Menschen Testament nicht, wenn es bestätiget ist, und thut auch nichts dazu. Nun ist je die Verheißung Abraham und seinem Samen zugesagt. Er spricht nicht: durch die Samen, als durch viele, sondern als durch Einen, durch deinen Samen, welcher ist Christus. Ich sage aber davon, das Testament, das von Gott zuvor bestätiget ist auf Christum, wird nicht aufgehoben, daß die Verheißung sollte durchs Gesetz aufhören, welches gegeben ist über vierhundert und dreißig Jahr hernach. Denn so das Erbe durch das Gesetz erworben würde, so würde es nicht durch Verheißung gegeben. Gott aber hat es Abraham durch Verheißung frei geschenkt. Was soll denn das Gesetz? Es ist dazu kommen um der Sünden willen, bis der Same käme, dem die Verheißung geschehen ist, und ist gestellet von den Engeln durch die Hand des Mittlers. Ein Mittler aber ist nicht eines Einigen Mittler; Gott aber ist einig. Wie? Ist denn das Gesetz wider Gottes Verheißungen? Das sei ferne! Wenn aber ein Gesetz gegeben wäre, das da könnte lebendig machen, so käme die Gerechtigkeit wahrhaftig aus dem Gesetze. Aber die Schrift hat es alles beschlossen unter die Sünde, auf daß die Verheißung käme durch den Glauben an JEsum Christum, gegeben denen, die da glauben.

Evangelium. Luc. 10, 23—37.

Und er wandte sich zu seinen Jüngern, und sprach insonderheit: Selig sind die Augen, die da sehen, das ihr sehet. Denn ich sage euch: Viel Propheten und Könige wollten sehen, das ihr sehet, und habens nicht gesehen; und hören, das ihr höret, und habens nicht gehöret. Und siehe, da stund ein Schriftgelehrter auf, versuchte ihn und sprach: Meister, was muß ich thun, daß ich das ewige Leben ererbe? Er aber sprach zu ihm: Wie stehet im Gesetz geschrieben? Wie liesest du? Er antwortete und sprach: Du sollst Gott, deinen HErrn, lieben von ganzem Herzen, von ganzer Seele, von allen Kräften und von ganzem Gemüth, und deinen Nächsten, als dich selbst. Er aber sprach zu ihm: Du hast recht geantwortet; thue das, so wirst du leben. Er aber wollte sich selbst rechtfertigen, und sprach zu JEsu: Wer ist denn mein Nächster? Da antwortete JEsus und sprach: Es war ein Mensch, der ging von Jerusalem hinab gen Jericho, und fiel unter die Mörder; die zogen ihn aus, und schlugen ihn, und gingen davon, und ließen ihn halb todt liegen. Es begab sich aber ohngefähr, daß ein Priester dieselbige Straße hinab zog; und da er ihn sahe, ging er vorüber. Desselbigen gleichen auch ein Levit, da er kam bei die Stätte, und sahe ihn, ging er vorüber. Ein Samariter aber reisete, und kam dahin; und da er ihn sahe, jammerte ihn sein, ging zu ihm, verband ihm seine Wunden, und goß drein Oel und Wein, und hub ihn auf sein Thier, und führete ihn in die Herberge, und pflegte sein. Des andern Tages reisete er, und zog heraus zween Groschen, und gab sie dem Wirth, und sprach zu ihm: Pflege sein; und so du was mehr wirst darthun, will ich dirs bezahlen, wenn ich wieder komme. Welcher dünket dich, der unter diesen dreien der Nächste sei gewesen dem, der unter die Mörder gefallen war? Er sprach: Der die Barmherzigkeit an ihm that. Da sprach JEsus zu ihm: So gehe hin und thue desgleichen.

Am vierzehnten Sonntage nach Trinitatis.

Epistel. Gal. 5, 16—24.

Ich sage aber: Wandelt im Geist, so werdet ihr die Lüste des Fleisches nicht vollbringen. Denn das Fleisch gelüstet wider den Geist, und den Geist wider das Fleisch. Dieselbigen sind wider einander, daß ihr nicht thut, was ihr wollet. Regieret euch aber der Geist, so seid ihr nicht unter dem Gesetze. Offenbar sind aber die Werke des Fleisches, als da sind Ehebruch, Hurerei, Unreinigkeit, Unzucht, Abgötterei, Zauberei, Feindschaft, Hader, Neid, Zorn, Zank, Zwietracht, Rotten, Haß, Mord, Saufen, Fressen und dergleichen; von welchen ich euch habe zuvor gesagt, und sage noch zuvor, daß, die solches thun, werden das Reich Gottes nicht ererben. Die Frucht aber des Geistes ist: Liebe, Freude, Friede, Geduld, Freundlichkeit, Gütigkeit, Glaube, Sanftmuth, Keuschheit. Wider solche ist das Gesetz nicht. Welche aber Christo angehören, die kreuzigen ihr Fleisch samt den Lüsten und Begierden.

Evangelium. Luc. 17, 11—19.

Und es begab sich, da er reisete gen Jerusalem, zog er mitten durch Samarien und Galiläam. Und als er in einen Markt kam, begegneten ihm zehn aussätzige Männer, die stunden von ferne, und erhuben ihre Stimme und sprachen: JEsu, lieber Meister, erbarme dich unser. Und da er sie sahe, sprach er zu ihnen: Gehet hin und zeiget euch den Priestern. Und es geschah, da sie hingingen, wurden sie rein. Einer aber unter ihnen, da er sahe, daß er gesund worden war, kehrete er um, und preisete Gott mit lauter Stimme, und fiel auf sein Angesicht zu seinen Füßen, und dankete ihm. Und das war ein Samariter. JEsus aber antwortete und sprach: Sind ihrer nicht zehn rein worden. Wo sind aber die Neune? Hat sich sonst keiner funden, der wieder umkehrete und gäbe Gott die Ehre, denn dieser Fremdling? Und er sprach zu ihm: Stehe auf, gehe hin; dein Glaube hat dir geholfen.

Am fünfzehnten Sonntage nach Trinitatis.

Epistel. Gal. 5, 25. 26. Kap. 6, 1—10.

So wir im Geist leben, so lasset uns auch im Geist wandeln. Lasset uns nicht eitler Ehre geizig sein, unter einander zu entrüsten und zu hassen. Lieben Brüder, so ein Mensch etwa von einem Fehl übereilet würde, so helfet ihm wieder zurecht mit sanftmüthigem Geist, die ihr geistlich seid. Und siehe auf dich selbst, daß du nicht auch versucht werdest. Einer trage des andern Last, so werdet ihr das Gesetz Christi erfüllen. So aber sich jemand lässet dünken, er sei etwas, so er doch nichts ist, der betrüget sich selbst. Ein jeglicher aber prüfe sein selbst Werk; und alsdann wird er an ihm selber Ruhm haben, und nicht an einem andern. Denn ein jeglicher wird seine Last tragen. Der aber unterrichtet wird mit dem Wort, der theile mit allerlei Gutes dem, der ihn unterrichtet. Irret euch nicht; Gott läßt sich nicht spotten. Denn was der Mensch säet, das wird er ernten. Wer auf sein Fleisch säet, der wird von dem Fleisch das Verderben ernten. Wer aber auf den Geist säet, der wird von dem Geist das ewige Leben ernten. Lasset uns aber Gutes thun, und nicht müde werden; denn zu seiner Zeit werden wir auch ernten ohn Aufhören. Als wir denn nun Zeit haben, so lasset uns Gutes thun an jedermann, allermeist aber an des Glaubens Genossen.

Evangelium. Matth. 6, 24—34.

Niemand kann zweien Herren dienen. Entweder er wird einen hassen und den andern lieben, oder wird einem anhangen und den andern verachten. Ihr könnt nicht Gott dienen und dem Mammon. Darum sage ich euch: Sorget nicht für euer Leben, was ihr essen und trinken werdet; auch nicht für euren Leib, was ihr anziehen werdet. Ist nicht das Leben mehr, denn die Speise? und der Leib mehr, denn die Kleidung? Sehet die Vögel unter dem Himmel an: sie säen nicht, sie ernten nicht, sie sammeln nicht in die Scheunen; und euer himmlischer Vater nähret sie doch. Seid ihr denn nicht viel mehr, denn sie? Wer ist unter euch, der seiner Länge eine Elle zusetzen möge, ob er gleich darum sorget? Und warum sorget ihr für die Kleidung? Schauet die Lilien auf dem Felde, wie sie wachsen, sie arbeiten nicht, auch spinnen sie nicht. Ich sage euch, daß auch Salomo in aller seiner Herrlichkeit nicht bekleidet gewesen ist, als derselbigen eins. So denn Gott das Gras auf dem Felde also kleidet, das doch heute stehet und morgen in den Ofen geworfen wird; sollt er das nicht vielmehr euch thun, o ihr Kleingläubigen? Darum sollt ihr nicht sorgen und sagen: Was werden wir essen? was werden wir trinken? womit werden wir uns kleiden? Nach solchem allen trachten die Heiden. Denn euer himmlischer Vater weiß, daß ihr deß alles bedürfet. Trachtet am ersten nach dem Reich Gottes und nach seiner Gerechtigkeit; so wird euch solches alles zufallen. Darum sorget nicht für den andern Morgen; denn der morgende Tag wird für das Seine sorgen. Es ist genug, daß ein jeglicher Tag seine eigene Plage habe.

Am sechszehnten Sonntage nach Trinitatis.
Epistel. Eph. 3, 13—21.

Darum bitte ich, daß ihr nicht müde werdet um meiner Trübsale willen, die ich für euch leide, welche euch eine Ehre sind. Derhalben beuge ich meine Kniee gegen den Vater unsers HErrn JEsu Christi, der der rechte Vater ist über alles, was da Kinder heißt im Himmel und auf Erden, daß er euch Kraft gebe nach dem Reichthum seiner Herrlichkeit, stark zu werden durch seinen Geist an dem inwendigen Menschen, und Christum zu wohnen durch den Glauben in euren Herzen, und durch die Liebe eingewurzelt und gegründet zu werden; auf daß ihr begreifen möget mit allen Heiligen, welches da sei die Breite, und die Länge, und die Tiefe, und die Höhe; auch erkennen, daß Christum lieb haben, viel besser ist, denn alles Wissen, auf daß ihr erfüllet werdet mit allerlei Gottesfülle. Dem aber, der überschwänglich thun kann über alles, das wir bitten oder verstehen, nach der Kraft, die da in uns wirket, dem sei Ehre in der Gemeine, die in Christo JEsu ist, zu aller Zeit, von Ewigkeit zu Ewigkeit! Amen.

Evangelium. Luc. 7, 11—17.

Und es begab sich darnach, daß er in eine Stadt mit Namen Nain ging; und seiner Jünger gingen viel mit ihm und viel Volks. Als er aber nahe an das Stadtthor kam, siehe, da trug man einen Todten heraus, der ein einiger Sohn war seiner Mutter; und sie war eine Wittwe, und viel Volks aus der Stadt ging mit ihr. Und da sie der HErr sahe, jammerte ihn derselbigen, und sprach zu ihr: Weine nicht. Und trat hinzu, und rührete den Sarg an, und die Träger stunden. Und er sprach: Jüngling, ich sage dir, stehe auf. Und der Todte richtete sich auf und fing an zu reden. Und er gab ihn seiner Mutter. Und es kam sie alle eine Furcht an, und preiseten Gott und sprachen: Es ist ein großer Prophet unter uns aufgestanden, und Gott hat sein Volk heimgesucht. Und diese Rede von ihm erscholl in das ganze jüdische Land und in alle umliegende Länder.

Am Tage St. Michaelis.

Lection. Off. 12, 7—12.

Und es erhub sich ein Streit im Himmel: Michael und seine Engel stritten mit dem Drachen, und der Drache stritte und seine Engel, und siegeten nicht; auch ward ihre Stätte nicht mehr funden im Himmel. Und es ward ausgeworfen der große Drache, die alte Schlange, die da heißt der Teufel und Satanas, der die ganze Welt verführet; und ward geworfen auf die Erde, und seine Engel wurden auch dahin geworfen. Und ich hörte eine große Stimme, die sprach im Himmel: Nun ist das Heil und die Kraft und das Reich und die Macht unsers Gottes, seines Christus worden, weil der Verkläger unserer Brüder verworfen ist, der sie verklaget Tag und Nacht vor Gott. Und sie haben ihn überwunden durch des Lammes Blut und durch das Wort ihres Zeugnisses; und haben ihr Leben nicht geliebet bis an den Tod. Darum freuet euch, ihr Himmel, und die darinnen wohnen.

Evangelium. Matth. 18, 1—11.

Zu derselbigen Stunde traten die Jünger zu JEsu und sprachen: Wer ist doch der Größeste im Himmelreich? JEsus rief ein Kind zu sich und stellete das mitten unter sie, und sprach: Wahrlich, ich sage euch, es sei denn, daß ihr euch umkehret und werdet wie die Kinder, so werdet ihr nicht ins Himmelreich kommen. Wer nun sich selbst erniedriget, wie dieß Kind, der ist der Größeste im Himmelreich. Und wer ein solches Kind aufnimmt in meinem Namen, der nimmt mich auf. Wer aber ärgert dieser Geringsten einen, die an mich glauben, dem wäre besser, daß ein Mühlstein an seinen Hals gehänget würde und er ersäuft würde im Meer, da es am tiefsten ist. Wehe der Welt der Aergerniß halben. Es muß ja Aergerniß kommen; doch wehe dem Menschen, durch welchen Aergerniß kommt. So aber deine Hand oder dein Fuß dich ärgert, so haue ihn ab und wirf ihn von dir. Es ist dir besser, daß du zum Leben lahm oder ein Krüppel eingehest, denn daß du zwo Hände oder zween Füße habest und werdest in das ewige Feuer geworfen. Und so dich dein Auge ärgert, reiß es aus und wirfs von dir. Es ist dir besser, daß du einäugig zum Leben eingehest, denn daß du zwei Augen habest und werdest in das höllische Feuer geworfen. Sehet zu, daß ihr nicht jemand von diesen Kleinen verachtet. Denn ich sage euch, ihre Engel im Himmel sehen allezeit das Angesicht meines Vaters im Himmel. Denn des Menschen Sohn ist kommen, selig zu machen, das verloren ist.

Am siebenzehnten Sonntage nach Trinitatis.

Epistel. Eph. 4, 1—6.

So ermahne nun euch ich Gefangener in dem HErrn, daß ihr wandelt, wie sichs gebühret eurem Beruf, darinnen ihr berufen seid, mit aller Demuth und Sanftmuth, mit Geduld, und vertraget einer den andern in der Liebe, und seid fleißig zu halten die Einigkeit im Geist durch das Band des Friedens. Ein Leib und Ein Geist, wie ihr auch berufen seid auf einerlei Hoffnung eures Berufs. Ein HErr, Ein Glaube, Eine Taufe, Ein Gott und Vater (unser) aller, der da ist über euch alle, und durch euch alle und in euch allen.

Evangelium. Luc. 14, 1—11.

Und es begab sich, daß er kam in ein Haus eines Obersten der Pharisäer, auf einen Sabbath das Brod zu essen; und sie hielten auf ihn. Und siehe, da war ein Mensch vor ihm, der war wassersüchtig. Und JEsus antwortete, und sagte zu den Schriftgelehrten und Pharisäern, und sprach: Ists auch recht, auf den Sabbath heilen? Sie aber schwiegen stille. Und er griff ihn an und heilete ihn, und ließ ihn gehen, und antwortete und sprach zu ihnen: Welcher ist unter euch, dem sein Ochse oder Esel in den Brunnen fällt und er nicht alsbald ihn herauszeucht am Sabbathtage? Und sie konnten ihm darauf nicht wieder Antwort geben. Er sagte aber ein Gleichniß zu den Gästen, da er merkte, wie sie erwähleten oben an zu sitzen, und sprach zu ihnen: Wenn du von jemand geladen wirst zur Hochzeit, so setze dich nicht oben an, daß nicht etwa ein Ehrlicherer, denn du, von ihm geladen sei; und so dann kommt, der dich und ihn geladen hat, spreche zu dir: Weiche diesem; und du müßtest dann mit Scham unten an sitzen. Sondern, wenn du geladen wirst, so gehe hin und setze dich unten an, auf daß, wenn da kommt, der dich geladen hat, spreche zu dir: Freund, rücke hinauf. Dann wirst du Ehre haben vor denen, die mit dir zu Tische sitzen. Denn wer sich selbst erhöhet, der soll erniedriget werden; und wer sich selbst erniedriget, der soll erhöhet werden.

Am achtzehnten Sonntage nach Trinitatis.
Epistel. 1 Cor. 1, 4—9.

Ich danke meinem Gott allezeit eurethalben für die Gnade Gottes, die euch gegeben ist in Christo JEsu, daß ihr seid durch ihn an allen Stücken reich gemacht, an aller Lehre, und in aller Erkenntniß. Wie denn die Predigt von Christo in euch kräftig worden ist, also, daß ihr keinen Mangel habt an irgend einer Gabe und wartet nur auf die Offenbarung unsers HErrn JEsu Christi; welcher auch wird euch fest behalten bis ans Ende, daß ihr unsträflich seid auf den Tag unsers HErrn JEsu Christi. Denn Gott ist treu, durch welchen ihr berufen seid zur Gemeinschaft seines Sohns JEsu Christi, unsers HErrn.

Evangelium. Matth. 22, 34—46.

Da aber die Pharisäer höreten, daß er den Sadducäern das Maul gestopft hatte, versammelten sie sich. Und einer unter ihnen, ein Schriftgelehrter, versuchte ihn und sprach: Meister, welches ist das vornehmste Gebot im Gesetz? JEsus aber sprach zu ihm: Du sollst lieben Gott, deinen HErrn, von ganzem Herzen, von ganzer Seele und von ganzem Gemüth. Dieß ist das vornehmste und größte Gebot. Das andere ist dem gleich: Du sollst deinen Nächsten lieben als dich selbst. In diesen zweien Geboten hanget das ganze Gesetz und die Propheten. Da nun die Pharisäer bei einander waren, fragte sie JEsus, und sprach: Wie dünket euch um Christo? weß Sohn ist er? Sie sprachen: Davids. Er sprach zu ihnen: Wie nennet ihn denn David im Geist einen HErrn, da er sagt: Der HErr hat gesagt zu meinem HErrn: Setze dich zu meiner Rechten, bis daß ich lege deine Feinde zum Schemel deiner Füße. So nun David ihn einen HErrn nennet, wie ist er denn sein Sohn? Und niemand konnte ihm ein Wort antworten, und durfte auch niemand von dem Tage an hinfort ihn fragen.

Am neunzehnten Sonntage nach Trinitatis.

Epistel. Eph. 4, 22—28.

So leget nun von euch ab, nach dem vorigen Wandel, den alten Menschen, der durch Lüste in Irrthum sich verderbet. Erneuert euch aber im Geist eures Gemüths: und ziehet den neuen Menschen an, der nach Gott geschaffen ist in rechtschaffener Gerechtigkeit und Heiligkeit. Darum leget die Lügen ab, und redet die Wahrheit, ein jeglicher mit seinem Nächsten, sintemal wir unter einander Glieder sind. Zürnet und sündiget nicht; lasset die Sonne nicht über eurem Zorn untergehen. Gebet auch nicht Raum dem Lästerer. Wer gestohlen hat, der stehle nicht mehr, sondern arbeite, und schaffe mit den Händen etwas Gutes, auf daß er habe, zu geben dem Dürftigen.

Evangelium. Matth. 9, 1—8.

Da trat er in das Schiff und fuhr wieder herüber und kam in seine Stadt. Und siehe, da brachten sie zu ihm einen Gichtbrüchigen, der lag auf einem Bette. Da nun JEsus ihren Glauben sahe, sprach er zu dem Gichtbrüchigen: Sei getrost, mein Sohn, deine Sünden sind dir vergeben. Und siehe, etliche unter den Schriftgelehrten sprachen bei sich selbst: Dieser lästert Gott. Da aber JEsus ihre Gedanken sahe, sprach er: Warum denket ihr so Arges in euern Herzen? Welches ist leichter, zu sagen: Dir sind deine Sünden vergeben, oder zu sagen: Stehe auf und wandele? Auf daß ihr aber wisset, daß des Menschen Sohn Macht habe auf Erden die Sünden zu vergeben, sprach er zu dem Gichtbrüchigen: Stehe auf, heb dein Bette auf und gehe heim. Und er stund auf und ging heim. Da das Volk das sahe, verwunderte es sich und preisete Gott, der solche Macht den Menschen gegeben hat.

Am zwanzigsten Sonntage nach Trinitatis.

Epistel. Eph. 5, 15—21.

So sehet nun zu, wie ihr vorsichtiglich wandelt, nicht als die Unweisen, sondern als die Weisen. Und schicket euch in die Zeit, denn es ist böse Zeit. Darum werdet nicht unverständig, sondern verständig, was da sei des HErrn Wille. Und sauset euch nicht voll Weins, daraus ein unordentlich Wesen folgt: sondern werdet voll Geistes, und redet unter einander von Psalmen und Lobgesängen, und geistlichen Liedern; singet und spielet dem HErrn in euren Herzen; und saget Dank allezeit für alles Gott und dem Vater in dem Namen unsers HErrn JEsu Christi; und seid unter einander unterthan in der Furcht Gottes.

Evangelium. Matth. 22, 1—14.

Und JEsus antwortete und redete abermal durch Gleichnisse zu ihnen und sprach: Das Himmelreich ist gleich einem Könige, der seinem Sohne Hochzeit machte; und sandte seine Knechte aus, daß sie den Gästen zur Hochzeit riefen; und sie wollten nicht kommen. Abermal sandte er andere Knechte aus und sprach: Saget den Gästen: Siehe, meine Mahlzeit habe ich bereitet, meine Ochsen und mein Mastvieh ist geschlachtet und alles bereit; kommet zur Hochzeit. Aber sie verachteten das und gingen hin, einer auf seinen Acker, der andere zu seiner Handthierung. Etliche aber griffen seine Knechte, höhneten und tödteten sie. Da das der König hörete, ward er zornig, und schickte seine Heere aus, und brachte diese Mörder um, und zündete ihre Stadt an. Da sprach er zu seinen Knechten: Die Hochzeit ist zwar bereit; aber die Gäste warens nicht werth. Darum gehet hin auf die Straßen und ladet zur Hochzeit, wen ihr findet. Und die Knechte gingen aus auf die Straßen und brachten zusammen, wen sie fanden, Böse und Gute. Und die Tische wurden alle voll. Da ging der König hinein, die Gäste zu besehen; und sahe allda einen Menschen, der hatte kein hochzeitlich Kleid an, und sprach zu ihm: Freund, wie bist du herein kommen und hast doch kein hochzeitlich Kleid an? Er aber verstummete. Da sprach der König zu seinen Dienern: Bindet ihm Hände und Füße und werfet ihn in die äußerste Finsterniß hinaus, da wird sein Heulen und Zähnklappen; denn viele sind berufen; aber wenige sind auserwählet.

Am einundzwanzigsten Sonntage nach Trinitatis.

Epistel. Eph. 6, 10—17.

Zuletzt meine Brüder, seid stark in dem HErrn, und in der Macht seiner Stärke. Ziehet an den Harnisch Gottes, daß ihr bestehen könnet gegen die listigen Anläufe des Teufels. Denn wir haben nicht mit Fleisch und Blut zu kämpfen, sondern mit Fürsten und Gewaltigen, nämlich mit den Herren der Welt, die in der Finsterniß dieser Welt herrschen, mit den bösen Geistern unter dem Himmel. Um deßwillen, so ergreifet den Harnisch Gottes, auf daß ihr an dem bösen Tage Widerstand thun, und alles wohl ausrichten, und das Feld behalten möget. So stehet nun, umgürtet eure Lenden mit Wahrheit, und angezogen mit dem Krebs der Gerechtigkeit, und an Beinen gestiefelt, als fertig zu treiben das Evangelium des Friedens, damit ihr bereitet seid. Vor allen Dingen aber ergreifet den Schild des Glaubens, mit welchem ihr auslöschen könnt alle feurigen Pfeile des Bösewichtes. Und nehmet den Helm des Heils, und das Schwert des Geistes, welches ist das Wort Gottes.

Evangelium. Joh. 4, 47—54.

Und es war ein Königischer, deß Sohn lag krank zu Capernaum. Dieser hörete, daß JEsus kam aus Judäa in Galiläam, und ging hin zu ihm, und bat ihn, daß er hinab käme und hülfe seinem Sohn; denn er war todtkrank. Und JEsus sprach zu ihm: Wenn ihr nicht Zeichen und Wunder sehet, so glaubet ihr nicht. Der Königische sprach zu ihm: HErr, komme hinab, ehe denn mein Kind stirbt. JEsus spricht zu ihm: Gehe hin, dein Sohn lebet. Der Mensch glaubete dem Wort, das JEsus zu ihm sagte, und ging hin. Und indem er hinab ging, begegneten ihm seine Knechte, verkündigten ihm und sprachen: Dein Kind lebet. Da forschete er von ihnen die Stunde, in welcher es besser mit ihm worden war. Und sie sprachen zu ihm: Gestern um die siebente Stunde verließ ihn das Fieber. Da merkete der Vater, daß es um die Stunde wäre, in welcher JEsus zu ihm gesagt hatte: Dein Sohn lebet. Und er glaubete mit seinem ganzen Hause. Das ist nun das andere Zeichen, das JEsus that, da er aus Judäa in Galiläam kam.

Am zweiundzwanzigsten Sonntage nach Trinitatis.
Epistel. Phil. 1, 3—11.

Ich danke meinem Gott, so oft ich euer gedenke, (welches ich allezeit thue in alle meinem Gebet für euch alle, und thue das Gebet mit Freuden,) über eurer Gemeinschaft am Evangelio, vom ersten Tage an bisher. Und bin desselbigen in guter Zuversicht, daß der in euch angefangen hat das gute Werk, der wirds auch vollführen bis an den Tag JEsu Christi. Wie es denn mir billig ist, daß ich dermaßen von euch allen halte; darum, daß ich euch in meinem Herzen habe, in diesem meinem Gefängniß, darin ich das Evangelium verantworte und bekräftige, als die ihr alle mit mir der Gnade theilhaftig seid. Denn Gott ist mein Zeuge, wie mich nach euch allen verlanget von Herzensgrund in JEsu Christo. Und darum bete ich, daß eure Liebe je mehr und mehr reich werde in allerlei Erkenntniß und Erfahrung, daß ihr prüfen möget, was das Beste sei, auf daß ihr seid lauter und unanstößig, bis auf den Tag Christi, erfüllet mit Früchten der Gerechtigkeit, die durch JEsum Christum geschehen (in euch) zur Ehre und Lobe Gottes.

Evangelium. Matth. 18, 23—35.

Darum ist das Himmelreich gleich einem Könige, der mit seinen Knechten rechnen wollte. Und als er anfing zu rechnen, kam ihm einer vor, der war ihm zehn tausend Pfund schuldig. Da ers nun nicht hatte zu bezahlen, hieß der Herr verkaufen ihn und sein Weib und seine Kinder und alles, was er hatte, und bezahlen. Da fiel der Knecht nieder und betete ihn an und sprach: Herr, habe Geduld mit mir; ich will dirs alles bezahlen. Da jammerte den Herrn desselbigen Knechts und ließ ihn los, und die Schuld erließ er ihm auch. Da ging derselbige Knecht hinaus und fand einen seiner Mitknechte, der war ihm hundert Groschen schuldig; und er griff ihn an und würgete ihn und sprach: Bezahle mir, was du mir schuldig bist. Da fiel sein Mitknecht nieder und bat ihn und sprach: Hab Geduld mit mir; ich will dirs alles bezahlen. Er wollte aber nicht, sondern ging hin und warf ihn ins Gefängniß, bis daß er bezahlete, was er schuldig war. Da aber seine Mitknechte solches sahen, wurden sie sehr betrübt und kamen und brachten vor ihren Herrn alles, was sich begeben hatte. Da forderte ihn sein Herr vor sich und sprach zu ihm: Du Schalksknecht, alle diese Schuld habe ich dir erlassen, dieweil du mich batest; solltest du denn dich nicht auch erbarmen über deinen Mitknecht, wie ich mich über dich erbarmet habe? Und sein Herr ward zornig und überantwortete ihn den Peinigern, bis daß er bezahlete alles, was er ihm schuldig war. Also wird euch mein himmlischer Vater auch thun, so ihr nicht vergebet von eurem Herzen ein jeglicher seinem Bruder seine Fehle.

Am dreiundzwanzigsten Sonntage nach Trinitatis.
Epistel. Phil. 3, 17—21.

Folget mir, lieben Brüder, und sehet auf die, die also wandeln, wie ihr uns habt zum Vorbilde. Denn viele wandeln, von welchen ich euch oft gesagt habe, nun aber sage ich auch mit Weinen, die Feinde des Kreuzes Christi, welcher Ende ist die Verdammniß, welchen der Bauch ihr Gott ist, und ihre Ehre zu Schanden wird, derer, die irdisch gesinnet sind. Unser Wandel aber ist im Himmel, von bannen wir auch warten des Heilandes JEsu Christi, des HErrn, welcher unsern nichtigen Leib verklären wird, daß er ähnlich werde seinem verklärten Leibe, nach der Wirkung, damit er kann auch alle Dinge ihm unterthänig machen.

Evangelium. Matth. 22, 15—22.

Da gingen die Pharisäer hin und hielten einen Rath, wie sie ihn fingen in seiner Rede; und sandten zu ihm ihre Jünger samt Herodis Dienern, und sprachen: Meister, wir wissen, daß du wahrhaftig bist, und lehrest den Weg Gottes recht, und du fragest nach niemand; denn du achtest nicht das Ansehen der Menschen. Darum sage uns, was dünket dich? ists recht, daß man dem Kaiser Zins gebe, oder nicht? Da nun JEsus merkte ihre Schalkheit, sprach er: Ihr Heuchler, was versuchet ihr mich? Weiset mir die Zinsmünze. Und sie reichten ihm einen Groschen dar. Und er sprach zu ihnen: Weß ist das Bild und die Ueberschrift? Sie sprachen zu ihm: Des Kaisers. Da sprach er zu ihnen: So gebet dem Kaiser, was des Kaisers ist, und Gott, was Gottes ist. Da sie das höreten, verwunderten sie sich und ließen ihn und gingen davon.

Am vierundzwanzigsten Sonntag nach Trinitatis.
Epistel. Col. 1, 9—14.

Derhalben auch wir, von dem Tage an, da wirs gehöret haben, hören wir nicht auf für euch zu beten und zu bitten, daß ihr erfüllet werdet mit Erkenntniß seines Willens, in allerlei geistlicher Weisheit und Verstand; daß ihr wandelt würdiglich dem HErrn zu allem Gefallen, und fruchtbar seid in allen guten Werken, und wachset in der Erkenntniß Gottes, und gestärket werdet mit aller

Kraft, nach seiner herrlichen Macht, in aller Geduld und Langmüthigkeit mit Freuden; und danksaget dem Vater, der uns tüchtig gemacht hat zu dem Erbtheil der Heiligen im Licht, welcher uns errettet hat von der Obrigkeit der Finsterniß, und hat uns versetzt in das Reich seines lieben Sohnes, an welchem wir haben die Erlösung durch sein Blut, nämlich die Vergebung der Sünden.

Evangelium. Matth. 9, 18—26.

Da er solches mit ihnen redete, siehe, da kam der Obersten einer und fiel vor ihm nieder und sprach: HErr, meine Tochter ist jetzt gestorben; aber komm und lege deine Hand auf sie, so wird sie lebendig. Und JEsus stund auf und folgete ihm nach und seine Jünger. Und siehe, ein Weib, das zwölf Jahr den Blutgang gehabt, trat von hinten zu ihm und rührete seines Kleides Saum an. Denn sie sprach bei ihr selbst: Möcht ich nur sein Kleid anrühren, so würde ich gesund. Da wandte sich JEsus um und sahe sie und sprach: Sei getrost, meine Tochter, dein Glaube hat dir geholfen. Und das Weib ward gesund zu derselbigen Stunde. Und als er in des Obersten Haus kam und sahe die Pfeifer und das Getümmel des Volks, sprach er zu ihnen: Weichet; denn das Mägdlein ist nicht todt, sondern es schläft. Und sie verlachten ihn. Als aber das Volk ausgetrieben war, ging er hinein und ergriff sie bei der Hand; da stund das Mägdlein auf. Und dieß Gerücht erscholl in dasselbige ganze Land.

Am fünfundzwanzigsten Sonntage nach Trinitatis.

Epistel. 1 Thess. 4, 13—18.

Wir wollen euch aber, lieben Brüder, nicht verhalten von denen, die da schlafen, auf daß ihr nicht traurig seid, wie die andern, die keine Hoffnung haben. Denn so wir glauben, daß JEsus gestorben und auferstanden ist; also wird Gott auch, die da entschlafen sind, durch JEsum mit ihm führen. Denn das sagen wir euch, als ein Wort des HErrn, daß wir, die wir leben und überbleiben in der Zukunft des HErrn, werden denen nicht vorkommen, die da schlafen. Denn er selbst, der HErr, wird mit einem Feldgeschrei und Stimme des Erzengels, und mit der Posaune Gottes hernieder kommen vom Himmel, und die Todten in Christo werden auferstehen zuerst. Darnach wir, die wir leben und überbleiben, werden zugleich mit denselbigen hingerückt werden in den Wolken, dem HErrn entgegen in der Luft, und werden also bei dem HErrn sein allezeit. So tröstet euch nun mit diesen Worten unter einander.

Evangelium. Matth. 24, 15—28.

Wenn ihr nun sehen werdet den Greuel der Verwüstung, davon gesagt ist durch den Propheten Daniel, daß er stehet an der heiligen Stätte (wer das lieset, der merke drauf), alsdann fliehe auf die Berge, wer im jüdischen Lande ist. Und wer auf dem Dach ist, der steige nicht hernieder, etwas aus seinem Hause zu holen. Und wer auf dem Felde ist, der kehre nicht um, seine Kleider zu holen. Wehe aber den Schwangern und Säugern zu der

Zeit. Bittet aber, daß eure Flucht nicht geschehe im Winter, oder am Sabbath. Denn es wird alsdann eine große Trübsal sein, als nicht gewesen ist von Anfang der Welt bisher, und als auch nicht werden wird. Und wo diese Tage nicht würden verkürzt, so würde kein Mensch selig; aber um der Auserwählten willen werden die Tage verkürzt. So alsdann jemand zu euch wird sagen: Siehe, hie ist Christus, oder da, so sollt ihrs nicht glauben. Denn es werden falsche Christi und falsche Propheten aufstehen und große Zeichen und Wunder thun, daß verführet werden in den Irrthum (wo es möglich wäre) auch die Auserwählten. Siehe, ich habs euch zuvor gesagt. Darum, wenn sie zu euch sagen werden: Siehe, er ist in der Wüste, so gehet nicht hinaus; siehe, er ist in der Kammer, so glaubt nicht. Denn gleichwie der Blitz ausgehet vom Aufgang und scheinet bis zum Niedergang: also wird auch sein die Zukunft des Menschensohns. Wo aber ein Aas ist, da sammeln sich die Adler.

Am sechsundzwanzigsten Sonntage nach Trinitatis.
Epistel. 2 Petr. 3, 3—14.

Und wisset das aufs erste, daß in den letzten Tagen kommen werden Spötter, die nach ihren eigenen Lüsten wandeln, und sagen: Wo ist die Verheißung seiner Zukunft? Denn nachdem die Väter entschlafen sind, bleibt es alles, wie es von Anfang der Creatur gewesen ist. Aber Muthwillens wollen sie nicht wissen, daß der Himmel vorzeiten auch war, dazu die Erde aus Wasser und im Wasser bestanden durch Gottes Wort; dennoch ward zu der Zeit die Welt durch dieselbigen mit der Sindflut verderbet. Also auch der Himmel jetzund und die Erde werden durch sein Wort gesparet, daß sie zum Feuer behalten werden am Tage des Gerichts und Verdammniß der gottlosen Menschen. Eines aber sei euch unverhalten, ihr Lieben, daß ein Tag vor dem HErrn ist wie tausend Jahr, und tausend Jahr wie ein Tag. Der HErr verzeucht nicht die Verheißung, wie es etliche für einen Verzug achten, sondern er hat Geduld mit uns, und will nicht, daß jemand verloren werde, sondern daß sich jedermann zur Buße kehre. Es wird aber des HErrn Tag kommen, als ein Dieb in der Nacht; in welchem die Himmel zergehen werden, mit großem Krachen; die Elemente aber werden vor Hitze schmelzen, und die Erde und die Werke, die drinnen sind, werden verbrennen. So nun das alles soll zergehen, wie sollt ihr denn geschickt sein mit heiligem Wandel und gottseligem Wesen, daß ihr wartet und eilet zu der Zukunft des Tages des HErrn, in welchem die Himmel vom Feuer zergehen und die Elemente vor Hitze zerschmelzen werden. Wir warten aber eines neuen Himmels und einer neuen Erde nach seiner Verheißung, in welchen Gerechtigkeit wohnet. Darum, meine Lieben, dieweil ihr darauf warten sollet; so thut Fleiß, daß ihr vor ihm unbefleckt und unsträflich im Frieden erfunden werdet.

Evangelium. Matth. 25, 31—46.

Wenn aber des Menschen Sohn kommen wird in seiner Herrlichkeit und alle heilige Engel mit ihm, dann wird er sitzen auf dem Stuhl seiner Herrlichkeit, und werden vor ihm alle Völker versammelt werden. Und er wird sie von einander scheiden, gleich als ein Hirte die Schafe von den Böcken scheidet, und wird die Schafe zu seiner Rechten stellen und die Böcke zur Linken. Da wird denn der König sagen zu denen zu seiner Rechten: Kommt her, ihr Gesegneten meines Vaters, ererbet das Reich, das euch bereitet ist von Anbeginn der Welt. Denn ich bin hungrig gewesen, und ihr habt mich gespeiset. Ich bin durstig gewesen, und ihr habt mich getränket. Ich bin ein Gast gewesen und ihr habt mich beherberget. Ich bin nackend gewesen und ihr habt mich bekleidet. Ich bin krank gewesen und ihr habt mich besuchet. Ich bin gefangen gewesen und ihr seid zu mir kommen. Dann werden ihm die Gerechten antworten und sagen: HErr, wann haben wir dich hungrig gesehen und haben dich gespeiset? oder durstig und haben dich getränket? Wann haben wir dich einen Gast gesehen und beherberget? oder nackend, und haben dich bekleidet? Wann haben wir dich krank oder gefangen gesehen, und sind zu dir kommen? Und der König wird antworten und sagen zu ihnen: Wahrlich, ich sage euch: was ihr gethan habt einem unter diesen meinen geringsten Brüdern, das habt ihr mir gethan. Dann wird er auch sagen zu denen zur Linken: Gehet hin von mir, ihr Verfluchten, in das ewige Feuer, das bereitet ist dem Teufel und seinen Engeln. Ich bin hungrig gewesen und ihr habt mich nicht gespeiset. Ich bin durstig gewesen und ihr habt mich nicht getränket. Ich bin ein Gast gewesen und ihr habt mich nicht beherberget. Ich bin nackend gewesen, und ihr habt mich nicht bekleidet. Ich bin krank und gefangen gewesen, und ihr habt mich nicht besuchet. Da werden sie ihm auch antworten und sagen: HErr, wann haben wir dich gesehen hungrig, oder durstig, oder einen Gast, oder nackend, oder krank, oder gefangen, und haben dir nicht gedienet? Dann wird er ihnen antworten und sagen: Wahrlich, ich sage euch, was ihr nicht gethan habt einem unter diesen Geringsten, das habt ihr mir auch nicht gethan. Und sie werden in die ewige Pein gehen; aber die Gerechten in das ewige Leben.

Am siebenundzwanzigsten Sonntage nach Trinitatis.

Epistel. 1 Thess. 5, 1—11.

Von den Zeiten aber und Stunden, lieben Brüder, ist nicht noth, euch zu schreiben. Denn ihr selbst wisset gewiß, daß der Tag des HErrn wird kommen wie ein Dieb in der Nacht. Denn, wenn sie werden sagen: Es ist Friede, es hat keine Fahr; so wird sie das Verderben schnell überfallen, gleichwie der Schmerz ein schwanger Weib, und werden nicht entfliehen. Ihr aber, lieben Brüder, seid nicht in der Finsterniß, daß euch der Tag wie ein Dieb ergreife. Ihr seid allzumal Kinder des Lichts und Kinder des Tages; wir sind nicht von der Nacht, noch von der Finsterniß. So lasset uns nun nicht schlafen wie die andern, sondern lasset uns wachen und nüchtern sein. Denn die da schlafen, die schlafen des Nachts, und die da trunken sind, die sind des Nachts trunken. Wir aber, die wir des Tages sind, sollen nüchtern sein, angethan mit dem Krebs des Glaubens und der Liebe, und mit dem Helm der Hoffnung zur Seligkeit. Denn Gott hat uns nicht gesetzt zum Zorn, sondern die Seligkeit zu besitzen durch unsern HErrn JEsum Christum, der für uns gestorben ist, auf daß wir, wir wachen oder schlafen, zugleich mit ihm leben sollen. Darum ermahnet euch unter einander, und bauet einer den andern, wie ihr denn thut.

Evangelium. Matth. 25, 1—13.

Dann wird das Himmelreich gleich sein zehn Jungfrauen, die ihre Lampen nahmen und gingen aus, dem Bräutigam entgegen. Aber fünf unter ihnen waren thöricht, und fünf waren klug. Die thörichten nahmen ihre Lampen; aber sie nahmen nicht Oel mit sich. Die klugen aber nahmen Oel in ihren Gefäßen samt ihren Lampen. Da nun der Bräutigam verzog, wurden sie alle schläfrig und entschliefen. Zur Mitternacht aber ward ein Geschrei: Siehe, der Bräutigam kommt; gehet aus, ihm entgegen. Da stunden diese Jungfrauen alle auf und schmückten ihre Lampen. Die thörichten aber sprachen zu den klugen: Gebt uns von eurem Oele, denn unsere Lampen verlöschen. Da antworteten die klugen und sprachen: Nicht also, auf daß nicht uns und euch gebreche. Gehet aber hin zu den Krämern und kaufet für euch selbst. Und da sie hingingen zu kaufen, kam der Bräutigam; und welche bereit waren, gingen mit ihm hinein zur Hochzeit, und die Thür ward verschlossen. Zuletzt kamen auch die andern Jungfrauen und sprachen: Herr, Herr, thue uns auf. Er antwortete aber und sprach: Wahrlich, ich sage euch, ich kenne euer nicht. Darum wachet, denn ihr wisset weder Tag noch Stunde, in welcher des Menschen Sohn kommen wird.

Episteln und Evangelien auf alle Apostel-Tage
durch das ganze Jahr.

Am Tage des Apostels St. Andreä.
Epistel. Röm. 10, 8—18.

Dieß ist das Wort vom Glauben, das wir predigen. Denn so du mit deinem Munde bekennest JEsum, daß er der HErr sei, und glaubest in deinem Herzen, daß ihn Gott von den Todten auferwecket hat; so wirst du selig. Denn so man von Herzen glaubet, so wird man gerecht; und so man mit dem Munde bekennet, so wird man selig. Denn die Schrift spricht: Wer an ihn glaubet, wird nicht zu Schanden werden. Es ist hie kein Unterschied unter Juden und Griechen; es ist aller zumal Ein HErr, reich über alle, die ihn anrufen. Denn wer den Namen des HErrn wird anrufen, soll selig werden. Wie sollen sie aber anrufen, an den sie nicht glauben? Wie sollen sie aber glauben, von dem sie nichts gehöret haben? Wie sollen sie aber hören ohne Prediger? Wie sollen sie aber predigen, wo sie nicht gesandt werden? Wie denn geschrieben stehet: Wie lieblich sind die Füße derer, die den Frieden verkündigen, die das Gute verkündigen. Aber sie sind nicht alle dem Evangelio gehorsam. Denn Jesaias spricht: HErr, wer glaubet unserm Predigen? So kommt der Glaube aus der Predigt, das Predigen aber durch das Wort Gottes. Ich sage aber: Haben sie es nicht gehöret? Zwar es ist je in alle Lande ausgegangen ihr Schall, und in alle Welt ihre Worte.

Evangelium. Matth. 4, 18—22.

Als nun JEsus an dem galiläischen Meer ging, sahe er zween Brüder, Simon, der da heißt Petrus, und Andreas, seinen Bruder, die warfen ihre Netze ins Meer: denn sie waren Fischer. Und er sprach zu ihnen: Folget mir nach; ich will euch zu Menschenfischern machen. Bald verließen sie ihre Netze und folgten ihm nach. Und da er von dannen fürbas ging, sah er zween andere Brüder, Jacobum, den Sohn Zebedäi, und Johannem, seinen Bruder, im Schiff mit ihrem Vater Zebedäo, daß sie ihre Netze flickten; und er rief ihnen. Bald verließen sie das Schiff und ihren Vater und folgten ihm nach.

Am Tage des Apostels St. Thomä.

Epistel. Eph. 1, 3—6.

Gelobet sei Gott und der Vater unsers HErrn JEsu Christi, der uns gesegnet hat mit allerlei geistlichem Segen in himmlischen Gütern durch Christum. Wie er uns denn erwählet hat durch denselbigen, ehe der Welt Grund gelegt war, daß wir sollten sein heilig und unsträflich vor ihm in der Liebe; und hat uns verordnet zur Kindschaft gegen ihn selbst durch JEsum Christ, nach dem Wohlgefallen seines Willens, zu Lob seiner herrlichen Gnade, durch welche er uns hat angenehm gemacht in dem Geliebten.

Evangelium. Joh. 20, 24—31.

Thomas aber, der Zwölfen einer, der da heißet Zwilling, war nicht bei ihnen, da JEsus kam. Da sagten die andern Jünger zu ihm: Wir haben den HErrn gesehen. Er aber sprach zu ihnen: Es sei denn, daß ich in seinen Händen sehe die Nägelmale, und lege meinen Finger in die Nägelmale, und lege meine Hand in seine Seite, will ichs nicht glauben. Und über acht Tage waren abermal seine Jünger drinnen, und Thomas mit ihnen. Kommt JEsus, da die Thüren verschlossen waren, und tritt mitten ein, und spricht: Friede sei mit euch! Darnach spricht er zu Thoma: Reiche deinen Finger her, und siehe meine Hände; und reiche deine Hand her, und lege sie in meine Seite; und sei nicht ungläubig, sondern gläubig. Thomas antwortete und sprach zu ihm: Mein HErr, und mein Gott! Spricht JEsus zu ihm: Dieweil du mich gesehen hast, Thoma, so glaubest du. Selig sind, die nicht sehen, und doch glauben. Auch viel andere Zeichen that JEsus vor seinen Jüngern, die nicht geschrieben sind in diesem Buch. Diese aber sind geschrieben, daß ihr glaubet, JEsus sei Christ, der Sohn Gottes; und daß ihr durch den Glauben das Leben habet in seinem Namen.

Am Tage der Bekehrung St. Pauli.
Epistel. Apost. Gesch. 9, 1—22.

Saulus aber schnaubete noch mit Dräuen und Morden wider die Jünger des HErrn, und ging zum Hohenpriester, und bat ihn um Briefe gen Damascus an die Schulen, auf daß, so er etliche dieses Wegs fände, Männer und Weiber, er sie gebunden führete gen Jerusalem. Und da er auf dem Wege war, und nahe bei Damascus kam, umleuchtete ihn plötzlich ein Licht vom Himmel, und er fiel auf die Erde, und hörete eine Stimme, die sprach zu ihm: Saul, Saul, was verfolgest du mich? Er aber sprach: HErr, wer bist du? Der HErr sprach: Ich bin JEsus, den du verfolgest. Es wird dir schwer werden, wider den Stachel zu löcken. Und er sprach mit Zittern und Zagen: HErr, was willst du, daß ich thun soll? Der HErr sprach zu ihm: Stehe auf, und gehe in die Stadt; da wird man dir sagen, was du thun sollst. Die Männer aber, die seine Gefährten waren, stunden und waren erstarret; denn sie höreten eine Stimme, und sahen niemand. Saulus aber richtete sich auf von der Erde, und als er seine Augen aufthat, sahe er niemand. Sie nahmen ihn aber bei der Hand, und führeten ihn gen Damascus. Und war drei Tage nicht sehend, und aß nicht, und trank nicht. Es war aber ein Jünger zu Damascus, mit Namen Ananias; zu dem sprach der HErr im Gesichte: Anania! Und er sprach: Hie bin ich, HErr. Der HErr sprach zu ihm: Stehe auf, und gehe hin in die Gasse, die da heißet die richtige, und frage in dem Hause Juda nach Saulo mit Namen, von Tarsen; denn siehe, er betet. Und hat gesehen im Gesichte einen Mann, mit Namen Ananias, zu ihm hinein kommen, und die Hand auf ihn legen, daß er wieder sehend werde. Ananias aber antwortete: HErr, ich habe von vielen gehöret von diesem Manne, wie viel Uebels er deinen Heiligen gethan hat zu Jerusalem; und er hat allhie Macht von den Hohenpriestern, zu binden alle, die deinen Namen anrufen. Der HErr sprach zu ihm: Gehe hin; denn dieser ist mir ein auserwähltes Rüstzeug, daß er meinen Namen trage vor den Heiden, und vor den Königen, und vor den Kindern von Israel. Ich will ihm zeigen, wie viel er leiden muß um meines Namens willen. Und Ananias ging hin, und kam in das Haus, und legte die Hände auf ihn, und sprach: Lieber Bruder Saul, der HErr hat mich gesandt, (der dir erschienen ist auf dem Wege, da du herkamest,) daß du wieder sehend und mit dem Heiligen Geist erfüllet werdest. Und alsbald fiel es von seinen Augen wie Schuppen, und ward wieder sehend, und stund auf, ließ sich taufen, und nahm Speise zu sich, und stärkete sich. Saulus aber war etliche Tage bei den Jüngern zu Damascus. Und alsbald predigte er Christum in den Schulen, daß derselbige Gottes Sohn sei. Sie entsetzten sich aber alle, die es höreten, und sprachen: Ist das nicht, der zu Jerusalem verstörete alle, die diesen Namen anrufen, und barum herkommen, daß er sie gebunden führe zu den Hohenpriestern? Saulus aber ward je mehr kräftiger, und trieb die Juden ein, die zu Damascus wohneten, und bewährete es, daß dieser ist der Christ.

Evangelium. Matth. 19, 27—30.

Da antwortete Petrus und sprach zu ihm: Siehe, wir haben alles verlassen und sind dir nachgefolget; was wird uns dafür? JEsus aber sprach zu ihnen: Wahrlich, ich sage euch, daß ihr, die ihr mir seid nachgefolget, in der Wiedergeburt, da des Menschen Sohn wird sitzen auf dem Stuhl seiner Herrlichkeit, werdet ihr auch sitzen auf zwölf Stühlen und richten die zwölf Geschlechter Israel. Und wer verläßt Häuser, oder Brüder, oder Schwestern, oder Vater, oder Mutter, oder Weib, oder Kinder, oder Aecker um meines Namens willen, der wirds hundertfältig nehmen und das ewige Leben ererben. Aber viele, die da sind die Ersten, werden die Letzten, und die Letzten werden die Ersten sein.

Am Tage des Apostels St. Matthiä.
Epistel. Apost. Gesch. 1, 15—26.

Und in den Tagen trat auf Petrus unter die Jünger und sprach: (es war aber die Schaar der Namen zu Hauf bei hundert und zwanzig) Ihr Männer und Brüder, es mußte die Schrift erfüllet werden, welche zuvor gesagt hat der Heilige Geist durch den Mund Davids, von Juda, der ein Vorgänger war derer, die JEsum fingen: Denn er war mit uns gezählet, und hatte dieß Amt mit uns überkommen. Dieser hat erworben den Acker um den ungerechten Lohn, und sich erhenkt, und ist mitten entzwei geborsten, und alle seine Eingeweide ausgeschüttet. Und es ist kund worden allen, die zu Jerusalem wohnen, also, daß derselbige Acker genannt wird auf ihre Sprache Hakeldama, das ist, ein Blutacker. Denn es stehet geschrieben im Psalmbuch: Ihre Behausung müsse wüste werden, und sei niemand, der drinnen wohne, und sein Bisthum empfahe ein anderer. So muß nun einer unter diesen Männern, die bei uns gewesen sind die ganze Zeit über, welche der HErr JEsus unter uns ist aus und eingegangen, von der Taufe Johannis an bis auf den Tag, da er von uns genommen ist, ein Zeuge seiner Auferstehung mit uns werden. Und sie stelleten zween, Joseph, genannt Barjabas, mit dem Zunamen Just, und Matthiam, beteten und sprachen: HErr, aller Herzen Kündiger, zeige an, welchen du erwählet hast unter diesen zween, daß einer empfahe diesen Dienst und Apostelamt, davon Judas abgewichen ist, daß er hinginge an seinen Ort. Und sie warfen das Loos über sie; und das Loos fiel auf Matthiam, und er ward zugeordnet zu den eilf Aposteln.

Evangelium. Matth. 11, 25—30.

Zu derselbigen Zeit antwortete JEsus und sprach: Ich preise dich, Vater und HErr Himmels und der Erde, daß du solches den Weisen und Klugen verborgen hast, und hast es den Unmündigen offenbaret. Ja Vater, denn es ist also wohlgefällig gewesen vor dir. Alle Dinge sind mir übergeben von meinem Vater. Und niemand kennet den Sohn, denn nur der Vater; und niemand kennet den Vater, denn nur der Sohn und wem es der Sohn will offenbaren. Kommet her zu mir alle, die ihr mühselig und beladen seid, ich will euch erquicken. Nehmet auf euch mein Joch, und lernet von mir; denn ich bin sanftmüthig und von Herzen demüthig, so werdet ihr Ruhe finden für eure Seelen. Denn mein Joch ist sanft und meine Last ist leicht.

Am Tage der Apostel St. Philippi und Jacobi.
Epistel. Eph. 2, 19—22.

So seid ihr nun nicht mehr Gäste und Fremdlinge, sondern Bürger mit den Heiligen und Gottes Hausgenossen, erbauet auf den Grund der Apostel und Propheten, da JEsus Christus der Eckstein ist, auf welchem der ganze Bau in einander gefüget wächset zu einem heiligen Tempel in dem HErrn, auf welchem auch ihr mit erbauet werdet, zu einer Behausung Gottes im Geist.

Evangelium. Joh. 14, 1—14.

Und er sprach zu seinen Jüngern: Euer Herz erschrecke nicht. Glaubet ihr an Gott, so glaubet ihr auch an mich. In meines Vaters Hause sind viel Wohnungen. Wenns nicht so wäre, so wollt ich zu euch sagen, ich gehe hin, euch die Stätte zu bereiten. Und ob ich hinginge, euch die Stätte zu bereiten, will ich doch wiederkommen, und euch zu mir nehmen, auf daß ihr seid, wo ich bin. Und wo ich hingehe, das wisset ihr, und den Weg wisset ihr auch. Spricht zu ihm Thomas: HErr, wir wissen nicht, wo du hingehest; und wie können wir den Weg wissen? JEsus spricht zu ihm: Ich bin der Weg, und die Wahrheit, und das Leben; niemand kommt zum Vater, denn durch mich. Wenn ihr mich kennetet, so kennetet ihr auch meinen Vater. Und von nun an kennet ihr ihn, und habt ihn gesehen. Spricht zu ihm Philippus: HErr, zeige uns den Vater, so genüget uns. JEsus spricht zu ihm: So lange bin ich bei euch, und du kennest mich nicht? Philippe, wer mich siehet, der siehet den Vater. Wie sprichst du denn: Zeige uns den Vater? Glaubest du nicht, daß ich im Vater, und der Vater in mir ist? Die Worte, die ich zu euch rede, die rede ich nicht von mir selbst. Der Vater aber, der in mir wohnet, derselbige thut die Werke. Glaubet mir, daß ich im Vater, und der Vater in mir ist; wo nicht, so glaubet mir doch um der Werke willen. Wahrlich, wahrlich, ich sage euch, wer an mich glaubet, der wird die Werke auch thun, die ich thue, und wird größere, denn diese thun, denn ich gehe zum Vater. Und was ihr bitten werdet in meinem Namen, das will ich thun, auf daß der Vater geehret werde in dem Sohne. Was ihr bitten werdet in meinem Namen, das will ich thun.

Am Tage der Apostel St. Petri und Pauli.
Epistel. Apost. Gesch. 12, 1—11.

Um dieselbige Zeit legte der König Herodes die Hände an etliche von der Gemeine, zu peinigen. Er tödtete aber Jacobum,

Johannis Bruder, mit dem Schwert. Und da er sahe, daß es den Juden gefiel, fuhr er fort, und fing Petrum auch. Es waren aber eben die Tage der süßen Brode. Da er ihn nun griff, legte er ihn ins Gefängniß, und überantwortete ihn vier Viertheilen Kriegsknechten, ihn zu bewahren, und gedachte ihn nach den Ostern dem Volk vorzustellen. Und Petrus ward zwar im Gefängniß gehalten; aber die Gemeine betete ohn Aufhören für ihn zu Gott. Und da ihn Herodes wollte vorstellen, in derselbigen Nacht schlief Petrus zwischen zween Kriegsknechten, gebunden mit zwo Ketten, und die Hüter vor der Thür hüteten des Gefängnisses. Und siehe, der Engel des HErrn kam daher, und ein Licht schien in dem Gemach; und schlug Petrum an die Seite, und weckte ihn auf, und sprach: Stehe behende auf. Und die Ketten fielen ihm von seinen Händen. Und der Engel sprach zu ihm: Gürte dich, und thue deine Schuhe an. Und er that also. Und er sprach zu ihm: Wirf deinen Mantel um dich, und folge mir nach. Und er ging hinaus, und folgte ihm, und wußte nicht, daß ihm wahrhaftig solches geschähe durch den Engel; sondern es däuchte ihn, er sähe ein Gesichte. Sie gingen aber durch die erste und andere Hut, und kamen zu der eisernen Thür, welche zur Stadt führet; die that sich ihnen von ihr selber auf, und traten hinaus, und gingen hin eine Gasse lang; und alsbald schied der Engel von ihm. Und da Petrus zu ihm selber kam, sprach er: Nun weiß ich wahrhaftig, daß der HErr seinen Engel gesandt hat, und mich errettet aus der Hand Herodis, und von allem Warten des jüdischen Volks.

Evangelium. Matth. 16, 13—20.

Da kam JEsus in die Gegend der Stadt Cäsarea Philippi und fragte seine Jünger und sprach: Wer, sagen die Leute, daß des Menschen Sohn sei? Sie sprachen: Etliche sagen, du seiest Johannes der Täufer; die andern, du seiest Elias; etliche, du seiest Jeremias, oder der Propheten einer. Er sprach zu ihnen: Wer sagt denn ihr, daß ich sei? Da antwortete Simon Petrus und sprach: Du bist Christus, des lebendigen Gottes Sohn. Und JEsus antwortete und sprach zu ihm: Selig bist du, Simon, Jonas Sohn; denn Fleisch und Blut hat dir das nicht offenbaret, sondern mein Vater im Himmel. Und ich sage dir auch: Du bist Petrus, und auf diesen Fels will ich bauen meine Gemeine, und die Pforten der Hölle sollen sie nicht überwältigen. Und will dir des Himmelreichs Schlüssel geben. Alles, was du auf Erden binden wirst, soll auch im Himmel gebunden sein; und alles, was du auf Erden lösen wirst, soll auch im Himmel los sein. Da verbot er seinen Jüngern, daß sie niemand sagen sollten, daß er JEsus der Christ wäre.

Am Tage Mariä Magdalenä.

Epistel. Spr. 31, 10—31.

Wem ein tugendsam Weib bescheret ist, die ist viel edler, denn die köstlichsten Perlen. Ihres Mannes Herz darf sich auf sie verlassen, und Nahrung wird ihm nicht mangeln. Sie thut ihm

Liebes, und kein Leides sein Lebenlang. Sie gehet mit Wolle und Flachs um, und arbeitet gerne mit ihren Händen. Sie ist wie ein Kaufmannsschiff, das seine Nahrung von ferne bringet. Sie stehet des Nachts auf, und gibt Futter ihrem Hause, und Essen ihren Dirnen. Sie denkt nach einem Acker, und kauft ihn, und pflanzt einen Weinberg von den Früchten ihrer Hände. Sie gürtet ihre Lenden fest, und stärkt ihre Arme. Sie merkt, wie ihr Handel Frommen bringt; ihre Leuchte verlöscht des Nachts nicht. Sie streckt ihre Hand nach dem Rocken, und ihre Finger fassen die Spindel. Sie breitet ihre Hände aus zu dem Armen, und reichet ihre Hand dem Dürftigen. Sie fürchtet ihres Hauses nicht vor dem Schnee, denn ihr ganzes Haus hat zwiefache Kleider. Sie macht ihr selbst Decken, weiße Seide und Purpur ist ihr Kleid. Ihr Mann ist berühmt in den Thoren, wenn er sitzt bei den Aeltesten des Landes. Sie macht einen Rock, und verkauft ihn; einen Gürtel gibt sie dem Krämer. Ihr Schmuck ist, daß sie reinlich und fleißig ist; und wird hernach lachen. Sie thut ihren Mund auf mit Weisheit, und auf ihrer Zunge ist holdselige Lehre. Sie schauet, wie es in ihrem Hause zugehet, und isset ihr Brod nicht mit Faulheit. Ihre Söhne kommen auf, und preisen sie selig; ihr Mann lobt sie. Viele Töchter bringen Reichthum, du aber übertriffst sie alle. Lieblich und schön sein ist nichts; ein Weib, das den HErrn fürchtet, soll man loben, sie wird gerühmt werden von den Früchten ihrer Hände; und ihre Werke werden sie loben in den Thoren.

Evangelium. Luc. 7, 26—50.

Es hat ihn aber der Pharisäer einer, daß er mit ihm äße. Und er ging hinein in des Pharisäers Haus, und setzte sich zu Tisch. Und siehe, ein Weib war in der Stadt, die war eine Sünderin. Da die vernahm, daß er zu Tische saß in des Pharisäers Hause, brachte sie ein Glas mit Salben, und trat hinten zu seinen Füßen und weinete, und fing an, seine Füße zu netzen mit Thränen, und mit den Haaren ihres Haupts zu trocknen, und küssete seine Füße und salbete sie mit Salben. Da aber das der Pharisäer sahe, der ihn geladen hatte, sprach er bei sich selbst und sagte: Wenn dieser ein Prophet wäre, so wüßte er, wer und welch ein Weib das ist, die ihn anrühret; denn sie ist eine Sünderin. JEsus antwortete und sprach zu ihm: Simon, ich habe dir etwas zu sagen. Er aber sprach: Meister, sage an. Es hatte ein Wucherer zween Schuldner. Einer war schuldig fünfhundert Groschen, der andere fünfzig. Da sie aber nicht hatten zu bezahlen, schenkte ers beiden. Sage an, welcher unter denen wird ihn am meisten lieben? Simon antwortete und sprach: Ich achte, dem er am meisten geschenkt hat. Er aber sprach zu ihm: Du hast recht gerichtet. Und er wandte sich zu dem Weibe und sprach zu Simon: Siehest du dieß Weib? Ich bin kommen in dein Haus, du hast mir nicht Wasser gegeben zu meinen Füßen; diese aber hat meine Füße mit Thränen genetzet und mit den Haaren ihres Haupts getrocknet. Du hast mir keinen Kuß gegeben; diese aber, nachdem sie hereinkommen ist, hat sie nicht abgelassen, meine Füße zu küssen. Du hast mein Haupt nicht mit Oele gesalbet; sie aber hat meine Füße mit Salben gesalbet. Derhalben sage ich dir: Ihr sind viele Sünden vergeben, denn sie hat viel geliebet; welchem aber wenig vergeben wird, der liebet wenig. Und er sprach zu ihr: Dir sind deine Sünden vergeben. Da fingen an, die mit ihm zu Tisch saßen, und sprachen bei sich selbst: Wer ist dieser, der auch die Sünden vergibt? Er aber sprach zu dem Weibe: Dein Glaube hat dir geholfen; gehe hin mit Frieden.

Am Tage des Apostels St. Jacobi.

Epistel. Röm. 8, 28—39.

Wir wissen aber, daß denen, die Gott lieben, alle Dinge zum Besten dienen, die nach dem Vorsatz berufen sind. Denn welche er zuvor versehen hat, die hat er auch verordnet, daß sie gleich sein sollten dem Ebenbilde seines Sohns, auf daß derselbige der Erstgeborne sei unter vielen Brüdern. Welche er aber verordnet hat, die hat er auch berufen; welche er aber berufen hat, die hat er auch gerecht gemacht; welche er aber hat gerecht gemacht, die hat er auch herrlich gemacht. Was wollen wir denn weiter sagen? Ist Gott für uns, wer mag wider uns sein? Welcher auch seines eigenen Sohns nicht hat verschonet, sondern hat ihn für uns alle dahin gegeben; wie sollt er uns mit ihm nicht alles schenken? Wer will die Auserwählten Gottes beschuldigen? Gott ist hie, der da gerecht macht. Wer will verdammen? Christus ist hie, der gestorben ist, ja vielmehr, der auch auferwecket ist, welcher ist zur Rechten Gottes, und vertritt uns. Wer will uns scheiden von der Liebe Gottes? Trübsal, oder Angst, oder Verfolgung, oder Hunger, oder Blöße, oder Fährlichkeit, oder Schwert? Wie geschrieben stehet: Um deinetwillen werden wir getödtet den ganzen Tag; wir sind geachtet für Schlachtschafe. Aber in dem allen überwinden wir weit um deß willen, der uns geliebet hat. Denn ich bin gewiß, daß weder Tod noch Leben, weder Engel noch Fürstenthum, noch Gewalt, weder Gegenwärtiges noch Zukünftiges, weder Hohes noch Tiefes, noch keine andere Creatur mag uns scheiden von der Liebe Gottes, die in Christo JEsu ist, unserm HErrn.

Evangelium. Matth. 20, 20—23.

Da trat zu ihm die Mutter der Kinder Zebedäi mit ihren Söhnen, fiel vor ihm nieder und bat etwas von ihm. Und er sprach zu ihr: Was willst du? Sie sprach zu ihm: Laß diese meine zween Söhne sitzen in deinem Reiche, einen zu deiner Rechten, und den andern zu deiner Linken. Aber JEsus antwortete und sprach: Ihr wisset nicht, was ihr bittet. Könnet ihr den Kelch trinken, den ich trinken werde, und euch taufen lassen mit der Taufe, da ich mit getauft werde? Sie sprachen zu ihm: Jawohl. Und er sprach zu ihnen: Meinen Kelch sollt ihr zwar trinken, und mit der Taufe, da ich mit getauft werde, sollt ihr getauft werden; aber das Sitzen zu meiner Rechten und Linken zu geben, stehet mir nicht zu, sondern denen es bereitet ist von meinem Vater.

Am Tage des Apostels St. Bartholomäi.

Epistel. 2 Cor. 4, 7—10.

Wir haben aber solchen Schatz in irdischen Gefäßen, auf daß die überschwängliche Kraft sei Gottes, und nicht von uns. Wir haben allenthalben Trübsal; aber wir ängsten uns nicht. Uns ist bange, aber wir verzagen nicht. Wir leiden Verfolgung, aber wir werden nicht verlassen. Wir werden untergedrückt; aber wir kommen nicht um. Und tragen um allezeit das Sterben des HErrn JEsu an unserm Leib, auf daß auch das Leben des HErrn JEsu an unserm Leibe offenbar werde.

Evangelium. Luc. 22, 24—30.

Es erhub sich auch ein Zank unter ihnen, welcher unter ihnen sollte für den Größesten gehalten werden. Er aber sprach zu ihnen: Die weltlichen Könige herrschen, und die Gewaltigen heißt man gnädige Herren; ihr aber nicht also; sondern der Größeste unter euch soll sein wie der Jüngste, und der Vornehmste wie ein Diener. Denn welcher ist der Größeste? der zu Tische sitzt, oder der da dienet? ists nicht also, daß der zu Tische sitzt? Ich aber bin unter euch wie ein Diener. Ihr aber seids, die ihr beharret habt bei mir in meinen Anfechtungen. Und ich will euch das Reich bescheiden, wie mirs mein Vater beschieden hat, daß ihr essen und trinken sollt über meinem Tische in meinem Reich, und sitzen auf Stühlen, und richten die zwölf Geschlechter Israel.

Am Tage der Geburt Mariä.

Epistel. Sir. 24, 22—31.

Ich breitete meine Zweige aus, wie eine Eiche; und meine Zweige waren schön und lustig. Ich gab einen lieblichen Geruch von mir, wie der Weinstock; und meine Blüthe brachte ehrliche und reiche Frucht. Kommt her zu mir, alle, die ihr mein begehret, und sättiget euch von meinen Früchten. Meine Predigt ist süßer, denn Honig, und meine Gabe süßer denn Honigseim. Wer von mir isset, den hungert immer nach mir. Und wer von mir trinket, den dürstet immer nach mir. Wer mir gehorchet, der wird nicht zu Schanden, und wer mir folget, der wird unschuldig bleiben.

Evangelium. Matth. 1, 1—16.

Dieß ist das Buch von der Geburt JEsu Christi, der da ist ein Sohn Davids, des Sohns Abrahams. Abraham zeugete Isaak. Isaak zeugete Jakob. Jakob zeugete Juda und seine Brüder. Juda zeugete Pharez und Saram, von der Thamar. Pharez zeugete Hezron. Hezron zeugete Ram. Ram zeugete Aminadab. Aminadab zeugete Nahasson. Nahasson zeugete Salma. Salma zeugete Boas, von der Rahab. Boas zeugete Obed, von der Ruth. Obed zeugete Jesse. Jesse zeugete den König David. Der König David zeugete Salomon, von dem Weibe des Uria. Salomo zeugete Roboam. Roboam zeugete Abia. Abia zeugete Assa. Assa zeugete Josaphat. Josaphat zeugete Joram. Joram zeugete Osia.

Osia zeugete Jotham. Jotham zeugete Achas. Achas zeugete Ezechia. Ezechia zeugete Manasse. Manasse zeugete Amon. Amon zeugete Josia. Josia zeugete Jechonia und seine Brüder um die Zeit der babylonischen Gefängniß. Nach der babylonischen Gefängniß zeugete Jechonia Sealthiel. Sealthiel zeugete Zorobabel. Zorobabel zeugete Abiud. Abiud zeugete Eliachim. Eliachim zeugete Asor. Asor zeugete Zadoch. Zadoch zeugete Achin. Achin zeugete Eliud. Eliud zeugete Eleasar. Eleasar zeugete Matthan. Matthan zeugete Jakob. Jakob zeugete Joseph, den Mann Mariä, von welcher ist geboren JEsus, der da heißet Christus.

Am Tage des Apostels St. Matthäi.
Epistel. 1 Cor. 12, 4—11.

Es sind mancherlei Gaben; aber es ist Ein Geist. Und es sind mancherlei Aemter; aber es ist Ein HErr. Und es sind mancherlei Kräfte; aber es ist Ein Gott, der da wirket alles in allen. In einem jeglichen erzeigen sich die Gaben des Geistes zum gemeinen Nutzen. Einem wird gegeben durch den Geist, zu reden von der Weisheit; dem andern wird gegeben, zu reden von der Erkenntniß nach demselbigen Geist; einem andern der Glaube in demselbigen Geist; einem andern die Gabe, gesund zu machen, in demselbigen Geist; einem andern, Wunder zu thun; einem andern Weissagung; einem andern, Geister zu unterscheiden; einem andern mancherlei Sprachen; einem andern die Sprachen auszulegen. Dieß aber alles wirket derselbige einige Geist, und theilet einem jeglichen seines zu, nachdem er will.

Evangelium. Matth. 9, 9—13.

Und da JEsus von dannen ging, sahe er einen Menschen am Zoll sitzen, der hieß Matthäus, und sprach zu ihm: Folge mir. Und er stund auf und folgete ihm. Und es begab sich, da er zu Tische saß im Hause, siehe, da kamen viel Zöllner und Sünder und saßen zu Tische mit JEsu und seinen Jüngern. Da das die Pharisäer sahen, sprachen sie zu seinen Jüngern: Warum isset euer Meister mit den Zöllnern und Sündern? Da das JEsus hörete, sprach er zu ihnen: Die Starken bedürfen des Arztes nicht, sondern die Kranken. Gehet aber hin und lernet, was das sei: Ich habe Wohlgefallen an Barmherzigkeit, und nicht am Opfer. Ich bin kommen, die Sünder zur Buße zu rufen, und nicht die Frommen.

Am Tage der Apostel St. Simonis und Judä.
Epistel. 1 Petr. 1, 3—9.

Gelobet sei Gott und der Vater unsers HErrn JEsu Christi, der uns nach seiner großen Barmherzigkeit wieder geboren hat zu einer lebendigen Hoffnung durch die Auferstehung JEsu Christi von den Todten, zu einem unvergänglichen und unbefleckten und unverwelklichen Erbe, das behalten wird im Himmel, euch, die ihr aus Gottes Macht durch den Glauben bewahret werdet zur Seligkeit, welche zubereitet ist, daß sie offenbar werde, zu der letzten

Zeit, in welcher ihr euch freuen werdet, die ihr jetzt eine kleine Zeit (wo es sein soll) traurig seid in mancherlei Anfechtungen, auf daß euer Glaube rechtschaffen und viel köstlicher erfunden werde, denn das vergängliche Gold, das durchs Feuer bewähret wird, zu Lobe, Preis und Ehren, wenn nun offenbaret wird JEsus Christus, welchen ihr nicht gesehen und doch lieb habt, und nun an ihn glaubet, wiewohl ihr ihn nicht sehet, so werdet ihr euch freuen mit unaussprechlicher und herrlicher Freude, und das Ende eures Glaubens davon bringen, nämlich der Seelen Seligkeit.

Evangelium. Joh. 15, 17—21.

Das gebiete ich euch, daß ihr euch unter einander liebet. So euch die Welt hasset, so wisset, daß sie mich vor euch gehasset hat. Wäret ihr von der Welt, so hätte die Welt das Ihre lieb; dieweil ihr aber nicht von der Welt seid, sondern ich habe euch von der Welt erwählet, darum hasset euch die Welt. Gedenket an mein Wort, das ich euch gesagt habe: Der Knecht ist nicht größer, denn sein Herr. Haben sie mich verfolget, sie werden euch auch verfolgen; haben sie mein Wort gehalten, so werden sie eures auch halten. Aber das alles werden sie euch thun um meines Namens willen; denn sie kennen den nicht, der mich gesandt hat.

Am Tage aller Heiligen.
Epistel. Offenb. 7, 2—3.

Und ich sahe einen andern Engel aufsteigen von der Sonnen Aufgang, der hatte das Siegel des lebendigen Gottes, und schrie mit großer Stimme zu den vier Engeln, welchen gegeben ist, zu beschädigen die Erde und das Meer. Und er sprach: Beschädiget die Erde nicht, noch das Meer, noch die Bäume, bis daß wir versiegeln die Knechte unsers Gottes an ihren Stirnen.

Evangelium. Matth. 5, 1—12.

Da er aber das Volk sahe, ging er auf einen Berg und setzte sich, und seine Jünger traten zu ihm. Und er that seinen Mund auf, lehrete sie und sprach: Selig sind, die da geistlich arm sind; denn das Himmelreich ist ihr. Selig sind, die da Leid tragen; denn sie sollen getröstet werden. Selig sind die Sanftmüthigen; denn sie werden das Erdreich besitzen. Selig sind, die da hungert und dürstet nach der Gerechtigkeit, denn sie sollen satt werden. Selig sind die Barmherzigen; denn sie werden Barmherzigkeit erlangen. Selig sind, die reines Herzens sind; denn sie werden Gott schauen. Selig sind die Friedfertigen; denn sie werden Gottes Kinder heißen. Selig sind, die um Gerechtigkeit willen verfolgt werden; denn das Himmelreich ist ihr. Selig seid ihr, wenn euch die Menschen um meinetwillen schmähen und verfolgen und reden allerlei Uebels wider euch, so sie daran lügen. Seid fröhlich und getrost, es wird euch im Himmel wohl belohnet werden. Denn also haben sie verfolget die Propheten, die vor euch gewesen sind.

Die Geschichte des Leidens und Sterbens
unsers
HErrn und Heilandes JEsu Christi,
in fünf Theile eingerichtet.

Erste Lection.

Und da sie den Lobgesang gesprochen hatten, ging JEsus hinaus nach seiner Gewohnheit, über den Bach Kidron an den Oelberg. Es folgeten ihm aber seine Jünger nach. Da sprach er zu ihnen: In dieser Nacht werdet ihr euch alle ärgern an mir, denn es ist geschrieben: Ich werde den Hirten schlagen, und die Schafe der Heerde werden sich zerstreuen. Wenn ich aber auferstehe, will ich vor euch hingehen in Galiläam. Petrus aber antwortete, und sprach zu ihm: Wenn sie auch alle sich an dir ärgerten, so will ich mich doch an dir nimmermehr ärgern. JEsus sprach zu ihm: Wahrlich, ich sage dir, heute, in dieser Nacht, ehe denn der Hahn zweimal krähet, wirst du mich dreimal verleugnen. Er aber redete noch weiter: Ja, wenn ich auch mit dir sterben müßte, wollte ich dich nicht verleugnen. Desselbigen gleichen sagten auch alle Jünger.

Da kam JEsus mit ihnen zu einem Hofe, der hieß Gethsemane, da war ein Garten, darein ging JEsus und seine Jünger. Judas aber, der ihn verrieth, wußte den Ort auch, denn JEsus versammelte sich oft daselbst mit seinen Jüngern. Da sprach JEsus zu ihnen: Setzet euch hie, bis daß ich dort hingehe, und bete.

Und er nahm zu sich Petrum, und Jacobum, und Johannem, die zween Söhne Zebedäi, und fing an zu trauern, zu zittern und zagen, und sprach zu ihnen: Meine Seele ist betrübt bis in den Tod, bleibet hie, und wachet mit mir, auf daß ihr nicht in Anfechtung fallet. Und er riß sich von ihnen bei einem Steinwurf, und knieete nieder, fiel auf sein Angesicht auf die Erde, und betete, daß, so es möglich wäre, die Stunde vorüber ginge, und sprach: Abba, mein Vater, es ist dir alles möglich, überhebe mich dieses Kelchs, doch nicht, was ich will, sondern was du willst. Und er kam zu seinen Jüngern und fand sie schlafend, und sprach zu Petro: Simon, schläfest du, vermöchtest du nicht eine Stunde mit mir zu wachen? Wachet und betet, daß ihr nicht in Anfechtung und Versuchung fallet, der Geist ist willig, aber das Fleisch ist schwach. Zum andernmal ging er aber hin, betete, und sprach: Mein Vater, ists nicht möglich, daß dieser Kelch von mir gehe, ich trinke ihn denn, so geschehe dein Wille. Und er kam, und fand sie abermal schlafen, und ihre Augen waren voll Schlafs und wußten nicht, was sie ihm

Geschichte des Leidens und Sterbens ꝛc.

antworteten. Und er ließ sie und ging aber hin, und betete zum drittenmal dieselbigen Worte, und sprach: Vater, willt du, so nimm diesen Kelch von mir, doch nicht mein Wille, sondern dein Wille geschehe.

Es erschien ihm aber ein Engel vom Himmel und stärkete ihn. Und es kam, daß er mit dem Tode rang, und betete heftiger. Es war aber sein Schweiß wie Blutstropfen, die fielen auf die Erde.

Und er stand auf vom Gebet, und kam zu seinen Jüngern, und fand sie schlafen für Traurigkeit, und sprach zu ihnen: Ach! wollt ihr nun schlafen und ruhen? Was schlafet ihr? Es ist genug. Sehet, die Stunde ist kommen, und des Menschen Sohn wird überantwortet in der Sünder Hände, stehet auf, und lasset uns gehen, siehe, der mich verräth, ist nahe: betet aber, auf daß ihr nicht in Anfechtung fallet.

Und alsbald, da er noch redete, siehe, Judas, der Zwölfen einer, da er nun hatte zu sich genommen die Schaar, und Diener der Hohenpriester und Pharisäer, der Aeltesten und Schriftgelehrten, ging er zuvor der Schaar, und kamen dahin mit Fackeln, Lampen, mit Schwertern und mit Stangen. Der Verräther aber hatte ihnen ein Zeichen gegeben, und gesagt: Welchen ich küssen werde, der ists, den greifet, und führet ihn gewiß. Als nun JEsus wußte alles, was ihm begegnen sollte, ging er hinaus, und sprach zu ihnen: Wen suchet ihr? Sie antworteten ihm: JEsum von Nazareth. JEsus sprach zu ihnen: Ich bins. Judas aber, der ihn verrieth, stund auch bei ihnen. Als nun JEsus zu ihnen sprach: Ich bins, wichen sie zurück und fielen zu Boden. Da fragte er sie abermal: Wen suchet ihr? Sie aber sprachen: JEsum von Nazareth. JEsus antwortete: Ich habe euch gesagt, daß ichs sei; suchet ihr denn mich, so lasset diese gehen. (Auf daß das Wort erfüllet würde, welches er sagte: Ich habe der keinen verloren, die du mir gegeben hast.)

Und Judas nahete sich zu JEsu, ihn zu küssen, und alsbald trat er zu ihm, und sprach: Gegrüßet seist du, Rabbi, und küssete ihn. JEsus aber sprach zu ihm: Mein Freund, warum bist du kommen? Juda, verräthest du des Menschen Sohn mit einem Kuß? Da traten sie hinzu, und legten die Hände an JEsum, und griffen ihn.

Da aber sahen, die um ihn waren, was da werden wollte, sprachen sie zu ihm: HErr, sollen wir mit dem Schwerte drein schlagen? Da hatte Simon Petrus ein Schwert, und zog es aus, und schlug nach des Hohenpriesters Knecht, und hieb ihm sein recht Ohr ab. Und der Knecht hieß Malchus.

JEsus aber antwortete und sprach: Lasset sie doch so ferne machen. Und er sprach zu Petro: Stecke dein Schwert in die Scheide, denn wer das Schwert nimmt, der soll durchs Schwert umkommen. Oder meinst du, daß ich nicht könnte meinen Vater bitten, daß er mir zuschickte mehr denn zwölf Legionen Engel? Soll ich den Kelch nicht trinken, den mir mein Vater gegeben hat? Wie würde aber die Schrift erfüllet? Es muß also geschehen. Und er rührete sein Ohr an, und heilete ihn.

Zu der Stunde sprach JEsus zu den Hohenpriestern und Hauptleuten des Tempels, und den Aeltesten, die über ihn kommen waren: Ihr seid als zu einem Mörder mit Schwertern und mit Stangen ausgegangen, mich zu fahen, bin ich doch täglich gesessen bei euch, und habe gelehret im Tempel, und ihr habt keine Hand an mich gelegt. Aber dies ist eure Stunde, und die Macht der Finsterniß, auf daß die Schrift erfüllet werde. Das ist aber alles geschehen, auf daß erfüllet werde die Schrift des Propheten.

Da verließen ihn alle Jünger und flohen. Und es war ein Jüngling, der folgete ihm nach, der war mit Leinwand gekleidet auf der bloßen Haut, und die Jünglinge griffen ihn: er aber ließ die Leinwand fahren, und flohe bloß von hinnen.

Zweite Lection.

Die Schaar aber und der Ober-Hauptmann und die Diener der Juden nahmen JEsum an, und banden ihn, führeten ihn aufs Erste zu Hannas, der war Caiphas Schwäher, welcher des Jahres Hoherpriester war. Es war aber Caiphas, der den Juden rieth, es wäre gut, daß ein Mensch würde umgebracht für das Volk. Und sie führeten ihn zum Hohenpriester Caiphas (das ist zum Fürsten der Priester), dahin alle Hohenpriester und Schriftgelehrten und Aeltesten sich versammelt hatten.

Simon Petrus aber folgete JEsu von ferne und ein anderer Jünger bis an den Palast des Hohenpriesters. Derselbe Jünger war dem Hohenpriester bekannt, und ging mit JEsu hinein in des Hohenpriesters Palast. Petrus aber stand draußen vor der Thür. Da ging der andere Jünger, der dem Hohenpriester bekannt war, hinaus, und redete mit der Thürhüterin, und führte Petrum hinein. Es standen aber die Knechte und Diener und hatten ein Kohlenfeuer gemacht, danieben mitten im Palast, denn es war kalt, und wärmeten sich. Petrus aber stand bei ihnen, und wärmete sich, auf daß er sähe, wo es hinaus wollte. Die Magd aber des Hohenpriesters, die Thürhüterin, sahe Petrum bei dem Licht, daß er sich wärmete, und sahe eben auf ihn, und sprach: Und du warst auch mit dem JEsu von Galiläa: Bist du nicht auch dieses Menschen Jünger einer? Er leugnete aber vor allen, und sprach: Weib, ich bins nicht, ich kenne sein nicht, ich weiß auch nicht, was du sagest.

Aber der Hohepriester fragete JEsum um seine Jünger und um seine Lehre. JEsus antwortete: Ich habe frei öffentlich geredet vor der Welt, ich habe allezeit gelehret in der Schule, und in dem Tempel, da alle Juden zusammenkommen, und habe nichts im Winkel geredet. Was fragest du mich darum? Frage die darum, die es gehöret haben, was ich zu ihnen geredet habe, siehe, dieselbigen wissen, was ich gesagt habe. Als er aber solches redete, gab der Diener einer, die dabei stunden, JEsu einen Backenstreich, und sprach: Sollt du dem Hohenpriester also antworten? JEsus antwortete: Habe ich übel geredet, so beweise es, daß es unrecht sei, habe ich aber recht geredet, was schlägest du mich? Und Hannas hatte ihn gebunden gesandt zu dem Hohenpriester Caiphas.

Simon Petrus aber stund und wärmete sich. Und über eine kleine Weile nach dem ersten Verleugnen, als er hinaus ging nach

unsers HErrn und Heilandes JEsu Christi.

dem Vorhof, krähete der Hahn, und eine andere Magd sahe ihn, und hub abermal an zu sagen zu denen, die dabei stunden: Dieser war auch mit dem JEsu von Nazareth. Da sprachen sie zu ihm: Bist du nicht seiner Jünger einer? Und ein andrer sprach: Du bist auch der einer. Und er leugnete abermal, und schwur darzu, und sprach: Mensch, ich bins nicht, und kenne auch des Menschen nicht. Und über eine kleine Weile bei einer Stunde bekräftigts ein anderer mit denen, die da stunden, und sprach: Wahrlich, du bist auch der einer, denn du bist ein Galiläer, und deine Sprache verräth dich. Spricht des Hohenpriesters Knecht, ein Gefreundter deß, dem Petrus das Ohr abgehauen hatte: Sahe ich dich nicht im Garten bei ihm? Da fing er an sich zu verfluchen und zu schwören: Ich kenne des Menschen nicht, von dem ihr saget. Und alsbald, da er noch redete, krähete der Hahn zum andernmal. Und der HErr wandte sich um, und sahe Petrum an. Da gedachte Petrus an das Wort JEsu, als er zu ihm gesagt hatte: Ehe der Hahn zweimal krähet, wirst du mich breimal verleugnen, und ging hinaus und weinete bitterlich.

Die Hohenpriester aber, und die Aeltesten, und der ganze Rath suchten falsche Zeugniß wider JEsum, auf daß sie ihn zum Tode hülfen, und funden keines: wiewohl viele falsche Zeugen herzu traten, denn ihre Zeugnisse stimmeten nicht überein. Zuletzt stunden auf und traten herzu zween falsche Zeugen, und gaben falsche Zeugniß wider ihn und sprachen: Wir haben gehöret, daß er sagte: Ich kann und will abbrechen den Tempel Gottes, der mit Händen gemacht ist, und in breien Tagen einen andern bauen, der nicht mit Händen gemacht ist. Und ihre Zeugnisse stimmeten noch nicht überein.

Und der Hohepriester stund auf unter sie, und fragete JEsum, und sprach: Antwortest du nichts zu dem, das diese wider dich zeugen? JEsus aber schwieg stille, und antwortete nichts. Da fragte ihn der Hohepriester abermal und sprach zu ihm: Bist du Christus, der Sohn des Hochgelobten? Ich beschwöre dich bei dem lebendigen Gott, daß du uns sagest, ob du seiest Christus, der Sohn Gottes? JEsus sprach: Du sagst, ich bins. Doch ich sage euch: Von nun an werdet ihr sehen des Menschen Sohn sitzen zur rechten Hand der Kraft, und kommen in den Wolken des Himmels. Da zerriß der Hohepriester seine Kleider, und sprach: er hat Gott gelästert, was dürfen wir weiter Zeugniß? Siehe, itzt habt ihr seine Gotteslästerung gehöret, was dünket euch? Sie aber verdammten ihn alle, und sprachen: Er ist des Todes schuldig.

Die Männer aber, die JEsum hielten, verspotteten ihn, und speieten aus in sein Angesicht, und schlugen ihn mit Fäusten. Etliche aber verdeckten ihn, und schlugen ihn ins Angesicht, besonders die Knechte. Und sprachen: Weissage uns, Christe, wer ists, der dich schlug? Und viel andere Lästerung sagten sie wider ihn.

Des Morgens aber sammelten sich alle Hohenpriester, Schriftgelehrten, und die Aeltesten des Volks, darzu der ganze Rath, und hielten einen Rath über JEsum, daß sie ihm zum Tode hülfen, und führeten ihn hinauf vor ihren Rath, und sprachen: Bist du Christus, sage es uns. Er aber sprach zu ihnen: Sage ichs euch, so gläubet ihr nicht; frage ich aber, so antwortet ihr nicht, und lasset mich dennoch nicht los. Darum, von nun an wird des Menschen Sohn sitzen zur rechten Hand der Kraft Gottes. Da sprachen sie alle: Bist du denn Gottes Sohn? Er aber sprach zu ihnen: Ihr sagets, denn ich bins. Sie aber sprachen: Was dürfen wir weiter Zeugniß? Wir habens selber gehöret aus seinem Munde.

Dritte Lection.

Und der ganze Haufe stund auf und banden JEsum, führeten ihn von Caipha vor das Richthaus, und überantworteten ihn dem Landpfleger Pontio Pilato: und es war noch frühe.

Da das sahe Judas, der ihn verrathen hatte, daß er verdammet war zum Tode, gereuete es ihn, und brachte herwieder die dreißig Silberlinge den Hohenpriestern und den Aeltesten, und sprach: Ich habe übel gethan, daß ich unschuldig Blut verrathen habe. Sie sprachen: Was gehet uns das an? Da siehe du zu. Und er warf die Silberlinge in den Tempel, hub sich davon, ging hin, und erhenkte sich selbst, und ist mitten entzwei geborsten, und seine Eingeweide ausgeschüttet.

Aber die Hohenpriester nahmen die Silberlinge und sprachen: Es taugt nicht, daß wir sie in den Gotteskasten legen, denn es ist Blutgeld. Sie hielten aber einen Rath, und kauften um die Silberlinge, um den Lohn der Ungerechtigkeit, eines Töpfers Acker, zum Begräbniß der Pilger. Und es ist kund worden allen, die zu Jerusalem wohnen, also, daß derselbige Acker genennet wird auf ihre Sprache: Akeldama, das ist, ein Blutacker, bis auf den heutigen Tag. Da ist erfüllet, das gesagt ist durch den Propheten Jeremiam, da er spricht: Sie haben genommen dreißig Silberlinge, damit bezahlet ward der Verkaufte, welchen sie kauften von den Kindern Jsrael, und haben sie gegeben um eines Töpfers Acker, als mir der HErr befohlen hat.

Die Juden aber gingen nicht in das Richthaus, auf daß sie nicht unrein würden, sondern die Ostern essen möchten. Da ging Pilatus zu ihnen heraus, und sprach: Was bringet ihr für eine Klage wider diesen Menschen? Sie antworteten, und sprachen zu ihm: Wäre dieser nicht ein Uebelthäter, wir hätten dir ihn nicht überantwortet. Da sprach Pilatus zu ihnen: So nehmet ihr ihn hin, und richtet ihn nach eurem Gesetz. Da sprachen die Juden zu ihm: Wir dürfen niemand tödten. (Auf daß erfüllet würde das Wort JEsu, welches er sagete, da er deutete, welches Todes er sterben würde.)

Da fingen an die Hohenpriester und die Aeltesten ihn hart zu verklagen, und sprachen: Diesen finden wir, daß er das Volk abwendet, und verbeut den Schoß dem Kaiser zu geben, und spricht: Er sei Christus, ein König. Da ging Pilatus wieder hinein in das Richthaus und rief JEsum, und fragte ihn, und sprach: Bist du der Juden König? JEsus stund vor ihm, und antwortete: Redest du das von dir selbst, oder habens dir andere von mir gesaget? Pilatus antwortete: Bin ich ein Jude? Dein Volk und die Hohenpriester haben dich mir überantwortet; was hast du gethan? JEsus antwortete: Mein Reich ist nicht von dieser Welt; wäre mein

Reich von dieser Welt, meine Diener würden drob kämpfen, daß ich den Juden nicht überantwortet würde. Aber nun ist mein Reich nicht von dannen. Da sprach Pilatus zu ihm: So bist du dennoch ein König? JEsus antwortete: Du sagests, ich bin je ein König, ich bin darzu geboren, und auf die Welt kommen, daß ich die Wahrheit zeugen soll, wer aus der Wahrheit ist, der höret meine Stimme. Spricht Pilatus zu ihm: Was ist Wahrheit? Und da er das gesagt, ging er wieder heraus zu den Juden und sprach zu ihnen: Ich finde keine Schuld an ihm. Und da er verklaget ward von den Hohenpriestern und Aeltesten, antwortete er nichts. Pilatus aber fragte ihn abermal und sprach: Antwortest du nicht? Siehe, wie hart sie dich verklagen? Hörest du nicht? Und er antwortete ihm nicht auf ein Wort mehr, also, daß sich auch der Landpfleger sehr verwunderte. Sie aber hielten an, und sprachen: Er hat das Volk erreget, damit daß er gelehret hat hin und her im ganzen jüdischen Lande, und hat in Galiläa angefangen bis hieher.

Da aber Pilatus Galiläam hörete, fragte er, ob er aus Galiläa wäre? Und als er vernahm, daß er unter Herodis Obrigkeit war, übersandte er ihn Herodes, welcher in denselbigen Tagen auch zu Jerusalem war. Da aber Herodes JEsum sahe, ward er sehr froh, denn er hätte ihn längst gerne gesehen, denn er hatte viel von ihm gehöret, und hoffete, er würde ein Zeichen von ihm sehen. Und er fragte ihn mancherlei. Er antwortete ihm aber nichts. Die Hohenpriester aber und Schriftgelehrten stunden und verklagten ihn hart. Aber Herodes mit seinem Hofgesinde verachtete und verspottete ihn, legte ihm ein weißes Kleid an, und sandte ihn wieder zu Pilato. Auf den Tag wurden Pilatus und Herodes Freunde mit einander, denn zuvor waren sie einander feind.

Pilatus aber rief die Hohenpriester und die Obersten und das Volk zusammen und sprach zu ihnen: Ihr habt diesen Menschen zu mir bracht, als der das Volk abwendet, und sehet, ich habe ihn vor euch verhöret, und finde an dem Menschen der Sachen keine, die ihr ihn beschuldiget. Herodes auch nicht, denn ich habe euch zu ihm gesandt, und sehet, man hat nichts auf ihn bracht, das des Todes werth sei, darum will ich ihn züchtigen, und los geben. Auf das Fest aber mußte der Landpfleger nach Gewohnheit dem Volk einen Gefangenen los geben, welchen sie begehrten. Er hatte aber zu der Zeit einen Gefangenen, der war fast rüchtig, nämlich einen Uebelthäter und Mörder, der hieß Barabbas, der mit den Aufrührischen war ins Gefängniß geworfen, welcher im Aufruhr, der in der Stadt geschahe, einen Mord begangen hatte. Und das Volk ging hinauf, und bat, daß er thäte, wie er pflegete. Und da sie versammelt waren, antwortete ihnen Pilatus: Ihr habt eine Gewohnheit, daß ich einen los gebe auf Ostern, welchen wollt ihr, daß ich euch los gebe, Barabbam, oder JEsum, den König der Juden, den man nennet Christus? Denn er wußte wohl, daß ihn die Hohenpriester aus Neid überantwortet hatten.

Und da er auf dem Richtstuhl saß, schickte sein Weib zu ihm, und ließ ihm sagen: Habe du nichts zu schaffen mit diesem Gerechten, denn ich habe heut viel erlitten im Traum von seinetwegen.

Aber die Hohenpriester und Aeltesten überredeten und reizeten das Volk, daß sie um Barabbam bitten sollten, und JEsum umbrächten. Da antwortete nun der Landpfleger, und sprach zu ihnen: Welchen wollt ihr unter diesen zween, den ich euch soll los geben? Da schrie der ganze Haufe, und sprach: Hinweg mit diesem, und gieb uns Barabbam los. Da rief Pilatus abermal zu ihnen, und wollte JEsum los lassen, und sprach: Was soll ich denn machen mit JEsu, den man nennet Christus? Sie schrieen abermal: Kreuzige, kreuzige ihn! Er aber sprach zum dritten mal zu ihnen: Was hat er denn Uebels gethan? Ich finde keine Ursach des Todes an ihm, darum will ich ihn züchtigen und los lassen. Aber sie schrieen noch viel mehr, und sprachen: Kreuzige ihn! Und sie lagen ihm an mit großem Geschrei, und forderten, daß er gekreuziget würde, und ihr und der Hohenpriester Geschrei nahm überhand.

Da nahm Pilatus JEsum und geißelte ihn. Die Kriegsknechte aber des Landpflegers führeten ihn hinein in das Richthaus, und riefen zusammen die ganze Rotte, und zogen ihn aus, und legten ihm einen Purpurmantel an, und flochten eine Krone von Dornen, und setzten sie auf sein Haupt, und gaben ihm ein Rohr in seine rechte Hand, und beugten die Knie vor ihm, und spotteten ihn, und fingen an ihn zu grüßen, und sprachen: Gott grüße dich, lieber König der Juden. Und schlugen ihn ins Angesicht, und speieten ihn an, und nahmen das Rohr, und schlugen damit sein Haupt, und fielen auf die Knie, und beteten ihn an.

Da ging Pilatus wieder heraus, und sprach zu ihnen: Sehet, ich führe ihn heraus zu euch, daß ihr erkennet, daß ich keine Schuld an ihm finde. Also ging JEsus heraus, und trug eine Dornenkrone und Purpurkleid. Und er spricht zu ihnen: Sehet, welch ein Mensch! Da ihn die Hohenpriester und die Diener sahen, schrieen sie und sprachen: Kreuzige, kreuzige ihn! Pilatus spricht zu ihnen: Nehmet ihr ihn hin, und kreuziget ihn; denn ich finde keine Schuld an ihm. Die Juden antworteten ihm: Wir haben ein Gesetz, und nach dem Gesetz soll er sterben, denn er hat sich selbst zu Gottes Sohn gemacht.

Da Pilatus das Wort hörete, fürchtete er sich noch mehr, und ging wieder hinein in das Richthaus, und spricht zu JEsu: Von wannen bist du? Aber JEsus gab ihm keine Antwort. Da sprach Pilatus zu ihm: Redest du nicht mit mir? Weißest du nicht, daß ich Macht habe, dich zu kreuzigen, und Macht habe, dich los zu geben. JEsus antwortete: Du hättest keine Macht über mich, wenn sie dir nicht wäre von oben herab gegeben. Darum, der mich dir überantwortet hat, der hats größere Sünde. Von dem an trachtete Pilatus, wie er ihn los ließe. Die Juden aber schrieen, und sprachen: Lässest du diesen los, so bist du des Kaisers Freund nicht, denn wer sich selbst zum Könige machet, der ist wider den Kaiser.

Da Pilatus das Wort hörete, führte er JEsum heraus, und setzte sich auf den Richtstuhl, an der Stätte, die da heißet Hochpflaster, auf Hebräisch aber Gabbatha. Es war aber der Rüsttag in den Ostern um die sechste Stunde. Und er spricht zu den Juden: Sehet, das ist euer König. Sie schrieen aber: Weg, weg mit dem, kreuzige ihn! Spricht Pilatus zu ihnen: Soll ich euren

König kreuzigen? Die Hohenpriester antworteten: Wir haben keinen König, denn den Kaiser.

Da aber Pilatus sahe, daß er nichts schaffete, sondern daß viel ein größer Getümmel ward, gedachte er dem Volke genug zu thun, und urtheilete, daß ihre Bitte geschähe, nahm Wasser, und wusch die Hände vor dem Volk, und sprach: Ich bin unschuldig an dem Blute dieses Gerechten; sehet ihr zu. Da antwortete das ganze Volk, und sprach: Sein Blut sei über uns und über unsere Kinder.

Da gab er ihnen Barabbam los, der um Aufruhr und Mords willen war ins Gefängniß geworfen, um welchen sie baten. JEsus aber, gegeißelt und verspottet, übergab er ihrem Willen, daß er gekreuziget würde.

Vierte Lection.

Da nahmen die Kriegsknechte JEsum, zogen ihm den Mantel aus, und zogen ihm seine Kleider an, und führeten ihn hin, daß sie ihn kreuzigten; und er trug sein Kreuz. Und indem sie hinaus gingen, fanden sie einen Menschen, der vorüber ging, von Cyrene, mit Namen Simon, der vom Felde kam, der ein Vater Alexandri und Ruffi war, den zwangen sie, daß er ihm sein Kreuz trüge, und legten das Kreuz auf ihn, daß ers JEsu nachtrüge.

Es folgete ihm aber nach ein großer Haufe Volks und Weiber, die klagten und beweineten ihn. JEsus aber wandte sich um zu ihnen, und sprach: Ihr Töchter von Jerusalem, weinet nicht über mich, sondern weinet über euch selbst, und über eure Kinder; denn siehe, es wird die Zeit kommen, in welcher man sagen wird: Selig sind die Unfruchtbaren, und die Leiber, die nicht geboren haben, und die Brüste, die nicht gesäuget haben. Dann werden sie anfahen zu sagen zu den Bergen: Fallet über uns, und zu den Hügeln: Decket uns; denn so man das thut am grünen Holz, was will am dürren werden?

Es wurden aber auch hingeführet zween andere Uebelthäter, daß sie mit ihm abgethan würden. Und sie brachten ihn an die Stätte, die da heißet auf Ebräisch Golgatha, das ist verdolmetscht Schädelstätte, und sie gaben ihm Essig oder vermhrrheten Wein zu trinken, mit Gallen vermischet, und da ers schmeckete, wollte ers nicht trinken.

Und sie kreuzigten ihn an der Stätte Golgatha, und zween Uebelthäter mit ihm, einen zur rechten und einen zur linken Hand, JEsum aber mitten inne. Und die Schrift ist erfüllet, die da saget: Er ist unter die Uebelthäter gerechnet. Und es war die dritte Stunde, da sie ihn kreuzigten.

JEsus aber sprach: **Vater!** vergib ihnen, denn sie wissen nicht, was sie thun.

Pilatus aber schrieb eine Ueberschrift, geschrieben, was man ihm Schuld gab, die Ursache seines Todes, und setzte sie auf das Kreuz, oben zu seinem Haupt. Es war aber geschrieben: JEsus von Nazareth, der Juden König. Diese Ueberschrift lasen viel Juden, denn die Stätte war nahe bei der Stadt, da JEsus gekreuziget ist. Und es war geschrieben auf Ebräische, Griechische und Lateinische Sprache. Da sprachen die Hohenpriester der Juden zu Pilato: Schreibe nicht: Der Juden König; sondern daß er gesagt habe: Ich bin der Juden König. Pilatus antwortete: Was ich geschrieben habe, das habe ich geschrieben.

Die Kriegesknechte, da sie JEsum gekreuziget hatten, nahmen sie seine Kleider, und machten vier Theile, einem jeglichen Kriegesknechte ein Theil, darzu auch den Rock. Der Rock aber war ungenähet, von oben an gewirket durch und durch. Da sprachen sie unter einander: Lasset uns den nicht zertheilen, sondern darum loosen, weß er sein soll: Auf daß erfüllet würde die Schrift, die da saget: Sie haben meine Kleider unter sich getheilet, und haben über meinen Rock das Loos geworfen. Und sie saßen allda und hüteten sein; solches thaten die Kriegsknechte, und das Volk stund und sahe zu.

Es stund aber bei dem Kreuz JEsu seine Mutter, und seiner Mutter Schwester, Maria, Cleophas Weib, und Maria Magdalena. Da nun JEsus seine Mutter sahe, und den Jünger dabei stehen, den er lieb hatte, spricht er zu seiner Mutter: Weib, siehe, das ist dein Sohn. Darnach spricht er zu dem Jünger: Siehe, das ist deine Mutter. Und von Stund an nahm sie der Jünger zu sich.

Die aber vorüber gingen, lästerten ihn, und schüttelten die Köpfe, und sprachen: Pfui dich, wie fein zerbrichst du den Tempel und bauest ihn in dreien Tagen, hilf dir selber. Bist du Gottes Sohn, so steige herab vom Kreuz. Desgleichen auch die Hohenpriester verspotteten ihn unter einander mit den Schriftgelehrten, und Aeltesten, samt dem Volk, und sprachen: Er hat andern geholfen, und kann ihm selber nicht helfen. Ist er Christ, der König von Israel, der Auserwählte Gottes, so helfe er ihm selber, und steige nun vom Kreuz, auf daß wirs sehen, und gläuben ihm. Er hat Gott vertrauet, der erlöse ihn nun, lüstet es ihm, denn er hat gesagt: Ich bin Gottes Sohn. Dasselbige rückten ihm auch auf die Mörder, die mit ihm gekreuziget waren, und schmäheten ihn. Es verspotteten ihn auch die Kriegesknechte, traten zu ihm, und brachten ihm Essig, und sprachen: Bist du der Juden König, so hilf dir selber.

Aber der Uebelthäter einer, die da gehenket waren, lästerte ihn, und sprach: Bist du Christus, so hilf dir selbst, und uns. Da antwortete der andere, strafete ihn und sprach: Und du fürchtest dich auch nicht vor Gott, der du doch in gleicher Verdammniß bist? Und zwar wir sind billig drinnen, denn wir empfahen, was unsere Thaten werth sind, dieser aber hat nichts Ungeschicktes gehandelt, und sprach zu JEsu: HErr, gedenke an mich, wenn du in dein Reich kommest. Und JEsus sprach zu ihm: Wahrlich, ich sage dir, heute wirst du mit mir im Paradiese sein.

Und da es um die sechste Stunde kam, ward eine Finsterniß über das ganze Land, bis in die neunte Stunde, und die Sonne verlor ihren Schein. Und um die neunte Stunde rief JEsus laut, und sprach: Eli, Eli, Lama asabthani! Das ist verdollmetschet: Mein Gott, mein Gott! warum hast du mich verlassen? Etliche aber, die da stunden, da sie das höreten, sprachen sie: Er rufet dem Elias. Darnach, als JEsus wußte, daß schon alles vollbracht war, daß die Schrift erfüllet würde, spricht er: Mich dürstet. Da stund ein Gefäß voll Essig, und bald lief einer unter ihnen hin, nahm einen Schwamm, und füllete ihn mit Eßig und Ysopen, und steckte ihn auf ein Rohr, und hielts ihm dar zum Munde, und tränkete ihn, und sprach mit den andern: Halt, laß sehen, ob Elias komme und ihn herab nehme.

Da nun JEsus den Eßig genommen hatte, sprach er: Es ist vollbracht. Und abermal rief er laut, und sprach: Vater, ich befehle meinen Geist in deine Hände. Und als er das gesaget, neigete er das Haupt und gab seinen Geist auf.

Und siehe da, der Vorhang im Tempel zerriß in zwei Stücke, von oben an bis unten aus, und die Erde erbebete, und die Felsen zerrissen, und die Gräber thaten sich auf, und stunden auf viele Leiber der Heiligen, die da schliefen, und gingen aus den Gräbern nach seiner Auferstehung, und kamen in die heilige Stadt, und erschienen vielen.

Aber der Hauptmann, der dabei stund gegen ihm über, und die bei ihm waren, und bewahreten JEsum, da sie sahen, daß er mit solchem Geschrei verschied, und sahen das Erdbeben, und was da geschah, erschraken sie sehr, und preiseten Gott, und sprachen: Wahrlich, dieser ist ein frommer Mensch gewesen und Gottes Sohn. Und alles Volk, das dabei war, und zusahe, da sie sahen, was da geschah, schlugen sie an ihre Brust, und wandten wieder um.

Es stunden aber alle seine Verwandten von ferne, und viel Weiber, die ihm aus Galiläa waren nachgefolget, und sahen das alles, unter welchen war Maria Magdalena, und Maria, des kleinen Jacobs, und Joses Mutter, und Salome, die Mutter der Kinder Zebedäi, welche ihm nachgefolget, da er in Galiläa war, und gedienet, und viel andere, die mit ihm hinauf gen Jerusalem gegangen waren.

Die Juden aber, dieweil es der Rüsttag war, daß nicht die Leichname auf dem Kreuz blieben am Sabbath (denn desselbigen Sabbaths Tag war groß), baten sie Pilatum, daß ihre Beine gebrochen und abgenommen würden. Da kamen die Kriegesknechte, und brachen dem ersten die Beine, und dem andern, der mit ihm gekreuziget war. Da sie aber zu JEsu kamen, da sie sahen, daß er schon gestorben war, brachen sie ihm die Beine nicht, sondern der Kriegesknechte einer öffnete seine Seite mit einem Speer, und alsbald ging Blut und Wasser heraus.

Und der das gesehen hat, der hat es bezeuget, und sein Zeugniß ist wahr, und derselbige weiß, daß er wahr saget, auf daß auch ihr glaubet. denn solches ist geschehen, daß die Schrift erfüllet würde: Ihr sollt ihm kein Bein zerbrechen. Und abermal spricht eine andere Schrift: Sie werden sehen, in welchen sie gestochen haben.

Fünfte Lection.

Darnach am Abend, weil es der Rüsttag war, welcher ist der Vor-Sabbath, kam Joseph von Arimathia, der Stadt der Juden, ein Rathsherr, ein guter frommer Mann, der hatte nicht verwilliget in ihren Rath und Handel, welcher auf das Reich Gottes wartete, denn er war ein Jünger JEsu, doch heimlich, aus Furcht vor den Juden, der wagets, und ging hinein zu Pilato, und bat, daß er möchte abnehmen den Leichnam JEsu.

Pilatus aber verwunderte sich, daß er schon todt war, und rief den Hauptmann, und fragete ihn, ob er längst gestorben wäre? Und als er's erkundet von dem Hauptmann, gab er Joseph den Leichnam JEsu, und befahl, man sollte ihn ihm geben. Und Joseph kaufte ein Leinwand. Es kam aber auch Nicodemus, der vormals bei der Nacht zu JEsu kommen war, und brachte Myrrhen und Aloen unter einander, bei hundert Pfunden. Da nahmen sie den Leichnam JEsu, der abgenommen war, und wickelten ihn in ein rein Leinwand, und bunden ihn mit leinenen Tüchern, und mit den Spezereien, wie die Juden pflegten zu begraben.

Es war aber an der Stätte, da er gekreuziget ward, ein Garten, und im Garten ein neu Grab, das war Josephs, welches er hatte lassen hauen in einen Felsen, in welches niemand je geleget war. Daselbst hin legten sie JEsum, um des Rüsttages willen der Juden, da der Sabbath anbrach, und das Grab nahe war, und wälzten einen großen Stein vor die Thüre des Grabes, und gingen davon. Es war aber allda Maria Magdalena, und Maria Joses, die setzten sich gegen das Grab, auch andere Weiber, die da JEsu auch waren nachgefolget von Galiläa, beschaueten, wohin, und wie sein Leib geleget ward. Sie kehreten aber um, und bereiteten die Spezerei und Salben, und den Sabbath über waren sie stille, nach dem Gesetz.

Des andern Tages, der da folget nach dem Rüsttage, kamen die Hohenpriester und Pharisäer sämmtlich zu Pilato, und sprachen: Herr, wir haben gedacht, daß dieser Verführer sprach, da er noch lebete: Ich will nach dreien Tagen auferstehen. Darum befiehl, daß man das Grab verwahre bis an den dritten Tag, auf daß nicht seine Jünger kommen und stehlen ihn, und sagen zum Volk: Er ist auferstanden von den Todten; und werde der letzte Betrug ärger denn der erste. Pilatus sprach zu ihnen: Da habt ihr die Hüter, gehet hin, und verwahret's, wie ihr wisset. Sie gingen hin, und verwahreten das Grab mit Hütern, und versiegelten den Stein.

Beschreibung
von der
Zerstörung der Stadt Jerusalem.

Als sich die Zeit nahete, daß Gott wollte über Jerusalem und das jüdische Volk den endlichen Zorn ergehen lassen, wie die Propheten und der HErr Christus selbst ihnen gedräuet, und zuvor gesagt hatten, sind diese nachfolgenden Zeichen vorhergegangen.

Es ist am Himmel ein Komet gesehen worden, wie ein Schwert gestaltet, welcher ein ganz Jahr gegen der Stadt übergestanden, und von jedermann gesehen worden.

Item, eben in den Tagen der ungesäuerten Brode, am achten Tage des Monats April, um neun Uhr in der Nacht, ist bei dem Altar im Tempel ein solch hell glänzend Licht erschienen, daß jedermann meinte, es wäre Tag.

Item, ein ehernes großes starkes Thor am innern Tempel, da zwanzig Männer an heben mußten, wenn man es wollte aufthun, welches mit starken eisernen Schlössern und Riegeln verwahret war, hat sich um die sechste Nachtstunde selbst aufgethan.

Item, auf den ein und zwanzigsten Tag Junii hat man gesehen in der Luft und Wolken an vielen Orten des Himmels Wagen schweben, und wie eine große Rüstung von Reutern und Knechten in den Wolken zusammen ziehen, und mit Gerassel sich schlagen in der Nacht.

Item, vor dem Pfingsttage, als die Priester inwendig im Tempel haben wollen bereiten, was zum Fest gehöret, haben sie ein groß Getümmel und Gepolter, und hernach eine Stimme gehöret, welche gerufen hat: Lasset uns von hinnen wegziehen! Wiewohl etliche sagen, dies sei geschehen zur Zeit, da der Vorhang im Tempel unter Christi Leiden zerrissen ist.

Item, es ist ein Mensch gewesen, Jesus, genannt Anania, eines gemeinen Mannes Sohn, welcher, als er ist gen Jerusalem kommen, auf das Fest der Laubrüst, hat aus einem besondern Geist geschrieen: O ein Geschrei vom Morgen! O ein Geschrei vom Abend! O ein Geschrei von den vier Winden! O ein Geschrei über ganz Jerusalem und den Tempel! Eine elende Klage über Braut und Bräutigam, ein Geschrei über alles Volk. Und das klägliche Schreien trieb er Tag und Nacht an einander, und lief wüthend in der Stadt umher. Und wiewohl ihn etliche mit Geißeln und Ruthen straften, die diese Worte als eine böse Deutung über die Stadt nicht gern höreten, so hörete er doch nicht auf.

Und als man diesen Menschen hat gebracht vor den Landpfleger, welchen die Römer da hatten, der ihn auch mit Geißeln hart bis aufs Blut stäupen und peitschen ließ, hat er doch mit keinem Wort Gnade gebeten, hat auch nicht eine Thräne oder Zähre gelassen, sondern ohn Unterlaß überlaut geschrieen: Weh, weh dir, o du armes Jerusalem! Albinus, der Richter, hat ihn als einen Thoren verachtet. Dieser Mensch aber ist sieben Jahr nach einander nicht viel mit Leuten umgegangen, sondern allein gegangen, wie ein Mensch, der etwas bei sich tief besinnet, oder dichtet, und immerdar diese Worte von sich hören lassen: Weh, weh dir, o du armes Jerusalem! Und von solchem Rufen ist er nicht müde worden.

Als aber die Stadt nun ist von den Römern belagert worden, ist er auf den Mauern umher gegangen, und hat immer geschrieen: Weh über den Tempel, und über das ganze Volk! und zuletzt hat er auf eine Zeit diese ungewöhnlichen Worte dazu gesagt: Weh auch mir! Und in dem Wort ist er ohngefähr von der Feinde Geschoß getroffen worden, und also todt blieben. Diese und andere große Zeichen sind vorhergegangen, ehe Jerusalem zerstöret ist.

Nun wollen wir von der Zerstörung an ihr selbst auch kurz reden. Da die Juden, wie Stephanus sagt, als Mörder und Verräther den gerechten und unschuldigen Christum getödtet hatten, ist es mit dem ganzen jüdischen Reiche in allen Ständen immer ärger worden. Die Hohenpriester huben an, und übeten Tyrannei wider die andern Priester; unter den andern Gewaltigen war allerlei Haß und Neid, und schickete sich alles zur Uneinigkeit im Regiment, und ließ sich ansehen, daß eine große Aenderung und Zerrüttung des Reichs vorhanden wäre; auf solchen Zwiespalt und Haß der Gewaltigen unter sich erhuben sich Rotten und allerlei partheiische Zertrennungen, und aus dem trug sich zu allerlei Unglück, viel Raubs und Mords in der Stadt und außer Jerusalem, und schickten sich alle Sachen, daß beide Regiment des Volks, geistlich und weltlich, zu Trümmern gehen wollten.

Darüber begab sich auch, daß der Kaiser Nero Cestium Florum in das jüdische Land schickte. Und als er den Juden sehr hart war, mit vielen Dingen seinen Geiz, Stolz und Muthwillen übte, haben ihn die Juden verjagt, und als er mit ihnen zu schlagen kam, hat er fünf tausend Mann der Seinigen verloren. Also wütheten die Juden durch Gottes Verhängniß, daß sie auch wider die Römer sich setzten, und von ihnen abfielen. Als aber der Kaiser Nero das erfuhr, schickte er Flavium Vespasianum mit seinem Sohn Tito in Syrien.

Und es ist diese Zeit im ganzen Morgenland, wie auch Tranquillus schreibet, eine gemeine Sage und Gerücht gewesen, daß eben um diese Zeit etliche, so aus Judäa kommen würden, sehr groß und ganz mächtig in aller Welt sollten werden. Und wiewohl das an dem geistlichen Reiche Christi also wahr ward, da der Name Christi (welcher geboren ist aus jüdischem Stamm) durch die Predigt des Evangelii in aller Welt groß ward, so haben es doch etliche von den zween Vespasianis verstanden; die Juden aber zogen die Weissagung auf sich; und nachdem ihnen etliche Schlachten wider ihre Feinde geriethen, wurden sie stolz, machten drei Hauptleute, und griffen mit Gewalt die Stadt Ascalon an, da sind sie in zweien Schlachten darniedergelegen, haben (ohne daß die Hauptleute umkommen) in die zwanzig tausend Mann verloren.

Also, nachdem zog Vespasianus, auf Befehl des Kaisers, in Galiläam, welches ein volkreich Land war, verwüstete und verheerete alles durchaus, und war des Mordens, Raubens und Brennens kein Ende; da wurden viel tausend Juden erschlagen, auf einmal in die fünfzig tausend wehrhafte Mann, ohne Weiber, Kinder, gemeine Pöbel und Landvolk. Das Kriegsvolk hat da weder Alte noch Junge verschonet, nicht der Schwangern, nicht der Kinder in Wiegen. Sechs tausend junge Männer hat Vespasianus auf einmal als eigene Leute geschickt, am Isthmo zu graben, in Achaja. Dreißig tausend jüdische Kriegsleute sind zu der Zeit auf einmal als Leibeigene verkauft. Fünf tausend haben sich aus Verzweiflung selbst von hohen Felsen herabgestürzt.

Zu der Zeit war ein trefflicher Mann, fast gelehrt, weise und verständig, priesterliches Amts unter den Juden, und ihrer Obersten einer im Kriege, mit Namen Josephus. Und als der im ersten Schrecken mit etlichen Wenigen in eine Höhle geflohen war, bei der Stadt Galiläas, Jotopata genannt, ward er ergriffen und zu Vespasiano geführet. Als er nun demselbigen prophezeiet, er würde noch Kaiser werden, hat er ihn gnädiglich erhalten. Und derselbige Josephus hat geschrieben, was wir von dieser Historia wissen.

Als dies in Galiläa geschah, ist ein Hause gesammeltes, freches, räuberisches Volk gen Jerusalem gekommen, das hat einer der großen Herren, Johannes, zuwege gebracht, daß er durch diese Rotte das Regiment ganz zu sich brächte. Da ist abermal viel heimliches

der Stadt Jerusalem.

Mords, viel Räuberei, viel Plündern zu Jerusalem gewesen, und hat sich allenthalben zum großen Unglück geschickt, und ist die arme Stadt allenthalben wohl geplaget gewesen. Es sind die Zeit etliche Hohepriester erschlagen und oft Blut vergossen worden, auch im Tempel. Josephus schreibet, daß zwölf tausend von den besten ältesten Juden in diesem Lärmen umgekommen sind, und ihre Güter und Häuser hat man dem Pöbel und Knechten gegeben zu plündern. Etliche meinen, dieses haben die Römer durch heimliche List zugerichtet.

So war nun damals schon, ehe das rechte Wetter sie überfiel, Jerusalem mit dreierlei Unglück geplaget: nämlich, mit dem Kriege der Römer, mit Aufruhr und allerlei Meutereien in der Stadt, und mit den Tyrannen, welche sich durch partheiische Ränke, einer nach dem andern, aufwarfen, und um der Herrschaft willen viel Blut vergossen.

Als nun zu der Zeit die Gabarener sich wider die Römer empörten, mußte sich Vespasianus aus dem Winterlager eilends erheben, und nahm Gabara, die Stadt, ein, und durch seinen Hauptmann Placibum erschlug er in die dreißig tausend Bürger in der Flucht, zweitausend nahm er gefangen, der andere Pöbel und flüchtige Haufe stürzete sich in den Jordan, und ihre todten Körper sind im Jordan geflossen bis in die See Asphaltiten, welches man das todte Meer nennet, und es sind jenseits des Jordans, bis gen Macheron, allenthalben alle Juden von den Römern überfallen, und in groß Schrecken gekommen.

Als nun zu Ausgang des Winters der Lenz angegangen, da Vespasianus gehöret, daß Nero todt wäre, lag er zu Cäsarea, und machte sich eilend auf, und hatte alle Städte der Juden und Jdumäer eingenommen, ohne etliche Schlösser, welche etliche fremde Krieger inne hatten, und allenthalben hat er die Städte besetzt mit römischem Kriegsvolk, daß er Jerusalem (welches allein übergeblieben war) desto leichter stürmen und einnehmen könnte. Und dasmal ist Vespasianus von seinem Kriegsvolk zum Kaiser aufgeworfen worden, darnach zog er in Egypten, von dannen wollte er in Italien, und befahl Tito dieweil das Kriegs-Regiment wider die Juden.

Titus aber, als er Kundschaft halber an Oerter nahe bei Jerusalem geritten war, entkam schwerlich, daß er von den Juden nicht gefangen ward. Darnach schlug er sein Lager auf bei Scopos, eine Viertelmeile von der Stadt, und theilete das Kriegesvolk, die Stadt mehr denn an einem Orte zu belagern. Mittler Zeit war ein groß mächtig Volk aus allen Städten, von allen Oertern, aufs Osterfest, des Gottesdienstes halben, zu Jerusalem zusammen gekommen. So waren auch, wie oben angezeiget, zuvor in der Stadt viel gesammelte Habe und verwegen los Volk, welches aus Galiläa vertrieben, und waren drei Partheien in der Stadt, welche die Einigkeit und das Regiment je länger, je mehr (wie es denn gehet) zerrissen. Ein Theil hatte den Tempel innen, unter denen war Oberster Eleazarus, ein Sohn Simonis, bei dem hielten die Zeloten, ein bös heuchlerisches Volk, das den Bürgern sehr feind war. Den untern Theil der Stadt hatte Johannes innen, welcher ein Anfang alles Unglücks war, von welchem oben gesagt ist.

Den obern Theil hatte der Simon innen mit zwanzig tausend Idumäern, welche erfordert waren, die Stadt vor der Zeloten Muthwillen und gewaltsamen Vornehmen zu schützen. Da man derselben Gäste gerne los gewesen, hat man ihrer nicht können los werden.

Titus, als er nun merkete, daß die Stadt Jerusalem mit so unzähligem Volk überladen wäre, rüstete und stärkte er sich in großer Eil, die Stadt zu belagern, und eine Wagenburg um sie zu schlagen, wie Christus ihnen gesaget, dieweil das Volk bei einander wäre, daß sie der Hunger desto härter drängete und ängstete. Da das die Juden sahen, versuchten sie ihre höchste Macht, das zu hindern, zu wehren und vorzukommen, aber es war aus, da war kein Glück mehr, unser HErr Gott wollte das Garaus mit ihnen spielen, darum ging ihnen kein Anschlag noch Rath fort. Da war eitel Uneinigkeit. Und es ist die Zeit in der Stadt ein Aufruhr worden, daß eine große Menge Volks erschlagen ward bei dem Tempel.

Die Stadt Jerusalem war sehr fest an dem Orte, da man zur Stadt kommen konnte, und hatte drei Mauern, darum legte sich das römische Kriegsvolk mit ganzer Macht hinan, die Stadt zu stürmen; und nach großer Arbeit ist die zweifältige Mauer erobert und eingenommen worden. Dieselbige Zeit ist eine unzählige Menge Volks Hungers gestorben, wie Josephus schreibet: Um ein klein Bißlein Brods haben sich oft die besten Freunde gehauen und gestochen; die Kinder haben den Eltern, Vater und Mutter, oft die Speise aus dem Munde gerissen. Da hat weder Bruder noch Schwester sich eines des andern erbarmet. Ein Scheffel Korn hat viel Gülden gegolten, etliche haben Kuhmist vor großem Hunger, etliche die Riemen von den Sätteln, das Leder von den Schilden abgenaget und gegessen, etliche haben noch Heu im Munde gehabt, und sind also todt gefunden worden, etliche haben in den heimlichen Gemächern gesucht, mit Unflath und Mist vor dem Hunger sich zu retten; und ist eine solche große Menge Hungers gestorben, daß Ananias, Eleazari Sohn, welcher in der Zeit der Belagerung zu Tito geflohen, angezeiget, daß hundert und fünfzehn tausend todte Körper in der Stadt gefunden und begraben sind. Egesippus schreibet, daß allein zu einer Pforte so viel tausend Leichname hinaus getragen worden sind, und daß in die sechs hundert tausend Menschen solcher Zeit der Belagerung todt geblieben sind.

Die Juden hatten noch innen die Burg Antoniam, welches eine starke Festung war; so hatten sie auch den Tempel innen, von welchem eine Brücke in die Stadt ging. Diese Festung zu erobern, kostete viel mehr Arbeit, denn alle andere Oerter.

Titus aber, wiewohl er gewiß war, daß der Hunger endlich die Juden in der Stadt tilgen und theilen würde, ließ ihm doch die Weile lang sein, und hielt an, vermahnete das Kriegsvolk, die Festung mit Gewalt zu stürmen. Wiewohl nun große Gefahr dabei war, so gerieth es den Römern alles und war kein Sieg noch Glück mehr bei den Juden.

Als nun die Römer das Schloß innen hatten, gab der Trommeter mit der Posaune ein Zeichen, und wurden die Juden, welche das Schloß innen hatten, alle erschlagen, etliche von den Mauern geworfen, etliche haben sich selbst zu Tode gefallen, etliche sind bei

der Stadt Jerusalem.

Nacht eilends in die Stadt entkommen. Folgends hat das Kriegsvolk sich um die, so den Tempel innen hatten, ernstlich angenommen.

Man sagt, Titus sei willens gewesen, des Tempels zu verschonen, aber es war aus. Gott schickte es, daß da kein Verschonen war, denn als man lange gestritten und gearbeitet hatte, und die Juden weder mit Dräuen, noch mit Vermahnen zu bewegen gewesen, die festen Oerter zu übergeben, merkte das Kriegsvolk, daß ihnen der Ort nicht anders, denn mit Hunger (welches denn lange würde) oder mit Feuer abzunehmen wäre.

Und also haben etliche der Kriegsknechte Feuer in den Tempel geworfen, das ist angebrannt, und also ist auf die Stunde das herrliche, treffliche und köstliche Gebäude, welches die Zeit hoch und weit berühmt war, verbrannt und zu Aschen worden.

Die Juden, so den obern Ort der Stadt innen hatten, sind zum Theil in die Stadt geflohen, aber viel mehr sind durchs Feuer und Schwert umgekommen.

Die Priester haben, ihr Leben zu fristen, ganz kläglich gebeten und geflehet, aber da ist Gnade bei Gott und Leuten aus gewesen. Titus, wie Egesippus schreibet, hat geantwortet: So ihr Tempel und Gottesdienst dahin sei, bedürfte man der Priester nicht mehr.

Die Verwüstung des Tempels ist geschehen auf den zehnten Tag des Monats August, gleich auf den Tag, da der erste Tempel vom König zu Babylonien verbrannt worden ist; und ist der Tag sonderlich der Unglückstag dem Tempel gewesen. Und von dem ersten Tempel an und seiner Erbauung, welchen Salomon erbauet, bis auf das andere Jahr Vespasiani, da der Tempel zu Grunde verwüstet ist, sind elf hundert und ein Jahr. Von der Zeit aber, da man den andern Tempel wieder angefangen zu bauen, welches ist geschehen im andern Jahr Chri, sind fünf hundert neun und sechzig Jahr.

Da nun die Juden so geängstet wurden, wiewohl keine Hoffnung war der Errettung, starben viel tausend Hungers; doch blieben die übrigen auf ihrem Vornehmen. Josephus schreibet, daß auf die Tage, als der Tempel verbrannt und verwüstet ward, ein schrecklicher, greulicher Fall sich begeben, welchen man bei den Nachkommen kaum glauben wird. Es war eine ehrliche Frau, reich und großes Geschlechts jenseit des Jordans, aus Furcht mit den andern gen Jerusalem geflohen. Als nun die Stadt so hart bedränget und geängstet war mit Hunger, hat sie ihr junges Kindlein in der Wiegen (mit was für Jammer und Schmerzen, ist wohl zu denken) geschlachtet, und das halbe Theil gebraten und gegessen, die andere Hälfte, als die Kriegsknechte umher gelaufen und Speise gesucht, hat sie ihnen vorgesetzet. Die Kriegsknechte aber haben sich vor dem greulichen Anblick entsetzet, und doch sich des elenden Weibes erbarmet, und diese Sache den großen Herren zu Jerusalem offenbaret. Dieser schreckliche Fall hat sie beweget, daß sie von dem Tage an gedacht haben, sich zu ergeben, und sind mit Tito zur Unterredung und Handlung gekommen. Aber dieweil Friede zu machen, nun zu lange geharret war, und sie um Friede und Freiheit baten, da sie schon ausgehungert und aufs höchste gedränget waren, ward nichts daraus, und ist wenig Tage die Stadt noch kümmerlich aufgehalten worden. Mittler Zeit ist unzähliges Volk, aus großer Angst und höchster Noth unerträgliches Hungers, aus der Stadt ins Lager den Feinden in die Hände gelaufen, da hat man sie sehr wohlfeil verkauft. Indem haben ungefähr die Kriegsknechte gesehen, daß ein Jude aus seinem eigenen Mist hat Gulden, welche er eingeschlucket, gelesen: da ist bald ein Gerücht durch das ganze Lager unterm Kriegsvolk gegangen, die Juden, so heraus ins Lager geflohen, hätten Gold eingeschlucket (denn es waren etliche, welche durch fleißiges Besuchen sonst nichts denn Gold konnten wegbringen, oder vor den Kriegern behalten). Das Gerücht gab nun Ursache, daß von den Kriegsknechten, welche dachten, sie würden bei allen Juden Gold finden, über zwei tausend Juden in einer Nacht aufgeschnitten wurden; und ihrer wären viel mehr umgekommen, wenn Titus nicht hätte lassen ausrufen, und gebieten, daß man die Gefangenen nicht tödten sollte.

Endlich ist die Stadt Jerusalem erobert, und ist da weder Jung noch Alt verschonet worden; doch ist ein Gebot ausgerufen worden, daß man aller elenden Leute, so zu keiner Wehr oder Widerstand vermöglich wären, schonen sollte. Also ist Jerusalem durchaus von Feinden schrecklich geplündert, angesteckt und verbrannt, das mehrere Theile zerrüttet und verwüstet worden. Wenig Gebäude sind stehen geblieben, daß man etlich römisches Kriegsvolk hat können darinnen zur Besatzung lassen. So sind auch etliche einzelne, wüste, steinerne Gebäude und Thürme blieben, allein bloß und öde, zur Anzeigung, daß da eine Stadt etwa gewesen wäre.

Und ist also Jerusalem verwüstet und zu Grunde verderbet worden den achten Tag des September, im fünften Monat darnach, als sie erst belagert ward.

Von dem großen Haufen und unzähliger Menge der Gefangenen hat Titus siebenzehn tausend, alle junge starke Mannspersonen, gen Alexandria geschickt, daselbst wie leibeigne Knechte Steine zu tragen und zu arbeiten.

Viel Juden hat man wie das Vieh gar wohlfeil verkauft. Zwei tausend hat man hin und wieder ausgetheilet, in Ländern durchs ganze römische Reich, daß man sie zum Gepränge, wenn man Schauspiel gehalten, die wilden Thiere hat zerreißen lassen.

Die Menge aller Gefangenen, so am Leben geblieben, sind an der Zahl gewesen sieben und neunzig tausend, so doch wohl zehn mal hundert tausend, als die Belagerung angefangen, in der Stadt gewesen, welche mehrentheils Fremde gewesen, und nicht Bürger, wiewohl alle vom jüdischen Stamm und Geblüte.

Als nun Titus Jerusalem mit Gewalt eingenommen, zerrüttet und verheeret hatte, besetzte er den Ort des Landes mit etlichen Kriegsknechten, um der umliegenden Länder willen, und er rückte bis an den Fluß Euphrat, denn so weit ging dazumal das römische Reich.

Als aber die gewaltige, berühmte und heilige Stadt Jerusalem zerstöret ist, hat man gezählet von Anbeginn der Welt vier tausend und vier und dreißig, von Anfang der Stadt Rom acht hundert und drei und zwanzig Jahr, nach dem Leiden Christi im vierzigsten Jahr. Also hat Jerusalem, die allerberühmteste Stadt im ganzen Morgenlande, ein elend und jämmerlich Ende gehabt.